विनसर®

उत्तराखण्ड

इयर बुक-2026

WINSAR

विनसर पब्लिशिंग कं०

देहरादून, उत्तराखण्ड

email : winsar.nawani@gmail.com

web : winsar.org

UTTARAKHAND YEAR BOOK : 2026
Editor : Nawani / Rawat*
Edition : 1st, Jan., 2003 (Ed. Lokesh Nawani)
: 24th, Jan. 2026

ISBN:978-81-86844-13-9
ISSN:2348-2230

(Honorary)
Price ₹ 350.00

Published by Kirti Nawani for Winsar Publishing Co., 8, First Floor, K.C. City Centre (Opp. Gandhi School), 4, Dispensary Road, Dehradun- 248001 Uttarakhand (India), Mob. : +91-9412325979, E-mail: winsar.nawani.@gmail.com and Printed at Jeet Prints, Dehradun

समर्पण

सर्वोदयी कार्यकर्त्री विमला बहुगुणा

साहित्यकार सुभाष पंत

और

हास्य कलाकार

घन्ना भाई

उत्तराखण्ड राज्य आंदोलन के सशक्त हस्ताक्षर

दिवाकर भट्ट

धराली (उत्तरकाशी), थराली (चमोली) और देहरादून

की प्राकृतिक आपदाओं में

काल कवलित हुए नागरिकों की गौरवमयी स्मृतियों को!

★★★

बधाई

पद्मश्री अलंकरण से सम्मानित

राधा भट्ट, कॉलिन गैंटजर (दिवंगत)

राष्ट्रीय पुरस्कार से सम्मानित

डॉ० मंजूबाला, मनीष मंमगाईं

एवं

साहित्य गौरव पुरस्कार

से सम्मानितों को हार्दिक बधाई।

9 नवम्बर 2000 राज्य स्थापना दिवस

राज्यपाल सुरजीत सिंह बरनाला के साथ मुख्यमंत्री नित्यानन्द स्वामी और तत्कालीन केन्द्रीय मानव संसाधन मंत्री डा॰ मुरली मनोहर जोशी नये राज्य का अधिकृत मानचित्र जारी करते हुए।

राज्य गठन की औपचारिकताओं के तत्काल बाद मंच से राज्य की जनता को बधाई देते हुए बायें से तत्कालीन केन्द्रीय गृहमंत्री लालकृष्ण आडवाणी, राज्यपाल सुरजीत सिंह बरनाला, नित्यानन्द स्वामी और डा॰ मुरली मनोहर जोशी।

सम्पादकीय

स्वागतम्–2026

वर्ष 2025 उत्तराखण्ड के लिए अनेक महत्वपूर्ण घटनाओं का साक्षी रहा। राजनीतिक उतार–चढ़ाव, प्राकृतिक आपदाएं, प्रमुख नीतिगत फैसले और रजत जयन्ती से जुड़े समारोहों ने इस वर्ष को विशेष रूप से यादगार बना दिया। यह वर्ष राज्य की प्रशासनिक दिशा, लोक–चेतना, पर्यावरणीय चिंताओं और समाज में उभरते विमर्शों को नई गति देता रहा।

9 नवम्बर, 2025 को उत्तराखण्ड ने अपनी स्थापना के 25 वर्ष पूरे किए। इस अवसर पर एक सप्ताह तक रजत जयन्ती समारोह सरकारी तौर पर आयोजित किये गये। राजनीतिक दलों, सामाजिक संगठनों और शैक्षणिक संस्थाओं ने भी राज्य की दिशा और दशा को लेकर बैठकें और सेमिनार किये। तीन दिनों का विशेष विधानसभा सत्र आयोजित किया गया, जिसे महामहिम राष्ट्रपति द्रौपदी मुर्मू ने संबोधित किया। हालांकि बाद के दो दिनों में विधानसभा सत्र में कुछ अप्रिय बयानबाजियां भी हुई। इसके बावजूद, इस सत्र ने विधानसभा की कार्यवाही अवधि में उल्लेखनीय बढ़ोत्तरी की, जो आमतौर पर सीमित रहती है।

रजत जयन्ती के अवसर पर प्रधानमंत्री नरेंद्र मोदी ने देहरादून का दौरा किया। उन्होंने गढ़वाली में कुछ पंक्तियां बोलकर जनता को संबोधित किया, ताकि उत्तराखण्ड का जनमानस उनसे भावनात्मक रूप से जुड़ाव महसूस कर सके। इसमें संदेह नहीं कि उनके इस संबोधन ने राज्य में एक नया सकारात्मक विमर्श भी खड़ा किया। इससे पहले मार्च के महीने में उन्होंने मुखबा का दौरा किया था और हर्षिल में जनसभा की थी।

इस वर्ष राज्य सरकार की ओर से विकास के कई कदम उठाये गये और कई नई घोषणाएं भी की गई। इसमें दूसरे कृषि विश्वविद्यालय की स्थापना का निर्णय, कुक्कुट विकास नीति–2025 का जारी होना, दून विश्वविद्यालय में आर्थिकी और पारिस्थितिकी संतुलन पर विमर्श, गौरादेवी पर डाक टिकट जारी करने का निर्णय आदि शामिल हैं। ये घटनाएं राज्य की पर्यावरणीय चिंताओं और सांस्कृतिक विरासत संरक्षण के प्रति प्रतिबद्धता को दर्शाती हैं।

बागेश्वर में तबाही का कारण बन रही खड़िया खानों पर हाईकोर्ट ने रोक लगाकर पर्यावरणीय चेतना का संदेश दिया। उत्तराखण्ड समान नागरिक संहिता लागू करने वाला देश का पहला राज्य बना। योग नीति लागू करने में भी उत्तराखण्ड ने देश का पहला राज्य होने का गौरव हासिल किया। बहुचर्चित अंकिता भंडारी हत्याकांड में कोटद्वार की कोर्ट ने तीन दोषियों को आजीवन कारावास की सजा सुनाई। कुछ देरी से ही सही, राज्य में पंचायत चुनाव 69.15 प्रतिशत मतदान के साथ सफलतापूर्वक सम्पन्न करवाये गये।

2025 में उत्तराखण्ड को प्राकृतिक आपदाओं ने कई जख्म भी दिये। फरवरी में माणा में हुए हिमस्खलन ने 8 लोगों की जान ली तो 5 अगस्त को हिमस्खलन के कारण उत्तरकाशी के धराली में हुई त्रासदी 2013 की केदारनाथ आपदा के बाद सबसे बड़ी तबाही साबित हुई। यमुनोत्री मार्ग पर सिलाई बैंड, पौड़ी के सैंजी व बुरांशी, बसुकेदार तहसील के कई गांवों, देहरादून और आसपास के क्षेत्रों में आई आपदाओं से भी जन-धन का भारी नुकसान हुआ। कई हेलीकॉप्टर हादसों का भी सामना करना पड़ा।

यह वर्ष सामाजिक-राजनीतिक बहसों और आंदोलनों का वर्ष भी रहा। कई दिनों तक युवाओं ने पेपर लीक प्रकरण के खिलाफ आंदोलन चलाया तो चौखुटिया और घनसाली सहित कई जगहों पर स्वास्थ्य सुविधाओं को लेकर आंदोलन किये गये। ऋषिकेश में नशे के खिलाफ आंदोलन किया गया। इसके अलावा भू-कानून और मूल निवास को लेकर भी पूरे वर्ष छिटपुट आंदोलन होते रहे। राज्य में पहाड़-मैदान विवाद खड़ा करके मुद्‌दों को भटकाने के छिटपुट प्रयास भी हुए।

निष्कर्ष के तौर पर कहा जाए तो 2025 उत्तराखण्ड के राजनीतिक, सामाजिक, आर्थिक और पर्यावरणीय आयामों में महत्वपूर्ण मोड़ लेकर आया। यह वर्ष राज्य को यह सोचने के लिए मजबूर करता है कि 25 वर्ष की यात्रा के बाद भविष्य का उत्तराखण्ड कैसा होगा? क्या राजनीतिक महत्वाकांक्षाओं से ऊपर उठकर एक संवेदनशील, संतुलित और नागरिक केंद्रित राज्य बन पाएगा?

इस वर्ष लोक भाषाओं को बचाने के लिए दो उत्साही AI विशेषज्ञ आदित्य नौटियाल और सुमितेश नैथानी ने पहाड़ी.ai विकसित किया है। जो भविष्य में गढ़वाली-कुमाऊंनी को विस्तार देने में मील का पत्थर साबित होगी।

भारतीय महिला क्रिकेट विश्व कप टीम की हिस्सा रही स्नेहा राणा, वर्ष 2025 में उत्तराखण्ड में आयोजित 38वें राष्ट्रीय खेलों में प्रतिभाग कर राज्य का गौरव बढ़ाने वाले सभी खिलाड़ियों को कोटिशः बधाई।

प्रतियोगी परीक्षाओं में सफलता के लिए हार्दिक शुभकामनाओं के साथ वर्ष 2026 की मंगल कामनायें।

अनुक्रम

समसामयिकी : खण्ड एक

सामान्य अध्ययन : खण्ड दो

आधारभूत सूचनाएं : खण्ड तीन

सूचना विस्तार : खण्ड चार

ऑपरेशन सिंदूर–माडर्न वारफेयर | 1

ऑपरेशन सिंदूर भारत की अभी तक की सबसे सटीक, शक्तिशाली और महत्वपूर्ण सैन्य कार्रवाइयों में से एक है। 22 अप्रैल, 2025 को जम्मू कश्मीर के पहलगाम में देश के विभिन्न स्थानों से आये 26 पर्यटकों की इस्लामी आतंकवादियों द्वारा गोली मार कर हत्या कर दी गई थी। इस कायराना हरकत के जवाब में भारत ने पाकिस्तान में चल रहे आतंक के अड्डों को ध्वस्त किया।

इस ऑपरेशन को **छह–सात मई 2025** की मध्य रात्रि को शुरू किया गया था। आतंकवादी हमले के कुछ ही दिनों बाद दृढ़ता से जवाब देने के लिए भारत की **नौसेना, वायुसेना** और **थल सेना** ने योजनाबद्ध ढंग से पाकिस्तान और उसके कब्जे वाले अधिकृत कश्मीर में नौ आतंकवादी शिविरों को नष्ट किया। इस कार्रवाई से भारत ने पहली बार आतंकवाद के खिलाफ दृढ़ता के साथ अपना रूख प्रदर्शित किया।

7 मई को पाकिस्तान ने इस कार्रवाई के जवाब में प्रतिक्रिया देने की कोशिश की लेकिन भारतीय सेनाओं ने अपनी सुदृढ़ रक्षा प्रणालियों से पाकिस्तान की हर कोशिश को नाकाम किया।

जवाबी कार्रवाई में 8 और 9 मई को भारतीय सेनाओं ने पुन: अपने पराक्रम और शौर्य कौशल से पाकिस्तानी सेना को घुटने टेकने के लिए विवश कर दिया। पाकिस्तान के डीजीएमओ द्वारा संघर्ष रोकने की मांग के बाद 10 मई सायं 5 बजे से ऑपरेशन सिंदूर को भारत द्वारा स्थगित करने का निर्णय लिया गया।

6–7 मई, 2025 की मध्य रात्रि एक बजे से डेढ़ बजे तक भारत ने पाकिस्तान और पाक अधिकृत कश्मीर के बहावलपुर, कोटली, मुज्जफराबाद और मुरीदके जैसे इलाकों में चल रहे आतंकवादी संगठन जैश–ए–मुहम्मद, लश्कर–ए तैयबा और हिजबुल मुजाहिदीन के अड्डों को निशाना बनाया था। इन लक्ष्य केन्द्रित सटीक हमलों में सौ से अधिक आतंकवादी मारे गए। पाकिस्तान ने भारत द्वारा आतंकवादी ठिकानों को ध्वस्त किये जाने की प्रतिक्रिया में भारतीय नागरिक ठिकानों पर हमले की नाकाम कोशिश की। जबाव में भारतीय वायुसेना ने नागरिकों को न्यूनतम नुकसान पहुंचाने की रणनीति के तहत पाकिस्तान के एयरबेस और सैन्य ठिकानों को निशाना बनाया। भारतीय वायुसेना ने स्कल्प क्रूज मिसाइलों, हैमर प्रिसिजन गाइडेड बमों जैसे उन्नत हथियारों का इस्तेमाल किया। पाकिस्तान द्वारा जवाब में भारतीय नागरिक ठिकानों पर दागी गई मिसाइलों और ड्रोन को भी एक के बाद एक तबाह कर दिया गया। पहलगाम आतंकवादी हमले में मारे गए पर्यटकों को श्रद्धांजलि देने और सहानुभूति व्यक्त करने के लिए ही इस सैन्य कारवाई का नामं '**ऑपरेशन सिंदूर**' रखा गया था।

इस सैन्य अभियान में भारतीय वायुसेना ने राफेल जेट, ड्रोन और सटीक मिसाइलों का इस्तेमाल किया। इस दौरान शत्रु के किसी भी दुस्साहस का मुंहतोड़ जवाब देने के लिए नौसेना अरब सागर में डटी रही जबकि सेना नियंत्रण रेखा और अंतर्राष्ट्रीय सीमा पर मोर्चा संभाले रही।

इस तरह ऑपरेशन सिंदूर महज सैन्य कार्रवाई नहीं बल्कि आतंकवाद पर एक ठोस प्रहार था। इससे पूर्व भारत ने आतंकी ठिकानों को संचालित करने में मदद करने पर पाकिस्तान के साथ 1960 में की गई **सिन्धु जल संधि** को भी स्थगित कर दिया, भारत ने विश्व समुदाय के समक्ष स्पष्ट किया है कि ऑपरेशन सिन्दूर केवल स्थगित किया है, इसे खत्म नहीं किया गया है। ●●

भारत के वेपन एक्सपोर्ट को मिला बूस्ट

- **रणनीतिक स्पष्टता :** ऑपरेशन सिंदूर ने आतंकवाद के प्रति भारत की 'जीरो टॉलरेंस' नीति और **'नए राष्ट्रीय सुरक्षा सिद्धांत'** को स्पष्ट किया कि आतंकी हमलों को **'युद्ध की कार्रवाई'** माना जाएगा।

(स्रोत : रक्षा मंत्री का लोकसभा में वक्तव्य, जुलाई 2025)

- **क्षेत्रीय प्रभुत्व :** इस कार्रवाई ने भारत की सैन्य श्रेष्ठता को स्थापित किया। स्वदेशी रक्षा प्रणालियाँ, जैसे आकाश एयर डिफेंस और AI-संचालित उपकरण, युद्ध के मैदान में सफल साबित हुए। इससे वैश्विक स्तर पर भारतीय रक्षा उपकरणों में रुचि बढ़ी और भारत के रक्षा निर्यात (Weapon Export) को महत्वपूर्ण बढ़ावा मिला।

पाकिस्तान को हुआ नुकसान

- **आतंकी ढांचे का विनाश :** भारत ने लश्कर-ए-तैयबा, जैश-ए-मोहम्मद और हिज्बुल मुजाहिदीन के नौ आतंकी लॉन्चपैड को नष्ट कर दिया, जिससे सीमा पार आतंकवाद की कमर टूट गई।

(स्रोत : भारत के विदेश मंत्रालय की प्रेस वार्ता, 7 मई 2025)

- **सैन्य उपकरणों की क्षति :** ऑपरेशन में पाकिस्तान के F-16 लड़ाकू विमान और AWACS रडार सिस्टम को नुकसान हुआ, जिससे उसकी ऑपरेशनल एयर क्षमता प्रभावित हुई। अमेरिका को मरम्मत के लिए टीमें भेजनी पड़ी।

(स्रोत : नवभारत टाइम्स रिपोर्ट, अक्टूबर 2025)

- **वैश्विक मंच पर अलगाव :** पाकिस्तान को अंतर्राष्ट्रीय स्तर पर आतंकी समूहों को पनाह देने के लिए आलोचना का सामना करना पड़ा।

(स्रोत : भारत के विदेश मंत्रालय की प्रेस वार्ता, 10 मई, 2025)

भारत-पाकिस्तान संघर्ष | 2

यूं तो भारत-पाकिस्तान के बीच संघर्ष की शुरुआत बंटवारे के ठीक बाद वर्ष 1948 में कश्मीर पर हमले के साथ हुई थी, लेकिन इसके बीज विभाजन से बहुत पहले ब्रिटिश राज के दौरान द्वि राष्ट्र सिद्धांत से बोये जा चुके थे। इस सिद्धांत की वैचारिक शुरुआत 19वीं सदी के उत्तरार्द्ध (लगभग 1870-1880 के दशक) में सर सैयद अहमद खान द्वारा अलीगढ़ आंदोलन से हुई, जिन्होंने मुसलमानों को अलग राष्ट्रीय पहचान के रूप में देखा। उन्होंने तर्क दिया कि हिंदू और मुसलमान सांस्कृतिक, धार्मिक और सामाजिक रूप से अलग हैं, इसलिए संयुक्त भारत में मुसलमानों की सुरक्षा संभव नहीं। इस विचार को 1930-40 के दशक में पाकिस्तान के जनक और ऑल इंडिया मुस्लिम लीग के नेता मोहम्मद अली जिन्ना ने पाला-पोसा। जिन्ना ने 1940 के लाहौर प्रस्ताव में औपचारिक रूप से यह दावा करते हुए कहा कि मुसलमान एक अलग राष्ट्र हैं और हिंदू बहुमत में उनकी पहचान खतरे में है।

वर्ष 1947 में भारत के विभाजन के साथ पाकिस्तान का जन्म हुआ, लेकिन कश्मीर जैसे क्षेत्रों से सीधे संघर्ष का जन्म हुआ। पहला भारत-पाक युद्ध कश्मीर में हुआ, जब पाकिस्तानी कबायली हमलावरों ने हमला किया और कश्मीर के महाराजा हरि सिंह ने भारत से जुड़ने का फैसला किया। संयुक्त राष्ट्र की मध्यस्थता से 1949 में युद्ध विराम हुआ, लेकिन कश्मीर विभाजित रहा। 1965 में दूसरा युद्ध फिर कश्मीर पर छिड़ा, जो ताशकंद समझौते से समाप्त हुआ। 1971 का तीसरा युद्ध पूर्वी पाकिस्तान (बांग्लादेश) की स्वतंत्रता के लिए लड़ा गया, जहां भारत की जीत से पाकिस्तान दो हिस्सों में बंट गया। 1999 का कारगिल युद्ध सीमित लेकिन घातक रहा, जहां पाकिस्तानी सैनिकों ने घुसपैठ की।

वर्ष 2001 में संसद पर हमला, 2008 मुंबई आतंकी हमला, 2019 पुलवामा विस्फोट और बालाकोट हवाई हमला। हाल के वर्षों में, 2019 में अनुच्छेद 370 हटाने से तनाव बढ़ा। इसके अलावा, भारत ने पाकिस्तान समर्थित आतंकवाद के खिलाफ

1999 का कारगिल युद्ध

पाकिस्तान ने 1999 में अपनी सेना को विद्रोहियों के रूप में भेज कर संघर्ष शुरू किया। यह भारत और पाकिस्तान के बीच एक उच्च ऊँचाई क्षेत्र में लड़ा गया युद्ध था। आतंकवादियों के साथ पाकिस्तानी सैनिकों ने जम्मू-कश्मीर के कारगिल क्षेत्र की ऊँची चोटियों पर कब्जा कर लिया था। भारत ने जबावी कार्रवाई करते हुए वायुसेना ने **'ऑपरेशन सफेद सागर'** शुरू किया और थल सेना ने अपने स्तर से कार्रवाई की। युद्ध 26 जुलाई को समाप्त हुआ और आक्रमणकारियों को खदेड़ने में सफलता प्राप्त की। तभी से यह दिन **कारगिल विजय दिवस** के रूप में मनाया जाता है।

ऑपरेशन सिंदूर जैसे विशेष अभियान चलाए, जिससे सुरक्षा बलों ने आतंकवादी नेटवर्क को कमजोर किया। ये संघर्ष लाखों जानें ले चुके हैं। द्वि-राष्ट्र सिद्धांत की विरासत आज भी दोनों देशों की राजनीति को प्रभावित करती है, जहां राष्ट्रीयता और धर्म की बहस जारी है।

- **भारत-पाक बंटवारा :** 14-15 अगस्त, 1947 की मध्यरात्रि को भारतीय उपमहाद्वीप का विभाजन हुआ और दो स्वतंत्र राष्ट्र भारत तथा पाकिस्तान (पूर्वी और पश्चिमी) अस्तित्व में आए। यह विभाजन मुख्य रूप से ब्रिटिश भारत में 'दो-राष्ट्र सिद्धांत' और धार्मिक आधार पर उपजे राजनीतिक मतभेदों का परिणाम था।

  सीमा निर्धारण का कार्य ब्रिटिश वकील सर सिरिल रैडक्लिफ को सौंपा गया था, जिसे 'रैडक्लिफ रेखा' के नाम से जाना जाता है। विडंबना यह है कि सीमा रेखा की घोषणा 15 अगस्त के बाद यानी 17 अगस्त, 1947 को की गई थी। इस बंटवारे ने मानव इतिहास के सबसे बड़े विस्थापनों में से एक को जन्म दिया। अनुमानों के अनुसार, लगभग 1.46 करोड़ लोगों को अपना घर-बार छोड़कर बहुसंख्यक समुदाय वाले क्षेत्रों में शरण लेनी पड़ी। इस दौरान हुई सांप्रदायिक हिंसा में लगभग 2 से 10 लाख लोग मारे गए, हालांकि ये आँकड़े अनुमानित हैं।

  1951 की भारतीय जनगणना के अनुसार, विभाजन के तुरंत बाद 72.49 लाख हिंदू और सिख पाकिस्तान छोड़कर भारत आए, जबकि 72.26 लाख मुसलमान भारत छोड़कर पाकिस्तान गए। यह विभाजन सिर्फ जमीन का नहीं था, बल्कि संपत्ति, सेना, खजाना और यहाँ तक कि सांस्कृतिक वस्तुओं का भी था, जिसका प्रभाव आज भी दोनों देशों के संबंधों पर देखा जाता है।

- **वर्ष 1947 - भारत-पाक युद्ध :** वर्ष 1947 में भारत और पाकिस्तान के विभाजन के ठीक बाद, जम्मू और कश्मीर रियासत के भविष्य को लेकर विवाद शुरू हो गया। 22 अक्टूबर, 1947 को, पाकिस्तान ने कश्मीर पर 'ऑपरेशन गुलमर्ग' के तहत हमला बोल दिया। यह आक्रमण पाकिस्तानी सेना के समर्थन से कबायली

भारत-पाक के मध्य संघर्ष के कारण

- **कश्मीर समस्या :** यह संघर्ष का मूल कारण रहा है जिसमें पाकिस्तान ने भारत के जम्मू-कश्मीर के एक बड़े हिस्से पर अनधिकृत कब्जा किया हुआ है।
- **सीमा विवाद :** दोनों देशों के बीच विभिन्न सीमा क्षेत्रों को लेकर विभाजन के बाद से ही विवाद बना हुआ है।
- **आतंकवाद :** पाकिस्तान द्वारा प्रायोजित आतंकवाद भी भारत के साथ संघर्ष का एक प्रमुख कारण है। पाकिस्तान भारत में लगातार आतंकवादी घटनाओं को अंजाम देता आ रहा है।
- **जल विवाद :** जल संसाधनों को लेकर भी दोनों देशों के बीच विवाद रहता है। 1960 की सिंधु जल संधि एकतरफा थी। आज भारत अपनी बढ़ती जरूरतों के मद्देनजर अपने जल संसाधनों का उपयोग करना चाहता है। इसलिए सिन्धु जल संधि को स्थगित किया गया।

लड़ाकों (पश्तून) द्वारा किया गया था। इन कबायली हमलावरों ने मुजफ्फराबाद और बारामूला जैसे शहरों में घुसपैठ कर लूटपाट, आगजनी और अत्याचार किए। महाराजा हरि सिंह ने अचानक हमले से घबराकर 26 अक्टूबर, 1947 को भारत के साथ विलय पत्र पर हस्ताक्षर किए और सैन्य सहायता मांगी। इसके तुरंत बाद, भारतीय सेना को श्रीनगर बचाने के लिए हवाई मार्ग से भेजा गया। भारतीय सैनिकों ने अदम्य वीरता का प्रदर्शन किया और कबायलियों को श्रीनगर पहुँचने से पहले ही बारामूला और उरी में रोक दिया। इस युद्ध में मेजर सोमनाथ शर्मा ने श्रीनगर हवाई पट्टी की रक्षा करते हुए सर्वोच्च बलिदान दिया और मरणोपरांत उन्हें भारत का पहला परमवीर चक्र प्रदान किया गया।
भारतीय सेना ने जल्द ही स्थिति को अपने नियंत्रण में ले लिया और कबायलियों को पीछे धकेलना शुरू कर दिया। हालाँकि, पाकिस्तान ने अपनी सेना को भी इस युद्ध में शामिल कर लिया था। यह संघर्ष 1 जनवरी, 1949 को संयुक्त राष्ट्र की मध्यस्थता से हुए युद्ध विराम तक चला। युद्ध विराम के परिणामस्वरूप, दोनों सेनाएँ जहाँ थीं, वहीं रुक गईं। इस रेखा को संघर्ष विराम रेखा (Ceasefire Line) कहा गया, जो बाद में नियंत्रण रेखा (Line of Control- LOC) के रूप में दोनों देशों के बीच वास्तविक सीमा बन गई। LOC आज भी कश्मीर को भारत और पाकिस्तान नियंत्रित हिस्सों में विभाजित करती है।

- **वर्ष 1965 का युद्ध और ताशकंद समझौता :** वर्ष 1965 का भारत-पाकिस्तान युद्ध मुख्य रूप से कश्मीर विवाद के कारण हुआ, जो 1947 में विभाजन के बाद से ही दोनों देशों के बीच तनाव का प्रमुख बिंदु रहा है। पाकिस्तान के तत्कालीन राष्ट्रपति अयूब खान का मानना था कि 1962 के भारत-चीन युद्ध में भारत की हार के बाद भारतीय सेना कमजोर है और कश्मीर की जनता भारत के शासन से असंतुष्ट है। पाकिस्तान ने 'ऑपरेशन जिब्राल्टर' शुरू किया, जिसके तहत अगस्त 1965 में उसने जम्मू और कश्मीर में भारतीय शासन के खिलाफ विद्रोह भड़काने के लिए घुसपैठियों को भेजा। भारत ने जवाबी कार्रवाई करते हुए पाकिस्तान के पश्चिमी मोर्चे पर बड़े पैमाने पर हमले किए, जिससे पूर्ण युद्ध छिड़ गया। संयुक्त राष्ट्र के हस्तक्षेप और अंतर्राष्ट्रीय दबाव के कारण 23 सितंबर, 1965 को युद्ध विराम घोषित हुआ।
- **ताशकंद समझौता :** युद्ध समाप्ति के बाद शांति स्थापित करने के लिए, सोवियत संघ के प्रधानमंत्री अलेक्सी कोसिगिन की मध्यस्थता में 10 जनवरी, 1966 को उज्बेकिस्तान (तब सोवियत संघ का हिस्सा) के ताशकंद में यह समझौता हुआ। भारत की ओर से प्रधानमंत्री लाल बहादुर शास्त्री और पाकिस्तान के राष्ट्रपति अयूब खान ने इस पर हस्ताक्षर किए। 'दुर्भाग्य से, समझौते पर हस्ताक्षर करने के ठीक एक दिन बाद, 11 जनवरी, 1966 को प्रधानमंत्री लाल बहादुर शास्त्री की रहस्यमय परिस्थितियों में ताशकंद में मृत्यु हो गई।

समझौते के मुख्य बिंदु

- दोनों देश शक्ति का प्रयोग नहीं करेंगे और अपने विवादों को शांतिपूर्ण ढंग से

हल करेंगे।

- दोनों देश 25 फरवरी, 1966 तक अपनी सेनाओं को 5 अगस्त, 1965 (युद्ध-पूर्व) की सीमा रेखा पर वापस बुला लेंगे।
- दोनों देशों ने सद्भावनापूर्ण संबंध बहाल करने, राजनयिक संबंध फिर से शुरू करने और एक-दूसरे के आंतरिक मामलों में हस्तक्षेप न करने पर सहमति व्यक्त की।
- **वर्ष 1971-बांग्लादेश का जन्म और शिमला समझौता :** वर्ष 1971 का भारत-पाक युद्ध मुख्य रूप से तत्कालीन पूर्वी पाकिस्तान (अब बांग्लादेश) में चल रहे मुक्ति संग्राम के कारण हुआ था। पश्चिमी पाकिस्तान की सेना द्वारा बंगाली जनता पर किए गए दमन, अत्याचार और मानवाधिकारों के गंभीर उल्लंघन के कारण लाखों शरणार्थी भारत में आ गए, जिससे भारत पर भारी दबाव पड़ा। पूर्वी पाकिस्तान में शेख मुजीबुर्रहमान की अवामी लीग ने 1970 के चुनाव में स्पष्ट बहुमत जीता, लेकिन पश्चिमी पाकिस्तान के शासकों ने उन्हें सत्ता सौंपने से इनकार कर दिया और ऑपरेशन सर्चलाइट नामक सैन्य कार्रवाई शुरू की। इस व्यापक हिंसा ने भारत को नैतिक और सामरिक दोनों कारणों से हस्तक्षेप करने पर मजबूर कर दिया। 3 दिसंबर, 1971 को पाकिस्तान द्वारा भारतीय हवाई अड्डों पर हमले के साथ युद्ध आधिकारिक रूप से शुरू हुआ, जो 16 दिसंबर, 1971 को भारत की निर्णायक जीत और बांग्लादेश के निर्माण के साथ समाप्त हुआ। युद्ध के बाद 2 जुलाई, 1972 को भारत की प्रधानमंत्री इंदिरा गांधी और पाकिस्तान के राष्ट्रपति जुल्फिकार अली भुट्टो के बीच शिमला समझौता हुआ। इस समझौते का मुख्य उद्देश्य दोनों देशों के संबंधों को सामान्य बनाना और भविष्य के विवादों को शांतिपूर्ण तरीके से सुलझाना था।
- **शिमला समझौता - मुख्य बिंदु :** समझौते के प्रमुख प्रावधानों में यह तय किया गया कि भारत और पाकिस्तान अपने सभी मतभेद, विशेष रूप से जम्मू-कश्मीर के मुद्दे को केवल द्विपक्षीय बातचीत से हल करेंगे, जिसमें किसी तीसरे पक्ष की मध्यस्थता स्वीकार्य नहीं होगी। इसके अलावा, यह तय हुआ कि 17 दिसंबर, 1971 के युद्ध विराम के परिणामस्वरूप बनी नियंत्रण रेखा (Line of Control-LoC) का सम्मान किया जाएगा। भारत ने मानवीय आधार पर 93,000 से अधिक पाकिस्तानी युद्धबंदियों को वापस कर दिया।
- **वर्ष 1999 - ऑपरेशन विजय :** वर्ष 1999 का कारगिल युद्ध भारत और पाकिस्तान के बीच जम्मू-कश्मीर के कारगिल जनपद में हुआ एक सशस्त्र संघर्ष था। इस युद्ध का मुख्य कारण पाकिस्तान सेना की उत्तरी लाइट इन्फैंट्री (Northern Light Infantry) के सैनिकों द्वारा नियंत्रण रेखा (LoC) का उल्लंघन करते हुए भारतीय क्षेत्र की ऊंची, सामरिक चोटियों पर घुसपैठ करना था। यह घुसपैठ सर्दियों में भारतीय चौकियों के खाली होने का फायदा उठाकर लाहौर समझौते की शांति पहलों का घोर उल्लंघन थी। पाकिस्तान का लक्ष्य श्रीनगर-लेह राष्ट्रीय राजमार्ग (NH-1D) को बाधित करके सियाचिन और

कश्मीर घाटी पर दबाव बनाना था।

घुसपैठ की जानकारी मिलते ही, भारत ने 'ऑपरेशन विजय' शुरू किया। भारतीय सैनिकों ने अदम्य साहस और शौर्य का प्रदर्शन करते हुए, अत्यंत दुर्गम और विषम परिस्थितियों में, एक-एक चोटी को वापस जीता। यह लगभग 60 दिनों तक चला और अंततः 26 जुलाई, 1999 को भारत की जीत के साथ समाप्त हुआ, जिसे कारगिल विजय दिवस के रूप में मनाया जाता है। रक्षा मंत्रालय के अनुसार इस युद्ध में भारत ने अपने 527 वीर जवानों को खो दिया और लगभग 1,363 जवान घायल हुए। वहीं, पाकिस्तान के हताहतों की संख्या पर आधिकारिक और अनौपचारिक आंकड़ों में अंतर है। भारत के आधिकारिक अनुमान के अनुसार, 453 से 700 पाकिस्तानी सैनिक मारे गए, जबकि अनौपचारिक स्रोतों और पाकिस्तान के तत्कालीन प्रधानमंत्री नवाज शरीफ के बयानों के अनुसार यह संख्या 3000 से अधिक थी। इस युद्ध में कैप्टन विक्रम बत्रा, लेफ्टिनेंट मनोज पांडे जैसे वीरों ने सर्वोच्च बलिदान दिया।

- **वर्ष 2016 - सर्जिकल स्ट्राइक :** 28-29 सितंबर, 2016 की रात को भारतीय सेना द्वारा नियंत्रण रेखा (LoC) के पार पाकिस्तान अधिकृत कश्मीर (PoK) में की गई सर्जिकल स्ट्राइक भारत के रक्षा इतिहास में एक महत्वपूर्ण और निर्णायक कदम था। यह कार्रवाई भारत की ओर से सीमा पार आतंकवाद को एक मजबूत संदेश देने के लिए की गई थी।

  इस सैन्य कार्रवाई का मुख्य कारण 18 सितंबर, 2016 को उड़ी (Uri) में भारतीय सेना के बेस पर हुआ आतंकवादी हमला था, जिसमें 19 भारतीय जवान शहीद हो गए थे। इस हमले के बाद, भारत सरकार ने जवाबी कार्रवाई करने का फैसला किया ताकि सीमा पार से होने वाले आतंकवाद को रोका जा सके और आतंकवादियों के लॉन्च पैड को नष्ट किया जा सके। स्ट्राइक का उद्देश्य इन आतंकवादी लॉन्च पैड्स को खत्म करना था, जहाँ से घुसपैठ की योजना बनाई जा रही थी।

  भारतीय सेना की पैरा स्पेशल फोर्सेज (Para SF) के कमांडो की टीमों ने यह अत्यंत गुप्त और सटीक अभियान चलाया। इस ऑपरेशन में शामिल सैनिकों की आधिकारिक संख्या गुप्त रखी गई थी, लेकिन अनुमानों के अनुसार, 4 और 9 पैरा SF की टीमों से लगभग 200 सैनिकों ने हिस्सा लिया था, जिन्होंने आतंकवादियों के कई लॉन्च पैड्स को निशाना बनाया। इस कार्रवाई में भारतीय पक्ष को कोई नुकसान नहीं हुआ। भारत ने स्पष्ट किया कि यह कार्रवाई आतंकवादी ठिकानों पर लक्षित थी, न कि पाकिस्तान की सेना पर, और इसका उद्देश्य क्षेत्र में शांति बनाए रखना है। यह कार्रवाई न केवल उड़ी हमले का जवाब थी, बल्कि इसने देश की रक्षा नीति में एक नया अध्याय जोड़ा।

- **बालाकोट एयर स्ट्राइक - आतंकवाद पर हवाई प्रहार :** 26 फरवरी, 2019 को बालाकोट एयर स्ट्राइक भारतीय वायु सेना (IAF) द्वारा की गई एक महत्वपूर्ण कार्रवाई थी। इसका मुख्य कारण 14 फरवरी, 2019 को जम्मू-कश्मीर के

पुलवामा में जैश-ए-मोहम्मद आतंकवादी संगठन का आत्मघाती हमला था, जिसमें 40 सीआरपीएफ जवान शहीद हो गए थे। यह हमला भारत की संप्रभुता पर सीधा प्रहार था और देश में व्यापक गुस्सा था। इस हमले का बदला लेने के लिए, IAF के 12 मिराज 2000 लड़ाकू विमानों ने नियंत्रण रेखा (LoC) को पार करके पाकिस्तान के बालाकोट स्थित जैश-ए-मोहम्मद के सबसे बड़े आतंकवादी प्रशिक्षण शिविर पर लेजर गाइडेड बमों से हमला किया। यह गैर-सैनिकी, पूर्वव्यापी हवाई हमला (Non-Military, Pre-emptive Air Strike) था, जिसका उद्देश्य आतंकवादियों और उनके ठिकानों को ध्वस्त करना था, न कि पाकिस्तान की सेना को। इस सटीक और त्वरित कार्रवाई में बड़ी संख्या में आतंकवादियों को मार गिराया गया। 1971 के युद्ध के बाद यह पहला मौका था जब भारतीय वायुसेना ने सीमा पार कर दुश्मन के ठिकानों पर हवाई हमला किया। इस सफल ऑपरेशन ने आतंकवाद के खिलाफ भारत की दृढ़ इच्छाशक्ति और नई रणनीति को प्रदर्शित किया।

- **वर्ष 2025 – ऑपरेशन सिंदूर, माडर्न वारफेयर :** मई 2025 में हुए 'ऑपरेशन सिंदूर' ने आधुनिक युद्ध (मॉडर्न वारफेयर) के सिद्धांतों को पुनः परिभाषित किया। यह सैन्य अभियान जम्मू-कश्मीर के पहलगाम में 22 अप्रैल, 2025 को हुए बर्बर आतंकवादी हमले के जवाब में भारत ने शुरू किया था। इस हमले में निर्दोष नागरिकों की हत्या, विशेष रूप से हिंदू पुरुषों को निशाना बनाना, युद्ध का मुख्य कारण बना। ऑपरेशन सिंदूर न केवल एक सैन्य जीत थी, बल्कि यह भारत के 'आत्मनिर्भर भारत' अभियान में रक्षा क्षेत्र की तकनीकी प्रगति और एकीकृत सैन्य प्रतिक्रिया का एक सशक्त प्रदर्शन भी था।
- **माडर्न वारफेयर :** यह ऑपरेशन पारंपरिक युद्ध से हटकर एक कैलिब्रेटेड, सटीक और एकीकृत (Tri-Services) सैन्य कार्रवाई थी। भारतीय सेना, वायुसेना (IAF) और सीमा सुरक्षा बल (BSF) के समन्वय ने इसे अभूतपूर्व बनाया।
- **सटीक मारक क्षमता (Precision Strike) :** IAF ने राफेल, ब्रह्मोस क्रूज मिसाइल, SCALP मिसाइलों और AASM हैमर बमों का उपयोग करते हुए पाकिस्तान व पाकिस्तान अधिकृत कश्मीर (PoK) में नौ से अधिक आतंकी ठिकानों को सफलतापूर्वक नष्ट किया।

(स्रोत: भारत के विदेश मंत्रालय की विशेष प्रेस वार्ता, 7 मई, 2025)

- **एयर पावर का प्रभुत्व :** S-400 मिसाइल प्रणाली का इस्तेमाल 300 किलोमीटर से अधिक की दूरी पर लक्ष्य भेदने के लिए किया गया, जिसने हवाई प्रभुत्व स्थापित किया।
- **आर्टिफिशियल इंटेलिजेंस (AI) का उपयोग :** भारतीय सेना ने खुफिया विश्लेषण, खतरे का आकलन और सटीक लक्ष्य के लिए AI-आधारित उपकरणों का व्यापक रूप से उपयोग किया। ●●

विश्व की चौथी अर्थव्यवस्था : भारत 3

जापान को पीछे छोड़ते हुए वैश्विक पटल पर चौथी बड़ी आर्थिक महाशक्ति के तौर पर स्थापित हो चुका भारत तीसरे स्थान के लिए जर्मनी को चुनौती दे रहा है। जिस द्रुत गति से अर्थव्यवस्था आगे बढ़ रही है, उसे देखते हुए कहा जा सकता है कि अब दिल्ली दूर नहीं है। देश के सकल घरेलू उत्पाद (जीडीपी) पर नजर दौड़ाएं तो तस्वीर साफ हो जाती है। अंतर्राष्ट्रीय रेटिंग एजेंसियों के अनुमान को धता बताते हुए अप्रैल से जून की तिमाही में जीडीपी 7.8% से अधिक रही, जबकि इससे पहले की तिमाही में यह 7.4% थी। यह पिछली पांच तिमाहियों में सबसे तेज वृद्धि है। इसे देश की मजबूत अर्थव्यवस्था ही कहा जाएगा कि भारतीय निर्यात पर 50% अमेरिकी टैरिफ के बावजूद भारत सरकार ने समझौता नहीं किया है। हालांकि विशेषज्ञों ने आशंका जताई है कि टैरिफ में वृद्धि से जीडीपी दर में 0.8% की कमी आ सकती है।

किसी भी देश की सटीक आर्थिक गतिविधि का आंकलन करना हो तो सकल मूल्य वर्धित (Gross Value Added - GVA) सबसे बेहतर माध्यम है। इस पर नजर डालें तो पता चलता है कि भारत में अप्रैल से जून तक तीन महीनों में यह 7.6% बढ़ा, जो पिछली तिमाही में 6.8% था। गौरतलब है कि जीवीए में अप्रत्यक्ष कर और सरकारी सब्सिडी भुगतान शामिल नहीं होते हैं, जो अस्थिर होते हैं। इतना ही नहीं, देश में निजी उपभोक्ता खर्च में हुई बढ़ोतरी से उद्योग जगत में उत्साह है।

निजी उपभोक्ता खर्च जीडीपी का लगभग 57% है। अप्रैल-जून में साल-दर-साल यह 7.0% बढ़ा, जो पिछली तिमाही में 6% था, क्योंकि ग्रामीण खर्च में वृद्धि हुई और कृषि जैसे क्षेत्र में मांग मजबूत रही। सरकार ने अमेरिकी टैरिफ से प्रभावित क्षेत्रों के लिए समर्थन का वादा किया और कहा कि घरेलू मांग को बढ़ाने के लिए कर कटौती का प्रस्ताव करेगी। सरकार ने जीएसटी स्लैब में बदलाव कर इसकी शुरुआत 22 सितम्बर, 2025 से कर दी है। चौथी अर्थव्यवस्था के रूप में स्थापित भारत के सामाजिक और आर्थिक ढांचे में भी इसका असर दृष्टिगोचर हो रहा है। नीति आयोग की एक रिपोर्ट (जनवरी 2024) के अनुसार, पिछले नौ वर्षों (2014-15 से 2022-23) के दौरान 24.82 करोड़ लोग बहुआयामी

गरीबी (Multidimensional Poverty) से बाहर निकले हैं। इस रिपोर्ट में बताया गया है कि गरीबी में रह रहे लोगों का अनुपात 2013-14 में 29·17% से घटकर 2022-23 में 11·28% हो गया है। विश्व बैंक (World Bank) ने अपनी रिपोर्ट में भारत की इस उपलब्धि की सराहना की है। उनकी रिपोर्ट के अनुसार, 11 वर्ष की अवधि (2011-12 से 2022-23) में लगभग 26·9 करोड़ लोग अत्यधिक गरीबी (Extreme Poverty) से बाहर आए हैं। अत्यधिक गरीबी को प्रति दिन $2·15 से कम आय पर जीवनयापन करने के रूप में परिभाषित किया जाता है।

एशिया प्रशांत क्षेत्र में भारत तीसरे स्थान पर

जापान को पीछे छोड़ते हुए भारत एशिया पावर इंडेक्स में तीसरी सबसे बड़ी शक्ति बन गया है, जो इसकी बढ़ती भू-राजनीतिक हैसियत को दर्शाता है। यह उपलब्धि भारत के सक्रिय विकास, युवा आबादी और तेजी से बढ़ती अर्थव्यवस्था के दम पर हासिल हुई है। अब भारत से ऊपर केवल अमेरिका और चीन हैं।

पहले एशिया पावर इंडेक्स को समझते हैं। लोवी इंस्टीट्यूट द्वारा 2018 में लॉन्च किया गया एशिया पावर इंडेक्स, एशिया-प्रशांत क्षेत्र में पावर की स्थिति का एक वार्षिक माप है। यह एशिया-प्रशांत क्षेत्र के 27 देशों का मूल्यांकन करता है। इसका मुख्यालय सिडनी, आस्ट्रेलिया में है। एशिया पावर इंडेक्स के सबसे अहम निष्कर्षों में से एक क्षेत्रीय ताकतों से संबंधित रैंकिंग (रीजनल पावर रैंकिंग्स) में भारत का सुधार लगातार जारी है। भारत ने कोरोना महामारी के बाद बड़े स्तर पर आर्थिक सुधार प्रदर्शित किए हैं, जिससे इसकी आर्थिक क्षमता में 4.2 अंकों की वृद्धि हुई है।

भारत की बड़ी आबादी और मजबूत जीडीपी वृद्धि ने विश्व की तीसरी सबसे बड़ी अर्थव्यवस्था बनने के लिए इसकी स्थिति को मजबूत किया है। भारत के भविष्य के संसाधनों के स्कोर में 8.2 अंकों की वृद्धि हुई है, जो संभावित जनसांख्यिकीय लाभ का संकेत है। चीन और जापान के विपरीत, भारत को अपनी युवा आबादी से लाभ मिलता है जो कि आने वाले दशकों में आर्थिक विकास और श्रम बल विस्तार को गति देती रहेगी। इसके अलावा, भारत की बड़ी आबादी और आर्थिक क्षमताएं इसके लिए पर्याप्त संभावनाएं पैदा करती हैं। सांस्कृतिक प्रभाव में भारत का स्कोर भी तुलनात्मक रूप से मजबूत रहा है, जिसे इसके वैश्विक प्रवासी और सांस्कृतिक निर्यात से समर्थन मिल रहा है।

भारत की प्रगति के पहिए

• सामाजिक आर्थिक विकास • ढांचागत विकास • रक्षा क्षेत्र में आत्मनिर्भरता • नवीकरणीय ऊर्जा • डिजिटल इंडिया • आयात-निर्यात।

संक्षेप में निम्न विषयों पर संक्षिप्त टिप्पणियाँ—

सामाजिक आर्थिक विकास

हालांकि सामाजिक आर्थिक विकास को मापने के लिए आय या उत्पादन में वृद्धि के अलावा नागरिकों के जीवन स्तर, शिक्षा, स्वास्थ्य, रोजगार और समग्र कल्याण को भी शामिल किया जाना चाहिए, लेकिन हम यहां पर प्रति व्यक्ति आय पर ही फोकस कर रहे हैं। वजह यह है कि आर्थिक तौर पर संपन्न व्यक्ति की क्रय शक्ति मजबूत होगी, जिससे उत्पादन बढ़ेगा और जाहिर है इससे रोजगार के अवसर भी बढ़ेंगे। प्रति व्यक्ति आय, किसी देश की आर्थिक समृद्धि और उसके नागरिकों के औसत जीवन स्तर को दर्शाने वाला एक महत्वपूर्ण संकेतक है। भारत ने पिछले कुछ दशकों में इस मोर्चे पर एक लंबा सफर तय किया है, जो देश के आर्थिक विकास की कहानी कहता है। प्रति व्यक्ति आय में हुई वृद्धि को हम मौटे तौर पर तीन भागों में बांट कर देखेंगे। आजादी के बाद शुरुआती दशक 1950–1975, 1975–2000 और 2000–2025।

- 1950 के दशक में, भारत की अर्थव्यवस्था मुख्य रूप से कृषि आधारित थी। 1950–51 में, भारत की प्रति व्यक्ति आय लगभग 274 रुपये थी। 1975–76 तक यह बढ़कर 1,629 रुपये हो गई। वर्ष 1991 के आर्थिक उदारीकरण (Economic Liberalization) के बाद भारत की अर्थव्यवस्था ने एक नया मोड़ लिया। सरकार ने निजीकरण और वैश्वीकरण की नीतियों को अपनाया, जिससे सेवा और औद्योगिक क्षेत्रों में तेजी आई। इस समय प्रति व्यक्ति आय में काफी सुधार हुआ। वर्ष 2000–01 में यह बढ़कर लगभग 17,700 रुपये हो गई । इस वृद्धि ने दर्शाया कि अर्थव्यवस्था अब तेजी से विकसित हो रही थी।
- 21वीं सदी में भारत ने प्रौद्योगिकी, सेवा और विनिर्माण क्षेत्रों में अभूतपूर्व प्रगति की है। आज, भारत विश्व की सबसे तेजी से बढ़ती प्रमुख अर्थव्यवस्थाओं में से एक है। राष्ट्रीय सांख्यिकी कार्यालय (NSO) के अनुसार, वित्त वर्ष 2022–23 में भारत में प्रति व्यक्ति आय 1,72,000 रुपये के आंकड़े को पार कर गई है। यह वृद्धि **डिजिटल इंडिया, स्टार्टअप इंडिया** जैसी पहल और मजबूत बुनियादी ढांचे के विकास के कारण संभव हुई है। प्रति व्यक्ति आय में यह वृद्धि निश्चित रूप से देश के लिए एक बड़ी उपलब्धि है, लेकिन भारत में अभी भी आय असमानता एक बड़ी चुनौती बनी हुई है। अब समय आ गया है कि देश समावेशी विकास (Inclusive Growth) पर ध्यान केंद्रित करे, ताकि प्रति व्यक्ति आय में वृद्धि का लाभ समाज के सभी वर्गों तक समान रूप से पहुँच सके।

ढांचागत विकास (Infrastructure Development)

किसी भी देश के आर्थिक सशक्तीकरण की कहानी ढांचागत विकास के बिना अधूरी ही रहेगी। अर्थव्यवस्था की राह इसी से होकर गुजरती है। सरकार ने

पिछले कुछ वर्षों में सड़क, रेलवे, उड्डयन और बंदरगाहों जैसे क्षेत्रों में बड़े पैमाने पर निवेश किया है, जिससे आर्थिक गतिविधियों को गति मिली है और लॉजिस्टिक्स की लागत में कमी आई है।

- पूर्व प्रधानमंत्री अटल बिहारी वाजपेई के दौर में शुरू हुई **स्वर्णिम चतुर्भुज योजना** से शुरू हुआ सड़कों का विकास आज रफ्तार पकड़ चुका है। भारतीय राष्ट्रीय राजमार्ग प्राधिकरण (NHAI) के अनुसार, पिछले एक दशक में भारत में राष्ट्रीय राजमार्गों का निर्माण तेजी से बढ़ा है। वित्तीय वर्ष 2022-23 में, भारत में लगभग 10,993 किलोमीटर राष्ट्रीय राजमार्गों का निर्माण हुआ, जो 2014-15 में निर्मित 4,410 किलोमीटर की तुलना में 149% अधिक है। यह वृद्धि न केवल माल ढुलाई को आसान बनाती है, बल्कि ग्रामीण और शहरी क्षेत्रों को भी जोड़ती है, जिससे आर्थिक असमानता कम होती है। **पीएम गतिशक्ति योजना** के तहत, सरकार का लक्ष्य मल्टीमॉडल कनेक्टिविटी के माध्यम से लॉजिस्टिक्स दक्षता बढ़ाना है, जिससे विनिर्माण और व्यापार को बढ़ावा मिले।
- भारतीय रेलवे ने भी महत्वपूर्ण प्रगति की है। रेल मंत्रालय के आंकड़ों के अनुसार, 2014 से 2023 तक रेलवे लाइनों का विद्युतीकरण 63% से बढ़कर 93% हो गया है। नई लाइनों का निर्माण और मौजूदा लाइनों का दोहरीकरण भी तेजी से हुआ है। **वंदे भारत** जैसी आधुनिक रेल और डेडिकेटेड फ्रेट कॉरिडोर (DFC) परियोजनाएं माल ढुलाई की गति और यात्री अनुभव को बेहतर बना रही हैं। डेडिकेटेड फ्रेट कॉरिडोर से माल ढुलाई में लगने वाला समय काफी कम हो गया है।
- उड्डयन क्षेत्र में भी उल्लेखनीय प्रगति हुई है। नागरिक उड्डयन मंत्रालय के अनुसार, देश में हवाई अड्डों की संख्या 2014 में 74 से बढ़कर अब 149 हो गई है। उड़ान योजना ने क्षेत्रीय कनेक्टिविटी को बढ़ावा दिया है, जिससे छोटे शहरों में भी हवाई यात्रा सुलभ हुई है। बंदरगाहों के संदर्भ में, **सागरमाला परियोजना** के तहत बंदरगाहों का आधुनिकीकरण किया जा रहा है, जिससे उनकी कार्गो हैंडलिंग क्षमता में वृद्धि हुई है। बंदरगाहों की क्षमता 2014 में 800 मिलियन टन से बढ़कर 2023 में 1,700 मिलियन टन से अधिक हो गई है। यह वृद्धि भारत को एक प्रमुख व्यापारिक केंद्र के रूप में स्थापित करती है।

रक्षा क्षेत्र में आत्मनिर्भरता

यदि देश को महाशक्ति बनना है तो सैन्य सशक्तिकरण के बिना इस दिशा में आगे बढ़ना मुमकिन नहीं है। भारत इस सेक्टर में भी अपना लोहा मनवा रहा है। पिछले कुछ वर्षों में, **'मेक इन इंडिया'** ने रक्षा उत्पादन में महत्वपूर्ण भूमिका निभाई है, जिससे आयात पर निर्भरता कम हुई है और निर्यात में वृद्धि हुई है। सरकार की नीतियों, जैसे कि रक्षा खरीद प्रक्रिया में बदलाव ने घरेलू कंपनियों को रक्षा उत्पादन

में भाग लेने के लिए प्रोत्साहित किया है। इन नीतियों के तहत, स्वदेशी रूप से डिजाइन, विकसित और निर्मित उपकरणों को प्राथमिकता दी जा रही है। इसका परिणाम यह हुआ है कि भारत अब न केवल अपने लिए हथियार बना रहा है, बल्कि उनका निर्यात भी कर रहा है।

- डिफेंस एक्सपो-2022 में रक्षा मंत्रालय ने बताया कि भारत का रक्षा निर्यात पिछले कुछ वर्षों में तेजी से बढ़ा है। वर्ष 2016-17 में यह 1,521 करोड़ रुपये था, जो 2023-24 में बढ़कर 21,000 करोड़ रुपये से अधिक हो गया। इस निर्यात में मुख्य रूप से व्यक्तिगत सुरक्षा उपकरण, हेलीकॉप्टर, हल्के लड़ाकू विमान, मिसाइल प्रणाली और तटीय निगरानी रडार जैसे उपकरण शामिल हैं। भारत के मुख्य निर्यात बाजारों में फिलीपींस, आर्मेनिया, मालदीव और मॉरीशस सहित 85 से ज्यादा देश हैं। हाल ही में, भारत ने फिलीपींस को ब्रह्मोस सुपरसोनिक क्रूज मिसाइलें बेची हैं, जो भारत के बढ़ते रक्षा निर्यात का एक बड़ा उदाहरण है। यह प्रगति दर्शाती है कि भारत अब एक प्रमुख रक्षा आयातक से एक विश्वसनीय रक्षा निर्यातक के रूप में उभर रहा है। यह न केवल देश की रणनीतिक स्वायत्तता को मजबूत करता है, बल्कि भारतीय अर्थव्यवस्था को भी गति देता है। स्वदेशी रक्षा उत्पादन से रोजगार के अवसर बढ़ रहे हैं और अनुसंधान एवं विकास को भी बढ़ावा मिल रहा है, जो भारत को एक वैश्विक रक्षा महाशक्ति के रूप में स्थापित करने की दिशा में एक महत्वपूर्ण कदम है।

नवीकरणीय ऊर्जा (Renewable Energy)

तकनीक के इस युग में ऊर्जा की बढ़ती जरूरतों को पारंपरिक तरीकों से पूरा करना चुनौती बनता जा रहा है। ऐसे में देश ने नवीकरणीय ऊर्जा के क्षेत्र में भविष्य तलाशा। न केवल भविष्य तलाशा, बल्कि अभूतपूर्व छलांग भी लगाई। यह प्रगति न केवल ऊर्जा सुरक्षा सुनिश्चित कर रही है, बल्कि जलवायु परिवर्तन के खिलाफ वैश्विक संघर्ष में भी भारत की महत्वपूर्ण भूमिका को दर्शाती है। नवीन और नवीकरणीय ऊर्जा मंत्रालय (MNRE) के अनुसार, भारत की कुल नवीकरणीय ऊर्जा क्षमता 2014 में लगभग 34 गीगावाट (GW) थी, जो दिसंबर 2023 तक बढ़कर 175 गीगावाट से अधिक हो गई है। यह एक दशक से भी कम समय में लगभग 400% की वृद्धि है। इस क्षमता में सौर **ऊर्जा, पवन ऊर्जा, बायोमास** और छोटी जलविद्युत परियोजनाएं शामिल हैं।

- भारत की प्रगति का सबसे बड़ा चालक सौर ऊर्जा है। अंतर्राष्ट्रीय सौर गठबंधन (ISA) के संस्थापक सदस्य के रूप में भारत ने सौर ऊर्जा उत्पादन को बढ़ाने के लिए कई पहल शुरू की हैं। **प्रधानमंत्री कुसुम योजना** और **रूफटॉप सौर योजना** ने ग्रामीण और शहरी क्षेत्रों में सौर ऊर्जा को लोकप्रिय बनाया है। सौर ऊर्जा क्षमता 2014 में 2.6 गीगावाट से बढ़कर 2023 में 73 गीगावाट से अधिक

हो गई है। सौर ऊर्जा के अलावा, पवन ऊर्जा भी महत्वपूर्ण भूमिका निभा रही है। भारत विश्व का चौथा सबसे बड़ा पवन ऊर्जा उत्पादक है। 2014 में पवन ऊर्जा क्षमता लगभग 21 गीगावाट थी, जो 2023 तक 45 गीगावाट को पार कर गई है। सरकार की नीति इस क्षेत्र में भी निजी निवेश को प्रोत्साहित कर रही है। भारत ने 2030 तक अपनी स्थापित बिजली क्षमता का 50% गैर-जीवाश्म ईंधन स्त्रोतों से प्राप्त करने का महत्वाकांक्षी लक्ष्य निर्धारित किया है।

- **राष्ट्रीय हाइड्रोजन मिशन** जैसी पहलें भविष्य की स्वच्छ ऊर्जा जरूरतों को पूरा करने के लिए हरित हाइड्रोजन उत्पादन को बढ़ावा दे रही हैं। इन प्रयासों ने भारत को न केवल ऊर्जा के क्षेत्र में आत्मनिर्भर बनाया है, बल्कि वैश्विक स्तर पर भी एक जिम्मेदार और अग्रणी राष्ट्र के रूप में स्थापित किया है।

डिजिटल इंडिया

भारत को आर्थिक महाशक्ति के तौर पर स्थापित करने में **डिजिटल इंडिया** के योगदान को कमतर नहीं आंका जा सकता। इसने न केवल लेन-देन को तीव्र और सरल बनाया, बल्कि भ्रष्टाचार पर अंकुश लगाने के लिए एक अहम हथियार के तौर पर भी सामने आया है। डिजिटल इंडिया की सबसे बड़ी सफलता यूनिफाइड पेमेंट्स इंटरफेस (UPI) है। भारतीय राष्ट्रीय भुगतान निगम (NPCI) के अनुसार, मई 2024 में UPI लेन-देन का मूल्य 14.04 लाख करोड़ रुपये को पार कर गया, जो भारत में डिजिटल भुगतान की बढ़ती स्वीकार्यता को दर्शाता है। यूपीआई ने छोटे विक्रेताओं से लेकर बड़े व्यवसायों तक, सभी के लिए लेन-देन को आसान बना दिया है, जिससे अर्थव्यवस्था में पारदर्शिता बढ़ी है। इसके अलावा, **जन धन-आधार-मोबाइल** (JAM) ट्रिनिटी ने सीधे लाभ हस्तांतरण (Direct Benefit Transfer) को संभव बनाया है, जिससे सरकारी योजनाओं का पैसा सीधे लाभार्थियों के बैंक खातों में पहुंच रहा है।

- डिजिटल इंडिया ने सरकारी सेवाओं को नागरिकों के दरवाजे तक पहुंचाया है। डिजी-लॉकर (Digi-Locker) जैसे प्लेटफॉर्म नागरिकों को अपने महत्वपूर्ण दस्तावेज जैसे आधार, पैन कार्ड, और ड्राइविंग लाइसेंस को डिजिटल रूप में सुरक्षित रखने की सुविधा देते हैं। इससे कागजी कार्रवाई कम हुई है और सेवाओं की डिलीवरी में तेजी आई है। ई-गवर्नेंस पहलों ने सरकारी प्रक्रियाओं को सरल बनाया है, जिससे समय और संसाधन दोनों की बचत हो रही है। **डिजिटल इंडिया** ने **स्टार्टअप इकोसिस्टम** को भी बढ़ावा दिया है। देश भर में

इंटरनेट की पहुंच बढ़ने और डेटा की लागत कम होने से नए डिजिटल व्यवसाय तेजी से उभर रहे हैं। इसने रोजगार के नए अवसर पैदा किए हैं और नवाचार को प्रोत्साहित किया है। यह सब मिलकर भारत की अर्थव्यवस्था को अधिक कुशल, पारदर्शी और समावेशी बना रहा है, जिससे चौथी आर्थिक महाशक्ति के रूप में इसकी स्थिति मजबूत हुई है।

आयात-निर्यात

विश्व की **चौथी सबसे बड़ी अर्थव्यवस्था** बनने की भारत की इस यात्रा में व्यापार की एक अहम भूमिका है। राष्ट्र की आर्थिक शक्ति का सही माप उसके अंतर्राष्ट्रीय व्यापार की क्षमता से होता है। भारत ने पिछले कुछ वर्षों में अपने व्यापार संतुलन को बेहतर बनाने और वैश्विक आपूर्ति श्रृंखला में अपनी स्थिति मजबूत करने के लिए ठोस कदम उठाए हैं। वाणिज्य और उद्योग मंत्रालय के आंकड़ों के अनुसार, भारत का कुल निर्यात (माल और सेवाओं को मिलाकर) वित्त वर्ष 2022-23 में 776 बिलियन के रिकॉर्ड स्तर पर पहुंच गया। यह वर्ष 2014-15 के मुकाबले एक बड़ी छलांग है, जो देश के विनिर्माण और सेवा क्षेत्रों की बढ़ती प्रतिस्पर्धा को दर्शाता है। पेट्रोलियम उत्पाद, रत्न और आभूषण, इंजीनियरिंग सामान और फार्मास्यूटिकल्स भारतीय निर्यात के मुख्य घटक हैं। इसके अतिरिक्त, सॉफ्टवेयर और आईटी सेवाओं का निर्यात भी लगातार बढ़ रहा है। सरकार की **आत्मनिर्भर भारत** और **मेक इन इंडिया** जैसी पहलों ने घरेलू उत्पादन को बढ़ावा दिया है, जिससे निर्यात की गुणवत्ता और मात्रा दोनों में सुधार हुआ है। निर्यात के साथ-साथ, आयात भी अर्थव्यवस्था के लिए महत्वपूर्ण है। भारत मुख्य रूप से कच्चा तेल, इलेक्ट्रॉनिक्स, मशीनरी और सोना आयात करता है। सरकार का ध्यान रणनीतिक आयात पर है, जो घरेलू उद्योगों के लिए आवश्यक कच्चे माल और प्रौद्योगिकी प्रदान करते हैं। यह सुनिश्चित करता है कि आयात देश के विकास में बाधक न बने, बल्कि सहायक हो।

- भारत अपने व्यापार संबंधों को मजबूत करने के लिए विभिन्न देशों के साथ मुक्त व्यापार समझौते (Free Trade Agreements - FTAs) कर रहा है। हाल ही में, संयुक्त अरब अमीरात, ऑस्ट्रेलिया और ब्रिटेन के साथ 24 जुलाई, 2025 में किया गया समझौता इसका उदाहरण है। इन समझौतों से भारतीय उत्पादों को नए बाजारों में पहुंच मिल रही है और व्यापार में आने वाली बाधाएं कम हो रही हैं। इससे भारतीय व्यवसायों को वैश्विक स्तर पर प्रतिस्पर्धा करने का मौका मिला है। ●●

एक देश, एक कर व्यवस्था 4

जीएसटी : बदलते भारत की दिशा में एक और कदम

1 जुलाई, 2017 से आरम्भ हुई नई कर व्यवस्था को अर्द्धरात्रि को ठीक 12 बजते ही तत्कालीन राष्ट्रपति प्रणब मुखर्जी और प्रधानमंत्री नरेन्द्र मोदी ने एक साथ बटन दबाकर संसद भवन के सेंट्रल हाल से लांच किया।

इसके बाद वैट, सेवा कर और केन्द्रीय उत्पाद शुल्क जैसे केंद्र और राज्य के अधिकतर कर समाप्त हो गए। तब वस्तुओं और सेवाओं पर जीएसटी की चार दरें- 5, 12, 18 और 28 फीसद लागू की गई थी।

इस अवसर पर अपने संबोधन में प्रधानमंत्री नरेन्द्र मोदी ने जीएसटी को गुड एंड सिंपल (अच्छा और सरल) टैक्स बताया। इससे देश में व्यापार करना आसान हो जाएगा। राष्ट्रपति प्रणब मुखर्जी ने कहा कि यह ऐतिहासिक क्षण दिसंबर 2002 में शुरू हुई लंबी यात्रा की परिणति है। उन्होंने जीएसटी को राज्य सरकारों की सहमति और देशहित में सबके साथ आने का प्रतीक बताया।

जीएसटी के संबंध में फैसले लेने वाली सर्वोच्च संस्था **जीएसटी काउंसिल** में सभी राज्यों के वित्त मंत्री शामिल होते हैं। काउंसिल में निर्णय लेने के लिए मताधिकार की व्यवस्था होने के बाद भी काउंसिल की अब तक हुई 56 बैठकों में सभी फैसले आम राय से ही हुए हैं।

संविधान में संशोधन पर केन्द्र और राज्यों को समान रूप से जीएसटी लागू करने का अधिकार दिया गया है।

- **कब क्या हुआ? :** जी०एस०टी० बिल लाने के लिए केन्द्र सरकार पिछले काफी समय से प्रयास कर रही थी। नये सिरे से केन्द्र सरकार ने 19 दिसम्बर, 2014 को **संविधान (112वां संशोधन) विधेयक- 2014** लोकसभा में पेश किया, जहां 6 मई, 2015 को इसे पारित किया गया। राज्यसभा में कुछ दलों की आपत्ति के बाद बिल में छह संशोधन किये गये और 3 अगस्त 2016 को राज्य सभा में (अन्ना द्रमुक की अनुपस्थिति में) यह बिल पारित कर दिया गया। राज्यसभा में हुए संशोधनों

खत्म हुए बड़े कर

केन्द्रीय कर

- सेंट्रल एक्साइज ड्यूटी
- एडिशनल ड्यूटी ऑफ एक्साइज
- मेडिसिनल एंड टॉयलेट प्रेपरेशन एक्ट के अंतर्गत लगाई जाने वाली एक्साइज ड्यूटी
- कस्टम के अतिरिक्त कर (काउंटरवेलिंग ड्यूटी, स्पेशल एडीशनल ड्यूटी)
- सर्विस टैक्स
- सरचार्ज और सेस

राज्य कर

- वैट और सेल्स टैक्स
- सेंट्रल सेल्स टैक्स
- पर्चेज टैक्स
- एंटरटेनमेंट टैक्स (स्थानीय निकायों के अतिरिक्त लगाया जाने वाला)
- लक्जरी टैक्स
- एंट्री टैक्स (हर प्रकार का)
- लॉटरी, सट्टेबाजी, जुए पर लगने वाले कर
- सरचार्ज और सेस

के कारण इसे फिर से लोकसभा में 8 अगस्त, 2016 को पारित कर दिया गया। संसद में पारित होने के बाद इस बिल को देश की 50 प्रतिशत विधानसभाओं में पारित करवाना आवश्यक था। 16 राज्यों ने इसे जल्दी ही पारित कर दिया और इसके बाद राष्ट्रपति की मंजूरी के लिए भेज दिया गया।

माल एवं सेवा कर (एस०जी०एस०टी०) : उत्तराखण्ड

माल एवं सेवा कर (एस०जी० एस०टी०) विधेयक-2017 दिनांक 2 मई, 2017 को सदन में पारित हुआ। देश में एक जुलाई से जी०एस०टी० लागू होने के कारण सभी राज्यों को विधानसभा में एस०जी०एस०टी० एक्ट पास करना अनिवार्य था। इस विधेयक के पारित होने के बाद जी०एस०टी० काउंसिल द्वारा टैक्स के तय किए गए नियमों को राज्य विधानसभा में भी मंजूरी मिल गई है।

जी०एस०टी० लागू होने के बाद टैक्स के सभी पुराने नियम खत्म हो गए थे। जी०एस०टी० लागू होने के बाद सेवा कर लगाने का अधिकार भी राज्यों को मिल गया है। 1.5 करोड़ वार्षिक टर्न ओवर तक के 90 प्रतिशत व्यापारी राज्य सरकार के पास पंजीकृत होंगे, जबकि 10 प्रतिशत व्यापारी सेंट्रल जी०एस०टी० के दायरे में आएंगे। 10.5 करोड़ से ज्यादा वार्षिक टर्न ओवर के 50 प्रतिशत व्यापारी राज्य एवं 50 प्रतिशत सेंट्रल जी०एस०टी० के तहत हैं।

टैक्स दरें

- आम लोगों द्वारा बड़े पैमाने पर इस्तेमाल की जाने वाली वस्तुओं पर 5% की डयूटी लगायी गई।
- आम आदमी द्वारा इस्तेमाल किए जाने वाले अनाज सहित उपभोक्ता मूल्य सूचकांक की लिस्ट में शामिल आधी वस्तुओं पर शून्य कर था।
- वस्तु एवं सेवा कर की चार दरें–5%, 12%, 18% और 28% की दरें थीं।
- लक्ज़री कारों, तंबाकू, ठंडे पेय पदार्थों जैसी कुछ वस्तुओं पर उच्चतम टैक्स स्लैब के अलावा अतिरिक्त उपकर भी लगता था।

प्रावधान

एक्ट के तहत प्रावधान है कि यदि व्यापारी 50 हजार से ज्यादा का माल अपने एक गोदाम से दूसरे गोदाम में भी ले जाता है तो उसे ई-वे बिल ऑनलाइन भरना होगा। यह शर्त वार्षिक 10 लाख का टर्न ओवर वाले व्यापारियों के लिए अनिवार्य होगी। लेकिन राज्य के बाहर से माल लाने पर सभी व्यापारियों को ई-वे बिल देना होगा। ●●

जीएसटी की यात्रा

जीएसटी की अवधारणा वर्ष 2002 में अटल बिहारी वाजपेयी सरकार के समय शुरू हुई। तब विजय केलकर समिति ने एकीकृत कर की सिफारिश की। वर्ष 2006 में, यूपीए सरकार ने वर्ष 2010 तक जीएसटी लागू करने की योजना बनाई, लेकिन राजनीतिक और संवैधानिक बाधाओं से देरी हुई। वर्ष 2016 में 101वें संविधान संशोधन अधिनियम से जीएसटी को संवैधानिक आधार मिला। एक जुलाई 2017 को मोदी सरकार ने जीएसटी लागू किया, जो वैट, एक्साइज, सर्विस टैक्स सहित 17 से अधिक अप्रत्यक्ष करों को एक में समाहित करता है।

जीएसटी-2017 से जीएसटी नेक्स्ट-जेन-2025

सरल-सुगम-प्रबंधन व्यवस्था

किसी भी देश के विकास को गति देने के लिए आवश्यक है कि कर प्रक्रियाएं सरल, सुगम और बोधगम्य हों। वस्तु एवं सेवा कर (GST) इसी दिशा में उठाया गया कदम है, जो **'एक राष्ट्र-एक कर'** के सपने को धरातल पर उतारने का प्रयास है। भारत सरकार ने 1 जुलाई, 2017 को जीएसटी को लागू किया। इस ऐतिहासिक कदम ने देश की अर्थव्यवस्था को एकीकृत किया और इसे विश्व के सबसे बड़े एकल बाजारों में से एक बना दिया। हालांकि आरम्भ से ही विशेषज्ञ जीएसटी में सुधारों की पहल कर रहे थे। सरकार के स्तर पर भी इसके लिए प्रयास जारी था। तीन सितंबर 2025 को जीएसटी काउंसिल की 56वीं बैठक में वित्त मंत्री निर्मला सीतारमण ने **'नेक्स्ट-जेन'** जीएसटी सुधारों की घोषणा की। इसे जीएसटी 2.0 भी कहा जा रहा है। ये बदलाव, विशेष रूप से दो-स्तरीय कर संरचना (5% और 18%) पर आधारित है, जो 22 सितंबर 2025 से लागू हो गए हैं। इस तिथि को नवरात्रि के पहले दिन के रूप में चुना गया था, ताकि त्योहारी सीजन के दौरान उपभोक्ताओं को इसका लाभ मिल सके। यूं तो ये सुधार अपेक्षित थे, लेकिन वर्तमान में भू-राजनीतिक परिदृश्य (Geo Political Situation) में सरकार की सक्रियता बढ़ी। विशेषकर अमेरिका द्वारा भारत से होने वाले आयात पर 50 प्रतिशत टैरिफ के ऐलान के बाद सरकार ने इस दिशा में तेजी दिखायी। सरकार को उम्मीद है कि जीएसटी सुधारों से घरेलू बाजार में मांग में तेजी आएगी और इससे औद्योगिक उत्पादन में वृद्धि होगी जो रोजगार सृजन में सहायक होगा। वाणिज्य और उद्योग मंत्री पीयूष गोयल ने इन सुधारों को आत्मनिर्भर भारत की परिकल्पना को

महत्वपूर्ण तथ्य

- वस्तुओं और सेवाओं के विनिर्माता अथवा सेवाप्रदाता से उपभोक्ता तक पहुंचने में केवल एक ही कर लगेगा।
- उपभोक्ता को अंतिम डीलर द्वारा लगाया गया टैक्स ही देना होगा।
- इसमें केन्द्र सरकार द्वारा लिये जाने वाले कर को सी०जी०एस०टी० और राज्यों द्वारा लिए जाने वाले कर को एस०जी०एस०टी० कहा जाएगा। दोनों एक साथ वसूले जाएंगे।

- शराब को जी०एस०टी० के दायरे से बाहर रखा गया है, पेट्रोलियम उत्पादों पर जी०एस०टी० लागू करने के सम्बन्ध में जी०एस०टी० काउंसिल निर्णय लेगी।
- जी०एस०टी० से राज्यों को होने वाली हानि की भरपाई 5 वर्षों तक केन्द्र सरकार करेगी।

साकार करने की दिशा में एक प्रगतिशील कदम बताते हुए वर्ष 2047 तक भारत को '**विकसित राष्ट्र**' बनाने का आधार करार दिया।

भारत में कर (Tax) का सफर : एक अवलोकन

भारत में कर प्रणाली का इतिहास उतना ही पुराना है जितना इसकी सभ्यता का विकास। कौटिल्य के 'अर्थशास्त्र' में राज्य द्वारा किसानों और व्यापारियों से कर वसूलने का विस्तृत वर्णन है। इसे राज्य की सुरक्षा और जनकल्याण के लिए आवश्यक माना गया था। बौद्ध जातक कथाओं और मनुस्मृति में भी करों के बारे में उल्लेख मिलता है। स्वतंत्रता के बाद भारत में ब्रिटिश राज की कर प्रणाली को ही अपनाया गया, जो बेहद जटिल थी। इसमें कई तरह के अप्रत्यक्ष कर शामिल थे, जैसे केंद्रीय उत्पाद शुल्क (Central Excise), सेवा कर (Service Tax), और राज्यों द्वारा लगाए जाने वाले बिक्री कर (Sales Tax) और मूल्य वर्धित कर (VAT)। इस बहुस्तरीय और जटिल संरचना का सबसे बड़ा नुकसान टैक्स पर टैक्स का प्रभाव था, जिससे वस्तुओं और सेवाओं की अंतिम कीमतें बढ़ जाती थीं और अर्थव्यवस्था की प्रतिस्पर्धात्मकता घटती थी।

हर माह की 10 तारीख को भरना होता है रिटर्न

- जी०एस०टी० एक्ट में प्रावधान किया गया है कि व्यापारी को हर महीने की बिक्री का ब्योरा अगले दस दिनों के भीतर देना होगा। 15 तारीख तक खरीद और 20 तारीख तक पूरा रिटर्न दाखिल करना होगा। इस तरह से जी०एस०टी० के बाद हर महीने में रिटर्न दाखिल करना अनिवार्य हो गया है। जी०एस०टी० के बाद रिटर्न ऑनलाइन भरना होगा। टैक्स भी ई–पेंमेंट के जरिए जमा होगा।
- देश में जी०एस०टी० लागू होने के बाद उत्तराखण्ड जैसे उपभोक्ता प्रधान राज्य को विशेष लाभ होने का अनुमान है। जी०एस०टी० विधेयक को पारित करने वाला उत्तराखण्ड देश का पांचवां राज्य है।

सेल्स टैक्स से वैट तक

सेल्स टैक्स की शुरुआत ब्रिटिश शासन काल में तब हुई, जब 1939 में बॉम्बे सेल्स टैक्स एक्ट लागू किया गया। स्वतंत्रता के बाद यह राज्य स्तर का कर बन गया, जहां राज्य सरकारें माल की बिक्री पर कर वसूलती थीं। संविधान की सातवीं अनुसूची के अनुसार, सेल्स टैक्स राज्यों का विशेषाधिकार था। यह एकल बिंदु कर था, जिसमें माल की अंतिम बिक्री पर कर लगता था, लेकिन इसमें कैस्केडिंग प्रभाव (कर पर कर) की समस्या थी। उदाहरण के लिए, कच्चे माल पर लगे कर का बोझ अंतिम उत्पाद पर बढ़ जाता था, जिससे कीमतें बढ़ती थीं और व्यापार प्रभावित होता था। 1990 के दशक तक, विभिन्न राज्यों में अलग–अलग दरें और

नियम होने से अंतर्राज्यीय व्यापार में बाधाएं आती थीं। सेल्स टैक्स से राज्यों को राजस्व तो मिलता था, लेकिन यह अप्रभावी और जटिल था। सेल्स टैक्स की कमियों को दूर करने के लिए 2005 में वैल्यू एडेड टैक्स (वैट) लागू किया गया।

यह बहु-बिंदु कर प्रणाली थी, जिसमें उत्पादन और वितरण के हर चरण पर मूल्य वृद्धि पर कर लगता था, लेकिन इनपुट टैक्स क्रेडिट की सुविधा से कैस्केडिंग प्रभाव कम होता था। हरियाणा पहला राज्य था जिसने 2003 में वैट अपनाया और 2005 तक अधिकांश राज्यों ने इसे लागू कर लिया। वैट ने सेल्स टैक्स की तुलना में पारदर्शिता बढ़ाई और राजस्व संग्रह में सुधार किया। हालांकि, वैट भी राज्य स्तर का कर था, इसलिए अंतर्राज्यीय व्यापार में सेंट्रल सेल्स टैक्स (सीएसटी) जैसी अतिरिक्त जटिलताएं बनी रहीं। वैट ने अर्थव्यवस्था को मजबूत किया, लेकिन यह सेवा क्षेत्र को कवर नहीं करता था और कई केंद्रीय कर जैसे एक्साइज ड्यूटी अलग से लगते थे। वैट की सफलता ने एक एकीकृत राष्ट्रीय कर प्रणाली की आवश्यकता को उजागर किया। ●●

महत्वपूर्ण तथ्य

- **राज्य वित्त निगम :** लघु और मध्यम औद्योगिक इकाइयों के लिए दीर्घकालिक वित्तीय व्यवस्था करने के उद्देश्य से भारत सरकार ने 28 सितम्बर, 1951 को राज्य वित्त निगम अधिनियम पास किया, जिसके अंतर्गत राज्य सरकारों को वित्त निगमों की स्थापना का अधिकार मिला। पहला राज्य वित्त निगम 1953 में पंजाब में स्थापित किया गया।
- **पहली पंचवर्षीय योजना (1951-56) :** इस योजना में खाद्य संकट से निबटने के लिए कृषि पर मुख्य बल दिया गया था। साथ ही मुद्रा-स्फीति पर काबू पाने को भी उच्च प्राथमिकता दी गई थी। खाद्य उत्पादन बढ़ाना इस योजना का मुख्य लक्ष्य था। इस योजनाकाल में राष्ट्रीय आय में मात्र 11 प्रतिशत की वृद्धि का लक्ष्य रखा गया था।
- **भारतीय औद्योगिक विकास बैंक :** इसकी स्थापना भारतीय रिजर्व बैंक के एक अनुषंगी बैंक के रूप में की गई थी। इसे 1976 में भारतीय रिजर्व बैंक से अलग करके भारत सरकार ने इसका स्वामित्व अपने हाथ में लिया। यह उद्योगों के विकास के लिए ऋण और अन्य सुविधाएं देने वाली प्रमुख वित्तीय संस्था है।
- **भारतीय लघु उद्योग विकास बैंक :** लघु क्षेत्र को बड़े पैमाने पर वित्तीय व गैर-वित्तीय सहायता उपलब्ध कराने के उद्देश्य से अक्टूबर, 1989 में इस बैंक की स्थापना की गई। इसने 2 अप्रैल, 1990 से अपना काम शुरू किया। यह बैंक लघु क्षेत्र में उद्योगों के संवर्धन, वित्तीय व्यवस्था और विकास में सहायता देने वाली प्रमुख वित्तीय संस्था है। इसका मुख्यालय लखनऊ में है।
- **सार्वजनिक क्षेत्र (Public Sector) :** सरकार द्वारा स्थापित एवं संचालित उद्यमों का क्षेत्र सार्वजनिक क्षेत्र कहलाता है।

जीएसटी- 2017 की मुख्य विशेषताएं

- **समग्र कर (Comprehensive Tax) :** जीएसटी ने केंद्र और राज्यों के 17 प्रमुख अप्रत्यक्ष करों (जैसे केंद्रीय उत्पाद शुल्क, सेवा कर) और 23 उपकरों (cesses) को एक ही कर प्रणाली में समाहित कर दिया। इससे कर प्रणाली काफी सरल हुई।
- **इनपुट टैक्स क्रेडिट (ITC) का लाभ :** आइटीसी की सुविधा ने व्यवसायियों द्वारा खरीदी गई वस्तुओं और सेवाओं पर चुकाए गए कर को अपने आउटपुट कर से समायोजित करने की अनुमति दी। इसने 'टैक्स पर टैक्स' के प्रभाव को पूरी तरह से समाप्त कर दिया।
- **ई-वे बिल प्रणाली (E-way Bill System) :** 50,000 रुपये से अधिक के सामान की अंतर-राज्य आवाजाही के लिए इलेक्ट्रॉनिक बिल अनिवार्य किया गया। इससे वस्तुओं के परिवहन में पारदर्शिता आई और चेक पोस्ट पर होने वाली देरी समाप्त हुई।
- **कंपोजिशन स्कीम (Composition Scheme) :** छोटे व्यापारियों के लिए एक सरल योजना शुरू की गई, जिसमें उन्हें एक निश्चित टर्नओवर तक (शुरुआत में 1 करोड़, बाद में 1.5 करोड़) कम दर पर कर चुकाने की सुविधा मिली। इससे उनके लिए अनुपालन आसान हो गया।
- **पूरी तरह ऑनलाइन अनुपालन (Online Compliance) :** जीएसटी पोर्टल के माध्यम से पंजीकरण (Registration), मासिक रिटर्न फाइलिंग और रिफंड की प्रक्रिया को पूरी तरह से ऑनलाइन कर दिया गया। इसने कागजी कार्रवाई को लगभग खत्म कर दिया।
- **चार स्तरीय कर संरचना (Four-tier Tax Structure) :** वस्तुओं और सेवाओं को उनकी प्रकृति के आधार पर 5%, 12%, 18%, और 28% की चार श्रेणियों में वर्गीकृत किया गया। कुछ वस्तुओं पर शून्य कर (Nil Tax) भी लगाया गया।
- **जीएसटी काउंसिल का गठन (GST Council) :** यह एक संवैधानिक निकाय है, जिसकी अध्यक्षता केंद्रीय वित्त मंत्री करते हैं। इसमें सभी राज्यों के वित्त मंत्री सदस्य होते हैं। यह निकाय कर दरों, नियमों और प्रणाली से जुड़े सभी महत्वपूर्ण निर्णय लेता है।
- **पारदर्शिता और जवाबदेही (Transparency and Accountability) :** डिजिटल प्रणाली के कारण कर चोरी को कम करने में मदद मिली और कर प्रशासन में पारदर्शिता आई।
- **अर्थव्यवस्था का डिजिटलाइजेशन :** जीएसटी के कारण बड़ी संख्या में छोटे और मध्यम व्यवसायों को डिजिटल प्लेटफॉर्म पर आने के लिए मजबूर होना पड़ा, जिससे देश की डिजिटल अर्थव्यवस्था को बढ़ावा मिला।
- **अंतर-राज्य व्यापार में आसानी (Ease of Inter-state Trade) :** विभिन्न राज्यों के बीच वस्तुओं की आवाजाही पर लगने वाली बाधाओं को कम किया गया, जिससे भारत एक एकीकृत बाजार के रूप में उभरा। ●●

जीएसटी- 2025 की मुख्य विशेषताएं

- एआई-संचालित जोखिम प्रबंधन (AI-Driven Risk Management) : कर चोरी का पता लगाने के लिए आर्टिफिशियल इंटेलिजेंस (AI) और मशीन लर्निंग (ML) का उपयोग किया जाएगा। यह प्रणाली संदिग्ध लेन-देन का विश्लेषण कर धोखाधड़ी को शुरुआती चरण में ही रोक देगी।
- **डायनामिक इनपुट टैक्स क्रेडिट (Dynamic ITC) :** रियल-टाइम इनवॉइस मिलान (Live Invoice Matching) के आधार पर इनपुट टैक्स क्रेडिट का तत्काल समायोजन होगा। इसका मतलब है कि जब तक आपूर्तिकर्ता (Supplier) द्वारा इनवॉइस अपलोड नहीं किया जाएगा, ग्राहक को ITC नहीं मिलेगा, जिससे फर्जी बिलिंग पर रोक लगेगी।
- **प्री-फिल्ड रिटर्न्स (Pre-filled Returns) :** व्यवसायियों के लिए रिटर्न फाइलिंग को और भी आसान बनाने के लिए बिक्री और खरीद डेटा के आधार पर रिटर्न्स स्वचालित रूप से तैयार होंगे। व्यापारियों को सिर्फ जानकारी की पुष्टि करनी होगी।
- **रियल-टाइम डेटा एनालिटिक्स (Real-Time Data Analytics) :** सरकार को अर्थव्यवस्था, क्षेत्रीय कर संग्रह और उपभोक्ता व्यवहार पर वास्तविक समय में जानकारी मिलेगी। यह नीति निर्माण और राजस्व संग्रह में मदद करेगा।
- **लक्षित कर जांच (Targeted Tax Audits) :** रैंडम ऑडिट की बजाय, डेटा एनालिटिक्स के आधार पर केवल उन व्यवसायों का ऑडिट किया जाएगा, जहाँ अनियमितता का संदेह हो। इससे ईमानदार करदाताओं को अनावश्यक परेशानी से मुक्ति मिलेगी।
- **जीएसटी-पोर्टल 2.0 (GST Portal 2.0) :** एक अधिक शक्तिशाली और उपयोगकर्ता-अनुकूल पोर्टल विकसित किया जाएगा जो बेहतर इंटरफेस और तेज प्रोसेसिंग गति के साथ काम करेगा। यह पोर्टल विभिन्न सरकारी विभागों के साथ भी एकीकृत होगा।
- **वन-टाइम रजिस्ट्रेशन (One-Time Registration) :** एक स्थायी पंजीकरण प्रणाली लागू होगी, जहाँ बार-बार जानकारी अपडेट करने की आवश्यकता नहीं होगी। यह खासकर छोटे व्यवसायों के लिए एक बड़ी राहत होगी।
- **आधुनिक कर विवाद समाधान तंत्र (Modern Tax Dispute Resolution Mechanism) :** कर विवादों को तेजी से और पारदर्शी तरीके से हल करने के लिए एक विशेष पैनल या ट्रिब्यूनल का गठन किया जाएगा, जिससे मुकदमों का बोझ कम होगा।
- **ब्लॉकचेन तकनीक का उपयोग (Use of Blockchain Technology) :** लेन-देन की सुरक्षा और अपरिवर्तनीयता (Immutability) सुनिश्चित करने के लिए ब्लॉकचेन तकनीक का इस्तेमाल होगा, जिससे फर्जी बिलों और डेटा में हेरफेर पर रोक लगेगी।
- **व्यक्तिगत अनुपालन कैलेंडर (Personalized Compliance Calendar) :** प्रत्येक व्यवसायी को उनके टर्नओवर और व्यापार की प्रकृति के आधार पर एक व्यक्तिगत अनुपालन कैलेंडर प्रदान किया जाएगा, जिससे वे समय पर अपने दायित्वों को पूरा कर सकें। ●●

नेक्स्ट-जेन जीएसटी-2025

बदलाव की आवश्यकता क्यों पड़ी?

- जीएसटी-2017 ने जहाँ अर्थव्यवस्था को एकीकृत किया, वहीं कुछ चुनौतियाँ भी सामने आईं, जिन्हें दूर करना आवश्यक था।
- **जटिल रिटर्न फाइलिंग प्रक्रियाएँ :** शुरुआत में GSTR-1, GSTR-2 और GSTR-3B जैसी रिटर्न फाइलिंग प्रक्रियाएँ छोटे व्यापारियों के लिए काफी जटिल थीं, जिससे अनुपालन लागत बढ़ी।
- **इनपुट टैक्स क्रेडिट का दुरुपयोग :** फर्जी इनवॉइस और बेनामी कंपनियों के माध्यम से इनपुट टैक्स क्रेडिट का बड़े पैमाने पर दुरुपयोग हुआ, जिससे सरकार को राजस्व का नुकसान हुआ।
- **तकनीकी बाधाएँ :** शुरुआती दिनों में GSTN पोर्टल पर तकनीकी खामियां और सर्वर डाउन होने की समस्याएँ सामने आईं, जिससे रिटर्न फाइलिंग में देरी हुई।
- **लगातार नियमों में बदलाव :** सरकार ने समय-समय पर नियमों में बदलाव किए, जिससे व्यापारियों के लिए अपडेट रहना मुश्किल हो गया।
- **कर चोरी के नए तरीके :** डिजिटल प्रणाली होने के बावजूद, कर चोरों ने नए-नए तरीके खोज लिए, जैसे फर्जी ई-वे बिल और इनवॉइस बनाना।
- इन समस्याओं को दूर करने और GST को 'सही मायने में' प्रभावी बनाने के लिए एक अधिक परिष्कृत और कुशल प्रणाली की आवश्यकता महसूस हुई। इन चुनौतियों का सामना करने और अर्थव्यवस्था को 5 ट्रिलियन डॉलर तक पहुँचाने के लक्ष्य को हासिल करने के लिए, GST-2025 नामक एक उन्नत और परिष्कृत प्रणाली की परिकल्पना की गई। यह GST-2017 का उन्नत संस्करण है, जो डिजिटल प्रौद्योगिकियों और डेटा एनालिटिक्स का अधिकतम उपयोग करता है।

निष्कर्ष

जीएसटी- 2017 के द्वारा भारत की **कर प्रणाली** में एक नई क्रांति आई और देश एक एकीकृत बाजार में बदल गया। हालांकि, शुरुआती चुनौतियों और तकनीकी खामियों ने एक अधिक उन्नत प्रणाली की आवश्यकता को उजागर किया। **जीएसटी-2025** इन्हीं कमियों को दूर करने और एक अधिक मजबूत, पारदर्शी और कुशल कर व्यवस्था बनाने की दिशा में एक अगला कदम है।

यह सुधार न केवल करदाताओं के लिए अनुपालन को आसान बनाएगा, बल्कि सरकार को भी राजस्व संग्रह बढ़ाने और अर्थव्यवस्था को अधिक स्थिरता प्रदान करने में मदद करेगा। जीएसटी-2025 भारत की आर्थिक वृद्धि के लिए एक महत्वपूर्ण नींव साबित होगा, जिससे देश एक विकसित राष्ट्र के रूप में अपनी पहचान बना सकेगा। यह कर प्रणाली भारत को 21वीं सदी की वैश्विक अर्थव्यवस्था में एक प्रमुख शक्ति के रूप में स्थापित करने में महत्वपूर्ण भूमिका निभाएगी। ●●

भविष्य के लिए मौसम की चेतावनी | 5

वर्ष 2025 में मानसून का प्रभाव

भारत के लिए मानसून ऋतु परिवर्तन भर नहीं है, बल्कि यह जीवन का आधार है, जो देश की अर्थव्यवस्था की धुरी है। दक्षिण-पश्चिम मानसून आमतौर पर जून से सितंबर तक सक्रिय रहता है। राष्ट्रीय सांख्यिकी के अनुसार देश की लगभग 55% आबादी प्रत्यक्ष या अप्रत्यक्ष रूप से कृषि पर निर्भर है। जाहिर है कि यदि मानसून अच्छा हो तो मुद्रास्फीति नियंत्रित रहती है और इससे जीडीपी (GDP) में वृद्धि को गति मिलना भी स्वाभाविक है। इसके विपरीत कमजोर मानसून अर्थव्यवस्था के लिए किसी संकट से कम नहीं है।

बावजूद इसके वर्ष 2025 में मानसूनी बारिश ने देश में कहर बरपाया। भारतीय मौसम विभाग (आईएमडी) के अनुसार मानसून सीजन में देश में सात प्रतिशत ज्यादा वर्षा हो चुकी है। एक जून से 26 सितंबर की इस अवधि में सामान्य तौर पर 853.4 मिमी० वर्षा होती है, जो 912.4 मिमी० पर जा पहुंची है। क्षेत्रवार नजर दौड़ाएं तो स्थिति और साफ हो जाती है। आईएमडी के आंकड़ों के अनुसार ऊपर उल्लेख की गई अवधि में उत्तर-पश्चिम भारत में 28 फीसदी, मध्य भारत में 12, दक्षिणी प्रायद्वीप में नौ प्रतिशत अधिक वर्षा रिकार्ड की गई। इसके विपरीत पूर्वी और उत्तर-पूर्वी भारत में वर्षा सामान्य से 19 प्रतिशत कम रही। नतीजतन उत्तराखण्ड, हिमाचल प्रदेश, जम्मू-कश्मीर, पंजाब, मुंबई, गुजरात और राजस्थान जैसे राज्यों में बारिश जलप्रलय का रूप बन गई और व्यापक जान-माल का नुकसान हुआ। वर्ष 2025 की विशेष बात यह भी है कि इस बार मानसून ने केरल में 24 मई को ही प्रवेश कर लिया था, जबकि आमतौर पर यह तिथि एक जून होती है। बीते 10 वर्षों में यह पहला अवसर है जब मानसून आठ दिन पहले ही केरल आ पहुंचा। मानसून क्या है और इस बार देश के विभिन्न राज्यों में पड़े इसके प्रभाव पर संक्षिप्त टिप्पणी।

मानसून क्या है

मानसून अरबी शब्द 'मौसिम' (Mawsim) से लिया गया है, जिसका अर्थ है 'मौसम' (Season) या 'समय' (Time)। हालांकि इस शब्द का इस्तेमाल विशेष रूप से उन हवाओं के लिए किया जाता था जो हिंद महासागर और अरब सागर में छह महीने तक एक दिशा और अगले छह महीने दूसरी दिशा में बहती थीं। विज्ञान की भाषा में यह मौसमी हवा का एक बदलाव है, जो गर्मियों में समुद्र से जमीन की ओर बहती है और साथ में भारी बारिश लाती है। यह हवा गर्म जमीन और ठंडे समुद्र के बीच दबाव के अंतर से बनती है। गर्मियों में भारत की जमीन ज्यादा गर्म हो जाती है, जिससे कम दबाव बनता है और समुद्र से नम हवाएं आती हैं। हर बार यह पूरी प्रक्रिया निर्धारित समय में शुरू और संपन्न होती है।

वर्ष में दो बार आता है मानसून

भारत में मानसून वर्ष में दो बार सक्रिय होता है। जिस मानसून से हम परिचित हैं, उसे कहते हैं दक्षिण-पश्चिम मानसून। यह मुख्यतः जून से सितंबर तक सक्रिय रहता है और मुख्य रूप से अरब सागर में बनता है। यहां से दक्षिण-पश्चिमी हवाएं नमी ग्रहण करके भारत की ओर बढ़ती हैं। इसके बाद यह दो शाखाओं में विभाजित होता है। पहली अरब सागर शाखा जो पश्चिमी भारत को प्रभावित करती है और बंगाल की खाड़ी शाखा जो पूर्वी भारत को प्रभावित करती है, लेकिन इसकी उत्पत्ति और नमी का स्रोत अरब सागर ही है।

इसके अलावा अक्टूबर से दिसंबर तक उत्तर-पूर्वी मानसून ((Northeast Monsoon) सक्रिय होता है। यह मुख्य रूप से दक्षिण भारत के पूर्वी तट, जैसे तमिलनाडु, आंध्र प्रदेश और श्रीलंका के कुछ हिस्सों को प्रभावित करता है। अक्टूबर से दिसंबर के बीच उत्तर-पूर्वी व्यापारिक हवाएं (Trade Wind) भूमि से समुद्र की ओर बहती हैं और नमी ग्रहण करती हैं। यह स्थिति मुख्य रूप से बंगाल की खाड़ी में बनती है, जहां उत्तर-पूर्वी हवाएं ठंडी और शुष्क होती हैं, जो भूमि से आती हैं और बंगाल की खाड़ी से नमी ग्रहण करके दक्षिण-पूर्वी भारत में वर्षा लाती हैं।

भारत में मौसम केंद्र की स्थापना

भारत में ब्रिटिश शासन के शुरुआती दौर में ही मौसम केंद्र की स्थापना हो गई थी। दरअसल, उन्हें व्यापारिक जहाजों के लिए इन केंद्रों की आवश्यकता पड़ी। ऐसे में देश का पहला मौसम केंद्र (मैट्रोलॉजिकल ऑब्जर्वेटरी) कलकत्ता (कोलकाता) में 1785 में खोला गया, जिसे ईस्ट इंडिया कंपनी ने स्थापित किया। इसके बाद मद्रास (चेन्नई) में 1796 में दूसरा केंद्र खुला। ये केंद्र मुख्य रूप से मौसम, खगोल और सर्वेक्षण से जुड़ा डाटा इकट्ठा करते थे। भारत मौसम विज्ञान विभाग (IMD) के दस्तावजों के अनुसार वर्ष 1864 में कलकत्ता में एक विनाशकारी उष्णकटिबंधीय चक्रवात आया। इसके बाद 1866 और 1871 में अकाल पड़ा। इन आपदाओं ने देश में एक केंद्रीकृत मौसम विज्ञान प्रणाली की आवश्यकता को उजागर किया। परिणामस्वरूप वर्ष 1875 में तत्कालीन सरकार ने भारत मौसम विज्ञान विभाग की स्थापना की। इसके पहले महानिदेशक सर जॉन एलियट थे। आरंभिक दौर में आईएमडी का मुख्यालय कलकत्ता बनाया गया। वर्ष 1905 में यह शिमला स्थानांतरित हुआ। इसके बाद 1928 में

> **महत्वपूर्ण तिथियां**
>
> - ***पहला पूर्वानुमान :*** *दक्षिण-पश्चिम मानसून के लिए पहला दीर्घकालिक पूर्वानुमान 4 जून 1886 को जारी किया गया था।*
> - ***अंतर्राष्ट्रीय सदस्यता :*** *स्वतंत्रता के बाद आईएमडी 27 अप्रैल, 1949 को विश्व मौसम विज्ञान संगठन (WMO) का सदस्य बना।*
> - ***तकनीकी उन्नति :*** *1954 में विमानन मौसम सेवा में रडार को शामिल किया गया। 1964 में अमेरिकी उपग्रहों से उपग्रह चित्र प्राप्त करना शुरू किया।*

पूना (पुणे) और अंत में 1944 में इसे नई दिल्लीह्लाया गया।

2025 में मानसून ने क्यों बरपाया कहर

- **मानसून ट्रफ की असामान्य चाल :** भारतीय मौसम विज्ञान विभाग के वैज्ञानिकों के अनुसार अत्यधिक बारिश का एक बड़ा कारण मानसून ट्रफ की असामान्य स्थिति थी। इसे आसान भाषा में एक तरह की अस्थिर हवा की नली मान सकते हैं। यह नली (निम्न दबाव का क्षेत्र) सामान्यतः अपनी जगह पर नहीं टिकी रहती। इस वर्ष यह नली अपनी सामान्य स्थिति से दक्षिण की ओर बनी रही और साथ ही यह निचले वायुमंडल (ट्रोपोस्फेरिक स्तर) तक फैली। इस कारण पूरे देश में नमी का प्रवाह लगातार बना रहा और कई इलाकों में सामान्य से बहुत अधिक वर्षा हुई।
- **जलवायु परिवर्तन का असर :** विशेषज्ञ यह भी मानते हैं कि ग्लोबल वार्मिंग या जलवायु परिवर्तन के कारण अब मानसून का व्यवहार बदल गया है। काउंसिल ऑन एनर्जी, एनवायरनमेंट एंड वॉटर (CEEW) के अध्ययन बताते हैं कि वायुमंडल के गर्म होने से उसकी नमी धारण करने की क्षमता बढ़ जाती है। इसका नतीजा यह होता है कि बारिश की कुल मात्रा भले ही सामान्य रहे, लेकिन वह कम दिनों में अत्यधिक तीव्रता के साथ होती है। यानी, घंटों में ही पूरे महीने जितनी वर्षा हो सकती है, जिससे अचानक बाढ़ और भूस्खलन की परिस्थितियां बन जाती हैं।

मानसून 2025 : कहां कितना नुकसान हुआ

- **हिमाचल प्रदेश :** हिमाचल प्रदेश में मानसून 2025 सबसे अधिक घातक रहा। राज्य में बारिश और भूस्खलन के कारण 451 से अधिक लोगों की मृत्यु हुई, जबकि 47 से अधिक लोग लापता बताए गए। राज्य में भूस्खलन और बादल फटने की 180 से अधिक प्रमुख घटनाएँ हुईं, जिससे **4,861** करोड़ रुपये से अधिक की सार्वजनिक संपत्ति (सड़क, जल आपूर्ति योजना और बिजली बुनियादी ढाँचा) नष्ट हो गई। हजारों घर या तो पूरी तरह से या आंशिक रूप से क्षतिग्रस्त हुए।
- **उत्तराखण्ड :** उत्तराखण्ड में बादल फटने और भूस्खलन की कई तीव्र घटनाओं ने भारी विनाश किया। राज्य में 260 से अधिक लोगों की मृत्यु की पुष्टि हुई, जिसमें उत्तरकाशी, देहरादून और चमोली प्रमुख रूप से प्रभावित थे। लगभग 100 से अधिक लोग लापता बताए जा रहे हैं। राज्य सरकार ने आपदा के कारण सार्वजनिक बुनियादी ढांचे और निजी संपत्ति को लगभग **3,000** करोड़ रुपये से अधिक के नुकसान का अनुमान लगाया है।
- **जम्मू और कश्मीर :** जम्मू और कश्मीर में दो बड़ी त्रासदियाँ हुईं। वैष्णो देवी में भूस्खलन और किश्तवाड़ में बादल फटना। इन घटनाओं से मरने वालों का आंकड़ा 130 से अधिक तक पहुँच गया, जिसमें लगभग 200 लोग लापता बताए गए। जम्मू संभाग में सड़कों, पुलों और अन्य महत्वपूर्ण बुनियादी ढाँचों को 100 करोड़ रुपये से अधिक का नुकसान हुआ, साथ ही बड़े पैमाने पर

कृषि भूमि भी प्रभावित हुई।

- **पंजाब :** पंजाब ने दशकों की सबसे गंभीर बाढ़ का सामना किया, जिसमें 43 से अधिक लोगों की मृत्यु हुई। अत्यधिक बारिश के कारण 1,900 से अधिक गाँव जलमग्न हो गए। इस आपदा में कृषि क्षेत्र सबसे अधिक प्रभावित हुआ, और राज्य सरकार ने अकेले फसल और कृषि बुनियादी ढांचे के नुकसान को लगभग 14,000 करोड़ रुपये आंका।
- **मुंबई (महाराष्ट्र) :** मुंबई में स्थानीय रूप से भारी जलभराव और जनजीवन का रुकना प्रमुख आपदा रही। हालांकि, जनहानि और संपत्ति के नुकसान के व्यापक राज्य-स्तरीय आंकड़े उपलब्ध नहीं हैं, लेकिन सड़कों और रेलवे लाइनों के बार-बार अवरुद्ध होने से आर्थिक गतिविधियाँ गंभीर रूप से प्रभावित हुईं।
- **गुजरात :** मानसून के दौरान गुजरात के कुछ हिस्सों में अत्यधिक वर्षा हुई, जिससे स्थानीय बाढ़ और जलभराव हुआ। इस कारण जनजीवन और कृषि को नुकसान पहुँचा।
- **राजस्थान :** राजस्थान में मानसून के मौसम में कई जनपदों में असामान्य रूप से अधिक बारिश हुई, जिसके कारण कई स्थानों पर अचानक बाढ़ आई। इससे स्थानीय रूप से लोगों को परेशानी हुई और घरों तथा फसलों का नुकसान हुआ।
- **गुरुग्राम (हरियाणा) :** हरियाणा के प्रमुख औद्योगिक नगर गुरुग्राम में वर्ष 2025 में मानसून ने भारी कहर बरपाया। भारी बारिश से जल भराव, ट्रैफिक जाम का मंजर कुछ इस तरह रहा कि शहर का बहुत बड़ा हिस्सा स्वीमिंग पूल सा बन गया। सोहना रोड, दिल्ली-जयपुर एक्सप्रेस व हीरो होंडा चौक तथा कई अन्य क्षेत्रों में ड्रेनेज सिस्टम फेल होने से सैकड़ों घरों में पानी घुस गया, यह पहला अवसर था जब कोविड के बाद पहली बार वर्क फ्रॉम होम की स्थिति लम्बे समय तक बनी रही।

यह भी जानें

इंडियन मैट्रोलॉजिकल डिपार्टमेंट (IMD) के रिकॉर्ड्स के अनुसार, देश में सर्वाधिक वार्षिक बारिश 1917 में हुई थी, जब औसत बारिश लगभग 1300 mm दर्ज की गई थी। सबसे कम वार्षिक बारिश 1918 में हुई थी, जब औसत बारिश लगभग 950 mm रही।

वर्ष 2025 में सर्वाधिक वर्षा वाले शहर

उडुपी	–	3839.8 mm	मंगलौर	–	3382.0 mm
रत्नागिरी	–	3615.9 mm	रायगढ़	–	3466.0 mm
कन्नूर	–	2929.4 mm	मुंबई	–	2939.1 mm

शहर जहां सबसे कम बारिश हुई

तूतिकोरिनह्न	–	25.0 mm	कारगिल	–	44.8 mm
रामनाथपुरम	–	67.3 mm	तिरुप्पुर	–	61.7 mm
विरुधुनगर	–	104.1 mm	लेह	–	115.3 mm

(स्रोत : आईएमडी)

मौसम को प्रभावित करने वाले कारक

- **अल नीनो (El Nino) :** अल नीनो एक मौसमी घटना है जिसमें प्रशांत महासागर की सतह का पानी सामान्य से अधिक गर्म हो जाता है। यह स्थिति तब बनती है, जब प्रशांत महासागर में पूर्व से पश्चिम की ओर चलने वाली व्यापारिक हवाएं कमजोर पड़ जाती हैं। इन हवाओं के कमजोर पड़ने से, पश्चिमी प्रशांत (ऑस्ट्रेलिया और इंडोनेशिया के पास) का गर्म पानी पूर्व की ओर बहने लगता है और दक्षिण अमेरिका के तट पर जमा हो जाता है। इस कारण इस क्षेत्र में भारी बारिश और बाढ़ आ सकती है, जबकि ऑस्ट्रेलिया और दक्षिण-पूर्व एशिया में सूखा पड़ता है। यानी अल नीनो का भारत के मानसून पर नकारात्मक प्रभाव पड़ता है। इससे दक्षिण-पश्चिम मानसून (South-West Monsoon) की बारिश कमजोर हो जाती है।

- **ला नीना (La Nina) :** ला नीना अल नीनो के बिल्कुल विपरीत परिघटना है। यह एक ठंडी समुद्री घटना है जिसमें प्रशांत महासागर का पानी सामान्य से अधिक ठंडा हो जाता है। यह तब होता है जब व्यापारिक हवाएं सामान्य से ज्यादा मजबूत हो जाती हैं। ये हवाएं प्रशांत महासागर की सतह के गर्म पानी को और भी तेजी से पश्चिम की ओर (ऑस्ट्रेलिया और इंडोनेशिया की तरफ) धकेलती हैं। इससे पूर्वी प्रशांत (दक्षिण अमेरिका के तट) में ठंडा पानी ऊपर आ जाता है, जबकि पश्चिमी प्रशांत में गर्म पानी का ढेर लग जाता है, जिससे वहां भारी बारिश होती है। ला नीना का भारत के मानसून पर सकारात्मक प्रभाव पड़ता है। इससे भारत में मानसून की बारिश अच्छी होती है और सामान्य से अधिक बारिश होने की संभावना बढ़ जाती है। ला नीना के सक्रिय होने से भारत में कड़ाके की सर्दी पड़ सकती है।

- **व्यापारिक हवाएं (Trade Winds) :** व्यापारिक हवाएं पृथ्वी के भूमध्य रेखा (Equator) के दोनों ओर बहने वाली स्थायी हवाएं हैं। ये हवाएं पृथ्वी के घूमने के कारण उत्पन्न होती हैं और पूर्व से पश्चिम की ओर बहती हैं। ऐतिहासिक रूप से, इन हवाओं का इस्तेमाल व्यापारिक जहाजों द्वारा समुद्री यात्रा के लिए किया जाता था, इसलिए इन्हें व्यापारिक हवाएं कहा जाता है। ये हवाएं महासागरों में सतह के पानी को एक जगह से दूसरी जगह ले जाने में महत्वपूर्ण भूमिका निभाती हैं। अल नीनो और ला नीना की घटनाएं इन्हीं हवाओं की शक्ति में बदलाव से जुड़ी हैं। जब ये हवाएं कमजोर होती हैं तो **अल नीनो** बनता है और जब ये मजबूत होती हैं, तो **ला नीना** बनता है। ●●

जलवायु परिवर्तन : चेतावनी देती घटनाएँ | 6

उत्तराखण्ड में जून, 2013 में हुई तबाही को अभी देश भूल भी नहीं पाया था कि सितम्बर, 2014 में भारी बारिश ने जम्मू-कश्मीर में तबाही मचा दी। इससे पहले अगस्त, 2010 में लेह में इसी तरह की तबाही हुई थी तो महाराष्ट्र जुलाई, 2005 में भीषण बारिश के कारण हुई तबाही को झेल चुका है।

एक दशक के भीतर हुई इन चार बड़ी घटनाओं ने मौसम वैज्ञानिकों को यह सोचने पर विवश कर दिया है कि कहीं यह भारतीय उपमहाद्वीप में हो रहे मौसम परिवर्तन का नतीजा तो नहीं है, और यदि ऐसा है तो भविष्य में इससे भी बड़ी त्रासदियों का सामना करना पड़ सकता है। हालांकि मौसम विभाग ने इन घटनाओं का कारण अब तक मौसम चक्र में बदलाव नहीं माना है, लेकिन सेंटर फॉर साइंस एंड इन्वायरमेंट (सी०एस०ई०) का मानना है कि ये चारों आपदाएं अप्रत्याशित हैं और इनके आंकड़े साबित कर रहे हैं कि भारतीय उपमहाद्वीप मौसम परिवर्तन की चपेट में है।

2005-मुंबई की बारिश

26 जुलाई, 2005 को मुंबई और उससे लगे महाराष्ट्र के अन्य जनपदों में 24 घंटे के भीतर 944 मिमी० (37.14 इंच) बारिश दर्ज की गई थी। जिसमें लगभग 1094 लोगों की मृत्यु हो गई थी और ₹ 12000 करोड़ का आर्थिक नुकसान हुआ था।

2010-लेह में असामान्य बारिश

6 अगस्त, 2010 को लेह में मात्र 30 मिनट के भीतर 250 मिमी० तक वर्षा दर्ज की गई थी। इस घटना में 225 लोगों की मृत्यु हो गई थी, जबकि आर्थिक नुकसान का अनुमान नहीं लगाया जा सका था।

2013-केदारनाथ की तबाही

16-17 जून, 2013 को उत्तराखण्ड की केदारनाथ घाटी की त्रासदी को अब तक की सबसे बड़ी त्रासदी कहा गया है। एक सप्ताह के भीतर सामान्य से 847 प्रतिशत अधिक वर्षा होने से हुई तबाही के कारण यहां लगभग 5700 लोगों की मृत्यु और ₹ 10 हजार करोड़ के आर्थिक नुकसान का अनुमान लगाया गया था।

2014-कश्मीर में बाढ़

2 सितम्बर, 2014 को जम्मू-कश्मीर में शुरू हुई बारिश ने लगभग पूरे राज्य को तबाह कर दिया। राज्य में कई स्थानों पर सामान्य से 400 प्रतिशत तक अधिक बारिश हुई। यहां कम से कम 300 लोगों की मृत्यु होने और हजारों करोड़ रुपये का आर्थिक नुकसान होने का अनुमान है।

क्या है जलवायु परिवर्तन

देश और विश्व के अनेक हिस्सों में पिछले कुछ दशकों में मौसम में अप्रत्याशित बदलाव नजर आए हैं। तापमान में सामान्य से अधिक बढ़ोत्तरी अथवा कमी और असमय व असामान्य बारिश के अनेक उदाहरण सामने आ चुके हैं। वैज्ञानिकों का मानना है कि ऐसा मौसम चक्र में हो रहे बदलाव के कारण हो रहा है। भारत में उपर्युक्त चार घटनाएं भी कम समय में अधिक बारिश का उदाहरण हैं। देश में कहीं सूखा और कहीं अत्यधिक बारिश की स्थिति पैदा होती जा रही है। अनेक जीवों और वनस्पतियों के लुप्त होने का भी प्रमुख कारण जलवायु परिवर्तन को माना जा रहा है।

जलवायु परिवर्तन के कारक

वैज्ञानिकों का मानना है कि जलवायु परिवर्तन का प्रमुख कारण धरती पर बढ़ रहा प्रदूषण है। धरती पर जितनी अधिक मात्रा में कार्बन डाइऑक्साइड उत्सर्जित हो रहा है, उतना ही प्रदूषण बढ़ रहा है। यह जल प्रदूषण, वायु प्रदूषण, ध्वनि प्रदूषण, भूमि प्रदूषण, रेडियोधर्मी प्रदूषण और औद्योगिक प्रदूषण के रूप में पर्यावरण को प्रभावित कर रहा है।

क्या कहते हैं वैज्ञानिक आंकलन

गवर्नमेंटल पैनल ऑन क्लाइमेट चेंज की 2014 में जारी पांचवीं आंकलन रिपोर्ट और 2011 में जारी 'स्पेशल रिपोर्ट ऑन मैनेजिंग द रिस्क्स ऑफ एस्टीम इवेंट्स एंड डिस्चार्ज टु एडवांस क्लाइमेट चेंज एडेप्शन' में स्पष्ट रूप से इशारा किया गया है कि आने वाले दशकों में जैसे-जैसे पृथ्वी पर तापमान बढ़ता जाएगा, भारत को अत्यधिक वर्षा का सामना करना पड़ेगा। जलवायु के ज्यादातर मॉडल भी यही प्रदर्शित करते हैं कि हम भविष्य में अत्यधिक बारिश का सामना करने जा रहे हैं। इसमें वे मॉडल भी शामिल हैं, जिन्हें भारतीय वैज्ञानिकों ने बनाया है।

भारी बारिश समस्या का एक हिस्सा भर है। हमने हर जगह जल निकासी की व्यवस्था को ध्वस्त कर दिया है। हमने नदी के किनारों पर तटबंध बना दिये हैं और बाढ़ के इलाकों में अपने घर बना लिये हैं। बड़े नालों का अस्तित्व समाप्त कर दिया गया है और तालाबों व पोखरों की जगह बहुमंजिला इमारतें बना दी गई हैं। केदारनाथ की त्रासदी इसी अतिक्रमण का नतीजा थी और अब जम्मू कश्मीर में जो कुछ हुआ, उसके लिए हमारी यही अतिक्रमणकारी नीति काफी हद तक जिम्मेदार रही है।

भयावह तस्वीर

वैज्ञानिकों का मानना है कि यदि विश्व में ग्रीन हाउस गैसों के उत्सर्जन को नहीं रोका गया तो इस सदी के अंत तक पृथ्वी के तापमान में 0.5 से लेकर 4.8 डिग्री सेल्सियस तक की बढ़ोत्तरी हो जाएगी और समुद्र का स्तर 10 से 32 इंच तक बढ़ जाएगा। इससे भारत में गुजरात राज्य का सबसे अधिक क्षेत्र समुद्र में डूब जाएगा, जबकि महाराष्ट्र में सबसे अधिक लोग इससे प्रभावित होंगे। वैज्ञानिकों का कहना है कि पिछले 60 वर्षों में पृथ्वी के तापमान में 0.5 से लेकर 1.3 डिग्री सेल्सियस तक की वृद्धि हुई है। 20 वर्षों के दौरान अंटार्कटिक और उत्तरी गोलार्द्ध के ग्लेशियरों में सबसे अधिक बर्फ पिघली है और 1400 वर्षों में उत्तरी गोलार्द्ध सबसे गर्म रहा है।

दुष्परिणाम

- वर्ष 2100 तक भारत के सकल घरेलू उत्पाद में 8.7 प्रतिशत तक की गिरावट आ सकती है।
- 2050 तक दक्षिणी राज्यों में सालाना कृषि उत्पादन में 5 प्रतिशत की गिरावट आ सकती है।

- उत्तरी राज्यों में गेहूं की पैदावार 10 प्रतिशत तक प्रभावित हो सकती है।
- विश्व में मिलने वाली लगभग 2500 औषधीय पौधों की प्रजातियों में से 800 से अधिक विलुप्त हो सकती हैं।
- जलवायु परिवर्तन से सबसे अधिक प्रभावित होने वाले 10 देशों में भारत भी शामिल है।

जलवायु परिवर्तन पर कोपेनहेगन सम्मेलन

डेनमार्क की राजधानी कोपेनहेगन में विश्व का अब तक का सबसे बड़ा जलवायु परिवर्तन सम्मेलन 7-19 दिसम्बर 2009 को हुआ। सम्मेलन में 192 देशों के प्रतिनिधियों ने जलवायु परिवर्तन के विभिन्न पहलुओं पर चर्चा की और प्रदूषणकारी गैसों के उत्सर्जन पर अंकुश के लिए एक सर्वसम्मत और बाध्यकारी समझौते पर पहुंचने का प्रयास किया, मगर इसमें सफलता नहीं मिली। सम्मेलन का वास्तविक परिणाम अमेरिका और बेसिक देशों (ब्राजील, दक्षिण अफ्रीका, भारत और चीन) के बीच समझौतों के रूप में सामने आया, जिसे जी-77 और गरीब देशों ने ठुकरा दिया। अंतिम क्षणों में उसी गैर बाध्यकारी समझौते को पारित कर दिया गया जो बेसिक देशों सहित कुछ विकासशील देशों ने मिलकर तैयार किया था। वैश्विक तापमान 2 डिग्री सेल्सियस से कम की वृद्धि के लक्ष्य को वर्ष 2010 में बाध्यकारी समझौते तक पहुंचने की बात सम्मेलन में कही गई।

राष्ट्रीय ग्रीन इंडिया मिशन

जलवायु परिवर्तन और पर्यावरण असंतुलन की समस्याओं की रोकथाम के प्रयासों के अंतर्गत ग्रीन इंडिया मिशन की रूपरेखा 11 जून, 2010 को प्रस्तुत की गई। इस मिशन के लिए 4400 करोड़ रुपये की धनराशि योजना आयोग, संयुक्त राष्ट्रसंघ, एवं अन्तर्राष्ट्रीय अनुदान एजेंसियों के माध्यम से जुटाई जानी थी। इस मिशन की प्रमुख विशेषताएं निम्नवत हैं-

- वर्ष 2020 तक वनीकरण के अंतर्गत प्रस्तावित क्षेत्रफल को दोगुना करते हुए 20 हेक्टेयर भूमि का वनीकरण के अंतर्गत लाना।
- मिशन 9 में उपमिशन-मध्यम रूप से घने वन, अवक्रमित वन, अवक्रमित झाड़ी तथा घास भूमि, मैंग्रोव वन, आर्द्रभूमि, शहरी वनीय भूमि और वनावरण युक्त संस्थानिक भूमि, अवक्रमित और परती भूमि, वन्य जीव गलियारे, लकड़ी से प्राप्त ऊर्जा के बेहतर विकल्प तथा बायोमास एवं गैर लकड़ी वाले वनोपज शामिल किये गए हैं।
- केवल वनीकरण पर जोर देने के बजाय जैव विविधता को बढ़ावा देने का लक्ष्य।
- वर्ष 2020 तक भारत के वनों से देश के कुल ग्रीन हाउस गैसों के उत्सर्जन का 6.35 प्रतिशत अवशोषित करने में सक्षम बनाना।
- चार स्तरीय मॉनीटरिंग तंत्र की स्थापना जिसमें स्थानीय समुदायों की भूमिका महत्वपूर्ण होगी।

●●

भारत का नया संसद भवन | 7

प्रारूप

1. नये संसद भवन का उद्घाटन।
2. सेन्ट्रल विस्टा परियोजना।
3. नये संसद भवन की आवश्यकता।
4. संसद भवन से सम्बन्धित प्रमुख बिन्दु अथवा विशेषताएँ।
5. पुराने संसद भवन का इतिहास।

- **28 मई, 2023** को भारतीय प्रधानमंत्री द्वारा नये संसद भवन का उद्घाटन किया गया तथा लोकसभा अध्यक्ष की कुर्सी के समीप ऐतिहासिक राजदंड 'सेंगोल' स्थापित किया गया है।
- इस भवन की आधारशिला 1 अक्टूबर, 2020 को रखी गई और 10 दिसम्बर, 2020 से निर्माण कार्य आरम्भ हुआ। 18 मई, 2023 को लोकसभा अध्यक्ष ओम बिरला ने प्रधानमंत्री मोदी से मुलाकात की और उन्हें 28 मई, 2023 को नये संसद भवन का उद्घाटन करने के लिए आमंत्रित किया। नये संसद भवन का उपयोग पहली बार 19 सितम्बर, 2023 को संसद के विशेष सत्र के लिए किया गया।
- भवन के वास्तुकार/आर्किटेक्ट **विमल पटेल** तथा निर्माणकर्ता टाटा प्रोजेक्ट्स लिमिटेड हैं।

नोट–सेंगोल तमिल भाषा का शब्द है, जिसका अर्थ संपदा से सम्पन्न और ऐतिहासिक है। इसका वास्तविक अर्थ और भाव नीति-पालन से है। सेंगोल पंडित नेहरू द्वारा अंग्रेजों से भारत को सत्ता हस्तांतरण के प्रतीक के तौर पर स्वीकार किया गया था।

पवित्र सेंगोल

सेंगोल तमिल भाषा के शब्द 'सेम्मई' से निकला हुआ शब्द है। इसका अर्थ होता है धर्म, सच्चाई और निष्ठा। यह राजदंड सत्ता हस्तांतरण का प्रतीक है।1947 में भारत की स्वतंत्रता से पहले एक धार्मिक समारोह में तमिल अदिनम द्वारा उपहार में दिया गया था, जिसे लार्ड माउंटबेटन ने जवाहर लाल नेहरू को दिया गया था।

- **सेंट्रल विस्टा परियोजना :** सेंट्रल विस्टा जीर्णोद्धार परियोजना भारत सरकार द्वारा रायसीना पहाड़ी से इंडिया गेट, राजपथ के किनारे स्थित भारत की राजधानी नई दिल्ली के केन्द्रीय प्रशासनिक क्षेत्र (सेंट्रल विस्टा) को पुनर्जीवित करने हेतु चलाई जा रही पुनर्विकास परियोजना है। जो लगभग 65,000 मी० क्षेत्रफल में विस्तृत है।
- **नये संसद भवन की आवश्यकता क्यों हुई :** वर्ष 2026 के बाद लोकसभा और राज्यसभा सीटों की कुल सदस्य संख्या में वृद्धि के मद्देनजर लोकसभा में 888 सीटें तथा राज्यसभा में 384 सीटें संभावित हैं। अर्थात् कुल 1272 सांसदों के बैठने की

समुचित जगह हो सके, इसलिए इसकी जरुरत हुई। साथ ही जल आपूर्ति, सीवर लाइन, एयर कंडीशनिंग, अग्निशमन उपकरणों, सीसी टीवी कैमरों की बेहतर सुविधाओं और सुरक्षा के मद्देनजर तथा सुरक्षा तथा गुणात्मक सुधार के तहत भूकंपीय जोन-5 के अनुकूल भवन निर्माण तथा अधिक कर्मचारियों के अनुकूल कार्यक्षेत्र के व्यापक विस्तार की भी आवश्यकता समझी गई।

नये संसद भवन की प्रमुख विशेषताएँ-

- आकार-त्रिकोणीय (त्रिकोणीय भू-खण्ड)
- हरित निर्माण तकनीकी के कारण विद्युत की खपत में 30 प्रतिशत की कमी आयेगी।
- वर्षा जल संचय और जल पुनर्चक्रण प्रणाली को शामिल किया गया है।
- भूकंपरोधी इमारत का निर्माण किया गया है।
- लोकसभा कक्ष की दीवारों एवं छत पर राष्ट्रीय पक्षी मोर के पंखों के समान नक्काशीदार डिजाइन और 543 के बजाय 888 सीटें हैं। संयुक्त बैठक के दौरान इसे सेंट्रल हॉल के विकल्प के रूप में भी उपयोग किया जायेगा और क्षमता लगभग 1272 तक है।
- राज्यसभा कक्ष को लाल कालीनों के साथ इसकी थीम के रूप में कमल से सजाया गया है और कुल क्षमता 250 के बजाय 384 की गई है।
- इसके निर्माण हेतु देशभर से सामग्री लाई गई जिसमें धौलपुर के सरमथुरा से बलुआ पत्थर तथा राजस्थान के जैसलमेर के लाखागाँव से ग्रेनाइट और साज-सज्जा में प्रयुक्त लकड़ी नागपुर से लायी गई। भदोही (उत्तर प्रदेश) से हाथ से बने पारम्परिक कालीन और मुंबई के शिल्पकारों द्वारा लकड़ी के वास्तु शिल्प डिजाइन इसमें शामिल हैं।
- इस भवन के प्रवेश द्वार पर अशोक चक्र और सत्यमेव जयते शब्द पत्थर पर उकेरे गये हैं। राष्ट्रीय प्रतीक अशोक स्तम्भ को भवन के शीर्ष पर स्थापित किया गया है जिसका वजन 9500 किलोग्राम तथा ऊँचाई 6.5 मीटर है।
- पद्मभूषण पुरस्कार से सम्मानित प्रसिद्ध मूर्तिकार राम वी० सुतार द्वारा निर्मित महात्मा गांधी की 16 फुट ऊँची कांस्य प्रतिमा को पुराने और नये संसद भवनों के मध्य स्थानान्तरित कर दिया गया है।
- शिल्प नामक गैलरी भारतीय संघ के सभी राज्यों की मिट्टी से बने मिट्टी के बर्तनों के साथ संपूर्ण भारत के वस्त्र प्रतिष्ठानों को प्रदर्शित करेगी।
- सभी प्रवेश द्वारों पर भारतीय संस्कृति और वास्तु शास्त्र के प्रतीक के रूप में हाथी, घोड़ा, चील, हंस, शार्दुल और मकर स्थापित किए गये हैं।
- फ्रांसिसी भौतिकशास्त्री लियोन फोकाल्ट के नाम पर स्थापित फोकाल्ट पेण्डुलम संसद भवन के अंदर स्थापित किया गया है जिसे संसद के अक्षांश पर एक चक्कर पूरा करने में 49 घण्टे 59 मिनट और 18 सेकेंड का समय लगता है।

पूर्व में निर्मित संसद भवन-

- डिजाइन- 1912-1913 -एडमिन लुटियंस -हर्बर्ट बैकर
- निर्माण कार्य शुरू- **12 फरवरी, 1921** निर्माणकर्ता- **एच०आर०एच० प्रिंस आर्थर, ड्यूक ऑफ कनॉट तथा स्टैथर्न** • समयावधि- **6 वर्ष** • उद्घाटन- **18 जनवरी, 1927-लार्ड इरविन** • वर्तमान नाम- **संविधान सदन** ●●

महिलाओं की सामाजिक-राजनीतिक भागीदारी | 8

उत्तराखण्ड की महिलाएं अपने सशक्तिकरण की पटकथा स्वयं लिख रही हैं, न केवल परिवार के भीतर बल्कि सार्वजनिक जीवन में भी। उन्होंने सामाजिक, राजनीतिक और आर्थिक क्षेत्र में अपनी विशिष्ट पहचान बनाई है। सामाजिक रूप से, महिलाएं परिवार और समुदाय की संरक्षक हैं। वे जल प्रबंधन, कृषि, पशुपालन और घर के काम जैसे दैनिक जीवन के कठिन श्रम को संभालती हैं। पर्यावरण संरक्षण और पारंपरिक ज्ञान को बनाए रखने में भी उनकी भूमिका महत्त्वपूर्ण है। राजनीतिक रूप से महिलाओं ने पंचायतों और स्थानीय निकायों में आरक्षण के माध्यम से भागीदारी बढ़ाई है। हालांकि, उच्च-स्तरीय राजनीतिक पदों पर उनकी उपस्थिति अभी भी कम है। आर्थिक रूप से, महिलाएँ मुख्य रूप से कृषि और असंगठित क्षेत्र में लगी हुई हैं। उनका पारंपरिक शिल्प और हस्तकला में भी योगदान है। स्वयं सहायता समूह (SHGs) उन्हें सूक्ष्म-उद्यमिता के माध्यम से सशक्त बनाने में सहायक रहे हैं। फिर भी, उनकी मेहनत के अनुपात में उनकी आर्थिक पहचान अभी अपर्याप्त ही कही जाएगी।

महिला आरक्षण विधेयक-2023

महिला आरक्षण विधेयक-2023, जिसे **'नारी शक्ति वंदन अधिनियम'** के नाम से जाना जाता है, सितंबर 2023 में संसद से पारित एक ऐतिहासिक विधेयक है। यह संविधान (128वाँ) संशोधन विधेयक के रूप में पेश किया गया था और इसका उद्देश्य राजनीतिक क्षेत्र में महिलाओं की भागीदारी को बढ़ावा देना है। विधेयक लोकसभा और राज्य विधानसभाओं में महिलाओं के लिए 33% सीटें आरक्षित करता है, जो लिंग समानता की दिशा में एक महत्वपूर्ण कदम है। यह विधेयक 15 वर्षों के लिए प्रभावी रहेगा, जिसे संसद विस्तारित कर सकती है। हालांकि, इसकी क्रियान्विति जनगणना और परिसीमन प्रक्रिया पर निर्भर है, जिसके कारण यह संभवत: 2029 के चुनावों से लागू होगा। राजनीतिक निर्णय-निर्माण में महिलाओं की भागीदारी बढ़ाने का निर्णय पंचायती राज स्तर पर पहले से सकारात्मक परिणाम दिखा चुका है। यह विधेयक महिलाओं की सामाजिक स्थिति में गहन बदलाव लाएगा। राजनीतिक सशक्तिकरण से महिलाएं नीति-निर्माण में सक्रिय होंगी, जिससे शिक्षा, स्वास्थ्य और रोजगार जैसे क्षेत्रों में महिलाओं के हितों को प्राथमिकता मिलेगी। पंचायत में महिलाओं के नेतृत्व में स्थिति बदली है, जिससे सामाजिक मानदंडों में भी परिवर्तन आया है, जैसे बाल विवाह में कमी और महिला शिक्षा में वृद्धि। यह विधेयक राष्ट्रीय स्तर पर लिंग असमानता को कम करेगा, महिलाओं को नेतृत्व की भूमिकाओं में लाएगा और समाज में उनकी स्थिति को मजबूत करेगा।

प्रमुख बातें

- **आरक्षण का दायरा :** लोकसभा, राज्य विधानसभाओं और दिल्ली विधानसभा में कुल सीटों का एक-तिहाई (33%) महिलाओं के लिए आरक्षित होगा।
- **उप-आरक्षण :** अनुसूचित जाति (SC) और अनुसूचित जनजाति (ST) की सीटों में भी महिलाओं के लिए 33% आरक्षण प्रदान किया जाएगा।
- **क्रियान्वयन की शर्तें :** आरक्षण जनगणना और परिसीमन के बाद लागू होगा। वर्तमान में महिलाओं का राजनीतिक प्रतिनिधित्व मात्र 15% है, जो बढ़कर 33% हो जाएगा।
- **अवधि और विस्तार :** प्रारंभिक रूप से 15 वर्षों के लिए, लेकिन संसद द्वारा बढ़ाया जा सकता है।

उत्तराखण्ड में महिलाओं की भागीदारी

उत्तराखण्ड, एक पहाड़ी राज्य होने के कारण, महिलाओं की आर्थिक, राजनीतिक और सामाजिक भागीदारी में यहां अवसर भी तमाम हैं तो चुनौतियां भी कम नहीं हैं। यहां महिलाएं पारंपरिक रूप से कृषि और घरेलू कार्यों में सक्रिय रही हैं, लेकिन आधुनिक विकास ने उनकी भूमिका को विस्तार दिया है। उत्तराखण्ड में महिलाओं की भागीदारी आर्थिक, राजनीतिक और सामाजिक क्षेत्रों में लगातार बढ़ रही है, लेकिन उन्हें अभी भी कई चुनौतियों का सामना करना पड़ रहा है। आर्थिक प्रगति और चुनौतियाँ आर्थिक सलाहकार परिषद की रिपोर्ट के अनुसार, महिलाओं की श्रम बल भागीदारी दर (FLFPR) राष्ट्रीय स्तर पर 2017-18 के 23.3% से बढ़कर 2023-24 में 41.7% हो गई है, जो एक सकारात्मक रुझान है। हालांकि, राज्य के ग्रामीण क्षेत्रों में कुल कार्य भागीदारी दर (WPR) में महिलाओं का हिस्सा (लगभग 25-30%) पुरुषों (54.3%) की तुलना में काफी कम है। कौशल प्रशिक्षण की कमी और बाजार तक सीमित पहुंच महिलाओं के लिए रोजगार के अवसरों को संकुचित करती है, जिससे आर्थिक असमानता बनी रहती है।

आर्थिक भागीदारी (Economic Participation)

- **श्रम बल भागीदारी दर (FLFPR) :** महिलाओं की श्रम बल भागीदारी दर राष्ट्रीय स्तर पर 2017-18 के 23.3% से बढ़कर 2023-24 में 41.7% हो गई है।
- **कार्य भागीदारी में लैंगिक अंतर (WPR) :** ग्रामीण क्षेत्रों में कुल कार्य भागीदारी दर (WPR) 39.9% है, जिसमें महिलाओं का हिस्सा पुरुषों (54.3%) से काफी कम (लगभग 25-30%) है।
- **प्रमुख आर्थिक बाधाएँ :** कौशल प्रशिक्षण की कमी और बाजार तक सीमित पहुँच महिलाओं की नौकरियां सिकुड़ने और प्रगति में बाधा डालने वाले मुख्य कारक हैं।

राजनीतिक भागीदारी (Political Participation)

- **स्थानीय चुनावों में उच्च वोटर टर्नआउट :** पंचायत चुनावों में महिलाओं का वोटर टर्नआउट 73% रहा, जबकि पुरुषों का 63%, जो उनकी बढ़ती राजनीतिक जागरूकता को दर्शाता है।

- **विधानसभा में कम प्रतिनिधित्व :** उत्तराखण्ड विधानसभा में महिलाओं का प्रतिनिधित्व मात्र 9-12% है, जो राष्ट्रीय औसत से कम है, हालाँकि 2022 के चुनाव में 8 महिला विधायक चुनी गईं, जो अब तक का सर्वाधिक है।
- **वोटिंग में सक्रियता :** 53 निर्वाचन क्षेत्रों में महिलाओं ने पुरुषों से अधिक वोट किया, और **2018** के नगर निकाय चुनावों में 15 लाख से अधिक महिला वोटरों ने भाग लिया।

सामाजिक भागीदारी (Social Participation)

- **NGOs की महत्वपूर्ण भूमिका :** गैर-सरकारी संगठन (NGOs) उद्यमिता और डिजिटल साक्षरता कार्यक्रमों के माध्यम से महिलाओं को सशक्त बनाने में प्रमुख भूमिका निभा रहे हैं।
- **स्वास्थ्य और पोषण में उच्च स्कोर :** NFHS डेटा के अनुसार स्वास्थ्य और पोषण में राज्य का स्कोर उच्च है और महिला भागीदारी शिक्षा एवं स्वास्थ्य कैंपों में बढ़ी है।
- **बाधाओं के लिए जागरूकता :** ग्रामीण विकास में महिलाओं की भूमिका महत्वपूर्ण है, लेकिन सामाजिक बाधाएं बनी हुई हैं। हालाँकि, NGOs ट्रेनिंग से जागरूकता बढ़ा रहे हैं और ट्रांसजेंडर महिलाओं की स्वास्थ्य सेवाओं में भागीदारी भी सुनिश्चित कर रहे हैं।

उत्तराखण्ड में सरकारी नौकरियों में महिलाओं की स्थिति

उत्तराखण्ड में सरकारी नौकरियों में महिलाओं की भागीदारी में सुधार हो रहा है, लेकिन लिंग असमानता बनी हुई है। राज्य सरकार ने महिलाओं के लिए 30% क्षैतिज आरक्षण लागू किया है, जो सिविल सेवा और अन्य सरकारी क्षेत्रों में लागू होता है। मिनिस्ट्री ऑफ स्टैटिस्टिक्स एंड प्रोग्राम इंप्लीमेंटेशन (MoSPI) और पीरियोडिक लेबर फोर्स सर्वे (PLFS) के अनुसार, 2022-23 में महिलाओं का वर्कर पॉपुलेशन रेशियो (WPR) राष्ट्रीय स्तर पर 35.9% है। वर्किंग वूमेन में से 83.1% सेल्फ-एम्प्लॉयड हैं, जबकि रेगुलर वेज/सैलरी जॉब्स (सरकारी सहित) केवल 14.6% हैं। फीमेल लेबर फोर्स पार्टिसिपेशन रेट (FLFPR) राज्य में 38.7% है, जो राष्ट्रीय औसत 37% से अधिक है, लेकिन ग्रामीण (45.7%) और शहरी (16.8%) क्षेत्रों में अंतर है। महिलाओं की साक्षरता दर में प्रगति हुई है। वर्ष 2011 की जनगणना के अनुसार, उत्तराखण्ड में महिलाओं की साक्षरता दर 70.0% है (पुरुष 87.4%, कुल 78.8%)। उच्च शिक्षा में महिलाओं का ग्रॉस एनरोलमेंट रेशियो 41.8% है, जो पुरुषों से बेहतर है।

प्रमुख विभागों में स्थिति (स्त्रोत) इंडिया जस्टिस रिपोर्ट (UDISE)

पुलिस : महिलाओं की भागीदारी 7.44% (जनवरी 2020 तक), हालांकि 40% आरक्षण की योजना है।

शिक्षा : सरकारी स्कूलों में महिला शिक्षक प्राथमिक स्तर पर लगभग 24,514

(2011), अखिल भारतीय उच्च शिक्षा सर्वेक्षण (AISHE) की रिपोर्ट के अनुसार वर्ष 2019-20 में उच्च शिक्षा में महिलाओं की नामांकन दर 42.3% थी।

उत्तराखण्ड में महिलाओं के लिए सरकारी योजनाएं

- **मुख्यमंत्री महालक्ष्मी योजना :** यह योजना नवजात बालिकाओं की माताओं को वित्तीय सहायता प्रदान करती है। योजना का उद्देश्य लिंग समानता को प्रोत्साहित करना और बालिकाओं के जन्म पर परिवारों को समर्थन देना है। लाभार्थी माताओं को नकद सहायता मिलती है, जो शिशु की देखभाल और शिक्षा में उपयोगी होती है।
- **मुख्यमंत्री घसियारी कल्याण योजना :** ग्रामीण महिलाओं के लिए डिजाइन की गई यह योजना सब्सिडी पर पैकेज्ड साइलेज और चारा उपलब्ध कराती है। इसका उद्देश्य पहाड़ी क्षेत्रों में महिलाओं की दैनिक मेहनत को कम करना और पशुपालन को बढ़ावा देना है। इससे महिलाओं का समय बचता है, जो वे अन्य उत्पादक कार्यों में लगा सकती हैं।
- **किशोरियों के लिए योजना :** किशोर बालिकाओं (11-14 वर्ष) के लिए पोषण, स्वास्थ्य और शिक्षा पर केंद्रित है। इसका उद्देश्य कुपोषण को रोकना और स्कूल ड्रॉपआउट को कम करना है। लाभार्थियों को पोषक आहार, स्वास्थ्य जांच और कौशल विकास का लाभ मिलता है।
- **पोषण आधार योजना :** महिलाओं और बच्चों के पोषण पर फोकस, जिसमें आधार कार्ड से जुड़ी सुविधाएं शामिल हैं। इसका उद्देश्य कुपोषित महिलाओं को लक्षित सहायता प्रदान करना है।
- **महिला सारथी योजना :** महिलाओं को ऑटो-रिक्शा और दोपहिया वाहनों से यात्री परिवहन के लिए प्रशिक्षण और रोजगार देना। इसका उद्देश्य स्वरोजगार को बढ़ावा देना है। **लाभः** पायलट प्रोजेक्ट के रूप में देहरादून में शुरू, महिलाओं को आय का स्रोत प्रदान।
- **लखपति दीदी योजना :** महिलाओं को लखपति बनाने के लिए स्वरोजगार। इसका उद्देश्य ग्रामीण महिलाओं की आय बढ़ाना है। **लाभः** स्वयं सहायता समूह के माध्यम से ऋण और बाजार तक पहुंच।
- **स्वाधार योजना :** संकटग्रस्त महिलाओं के लिए आश्रय और पुनर्वास। इसका उद्देश्य कानूनी, चिकित्सा और परामर्श सहायता।
- **थारू, बोक्सा और अन्य आदिवासी महिलाओं के लिए विशेष प्रोत्साहन योजना :** आदिवासी महिलाओं को प्रशिक्षण और विपणन अवसर उपलब्ध करवाना। इसका उद्देश्य हस्तकला को बढ़ावा देकर विपणन सहायता और आय वृद्धि करना है। ●●

मातृभाषा और नई शिक्षा नीति 9

विश्व के अधिकांश विकसित देशों ने शिक्षा व्यवस्था में मातृभाषा को सर्वोच्च महत्व दिया है। दूरदर्शी सोच के तहत उन्होंने अपनी शिक्षा का माध्यम मातृभाषा को बनाया। फिनलैंड, जापान, कोरिया, स्वीडन और नॉर्वे जैसे कई विकसित देशों ने 'अंग्रेजी के बजाय अपनी मातृभाषा को ही शिक्षा का माध्यम बनाया।' यूनेस्को की 2025 की वैश्विक शिक्षा निगरानी रिपोर्ट के अनुसार, विश्व की 40% आबादी की अपनी घरेलू भाषा में शिक्षा तक पहुंच नहीं है, जिससे सीखने के परिणाम प्रभावित होते हैं। इसके विपरीत, मातृभाषा आधारित शिक्षा से बच्चों की समझ, सोचने की क्षमता और आत्मविश्वास में सुधार होता है, जैसा कि वर्ल्ड बैंक और यूनेस्को के शोधों से सिद्ध होता है। वर्ष 2011 की जनगणना के अनुसार, भारत में 22 आधिकारिक भाषाएं हैं, लेकिन कुल 19,569 मातृभाषाएं/उपभाषाएं हैं, जिनमें से 26% आबादी हिंदी या अंग्रेजी के अलावा अन्य भाषाओं में बोलती है। आज अगर देश की कुछ प्रांतीय भाषाएं संरक्षित मानी जा सकती हैं, तो वह लोगों की जागरूकता और संघर्ष का परिणाम है। हालांकि, यूनेस्को के अनुसार, भारत में 197 भाषाएं विलुप्ति के कगार पर हैं, और पिछले 60 वर्षों में लगभग 250 भाषाएं लुप्त हो चुकी हैं। केंद्र सरकार ने 2025 में 117 संकटग्रस्त भाषाओं के संरक्षण के लिए **'सुरक्षा एवं संरक्षण योजना'** (SPPEL) शुरू की है, जिसमें व्याकरण, शब्दकोश और नृ-भाषाई प्रोफाइल का दस्तावेजीकरण शामिल है।

अंग्रेजी सीखने में कोई बुराई नहीं है, लेकिन यदि मातृभाषा की कीमत पर इसे महत्व दिया जाता है, तो इसके परिणाम भी अनुचित होंगे। भारत सरकार ने इस तथ्य को समझा है और नई शिक्षा नीति (NEP 2020) में इस कमी को दूर करने का प्रयास किया है। NEP 2020 में मातृभाषा और स्थानीय भाषा को प्राथमिकता दी गई है। इससे न केवल भारतीय भाषाओं का संरक्षण होगा, बल्कि नागरिकों में जागरूकता भी विकसित होगी। नीति में व्यवस्था की गई है कि देश की सभी भारतीय भाषाओं के लिए एक राष्ट्रीय संस्थान 'नेशनल इंस्टीट्यूट फॉर इंडियन लैंग्वेजेज एंड हेरिटेज स्टडीज' की स्थापना होगी। इसमें बौद्धिक और डिजिटल

पढ़ाई भी शामिल होगी। 2025 तक, राष्ट्रीय पाठ्यचर्या ढांचा (NCF-2023) ने **'मातृभाषा पहले'** शिक्षण पर जोर दिया है, और CBSE ने 2025-26 शैक्षणिक सत्र से स्कूलों को घरेलू या क्षेत्रीय भाषा को माध्यम बनाने का निर्देश जारी किया है।

नई शिक्षा नीति के तहत स्कूली शिक्षा में अब त्रिभाषा फॉर्मूला लागू होगा। इसमें संस्कृत के साथ तीन अन्य भारतीय भाषाओं का विकल्प बच्चों के सामने होगा। प्रारंभिक स्तर पर ही विदेशी भाषा चुनने की भी स्वतंत्रता होगी। नीति में पांचवीं कक्षा तक मातृभाषा, स्थानीय भाषा या क्षेत्रीय भाषा में पढ़ाई का माध्यम रखने की योजना बनाई गई है। आवश्यकतानुसार इसे आठवीं कक्षा या उसके आगे भी बढ़ाया जा सकता है। विदेशी भाषाओं की पढ़ाई के लिए माध्यमिक स्तर से प्रावधान किया गया है। उल्लेखनीय है कि छोटे बच्चे घर में बोली जाने वाली मातृभाषा को स्वाभाविक रूप से सीख लेते हैं। इससे बच्चों को अपनी संस्कृति से जुड़े रहने में सहायता मिलेगी। भारतीय सांख्यिकी संस्थान (ISI), दिल्ली के एक अध्ययन के अनुसार, मातृभाषा में पढ़ाए गए छात्रों में साक्षरता और समझ में उल्लेखनीय सुधार देखा गया है।

संक्षेप में कहा जा सकता है कि मातृभाषा से व्यक्ति में आत्मसम्मान जागृत होता है और उसके व्यक्तित्व का समुचित विकास होता है। निस्संदेह मातृभाषा का स्थान सर्वोच्च होता है। यह तकनीकी और सूचना प्रौद्योगिकी का युग है। आज विश्व में संस्कृत सहित सभी भाषाओं में सॉफ्टवेयर विकसित हो रहे हैं। इसके अनुसार भाषा विज्ञान के नए सिद्धांत भी विकसित हो रहे हैं। प्रौद्योगिकी में एक वैश्विक भाषा की स्थापना की संभावना बढ़ रही है। इस दृष्टि से संस्कृत को प्राचीन वैज्ञानिक भाषा माना जा रहा है। इसी प्रकार विश्व में हिंदी भाषा बोलने वालों की संख्या वर्तमान में 60 करोड़ से अधिक है, जो वैश्विक स्तर पर बोली जाने वाली भाषाओं में दूसरे स्थान पर है। इस प्रकार निस्संदेह हिंदी को मानसिक स्वाधीनता की भाषा बनाया जा सकता है।

अब प्रश्न यह उत्पन्न होता है कि नई शिक्षा नीति 2020 के कार्यान्वयन में व्यावहारिक रूप से क्या चुनौतियां उत्पन्न हो सकती हैं। वास्तव में, राज्य सरकारों के सामने सबसे बड़ी चुनौती बड़े पैमाने पर हर सरकारी स्कूल में ऐसे शिक्षकों की नियुक्ति करना होगा, जो छात्रों के साथ उनकी भाषा में संवाद कर सकें। 29 जुलाई, 2020 को नई राष्ट्रीय शिक्षा नीति जारी होने के बाद इसके कार्यान्वयन के हर कदम पर विचार-विमर्श जारी है और इस दिशा में काम भी शुरू हो चुका है। उम्मीद की जानी चाहिए कि तीन वर्ष से पांच वर्षों में इसके परिणाम आने लगेंगे। उत्तराखण्ड सरकार ने भी नई शिक्षा नीति लागू करने की प्रतिबद्धता जताई है। हालांकि, अगस्त 2025 की एक रिपोर्ट के अनुसार, पांच वर्ष बाद भी उत्तराखण्ड में

NEP के प्रमुख सुधारों का पूर्ण कार्यान्वयन नहीं हो पाया है, जैसे बैग-फ्री डेज और बाल वाटिकाएं शुरू हुईं, लेकिन भाषा नीति पर प्रगति धीमी है। फिर भी, 2025 के अल्पसंख्यक शिक्षा विधेयक में मातृभाषा को माध्यम बनाने पर जोर दिया गया है, जो कम से कम तीसरी कक्षा तक क्षेत्रीय भाषा को प्राथमिकता देता है। राष्ट्रीय स्तर पर, 2025 तक 67% स्कूलों में 5+3+3+4 पाठ्यचर्या संरचना लागू हो चुकी है, जिसमें बहुभाषावाद एक प्रमुख हिस्सा है। यूनीसेफ के अनुसार, मातृभाषा शिक्षा से न केवल शैक्षिक लाभ होते हैं, बल्कि आत्मसम्मान और सांस्कृतिक पहचान भी मजबूत होती है। एक अध्ययन में पाया गया कि मातृभाषा में पढ़ाई से प्राथमिक स्तर पर पढ़ने की क्षमता में 20-30% सुधार होता है।

कुल मिलाकर, NEP 2020 मातृभाषा को शिक्षा का आधार बनाकर भारत की भाषाई विविधता को सशक्त बनाने की दिशा में एक क्रांतिकारी कदम है। 2025 में CBSE के नए दिशा निर्देशों से यह प्रक्रिया तेज हुई है, लेकिन शिक्षक प्रशिक्षण और संसाधन विकास पर अधिक निवेश की आवश्यकता है। यदि यह नीति सफलतापूर्वक लागू हुई, तो यह न केवल शैक्षिक असमानताओं को कम करेगी, बल्कि सांस्कृतिक संरक्षण को भी मजबूत करेगी। ●●▸

आठवीं अनुसूची और लोकभाषाएँ

भारतीय संविधान की आठवीं अनुसूची में वर्तमान में देश की कुल 22 भाषाओं को स्थान दिया गया है। ये भाषाएँ हैं– असमिया, बंगाली, बोडो, डोगरी, गुजराती, हिन्दी, कश्मीरी, कन्नड़, कोंकणी, मलयालम, मणिपुरी, मराठी, मैथिली, नेपाली, पंजाबी, सिन्धी, संस्कृत, तमिल, तेलुगू, उर्दू, संथाली और उड़िया। संविधान लागू होने के समय 14 भाषाएँ सूचीबद्ध थीं। समय-समय पर संशोधनों के माध्यम से इसमें विस्तार किया गया। वर्ष 1967 में सिन्धी, 1992 में कोंकणी, मणिपुरी और नेपाली तथा 2003 में बोडो, डोगरी, मैथिली और संथाली को शामिल किया गया। इससे यह स्पष्ट होता है कि आठवीं अनुसूची एक गतिशील व्यवस्था है, जो देश की भाषाई विविधता को स्वीकार करती है।

भारत विश्व के सर्वाधिक भाषायी विविधता वाले देशों में से एक है। जनगणना 2011 के अनुसार देश में 121 भाषाएँ और 19,500 से अधिक बोलियाँ प्रचलन में हैं। इनमें से अनेक लोकभाषाएँ लाखों लोगों द्वारा दैनिक जीवन में बोली जाती हैं, परंतु संवैधानिक मान्यता के अभाव में वे शिक्षा, प्रशासन और रोजगार के अवसरों से अपेक्षित रूप से नहीं जुड़ पातीं। इसी पृष्ठभूमि में नई शिक्षा नीति 2020 का महत्व बढ़ जाता है, जिसमें पाँचवीं कक्षा तक और आवश्यकता अनुसार आठवीं कक्षा तक, मातृभाषा या स्थानीय/क्षेत्रीय भाषा में शिक्षा देने पर जोर दिया गया है।

नई शिक्षा नीति का उद्देश्य केवल शैक्षिक सुधार नहीं, बल्कि भाषाई संरक्षण और समावेशी विकास भी है। विभिन्न शोधों से यह प्रमाणित हुआ है कि मातृभाषा में प्रारम्भिक शिक्षा पाने वाले बच्चों की समझ, सृजनात्मकता और सीखने की गति अधिक होती है। यूनेस्को की रिपोर्टों के अनुसार मातृभाषा आधारित शिक्षा से ड्रॉपआउट दर में 30 से 40 प्रतिशत तक कमी लाई जा सकती है। भारत जैसे बहुभाषी देश में यह नीति सामाजिक समानता और गुणवत्तापूर्ण शिक्षा की दिशा में महत्वपूर्ण कदम है।

उत्तराखण्ड के संदर्भ में गढ़वाली, कुमाउंनी और जौनसारी प्रमुख लोकभाषाएँ हैं। ऐतिहासिक ताम्रपत्रों, शिलालेखों और अभिलेखों से प्रमाणित होता है कि गढ़वाल और कुमाऊँ के राजाओं द्वारा इन भाषाओं का प्रयोग प्रशासन और राजकार्य में किया जाता था। जनगणना 1961 में कुमाउंनी बोलने वालों की संख्या 10,30,254 दर्ज की गई थी, जो 2011 में बढ़कर 20.20 लाख से अधिक हो गई। इसी प्रकार 2011 की जनगणना में 24,82,089 लोगों ने अपनी मातृभाषा गढ़वाली दर्ज कराई। जौनसारी भाषा बोलने वालों की संख्या भी लगभग 1.5 लाख के आसपास मानी जाती है।

दिल्ली, महाराष्ट्र और अन्य महानगरों में उत्तराखण्ड से प्रवास कर गए लोगों की बड़ी आबादी निवास करती है। केवल दिल्ली में ही गढ़वाली, कुमाउंनी और जौनसारी भाषियों की संख्या लाखों में है। इन्हीं भावनाओं को देखते हुए दिल्ली सरकार द्वारा **गढ़वाली, कुमाउंनी** और **जौनसारी** भाषा अकादमी का गठन किया गया, जो इन भाषाओं के साहित्य, संस्कृति और शोध को प्रोत्साहित कर रही है।

यदि उत्तराखण्ड में प्रारम्भिक शिक्षा नई शिक्षा नीति के अनुरूप स्थानीय भाषाओं में लागू की जाती है, तो इससे न केवल भाषाओं का संरक्षण होगा बल्कि शिक्षकों, पाठ्यपुस्तक लेखकों, अनुवादकों और शोधकर्ताओं के लिए रोजगार के नए अवसर भी सृजित होंगे। संसद और विभिन्न मंचों पर गढ़वाली, कुमाउंनी और जौनसारी को संविधान की आठवीं अनुसूची में शामिल करने की मांग निरंतर उठती रही है। अब आवश्यकता है कि सरकारें इस मांग पर तथ्यात्मक, संवेदनशील और दूरदर्शी निर्णय लें, ताकि भाषाई विविधता के साथ-साथ समावेशी शिक्षा का सपना भी साकार हो सके। ●●

वक्फ अधिनियम -1995 | 10

उद्देश्य और प्रमुख प्रावधान

यह अधिनियम भारत में वक्फ परिसंपत्तियों के बेहतर प्रबंधन, नियंत्रण और संरक्षण के लिए बनाया गया था। इसमें प्रमुख प्रावधान थे–

- सेन्ट्रल वक्फ काउंसिल (सी०डब्ल्यू०सी०) तथा प्रत्येक राज्य में स्टेट वक्फ बोर्ड का गठन।
- किसी व्यक्ति द्वारा किसी चल या अचल सम्पत्ति को मुस्लिम कानून द्वारा पवित्र, धार्मिक या चैरिटेबल उद्देश्यों के लिए स्थायी रूप से समर्पित करना।
- वक्फ परिसंपत्तियों का सर्वेक्षण, अभिलेख, रजिस्ट्रेशन, खातों का लेखा-जोखा।
- वक्फ संपत्ति को बेचने आदि को कठिन बनाने के उपाय।
- वक्फ विवादों के लिए विशेष न्यायाधिकरण।

कानून लागू होने के बाद भी वक्फ संपत्तियों का सही लेखा-जोखा नहीं हो पाया, कई संपत्तियां अतिक्रमित हुईं। राज्यों के वक्फ बोर्डों में विवाद, पारदर्शिता की कमी भी रही।

वक्फ (संशोधन) अधिनियम-2025

इस अधिनियम को 3 अप्रैल, 2025 को लोकसभा में और 4 अप्रैल, 2025 को राज्यसभा में पारित किया गया। 5 अप्रैल, 2025 को राष्ट्रपति की मंजूरी मिल जाने के बाद यह अधिनियम कानून बन गया।

इस संशोधन के अंतर्गत पुराने अधिनियम में कई बड़े बदलाव हुए हैं। सरकार के अनुसार इसका वक्फ संपत्तियों का बेहतर प्रबंधन, पारदर्शिता और डिजिटलाइजेशन है।

मुख्य बदलाव

- पुराने वक्फ अधिनियम-1995 में संशोधन करके इसे एकीकृत वक्फ प्रबंधन, सशक्तिकरण, दक्षता और विकास अधिनियम-1995 (यू०एन०ई०ई०डी० एक्ट) नाम दिया गया है।
- वक्फ से वक्फ बाय यूजर की व्यवस्था हटा दी गई है।
- वक्फ को परिसंपत्ति दान करने वाले को अब यह दिखाना होगा कि वह कम-से-कम 5 वर्ष से इस्लाम का अनुयायी रहा है और उसके पास वह संपत्ति है जिसे वह वक्फ के लिए समर्पित कर रहा है।
- वक्फ बोर्ड एवं केंद्रीय वक्फ काउंसिल में अब गैर-मुस्लिम सदस्यों को शामिल करने का प्रावधान है।
- सरकारी सम्पत्ति को वक्फ घोषित करने के दावों पर नियंत्रण बढ़ाया गया है।
- वक्फ परिसंपत्तियों के लिए डिजिटल पोर्टल तथा डेटाबेस की व्यवस्था की गई है।
- वक्फ ट्रिब्यूनल के निर्णयों पर हाईकोर्ट में अपील की अनुमति दी गई है।

इस तरह, पुराने कानून की तुलना में 2025 का संशोधन वक्फ परिसंपत्तियों के प्रबंधन, पारदर्शिता व प्रशासनिक नियंत्रण को बढ़ाने का प्रयास है। हालांकि, इसके साथ-ही कई संवैधानिक, धार्मिक व सामाजिक सवाल उठ चुके हैं। ●●

जनगणना 2027 डिजिटल युग की डिजिटल गणना

11

प्रधानमंत्री नरेंद्र मोदी की अध्यक्षता में केंद्रीय मंत्रिमंडल ने 13 दिसंबर, 2025 को 11,718.24 करोड़ रुपये की लागत से भारत में जनगणना 2027 आयोजित करने के प्रस्ताव को मंजूरी दे दी है। यह विश्व की सबसे बड़ी प्रशासनिक और सांख्यिकीय अभ्यास मानी जा रही है, जो देश की लगभग 1.4 अरब से अधिक जनसंख्या को कवर करेगी। ऐतिहासिक रूप से, भारत की जनगणना ब्रिटिश काल में 1872 में शुरू हुई थी, और यह 16वीं जनगणना होगी, जबकि स्वतंत्रता के बाद यह आठवीं होगी। पिछली जनगणना 2011 में हुई थी, जिसके बाद 2021 की जनगणना कोविड-19 महामारी के कारण स्थगित हो गई थी, जिससे डेटा की कमी ने नीति निर्माण में चुनौतियां पैंदा कीं। अब 2027 की जनगणना न केवल समयबद्ध होगी, बल्कि पूरी तरह डिजिटल होगी, जो एक महत्वपूर्ण तकनीकी उन्नति का प्रतिनिधित्व करती है।

डिजिटल जनगणना का यह निर्णय भारत को वैश्विक स्तर पर डिजिटल प्रशासन में अग्रणी बनाता है। पारंपरिक कागजी प्रक्रिया की तुलना में, डिजिटल माध्यम डेटा संग्रह को अधिक सटीक, तेज और पारदर्शी बनाएगा। डेटा संग्रह मोबाइल ऐप के माध्यम से होगा, जो एंड्रॉयड और आईओएस दोनों प्लेटफॉर्म्स पर उपलब्ध है। यह ऐप जीपीएस-आधारित लोकेशन ट्रैकिंग, रियल-टाइम डेटा अपलोड और ऑटोमेटेड वैलिडेशन फीचर्स से लैस होगा, जिससे मानवीय त्रुटियां कम होंगी। इसके अलावा, सेंसस मैनेजमेंट एंड मॉनिटरिंग सिस्टम (सीएमएमएस) नामक एक विशेष पोर्टल विकसित किया गया है, जो पूरी प्रक्रिया की रियल-टाइम निगरानी करेगा। अधिकारियों के लिए हाउसलिस्टिंग ब्लॉक क्रिएटर वेब मैप एप्लीकेशन का उपयोग होगा, जो जीआईएस (भौगोलिक सूचना प्रणाली) पर आधारित है और क्षेत्रों को सटीक रूप से मैप करने में मदद करेगा। सबसे उल्लेखनीय है कि जनता को स्व-गणना (सेल्फ-एन्यूमरेशन) का विकल्प दिया जाएगा, जहां नागरिक ऑनलाइन पोर्टल या ऐप के माध्यम से अपनी जानकारी खुद भर सकेंगे। यह न केवल समय बचाएगा, बल्कि गोपनीयता को बढ़ावा देगा, क्योंकि डेटा एन्क्रिप्टेड होगा। विश्लेषणात्मक दृष्टि से, डिजिटल अप्रोच से डेटा की गुणवत्ता में 20-30% सुधार की उम्मीद है, जैसा कि ब्राजील और अमेरिका जैसे देशों की डिजिटल जनगणनाओं से देखा गया है।

जनगणना की प्रक्रिया दो चरणों में पूरी होगी, जो व्यवस्थित और मौसम-संवेदनशील होगी। पहले चरण में अप्रैल से सितंबर 2026 तक हाउसलिस्टिंग और हाउसिंग जनगणना होगी, जिसमें घरों की संख्या, प्रकार, सुविधाएं (जैसे पानी, बिजली, शौचालय) और मालिकाना हक की जानकारी एकत्र की जाएगी। यह

चरण आवास नीतियों के लिए महत्वपूर्ण है, क्योंकि 2011 की जनगणना से पता चला था कि 17% घरों में शौचालय नहीं थे, जिसने स्वच्छ भारत अभियान को गति दी। दूसरा चरण फरवरी 2027 में मुख्य जनसंख्या गणना का होगा, जिसमें उम्र, लिंग, शिक्षा, रोजगार, भाषा और प्रवासन जैसी व्यक्तिगत जानकारियां एकत्र होंगी। विशेष रूप से, लद्दाख, जम्मू-कश्मीर के बर्फ प्रभावित क्षेत्रों, हिमाचल प्रदेश और उत्तराखण्ड के गैर-समकालिक इलाकों में प्रक्रिया सितंबर 2026 में ही पूरी कर ली जाएगी, ताकि मौसम संबंधी बाधाएं न आएं। इस अभियान में लगभग 30 लाख प्रक्षेत्र कर्मचारी लगाए जाएंगे, जिनमें मुख्य रूप से प्राथमिक विद्यालय के शिक्षक, पर्यवेक्षक और अन्य सरकारी अधिकारी शामिल होंगे। विश्लेषण से पता चलता है कि यह संख्या 2011 की जनगणना से 10% अधिक है, जो जनसंख्या वृद्धि को दर्शाती है। कर्मचारियों को डिजिटल प्रशिक्षण दिया जाएगा, जो उनके कौशल विकास में योगदान देगा।

एक महत्वपूर्ण फैसला है जनगणना में जाति-आधारित आंकड़ों को शामिल करना। केंद्रीय मंत्रिमंडल की राजनीतिक मामलों की समिति ने 30 अप्रैल, 2025 को यह निर्णय लिया था। जाति डेटा इलेक्ट्रॉनिक माध्यम से एकत्र होगा, जो पहले की कागजी प्रक्रिया से अलग है। भारत की सामाजिक विविधता को देखते हुए, यह कदम आरक्षण, सामाजिक न्याय और लक्षित कल्याण योजनाओं के लिए उपयोगी होगा। उदाहरणस्वरूप, 1931 की अंतिम जाति जनगणना के बाद, ओबीसी (अन्य पिछड़ा वर्ग) के लिए सटीक डेटा की कमी ने मंडल आयोग जैसी पहलों में बाधा डाली। अब यह डेटा नीति निर्माण में मदद करेगा, जैसे शिक्षा और रोजगार में आरक्षण का विस्तार। अनुसूचित जातियों (एससी) और अनुसूचित जनजातियों (एसटी) की गणना संविधान के 1950 के आदेशों के अनुसार होगी, जो समय-समय पर संशोधित होते हैं।

डिजिटल तरीकों से डेटा की गुणवत्ता और पारदर्शिता में वृद्धि होगी और परिणाम पहले से अधिक तेजी से उपलब्ध होंगे। संभवत: 6-12 महीनों में और गांव-वार्ड स्तर तक विस्तृत जानकारी साझा की जाएगी। एक क्लिक पर आंकड़े प्राप्त होने से नीति निर्माण में क्रांति आएगी, जैसे जनसंख्या नियंत्रण, शहरीकरण और स्वास्थ्य योजनाएं। उदाहरण के लिए, 2011 की जनगणना से पता चला कि भारत की जनसंख्या 1.21 अरब थी, जिसमें 48.5% महिलाएं थीं, जिसने बेटी बचाओ-बेटी पढ़ाओ जैसी योजनाओं को आधार दिया। अब डिजिटल डेटा से रियल-टाइम एनालिटिक्स संभव होगा, जो आर्थिक विकास के लिए महत्वपूर्ण है।

कानूनी रूप से, जनगणना नियमन 1990 के नियम 6 के अनुसार, प्रश्नावलियां केंद्र सरकार द्वारा अधिसूचित की जाती हैं। महापंजीयक एवं जनगणना आयुक्त कार्यालय प्रश्नावली को अंतिम रूप दे रहा है। जनगणना अधिनियम 1948 की धारा 8(2) के तहत, उत्तरदाताओं को सही जानकारी देनी होती है। कुल मिलाकर, जनगणना 2027 भारत की सामाजिक, आर्थिक और जनसांख्यिकीय तस्वीर को नया आयाम देगी। यह न केवल एक गिनती है, बल्कि राष्ट्र निर्माण का आधार है।

●●

राष्ट्रीय : समसामयिकी

जनवरी, 2025

6 जनवरी : छत्तीसगढ़ में नक्सलियों ने पुलिस का वाहन विस्फोटक से उड़ाया। पुलिस के 8 जवान शहीद हुए।

10 जनवरी : संभल के बहुचर्चित मस्जिद विवाद के मामले में सुप्रीम कोर्ट ने यथास्थिति बनाये रखने का आदेश दिया।

14 जनवरी : मकर संक्रांति पर प्रयागराज में 3.5 करोड़ श्रद्धालुओं ने डुबकी लगाई।

16 जनवरी : 8वें वित्त आयोग को केंद्र सरकार ने मंजूरी दी।

- अभिनेता सैफ अली खान पर उनके घर में हमला किया गया।

18 जनवरी : कोलकाता में डॉक्टर से दरिंदगी मामले में संजय राय को स्थानीय कोर्ट ने उम्रकैद की सजा सुनाई।

29 जनवरी : मौनी अमावस्या पर कुंभ स्नान से पहले प्रयागराज में भगदड़ मची। 30 श्रद्धालुओं की मृत्यु हुई और 60 से ज्यादा घायल हुए।

फरवरी, 2025

1 फरवरी : केंद्रीय वित्त मंत्री निर्मला सीतारमण ने ₹56.65 लाख करोड़ का बजट पेश किया।

3 फरवरी : वसंत पंचमी पर प्रयागराज कुंभ में ढाई करोड़ श्रद्धालुओं ने स्नान किया।

5 फरवरी : प्रधानमंत्री नरेंद्र मोदी ने प्रयागराज कुंभ में गंगा स्नान किया।

8 फरवरी : दिल्ली विधानसभा चुनाव में भारतीय जनता पार्टी ने आम आदमी पार्टी को हराया।

13 फरवरी : मणिपुर में राष्ट्रपति शासन लागू किया गया।

15 फरवरी : नई दिल्ली रेलवे स्टेशन पर भगदड़ मचने से 15 लोगों की मृत्यु हुई।

17 फरवरी : ज्ञानेश कुमार देश के नए चुनाव आयुक्त नियुक्त किए गए।

19 फरवरी : रेखा गुप्ता दिल्ली की नई मुख्यमंत्री चुनी गई।

23 फरवरी : चैंपियंस ट्रॉफी में पाकिस्तान को हराकर भारत सेमीफाइनल में पहुंचा।

25 फरवरी : 1984 के सिख विरोधी दंगों में सज्जन कुमार को दूसरे मामले में भी उम्रकैद की सजा सुनाई गई।

मार्च, 2025

5 मार्च : अमेरिका ने भारत पर 100 प्रतिशत टैरिफ लगाया।

9 मार्च : भारत ने टी-20 विश्व कप क्रिकेट चैम्पियनशिप जीती।

13 मार्च : तमिलनाडु सरकार द्वारा रुपए का चिह्न बदले जाने से विवाद पैदा हुआ।

17 मार्च : भारत ने अमेरिका और न्यूजीलैंड को अपने क्षेत्र में भारत विरोधी गतिविधियां रोकने के लिए कहा।

18 मार्च : चुनाव आयोग ने मतदाता पहचान पत्र को आधार से जोड़ने का फैसला किया।

19 मार्च : भारतीय मूल की अमेरिकी अंतरिक्ष यात्री ***सुनीता विलियम्स*** 9 महीने 11 दिन बाद अंतरिक्ष से वापस लौटी।

20 मार्च : छत्तीसगढ़ में 30 नक्सलियों को मारा गया। एक जवान भी शहीद हुआ।

21 मार्च : कश्मीर के कठुआ में आतंकवादियों से मुठभेड़ में 3 पुलिस कर्मी शहीद हुए। तीन आतंकवादी भी मारे गए।

29 मार्च : छत्तीसगढ़ में 18 नक्सली मारे गए।

अप्रैल, 2025

2 अप्रैल : वक्फ (संशोधन) विधेयक 2025 लोकसभा में पारित हुआ।

3 अप्रैल : वक्फ (संशोधन) विधेयक राज्यसभा में पारित हुआ।

5 अप्रैल : वक्फ (संशोधन) बिल को राष्ट्रपति ने मंजूरी दी।

13 अप्रैल : पश्चिम बंगाल के मुर्शिदाबाद में सांप्रदायिक तनाव के बाद बड़े पैमाने पर लोगों ने पलायन किया।

15 अप्रैल : प्रवर्तन निदेशालय ने नेशनल हेराल्ड मामले में सोनिया गांधी और राहुल गांधी के खिलाफ चार्जशीट दायर की।

16 अप्रैल : बी०आर० गवई सुप्रीम कोर्ट के नए मुख्य न्यायाधीश चुने गए।

17 अप्रैल : सुप्रीम कोर्ट में वक्फ (संशोधन) बिल की वैधता पर सुनवाई हुई। कोर्ट ने नई नियुक्तियों पर रोक लगाई।

19 अप्रैल : हरिद्वार के बहुचर्चित धर्म संसद मामले में जितेंद्र त्यागी उर्फ वसीम रिजवी दोषमुक्त साबित हुए।

20 अप्रैल : जम्मू कश्मीर के रामबन में बादल फटने से भारी तबाही हुई। 3 लोगों की मृत्यु हुई।

22 अप्रैल : जम्मू-कश्मीर के पहलगाम में आतंकवादियों ने पर्यटकों पर हमला किया। 26 पर्यटकों की गोली मारकर हत्या की गई।

24 अप्रैल : पहलगाम हमले के खिलाफ भारत ने सिंधु जल समझौता स्थगित किया। पाकिस्तानी राजनायिकों को भारत छोड़ने के आदेश दिए गए।

24 अप्रैल : पाकिस्तान के खिलाफ विपक्ष ने सरकार को पुरजोर समर्थन दिया।

30 अप्रैल : केंद्र सरकार ने जातीय जनगणना कराने का ऐलान किया।

मई, 2025

3 मई : पहलगाम हमले के बाद केंद्र सरकार ने पाकिस्तान से व्यापार बंद किया।

4 मई : भारत ने पाकिस्तान के लिए चिनाब नदी का पानी रोका।

6 मई : भारत ने पाकिस्तान के आतंकवादी शिविरों पर मिसाइल से हमला किया। 9 शिविर ध्वस्त किए गए। सैन्य कार्रवाई को ऑपरेशन सिंदूर नाम दिया गया।

7 मई : ऑपरेशन सिंदूर जारी रहा। सेना ने शौर्य का प्रदर्शन किया।

8 मई : पाकिस्तान पर सेना ने ड्रोन से हमले किए।

9 मई : ऑपरेशन सिंदूर जारी रहा।

10 मई : ऑपरेशन सिंदूर रोका गया। युद्ध विराम की घोषणा की गई।

11 मई : भारतीय सेना ने ऑपरेशन सिंदूर का ब्योरा दिया।

14 मई : न्यायमूर्ति बी०आर० गवई ने भारत के 52वें मुख्य न्यायाधीश के रूप में शपथ ग्रहण की।

18 मई : हैदराबाद में इमारत में आग लगने से 17 लोगों की मृत्यु हुई।

21 मई : छत्तीसगढ़ में 27 नक्सली मारे गए।

24 मई : मानसून सामान्य तिथि से 8 दिन पहले केरल पहुंचा।

25 मई : सिखों के पवित्र तीर्थ हेमकुंड साहिब के कपाट खोले गए।

- बूढ़ा भरसार पैदल मार्ग को **ट्रैक ऑफ द इयर** के रूप में विकसित करने की घोषणा की गई।

26 मई : स्टार्टअप विकास के लिए उत्तराखण्ड और गुजरात के बीच समझौता हुआ।

28 मई : उत्तराखण्ड कैबिनेट ने राज्य स्वास्थ्य प्राधिकरण को 75 करोड़ रुपए देने को मंजूरी दी।

29 मई : हरिद्वार जमीन घोटाले की जांच पूरी हुई। 11 अधिकारियों और कर्मचारियों पर कार्रवाई करने की सिफारिश की गई।

30 मई : अंकिता भंडारी हत्याकांड के तीन दोषियों को कोटद्वार की अदालत ने उम्रकैद की सजा सुनाई।

31 मई : उत्तराखण्ड में आपदा सखी नियुक्त करने की घोषणा की गई।

जून, 20205

4 जून : बैंगलुरु में जीत के जश्न में भगदड़ मची। 11 लोगों की मृत्यु हुई।

8 जून : मणिपुर में फिर हिंसा भड़की। 5 जनपदों में पाबंदी लगाई गई।

10 जून : पाकिस्तान का सच दुनिया को बताकर सर्वदलीय प्रतिनिधिमंडल

वापस लौटा। प्रधानमंत्री नरेंद्र मोदी से मुलाकात की।

12 जून : अहमदाबाद में एयर इंडिया का विमान उड़ान भरते ही दुर्घटनाग्रस्त हुआ। 265 लोगों की मृत्यु हुई।

18 जून : प्रधानमंत्री नरेंद्र मोदी ने अमेरिकी राष्ट्रपति डोनाल्ड ट्रंप को फोन किया। पाकिस्तान के मामले में मध्यस्थता अस्वीकार की।

19 जून : चीफ ऑफ डिफेंस स्टाफ (सी०डी०एस०) को तीनों सेनाओं को आदेश देने का अधिकार दिया गया।

25 जून : 41 वर्ष बाद भारत फिर अंतरिक्ष में पहुंचा। शुभांशु शुक्ला अंतरिक्ष यात्री बने।

- हिमाचल प्रदेश के धर्मशाला में अतिवृष्टि से खनियारा में कई लोगों की मृत्यु हुई।

21 जून : भारत की आपत्ति के बाद शंघाई सहयोग संगठन का घोषणा पत्र रद्द किया गया। भारत ने आतंकवाद को लेकर आपत्ति दर्ज की थी।

28 जून : प्रधानमंत्री नरेंद्र मोदी ने अंतरिक्ष यात्री शुभांशु शुक्ला से बात की।

29 जून : पुरी में भगवान जगन्नाथ रथयात्रा के दौरान भगदड़ मची। तीन लोगों की मृत्यु हुई और 50 लोग घायल हुए।

30 जून : सीमांकन के मुद्दे पर चीन और भारत चर्चा करने को तैयार हुए।

जुलाई, 2025

5 जुलाई : महाराष्ट्र में हिंदी का विरोध तेज हुआ। दोनों ठाकरे बंधुओं ने इस विरोध के लिए हाथ मिलाया।

9 जुलाई : गुजरात के बड़ोदरा में पुल टूटने से 11 लोगों की मृत्यु हुई।

10 जुलाई : मतदाता सूचियों के विशेष गहन पुनरीक्षण (एस.आई.आर.) को लेकर विवाद के बाद सुप्रीम कोर्ट ने आधार कार्ड को भी दस्तावेज मानने का फैसला सुनाया।

15 जुलाई : 18 दिन अंतरिक्ष स्टेशन में बिताकर शुभांशु शुक्ला और उनकी टीम धरती पर लौटी।

21 जुलाई : संसद का मानसून सत्र शुरू हुआ। उपराष्ट्रपति जगदीश धनखड़ ने स्वास्थ्य कारणों से इस्तीफा दिया।

- वर्ष 2006 में मुंबई में हुए ट्रेन धमाकों के सभी आरोपी बरी हुए।

24 जुलाई : भारत और ब्रिटेन ने मुक्त व्यापार समझौते पर हस्ताक्षर किए।

- प्रधानमंत्री नरेंद्र मोदी लगतार लंबी अवधि तक पद पर बने रहने वाले दूसरे प्रधानमंत्री बने।

25 जुलाई : छात्रों द्वारा आत्महत्या किए जाने पर सुप्रीम कोर्ट ने चिंता जताई।

दिशा–निर्देश भी जारी किए।

28 जुलाई : ऑपरेशन सिंदूर को लेकर संसद में चर्चा शुरू हुई। भारी हंगामा हुआ।

29 जुलाई : ऑपरेशन सिंदूर पर संसद में प्रधानमंत्री नरेंद्र मोदी और गृह मंत्री अमित शाह ने सरकार का पक्ष रखा।

30 जुलाई : अमेरिकी राष्ट्रपति डोनाल्ड ट्रंप ने भारत पर 25 प्रतिशत टैरिफ लगाया।

31 जुलाई : वर्ष 2008 में हुए मालेगांव बम धमाके में साध्वी प्रज्ञा ठाकुर सहित सभी 7 आरोपी बरी हुए।

अगस्त, 2025

1 अगस्त : मतदाता सूची को लेकर संसद में भारी हंगामा हुआ। कांग्रेस ने चुनाव आयोग को भी कठघरे में खड़ा किया।

4 अगस्त : झारखंड के पूर्व मुख्यमंत्री शिबू सोरेन का निधन हुआ।

5 अगस्त : जम्मू कश्मीर के पूर्व राज्यपाल सत्यपाल मलिक का निधन हुआ।

6 अगस्त : अमेरिकी राष्ट्रपति डोनाल्ड ट्रम्प ने भारत पर 50 प्रतिशत तक टैरिफ बढ़ाया।

12 अगस्त : संसद में जस्टिस यशवंत वर्मा पर महाभियोग की कार्रवाई शुरू हुई।

17 अगस्त : राष्ट्रीय चुनाव आयोग ने वोटर लिस्ट में गड़बड़ी की शिकायतों को निराधार बताया।

21 अगस्त : मंत्रियों के समूह (जी०ओ०एम०) ने जी०एस०टी० की नई दरों को मंजूरी दी।

25 अगस्त : प्रधानमंत्री नरेंद्र मोदी ने दुकानदारों को अपनी दुकानों पर स्वदेशी का बोर्ड लगाने की सलाह दी।

27 अगस्त : भारी बारिश के कारण जम्मू कश्मीर में तबाही। वैष्णो देवी मार्ग पर 34 लोगों की मृत्यु हुई।

30 अगस्त : प्रधानमंत्री नरेंद्र मोदी 30 अगस्त, 2025 को जापान के मियागी प्रांत के सेंडाइ के एक सेमीकंडक्टर प्लांट का दौरा करने गये।

31 अगस्त : प्रधानमंत्री नरेंद्र मोदी जापान की दो दिवसीय यात्रा पूरी करने के बाद शंघाई सहयोग (SCO) सम्मेलन में भाग लेने के लिए चीन पहुंचे।

सितम्बर, 2025

6 सितम्बर : केंद्रीय चुनाव आयोग ने बिहार के बाद पूरे देश में मतदाता सूचियों का विशेष गहन पुनरीक्षण (एस०आई०आर०) करने की घोषणा की।

8 सितम्बर : नेपाल में युवाओं ने आंदोलन कर सरकार का तख्तापलट किया।

8 सितम्बर : सी०पी० राधाकृष्णन भारत के उपराष्ट्रपति बने।

11 सितम्बर : छत्तीसगढ़ में सुरक्षा बलों ने 10 नक्सलवादी मार गिराये।

13 सितम्बर : प्रधानमंत्री नरेंद्र मोदी ने हिंसाग्रस्त मणिपुर का दौरा किया।

15 सितम्बर : सुप्रीम कोर्ट ने वक्फ कानून में किए गए तीन बदलावों पर रोक लगाई।

19 सितम्बर : मणिपुर में सैनिकों पर हमला किया गया। दो सैनिकों की मृत्यु हुई।

22 सितम्बर : देश भर में जी०एस०टी० बचत उत्सव शुरू किया गया।

24 सितम्बर : सोनम वांगचुक के अनशन के 15वें दिन लेह में हिंसा। चार लोगों की मृत्यु हुई।

26 सितम्बर : लेह में सोनम वांगचुक गिरफ्तार किए गए। राष्ट्रीय सुरक्षा कानून के तहत गिरफ्तारी की गई।

27 सितम्बर : तमिलनाडु में थलापति विजय की रैली में भगदड़ मचने से 36 लोगों की मृत्यु हुई।

अक्टूबर, 2025

3 अक्टूबर : बिहार में विधानसभा चुनाव की घोषणा की गई।

11 अक्टूबर : चीफ ऑफ डिफेंस स्टाफ जन० अनिल चौहान ने नेपाल सीमा पर चौकसी की जरूरत बताई।

14 अक्टूबर : जैसलमेर में चलती बस में आग लगने से 20 लोगों की मृत्यु हुई।

25 अक्टूबर : निर्वाचन आयोग द्वारा देशभर में मतदाता सूचियों के विशेष गहन निरीक्षण (एस०आई०आर०) की घोषणा दोहराई।

28 अक्टूबर : केंद्रीय कैबिनेट ने आठवें वेतन आयोग के गठन को मंजूरी दी।

31 अक्टूबर : देशभर में पहली बार सरदार वल्लभ भाई पटेल की जयंती मनाई गई।

नवम्बर, 2025

1 नवम्बर : आंध्र प्रदेश के मंदिर में भगदड़ मचने से नौ लोगों की मृत्यु हुई।

2 नवम्बर : भारत ने पहली बार महिला क्रिकेट विश्व कप जीता।

4 नवम्बर : छत्तीसगढ़ में ट्रेन और मालगाड़ी टकराने से आठ लोगों की मृत्यु हुई।

5 नवम्बर : लोकसभा में नेता प्रतिपक्ष राहुल गांधी ने हरियाणा विधानसभा चुनाव में फर्जी मतदान का आरोप लगाया।

6 नवम्बर : बिहार में विधानसभा के लिए पहले चरण का मतदान हुआ। मतदान का नया रिकॉर्ड बना।

14 नवम्बर : बिहार चुनाव-2025 में एनडीए को 202 सीटों पर जीत मिलीं।

घटनाक्रम- 14 नवम्बर, 2025 तक

भारत में अब तक के बड़े विमान हादसे

★ 12 अक्टूबर 1976 को मुंबई में इंडियन एयरलाइंस की फ्लाइट संख्या 171 क्रैश हुई थी। इंजन फेल होने के कारण हुए इस हादसे में 95 लोग मारे गए थे।

★ जनवरी 1978 को मुंबई के बांद्रा में एक बड़ा विमान हादसा हुआ जिसमें विमान में सवार 213 लोग मारे गए थे।

★ 19 अक्टूबर 1988 को 37 वर्ष पहले अहमदाबाद में विमान में सवार 135 में से 133 लोगों की मौत हो गई थी। लो विजिबिलिटी के कारण विमान धान के खेत में गिर गया था जबकि विमान को अहमदाबाद एयरपोर्ट पर उतरना था लेकिन उससे पहले ही वह क्रैश हो गया।

★ आज से ठीक 29 वर्ष पहले हरियाणा के चरखी दादरी में बड़ा हादसा हुआ था जिसमें 349 लोग मारे गये थे, जब सऊदी अरब एयरलाइंस की फ्लाइट नंबर 763 की हवा में ही कजाखिस्तान एयरलाइंस की फ्लाइट संख्या 1907 से टक्कर हो गई थी।

★ 17 जुलाई 2000 को पटना में अलायंस एयर की फ्लाइट संख्या 7412 क्रैश हो गई थी। रिहायशी इलाके में गिरे इस विमान में सवार सभी 55 लोग मारे गए थे जबकि पांच स्थानीय लोगों की मौत हुई।

★ 22 मई 2010 को मैंगलुर एयरपोर्ट पर एयर इण्डिया की फ्लाइट नम्बर 812 रनवे पर क्रेश हो गई थी, इसमें 158 लोग मारे गए थे।

दुनिया का सबसे बड़ा विमान हादसा

दुनिया की सबसे बड़ी विमान दुर्घटना स्पेन के टैनराइफ एयरपोर्ट पर 27 मार्च 1977 को हुई थी, जिसमें 583 लोगों की मौत हो गई थी। इस हादसे में दो विमानों की रनवे पर ही टक्कर हो गई थी जिसमें एक विमान में 248 और दूसरे में 380 लोग सवार थे, दूसरे विमान में सवार 380 में से 326 लोगों की मौत हुई थी।

अहमदाबाद विमान हादसा

गुजरात के अहमदाबाद में 12 जून, 2025 को दोपहर बड़ा विमान हादसा हुआ। अहमदाबाद से ब्रिटेन के लिए एयर इंडिया का विमान ए-आई 171 उड़ान

भरने के चार मिनट के भीतर ही क्रैश हो गया। ड्रीमलाइनर श्रेणी के इस बोइंग विमान ने दोपहर 1.38 बजे अहमदाबाद एयरपोर्ट से टेक ऑफ किया था कि थोड़ी दूरी पर घनी आबादी वाले इलाके में दुर्घटनाग्रस्त हो गया। विमान में 230 यात्री और 12 क्रू मेंबर सवार थे। भारतीय मूल के ब्रिटिश नागरिक रमेश विश्वास चमत्कारिक रूप से इस हादसे में बच गए जबकि शेष 241 यात्री असमय काल के गाल में समा गए। इसके अलावा पास के मेडिकल कॉलेज के हॉस्टल तथा आसपास के क्षेत्रों में रह रहे 24 अन्य लोग भी हादसे की चपेट में आने से बेमौत मारे गए। इस विमान में गुजरात के पूर्व मुख्यमंत्री विजय रूपाणी भी सवार थे। वे अपनी बेटी से मिलने लंदन जा रहे थे। यह भारत के विमानन इतिहास का दूसरा बड़ा हादसा है।

अहमदाबाद विमान हादसे के तुरन्त बाद राहत और बचाव अभियान शुरू किया गया। हादसे के बाद गृहमंत्री अमित शाह और 13 जून को प्रधानमंत्री नरेन्द्र मोदी ने घटनास्थल का दौरा किया। इस बीच एयर इंडिया की संचालक कंपनी टाटा ग्रुप ने प्रत्येक मृतक के आश्रित को एक-एक करोड़ रुपये का मुआवजा देने का ऐलान किया है। ●●

लोकपर्व
इगास-बग्वाल

उत्तराखण्ड में दीपावली पर्व इगास- बग्वाल के नाम से मनाया जाता है। आनुष्ठानिक रूप से लक्ष्मी पूजन दीपावली उत्सव को बग्वाल कहा जाता है और दीपावली यानि बग्वाल के ठीक ग्यारह दिन बाद हरिप्रबोधिनी एकादशी को 'इगास' पर्व मनाया जाता है। इसे देव दीपावली भी कहा जाता है। इस दिन पकवान बनाने, दीपोत्सव मनाने के साथ ही पशुओं की पूजा और रात को ढोल-दमौं वादन के साथ भैलो खेलने की परम्परा है।

हरेला

हरेला पर्व अपने नाम के अनुरूप हरियाली का पर्व है। परम्परा के अनुसार श्रावण संक्रान्ति से 9 अथवा 11 दिन पूर्व शुभ मुहूर्त में घर के भीतर किसी साफ स्थान पर रिंगाल आदि के डोने (पात्र) में सात तरह के अनाज बोए जाते हैं।

" जुलाई के महीने में आने वाली श्रावण संक्रान्ति के दिन कुमाऊं अंचल में मनाया जाने वाला ऋतु पर्व हरेला वर्ष 2015 में राज्यभर में पौधरोपण पर्व के रूप में मनाया गया। हरेला पर्व अपने नाम के अनुरूप हरियाली का पर्व है। परम्परा के अनुसार श्रावण संक्रान्ति से 9 अथवा 11 दिन पूर्व शुभ मुहूर्त में घर के भीतर किसी साफ स्थान पर रिंगाल आदि के डोने (पात्र) में सात तरह के अनाज बोए जाते हैं। इन्हें घर की महिलाएं बोती हैं और कन्याएं पानी देकर सींचती हैं। संक्रान्ति के दिन पीलापन लिये इस हरियाली को पूजा-अर्चना के उपरान्त काटा जाता है और इससे देवी-देवताओं और बड़ों की पूजा की जाती है। मान्यता है कि इस दिन जो भी पौधा रोपा/बोया जाता है, वह जड़ पकड़ लेता है। "

पलायन पर अंकुश और रिवर्स माइग्रेशन का उदय

उत्तराखण्ड के लिए पलायन हमेशा एक सबसे बड़ी चुनौती रही है। रोजगार के सीमित संसाधन और बुनियादी सुविधाओं के अभाव में लोग गाँव छोड़ रहे थे, जिसके कारण 1793 से ज्यादा गाँव पूरी तरह जन-शून्य हो चुके हैं।

- **ग्राम विकास एवं पलायन आयोग :** इस गंभीर चुनौती से निपटने के लिए, राज्य ने ग्राम विकास एवं पलायन आयोग का गठन किया। आयोग ने 10,000 से अधिक राजस्व गाँवों का विस्तृत अध्ययन कर जिला-वार माइक्रो-प्लान बनाने की सिफारिश की।
- **रिवर्स माइग्रेशन के प्रयास :** सरकार ने मुख्यमंत्री स्वरोजगार योजना जैसी योजनाएँ शुरू कीं, जिसके तहत लौटने वाले प्रवासियों और स्थानीय युवाओं को होम-स्टे योजनाओं, जैविक कृषि, साहसिक पर्यटन, और हस्तशिल्प जैसे क्षेत्रों में पूंजीगत सहायता (सब्सिडी) और प्रशिक्षण प्रदान किया गया। ◇◇

उत्तराखण्ड के लिए पलायन हमेशा एक सबसे बड़ी चुनौती रही है। रोजगार के सीमित संसाधन और बुनियादी सुविधाओं के अभाव में लोग गाँव छोड़ रहे हैं

परम्परागत लोक नृत्य
रम्माण

चमोली जनपद के पैनखंडा क्षेत्र के अनेक गाँवों का परम्परागत लोक नृत्य 'रम्माण' एक तरह का मुखौटा नृत्य है। इसमें राम कथा के विभिन्न प्रसंगों के साथ ही देवी-देवताओं की कथाओं को प्रस्तुत किया जाता है तो 'मोर-मोर्यांण' और 'बण्यां-बण्यांण' के माध्यम से लोक में प्रचलित गाथाओं को भी नाट्य रूप में प्रस्तुत किया जाता है। जीवन में हास्य के महत्व को कम करके नहीं आँका जा सकता, संभवतः इसीलिए रम्माण में 'कुरु जोगी' के माध्यम से खूब हास्य भी होता है, और जब यह सब होता है तो वहाँ उपस्थित हर व्यक्ति कोई न कोई भूमिका अदा कर रहा होता है। यही 'रम्माण' का सार्वभौमिक सत्य है और लोक संस्कृति की इसी सत्यता के कारण यूनेस्को द्वारा वर्ष 2009 में रम्माण को अमूर्त सांस्कृतिक विश्व विरासत घोषित किया गया। ◆◆

उत्तराखण्ड राज्य के बजट का बढ़ता आकार | 1

शैशवावस्था में होने के कारण उत्तराखण्ड राज्य को अपनी विकास-यात्रा को सुदृढ़ करने हेतु अधिक धनराशि की आवश्यकता थी। प्रारम्भिक वर्षों में राज्य को अपने आर्थिक संसाधन जुटाने में अथक प्रयास करना पड़ा था, जो नव गठित राज्य होने के कारण स्वाभाविक ही था। राष्ट्रीय तथा अन्तर्राष्ट्रीय स्तर पर मंहगाई के कारण तथा समय-समय पर क्षेत्रीय विकास को नये आयाम देने के कारण सरकार को पूर्व की अपेक्षा अधिक धन जुटाना पड़ा। इसके अतिरिक्त अन्तर्राष्ट्रीय स्तर पर मुद्रा का अवमूल्यन हो जाने पर भी बजट की धनराशि में वृद्धि करनी पड़ी है। राज्य के बजट का बढ़ता आकार निम्न सारणी से स्पष्ट है-

सारणी : उत्तराखण्ड राज्य बजटों पर एक दृष्टि (करोड़ ₹)

विवरण	2004-05 वास्तविक	2009-10 वास्तविक	2014-15 वास्तविक	2018-19 वास्तविक	2021-22 वास्तविक	2023-24 अनुमानित
1. राजस्व प्राप्ति	4085.59	9486.14	20246.56	31216.44	43056.99	57057.26
2. राजस्व व्यय	5035.73	10657.48	20884.36	321960.02	38928.95	52747.71
3. बचत (+) घाटा (-)	(-)950.14	(-)1171.34	(-)637.80	(-)979.58	4128.04	4309.55
4. पूँजीगत लेखे का व्यय	2182.88	3539.48	4939.01	6184.42	7533.50	13133.80
5. कुल राजस्व तथा पूँजी व्यय	-	14196.96	25823.37	38380.44	46462.45	65881.51
6. (क) लोक ऋण प्राप्तियां	2526.94	3137.21	5069.82	15474.74	7935.07	19535.28
(ख) ऋणों की अदायगी	874.51	1372.68	300.98	10230.14	3830.15	11227.63
(ग) शुद्ध ऋण (क-ख)	1650.43	1764.53	4768.84	5244.60	4104.92	8307.65
7. उधार एवं अग्रिम:						
(क) संवितरण	815.58	1337.97	300.98	183.48	347.46	297.95
(ख) वसूलियां	87.09	554.83	180.91	26.92	17.08	25.28
(ग) अवशेष (क-ख)	728.49	783.14	120.07	(-)156.56	(-)330.38	(-)272.67

स्रोत : सांख्यिकीय डायरी, उत्तराखण्ड, 2025-2026 पृष्ठ 34, 2010-11 पृष्ठ 37, 2015-16 पृष्ठ 34, 2019-20 पृष्ठ 40, 2022-23 पृष्ठ 39 तथा 2023-24 पृष्ठ 39।

राज्य के पूर्वकालिक बजटों से स्पष्ट होता है कि वर्ष 2004-05 से वर्ष 2009-10 तक और पुनः वर्ष 2014-15 एवं वर्ष 2018-19 में घाटे का बजट था जबकि शेष वर्षों में सरप्लस वाला बजट था। अग्रिम सारणी में घाटे का बजट वर्ष एवं बचत वाला बजट वर्ष के साथ धनराशि भी प्रदर्शित की गई है-

सारणी : उत्तराखण्ड राज्य बजटों पर एक दृष्टि (करोड़ ₹)

वर्ष बजट वर्ष	धनराशि (-)	बचत बजट वर्ष	अवशेष /बचत राशि (+)
2004-05	950.14	2010-11	568.57
2005-06	423.42	2011-12	309-30
2006-07	156.71	2015-16	282.10
2009-10	1171.34	2016-17	25.48
2014-15	637.80	2019-20	20.90
2018-19	979.58	2020-21	49.66
		2021-22	4128.04
		2022-23	2450.62
		2023-24	4309.55

वर्ष 2023-24 के बजट की कुल राशि वर्ष 2022-23 के बजट की तुलना में 6% अधिक थी। वर्ष 2023-24 के बजट की तुलना में वर्ष 2024-25 का बजट लगभग 12.8% अधिक था। वित्तीय वर्ष 2024-25 की धनराशि 89,230.08 करोड़ थी जो गत वर्ष (2023-24) से 15.27% अधिक था। वर्ष 2024-25 में सकल राज्य घरेलू उत्पाद (जी.एस.डी.पी.) लगभग 14% का अनुपात था, वित्तीय वर्ष 2025-26 के लिए प्रस्तावित बजट ₹ 1,01,175.33 करोड़ है जिसे 'GYAN बजट मॉडल' कहा गया है (G for Gareeb, Y for Yuva, A for Annadata तथा N for Nari), दूसरे शब्दों में, इस बजट का उद्देश्य गरीबी उन्मूलन, युवा वर्ग, कृषकों एवं महिलाओं के स्तर को ऊँचा करना है।

वर्ष 2025-26 के बजट में राज्य का सकल घरेलू उत्पाद (जी.एस.डी.पी.) वर्तमान मूल्यों के आधार पर ₹ 4,29,308 करोड़ रहने का अनुमान है, जो वर्ष 2024-25 के संशोधित अनुमान से लगभग 13% अधिक है। इस सत्र में कुल व्यय की जाने वाली धनराशि (कर्ज की अदायगी को छोड़कर) ₹ 75,170 करोड़ संभावित है, जो वर्ष 2024-25 के पुनरीक्षित आंकलन का 9% अधिक है। इसके अलावा ₹ 26,006 करोड़ का ऋण राज्य को चुकाना है। कुल प्राप्तियों (कर्ज को छोड़कर) का आंकलन ₹ 62,565 करोड़ है जो गत वर्ष (2024-25) की तुलना

में लगभग 6% अधिक है। वर्ष 2025-26 का राजस्व अधिशेष (Revenue Surplus) जी.एस.डी.पी. (2,586 करोड़ रुपये) का 0.6% अनुमानित है, जो वर्ष 2024-25 का में 0.8% (2,852 करोड़ रुपये) था। वर्तमान बजट में राजकोषीय घाटा (Fiscal deficit) का लक्ष्य जी.एस.पी.डी. (12,605 करोड़ रुपये) का 2.9% रखा गया है, जो गत वर्ष (2024-25) में 2.5% था।

राज्य को सबसे अधिक प्राप्तियाँ केन्द्र सरकार से, प्राप्त करों से, आय व सम्पत्ति करों से तथा उत्पादन कर से हो रही हैं। जहाँ तक राज्य सरकार द्वारा विभिन्न सेवा क्षेत्रों में व्यय की जाने वाली धनराशि का प्रश्न है, सबसे अधिक धनराशि राज्य कर्मचारियों के पारिश्रमिक तथा पूँजी हस्तान्तरण में व्यय की जा रही है। राज्य के बजट के सम्बन्ध में प्राय: कहा जाता है कि शासन स्तर पर पर्याप्त मात्रा में विभिन्न मदों पर धनराशि वितरित की जाती है परन्तु अधिकांश विभाग समय से प्राप्त धनराशि को व्यय नहीं कर पाते हैं। अन्तत: वह धनराशि सरकार को लौटा दी जाती है। ●●

- राज्य का पहला बजट पेश करने वाले वित्तमंत्री **-रमेश पोखरियाल 'निशंक'**
- निर्वाचित सरकार का पहला बजट पेश करने वाले मंत्री।**-नारायण दत्त तिवारी (2002-03)**
- गैरसैंण के भराड़ीसैंण में राज्य का पहला बजट सर्वप्रथम 2021-22 में पेश किया था। **-त्रिवेन्द्र सिंह रावत**
- वर्ष 2024-25 का बजट विधानसभा में प्रस्तुत किया। **-प्रेमचन्द अग्रवाल**
- उत्तराखण्ड राज्य का पहला जेंडर बजट प्रस्तुत किया था। **-2007-08**
- उत्तराखण्ड राज्य का जी.एस.डी.पी. अनुमानित **-4,29,307.53 करोड़**
  2024-25 -3,78,244.52 करोड़
  2023-24 -3,32,997.88 करोड़
- उत्तराखण्ड राज्य का कुल बजट 2023-24 **-77,407.08 करोड़**
- राज्य का कुल वार्षिक बजट 2024-25 **-89,230.07 करोड़**
- राज्य का कुल बजट 2025-26 **-1,01,175.33 करोड़**
- राज्य में प्रति व्यक्ति आय वर्ष 2025-26 में अनुमानित **-2,74064**

राज्य स्थापना के रजत जयन्ती वर्ष में राज्य की अर्थव्यवस्था में आये सकारात्मक परिवर्तन का तुलनात्मक विवरण-

- 9 नवम्बर, 2000 को गठित 03 राज्य उत्तराखण्ड, झारखण्ड एवं छत्तीसगढ़ वर्ष 2025 में राज्य गठन की रजत जयन्ती मना रहे हैं। उत्तराखण्ड राज्य की अर्थव्यवस्था का आकार 2024-25 में वर्ष 2001-02 की तुलना में ₹ 15,826 करोड़ से बढ़कर ₹ 3,78,245 करोड़ अनुमानित है। वहीं दूसरी ओर राज्य की प्रति व्यक्ति आय जो कि वर्ष 2001-02 में ₹ 16,232 थी, वर्ष 2024-25 में बढ़कर ₹ 2,74,064 होना अनुमानित है।

उत्तराखण्ड राज्य की बढ़ती अर्थव्यवस्था | 2

भारत के नव गठित राज्यों में से एक राज्य उत्तराखण्ड भी है जो अभी युवावावस्था में है। स्वाभाविक है कि नव गठित राज्यों में विकास हेतु राज्य स्तरीय ढाँचा बनाने में समय लगता है। वास्तव में यदि विकास का आधारभूत ढाँचा कमजोर होगा तो उस पर कोई भी विकास का तंत्र सफलतापूर्वक क्रियाशील नहीं होगा। राज्य की भौगोलिक बनावट के साथ ही क्षेत्र में उत्पादित वस्तुओं तथा सेवाओं के स्तर एवं क्षेत्रीय आर्थिक स्थिति आदि ऐसे कारक हैं जो राज्य की अर्थव्यवस्था के निर्धारण में सहायक होते हैं।

उत्तराखण्ड राज्य की अर्थव्यवस्था में लगातार तेजी से विकास हो रहा है, जिसके अन्तर्गत कृषि (गेहूँ, चावल, गन्ना तथा विभिन्न प्रकार के फल जैसे बागवनी उत्पाद), उद्योग (फार्मास्यूटिकल, ऑटोमोबाइल, बायोटेक, जल-विद्युत आदि जैसे उद्योग), सेवा क्षेत्र (पर्यटन, सूचना प्रौद्योगिकी, तीर्थ यात्रा, साहसिक खेल आदि) अपनी भूमिका निभाते हैं। राज्य की बढ़ती अर्थव्यवस्था के प्रमुख संकेतक सकल राज्य घरेलू उत्पाद (जी.एस.डी.पी.), विदेशी प्रत्यक्ष निवेश (एफ.डी.आई.), प्रति व्यक्ति आय, विकास दर में वृद्धि आदि हैं।

राज्य की आर्थिकी की स्थिति को प्राप्त आँकड़ों के माध्यम से समझा जा सकता है– वित्त वर्ष 2025-26 में वर्तमान मूल्यों पर उत्तराखण्ड राज्य का अनुमानित सकल राज्य घरेलू उत्पाद (जी.एस.डी.पी.) ₹4.29 ट्रिलियन (50.26 बिलियन अमेरिकी डॉलर) है, जो वर्ष 2019 से 8.86% की कम्पाउंड वार्षिक वृद्धि दर (सी.ए.जी.आर.) से बढ़ रहा है। राज्य की प्रति व्यक्ति आय राष्ट्रीय औसत से अधिक है। वर्ष 2024-25 में यह आय ₹2,74,064 थी। 2023-24 में राज्य की अर्थव्यवस्था में 7.83% विकास दर थी। वित्तीय वर्ष 2024-25 में 6.61% रहने की संभावना बतायी गई थी। वित्तीय वर्ष 2024-25 (फरवरी 2025 तक) में उत्तराखण्ड से कुल निर्यात ₹13,239 करोड़ हुआ था जिसमें मुख्य रूप से इंजीनियरिंग सामान, फार्मास्यूटिकल्स तथा इलेक्ट्रॉनिक सामान सम्मिलित हैं। जहाँ तक विदेशी प्रत्यक्ष निवेश (एफ.डी.आई.) का प्रश्न है। अक्टूबर 2019 से दिसम्बर 2024 के मध्य

वाणिज्य

किसी उत्पादन या व्यवसाय का वह भाग जो उत्पादित वस्तुओं एवं सेवाओं की उनके उत्पादकों एवं उपभोक्ताओं के बीच विनिमय से सम्बन्ध रखता है, वाणिज्य कहलाता है। वाणिज्य के अन्तर्गत किसी आर्थिक महत्व की वस्तु, जैसे सामान, सेवा, सूचना या धन का दो या दो से अधिक व्यक्ति या संस्थाओं के बीच आपसी लेन-देन किया जाता है। धन प्राप्त करने के उद्देश्य से किया गया कार्य वाणिज्य कहलाता है।

उत्तराखण्ड में 1,691 करोड़ रुपये का प्रवाह हुआ। वर्ष 2024 के अनुसार राज्य का प्रति व्यक्ति शुद्ध राज्य घरेलू उत्पाद (एन.एस.डी.पी.) 2,60,201.385 है। राज्य में कृषि-आधारित प्रकृति, प्रचुर प्राकृतिक संसाधन, तेजी से बढ़ता पर्यटन, सेवा क्षेत्र तथा कुशल औद्योगिक एवं फार्मास्यूटिकल क्षेत्र आदि यहाँ की अर्थव्यवस्था की मुख्य विशेषताएं हैं।

वर्ष 2001-02 में राज्य की अर्थव्यवस्था का आकार 15,826 करोड़ रुपया था, 2011-12 में बढ़कर 1,15328 करोड़ रुपया हो गया था। वर्ष 2023-24 में 3,32,998 करोड़ रुपया हो गया। वर्ष 2024-25 में 3,78,245 करोड़ रुपये की धनराशि अनुमानित की गई थी।

अर्थव्यवस्था को सामान्यतः तीन प्रमुख क्षेत्रों में विभाजित किया जाता है- प्राथमिक, द्वितीयक और तृतीयक। प्राथमिक क्षेत्र में कृषि, मत्स्य पालन, खनन आदि सम्मिलित हैं। द्वितीयक क्षेत्र में विनिर्माण, निर्माण और ऊर्जा उत्पादन शामिल किए जाते हैं। तृतीयक क्षेत्र में विविध सेवायें जैसे- व्यापार, परिवहन, संचार, वित्त, पर्यटन, शिक्षा स्वास्थ्य एवं अन्य व्यावसायिक सेवायें आती हैं। अर्थ एवं संख्या निदेशालय नियोजन विभाग, उत्तराखण्ड द्वारा प्रकाशित आर्थिक सर्वेक्षण 2023-24 एवं 2024-25 से प्राप्त सूचना के अनुसार राज्य की अर्थव्यवस्था के अन्तर्गत प्राथमिक क्षेत्र 14.00% (2011-12), 9.99% (2023-24) तथा 9.34% (2024-25) द्वितीयक क्षेत्र में 52.12% (2011-12), 46.84% (2023-24) तथा 44.65% (2024-25) और तृतीयक क्षेत्र में 33.88% (2011-12), 43.17% (2023-24) तथा 46.02% (2024-25) भाग शामिल था। प्राथमिक क्षेत्र के अन्तर्गत उपक्षेत्रों में सर्वाधिक अंश कृषि का होता है। द्वितीयक क्षेत्र के अन्तर्गत उपक्षेत्रों में से सर्वाधिक अंश विनिर्माण से प्राप्त होता है तथा तृतीयक क्षेत्र के उपक्षेत्रों में सर्वाधिक अंश व्यापार, होटल एवं जलपान गृह से प्राप्त होता है। राज्य की अर्थव्यवस्था के प्राथमिक क्षेत्र में हमेशा पर्वतीय जनपदों का प्रतिशत अंश मैदानी जनपदों की तुलना में अधिक रहता है। दूसरी ओर द्वितीयक क्षेत्र में मैदानी जनपदों का प्रतिशत अंश पर्वतीय जनपदों की तुलना में अधिक है। तृतीयक क्षेत्र में पर्वतीय जनपद मैदानी जनपदों से अधिक भाग अर्जित करते हैं। ●●

उद्योग निदेशालय : एम०एस०एम० ई० विभाग (उद्योग निदेशालय), राज्य में औद्योगिक विकास के लिए नीतियों और कार्यक्रमों के क्रियान्वयन के लिए जिम्मेदार राज्यस्तरीय कार्यालय है। उद्योग निदेशालय का मुख्य उद्देश्य राज्य में तीव्र और सतत औद्योगिक विकास सुनिश्चित करने के लिए एक सुविधाजनक, निवेशक अनुकूल वातावरण को तैयार करने हेतु व्यापक ढांचा प्रदान करना है। राज्य में विनिर्माण और सेवा क्षेत्र में निवेश को प्रोत्साहित करने के साथ-साथ उद्यमिता को बढ़ावा देने तथा एम०एस०एम०ई० क्षेत्र में प्रतिस्पर्धा को बढ़ावा देने में उद्योग निदेशालय की महत्वपूर्ण भूमिका होती है।

उत्तराखण्ड राज्य का वस्तु एवं सेवा कर (जी.एस.टी.) से भरता खजाना

3

डॉ० विजय केलकर, जिन्होंने वस्तु एवं सेवा कर (जी.एस.टी.) की अवधारणा बनाने में महत्वपूर्ण भूमिका निभाई है, को जी.एस.टी. का जनक माना जाता है। गुड्स एवं सर्विस टैक्स, वस्तु एवं सेवाओं की आपूर्ति पर लगाया गया एक अप्रत्यक्ष कर है। वास्तव में यह वैल्यू एडिशन पर लगाया जाने वाला एक मल्टी-स्टेज, डेस्टिनेशन ओरिएंटेड टैक्स है, जो कई अप्रत्यक्ष कर (वैट, एक्साइज ड्यूटी, सर्विस टैक्स आदि) को प्रतिस्थापित करता है। भारत सरकार ने 01 अप्रैल, 2005 को वैट लगाना प्रारम्भ किया था, जबकि 01 जुलाई, 2017 को जी.एस.टी. लागू किया गया था। स्मरण रहे, विश्व में जी.एस.टी लगाने वाला प्रथम राष्ट्र फ्रान्स है, जहाँ वर्ष 1954 से यह कर लगाना प्रारम्भ हुआ था। यद्यपि वैट और जी.एस.टी. दोनों का उद्देश्य उपभोग्य वस्तुओं पर कर लगाना है लेकिन वैट पारम्परिक रूप से वस्तुओं पर केन्द्रित है जबकि जी.एस.टी. में वस्तुओं और सेवाओं दोनों को सम्मिलित किया जाता है। हमारे देश में तीन प्रकार की जी.एस.टी. लागू है- सी. जी.एस.टी., एस.जी.एस.टी. और आई.जी.एस.टी.।

उत्तराखण्ड राज्य में वस्तु एवं सेवा कर के संग्रह में एक वर्ष के भीतर औसत लगभग 11% की वृद्धि दर्ज हो जाती है। वित्तीय वर्ष 2023-24 में जी.एस.टी. से राज्य की कुल आय 8,403 करोड़ रुपये हुई थी। अकेले मार्च 2024 माह में 1,730 करोड़ की धनराशि प्राप्त की गई थी। वित्तीय वर्ष 2024-25 में जी.एस.टी. से राज्य की कुल आय 9,360 करोड़ रुपये हुई थी। इस प्रकार एक वर्ष में कुल लगभग 900 करोड़ रुपये की वृद्धि हुई है। राज्य कर विभाग से प्राप्त जानकारी के अनुसार, अकेले मार्च, 2025 में उत्तराखण्ड में 1,742 करोड़ रुपये का जी.एस.टी. संग्रह हुआ था। वर्ष 2024-25 में पिछले वर्ष (2023-24) की अपेक्षा 11.65% जी.एस.टी. में वृद्धि अंकित हुई

जी०एस०टी० परिषद : यह वस्तु एवं सेवा कर से सम्बन्धित मुद्दों पर केन्द्र और राज्य सरकार को सिफारिश करने के लिए गठित एक संवैधानिक निकाय है। इसे राष्ट्रपति द्वारा संशोधित संविधान के अनुच्छेद 279 A (1) के अनुसार स्थापित किया गया है। इसकी अध्यक्षता केन्द्रीय वित्त मंत्री करता है और अन्य सदस्य केन्द्रीय राजस्व या वित्त राज्य मंत्री तथा सभी राज्यों के वित्त या कराधान के प्रभारी मंत्री होते हैं।

है। इस प्रकार इस वर्ष 9,264 करोड़ रुपये का राज्य को राजस्व प्राप्त हुआ, जबकि गैर जी.एस.टी. से कुल 2,541 करोड़ रुपये की आय हुई।

विशेष उल्लेखनीय बात यह है कि उत्तराखण्ड राज्य ने वर्ष 2024–25 में जी.एस.टी. संग्रह में राष्ट्रीय ग्रोथ की बराबरी कर ली है। हिमालयी राज्यों के संदर्भ में बात करें तो जी.एस.टी. संग्रह में उत्तराखण्ड का स्थान महाराष्ट्र के बाद दूसरे स्थान पर है। जबकि इसके पड़ोसी राज्य हिमाचल प्रदेश तथा जम्मू–कश्मीर का स्थान क्रमशः 10 तथा 07वें नम्बर पर है। उत्तराखण्ड में जी.एस.टी. लागू होने का राज्य कोड 05 है, तथा जी.एस.टी. पंजीकरण की सीमा 75 लाख रुपये है, जिसके अन्तर्गत रेस्टोरेन्ट (शराब न परोसने वाले) भी आते हैं। जी.एस.टी. परिषद ने विभिन्न वस्तुओं एवं सेवाओं पर जी.एस.टी. की दरों को पाँच वर्गों में विभाजित किया था– 0%, 5%, 12%, 18% और 28%। 3 दिसम्बर 2025 को जी.एस.टी. परिषद की 56वीं बैठक में जी.एस.टी. परिषद ने, जी.एस.टी. स्लेब केवल दो (5% एवं 18%) रख दिए हैं। विशेष परिस्थिति में अधिक विलासिता की वस्तुओं एवं उच्च कोटि के वाहनों में 40% जी.एस.टी. लगेगी।

राज्य में जी.एस.टी. प्राप्त राजस्व के साथ ही राज्य में पंजीकृत व्यापारियों की संख्या का उल्लेख करना भी आवश्यक है, जिनके माध्यम से राज्य को राजस्व प्राप्त होता है। जी.एस.टी. लागू होने के उपरान्त 01 जुलाई, 2017 से 31 दिसम्बर, 2024 तक की अवधि में कुल 2,06,315 नये व्यापारी पंजीकृत हुए थे। इसके अतिरिक्त 57,644 पंजीकृत व्यापारियों को वैट प्रणाली से जी.एस.टी. में प्रवर्जित किया जा चुका है। इस प्रकार वर्तमान तक राज्य में कुल पंजीकृत व्यापारियों की संख्या 2,63,959 हो चुकी है जिनसे वित्तीय वर्ष 2024–25 में जी.एस.टी. के अन्तर्गत कुल 15,617.74 करोड़ रुपये का राजस्व प्राप्त हुआ है। अग्रिम सारणी में वर्ष 2023–24 एवं 2024–25 के माह अप्रैल से दिसम्बर तक विभिन्न माध्यमों से प्राप्त जी.एस.टी. धनराशि के संग्रह की तुलना दी गई है–

सारणी : वर्ष 2023–24 एवं 2024–25 का तुलनात्मक जी.एस.टी. संग्रह विवरण (धनराशि करोड़ ₹ में)

वर्ष	सी.जी.एस.टी	एस.जी.एस.टी	आई.जी.एस.टी	सैस	योग
2023–24	2904.70	4046.20	7312.14	96.24	14359.28
2024–25	2990.19	4353.79	8177.59	96.17	15617.74
% वृद्धि	3%	8%	12%	0%	9%

स्रोत : राज्य कर विभाग, उत्तराखण्ड (आर्थिक सर्वेक्षण 2024–25 भाग–1, अर्थ एवं संख्या निदेशालय नियोजन विभाग, उत्तराखण्ड, पृष्ठ सं० 35 से उद्धृत)। ●●

उत्तराखण्ड बजट

4

वित्तीय वर्ष-2025-26

उत्तराखण्ड विधानसभा का बजट सत्र 18 फरवरी, 2025 को राज्यपाल के अभिभाषण के साथ शुरू हुआ। सरकार ने वित्तीय वर्ष 2025-26 के लिए एक लाख, एक हजार, एक सौ 75 करोड़ (₹1,01,175.33 करोड़) का बजट पेश किया। तत्कालीन वित्त मंत्री प्रेमचंद अग्रवाल ने सात बिंदुओं पर विशेष ध्यान दिया, जिनमें कृषि, ऊर्जा, अवसंरचना, संयोजकता, आयुष व पर्यटन शामिल हैं। यह राज्य का अब तक का सबसे बड़ा बजट है।

बजट के मुख्य बिंदु

- राज्य विधानसभा में पेश ₹1,01,175.33 करोड़ बजट में राज्य के आर्थिक और बुनियादी ढाँचे के विकास के लिए एक व्यापक रोडमैप की रूपरेखा प्रस्तुत की गई है।
- सरकार ने कृषि, उद्योग, ऊर्जा, बुनियादी ढाँचा, कनेक्टिविटी, पर्यटन और आयुष को प्राथमिकता दी है। विकास को बढ़ावा देने के लिए शिक्षा, स्वास्थ्य, बुनियादी ढाँचे और ग्रामीण विकास पर अतिरिक्त जोर दिया गया है।
- बजट में कुल प्राप्तियां ₹1,01,034.75 करोड़ अनुमानित हैं।
- यह बजट नमो मॉडल पर आधारित है-जिसमें नवाचार, आत्मनिर्भर उत्तराखण्ड, महान विरासत और ओजस्वी मानव संसाधन शामिल हैं।
- औद्योगिक विकास और उद्यमिता को समर्थन देने के लिए बजट में निम्नलिखित प्रावधान शामिल हैं-
  - एम०एस०एम०ई० उद्योगों के लिए ₹50 करोड़ रुपए।
  - मेगा उद्योग नीति के लिए ₹35 करोड़ रुपए।

प्रमुख आर्थिक बिन्दु (बजट 2025-26)

बजट का आकार 2024-25 के सापेक्ष 13.38% अधिक

₹101175.33 करोड़

व्यय		प्राप्तियाँ	
राजस्व व्यय	₹59954.65 करोड़	कुल प्राप्तियाँ	₹101034.75 करोड़
पूंजीगत व्यय	₹41220.68 करोड़	राजस्व प्राप्तियाँ	₹62450.54 करोड़
पूंजीगत परिव्यय	₹14763.13 करोड़	पूंजीगत प्राप्तियाँ	₹38494.21 करोड़

बजट का सार : 2025-2026

वर्ष 2023-24 के वास्तविक आँकड़े, वर्ष 2024-2025 के बजट अनुमान तथा संशोधित अनुमान एवं वर्ष 2025-26 के आय-व्ययक अनुमानों का तुलनात्मक विवरण-

(धनराशि करोड़ ₹ में)

क्र. सं.	विषय	2023-24 वास्तविक आंकड़े	2024-25 बजट अनुमान	2024-25 पुनरीक्षित अनुमान	2025-26 बजट अनुमान
1.	**राजस्व प्राप्तियाँ**	**50615.01**	**60552.90**	**59235.66**	**62540.54**
2.	कर राजस्व*	31872.71	36146.47	36521.50	39917.74
3.	करेत्तर राजस्व**	18742.30	24406.43	22714.16	22622.80
4.	**पूंजी प्राप्तियाँ**	**28847.51**	**28044.21**	**28124.28**	**38494.21**
5.	ऋणों की वसूली	15.82	24.21	24.28	24.21
6.	अन्य प्राप्तियाँ	0.00	100.00	0.00	0.00
7.	उधार और अन्य देयताएं	28831.69	27920.00	28100.00	38470.00
8.	**कुल प्राप्तियाँ (1+4)**	**79462.52**	**88597.12**	**87359.94**	**101034.75**
	व्यय				
9.	राजस्व खाते पर जिसमें	47273.96	55815.77	56383.30	59954.65
10.	ब्याज अदायगियां	5192.45	6636.44	6636.44	6990.14
11.	पूंजी खाते पर जिसमें	**34135.63**	**33414.30**	**31538.84**	41220.68
12.	पूंजीगत परिव्यय	10981.80	13779.67	11768.21	14763.13
13.	ऋणों की अदायगियाँ	23029.74	19136.53	19135.86	26005.66
14.	ऋण और अग्रिम	124.09	498.10	634.78	451.89
15.	**कुल व्यय (9+11)**	**81409.58**	**89230.07**	**87922.14**	**101175.33**
16.	**राजस्व घाटा (-) अधिशेष (+)(1-9)**	**3341.06**	**4737.13**	**2852.36**	**2585.89**
17.	**राजकोषीय घाटा**	**-7749.02**	**-9416.42**	**-9526.35**	-12604.92
18.	**प्रारंभिक घाटा (17-10)**	**-2556.56**	**-2779.98**	**-2889.90**	**-5614.78**

*इसमें राज्य का स्वयं का कर राजस्व एवं केन्द्रीय करों में राज्यांश सम्मिलित है।
**इसमें राज्य का करेत्तर राजस्व एवं केन्द्र से प्राप्त अनुदान सम्मिलित है।

निधि का प्रवाह

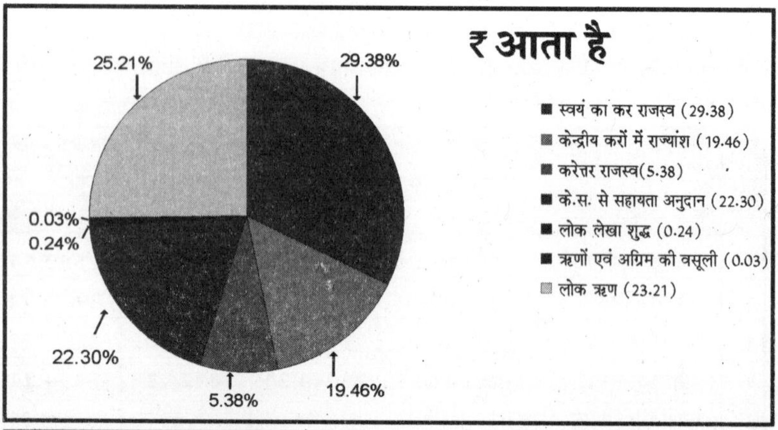

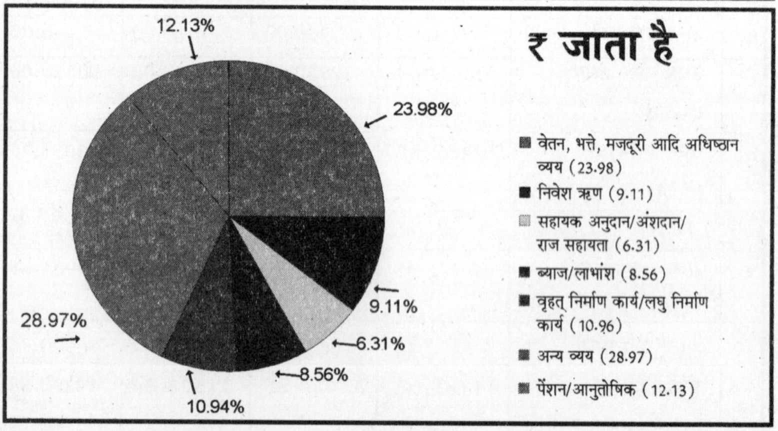

- **राज्य सरकारों का कर राजस्व :** राज्य सरकारों के कर राजस्व के प्रमुख स्रोत हैं-केन्द्रीय आयकर और उत्पाद शुल्क में राज्यों का भाग, वाणिज्यिक कर, मालगुजारी, स्टाम्प रजिस्ट्रेशन शुल्क और मादक पदार्थों पर उत्पाद कर।
- **राजस्व घाटा :** राजस्व व्यय तथा राजस्व प्राप्तियों के बीच के अंतर को राजस्व घाटा कहते हैं। इस घाटे के परिणामस्वरूप सरकार को अपने चालू व्यय के लिए ऋण लेना पड़ता है। भारत में 1970 के दशक से ही लगातार राजस्व घाटे की स्थिति रही है और यह सकल घरेलू उत्पाद की तुलना में लगातार बढ़ता रहा है। यह स्थिति वित्तीय तौर पर हानिकारक मानी जाती है।
- **अनुपूरक अनुदान :** संसद की ओर से स्वीकृत मांगें अनुमानित होती हैं। इसलिए यदि किसी विभाग के व्यय के लिए राशि कम हो जाए तो सरकार लोकसभा में अनुपूरक मांग पेश करती है। इसे अनुपूरक अनुदान कहा जाता है। यही प्रक्रिया राज्य में भी लागू होती है।

- ★ स्टार्टअप प्रोत्साहन के लिए ₹ 30 करोड़।
- ★ आर्थिक विस्तार को बढ़ावा देने के लिए 'मेगा परियोजना योजना' के अंतर्गत ₹ 500 करोड़।

- जमरानी बांध, सौंग बांध, लखवाड़ परियोजना के लिए धन आवंटित किया गया है।
- राज्य के लिए विशेष पूंजी सहायता के अंतर्गत ₹ 1,500 करोड़।

- ★ जल जीवन मिशन के लिए ₹ 1,843 करोड़।
- ★ शहरी जलापूर्ति सुधार के लिए ₹ 100 करोड़।
- ★ सड़क, परिवहन और बुनियादी ढांचा।
- ★ 220 किलोमीटर नई सड़कें बनाई जाएंगी।
- ★ 1,000 किमी. सड़कों का पुनर्निर्माण तथा 1,550 किमी. सड़कों का नवीनीकरण किया जाएगा।
- ★ सड़क सुरक्षा पहल के लिए ₹ 1,200 करोड़।
- ★ 37 नए पुल बनाए जायेंगे।
- ★ पी०एम०जी०एस०वाई० योजना के अंतर्गत ₹ 1,065 करोड़ आवंटित।
- ★ नागरिक उड्डयन विभाग के लिए ₹ 36.88 करोड़।
- ★ टिहरी झील विकास के लिए ₹ 100 करोड़।
- ★ मानसखण्ड योजना के लिए ₹ 25 करोड़।
- ★ वाइब्रेंट विलेज योजना के लिए ₹ 20 करोड़।
- ★ नये पर्यटन स्थलों के लिए ₹ 10 करोड़।
- ★ चारधाम सड़क नेटवर्क सुधार के लिए ₹ 10 करोड़।
- ★ कैम्पा योजना के लिए ₹ 395 करोड़ आवंटित।
- ★ जलवायु परिवर्तन शमन के लिए ₹ 60 करोड़।

- **वित्त विधेयक :** नये कर लगाने, कर प्रस्तावों में परिवर्तन अथवा मौजूदा कर ढांचे को जारी रखने के लिए संसद में प्रस्तुत विधेयक को वित्त विधेयक कहते हैं।
- **विकासशील अर्थव्यवस्था :** इस प्रकार की अर्थव्यवस्था में ऐसे देश आते हैं जो अपनी पिछड़ी व्यवस्था से उच्च विकास की ओर प्रयासरत हैं। जैसे-भारत।
- **पूंजीवादी अर्थव्यवस्था :** इस प्रकार की अर्थव्यवस्था बाजार की शक्तियों अर्थात मांग और आपूर्ति के सिद्धांतों के अन्तर्गत स्वतंत्र रूप से कार्य करती है, इसे बाजार अर्थव्यवस्था के नाम से जाना जाता है।

राज्य में आर०बी०आई० की प्रथम बैठक

5 मई, 2006 को मसूरी में प्रथम बार हुई आरबीआई बोर्ड की बैठक राज्य के वित्तीय क्षेत्र के लिए मील का पत्थर साबित हुई। इस बैठक में आरबीआई के तत्कालीन गवर्नर वाई०बी० रेड्डी स्वयं शामिल हुए। इस बैठक में लिए गए निर्णय के अनुसार 30 जून, 2006 को देहरादून में आरबीआई का क्षेत्रीय कार्यालय स्थापित हुआ।

राज्य की अर्थव्यवस्था

प्रति व्यक्ति आय

वर्ष	उत्तराखण्ड राज्य	राष्ट्रीय
23-24	₹ 2,46,178	₹ 1,84,205
24-25 अनुमानित	₹ 2,74,064	₹ 2,00,162
प्रतिशत वृद्धि	**वृद्धि 11.33%**	**वृद्धि 8.7%**

प्रति व्यक्ति आय का तुलनात्मक ग्राफ

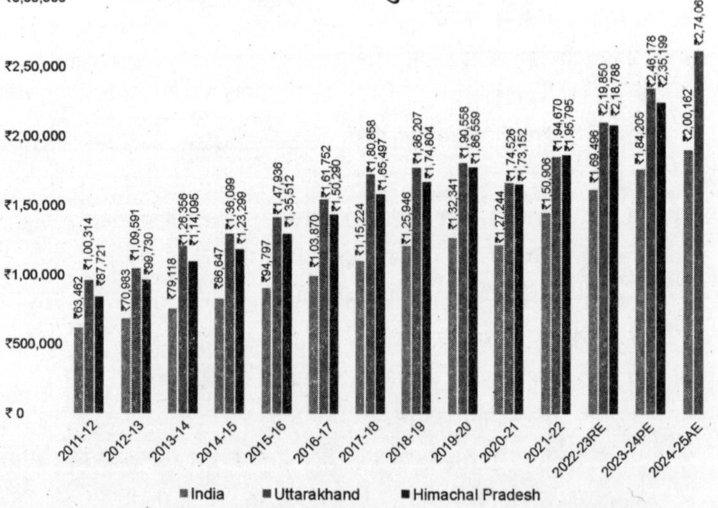

- ★ स्प्रिंग एवं रिवर रिजुवेनेशन अथॉरिटी के लिए ₹125 करोड़।
- ★ सार्वजनिक वनारोपण परियोजनाओं के लिए ₹10 करोड़।
- ★ सामाजिक सुरक्षा योजनाओं के लिए ₹1,811.66 करोड़।
- ★ विभिन्न कल्याणकारी सब्सिडी के लिए ₹918.92 करोड़
- ★ खाद्य सुरक्षा योजना के लिए ₹600 करोड़।
- ★ प्रधानमंत्री आवास योजना (ग्रामीण) के लिए ₹207.18 करोड़।
- ★ प्रधानमंत्री आवास योजना (शहरी) के लिए ₹54.12 करोड़।
- ★ ई०डब्ल्यू०एस० आवास अनुदान के लिए ₹25 करोड़।
- ★ निम्न आय वाले परिवारों के लिए रसोई गैस सब्सिडी हेतु ₹55 करोड़।
- ★ पर्यावरण मित्र बीमा योजना के लिए ₹2 करोड़।
- ★ राज्य परिवहन बसों में मुफ्त यात्रा उपलब्ध कराने के लिए ₹40 करोड़।

प्रमुख वित्तीय संकेतक

बढ़ती GSDP आर्थिक विकास की यात्रा

GSDP (INR CRORES)

2016-17 - ₹ 195124.85
2017-18 - ₹ 220222.13
2018-19 - ₹ 230327.41
2019-20 - ₹ 239262.88
2020-21 - ₹ 225616.76
2021-22 - ₹ 254966.48
2022-23 - ₹ 292669.95RE
2023-24 - ₹ 332997.88PE
2024-25 - ₹ 378244.52AE
2025-26 - ₹ 429307.53Projected

- ★ राज्य खाद्यान्न योजना के लिए ₹ 10 करोड़।
- ★ अंत्योदय राशन कार्ड धारकों को नमक पर सब्सिडी देने के लिए ₹ 34. 36 करोड़।

बजट सत्र में पारित विधेयक

- उत्तराखण्ड राज्य विधानसभा (सदस्यों की उपलब्धियां और पेंशन) (संशोधन) विधेयक-2025
- नगर निकायों एवं प्राधिकरणों हेतु विशेष प्राविधान (संशोधन) विधेयक-2025
- उत्तराखण्ड निक्षेपक (जमाकर्ता) हित संरक्षण (वित्तीय अधिष्ठानों में) (निरसन) विधेयक-2025
- उत्तराखण्ड नगर एवं ग्राम नियोजन तथा विकास (संशोधन) विधेयक-2025
- उत्तराखण्ड राज्य क्रीड़ा विश्वविद्यालय विधेयक-2025
- उत्तराखण्ड-उत्तर प्रदेश लोक सेवा (शारीरिक रूप से विकलांग, स्वतंत्रता संग्राम सेनानियों के आश्रित और पूर्व सैनिकों के लिए आरक्षण) अधिनियम

टॉप-20 (2024-2025)

उत्तराखण्ड	बजट-2024-25
• स्वास्थ्य और शिक्षा के विकास हेतु	₹ 15376 करोड़
• अवसंरचना विकास हेतु	₹ 13780 करोड़
• गरीब कल्याण	₹ 5658 करोड़
• ग्राम्य विकास	₹ 2910 करोड़

बैंकिंग एवं संस्थागत वित्त

- वर्ष 2024–25 में 30 सितम्बर, 2024 तक राज्य में कुल 2,572 बैंक शाखाओं का नेटवर्क है जिनमें से 47.12 प्रतिशत ग्रामीण क्षेत्रों, 23.72 अर्द्धशहरी क्षेत्रों तथा 29.16 प्रतिशत शहरी क्षेत्रों में कार्य कर रहे हैं, वर्तमान में 1212 शाखाएं ग्रामीण क्षेत्रों में, 610 शाखाएं अर्द्ध शहरी क्षेत्रों में तथा 750 शहरी क्षेत्रों में स्थित हैं।
- 30 सितम्बर, 2024 तक राज्य में सार्वजनिक क्षेत्र के बैंकों की कुल 1417 शाखाओं का नेटवर्क है। एस.बी.आई. की सबसे ज्यादा 445, पी.एन.बी. की 297 और बैंक ऑफ बड़ोदा की 134 शाखाएं हैं। निजी क्षेत्रों के बैंकों का 490 शाखाओं का नेटवर्क है।

- **लिमिटेड कंपनी (Limited Company) :** ऐसी कंपनी, जिसका स्वामित्व अंशदाताओं के बीच बंटा हुआ हो और प्रत्येक अंशदाता का उत्तरदायित्व उसके अंश तक सीमित हो, वह कंपनी लिमिटेड कंपनी होती है।

1993 (संशोधन) विधेयक–2025

- उत्तराखण्ड लोक सेवा (कुशल खिलाड़ियों के लिए क्षैतिज आरक्षण) (संशोधन) विधेयक–2025
- उत्तराखण्ड निजी विश्वविद्यालय (संशोधन) विधेयक–2025
- उत्तराखण्ड (उत्तर प्रदेश जमींदारी विनाश और भूमि व्यवस्था अधिनियम 1950) (संशोधन) विधेयक–2025 ●●

वर्ष	प्राथमिक क्षेत्र	द्वितीयक क्षेत्र	तृतीयक क्षेत्र
2017 – 18	9.81	44.85	35.33
2018 – 19	9.88	45.06	36.85
2019 – 20	10.32	42.56	38.96
2020 – 21	11.44	42.60	37.44
2021 – 22	11.28	41.89	38.56
2023 – 24	12.36	46.21	41.43
2024 – 25	9.99	46.84	43.17

निजी क्षेत्र के सहयोग से आई०टी०आई० काशीपुर तथा हरिद्वार में सेंटर ऑफ एक्सीलेन्स स्थापित किया गया है। शैक्षिक सत्र 2023–24 में प्रदेश के 18 पॉलीटेक्निक संस्थानों में नई प्रौद्योगिकियों यथा ऑटोमेशन एण्ड रोबोटिक्स, क्लाउड कम्प्यूटिंग एण्ड बिग डाटा, मेंचाट्रोनिक्स, गेमिंग एण्ड एनीमेशन, आर्टिफिसियल इन्टेलीजेन्स एण्ड मशीन लर्निंग जैसी इमरजिंग टेक्नॉलाजी के नये पाठ्यक्रम संचालित किये जा रहे हैं।

हिमालय की ओर दौड़ती उम्मीद

ऋषिकेश-कर्णप्रयाग रेल

5

चीन द्वारा ल्हासा तक रेल और सड़क नेटवर्क स्थापित किए जाने के बाद सामरिक दृष्टि से अत्यंत महत्त्वपूर्ण मानी जा रही ऋषिकेश-कर्णप्रयाग रेल लाइन का निर्माण उत्तराखण्ड के लिए ऐतिहासिक परिवर्तन का मार्ग प्रशस्त कर रहा है। इस लाइन के पूर्ण होने पर ऋषिकेश से कर्णप्रयाग की दूरी मात्र चार घंटे में पूरी की जा सकेगी। परियोजना को पाँच वर्ष के समयबद्ध चरणों में आगे बढ़ाया जा रहा है और यदि सभी स्वीकृत कार्य निर्धारित समय पर पूरे हो गए तो वर्ष 2027-28 तक पहाड़ों का यह पुराना सपना साकार होगा, जिसके साथ उत्तराखण्ड के इतिहास में विकास का एक नया अध्याय आरंभ होगा।

इस रेल लाइन का विचार नया नहीं है। उपलब्ध अभिलेखों के अनुसार इसका पहला सर्वेक्षण वर्ष 1919 में तत्कालीन गढ़वाल के डिप्टी कमिश्नर जे. एम. क्ले द्वारा कराया गया था। वर्ष 1927 के आसपास दूसरा सर्वेक्षण हुआ। इन्हीं दशकों के दौरान दार्जिलिंग और शिमला जैसे पर्वतीय क्षेत्रों में रेल पहुंच गई, किंतु गढ़वाल का यह सपना लंबित रह गया। वर्ष 1996 में तत्कालीन रेल राज्यमंत्री सतपाल महाराज की पहल पर कर्णप्रयाग तक पुनः सर्वेक्षण हुआ। टनकपुर-बागेश्वर रेल लाइन भी अंग्रेजी शासन की प्रस्तावित योजनाओं में शामिल रही थी। आज भी लोग इस लाइन के लिए अलकापुरी एक्सप्रेस या सतोपंथ एक्सप्रेस जैसे स्थानीय संस्कृति से जुड़े नामों की इच्छा रखते हैं, जो इस परियोजना को भावनात्मक महत्व प्रदान करते हैं।

ऋषिकेश-कर्णप्रयाग नई रेल लाइन परियोजना को बजट वर्ष 2010-11 में औपचारिक मंजूरी मिली। इस रेल लाइन का भूमि पूजन गौचर में 9 नवंबर, 2011 को तत्कालीन रक्षामंत्री ए. के. ऐंथनी और तत्कालीन रेल मंत्री दिनेश त्रिवेदी ने किया था। लगभग 16,216 करोड़ रुपये की लागत वाली यह 125 किलोमीटर लंबी लाइन भारतीय रेलवे की सबसे चुनौतीपूर्ण और प्रतिष्ठित परियोजनाओं में शामिल है। यह हिमालय के जटिल और भूस्खलन-प्रवण भूभाग से होकर गुजरती है, इसलिए इसकी इंजीनियरिंग कठिनाइयाँ देशभर में चर्चा का विषय बनी हुई हैं। परियोजना का उद्देश्य उत्तराखण्ड के दुर्गम पर्वतीय क्षेत्रों को देश के अन्य हिस्सों से निर्बाध रेल संपर्क प्रदान करना है, जिससे स्थानीय निवासियों, तीर्थयात्रियों और पर्यटकों को अभूतपूर्व सुविधा मिलेगी। इसके पूरा होने पर देवप्रयाग, कर्णप्रयाग और आसपास के धार्मिक स्थलों का सीधा रेल संपर्क ऋषिकेश और राष्ट्रीय राजधानी क्षेत्र से स्थापित होगा।

इस लाइन का अधिकांश भाग सुरंगों से होकर गुजरता है, जिनकी कुल

प्रस्तावित लंबाई 213 किलोमीटर है। इनमें से 16 मुख्य सुरंगें लगभग 105 किलोमीटर और 12 एस्केप सुरंगें लगभग 98 किलोमीटर लंबी हैं। अब तक 13 मुख्य और 9 एस्केप सुरंगों का निर्माण पूरा हो चुका है। कार्य की गति बढ़ाने के लिए 8 स्थानों पर एडिट बनाए गए, जिससे लंबे हिस्सों में एक साथ खुदाई संभव हो सकी। सभी एडिट कार्य भी सफलतापूर्वक पूर्ण किए जा चुके हैं और कुल मिलाकर 213 किलोमीटर में से 199 किलोमीटर टनलिंग कार्य पूरा हो चुका है।

परियोजना की सबसे लंबी और महत्वपूर्ण सुरंग टी-8, जिसकी लंबाई 14.59 किलोमीटर है, का निर्माण इस वर्ष अप्रैल में पूरा हुआ, जो इसे भारत की सबसे लंबी रेलवे सुरंग बनाता है। हिमालयी भूविज्ञान में पहली बार इतनी लंबी सुरंग के निर्माण हेतु टनल बोरिंग मशीन तकनीक का उपयोग किया गया, जिसने कार्य की रफ्तार और सटीकता में उल्लेखनीय सुधार किया। सुरंग निर्माण के दौरान पर्यावरणीय प्रभाव को न्यूनतम रखने के लिए उन्नत तकनीकों और सुरक्षा मानकों का पालन किया जा रहा है।

गढ़वाल और कुमाऊँ में इससे इतर कई अन्य रेलवे परियोजनाएँ भी विभिन्न चरणों में प्रगति पर हैं। चारधाम कनेक्टिविटी परियोजना का हवाई सर्वेक्षण रेल विकास निगम द्वारा 2014-15 में किया गया था और 2015 में इसकी रिपोर्ट सरकार को सौंपी गई। इसके अनुसार दो मुख्य बिंदुओं डोईवाला और कर्णप्रयाग को केंद्र बनाकर चारधाम के लिए रेल संपर्क विकसित करने की योजना है। डोईवाला से गंगोत्री कनेक्टिविटी का प्रस्ताव उत्तरकाशी होते हुए लगभग 131 किलोमीटर दूरी पर स्थित मनेरी तक जाता है। कर्णप्रयाग से केदारनाथ कनेक्टिविटी के लिए प्रस्तावित लाइन सैकोट होते हुए 99 किलोमीटर दूर सोनप्रयाग तक नियोजित है। इसी मार्ग से सैकोट के पास एक वाई-जंक्शन बनाकर बदरीनाथ के लिए प्रस्तावित लाइन 75 किलोमीटर की दूरी तय कर जोशीमठ तक पहुंचेगी। कुमाऊँ मंडल में भी कई परियोजनाएँ प्रस्तावित हैं जिन पर सर्वेक्षण कार्य जारी है।

लोकसभा में रेल मंत्री द्वारा दिए गए एक विवरण के अनुसार 1 अप्रैल, 2025 तक उत्तराखण्ड में कुल 40,384 करोड़ रुपये की लागत से 216 किलोमीटर लंबाई वाली तीन नई रेल लाइनें स्वीकृत हैं, जिनमें से 16 किलोमीटर कमीशन हो चुके हैं और मार्च 2025 तक इन पर 19,898 करोड़ रुपये व्यय किए जा चुके हैं। वित्त वर्ष 2022-23 से 2025-26 के बीच राज्य में कुल 146 किलोमीटर लंबाई वाले तीन सर्वेक्षण दो नई लाइनें और एक दोहरीकरण स्वीकृत हुए हैं, जो आने वाले वर्षों में रेल विस्तार को नई दिशा देंगे।

इन सभी प्रयासों के साथ उत्तराखण्ड न केवल आधुनिक रेल युग में प्रवेश कर रहा है, बल्कि हिमालयी क्षेत्रों में कनेक्टिविटी, पर्यटन, आर्थिक अवसरों और सामरिक तैयारी के नए आयाम भी स्थापित कर रहा है। ●●

उत्तराखण्ड से पलायन ऐतिहासिक दृष्टिकोण : एक

6

उत्तराखण्ड से पलायन कोई नई समस्या नहीं है। इसका अध्ययन 1970 के दशक से चल रहा है, पर इस मुद्दे ने वास्तव में तब जोर पकड़ा जब 1990 के दशक में राज्य आंदोलन ने इसे जन-जन की चिंता बना दिया। 9 नवंबर, 2000 को उत्तराखण्ड राज्य बना, तब लगा था कि अब पलायन रुकेगा, लेकिन 25 वर्ष बाद भी यह उतना ही प्रासंगिक बना हुआ है। राज्य सरकार ने पलायन आयोग तक गठित किया, पर कोविड-19 के दौरान गांव लौटे हजारों प्रवासियों को पहाड़ में टिकाने के ज्यादातर प्रयास असफल ही रहे। इससे एक बात फिर साबित हुई कि पहाड़ में रोजगार और सुविधाओं के बिना लोगों को रोकना बेहद मुश्किल है।

उत्तराखण्ड के युवाओं का बाहर जाना दरअसल 200 वर्षों से भी पुराना है। इसका पहला संगठित रूप 1815 में दिखा, जब गोरखाओं की हार के बाद ब्रिटिश शासन ने गोरखा रेजिमेंट में स्थानीय युवाओं की भर्ती शुरू की। इसके साथ ही असम मिलिट्री पुलिस (बाद में असम राइफल्स), कोलकाता आर्ल्ड पुलिस, ढाका और बर्मी पुलिस में भी पहाड़ी नौजवान जाने लगे। प्रथम और द्वितीय विश्व युद्ध में उत्तराखण्ड के सैनिक यूरोप, उत्तरी अफ्रीका, मध्य पूर्व और दक्षिण-पूर्व एशिया तक लड़े। कुछ ने सिंगापुर में नेताजी सुभाष चंद्र बोस की आजाद हिंद फौज में भी सेवा दी।

सेना के अलावा वन विभाग (1880 के दशक में स्थापित) ने वन रक्षकों की भर्ती की, जिन्हें लोग 'पेट्रोल' या पतरोल कहते थे। पटवारी और कानूनगो भी कई इलाकों में पुलिसिंग का काम करते रहे। ये सब स्थानीय युवाओं को घर से दूर, पर नियमित रोजगार देने वाले शुरुआती रास्ते थे।

स्वतंत्रता से पहले ही उत्तराखण्ड के लोग दिल्ली, लाहौर, शिमला, क्वेटा और कराची जैसे शहरों में पहुंचने लगे थे। वहां उन्होंने अपनी सभाएं बनानी शुरू कीं। दिल्ली की गढ़वाल सभा सबसे पहले 1923 में शिमला में दर्ज हुई (तब शिमला गर्मियों की राजधानी थी), फिर 1941 में दिल्ली में दर्ज हुई और 1958 में गढ़वाल भवन की नींव पड़ी। लाहौर और क्वेटा में भी 1923 में सर्व गढ़वाल हितैषिणी सभा बनी। इन संस्थाओं ने प्रवासियों को एकजुट रखने और आपसी सहायता का मजबूत ढांचा दिया।

1911 में जब राजधानी कोलकाता से दिल्ली स्थानांतरित हुई, तो उत्तराखण्ड के लोग निचले स्तर की सिविल सेवा, घरेलू नौकरियों और छोटे-मोटे कामों से दिल्ली में बसने लगे। कई लोग अशिक्षित थे, पर मेहनत से ऊपर उठे। आज यही समुदाय देश के बड़े-बड़े शहरों से लेकर लंदन, न्यूयॉर्क, सिडनी और दुबई तक फैला हुआ है और वहां उत्तराखण्डी संघ सांस्कृतिक कार्यक्रमों के जरिए अपनी पहचान को जीवित रखे हुए हैं।

पर इस लंबी प्रवासन परंपरा का दूसरा पक्ष भी है। गांव खाली हो रहे हैं। सैकड़ों गांवों में ताले लटक रहे हैं, घर जर्जर हो चुके हैं और 'भूतिया गांव' शब्द अब कोई अतिश्योक्ति नहीं रहा।

इस समस्या का व्यावहारिक हल चाहिए। इसके लिए कृषि को लाभकारी बनाने हेतु चकबंदी (भूमि एकत्रीकरण) जरूरी है। गैरसैंण को स्थायी राजधानी बनाकर वहां प्रशासनिक गतिविधियां शुरू की जाएं, तो पहाड़ के बीचोंबीच रोजगार के नए केंद्र बन सकते हैं। जब तक पहाड़ में ही सम्मानजनक आजीविका के अवसर नहीं बनेंगे, पलायन का यह ऐतिहासिक सिलसिला रुकने वाला नहीं है।

—प्रस्तुति : देवेन्द्र बुड़ाकोटी

उत्तराखण्ड में पलायन का परिदृश्य 2025 प्रभाव और समाधान की दिशा : दो

उत्तर प्रदेश से अलग होने के बाद उत्तराखण्ड विकास की नई आशाओं का प्रतीक बना था, वह 25 वर्षों में पहुंचते-पहुंचते आज पलायन की चुनौती से जूझ रहा है। राज्य के पर्वतीय क्षेत्रों से लगातार हो रहा पलायन केवल जनसंख्या का स्थानांतरण नहीं, बल्कि सामाजिक, आर्थिक और पर्यावरणीय असंतुलन का संकेत भी है। ग्रामीण विकास एवं पलायन निवारण आयोग (Migration Commission) की वर्तमान रिपोर्टों और 2025 के सर्वेक्षणों से यह स्पष्ट होता है कि राज्य में पलायन के स्वरूप और कारणों में बदलाव आ रहा है। जहां राज्य से बाहर जाने वालों की संख्या में कमी आई है, वहीं राज्य के भीतर जिला मुख्यालयों और कस्बों की ओर अस्थायी पलायन बढ़ा है।

पलायन की अद्यतन स्थिति

आयोग की 2025 की रिवर्स माइग्रेशन सर्वे रिपोर्ट और 2022 की द्वितीय अंतरिम रिपोर्ट के अनुसार, राज्य से प्रतिवर्ष औसतन 80,000 से अधिक लोग पलायन कर रहे हैं।

- **2008-2018 :** 10 वर्षों में कुल 5,02,717 लोगों ने पलायन किया (औसतन 50,272 प्रति वर्ष)।
- **2018-2022 :** इस अवधि में 3,35,841 लोगों ने राज्य छोड़ा (औसतन 83,960 प्रति वर्ष), जो पिछले दशक की तुलना में 67% वृद्धि दर्शाता है। कोविड-19 के दौरान: वर्ष 2020 में 2,15,875 लोग राज्य में वापस लौटे, जिनमें 81% वेतनभोगी थे। इनमें से 4,000 से अधिक लोगों ने स्थायी रूप से बसने का प्रयास किया, लेकिन 60% ने पुनः पलायन की योजना बनाई।
- राज्य के 8,000 से अधिक गांव पलायन से प्रभावित हैं, जिनमें 4,500 गांव ऐसे हैं जहां 50% से अधिक घरों से कम से कम एक सदस्य पलायन कर चुका है। पौड़ी गढ़वाल जैसे जनपदों में 35.69% लोग राज्य के अन्य जनपदों में, जबकि 28.72% अन्य राज्यों में चले गए हैं।

- लिंग और आयु के आधार पर देखा जाए तो 80% पलायनकर्ता पुरुष हैं, किंतु पिछले पांच वर्षों में महिलाओं का पलायन भी 15% बढ़ा है। युवा वर्ग (15-35 वर्ष) इस प्रवृत्ति का सबसे बड़ा हिस्सा है। 70% पलायन ग्रामीण इलाकों से है, और लगभग 30% परिवारों में कम से कम एक सदस्य बाहर काम कर रहा है।

निर्जन गांव और शिक्षा की स्थिति

पलायन आयोग की 2025 रिपोर्ट के अनुसार, 2018 से 2022 के बीच राज्य में 24 नए गांव पूरी तरह निर्जन हो गए, जिससे अब कुल निर्जन गांवों की संख्या 1,793 हो गई है। टिहरी जनपद के चंबा ब्लॉक में सबसे अधिक 'घोस्ट विलेज' दर्ज किए गए हैं।

पलायन के प्रमुख कारण

पलायन के मूल में शिक्षा, स्वास्थ्य सेवाओं की कमी और रोजगार के अवसरों का अभाव है। पर्वतीय क्षेत्रों में कृषि की घटती आय, सीमित औद्योगिक ढांचा, कमजोर स्वास्थ्य व्यवस्था और मौसम की विपरीत परिस्थितियों ने ग्रामीणों को बेहतर जीवन के लिए मैदानों की ओर जाने पर मजबूर किया है। आयोग की 2025 रिपोर्ट के अनुसार, पर्वतीय जनपदों में औसत मजदूरी केवल 200-250 रुपये प्रतिदिन है, जबकि शहरी क्षेत्रों में यह तीन गुना तक अधिक है।

पलायन के सामाजिक, आर्थिक एवं पर्यावरणीय प्रभाव

पलायन केवल जनसंख्या घटाने वाला नहीं, बल्कि बहुआयामी प्रभाव डालने वाला संकट है।

1. **सामाजिक प्रभाव :** लगातार पलायन से परिवारों का विघटन हो रहा है। 60% पलायन प्रभावित परिवारों में बच्चे या तो विस्तारित परिवारों पर निर्भर हैं या अकेले माता-पिता के साथ रहते हैं, जिससे शिक्षा में 20% गिरावट आई है। युवकों के पलायन से गांवों में लिंग असंतुलन बढ़ा है। 18-35 वर्ष वर्ग में अब महिलाओं की संख्या पुरुषों से 10 -15% अधिक है। महिलाओं पर कृषि, पशुपालन और घरेलू कार्यों का अतिरिक्त बोझ पड़ रहा है।

इसके साथ ही, 'भूतिया गांवों' की संख्या बढ़ने से सांस्कृतिक परंपराएं और स्थानीय त्योहार लुप्त हो रहे हैं। आयोग की रिपोर्ट चेतावनी देती है कि यदि यही स्थिति रही तो आने वाले दशक में कई पारंपरिक लोक-कलाएं विलुप्त हो जाएंगी।

2. **आर्थिक प्रभाव :** प्रवासी श्रमिक प्रतिवर्ष लगभग 10,000 करोड़ रुपये राज्य में भेजते हैं, जो स्थानीय उपभोग और रियल एस्टेट को बढ़ावा देता है। लेकिन स्थानीय अर्थव्यवस्था में उत्पादन क्षमता घट रही है। कृषि, जो 40% आबादी को रोजगार देती है, अब केवल 15% जीडीपी में योगदान दे रही है।

'ब्रेन ड्रेन' के कारण स्वास्थ्य, शिक्षा और तकनीकी क्षेत्रों में कुशल जनशक्ति की 15% तक कमी आई है। छोटी जोत और सीमित रोजगार अवसरों के कारण

22% ग्रामीण परिवार गरीबी रेखा से नीचे हैं।

3. **राजनीतिक प्रभाव :** पलायन प्रभावित क्षेत्रों में मतदाता सहभागिता घट रही है। कई ब्लॉकों में मतदान प्रतिशत 30% तक गिर गया है। आयोग के अनुसार, केवल 2% विकास निधि उच्च पलायन वाले क्षेत्रों को मिलती है, जिससे नीति निर्माण में असमानता बढ़ रही है। सीमावर्ती जनपदों (जैसे पिथौरागढ़) में गांवों के खाली होने से राष्ट्रीय सुरक्षा पर भी खतरा बढ़ रहा है।
4. **पर्यावरणीय प्रभाव :** पलायन से कृषि और भूमि प्रबंधन में गिरावट आई है। खेती छोड़ने से मिट्टी संरक्षण 15% घटा है, जिससे भूस्खलन और बाढ़ जैसी आपदाओं का खतरा बढ़ गया है। वर्ष 1990 के बाद से वनों की कटाई में 15% वृद्धि हुई है। जलवायु परिवर्तन के कारण कृषि उत्पादन में 20% की गिरावट आई है।

सरकारी प्रयास और उनकी स्थिति

पलायन आयोग (2017 में गठित) ने अब तक 18 रिपोर्टें प्रस्तुत की हैं, जिनमें से कई 2025 में जारी की गईं। सरकार ने इनके आधार पर कुछ महत्वपूर्ण कदम उठाए हैं–

- **मुख्यमंत्री स्वरोजगार योजना :** 10,000 उद्यमों को सब्सिडी और 25 लाख रु० तक के ऋण की सुविधा दी गई। हालांकि, केवल 30% इकाइयां दो वर्ष से अधिक टिक सकीं।
- **कौशल विकास मिशन :** उत्तराखण्ड स्किल डेवलपमेंट मिशन और पीएमकेवीवाई के तहत 70,000 युवाओं को प्रशिक्षण दिया गया। इनमें 58% युवाओं ने पर्यटन और कृषि में रोजगार पाया।
- **रिवर्स माइग्रेशन सपोर्ट :** कोविड-19 के दौरान लौटे 2,75,000 से अधिक लोगों को स्वरोजगार और पशुपालन के लिए सहायता दी गई।
- **पर्यावरणीय पहल :** 'ग्रीन उत्तराखण्ड मिशन' के तहत 1 करोड़ से अधिक पेड़ लगाए गए और जल जीवन मिशन से 2,000 गांवों में जलापूर्ति सुधारी गई।
- **मॉडल गांव योजना :** 100 गांवों को 'मॉडल विलेज' के रूप में विकसित करने की योजना जारी है, ताकि पलायन के खिलाफ सफलता के उदाहरण प्रस्तुत किए जा सकें।

हालांकि, आयोग की रिपोर्टें यह भी बताती हैं कि योजनाओं के क्रियान्वयन में वित्तीय सीमाएं, भ्रष्टाचार और विभागीय समन्वय की कमी जैसी बाधाएं हैं।

समस्या के समाधान की दिशा

आयोग की नवीनतम रिपोर्टें पलायन को रोकने के लिए बहुआयामी दृष्टिकोण की आवश्यकता पर बल देती है।

1. **आर्थिक समाधान :** कृषि-आधारित उद्योगों जैसे- फल प्रसंस्करण, जैविक खेती और जड़ी-बूटी आधारित उत्पादों को बढ़ावा दिया जाए। उच्च पलायन जनपदों में स्पेशल इकोनॉमिक जोन (SEZ) स्थापित किए जाएं और प्रवासियों की भेजी धनराशि को गांवों के सामुदायिक विकास (स्कूल, सिंचाई, सौर ऊर्जा) में निवेश करने के लिए प्रोत्साहित किया जाए।

2. **सामाजिक समाधान :** हर ब्लॉक में कौशल केंद्र स्थापित हों, जिनमें विशेष ध्यान महिलाओं और लौटे प्रवासियों पर दिया जाए। स्कूलों में बाल देखभाल और परामर्श सेवाएं शुरू की जाएं ताकि शिक्षा की निरंतरता बनी रहे।
3. **राजनीतिक समाधान :** राज्य जीडीपी का कम से कम 10% ग्रामीण विकास पर खर्च किया जाए और पलायन रोकथाम प्राधिकरण गठित किया जाए, जो विभिन्न विभागों के बीच समन्वय सुनिश्चित करे। उच्च पलायन वाले क्षेत्रों को विकास निधि में प्राथमिकता मिले और स्थानीय युवाओं के लिए रोजगार आरक्षण नीति बनाई जाए।
4. **पर्यावरणीय समाधान :** जलवायु-अनुकूल कृषि, जैसे- सूखा प्रतिरोधी फसलें, अपनाई जाएं। 'वन ग्राम योजना' के तहत लौटे प्रवासियों को वन संरक्षण एवं मधुमक्खी पालन जैसी गतिविधियों से जोड़ा जाए।
5. **समग्र दृष्टिकोण :** अगले दस वर्षों के लिए गांव-केंद्रित विकास योजना बनाई जाए। आयोग ने सुझाव दिया है कि रिवर्स माइग्रेशन को नीतिगत प्राथमिकता दी जाएं, जिसमें कर छूट, आसान ऋण और सामाजिक सुरक्षा के प्रावधान हों।

—प्रस्तुति : जयसिंह रावत

●●

पलायन पर अंकुश और रिवर्स माइग्रेशन का उदय

उत्तराखण्ड के लिए पलायन हमेशा एक सबसे बड़ी चुनौती रहा है। रोजगार के सीमित संसाधन और बुनियादी सुविधाओं के अभाव में लोग गाँव छोड़ रहे थे, जिसके कारण 1793 से ज्यादा गाँव पूरी तरह जन-शून्य हो चुके हैं।

- **ग्राम विकास एवं पलायन आयोग :** इस गंभीर चुनौती से निपटने के लिए, राज्य ने ग्राम विकास एवं पलायन आयोग का गठन किया। आयोग ने 10,000 से अधिक राजस्व गाँवों का विस्तृत अध्ययन कर जिलावार माइक्रो-प्लान बनाने की सिफारिश की।
- **रिवर्स माइग्रेशन के प्रयास :** सरकार ने मुख्यमंत्री स्वरोजगार योजना जैसी योजनाएँ शुरू कीं, जिसके तहत लौटने वाले प्रवासियों और स्थानीय युवाओं को होम-स्टे योजनाओं, जैविक कृषि, साहसिक पर्यटन और हस्तशिल्प जैसे क्षेत्रों में पूंजीगत सहायता (सब्सिडी) और प्रशिक्षण प्रदान किया गया।
- **होम-स्टे क्रांति :** उत्तराखण्ड की होम-स्टे नीति देश में सबसे सफल नीतियों में से एक मानी जाती है। 6,000 से अधिक होम-स्टे पंजीकृत हो चुके हैं। ये होम-स्टे न केवल गाँवों में पर्यटकों को ला रहे हैं, बल्कि स्थानीय युवाओं को अपने ही गाँव में आकर्षक आय का स्रोत भी प्रदान कर रहे हैं, जिससे पलायन पर कुछ हद तक अंकुश लगा है। ●●

उत्तराखण्ड : वन संपदा और वन्य जीव | 7

उत्तराखण्ड अपनी समृद्ध वन संपदा और अद्वितीय वन्य जीवों के लिए विश्वभर में प्रसिद्ध है। लगभग 71.05 % वन भूभाग वाला यह राज्य जैव विविधता की दृष्टि से अत्यंत समृद्ध है। यह हिमालयी राज्य बर्फीले पहाड़ों, अल्पाइन घास के मैदानों (बुग्याल) और तराई के घने वनों का अद्‌भुत संगम है। भारतीय वन सर्वेक्षण (FSI) की वर्ष 2023–24 में जारी रिपोर्ट के अनुसार उत्तराखण्ड का कुल वनावरण लगभग 24,303.83 वर्ग किलोमीटर है। इसके अतिरिक्त, राज्य में वृक्ष आवरण (Tree Cover) 1,231.14 वर्ग किलोमीटर है। भारतीय वन सर्वेक्षण की पिछली रिपोर्टों से तुलना करने पर पता चलता है कि उत्तराखण्ड में वनावरण में मामूली वृद्धि हुई है। वर्ष 2021 में जारी 17वीं रिपोर्ट के अनुसार उत्तराखण्ड का वनावरण 24,305 वर्ग किलोमीटर था। जो 2024 में बढ़कर 24,303.83 वर्ग किलोमीटर हो गया।

उत्तराखण्ड में वन्य जीव

- उत्तराखण्ड कई महत्वपूर्ण वन्य जीवों का घर है। यहां छह राष्ट्रीय उद्यान और सात वन्य जीव विहार हैं।
- इन वनों में बाघ, हाथी, तेंदुए, कस्तूरी मृग, हिम तेंदुआ (Snow Leopard) और बारहसिंगा जैसे महत्वपूर्ण वन्य जीव पाए जाते हैं।
- नंदा देवी राष्ट्रीय उद्यान और फूलों की घाटी को यूनेस्को द्वारा विश्व धरोहर स्थल घोषित किया गया है, जो इसकी जैव विविधता के महत्व को दर्शाता है।
- **पवित्र वन :** उत्तराखण्ड में कुछ वन, घास के मैदान और स्थल पवित्र माने जाते हैं, जिन्हें 'देववन' कहा जाता है। मान्यता है कि इनमें देवी–देवता निवास करते हैं।
- **वनों के प्रकार :** यहाँ उपोष्ण कटिबंधीय वन (साल) से लेकर पर्वतीय शीतोष्ण वन (देवदार, चीड़)

> - उत्तराखण्ड में फूलों की 4 हजार से अधिक प्रजातियां हैं।
> - उत्तराखण्ड में पक्षियों की 600 से अधिक प्रजातियां हैं।
> - कार्बेट लैंड स्कैप विश्व में बाघों के घनत्व का महत्वपूर्ण केन्द्र है, यहां 8.5 वर्ग किमी० में एक बाघ है।
> - जीवित जीवाश्म कहे जाने वाले जिंगो बाइबोला का प्रदर्शन क्षेत्र नैनीताल के समीप सरियाताल में स्थापित किया गया है। इसमें 112 नर और 1300 मादा पौधों का रोपण किया गया है।

और ऊँचाई पर अल्पाइन झाड़ियाँ एवं बुग्याल तक, विभिन्न प्रकार के वन पाए जाते हैं।

समृद्ध जैव विविधता

उत्तराखण्ड जैव विविधता (Biodiversity) का एक महत्वपूर्ण केंद्र है। यह राज्य पूर्वी और पश्चिमी हिमालय के मिलन बिंदु पर स्थित है, जिसकी ऊँचाई 300 मीटर से 7,817 मीटर तक फैली है। इस विशाल विविधता के कारण यहाँ विभिन्न प्रकार के पारिस्थितिकी तंत्र विकसित हुए हैं, जो इसे राष्ट्रीय और वैश्विक स्तर पर महत्वपूर्ण बनाते हैं।

वनस्पति प्रजातियों की संख्या

- **कुल वनस्पति प्रजातियां :** उत्तराखण्ड में 7,066 वनस्पति प्रजातियां (पौधे, झाड़ियाँ, जड़ी-बूटियाँ आदि) मौजूद हैं।
- **संरक्षित प्रजातियां :** उत्तराखण्ड वन विभाग की अनुसंधान शाखा द्वारा, वर्तमान में (नवीनतम रिपोर्ट के अनुसार), 2,228 पौधों की प्रजातियों का संरक्षण किया गया है।
- **वृक्ष प्रजातियां :** संरक्षित प्रजातियों की इस सूची में अकेले 528 वृक्ष प्रजातियाँ शामिल हैं, जो राज्य के वन आवरण की विविधता को दर्शाती हैं।
- **स्थानिक प्रजातियां (Endemic Species) :** लगभग 60 प्रजातियां ऐसी हैं जो केवल उत्तराखण्ड/भारतीय हिमालयी क्षेत्र के लिए स्थानिक हैं (यानी, ये प्राकृतिक रूप से केवल इसी क्षेत्र में पाई जाती हैं)।
- **औषधीय पौधे :** इस वनस्पति विविधता का एक महत्वपूर्ण हिस्सा औषधीय महत्व का है, जिसमें 500 से अधिक प्रकार की जड़ी-बूटी शामिल हैं।

(स्रोत- उत्तराखण्ड वन विभाग की अनुसंधान शाखा और उत्तराखण्ड जैव विविधता बोर्ड)

जीव-जंतुओं की विविधता (Fauna)

भारतीय प्राणी सर्वेक्षण (ZSI) के अनुसार, उत्तराखण्ड में 4,917 तक जीव-जंतुओं की प्रजातियाँ रिकॉर्ड की गई हैं। इनमें 700 से अधिक पक्षी प्रजातियां शामिल हैं।

वन पंचायत

उत्तराखण्ड देश में एकमात्र राज्य है, जहां वन पंचायत व्यवस्था के माध्यम से वनों का प्रबंधन किया जा रहा है। यह व्यवस्था ब्रिटिश काल (सन् 1930) से चली आ रही है। राज्य में लगभग 11,217 वन पंचायतें स्थापित हैं, जो लगभग 4.52 लाख हेक्टेयर वन क्षेत्र का प्रबंधन करती हैं। प्रत्येक वन पंचायत में नौ सदस्य होते हैं। इनमें से कुछ सदस्य ग्राम प्रधान एवं कुछ जैव-विविधता प्रबंधन समिति द्वारा नामित किए जाते हैं।

जिम्मेदारी

1. **वन संसाधनों की रक्षा-संरक्षण :** पंचायतों को स्थानीय जंगलों में पौधरोपण, जल संचयन, वनाग्नि रोकथाम तथा गैर-लकड़ी वन उत्पाद (NTFP) जैसे- फूल-पत्ते-हर्बल आदि का संचालन करने का अधिकार दिया गया है।
2. **नियम-निर्माण एवं निष्पादन :** पंचायत अपने क्षेत्र के वन के उपयोग के लिए नियम बनाती है, जैसे चराई की सीमा, लकड़ी कटान की अनुमति, अवैध प्रवेश या उत्खनन पर रोक।
3. **आर्थिक प्रबंधन :** वन पंचायतों को अपने द्वारा संचालित उत्पादन से होने वाली आमदनी में निवेश करने का अधिकार मिला है। उदाहरण स्वरूप हर्बल उत्पादन, पर्यटन, जल संचयन आदि से उत्पन्न राशि का उपयोग स्थानीय वन क्षेत्र के रख-रखाव में करना।
4. **सहभागिता एवं निगरानी :** पंचायत सदस्यों और उपयोगकर्ताओं को मिलकर माइक्रो-प्लान तैयार करना, वार्षिक क्रियान्वयन योजना बनाना तथा वन विभाग-राजस्व विभाग के सहयोग में क्षेत्रीय निगरानी करना होता है।

वन और वन्य जीव संरक्षण से जुड़े प्रमुख प्रोजेक्ट

उत्तराखण्ड फॉरेस्ट रिसोर्स मैनेजमेंट प्रोजेक्ट सिक्योर हिमालय परियोजना, कैंपा परियोजना (जलीय एवं पर्वतीय पारिस्थितिकी तंत्र संरक्षण परियोजना), प्रोजेक्ट स्नो लेपर्ड (हिम तेंदुआ संरक्षण परियोजना), एकीकृत वन्य जीव आवास विकास परियोजना, आपदा प्रभावित क्षेत्रों में पारिस्थितिकी एवं आजीविका सुधार परियोजना, राज्य जैव विविधता संरक्षण एवं गंगा कैचमेंट परियोजना, मानव वन्य जीव संघर्ष निवारण परियोजना, ईको पर्यटन विकास परियोजना, वन पंचायत सशक्तिकरण एवं सामुदायिक वानिकी परियोजना, कैचमेंट एरिया ट्रीटमेंट (सीएटी) योजना परियोजना, कॉर्बेट टाइगर रिजर्व एवं राजाजी टाइगर रिजर्व प्रबंधन परियोजनाएं, वन्य जीव गलियारा एवं आवासीय कनेक्टिविटी परियोजना, जैव विविधता विरासत स्थल संरक्षण कार्यक्रम, वन अग्नि निवारण एवं प्रबंधन योजना आदि।

यूनेस्को की रिजर्व सूची में भारत के अभयारण्य

- नन्दादेवी बॉयोस्फीयर / वैली ऑफ फ्लावर (उत्तराखण्ड)
- नीलगिरी (कर्नाटक, केरल, तमिलनाडु)
- सुन्दर वन (पश्चिम बंगाल)
- मन्नार की खाड़ी (तमिलनाडु)
- सिमलीपाल (उड़ीसा)
- नोकरेक (मेघालय)
- पंचमढ़ी (मध्य प्रदेश)

रामसर साइट

रामसर साइट उन आर्द्रभूमियों (Wetlands) को कहा जाता है जिन्हें अंतर्राष्ट्रीय महत्व (International Importance) के रूप में रामसर कन्वेंशन के तहत सूचीबद्ध किया गया है। यह समझौता 2 फरवरी, 1971 को ईरान के रामसर शहर में हुआ था, इसलिए इसे "रामसर कन्वेंशन" कहा गया। इसका उद्देश्य विश्वभर की आर्द्रभूमियों का संरक्षण और उनका सतत उपयोग सुनिश्चित करना है, क्योंकि ये क्षेत्र जैव विविधता, जल संरक्षण, भू-जल पुनर्भरण, बाढ़ नियंत्रण और जलवायु संतुलन में अहम भूमिका निभाते हैं।

उत्तराखण्ड की रामसर साइट्स

- आसन झील
- **स्थान :** देहरादून जनपद में, यमुना नदी और आसन नदी के संगम पर
- **क्षेत्रफल :** लगभग 4.4 वर्ग किमी०
- **विशेषता :** प्रवासी पक्षियों का प्रमुख ठिकाना, विशेषकर सर्दियों में साइबेरिया और मध्य एशिया से आने वाले पक्षी।
- यहां 300 से अधिक पक्षी प्रजातियाँ पाई जाती हैं। इंटरनेशनल बर्ड एरिया (IBA) के रूप में भी मान्यता प्राप्त।
- बर्ड वॉचिंग और इको-टूरिज्म के लिए प्रसिद्ध।

वन्य जीव गणना

किसी भी राज्य और देश के लिए वन्य जीवों के संरक्षण की दिशा में एक अत्यंत महत्वपूर्ण आधार है। यह न केवल वन्यजीवों की वास्तविक संख्या का पता लगाने में मदद करती है, बल्कि उनके आवासों की स्थिति, स्वास्थ्य और संरक्षण के प्रयासों के प्रभाव का भी आकलन करती है। ये आंकड़े सरकारों और वन्य जीव विशेषज्ञों को भावी संरक्षण नीतियों को तैयार करने में सहायता करते हैं।

इस गणना का मुख्य उद्देश्य उन सभी जीवों का सटीक लेखा-जोखा तैयार करना होता है, जो हमारे पारिस्थितिकी तंत्र के संतुलन के लिए आवश्यक हैं। इस वर्ष की गणना में, उन्नत तकनीकों जैसे कैमरा ट्रैप विधि (Camera Trap Method) और डीएनए आधारित आकलन (DNA-Based Estimation) का उपयोग किया जा रहा है, ताकि आंकड़े अधिक वैज्ञानिक और विश्वसनीय हों।

उत्तराखण्ड में वन्य जीवों की संख्या (स्रोत : WII)

वन्य जीव	अनुमानित संख्या
बाघ	442
गुलदार	2200 से अधिक
हाथी	1792ह

गणना के तरीके

वर्तमान में वन्यजीव गणना के लिए वैज्ञानिक और अत्याधुनिक तकनीकें अपनाई जा रही हैं–

- **कैमरा ट्रैप विधि (Camera Trap Method) :** बाघों और गुलदारों की गिनती

के लिए यह सबसे सटीक तरीका है। इसमें उनके शरीर की धारियों (Stripe Pattern) के अद्वितीय पैटर्न के आधार पर उनकी पहचान और संख्या का आकलन किया जाता है।

- **डीएनए आधारित आकलन (DNA-Based Estimation) :** हाथियों की संख्या का आकलन पहली बार उनकेह्नमल (Dung) से डीएनए नमूने एकत्र करके किया गया है। यह तरीका पारम्परिक अवलोकन विधियों की तुलना में अधिक सटीक माना जाता है।
- **जीपीएस और ड्रोन तकनीक :** वन क्षेत्रों की निगरानी, आवासों के मानचित्रण और दूरदराज के इलाकों में वन्य जीवों की गतिविधियों पर नजर रखने के लिए ड्रोन और जीपीएस का भी प्रयोग किया जा रहा है।

मानव-वन्य जीव संघर्ष

अपनी समृद्ध जैव विविधता और घने जंगलों के लिए प्रसिद्ध उत्तराखण्ड में मानव-वन्य जीव संघर्ष एक बड़ी चुनौती बन चुका है। तेजी से बढ़ते शहरीकरण और वन्यजीवों के प्राकृतिक आवास में मानवीय हस्तक्षेप के कारण हालात विकट होते जा रहे हैं। यह संघर्ष न केवल मनुष्यों के लिए जान-माल का खतरा पैदा करता है, बल्कि वन्यजीवों के संरक्षण पर भी नकारात्मक प्रभाव डालता है। पहाड़ी और मैदानी दोनों क्षेत्रों में, गुलदार (तेंदुआ), बाघ और हाथी जैसे वन्यजीवों का आबादी वाले क्षेत्रों में आना अब एक आम घटना बन गई है।

25 वर्षों के हमले में मारे गये और जख्मी मानव

वन्य जीव	मृतक	घायल
गुलदार	544	2113
हाथी	227	230
बाघ	99	130

(नोट : ये सभी आंकड़े वन विभाग और मीडिया रिपोर्टों पर आधारित हैं)

नियंत्रण के लिए किए गए उपाय

- **आवास सुधार :** वन्य जीवों को उनके प्राकृतिक आवासों में रोके रखने के लिए जंगलों में जल प्रबंधन और शिकार आधार (Prey Base) में सुधार किया जा रहा है।
- **प्रौद्योगिकी का उपयोग :** वन्य जीवों की गतिविधियों पर नजर रखने और संघर्ष वाले क्षेत्रों की पहचान करने के लिए रेडियो-कॉलरिंग का उपयोग किया जा रहा है।
- **जागरूकता कार्यक्रम :** 'लिविंग विद लेपर्ड प्रोग्राम' (स्थानीय भाषा में 'गुलदार का दगड़िया') जैसे कार्यक्रमों के माध्यम से स्थानीय लोगों को वन्य जीवों के व्यवहार और संघर्ष से बचने के उपायों के बारे में जागरूक किया जा रहा है।
- **क्विक रिस्पांस स्क्वाड :** संघर्ष वाले क्षेत्रों में तत्काल कार्रवाई के लिए त्वरित प्रतिक्रिया दल (Quick Response Squad) का गठन किया गया है।
- **मुआवजे में वृद्धि :** वन्य जीव हमले में मारे गए लोगों के परिजनों को दी जाने वाली अनुग्रह राशि को 6 लाख से बढ़ाकर 10 लाख करने का प्रावधान किया गया है। घायलों और संपत्ति के नुकसान पर भी मुआवजा राशि बढ़ाई गई है।

●●

उत्तराखण्ड में प्राकृतिक आपदाएं | 8

धरती की सबसे नई पर्वत श्रृंखला हिमालय की गोद में बसे उत्तराखण्ड का आपदाओं के साथ चोली-दामन जैसा रिश्ता है। पूर्व में मालपा, वरुणावत और वर्ष 2013 में केदारनाथ त्रासदी के बाद महज 13 वर्ष की अवधि में अनेक बड़ी घटनाएं गवाह हैं कि यह क्षेत्र कितना संवेदनशील है। वर्ष 2021 में चमोली जनपद में रैंणी गांव के पास हैंगिग ग्लेशियर टूटने से ऋषि गंगा में आई 'सुनामी' हो या अगस्त 2025 में उत्तरकाशी जनपद में गंगोत्री धाम से मात्र 20 किलोमीटर पूर्व धराली में हुई तबाही। वर्ष 2025 में यह आसमान सिर्फ उत्तरकाशी पर ही नहीं टूटा, रुद्रप्रयाग में बसुकेदार, पौड़ी, चमोली में थराली और नंदानगर से लेकर देहरादून तक कुदरत की क्रूरता के निशां बिखरे नजर आये। इस तरह के हादसों ने विकास और विनाश के बीच फंसी इंसानी प्रवृत्ति को रेखांकित किया है। इन आपदाओं के पीछे जलवायु परिवर्तन जैसे कारक तो महत्वपूर्ण हैं ही, यह चेतावनी भी है कि प्रकृति के साथ सामंजस्य बनाए बिना यदि विकास होगा तो नतीजे कितने भवायह हो सकते हैं।

धराली आपदा : 5 अगस्त, 2025

उत्तरकाशी से लगभग 74 किलोमीटर दूर धराली, हर्षिल घाटी का एक छोटा कस्बा है। गंगोत्री धाम का यह प्रमुख पड़ाव 31°04' N अक्षांश और 78°80' E देशांतर पर समुद्रतल से 2,670 मीटर की ऊंचाई पर स्थित है। पांच अगस्त 2025 की दोपहर श्रीकंठ पर्वत से निकलने वाली खीर गंगा में आये सैलाब ने इस कस्बे को मटियामेट कर दिया। आधिकारिक आंकड़ों के अनुसार सैलाब का शिकार बने 63 लोग आज भी लापता हैं, जबकि सर्च आपरेशन में जुटी एजेंसियां केवल चार शव ही बरामद कर सकीं। पूरा कस्बा 20 से 30 फीट मलबे में दब गया। लगभग

7 फरवरी, 2021 ऋषि गंगा रैणी-तपोवन आपदा

- *7 फरवरी, 2021 का दिन उत्तराखण्ड के लिए एक और बड़ी आपदा लेकर आया। जनपद चमोली के जोशीमठ विकासखण्ड के अंतर्गत ऋषिगंगा में अचानक आई बाढ़ के कारण रैणी और तपोवन में भारी तबाही हुई।*
- *अचानक ऋषिगंगा में भारी मात्रा में पानी और मलबा आया और देखते ही देखते सब कुछ ऋषिगंगा में समाता चला गया और इस मलबे ने सबसे पहले रैणी गाँव को नुकसान पहुँचाया। वहाँ कुछ ग्रामीणों के साथ हाइड्रो पावर प्रोजेक्ट के कई कर्मचारी लापता हो गए। हाइड्रो पावर प्रोजेक्ट पूरी तरह से ध्वस्त हो गया। इसके बाद रैणी से 5 किलोमीटर नीचे तपोवन में निर्माणाधीन हाइड्रो पावर प्रोजेक्ट में भारी तबाही हुई। वहाँ उस समय सैकड़ों लोग काम कर रहे थे। सभी लोग तेज धार में बह गये या मलबे में दफन हो गये। लगभग 35 लोग तपोवन में बन रही एन०टी०पी०सी० के हाइड्रो पावर प्रोजेक्ट की निर्माणाधीन सुरंग में फँस गये।*

दो दर्जन से ज्यादा होटल और रिहायशी इमारतें सैलाब की भेंट चढ़ गईं। कुदरत के इस कोप का असर सिर्फ धराली तक ही सीमित नहीं रहा। बल्कि चार किलोमीटर दूर उत्तराखण्ड का स्विटजरलैंड कहा जाने वाला हर्षिल भी इससे बच न सका। हर्षिल में सेना का कैंप और एक हेलीपैड आपदा से बुरी तरह तबाह हो गया और भारी मात्रा में आये मलबे से भागीरथी नदी में लगभग सवा किलोमीटर के दायरे में एक झील भी बन गई। भूस्खलन से गंगोत्री राष्ट्रीय राजमार्ग क्षतिग्रस्त हुआ तो हर्षिल और धराली का जनपद मुख्यालय उत्तरकाशी से संपर्क कट गया।

- *शुरुआती दौर में राहत और बचाव कार्यों के दौरान तपोवन में एक निर्माणाधीन सुरंग में फँसे कुछ लोगों को सकुशल निकालने में कामयाबी तो मिली, लेकिन दूसरी बड़ी सुरंग में फँसे लोगों को नहीं निकाला जा सका।*
- *7 दिन तक पूरा बचाव अभियान इसी सुरंग पर केन्द्रित रहा, लेकिन सफलता नहीं मिली। आठवें दिन से इस सुरंग से मृतकों के शव निकलने लगे। इस आपदा में कुल 136 लोगों की मृत्यु होने की पुष्टि की गई, जिनमें 70 लोगों के शव ही मिल पाये।*

तीन नदियों ने बरपाया हर्षिल घाटी पर कहर

हर्षिल घाटी के भूगोल पर गौर करें तो पता चलता है कि घाटी के ठीक ऊपर पहाड़ों पर तीन रिज (दो पहाड़ों के बीच में एक ढलान, जो नाली की आकृति लिए होती है) हैं। ये रिज ग्लेशियरों में होने वाले भ्रंश से अस्तित्व में आती हैं। तीनों रिज एक ही पर्वत शृंखला का भाग हैं। इन्हीं रिज से होकर निकलती हैं तीन नदियां। इनके नाम हैं– खीर गंगा, तेल गंगा और भेला नदी। खीर गंगा श्रीकंठ ग्लेशियर से निकलकर झिंडा बुग्याल से होते हुए धराली के पास भागीरथी नदी में मिलती है। वहीं तेल गंगा का उदगंम स्थल है हिमाल व मैनक ग्लेशियर। यह नदी हर्षिल में सेना के शिविर के पास भागीरथी से मिलती है। भेला नदी अवाना ग्लेशियर से होते हुए सुक्की डाउन में भागीरथी में संगम करती है। इन नदियों में वर्ष 2022 में भी बाढ़ आई थी, लेकिन तब इतना नुकसान नहीं हुआ था। इस बार फिर तीनों नदियों में सैलाब आया। खीर गंगा ने धराली और तेल गंगा ने हर्षिल में कहर बरपाया, जबकि अवाना ग्लेशियर से उत्पन्न भेला नदी के आसपास आबादी क्षेत्र नहीं था तो यहां नुकसान बेहद कम हुआ।

ऐतिहासिक कल्प केदार मंदिर दफन

हर्षिल घाटी में आई आपदा से ऐतिहासिक कल्प केदार मंदिर भी मलबे में दफन हो गया। अपने में रहस्य समेटे यह मंदिर वर्षों से इतिहास प्रेमियों और श्रद्धालुओं के आकर्षण का केंद्र रहा। मान्यता है कि आदि शंकराचार्य ने ही यहां 240 मंदिरों के समूह की स्थापना करवाई थी, लेकिन नदी में आई बाढ़ के कारण वे सब

- **जलस्तर :** पृथ्वी के भीतर वह दूरी जिसके बाद भूमि की तहें जलपूर्ण हो जाती हैं।
- **बांध :** नदी को अवरुद्ध करके बनाई गई झील। यह आमतौर पर बिजली परियोजनाओं और नहर निकालने के लिए बनाए जाते हैं।

मलबे में दब गए थे। हालांकि अभी यह रहस्य अनसुलझा ही है कि क्या वहां 240 मंदिर थे? वर्ष 1815 में एक स्काटिश यात्री और ईस्ट इंडिया कंपनी के अफसर जेम्स बाइली फ्रेजर ने गंगा और यमुना के उदगम स्थलों की यात्रा की थी। वह पहला यूरोपियन था जो हिमालय के इतना नजदीक पहुंचा। उसने अपने यात्रा वृत्तांत 'जर्नल ऑफ ए टूर थ्रू पार्ट ऑफ द स्नोइंग रेंज ऑफ द हिमाला माउंटेंस' में धराली से मिलती-जुलती जगह का उल्लेख किया है। हालांकि पुस्तक में धराली नाम का जिक्र नहीं है, लेकिन मंदिरों को वह हैरत से देखता रहा। इतना ही नहीं, आज से लगभग डेढ़ सौ वर्ष पहले खींची गई एक तस्वीर भी इस बात का प्रमाण है कि यहां एक से अधिक मंदिर थे। यह तस्वीर ब्रिटिश फोटोग्राफर सैमुअल ब्राउन (संभवतः सैमुअल बोर्न) ने ली थी। इस दुर्लभ तस्वीर में कल्प केदार के मौजूदा मंदिर के साथ दो अन्य मंदिर भी दिखाई देते हैं। सैमुअल ब्राउन ने 1863 से 1870 के बीच भारत में फोटोग्राफी की थी। अमेरिका के लॉस एंजिल्स स्थित गेटी म्यूजियम में 'स्मॉल टेंपल्स ऑन द गैंगेज एट डेराली' शीर्षक से एक फोटो मौजूद है, जो 1865 की है। इसमें डेराली को धराली ही माना जाता है। यह तस्वीर आज भी पुरातत्व विभाग और स्थानीय घरों में संरक्षित है, जो इस मंदिर के ऐतिहासिक महत्व को दर्शाती है।

- *सम्पूर्ण भारत में वर्षा की अधिकता लगभग (80 प्रतिशत) दक्षिण पश्चिम मानसून में जून से सितम्बर के मध्य 4 माह के दौरान होती है। इस अवधि में उत्तर भारत में सतलुज, गंगा तथा अन्य सहायक नदियाँ यमुना, सोन, घाघरा, कोसी, शारदा आदि उत्तराखण्ड, हिमाचल प्रदेश, उत्तर प्रदेश, बिहार जैसे राज्यों को समान रूप से प्रभावित करती हैं।*

परिस्थितियों ने बढ़ाई वैज्ञानिकों की उलझन

धराली में 5 अगस्त, 2025 की दोपहर जो कुछ हुआ, वह कैसे और क्यों हुआ। उस दिन शुरुआती दौर में बादल फटने को ही सैलाब का कारण माना गया, लेकिन शाम होते-होते जब वरिष्ठ वैज्ञानिकों को उस क्षेत्र में वर्षा के आंकड़े पता चले तो यह तर्क मानों धराशायी हो गया। वैज्ञानिकों का मानना था कि हिमालयी क्षेत्र में अत्यधिक ऊँचाई वाले इलाकों (9000 फीट से ऊपर) में बादल फटने की संभावना बेहद कम हो जाती है। दूसरा, आपदा वाले इलाके में बारिश भी महज 10 से 12 एमएम के

- *भारत, बांग्लादेश के बाद विश्व में सर्वाधिक बाढ़ प्रभावित देश है। सम्पूर्ण भारत में प्रतिवर्ष लाखों हेक्टेयर कृषि भूमि बाढ़ से प्रभावित होती है। भारत में बाढ़ से सर्वाधिक प्रभावित होने वाले प्रमुख राज्य उत्तर प्रदेश, बिहार, पश्चिम बंगाल, असम और उड़ीसा हैं।*
- *यदि मैदानी भागों में ये नदियाँ एक बार उफान पर आ जाती हैं तो बहुत लम्बे समय तक शान्त न होकर क्षेत्र को व्यापक रूप से प्रभावित करती हैं। बाढ़ आने से लोगों का सामान्य जीवन पूर्णतः प्रभावित होता है। सामान्य शब्दों में बाढ़ का अर्थ नदी के जल का स्तर का बढ़ना है।*

आसपास ही दर्ज की गई। विज्ञान की परिभाषा में जब एक सीमित दायरे में एक घंटे में 100 मिमी० बारिश दर्ज की जाए तो उस परिस्थिति को बादल फटना माना जाता है। ऐसे में वैज्ञानिकों की आशंका ग्लेशियर लेक ब्रीच को लेकर मजबूत होने लगी थी। हालांकि यह आशंका भी तब निर्मूल साबित हुई, जब नेशनल रिमोट सेंसिंग सेंटर से सेटेलाइट चित्र जारी किए गए। लगभग एक वर्ष पुराने इन चित्रों में कोई झील नजर नहीं आ रही है। वैज्ञानिकों के अनुसार एक वर्ष के भीतर ऐसी झील बनने की संभावना भी नहीं है, जो इतनी बड़ी तबाही का कारण बन सके। वैज्ञानिक अब अनुमान लगा रहे हैं कि बारिश को लेकर मौसम विभाग का डाटा हर्षिल क्षेत्र का जरूर है, मगर जिस स्थान से सुनामी जैसी लहरें धराली की ओर फिसलीं, उस स्थान पर किसी तरह का रेन गेज नहीं है। ऐसे में माना यही जा रहा है कि घटना का कारण बादल फटना ही रहा।

सदा से संवेदनशील था एलुवियल फैन में बसा धराली

दरअसल, एक विशेष भू-संरचना में बसा धराली हमेशा से संवेदनशील था। इस विशेष संरचना को वैज्ञानिक एलुवियल फैन (Alluvial Fan) कहते हैं। नदी के साथ बहकर आने वाली मिट्टी एलुवियल फैन के समतल हिस्से में जमा हो जाती है और खनिज से भरपूर यह मिट्टी बेहद उपजाऊ होती है। धराली और हर्षिल में सेब के बागानों के साथ ही आलू व मटर जैसी फसलों को यही मिट्टी पल्लवित करती है। इस संरचना का सबसे खौफनाक पहलू यह है कि यहां कभी भी अचानक बाढ़ जैसे हालात पैदा हो सकते हैं। चिंताजनक यह है कि उत्तराखण्ड सहित हिमालयी राज्यों के कई गांव, शहर और कस्बे ऐसी ही जगह पर बसे हुए हैं। पहले एलुवियल फैन को समझते हैं। इसे एलुवियल फैन इसलिए कहा जाता है, क्योंकि यह आकृति एक पंखे के समान होती है। नाले जैसे आकार में पहाड़ की बेहद तीखी संकरी ढलानों से होते हुए नदी एक समतल स्थान में प्रवेश करती है। नदी के संकरे सिरे को एपेक्स (Apex) और समतल हिस्से को एप्रन (Apron) कहा जाता है। इन तीखी संकरी ढलानों में पानी का वेग गोली की रफ्तार जैसा होता है और एप्रन में पहुंचकर यह धीमा हो जाता है। इसी एप्रन में रेत, सिल्ट और मिट्टी आदि जमा होते हैं। ऐसे में एप्रन में या इसके आसपास कोई आबादी हुई तो विनाश तय है। देहरादून स्थित वाडिया इंस्टीट्यूट ऑफ हिमालयन जियोलॉजी (Wadia Institue of Himalayan Geology) के वरिष्ठ वैज्ञानिक डॉ० मनीष मेहता बताते हैं कि एलुवियल फैन जैसी संरचनाएं बाढ़ की दृष्टि से बेहद संवेदनशील होती हैं।

मंदाकिनी घाटी में अगस्त्यमुनि, तिलवाड़ा और फाटा के साथ ही गंगा

24 सितम्बर, 2003 वरुणावत भूस्खलन

- *24 सितंबर से 10 अक्टूबर, 2003 के अंतराल में उत्तरकाशी नगर के वरुणावत पर्वत से अचानक पत्थर के बड़े-बड़े टुकड़े नगर के कई भागों में गिरने लगे और लगातार भूस्खलन होता रहा। इसी भारी भूस्खलन की घटना ने उत्तरकाशी नगर के सैकड़ों परिवारों को बुरी तरह प्रभावित किया।*

घाटी में गंगोत्री जैसे शहर इसी तरह की संरचना में बसे हुए हैं।

बसुकेदार, थराली और नंदानगर पर भी टूटा आसमान

इस बार मानसून के तेवर इतने आक्रामक रहेंगे, शायद ही किसी ने यह कल्पना की हो। आसमान से एक के बाद एक उत्तराखण्ड के सात जनपदों पर कहर टूट पड़ा। इनमें गढ़वाल मंडल से उत्तरकाशी, चमोली, रुद्रप्रयाग, पौड़ी, देहरादून के साथ ही कुमाऊं के बागेश्वर और पिथौरागढ़ शामिल हैं। हालांकि जानमाल का ज्यादा नुकसान गढ़वाल मंडल में ही हुआ है। रुद्रप्रयाग और चमोली में बादल फटने की घटनाओं ने भारी तबाही मचाई। इन घटनाओं में कुल 16 लोगों की मृत्यु हुई है और 13 लोग अभी भी लापता हैं।

22 अगस्त को चमोली जनपद के थराली कस्बे में बादल फटने से भारी नुकसान हुआ। एसडीएम आवास और तहसील परिसर सहित कई घरों में मलबा घुस गया। इस घटना में एक युवती मलबे में दब गई। केदारबगड़, राड़ीबगड़ और चेपड़ों जैसे इलाकों में भी काफी क्षति हुई। सड़कों पर मलबा भर जाने से ये तालाब बन गईं।

28 अगस्त को रुद्रप्रयाग जनपद के बसुकेदार क्षेत्र में बादल फटने से नौ लोगों की मृत्यु हो गई और आठ लोग लापता हो गए। छेनागाड़ और उसके आस-पास के क्षेत्रों में कई घर और दुकानें मलबे में दब गईं। बसुकेदार तहसील के छह गांवों में 24 से अधिक भवन क्षतिग्रस्त हो गए। जखोली गांव में मलबे में दबकर एक महिला की मृत्यु हो गई। कई मोटरमार्ग क्षतिग्रस्त होने से बचाव कार्य बाधित हुआ, जिसके कारण रेस्क्यू टीमों को पैदल ही प्रभावित क्षेत्रों तक पहुंचना पड़ा। इस आपदा से प्रभावित 150 से अधिक लोगों को सुरक्षित स्थानों पर पहुंचाया गया। अलकनंदा और मंदाकिनी नदियों का जलस्तर खतरे के निशान से तीन मीटर ऊपर बह रहा था।

> **ऊखीमठ भूस्खलन-1998**
>
> - *ऊखीमठ तहसील में सबसे भयानक भूस्खलन 18-19 अगस्त 1998 में हुआ। इस बार 28 गांवों में एक साथ तबाही हुई। जिसमें भेंटी (बुरूवा), पौन (उनियाणा) तथा गांधीग्राम (रांऊलेंक) पूरी तरह नष्ट हो गये तथा शेष 25 गांव पूरी तरह टूट फूट कर रहने लायक नहीं रहे थे। 100 से अधिक लोगों ने इस घटना में अपनी जान गंवाई। ऊखीमठ-रुद्रप्रयाग के जग्गी, बेडुला, रांऊलेंक, उनियाणा, गड्गू, करोखी, दैड़ा, सारी, रैल, कविल्ठा, कोटमा, कालीमठ, ताल-जामण, कुणजेठी आदि ग्राम भूस्खलन की चपेट में आये थे। वर्ष 2012 में भी ऊखीमठ तहसील मुख्यालय के आसपास के गांवों में भारी वर्षा के कारण भूस्खलन से जान-माल का नुकसान हुआ। चुन्नी, मंगोली, ब्राह्मणखोली आदि जगहों पर चार दर्जन से अधिक लोगों की जान गई।*

18 सितंबर को चमोली के नंदानगर क्षेत्र में बादल फटने से **सात लोगों** की मृत्यु हो गई और **दो लोग** लापता हो गये। भारी बारिश से नदी-नालों में आये उफान और मलबे ने दर्जनभर घरों को चपेट में ले लिया। 84 ग्रामीणों को बेघर होने के बाद राहत शिविरों में स्थानांतरित किया गया।

दून में बरपा कहर : 15 सितम्बर, 2025

जाते-जाते मानसून देहरादून में भी कहर बरपा गया। 15 सितंबर, 2025 की रात सैलानियों की पसंदीदा सैरगाह प्रसिद्ध सहस्त्रधारा के पास कार्लीगाड नामक स्थान पर बादल फटने से यह पर्यटक स्थल तो तबाह हो ही गया, जनपद के कई गांवों में भी व्यापक नुकसान हुआ। आपदा का फलक इतना बड़ा था कि पहाड़ों की रानी मसूरी का संपर्क चारों ओर से कट गया। इतना ही नहीं दून के प्रेमनगर क्षेत्र में टोंस नदी पर बना पुल ध्वस्त होने से पछुवा दून तक पहुंचना भी दूभर हो गया। आपदा में 27 जानें चली गईं और 13 अब भी लापता हैं। इससे पूर्व 23 अगस्त, 2011 को कार्लीगाड में बादल फटने से पाँच लोगों की मृत्यु हुई और 60 बीघा कृषि भूमि बह गई थी।

सहस्त्रधारा में बारिश ने तोड़ा 101 वर्ष पुराना दून शहर का रिकार्ड

सहस्त्रधारा में बारिश ने देहरादून शहर का 101 वर्ष का रिकार्ड भी तोड़ डाला। राज्य मौसम विज्ञान केंद्र से जारी आंकड़ों के अनुसार 16 सितंबर को सहस्त्रधारा में 264 मिमी बारिश दर्ज की गई। जबकि 3 सितंबर, 1924 में देहरादून में 212.6 मिमी वर्षा रिकार्ड की गई थी। वर्ष 1924 में दून का आज की तरह ज्यादा विस्तार नहीं था। उस जमाने में शहर के बाहरी क्षेत्रों में रेन गेज की व्यवस्था भी नहीं थी। ऐसे में सहस्त्रधारा में उस वक्त कितनी बारिश हुई, इसका रिकार्ड उपलब्ध नहीं है।

इस बार मानसून के पैटर्न में आया बदलाव

इस बार मानसून के पैटर्न में आए बदलाव से वैज्ञानिक हैरत में हैं। उत्तराखण्ड में मानसून ने 20 जून को प्रवेश किया था और तब से 18 सितंबर तक बादल फटने की नौ बड़ी घटनाएं दर्ज की जा चुकी हैं। बारिश और भूस्खलन के चलते प्रदेश को हजारों करोड़ रुपये का नुकसान हुआ है। वैज्ञानिकों के अनुसार इस बार मानसून की 'चाल' में आए बदलाव के चलते ही इस तरह की घटनाएं अधिक हुई हैं। इस बार बंगाल की खाड़ी से उठने वाली हवाएं अब पश्चिमी हिमालय से टकरा रही हैं, जबकि पहले ये हवाएं हिमालय के पूर्वी भाग से टकराती थीं। नतीजतन, उत्तराखण्ड, हिमाचल प्रदेश और जम्मू-कश्मीर में भारी बारिश देखने को मिली है। जबकि इसके विपरीत पूर्वोत्तर भारत में वर्षा में कमी दर्ज की गई है। भारत मौसम विज्ञान विभाग के आंकड़े भी इसकी पुष्टि कर रहे हैं। इस मानसून सीजन में मेघालय में 48%, अरुणाचल प्रदेश में 39% और असम में 34% कम

- **मानसून :** वर्ष में एक निश्चित समय पर बहने वाली हवा, जो आमतौर पर समुद्र से जमीन की ओर बहती है। इस हवा में भारी मात्रा में मौजूद वाष्पकण बरसात का कारण बनते हैं।
- **नदी घाटी :** भूमि का वह भाग जो नदी द्वारा खाली कर दिया गया हो।
- **सहायक नदी :** एक बहुत छोटी नदी जो किसी बड़ी नदी से जुड़ी होती है, उसकी सहायक नदी कहलाती है।
- **वैली या घाटी :** पहाड़ियों अथवा पहाड़ों के बीच गहराई वाला क्षेत्र जो अक्सर किसी नदी अथवा हिमनदी के कटाव के कारण बनता है।

बारिश रिकार्ड की गई।

वर्ष 2013 की केदारनाथ त्रासदी

देश ही नहीं, दुनिया की भीषण विभीषिका में से एक केदारनाथ आपदा को 13 वर्ष बीत चुके हैं, लेकिन इस आपदा से मिले जख्म आज तक नहीं भर पाए हैं। वर्ष 2013 में 16 जून की उस रात हिमालयी सुनामी ने जो कहर बरपाया, उससे हुए नुकसान का सिर्फ अनुमान ही लगाया जा सकता है। तबाही सिर्फ रुद्रप्रयाग जनपद में केदार घाटी तक ही नहीं सिमटी हुई थी, बल्कि चमोली, टिहरी, उत्तरकाशी, पिथौरागढ़, अल्मोड़ा और बागेश्वर जैसे जनपद भी कराह रहे थे। केदारनाथ में आई जलप्रलय से धाम के सभी प्रमुख पड़ाव तबाह हो गए। विशेषकर गौरीकुंड और केदारनाथ के बीच पैदल मार्ग पर स्थित रामबाड़ा कस्बे का तो नामोनिशां ही मिट गया। बताया जाता है कि जून में जब यात्रा चरम पर होती है तो वहां एक वक्त में सात से आठ हजार यात्री होते थे। सोनप्रयाग, गौरीकुंड और अगस्त्यमुनि जैसे तमाम छोटे कस्बों को भी भारी नुकसान हुआ। आधिकारिक आंकड़ों के अनुसार हादसे में 6,054 मृत/लापता, 3,556 गांव प्रभावित, 9,000 पशु की मृत्यु हुई। तबाही इतनी व्यापक थी कि हादसे के बाद वर्ष 2014, 2016 और वर्ष 2018 में भी सर्च अभियान चलाए गए। सर्च अभियान के दौरान मानव कंकाल बरामद किए गए। मार्गों पर फंसे तीर्थ यात्रियों को निकालने के लिए सेना, वायुसेना, एसडीआरएफ और एनडीआरएफ सहित तमाम एजेंसियों ने सबसे बड़ा रेस्क्यू अभियान चलाया। बचाए गए लोगों की संख्या लगभग एक लाख 10 हजार थी। रेस्क्यू अभियान के दौरान केदारनाथ क्षेत्र में सेना का हेलीकॉप्टर भी दुर्घटना का शिकार हो गया। हादसे में 20 जवानों को जान गंवानी पड़ी।

तबाही का कारण बना चोराबाड़ी ताल

समुद्रतल से लगभग 12500 फीट की ऊंचाई पर स्थित है चोराबाड़ी ग्लेशियर। केदारनाथ मंदिर के ठीक पीछे लगभग पांच किलोमीटर की दूरी पर इस ग्लेशियर की तलहटी में एक ताल है। इस ताल को चोराबाड़ी ताल के

चोराबाड़ी ग्लेशियर पर एक नजर

- *चोराबाड़ी ग्लेशियर लगभग 6 किलोमीटर लंबा और 2 किलोमीटर चौड़ा है।*
- *ग्लेशियर समुद्रतल से लगभग 3,800 मीटर (12,500 फीट) की ऊँचाई पर स्थित है।*
- *ग्लेशियर से मंदाकिनी नदी निकलती है, जो अलकनंदा नदी की एक प्रमुख सहायक नदी है।*
- *300 मीटर लंबा और 175 मीटर चौड़ा चोराबाड़ी ताल लगभग 5,000 वर्ष पुराना था।*

वर्ष 2013 के बाद की घटनाएं

- ***वर्ष 2022 :** सितंबर और अक्टूबर में चोराबाड़ी ग्लेशियर में तीन बार हिमस्खलन हुआ।*
- ***वर्ष 2023 :** मई और जून में इस क्षेत्र में हिमस्खलन की पांच घटनाएं दर्ज की गईं।*
- ***वर्ष 2024 :** जून में ग्लेशियर के करीब हिमस्खलन हुआ।*
- ***वर्ष 2025 :** चार सितंबर को ग्लेशियर के पास हिमस्खलन की घटना हुई।*

नाम से जाना जाता है। जून में उस वर्ष उत्तराखण्ड में मानसून तय समय से पहले पहुंच गया। केदारनाथ क्षेत्र में तीन दिन से मूसलाधार बारिश हो रही थी। भारी बारिश के बीच उस रात एकाएक ग्लेशियर से एक विशाल हिमखंड ताल में जा गिरा और अथाह जलराशि प्रलय के रूप में बड़े-बड़े बोल्डर और मलबे के साथ मंदिर की ओर बह चली। भारी बारिश और ताल से निकली विशाल जलराशि सभी अवरोधों को कुचलते हुए मंदाकिनी की सहायक नदियों में जा मिली। भारी बारिश और इस विशाल जलराशि के समाने से मधु गंगा, सरस्वती और दूध गंगा विकराल हो उठीं। नतीजतन मंदाकिनी की लहरें भी उफान मारने लगीं और पूरी केदार घाटी में जमकर कहर बरपाया।

- **दर्रा :** पर्वत श्रृंखला के बीच गुजरने वाला अपेक्षाकृत छोटा रास्ता। दर्रे सामान्यतः वहां बनते हैं, जहां पहाड़ के एक तरफ की नदी घाटी दूसरी तरफ की नदी घाटी से मिलने के लिए पहाड़ के उस भाग को काट देती है।
- **हिमशैल :** बर्फ का विशाल खंड जो हिमनद से टूटकर अलग हो जाता है।
- **ओस :** वायुमंडल में मौजूद वाष्पकण जो ठंडे होने पर पानी की बूंदों में बदल जाते हैं।

सेटेलाइट निगरानी जरूरी है

रैणी आपदा के बाद देश व दुनिया की कई वैज्ञानिक एजेंसियों ने घटना की जांच-पड़ताल की और वास्तविक कारण भी खोज निकाले। फिर भी एक सवाल अब भी बाकी है कि क्या कुछ ऐसा नहीं हो सकता कि आपदा से पहले ही उसके संकेत मिल जाएं। विशेषज्ञों का मत है कि यदि ग्लेशियरों की निगरानी सेटेलाइट के माध्यम से तेज की जाए तो उच्च हिमालयी क्षेत्रों में हो रहे असामान्य बदलावों को भांपा जा सकता है। बहुत संभव है कि समय रहते किसी तरह की चेतावनी जारी कर निचले क्षेत्रों में अधिक सतर्कता बरती जा सकती है। केदारनाथ आपदा और रैणी आपदा के बाद सरकार ने इस जरूरत को शिद्दत से महसूस किया और वर्ष 2021 में पहली बार राज्य आपदा प्रबंधन प्राधिकरण ने सुदूर संवेदन संस्थान (आईआईआरएस) के साथ एमओयू किया। ताकि आईआईआरएस सेटेलाइट से हमारे ग्लेशियरों की निरंतर निगरानी कर सके और किसी भी असामान्य बदलाव की तत्काल जानकारी दी जा सके। वैज्ञानिकों के अनुसार चमोली के जिस क्षेत्र में आपदा आई है, वहां के ग्लेशियर पिछले 40 वर्षों में 26 वर्ग किलोमीटर पीछे खिसक चुके हैं।

एक वेधशाला में उपयोग किए जाने वाले कुछ उपकरण

- थर्मामीटर : तापमान मापने के लिए।
- बैरोमीटर : वायुमंडलीय दबाव मापने के लिए।
- रेन गेज (वर्षामापी) : वर्षा की मात्रा मापने के लिए।
- एनेमोमीटर : हवा की गति मापने के लिए।
- विंड वेन (पवन दिशा सूचक) : हवा की दिशा जानने के लिए।

हिमालय में 'हिमालयी' हलचल

हिमालय, जिसे हम सिर्फ एक विशाल पर्वत श्रृंखला के रूप में जानते हैं, असल में पृथ्वी के सबसे अद्भुत और रहस्यमय भूगर्भीय चमत्कारों में से एक है। यह कोई शांत, स्थिर पर्वत नहीं, बल्कि एक जीवंत प्रयोगशाला है, जो हर पल खुद को ढाल रही है। इसकी उत्पत्ति, संरचना और निरंतर विकास की प्रक्रिया हमें यह बताती है कि कैसे धरती की गहराई में छिपी शक्तियां सतह पर इतना बड़ा बदलाव ला सकती हैं।

- **धुंध और कोहरा :** जब पृथ्वी की सतह के पास वायु में मौजूद वाष्पकण ठंडे होकर हवा में मौजूद धूल कणों में बैठ जाते हैं, जो कोहरा या धुंध बनाते हैं।
- **पक्षाभ मेघ :** ऊंचे बादल की एक किस्म, जिसमें तंतु या फाइबरयुक्त दिखने वाली पट्टियां होती हैं।

हिमालय का निर्माण कोई साधारण घटना नहीं थी। आज से लगभग 5 से 7 करोड़ वर्ष पहले, पृथ्वी पर एक विशाल भूगर्भीय टक्कर हुई। भारतीय प्लेट, जो कभी गोंडवाना महाद्वीप का हिस्सा थी, उत्तर की ओर खिसकती हुई विशालकाय यूरेशियन प्लेट से टकरा गई। यह टक्कर इतनी शक्तिशाली थी कि दोनों प्लेटों के बीच की तलछट और चट्टानें मुड़कर ऊपर उठने लगीं। यह प्रक्रिया आज भी जारी है। यह धीमी गति से हो रहा एक ऐसा परिवर्तन है, जिसने पृथ्वी की सतह पर विश्व की सबसे ऊँची चोटियों का निर्माण किया। इस महाविनाश और निर्माण की प्रक्रिया ने हिमालय को तीन मुख्य भागों में विभाजित कर दिया। सबसे बाहरी भाग शिवालिक, इसके बाद मध्य हिमालय और जहां भूस्खलन की घटनाएं आम हैं और अंत में रहस्यमयी ग्रेटर हिमालय। जहां माउंट एवरेस्ट और कंचनजंगा जैसी विश्व की सबसे ऊची चोटियां मौजूद हैं। यहां की चट्टानें पुरानी हैं, लेकिन उनका ऊपर उठना एक नई भूगर्भीय घटना है। इन भूगर्भीय हलचलों के कारण ही हिमालयी क्षेत्र लगातार भूकम्पों का अनुभव करता है। यह पूरा क्षेत्र विश्व के सबसे खतरनाक भूकम्पीय जोन-5 में आता है, जहाँ प्लेटों की निरंतर टक्कर से ऊर्जा मुक्त होती रहती है। यह वैज्ञानिकों के लिए एक प्राकृतिक प्रयोगशाला है, जो हमें यह सिखाती है कि कैसे धीमी गति से होने वाली भूगर्भीय घटनाएं पृथ्वी के भूगोल को हमेशा के लिए बदल सकती हैं।

- **हिमस्खलन :** बर्फ की चट्टानों के विध्वंसक तरीके से नीचे लुढ़कने की प्रक्रिया।
- **बर्फानी तूफान :** एक विशाल बवंडर जो महीन बर्फ अथवा बर्फ के टुकड़ों के साथ ठंड लाता है।
- **बादल फटना :** इस प्रक्रिया में नमी वाले बादल पहाड़ी घाटियों में सघनीकृत हो जाते हैं और एक निश्चित क्षेत्र में तेजी के साथ बरसने लगते हैं। इससे इस क्षेत्र में बड़े पैमाने पर भूस्खलन होता है।
- **भूस्खलन :** भारी बारिश अथवा भूकंप आदि कारणों से चट्टानों और मिट्टी का नीचे की ओर खिसकना।

क्या है बादल का फटना!

हिमालयी क्षेत्र में बादल फटने की घटनाओं में लगातार बढ़ोत्तरी हो रही है। इसे स्थानीय भाषा में पनगोला फूटना कहा जाता है। अकेले 2025 में 15 जून से 25 सितम्बर तक के तीन महीनों में उत्तराखण्ड और हिमाचल प्रदेश में बादल फटने की असंख्य घटनाएँ हुईं। वैज्ञानिकों का मानना है कि बादल पहाड़ी क्षेत्रों में उन 'वी' आकार की घाटियों में फटते हैं, जहाँ घने जंगल होते हैं। दरअसल जब नमी भरे बादल किसी 'वी' आकार की घाटी में प्रवेश करते हैं और वहाँ से निकलने के लिए कोई रास्ता नहीं होता तो इन बादलों में धनात्मक और ऋणात्मक आवेश पैदा होता है। इससे जोरदार बिजली चमकती है और बादलों में जमा लाखों टन गैलेन पानी जमीन पर गिर जाता है। जमीन पर गिरकर यह पानी भूस्खलन की शुरुआत करता है। भूस्खलन का मलबा रास्ते में आने वाली सभी वस्तुओं को अपनी चपेट में ले लेता है। यह मलबा जैसे-जैसे आगे बढ़ता है, उसका आकार और भयावहता भी बढ़ती जाती है।

- **एनिमोमीटर :** इस यंत्र से वायु की गति और दिशा मापी जाती है। सामान्यतया इसे किमी० प्रति घंटा में मापा जाता है।
- **ऑरोलॉजी :** इस विषय के अंतर्गत पर्वतों का अध्ययन किया जाता है।
- **पिडॉलॉजी :** यह मृदा विज्ञान है, जो उसकी प्रकृति, गुणों, संरचना, वितरण आदि का अध्ययन करती है।
- **फाइटोलॉजी :** इसमें पेड़-पौधों का अध्ययन किया जाता है।
- **पेट्रोलॉजी :** इसमें चट्टानों की उत्पत्ति, संरचना और बनावट का अध्ययन किया जाता है।

ग्लेशियर क्या हैं?

पर्वतीय क्षेत्रों में वर्ष भर हिमाच्छादित रहने के कारण बर्फ की जो विशालकाय चट्टानें बन जाती हैं, वे ग्लेशियर कहलाती हैं। लगातार दबाव बढ़ने के कारण ये कठोर होते जाते हैं। यही हिम चट्टानें धीरे-धीरे पिघलकर नदियों के लिए जल उपलब्ध कराती हैं। वैज्ञानिकों का मानना है कि विश्वभर में ग्लेशियर तेजी से पिघल रहे हैं, यह स्थिति आने वाले समय में जल संकट उत्पन्न कर प्राणियों के अस्तित्व को संकट में डाल सकती है।

कैसे पिघलते हैं ग्लेशियर?

सामान्य मौसम और सामान्य प्रक्रिया के तहत ग्लेशियरों के पिघलने की प्रक्रिया काफी धीमी होती है। गर्मी के मौसम में यह प्रक्रिया कुछ अधिक और सर्दियों में काफी कम होती है। यही वजह है कि हिम क्षेत्रों से निकलने वाली नदियों का जलस्तर गर्मी के मौसम में बढ़ जाता है, लेकिन कई बार मौसम में अप्रत्याशित परिवर्तन जैसे सामान्य से ज्यादा गर्मी या फिर ग्लेशियर वाले क्षेत्रों में तेज बरसात होने से ग्लेशियर फट जाते हैं जिससे बड़ी मात्रा में जलराशि नदियों में प्रवाहित होने लगती है, जिससे जन-धन की भारी हानि होती है।

उत्तराखण्ड में बाढ़ व भूस्खलन की त्रासदियाँ*

26 मई, 1816	:	पौड़ी क्षेत्र में भूकम्प के बाद बड़े पैमाने पर भूस्खलन।
5 मई, 1842	:	जोशीमठ (चमोली) में भूस्खलन।
1843	:	काली (पिथौरागढ़) में झील बनने और फिर बाद में टूटने से टनकपुर तक काली नदी घाटी में भारी तबाही।
1867	:	नैनीताल नगर के शेर का डाण्डा में भूस्खलन।
1868	:	गडियार ताल (चमोली) से निकलने वाली नदी (बिरही की सहायक) में भूस्खलन के बाद भारी तबाही में 73 लोगों की मृत्यु।
1880	:	नैनीताल जनपद की लधिया नदी में बाढ़ से तबाही।
19 सित०, 1880	:	नैनीताल नगर में भूस्खलन से 151 लोगों की मृत्यु। इस भूस्खलन के बाद नैनीताल फ्लैट का प्राकृतिक निर्माण हुआ।
1880	:	शारदा नदी के किनारे बसा बरमदेव पड़ाव बह गया। बाद में विकल्प स्वरूप टनकपुर बसाया गया।
1893	:	चमोली की बिरही नदी में चट्टान गिरने से बड़ी झील बनी। जो एक वर्ष बाद 25 अगस्त, 1894 को टूटी। श्रीनगर सहित कई पड़ाव एवं गांव तबाह हुए। इसका हरिद्वार तक प्रभाव पड़ा।
26 अगस्त, 1893	:	अलकनन्दा घाटी में बनी झील के टूटने से अलकनन्दा ने भारी तबाही मचाई।
7 अगस्त, 1898	:	कैलाखान (नैनीताल) भूस्खलन से 29 लोगों की मृत्यु।
1901	:	नैनीताल में कैलाखान में पुनः जबरदस्त भूस्खलन।
1935	:	तवाघाट में 8 किमी० आगे दर गांव में जबरदस्त भूस्खलन।
13 मई, 1935	:	मनस्यूं में भूस्खलन।
20 अक्टू०, 1937	:	कनौड़िया में भारी भूस्खलन।
1937	:	पिथौरागढ़ के सीमान्त क्षेत्र गर्ब्यांग में भूस्खलन।
1942	:	नैनीताल के वीरभट्टी क्षेत्र में मनोरा पहाड़ खिसकने से भवनों को नुकसान।
1945	:	मद्महेश्वर घाटी में चार लोगों की मृत्यु एवं भारी तबाही।
19 मार्च, 1945	:	पाताल गंगा में भूस्खलन।
1951	:	सतपुली (पौड़ी गढ़वाल) में रात को नयार नदी में आई भारी बाढ़ से 20 बसों के बहने के साथ कई एकड़ कृषि योग्य भूमि तबाह, कई लोग बहे।
1962	:	मद्महेश्वर घाटी में भारी तबाही।
28 मार्च, 1963	:	कलियासौड़ में भूस्खलन व कटाव।

* *हिमालय की चेतावनी, श्री नन्दादेवी महिला लोक विकास समिति*

* *प्राकृतिक आपदाएँ और हम : डॉ० मंजुल जोशी*

13 मई, 1965	:	कर्णप्रयाग में भूस्खलन।
2 जनवरी, 1967	:	कालसी (चकराता) में बड़ा भूस्खलन।
3 जुलाई, 1969	:	बिरही में बाढ़ और भूस्खलन।
8 सितम्बर, 1967	:	नानक सागर बांध की दीवार टूटने से 35 गांवों में बाढ़ आयी। कई लोगों की मृत्यु।
20 जुलाई, 1970	:	बेलाकूची और कनौड़िया गाड़ में बाढ़ से भारी तबाही। इस बाढ़ से अलकनन्दा में एक झील बनी। पाताल गंगा के ऊपरी भाग में बादल फटने से 70 लोगों की मृत्यु।
19 जुलाई, 1971	:	दुबाटा (धारचूला) के स्याणां नाले की बाढ़ से 35 घर पूरी तरह तबाह। जान बचाने के लिए भाग रहे लोगों में से 12 लोगों की मृत्यु।
7 जुलाई, 1974	:	टनकपुर में बाढ़ से तबाही।
6 जून, 1975	:	चोपड़ा में तबाही।
1975	:	गौला नदी की बाढ़ से हल्द्वानी नगर के बह ज़ाने का खतरा हो गया था।
1976	:	कपकोट के बघर गांव में हुए भूस्खलन से 11 व्यक्तियों और 45 पालतू पशुओं की मृत्यु। सैकड़ों नाली कृषि भूमि और वन भूमि बही।
1 जुलाई, 1976	:	चमोली के नन्दाकिनी नदी क्षेत्र में बाढ़ और भूस्खलनों से भारी तबाही।
14 अगस्त, 1977	:	सिसना (तवाघाट) में बाढ़ और भूस्खलन से पूरा गांव तबाह। 16 परिवार पूरी तरह समाप्त।
14-16 अग०, 1977	:	तवाघाट क्षेत्र के कई गांवों में जबरदस्त भूस्खलन से तबाही। सेना के 25 जवानों सहित 44 लोगों तथा 80 पालतू पशुओं की मृत्यु। 161 परिवार प्रभावित।

मालपा भूस्खलन 1998

- *17-18 अगस्त, 1998 की रात्रि में एक हृदय विदारक घटना उस समय घटित हुई, जब कैलाश मानसरोवर यात्रा के 60 तीर्थ यात्री, 59 पोर्टर, कुमाऊं मण्डल के विकास निगम के 5 गाइड सहित लगभग 221 अन्य लोग यात्रा के पड़ाव मालपा में रात्रि विश्राम के दौरान आये एक भयावह भूस्खलन की चपेट में आकर काल कवलित हो गये। भूस्खलन के कारण घटित होने वाली अब तक की यह सबसे भयावह घटना थी। उत्तराखण्ड के पिथौरागढ़ जनपद में हुई इस घटना में राहत व बचाव कार्य तेजी से चलाये गये परन्तु तीर्थयात्रियों की जान नहीं बचायी जा सकी। इस भूस्खलन के पीछे भी मुख्य कारण अतिवृष्टि ही बना। पत्थर और चट्टानें गिरने का सिलसिला 21 अगस्त तक जारी रहा।*
- *पिथौरागढ़ जनपद में काली नदी के किनारे 30 से अधिक स्थान भूस्खलन की श्रेणी में आते हैं। आज भी इस यात्रा मार्ग पर भूस्खलनों का खतरा बना रहता है।*

1978 : भागीरथी के पूरे भाग में भारी बरसात से भूस्खलन। नदी अवरुद्ध, पुल टूटे, भारी तबाही। 25 लोगों एवं सैकड़ों पालतू पशुओं की मृत्यु।

1978 : मसूरी की चूना खदानों से बह कर आये मलबे से दून घाटी में तबाही।

1978 : थराली (चमोली) के थापली में छह लोगों की मृत्यु।

16–19 जून, 1978 : अल्मोड़ा की कोसी नदी के जलागम क्षेत्र में भारी वर्षा से तबाही। 2 लोगों की मृत्यु।

14 अगस्त, 1978 : कपकोट के रेखाड़ी–धुरकोट निर्माणाधीन सड़क के मलबे से चार लोगों और सात पशुओं की मृत्यु। दो भवन ध्वस्त।

1979 : मन्दाकिनी घाटी के कोन्था गांव में भारी भूस्खलन, पूरा गांव तबाह, 50 लोगों की मृत्यु।

23 जून, 1980 : उत्तरकाशी के ज्ञानसू कस्बे में भारी भूस्खलन से कई एकड़ जमीन रौखड़ बनी, 45 से अधिक लोग मरे। 6 भवन पूरी तरह नष्ट।

4 जुलाई 1980 : उत्तरकाशी के उतराऊं गांव में चार भवन, 18 पशु, लगभग 60 एकड़ खेती की जमीन नष्ट।

9 सित०, 1980 : उत्तरकाशी में कनौड़िया गाड़ के सामने बन रही सड़क में हुए भूस्खलन के मलबे में 15 सरकारी कर्मचारी जमीन में दफन। इनके शव तक नहीं निकाले जा सके थे।

1983 : कर्मी (कपकोट) में भयात नाले में आयी बाढ़ से 37 लोगों एवं 72 पशुओं की मृत्यु, 19 घर सहित आठ पुल, 15 किमी० मार्ग व सैकड़ों नाली खेत तबाह।

1984 : जगथाना (कपकोट) में भारी तबाही, नौ लोगों की मृत्यु, दर्जनों पशु बहे, सैकड़ों एकड़ कृषि व वन भूमि बही।

1985 : थराली (चमोली) के बनौली गांव में नौ लोगों की मृत्यु।

1990 : लोल्टी–बनौली (चमोली) में 15 लोगों की मृत्यु।

1990 : नीलकण्ठ (ऋषिकेश) में भूस्खलन से 100 से अधिक तीर्थयात्रियों की मृत्यु।

1991 : उत्तरकाशी और केदार घाटी में भारी भूस्खलन हुए।

16 अगस्त, 1991 : चमोली के देवर खडोरा, गंगोल गांव, हाट, पाण्डुली, कौज, पीपल कोटी तथा गोपेश्वर नगर में बरसात से भारी तबाही। कुल 29 लोगों सहित 28 पालतू पशुओं की मृत्यु। हजारों नाली कृषि भूमि तबाह।

1991 तथा 1992 : चमोली जनपद की पिण्डर घाटी में 14 लोगों की मृत्यु तथा गडिनी नामक बाजार का नामोनिशान मिट गया था।

जुलाई, 1996 : पिथौरागढ़ जनपद के रैंतोली गांव में बादल फटने के

कारण हुए भूस्खलन में 19 लोगों की मृत्यु।

11 अगस्त, 1998 : ऊखीमठ क्षेत्र में दर्जनों गांवों में हुए भूस्खलनों में 69 लोगों सहित करीब 400 पालतू पशुओं की मृत्यु।

17 अगस्त, 1998 : मालपा (पिथौरागढ़) के भूस्खलन में कैलाश तीर्थ यात्री, 59 पोर्टर, कुमाऊँ मण्डल विकास निगम के पाँच गाइड ग्रिफ के 19 मजदूर, आई०टी०बी०पी० के आठ जवान, उ०प्र० पुलिस के चार जवान, लोक निर्माण विभाग के चार मजदूर, एक साधु, मालपा के 16 ग्रामीण, बून्दी व गुन्जी के 32 ग्रामीण व नेपाल के 32 नागरिक मरे।

18 अगस्त, 1998 : मालपा में पुनः कहर बरपा। 40 लोगों की दर्दनाक मृत्यु। चट्टानें गिरने का सिलसिला 21 अगस्त तक चलता रहा।

25–26 जुलाई 1999 : कपकोट (जनपद बागेश्वर) के गोगिना गांव में बादल फटने से भारी तबाही।

17 जुलाई, 2001 : फाटा (चमोली) में अतिवृष्टि एवं बादल फटने से 21 लोगों की मृत्यु।

30 अगस्त, 2001 : गौना में सात लोगों की अतिवृष्टि के कारण मृत्यु।

12 जुलाई, 2002 : खेतगांव में पांच लोगों की मृत्यु।

10 अगस्त, 2002 : बूढ़ाकेदार में 28 लोगों की मलबे में दबकर मृत्यु।

19 अगस्त, 2002 : भटवाड़ी-डुंडा में पांच लोगों की मृत्यु।

31 जुलाई, 2003 : गडोली (पौड़ी गढ़वाल) में चार लोगों की मृत्यु।

22 मई, 2004 : बागेश्वर के लोहारखेत में अतिवृष्टि से तीन लोगों की मृत्यु।

9 जून, 2004 : बागेश्वर के सुंदरढूंगा में चट्टान गिरने से छह लोगों की मृत्यु।

जून, 2004 : जोशीमठ के बलदौड़ा में आठ लोगों की मृत्यु।

जुलाई, 2004 : विष्णुप्रयाग (चमोली) में 16 लोगों की मृत्यु।

6 जुलाई, 2004 : चमोली के लामबगड़ में भूस्खलन से सात लोगों की मृत्यु, नौ लोग लापता।

29 जुलाई, 2004 : उत्तरकाशी के कालिंदी में भूस्खलन से 6 लोगों की मृत्यु।

30 जुलाई, 2004 : पिथौरागढ़ के धारचूला में बाढ़ के कारण एक व्यक्ति की मृत्यु।

2 अगस्त, 2004 : टिहरी बाँध में टनल धंसने से 29 लोगों की मृत्यु।

26 अगस्त, 2004 : ऊधमसिंह नगर के सितारगंज में बाढ़ में बह कर नौ लोगों की मृत्यु।

30 जून, 2005 : गोविंदघाट में बादल फटने से अतिवृष्टि, 11 लोगों की मृत्यु।

22 जुलाई, 2005 : रुद्रप्रयाग जनपद स्थित विजय नगर में बादल फटने से नौ लोगों की मृत्यु।

24-25 सित०, 2005 :	हरिद्वार और ऊधमसिंह नगर को छोड़कर उत्तराखण्ड के सभी जनपदों में बारिश से पूरा जनजीवन अस्त-व्यस्त, सड़कों का भारी नुकसान, छह लोगों की मृत्यु।
5 जुलाई, 2006 :	भिलंगना विकास खण्ड के अन्तर्गत लसियाल गाँव के समीप जंगल में बादल फटने से कृषि भूमि नष्ट, पुल बहे।
8 मई, 2007 :	जिला मुख्यालय सहित उत्तरकाशी जनपद के विभिन्न हिस्सों में करीब 10 मिनट के चक्रवाती अंधड़ से भारी तबाही। पेड़ों के गिरने से मार्ग अवरुद्ध, एक व्यक्ति की मृत्यु, कई घायल। इस अंधड़ में एशिया का सबसे ऊँचा चीड़ का पेड़ भी धराशायी हुआ।
12 जुलाई, 2007 :	गैरसैंण से 60 किमी० दूर देवपुरी क्षेत्र के ग्राम पत्थरकटा (सुरीखर्क) में बादल फटने से नाले में आये उफान से आठ लोगों की मृत्यु, छह घायल, 19 मवेशी मरे व कई मकान मलबे में दबे।
25 जुलाई, 2007 :	बागेश्वर के किड़ई गाँव में हुए भूस्खलन से एक मकान मलबे में दबा और दो बच्चियों की मृत्यु हुई।
1 अगस्त, 2007 :	चमोली जनपद में बदरीनाथ धाम के पास माणा गाँव में बादल फटने से अलकनन्दा नदी में बनी झील टूटी व हरिद्वार में गंगा के जल स्तर में वृद्धि हुई।
13 अगस्त, 2007 :	उत्तराखण्ड में भारी बरसात से पांच लोगों की मृत्यु। दो पुल झील में समाए, कई मार्ग अवरुद्ध।
31 अगस्त, 2007 :	पौड़ी के पाबौ प्रखंड में बादल फटने से दो लोगों की मृत्यु।
6 सित०, 2007 :	धारचूला (पिथौरागढ़) के बरम क्षेत्र में भूस्खलन की चपेट में आकर तीन मकान ध्वस्त। मलबे में दबने से 15 लोगों की मृत्यु और तीन लोग गंभीर रूप से घायल।
19 जून, 2008 :	लगातार बारिश और भूस्खलन से उत्तराखण्ड में जन-जीवन अस्त-व्यस्त। अलग-अलग स्थानों पर छह लोगों की मृत्यु हुई।
23 जून, 2008 :	घांघरिया के पास ग्लेशियर टूटने से छह यात्रियों की मृत्यु।
6 फरवरी, 2009 :	धारचूला तहसील के चौतुलधार गांव में एक पहाड़ दरक कर काली नदी में समाया। मलबे से काली नदी का बहाव भी बाधित हुआ।
20 जुलाई, 2009 :	भारी बारिश से राज्य में नुकसान हुआ। मुनस्यारी क्षेत्र में भूस्खलन व मकान धंसने से तीन लोगों की मृत्यु। नैनीताल के भुजियाघाट में चट्टान गिरने से बालिका की मृत्यु।

08 अगस्त, 2009 :	पिथौरागढ़ की मुनस्यारी तहसील के गांव ला, चचना (झकेला) और बेडूमहर में बादल फटने से 43 लोगों की मृत्यु। सभी ग्रामीण मलबे के नीचे दबकर मरे।
18 जुलाई, 2010 :	गढ़वाल मण्डल में भारी बरसात से हरिद्वार में बाढ़ के हालात बने। कई वाहन बहे। माँ और बच्चे सहित कई लापता हुए।
19 जुलाई, 2010 :	उफनते गधेरे में बहकर थलीसैंण ब्लाक की चौथान पट्टी में मनसारी की दो छात्राओं की मृत्यु हुई।
20 जुलाई, 2010 :	बारिश से कुमाऊँ मण्डल के अलग-अलग क्षेत्रों में भारी नुकसान हुआ। पांच लोगों की उफनते गधेरों में बहने से मृत्यु हुई।
21 जुलाई, 2010 :	अल्मोड़ा जनपद के जैंती में गधेरा पार करते समय एक ही परिवार के तीन लोग बहे। चोरगलिया में नहर में बहकर बच्चे की मृत्यु हुई।
31 जुलाई, 2010 :	भारी बारिश से राज्य के विभिन्न इलाकों में जान-माल का नुकसान हुआ। अलग-अलग स्थानों पर पांच लोगों की मृत्यु हुई।
3 अगस्त, 2010 :	टिहरी के प्रताप नगर और भिलंगना ब्लॉक में बादल फटने से 300 हेक्टेयर भूमि, कई संपर्क पुल और मार्ग बहे।
12-13 अगस्त, 2010 :	भटवाड़ी कस्बे में बारिश के कारण भूस्खलन से गंगोत्तरी राष्ट्रीय राजमार्ग पर 50 मीटर तक दरार पड़ी। 167 दुकान और मकानों की नींव भी धंसी।
16 अगस्त, 2010 :	चमोली जनपद में बादल फटने से लामबगड़ और विष्णु प्रयाग के पास डेढ़ किलोमीटर से ज्यादा सड़क बही। नेशनल हाईवे में अवरोध के चलते हजारों यात्री फंसे।
18 अगस्त, 2010 :	बागेश्वर जनपद के सुमगढ़ गांव में भारी बारिश के बाद भूस्खलन के मलबे की चपेट में आने से 18 स्कूली बच्चों की दर्दनाक मृत्यु हुई। शिक्षक और 7 अन्य बच्चे घायल हुए।
22 अगस्त, 2010 :	गंगा में उफान से हरिद्वार के श्यामपुर इलाके में बस्ती बह गई। पानी में फंसे 80 लोगों को गोताखोरों ने सुरक्षित निकाला।
3 सितम्बर, 2010 :	राज्य में जगह-जगह भारी बारिश से जनजीवन अस्त-व्यस्त हुआ। हरिद्वार में भारी बारिश से गंगा में बाढ़ के हालात बने। कई स्थानों पर नदी के रपटों में वाहन बह गए।
4 सितम्बर, 2010 :	उत्तराखण्ड में सामान्य से 20 प्रतिशत ज्यादा बारिश होने से जान-माल का भारी नुकसान हुआ। सरकार ने आधिकारिक

तौर पर इस बरसात में 85 लोगों की मृत्यु की पुष्टि की। प्रारंभिक तौर पर 5 हजार करोड़ के नुकसान का अनुमान लगाया।

8 सितम्बर, 2010 : भारी बारिश की वजह से कई जगह जन-जीवन अस्त-व्यस्त हुआ। हरिद्वार, ऋषिकेश में गंगा खतरे के निशान से ऊपर पहुँची। अलग-अलग स्थानों पर 5 लोगों की मृत्यु हुई। आपदा प्रबंधन केन्द्र ने सभी जनपदों में हाई अलर्ट जारी किया।

18 सितम्बर, 2010 : भारी बारिश से राज्य के सभी जनपदों में जनजीवन अस्त-व्यस्त हुआ। अल्मोड़ा के देवली, बाल्टा बाड़ी और पिलखा में बादल फटा। बादल फटने से 36 लोगों की जान गई। पिथौरागढ़ में क्वीरी जिमिया गांव पूरी तरह धंस गया।

19 सितम्बर, 2010 : भारी बारिश से सभी जनपदों का संपर्क एक-दूसरे से कटा। आपदा से 50 लोगों की मृत्यु हुई। 21 लोग लापता हुए। सरकार ने सरकारी और गैर सरकारी स्कूलों को 3 दिन के लिए बंद रखने के आदेश जारी किए।

20 सितम्बर, 2010 : भारी बरसात के बाद मैदानी क्षेत्रों में बाढ़ से लोगों का नुकसान हुआ। हरिद्वार के लक्सर और उससे लगे 40 गांवों की डेढ़ लाख की आबादी प्रभावित हुई। गांवों में राहत कार्यों के लिए सेना की मदद ली गई।

21 सितम्बर, 2010 : भारी बारिश के कारण पर्वतीय क्षेत्रों में जरूरी वस्तुओं का संकट पैदा हुआ। चार धाम यात्रा मार्ग पर हजारों यात्री फंसे। रुड़की और टिहरी में डूबने से चार बच्चों की मृत्यु हुई।

- लक्सर और आस-पास के क्षेत्रों के एक हजार लोगों ने बाढ़ के कारण घर को छोड़कर रेलवे स्टेशन और अन्य जगहों पर शरण ली। कांग्रेस अध्यक्ष सोनिया गांधी ने बाढ़ प्रभावित इलाकों का हवाई सर्वे किया। सर्वदलीय बैठक में मुख्यमंत्री ने 21,200 करोड़ के नुकसान होने की जानकारी दी।

22 सितम्बर, 2010 : आपदा से पैदा हुई स्थिति से निपटने के लिए केन्द्र सरकार ने तुरन्त 500 करोड़ रुपये उत्तराखण्ड को देने का निर्णय लिया। दैवीय आपदा से हुए नुकसान के आकलन के लिए केन्द्र ने उच्चस्तरीय दल उत्तराखण्ड भेजने की भी बात कही। राज्य विधानसभा ने उत्तराखण्ड में आई आपदा को राष्ट्रीय आपदा घोषित करने का संकल्प सदन से पारित कर केन्द्र सरकार को भेजा।

30 सितम्बर, 2010 : दैवीय आपदा से हुए नुकसान का आकलन करने के लिए

केन्द्रीय टीमें उत्तराखण्ड पहुँची। गढ़वाल और कुमाऊँ के विभिन्न क्षेत्रों का निरीक्षण किया।

9 जुलाई, 2011 : भारी बारिश से पूरे राज्य में जनजीवन अस्त-व्यस्त हुआ। कुमाऊँ में बौर नदी में बाढ़ आने से एक ही परिवार के 5 लोग बहे। गंगोत्तरी और यमुनोत्तरी राष्ट्रीय राजमार्ग पर कई घण्टे यातायात बाधित रहा।

16 जुलाई, 2011 : भूस्खलन से खतरनाक हुए टिहरी जनपद के ढुंग गांव के 22 घरों को प्रशासन ने खाली कराया।

12 अगस्त, 2011 : धनौल्टी तहसील के सैंण गांव में बादल फटने से एक ही परिवार के पांच लोग जमीन में जिंदा दफन हुए।

16 अगस्त, 2011 : राज्य में भारी बारिश से प्रमुख नदियां खतरे के निशान से ऊपर पहुंची। अलग-अलग स्थानों पर 10 लोगों की मृत्यु हुई। स्थिति से निबटने के लिए सरकार ने सेना से मदद मांगी।

23 अगस्त, 2011 : भारी बारिश से राज्य के सभी जनपदों में जनजीवन अस्त-व्यस्त हुआ। देहरादून के रायपुर ब्लाक के सहस्त्रधारा क्षेत्र की कार्लीगाड में बादल फटने से पाँच लोगों की मृत्यु हुई। 60 बीघा कृषि भूमि बही।

5 अगस्त, 2012 : जनपद मुख्यालय उत्तरकाशी में बादल फटने से 13 लोगों की मृत्यु हुई। कुल 70 भवन जमींदोज और 230 परिवार बेघर हुए।

13 सितम्बर, 2012 : रुद्रप्रयाग जनपद की ऊखीमठ तहसील मुख्यालय क्षेत्र के ब्राह्मणखोली, गिरिया, मंगोली, चुन्नी, किमाणा, जुआ, गुप्तकाशी और जग्गी बेडूला सहित कई इलाकों में बादल फटने से चार दर्जन लोगों की मृत्यु हुई। कुल 70 भवन जमींदोज और 230 परिवार बेघर हुए।

16 सितम्बर, 2012 : रुद्रप्रयाग जनपद के जखोली ब्लॉक के किरोड़ा मल्ला गाँव में बादल फटने से 5 लोग मलबे में जिन्दा दफन हुए जबकि पास के ही तिमली गाँव में शिव मंदिर गदेरे में आयी बाढ़ की चपेट में दो व्यक्ति बहे।

16-17 जून, 2013 : केदारनाथ और मंदाकिनी घाटी में भारी तबाही, चोराबाड़ी ताल से शुरू हुई जल प्रलय में हजारों लोग मरे। कई मकान, सड़कें और पुल तेज प्रवाह में बहे।

31 जुलाई, 2014 : टिहरी गढ़वाल में घनसाली तहसील के जखन्याली गांव के ऊपर बादल फटने से हुए भूस्खलन में छह लोगों की मृत्यु हुई।

4 अगस्त, 2017 : पौडी गढ़वाल के प्रवेश द्वार कोटद्वार में बादल फटने से

		6 लोगों की मृत्यु हुई।
12 अगस्त, 2017	:	मुनस्यारी में बारिश के बाद भूस्खलन से तीन लोगों की मृत्यु हुई।
13-14 अगस्त, 2017	:	पिथौरागढ़ के मालपा और मांगती में बादल फटने से नौ लोगों की मृत्यु हुई और 14 लापता हुए।
20 जुलाई, 2018	:	बादल फटने से जोशीमठ के पास जेलम में चार लोगों की मृत्यु हुई।
10 मई, 2020	:	राज्य में जबरदस्त बारिश और आंधी से पांच लोगों की मृत्यु।
15 जुलाई, 2020	:	उत्तराखण्ड में भारी बारिश, देहरादून में मकान ढहने से पांच लोगों की मृत्यु।
20 जुलाई, 2020	:	पिथौरागढ़ जनपद के बंगापानी तहसील के दो गांवों में भूस्खलन से 12 लोगों की मृत्यु।
7 फरवरी, 2021	:	चमोली जनपद के जोशीमठ में ऋषिगंगा में अचानक आई बाढ़ से रैणी और तपोवन में भारी तबाही।
22 फरवरी, 2021	:	तपोवन हादसे में लापता 136 लोगों को मृत घोषित किया गया।
24 अप्रैल, 2021	:	चमोली जनपद के सीमांत क्षेत्र सुमना में हिमस्खलन से सीमा सड़क संगठन के 10 मजदूरों की मृत्यु।
20 मई, 2021	:	भारी बारिश के कारण उत्तराखण्ड में पांच लोगों की मृत्यु हुई। राज्य की कई सड़कें बंद हो गई।
18 जुलाई, 2021	:	उत्तराखण्ड में भारी बारिश हुई। उत्तरकाशी में तीन लोगों की मलबे में दबकर मृत्यु।
31 अगस्त, 2021	:	पिथौरागढ़ के धारचूला में भूस्खलन से सात लोगों की मृत्यु हुई।
20 सितम्बर, 2021	:	चमोली जनपद के नारायणबगड़ में भारी बारिश से कई वाहन बहे। दुकानों को नुकसान हुआ।
17 अक्टूबर, 2021	:	उत्तराखण्ड में बेमौसमी बारिश, चारधाम यात्रा रोकी गई।
18 अक्टूबर, 2021	:	उत्तराखण्ड में बेमौसम बारिश से पांच लोगों की मृत्यु हुई। कई जगह भूस्खलन से तीर्थयात्री जगह-जगह फंसे। कुमाऊं मंडल में कई जगह भारी बारिश हुई।
20 अक्टूबर, 2021	:	बेमौसम बारिश से मरने वालों की संख्या 55 हुई। उच्च हिमालयी क्षेत्रों में कई जगह ट्रैकर लापता हुए।
21 अक्टूबर, 2021	:	केंद्रीय गृह मंत्री अमित शाह ने आपदा प्रभावित क्षेत्रों का हवाई सर्वेक्षण किया। जौलीग्रांट में अधिकारियों की बैठक लेकर नुकसान की समीक्षा की।
30 जून, 2022	:	मानसून के पहले दो दिनों में उत्तराखण्ड में छह लोगों की बिजली गिरने अथवा भूस्खलन से मृत्यु।

20 अगस्त, 2022	:	देहरादून के रायपुर, टिहरी के धनोल्टी और पौड़ी के यमकेश्वर में भारी बारिश से तबाही, चार लोगों की मृत्यु, 13 लापता हुए।
17 सितम्बर, 2022	:	राज्यभर में भारी बारिश से तीन लोगों की मृत्यु।
19 सितम्बर, 2022	:	राज्य में लगातार बारिश से भारी नुकसान हुआ। देहरादून और टिहरी में कई लोगों की मृत्यु।
22 अक्टूबर, 2022	:	चमोली जनपद के थराली के निकट पैनगढ़ गांव में भूस्खलन से मकान ढहा, चार लोगों की दबकर मृत्यु।
21 अगस्त, 2023	:	चंबा (टिहरी गढ़वाल) में भू-स्खलन से चार लोगों की मृत्यु हुई।
31 जुलाई, 2024	:	राज्यभर में बारिश हुई। केदारनाथ पैदल मार्ग पर भूस्खलन से 17 लोगों की मृत्यु।
9 सितम्बर, 2024	:	केदारनाथ मार्ग पर मलबा आने से चार लोग दबे, एक की मृत्यु हुई।
10 सितम्बर, 2024	:	सोनप्रयाग में हुए भूस्खलन में चार और लोगों की मृत्यु हुई।
12 सितम्बर, 2024	:	भारी बारिश और भूस्खलन के कारण केदारनाथ यात्रा सोनप्रयाग में रोकी गई।
29 जून, 2025	:	उत्तरकाशी जनपद में यमुनोत्री हाईवे पर बादल फटने से हुए भूस्खलन में दो श्रमिकों की मृत्यु, सात लापता।
05 अगस्त, 2025	:	उत्तरकाशी जनपद के धराली गांव में बादल फटने से 63 लापता, दो शव मिले।
06 अगस्त, 2025	:	पौड़ी जनपद के थलीसैंण क्षेत्र के बुरासी गांव में बादल फटने से दो महिलाओं की मृत्यु।
22 अगस्त, 2025	:	चमोली जनपद के थराली कस्बे में बादल फटने से दो व्यक्तियों की मृत्यु और एक लापता।
28 अगस्त, 2025	:	रुद्रप्रयाग जनपद के बसुकेदार क्षेत्र में बादल फटने से नौ लोगों की मृत्यु, आठ लापता। छेनागाड़ और अन्य प्रभावित क्षेत्रों के बाजार और घर मलबे में दबे।
30 अगस्त, 2025	:	बागेश्वर जनपद के कपकोट तहसील के पौसारी गाँव में बादल फटने से दो की मृत्यु, तीन लापता।
16 सितंबर, 2025	:	देहरादून जनपद में बादल फटने से भारी तबाही, 27 की मृत्यु, 13 लापता।
16 सितंबर, 2025	:	पिथौरागढ़ और नैनीताल जनपद में बादल फटने से भारी नुकसान, दोनों जनपदों में एक-एक मृत्यु।
18 सितंबर, 2025	:	चमोली जनपद के नंदानगर-घाट क्षेत्र में बादल फटने से सात लोगों की मृत्यु।

विनाशकारी भूकम्प

भूकम्प विश्व के किसी एक हिस्से या क्षेत्र तक सीमित नहीं होते। हालांकि ज्यादातर भूकम्प छोटे-मोटे झटकों के रूप में आते रहते हैं, लेकिन बड़ा भूकम्प अरबों-खरबों की सम्पत्ति और लाखों लोगों की जान लेने के लिए काफी होता है।

विश्व में प्रशांत महासागर क्षेत्र, राकी, एंडीज, आल्प्स, हिमालय, अलास्का, जापान और न्यूजीलैंड आदि भूकम्प प्रधान क्षेत्र हैं। जापान को भूकम्प वाला देश कहा जाता है, क्योंकि यहाँ प्रतिदिन औसतन भूकम्प के 3 झटके महसूस किए जाते हैं।

सबसे भयंकर भूकम्प चिली में 22 मई, 1960 को रिकार्ड किया गया था। भारत को भूकम्पीय संवेदनशीलता के आधार पर पाँच हिस्सों में बाँटा गया है। इनमें भी हर हिस्से में कुछ विशेष क्षेत्र होते हैं, जहाँ भूकम्प की संभावनाएं अधिक होती हैं। इससे पता चलता है कि एक शहर में भी कुछ विशेष हिस्से ही क्यों प्रभावित होते हैं? जोन पाँच हिमालय का हिस्सा है जो सबसे खतरनाक है। दिल्ली जोन चार में आता है यानी यहाँ भी भूकम्प आ सकता है।

भूकम्प क्यों आते हैं?

जमीन के नीचे स्थित चट्टानों और भ्रंशों में दोलन से भूकम्प आते हैं। धरती की तीन सतहें हैं। सबसे निचली सतह में ठोस चट्टानें होती हैं। धरती के भीतर की प्लेटें आपस में रगड़ खाती और टकराती रहती हैं। धरती की सबसे निचली सतह में जो ठोस चट्टानें हैं, वे भी दरकती रहती हैं। धरती की सबसे ऊपरी सतह पर यानी क्रस्ट में स्थित प्लेटें धरती के बीच की परत मेंटल पर तैरती रहती हैं और इस क्रम में आपस में टकराती रहती हैं। इस टकराव से जो ऊर्जा पैदा होती है, वह भूकम्प के रूप में बाहर निकलती है। ऊर्जा का यह विसर्जन ही भूकम्प है।

क्रस्ट में स्थित प्लेटें अगर आपस में अच्छी तरह जुड़ जाएं तो उससे ऊपर की जमीन सुरक्षित हो जायेगी। पर अगर ये प्लेटें ठीक तरह न जुड़ें तो इनके बीच भारी ऊर्जा का जमाव हो जाता है। जब यह ऊर्जा बाहर निकलने का रास्ता ढूंढ़ती है तो भूकम्प आते हैं। भूकम्प से जो ऊर्जा जमीन से निकलती है वह तीन तरह की तरंगों के रूप में होती है। धरती को सबसे ज्यादा हिलाने का काम सतही तरंगें करती हैं।

- **भूकम्प :** भूगर्भ में हुई हलचलों के कारण धरातल में होने वाले कम्पन को भूकम्प कहते हैं। विश्व में औसतन हर वर्ष अनेक लोग भूकम्प की भेंट चढ़ते हैं। भूकम्प की तीव्रता रिक्टर स्केल पर मापी जाती है। 4.2 तक तीव्रता के भूकम्प आम व्यक्ति द्वारा महसूस नहीं किये जा सकते, जबकि 8 और इससे अधिक तीव्रता वाले भूकम्प महाविनाशकारी होते हैं।

उत्तराखण्ड संवेदनशील

भारत में भूकम्प के लिहाज से हिमालय क्षेत्र को ज्यादा खतरे वाले इलाके

के रूप में चिह्नित किया गया है क्योंकि यही वह जगह है जहां भारतीय प्लेट अन्य प्लेटों से अलग होती हैं। हिमालय क्षेत्र में तीन मुख्य भ्रंश हैं जो भूकम्प की वजह बनते हैं- मेन बाउंड्री थ्रस्ट, मेन सेन्ट्रल थ्रस्ट और मेन मेंटल थ्रस्ट।

मौसम और भूकम्प विज्ञानी मानते हैं कि हिमालय क्षेत्र में भूकम्प आने की आशंका आगे भी रहेगी। हिमालय क्षेत्र के चार भ्रंशों के साथ-साथ उत्तर भारत में कई अन्य भ्रंश भी हैं। हिमालय क्षेत्र और हिमालयी राज्यों में झील फटने या नदियों में भारी बाढ़ आ जाने के पीछे भी एक बड़ी वजह भूगर्भ में हो रही हलचल है। भूकम्प विज्ञानियों के अनुसार हिमालय क्षेत्र की भूगर्भीय रचना को देखते हुए यहां रिक्टर स्केल पर 6 से 6.5 की तीव्रता वाले भूकम्पों के आने का अंदेशा बना रहता है।

उत्तराखण्ड में आए भूकम्प

तिथि	तीव्रता	अधिकेन्द्र	तिथि	तीव्रता	अधिकेन्द्र
22 मई, 1803	6	उत्तरकाशी	24 दिसम्बर, 1961	5.7	बजांग-धारचूला
6 सितम्बर, 1803	9	बदरीनाथ	26 सितम्बर, 1964	5.8	बजांग-धारचूला
28 मई, 1816	7	गंगोत्तरी	6 अक्टूबर, 1964	5.3	बजांग-धारचूला
25 दिसम्बर, 1831	5	लोहाघाट	27 जून, 1966	6	बजांग-धारचूला
2 जुलाई, 1832	6	लोहाघाट	27 जुलाई, 1966	6.3	कपकोट-धारचूला
30 मई, 1833	6	लोहाघाट	16 दिसम्बर, 1966	5.7	भारत-नेपाल सीमा
14 मई, 1835	7	लोहाघाट	28 अगस्त, 1968	7	धारचूला-बजांग
11 अप्रैल, 1843	5	चमोली	20 मई, 1979	5.7	भारत-नेपाल सीमा
14 फरवरी, 1851	5	नैनीताल	21 मई, 1980	6.5	धारचूला
25 जुलाई, 1869	6	नैनीताल	20 अक्टूबर, 1991	6.6	उत्तरकाशी
22 मई, 1871	6	लन्ढौर	29 मार्च, 1999	6.8	चमोली
28 अक्टूबर, 1916	7.5	धारचूला, बजांग	14 अगस्त, 2005	4.8	सम्पूर्ण उत्तराखण्ड
5 मार्च, 1935	6	धारचूला, बजांग	14 दिसम्बर, 2005	5.2	चमोली-जोशीमठ (केन्द्र)
2 अक्टूबर, 1937	8	देहरादून	2 फरवरी, 2006	5.0	उत्तराखण्ड-चीन सीमा
11 दिसम्बर, 1943	5.0	चमोली	23 जुलाई, 2007	5.0	सम्पूर्ण उत्तराखण्ड
4 जून, 1945	6.5	अल्मोड़ा	7 जुलाई, 2010	5.1	पिथौरागढ़
28 दिसम्बर, 1958	7.5	बजांग-धारचूला	6 नवम्बर, 2017	5.5	तोलियों (रुद्रप्रयाग)

शब्द-सम्पदा

- **आर्द्रता :** नमी। किसी वस्तु में पानी का अंश होना। वायुमंडल में जल की बूँदों की उपस्थिति। आर्द्रता के कारण हवा में ठण्डेपन का आभास होता है। पेड़-पौधों पर उगने वाले उपरिरोही पौधों जैसे ऑरकिड में आर्द्रताग्राही जड़ें पायी जाती हैं, जो वायुमण्डल से पानी को अवशोषित करती हैं।

- **भूसन्नति :** पृथ्वी पर निर्मित गर्त वाला भाग जहाँ से पर्वतों की उत्पत्ति होती है।
- **भू-संचलन :** पृथ्वी की हलचल या गतिमान होना।
- **भूमि की बनावट :** पृथ्वी की ऊपरी पर्त की संरचना। पहाड़, नदी, तालाब, रेगिस्तान आदि भूमि की बनावट निर्धारित करते हैं।
- **बादल फटना :** नमी भरे बादल अपनी सारी जलवाष्प के एक साथ संघनीकरण (कंडेसेशन) हो जाने के कारण अचानक भारी वर्षा का रूप ले लेते हैं।
- **चक्रवात :** प्रचंड हवाओं के साथ भारी बारिश को चक्रवात कहा जाता है।
- **सुनामी :** भूकम्प, ज्वालामुखी विस्फोट अथवा उल्कापात के कारण समुद्र में उठने वाली जल तरंगों को सुनामी कहते हैं। विशाल जल राशि वाली ये तरंगें जब तटीय क्षेत्रों से टकराती हैं तो भारी विनाश का कारण बनती हैं।
- **पहाड़ी कोहरा :** यह पूर्णतया कोहरा नहीं होता, बल्कि एक तरह के बादल होते हैं।
- **कपासी मेघ :** इनका रंग भूरा और सफेद होता है। इनकी ऊंचाई 2000 मीटर से कम होती है।
- **तुषार या पाला :** धरातल का तापमान हिमांक या उससे कम होने पर वायुमंडल में मौजूद जलवाष्प हिमकणों में परिवर्तित हो जाते हैं। ●●

38वें राष्ट्रीय खेल एवं उत्तराखण्ड के खेल-खिलाड़ी

9

38वें राष्ट्रीय खेल

- उत्तराखण्ड में 28 जनवरी, 2025 से 14 फरवरी, 2025 तक 38वें राष्ट्रीय खेलों का आयोजन किया गया। खेलों का उद्घाटन प्रधानमंत्री नरेन्द्र मोदी ने 28 जनवरी को देहरादून स्थित राजीव गांधी खेल स्टेडियम में और समापन केन्द्रीय गृह मंत्री अमित शाह ने हल्द्वानी के अंतर्राष्ट्रीय स्टेडियम में किया। खेल प्रतियोगिताएं राज्य के 8 जनपदों के 11 शहरों में आयोजित की गई। इन खेलों में कुल 34 प्रतियोगिताएं आयोजित की गई। योग और मल्लखंभ को पहली बार राष्ट्रीय खेलों में शामिल किया गया। 10,000 से अधिक खिलाड़ी, कोच और अधिकारी इस खेल उत्सव में शामिल हुए।
- राष्ट्रीय खेलों में उत्तराखण्ड के राज्य पक्षी मोनाल की जीवंत छवि को मोनोग्राम के रूप में दर्शाया गया था, जो राज्य की प्राकृतिक सुंदरता और जैव विविधता का प्रतीक है। उत्तराखण्ड के राज्य पक्षी मोनाल से प्रेरित **'मौली'** 38वें राष्ट्रीय खेलों का शुभंकर था। यह राज्य की विशिष्टता को दर्शाता है और युवा एथलीटों को ऊंचा लक्ष्य निर्धारित करने के लिए प्रेरित करता है। खेलों का ध्येय वाक्य था।
- राष्ट्रीय खेलों की थीम थी- **संकल्प से शिखर तक** और एंथम था, **आन, बान, शान दे, शौर्य का प्रमाण दे।**
- एंथम में एकता और उत्कृष्टता की भावना को प्रकट किया गया, जो खिलाड़ियों में ऊर्जा का संचार करता है।

राष्ट्रीय खेल मशाल

- राष्ट्रीय खेलों की मशाल पूरे राज्य में ले जाई गई। इसका उद्देश्य खेल संस्कृति को बढ़ावा देना और युवा खिलाड़ियों में खेल भावना का संचार करना था।
- मुख्यमंत्री पुष्कर सिंह धामी ने खेल अवसंरचना के विकास के लिए 500 करोड़ रुपये के निवेश की घोषणा की। जिसमें नए स्टेडियम, स्विमिंग पूल, साइक्लिंग ट्रैक, जल क्रीड़ा सुविधाएं और शूटिंग रेंज का निर्माण शामिल है। भारतीय ओलंपिक संघ की अध्यक्ष पी०टी० उषा ने योग और मल्लखंभ को राष्ट्रीय खेलों में शामिल करने की घोषणा की।

राष्ट्रीय खेलों का प्रतीक 'मौली'

इन राष्ट्रीय खेलों का प्रतीक चिह्न मौली था। यह एक खिलाड़ी और राज्य

पक्षी मोनाल का एक मिला-जुला रूप है। स्पोर्ट्स शूज और स्पोर्ट्स ड्रेस पहने खिलाड़ी का चेहरा राज्य पक्षी मोनाल का बनाया गया था। मोनोग्राम में सूरज के बीच हिमालय को प्रदर्शित किया गया। साथ में मोनाल के पंख सजे थे। नीचे की तरफ राष्ट्रीय खेल उत्तराखण्ड लिखा गया। राष्ट्रीय खेलों की मशाल राज्य पुष्प ब्रह्म कमल से प्रेरित रही। 38वें राष्ट्रीय खेलों की जर्सी पर सफेद और नीले रंग का मोनोग्राम बनाया गया था। यह मोनोग्राम जर्सी के दोनों तरफ था।

राष्ट्रीय खेलों में 34 गेम्स

कई वर्षों की तैयारी के बाद उत्तराखण्ड को 38वें राष्ट्रीय खेलों की मेजबानी मिली।

राष्ट्रीय खेलों में कुल 38 खेल शामिल किए गए थे। इसके अलावा मल्लखंभ, राफ्टिंग और योगासन को प्रदर्शनी खेल के रूप में जगह मिली। जिन खेलों को राष्ट्रीय खेलों में शामिल करने के लिए मंजूरी मिली, उनमें एथलेटिक्स, एक्वाटिक्स, तीरंदाजी, बास्केटबॉल, बैडमिंटन, बॉलिंग (लोन) बॉक्सिंग, कैनोइंग और

पदक तालिका

रैंक	राज्य	स्वर्ण	रजत	कांस्य	कुल
10	एस०एस०सी०बी०	68	26	27	121
20	महाराष्ट्र	54	71	76	201
30	हरियाणा	48	47	58	153
40	मध्य प्रदेश	34	26	22	82
50	कर्नाटक	34	18	28	80
60	तमिलनाडु	27	30	35	92
70	उत्तराखण्ड	24	35	44	103
80	पश्चिम बंगाल	16	13	18	47
90	पंजाब	15	20	31	66
100	दिल्ली	15	18	29	62
110	मणिपुर	14	16	25	55
120	ओडिशा	14	15	17	46
130	उत्तर प्रदेश	13	20	23	56
140	केरल	13	17	24	54
150	राजस्थान	9	11	23	43
160	गुजरात	8	10	20	38
170	झारखंड	7	6	12	25
180	आंध्र प्रदेश	7	1	6	14
190	जम्मू और कश्मीर	5	6	13	24
200	अंडमान-निकोबार	5	3	2	10
210	चंडीगढ़	4	6	9	19
220	हिमाचल प्रदेश	4	3	8	15
230	अरुणाचल प्रदेश	4	3	6	13
240	असम	3	15	16	34
250	छत्तीसगढ़	3	4	9	16
260	तेलंगाना	3	3	12	18
270	गोवा	2	4	4	10
280	मिजोरम	2	0	1	3
290	बिहार	1	6	5	12
300	मेघालय	1	2	2	5
310	पुदुचेरी	0	1	1	2
320	नगालैंड	0	0	2	2
330	सिक्किम	0	0	2	2

(एस०एस०सी०बी०-सर्विसेज स्पोर्ट्स कंट्रोल बोर्ड)

क्याकिंग, साइकिलिंग, फेसिंग, फुटबॉल, गोल्फ, जिम्नास्टिक, हैंडबॉल, हॉकी, जूडो, कबड्डी, खो-खो, मॉडर्न पेंटाथलोन, नेटबॉल, रोइंग, रग्बी, निशानेबाजी, स्क्वाश, टेबल टेनिस, ताइक्वांडो, टेनिस, टाइथलॉन, वॉलीबाल, वेट लिफ्टिंग, कुश्ती और वुशू शामिल थे।

पेरिस ओलंपिक में उत्तराखण्ड के खिलाड़ी

ओलंपिक खेलों को विश्व में सबसे बड़े खेल आयोजन के रूप में जाना जाता है। वर्ष 2024 में फ्रांस की राजधानी पेरिस में ओलंपिक खेलों का आयोजन 26 जुलाई, 2024 से 11 अगस्त, 2024 तक किया गया। इसमें दुनिया के 206 देशों ने भाग लिया। ओलंपिक में स्पर्धाओं को पेरिस सहित 35 आयोजन स्थलों पर किया गया। इस ओलंपिक में कुल 10,500 एथलीटों ने भाग लिया। इसमें 571 खिलाड़ियों के साथ सबसे बड़ा दल अमेरिका का था, जबकि भारतीय खिलाड़ियों का 117 सदस्यीय दल था। वर्ष 1900 और 1924 के बाद पेरिस में तीसरी बार 2024 में ओलंपिक खेल सम्पन्न हुए।

उत्तराखण्ड में खेल विभाग द्वारा स्थापित अवस्थापना सुविधाएं	
अंतर्राष्ट्रीय स्टेडियम	02 (देहरादून और हल्द्वानी)
राष्ट्रीय स्तर के स्टेडियम	26
बहुद्देश्यीय क्रीड़ा हॉल	17
इंडोर क्रीड़ा हॉल	27
तरण ताल	05
आईस स्केटिंग रिंक	01 (देहरादून)

स्रोतः आर्थिक सर्वेक्षण वर्ष 2024-25 से।

पेरिस ओलंपिक में 40 स्वर्ण, 44 रजत और 42 कांस्य पदक सहित कुल 136 पदकों के साथ संयुक्त राज्य अमेरिका पहले स्थान पर रहा। चीन ने 91, जापान ने 45, आस्ट्रेलिया ने 53 पदक जीते जबकि भारत एक रजत तथा पांच कांस्य पदक के साथ 71वें स्थान पर रहा। पेरिस ओलंपिक में उत्तराखण्ड के चार खिलाड़ी भारतीय एथलीट टीम का हिस्सा थे। यह पहला अवसर था जब पहली बार उत्तराखण्ड के चार खिलाड़ियों ने ओलंपिक में भाग लिया। उत्तराखण्ड से ओलंपिक खेलों में पदक जीतने वाले एकमात्र खिलाड़ी हरदयाल सिंह हैं जिन्होंने 1956 में स्वर्ण पदक जीता था। पृथक राज्य बनने के बाद उत्तराखण्ड के कुल 10 खिलाड़ियों ने ओलंपिक में प्रतिभाग किया है।

उत्तराखण्ड की भूमि से ओलंपिक में प्रतिभाग करने वाले खिलाड़ियों के नाम गिनायें तो इनमें 1956 में हॉकी टीम के सदस्य हरदयाल सिंह, 1960 में फुटबाल में रामबहादुर क्षेत्री, 1964 में हॉकी खिलाड़ी सैयद अली, इसी वर्ष जिम्नास्टिक में त्रिलोक सिंह, 1992 में नरेन्द्र सिंह बिष्ट (बॉक्सिंग), 1998 में हॉकी में राजेन्द्र सिंह मुख्य हैं। पृथक राज्य बनने के बाद ओलंपिक में 2008 में एथलेटिक्स में सुरेन्द्र सिंह भण्डारी, 2016 में मनीष रावत और नितेश सिंह रावत (दोनों एथलेटिक्स) और वंदना कटारिया (हॉकी) ने टोक्यो ओलंपिक में 2021 में प्रतिभाग किया। वंदना ने दो बार ओलंपिक में प्रतिभाग किया है। वैसे शूटिंग में देहरादून में जन्में

अभिनव बिन्द्रा ने भी वर्ष 2008 में बीजिंग ओलंपिक में स्वर्ण पदक जीता है लेकिन उन्होंने पंजाब का प्रतिनिधित्व किया था और हरियाणा सरकार ने भी उन्हें पुरस्कृत किया था।

पेरिस ओलंपिक में उत्तराखण्ड के चार खिलाड़ी

26 जुलाई से 11 अगस्त, 2024 तक फ्रांस की राजधानी पेरिस में हुए ओलंपिक खेलों में उत्तराखण्ड के चार खिलाड़ियों ने प्रतिभाग किया। इनमें महिला एथलीट अंकिता ध्यानी ने 5000 मीटर दौड़, परमजीत बिष्ट ने पुरुषों की 20 किमी. वॉक रेस, सूरज पंवार ने मैराथन वॉक रेस मिक्स्ड रिले और लक्ष्य सेन ने बैडमिंटन पुरुष एकल स्पर्धा में भाग लिया। मेजर ध्यान चंद के जन्मदिन पर मनाए जाने वाले राष्ट्रीय खेल दिवस पर उत्तराखण्ड के मुख्यमंत्री पुष्कर सिंह धामी ने देहरादून में इन सभी खिलाड़ियों को राज्य सरकार की घोषित नीति के अनुरूप 50-50 लाख रुपए की धनराशि के चेक प्रदान किये।

उत्तराखण्ड खेल विश्वविद्यालय

उत्तराखण्ड में शिक्षण सत्र 2026 से बहुप्रतीक्षित खेल विश्वविद्यालय शुरू हो जाने की उम्मीद है। विश्वविद्यालय अनुदान आयोग द्वारा उपलब्ध अवस्थापना सुविधाओं का निरीक्षण करने के पश्चात स्वीकृति दी जाती है। इससे पूर्व राज्य मंत्रिमंडल की सैद्धांतिक मंजूरी के बाद खेल विश्वविद्यालय की स्थापना सम्बन्धी विधेयक को विधानसभा से पारित किया जा चुका है।

हल्द्वानी में प्रस्तावित खेल विश्वविद्यालय में प्रारम्भिक चरण में बीपीएड और खेल सम्बन्धी अन्य सर्टिफिकेट कोर्स संचालित किये जायेंगे। प्रारम्भिक दौर में क्रिकेट स्टेडियम के पवेलियन के नीचे बने प्रथम, द्वितीय व तृतीय तलों का उपयोग खेल विश्वविद्यालय के लिए किया जायेगा।

उत्तराखण्ड राज्य ओलंपिक खेल 2024

रुद्रपुर के मनोज सरकार स्टेडियम में 5वें राज्यस्तरीय उत्तराखण्ड ओलंपिक खेलों की शुरुआत 20 सितंबर, 2024 को हुई। सात दिन तक चले प्रदेश के इस सबसे बड़े खेल आयोजन में सभी 13 जनपदों के छह हजार से अधिक खिलाड़ियों ने भाग लिया। राज्यस्तरीय ओलंपिक खेलों में कुल 34 खेलों को शामिल किया गया था। नैनीताल लोकसभा सांसद और पूर्व केंद्रीय मंत्री अजय भट्ट ने राज्य स्तरीय ओलंपिक खेलों का शुभारंभ किया।

नैनीताल की प्रसिद्ध झील में पांचवें राज्य ओलंपिक खेलों के तहत दो दिवसीय वॉटर स्पोटर्स प्रतियोगिता में राज्यभर के खिलाड़ियों ने बढ़-चढ़कर प्रतिभाग किया। नैनी झील में क्याकिंग, रोइंग, कैनोइंग और सेलिंग का आयोजन किया गया, जबकि देहरादून में शूटिंग स्पर्धाएं हुई। कुछ प्रतियोगिताएं हल्द्वानी, काशीपुर, रुड़की और पंतनगर में भी आयोजित की गई। एक तरह से यह राष्ट्रीय खेलों की तैयारियों का पूर्वाभ्यास भी था।

खेल, खिलाड़ी एवं खेल नीति

उत्तराखण्ड में खेल गतिविधियों और सुविधाओं में निरंतर तेजी आ रही है। 2015 से खेल नीति लागू होने के बाद राज्य सरकार द्वारा खेल सुविधाओं में की जा रही वृद्धि के कारण नई प्रतिभाएं विश्व में अपनी पहचान स्थापित कर रही हैं। खेलों को बढ़ावा देने की दिशा में उत्तराखण्ड सरकार ने देहरादून और हल्द्वानी में अन्तर्राष्ट्रीय स्तर के स्टेडियमों का निर्माण किया है। राज्य के 13 में से 11 जनपदों में 13 स्टेडियम निर्मित हैं। बी.सी.सी.आई. से क्रिकेट एसोसिएशन ऑफ उत्तराखण्ड को मान्यता मिलने से राज्य में खेलों के नए युग का सूत्रपात हो चुका है। साथ ही राज्य स्थापना के 25वें वर्ष में उत्तराखण्ड में 38वें राष्ट्रीय खेल 28 जनवरी से 14 फरवरी, 2025 तक हो चुका है। देवभूमि उत्तराखण्ड खेल रत्न, देवभूमि उत्तराखण्ड द्रोणाचार्य और देवभूमि उत्तराखण्ड ऑल टाइम अचीवमेंट पुरस्कारों की शुरुआत के साथ छात्रवृत्ति योजनाएं शुरू की गई हैं।

महाराणा प्रताप स्पोर्ट्स कॉलेज, देहरादून

देहरादून में सभी सुविधाओं से युक्त आवासीय स्पोर्ट्स कॉलेज की स्थापना की गई है। इसमें छह खेलों 1. एथलेटिक्स, 2. फुटबाल, 3. वॉलीबाल, 4. बॉक्सिंग, 5. क्रिकेट और 6. हाकी में प्रशिक्षण के साथ-साथ उत्तराखण्ड राज्य विद्यालयी शिक्षा के पाठ्यक्रम में कक्षा-6 से 12वीं तक शिक्षा की व्यवस्था की गयी है।

देहरादून फुटबाल अकादमी

देहरादून फुटबाल अकादमी, एक ऐसी आवासीय प्रशिक्षण अकादमी है जिसमें खिलाड़ियों को कक्षा 3 से लेकर कक्षा 12 तक की स्कूली शिक्षा भी दी जाती है। इसका लक्ष्य विश्वस्तरीय फुटबाल खिलाड़ी तैयार करने के साथ ही उन्हें बेहतरीन स्कूली शिक्षा देना भी है। इसकी स्थापना वर्ष 2011 में हुई थी। यह एक चैरिटेबल/स्वैच्छिक संस्था है। यहाँ लड़कों और लड़कियों को फुटबॉल प्रशिक्षण का अवसर दिया जाता है।

राज्य खेल फुटबाल

राज्य सरकार ने वर्ष 2011 में फुटबाल को राज्य खेल घोषित किया। राज्य में फुटबाल ब्रिटिश काल से खेला जा रहा है। वर्ष 1937 में देहरादून डिस्ट्रिक्ट स्पोर्ट्स एसोसिएशन (डी.डी.एस.ए.) का गठन हुआ था। सन् 1950 में देहरादून स्थित 48वीं गोरखा बटालियन ने फाइनल में कोलकाता के प्रसिद्ध क्लब ईस्ट बंगाल से सामना किया, और मात खानी पड़ी। वर्ष 1953 में देहरादून की भारतीय सैन्य अकादमी (आईएमए) की टीम दिल्ली में आयोजित डूरंड कप फाइनल में मोहन बागान क्लब के साथ खेलते हुए दूसरे स्थान पर रही।

वर्ष 1966 में गोरखा ब्रिगेड ने सिख रेजीमेंट को 2-0 से हरा कर डूरंड कप जीता। इसी टीम ने वर्ष 1969 में सीमा सुरक्षा बल को हराकर दूसरी बार डूरंड कप

का खिताब जीता। वर्ष 1960 में जूनियर सुब्रतो कप शुरू हुआ और तब से 1972 तक स्कूल स्तर की इस राष्ट्रीय प्रतिस्पर्धा में देहरादून की विभिन्न जूनियर टीमें सात बार फाइनल में पहुँची। गोरखा मिलिट्री स्कूल की टीम ने सन् 1964 एवं 1965 में सुब्रतो कप जीता। देहरादून की गोरखा ब्वॉयज कम्पनी ने सन् 1969, 1970 एवं 1972 में सुब्रतो कप जीता। गोरखा मिलिट्री स्कूल की टीम 1961 में सुब्रतो कप में रनर अप रही।

राज्य के प्रमुख फुटबॉल खिलाड़ी

राज्य के राम बहादुर क्षेत्री भारत के महानतम् मिडफील्डरों में से एक रहे। वर्ष 1956 में दिल्ली में आयोजित डी.सी.एम. कप में विजय कैंट क्लब की ओर से खेलते हुए उनके शानदार प्रदर्शन ने उन्हें राष्ट्रीय फलक पर पहुंचा दिया। वर्ष 1967 में फुटबॉल से संन्यास लेने तक वह इस क्लब के साथ बने रहे। भूपेन्द्र सिंह रावत भी एक कुशल खिलाड़ी रहे हैं। सन् 1966 में डूरंड कप टूर्नामेंट के 6 मैचों में सर्वाधिक 12 गोल करने वाले वह पहले खिलाड़ी थे। सन् 1972 में ईस्ट बंगाल टीम के मोहम्मद हबीब ने 7 मैचों में 12 गोल कर भूपेन्द्र की बराबरी करने का प्रयास किया। डूरंड कप की इस प्रतिस्पर्धा में भूपेन्द्र ने गोरखा ब्रिगेड की ओर से सिख रेजीमेंट, मोहम्मडन स्पोर्टिंग क्लब और लीडर्स क्लब के विरुद्ध दो-दो, बीकानेर आर.ए.सी. के विरुद्ध चार और मोहन बागान तथा न्यू देल्ही हीरोज के विरुद्ध एक-एक गोल किया। इसके अतिरिक्त अनिरुद्ध थापा, मनीष मैठाणी, रोहित दानू, साहिल पंवार, दीपेन्द्र नेगी, पवन कुमार जोशी, अमर बहादुर गुरूंग आदि खिलाड़ियों ने फुटबॉल के क्षेत्र में उत्तराखण्ड का नाम रोशन किया।

महिला फुटबाल

राज्य की महिला फुटबॉल खिलाड़ियों में रक्षा पंवार और अनीता रावत मुख्य हैं, जिन्होंने अंतर्राष्ट्रीय स्तर पर फुटबॉल खेला है। देहरादून की रक्षा पंवार अण्डर-16 जूनियर महिला फुटबॉल में भारतीय टीम का नेतृत्व कर चुकी हैं।

क्रिकेट

क्रिकेट के क्षेत्र में वर्ष 2019 उत्तराखण्ड राज्य के लिए विशिष्ट उपलब्धियों का वर्ष रहा है। इसी वर्ष 13 अगस्त, 2019 को 19 वर्षों के अथक प्रयासों के बाद उत्तराखण्ड की क्रिकेट एसोसिएशन ऑफ उत्तराखण्ड को बीसीसीआई से मान्यता मिली। दूसरी बड़ी उपलब्धि राज्य के महिम वर्मा का बीसीसीआई का उपाध्यक्ष चुना जाना रहा। क्रिकेट एसोसिएशन ऑफ उत्तराखण्ड के संस्थापक अध्यक्ष हीरा सिंह बिष्ट (पूर्व मंत्री, उत्तराखण्ड) एवं सचिव पी.सी. वर्मा थे। सितम्बर 2019 में हुए पहले चुनाव में जोत सिंह गुनसोला अध्यक्ष, संजय रावत (उपाध्यक्ष), महिम वर्मा (महासचिव) और पृथ्वी सिंह नेगी (कोषाध्यक्ष) चुने गए। प्रारम्भ में बीसीसीआई ने उत्तराखण्ड में क्रिकेट के विकास एवं गतिविधियों के संचालन के लिए अपने बजट में 40 करोड़ रुपयों का प्रावधान किया था। वर्ष 2024 में हुए

निर्वाचन में डॉ० गिरीश गोयल सीएयू अध्यक्ष के पद पर निर्वाचित हुए। यहाँ के खिलाड़ी अब तक अन्य राज्यों के लिए खेलते हुए उत्कृष्ट प्रदर्शन करते रहे हैं। सीमित ओवरों के दोनों वर्गों के विश्व कप में विजय हासिल करने वाली भारतीय टीम के कप्तान रहे सीनियर वर्ग के महेन्द्र सिंह धोनी और अंडर-19 के उन्मुक्त चंद मूलतः इसी राज्य के हैं। वर्तमान में भारतीय टीम के विकेट कीपर ऋषभ पंत रुड़की निवासी हैं। इसके अलावा आकाश मधवाल, अनुज रावत, आर्य सेठी, अवनीश सुधा, मयंक मिश्रा, अग्रिम तिवारी, अभिमन्यु ईश्वरन, पवन सुयाल, पीयूष जोशी आदि उत्तराखण्ड क्रिकेट के चमकते सितारे हैं।

हॉकी

उत्तराखण्ड के हरदयाल सिंह, मीर रंजन नेगी, आर.एस. रावत, महेन्द्र सिंह बोहरा, रमेश चन्द्र पटियाल, वंदना कटारिया और मंजू बिष्ट आदि प्रमुख हॉकी खिलाड़ी हैं। हरदयाल सिंह सन् 1956 में हुए हॉकी ओलंपिक में स्वर्ण पदक जीतने वाली भारतीय टीम के सदस्य रहे। मीर रंजन नेगी 1982 में एशियाई खेलों में भारत-पाकिस्तान के बीच हुए फाइनल मैच में गोल कीपर थे। नेगी 1998 में एशियाई खेलों में स्वर्ण पदक जीतने वाली राष्ट्रीय महिला हॉकी टीम के गोलकीपिंग कोच भी रहे। वर्ष 1988 में हुए सियोल ओलंपिक में भारतीय टीम के सदस्य आर. एस. रावत ने गोल कीपर के रूप में शानदार प्रदर्शन किया। वर्ष 2021 में आयोजित टोक्यो ओलम्पिक में भारतीय हॉकी टीम की सदस्य वंदना कटारिया दक्षिण अफ्रीका के खिलाफ मैच में हैट्रिक लगाकर पहली भारतीय महिला खिलाड़ी होने का गौरव प्राप्त कर चुकी हैं। उनके उत्कृष्ट प्रदर्शन के लिए 13 नवम्बर, 2021 को

उत्तराखण्ड में आवासीय खेल छात्रावास

1. पौड़ी	बैडमिंटन	बालक वर्ग	20 सीट
2. कोटद्वार (पौड़ी)	बॉक्सिंग	बालक वर्ग	25 सीट
3. चमोली	बॉलीबाल	बालक वर्ग	20 सीट
4. देहरादून	फुटबॉल	बालक वर्ग	25 सीट
5. हरिद्वार	हॉकी	बालिका वर्ग	25 सीट
6. टिहरी	क्रिकेट	बालक वर्ग	20 सीट
7. उत्तरकाशी	फुटबॉल	बालिका वर्ग	20 सीट
8. रुद्रप्रयाग	एथलेटिक्स	बालिका वर्ग	25 सीट
9. नैनीताल	फुटबॉल	बालक वर्ग	25 सीट
10. बागेश्वर	ताईक्वांडो	बालिका वर्ग	20 सीट
11. चम्पावत	बॉक्सिंग	बालक वर्ग	20 सीट
12. अल्मोड़ा	बैडमिंटन	बालिका वर्ग	20 सीट
13. पिथौरागढ़	बॉक्सिंग	बालिका वर्ग	20 सीट
14. उधमसिंह नगर	एथलेटिक्स	बालक वर्ग	25 सीट
		कुल योग	**310**

स्रोत : खेल विभाग, उत्तराखण्ड सरकार

अर्जुन पुरस्कार से और मार्च, 2022 में पद्मश्री सम्मान से भी अलंकृत किया गया है। महिला हॉकी खिलाड़ियों में चित्रांशी रावत राष्ट्रीय स्तर की खिलाड़ी रही हैं और कनालीछीना की मंजू बिष्ट ने कई राष्ट्रीय और अन्तर्राष्ट्रीय हॉकी प्रतियोगिताओं में भाग लेकर राज्य और देश का गौरव बढ़ाया।

निशानेबाजी

अभिनव बिन्द्रा, जसपाल राणा एवं उनकी पत्नी रीना राणा, सुभाष राणा, सुषमा राणा के अतिरिक्त पंकज चौहान, शमशेर सिंह भण्डारी, दिलराज कौर आदि ने निशानेबाजी के क्षेत्र में उत्तराखण्ड को प्रसिद्धि दिलाई है। सन् 2008 में बीजिंग में आयोजित ओलंपिक निशानेबाजी में स्वर्ण पदक विजेता अभिनव बिंद्रा का जन्म व स्कूलिंग देहरादून में ही हुई। वह वर्ष 2000 में सिडनी ओलम्पिक के सबसे युवा निशानेबाज थे। ओलंपिक के अलावा बिंद्रा ने कई अन्य अन्तर्राष्ट्रीय स्पर्द्धाओं में स्वर्ण, रजत और कांस्य पदक हासिल किये हैं।

जसपाल राणा ने विभिन्न एशियाई एवं कॉमनवेल्थ खेलों में कई स्वर्ण पदक जीते हैं। उन्होंने देश में दो बार और वर्ष 2006 में दोहा में हुए एशियाई खेलों में विश्व रिकॉर्ड की बराबरी की। वे अर्जुन पुरस्कार एवं पद्मश्री से सम्मानित हो चुके हैं। पंकज चौहान ने वर्ष 1997 से 2002 तक विभिन्न राष्ट्रीय प्रतियोगिताओं में भाग लेकर 13 स्वर्ण, 12 रजत और 4 कांस्य पदक जीतकर राज्य का गौरव बढ़ाया है। शारीरिक रूप से अक्षम होते हुए भी दिलराज कौर ने विभिन्न प्रतिस्पर्धाओं में 10 स्वर्ण जीते और उन्हें 'गोल्डन गर्ल' की संज्ञा दी गई। शमशेर सिंह भण्डारी ने 9वीं एशियाई शूटिंग चैम्पियनशिप लंगवी (मलेशिया) में रजत पदक जीता। शपथ भारद्वाज ने भी अनेक प्रतियोगिताओं में अपनी प्रतिभा का लोहा मनवाया।

टेनिस

राज्य में टेनिस के क्षेत्र में भी खेल प्रतिभाएँ उभर कर सामने आ रही हैं। बागेश्वर जनपद की निवासी पारुल गोस्वामी टेनिस की नेशनल चैंपियनशिप प्रतिस्पर्धा की विजेता रही हैं। पारुल देश में सातवें रैंक की तथा अन्तर्राष्ट्रीय फलक पर 620वें रैंक की टेनिस खिलाड़ी हैं। इसके अलावा अविनाश कुंवर भी अंतर्राष्ट्रीय प्रतियोगिताओं में प्रतिभाग कर चुके हैं।

- खेलों में उत्कृष्ट प्रदर्शन एवं खिलाड़ियों के विकास हेतु देहरादून एवं पिथौरागढ़ में स्पोर्ट्स कॉलेज, सभी जनपदों में स्पोर्ट्स हॉस्टल एवं देहरादून में एक्सीलेंस सेंटर स्थापित किये गये हैं।
- अंतर्राष्ट्रीय क्रिकेट स्टेडियम, रायपुर, देहरादून में अंतर्राष्ट्रीय स्तर के मैचों का सफलतापूर्वक आयोजन हो चुका है, जिसमें अफगानिस्तान, बांग्लादेश, आयरलैंड देशों द्वारा प्रतिभाग किया गया। इसके अतिरिक्त 2022 सितम्बर में रोड सेफ्टी वर्ल्ड सीरीज, टूर्नामेंट में दुनिया के अपने जमाने के चोटी के क्रिकेट खिलाड़ियों ने भी इस मैदान पर क्रिकेट खेला। वर्ष 2024 में इसी मैदान पर उत्तराखण्ड प्रीमियर लीग का आयोजन हो चुका है।

बैडमिंटन

उत्तराखण्ड की महिला शटलर कुहू गर्ग अन्तर्राष्ट्रीय फलक पर अपनी प्रतिभा

दर्ज कर चुकी है। वर्ष 2016 में शटलर कुहू ने अन्तर्राष्ट्रीय स्तर पर अपनी उपस्थिति दर्ज कराई। बैंकॉक में हुई एशियन चैंपियनशिप में उन्होंने मिश्रित युगल वर्ग में कांस्य पदक तथा इंटरनेशनल ग्रीस ओपन मिक्स्ड डबल में स्वर्ण पदक जीता। कुहू सीनियर वर्ल्ड चैम्पियनशिप में हिस्सा लेने वाली उत्तराखण्ड की पहली शटलर हैं। कुहू ने 2018 में रोहन कपूर के साथ युगल स्पर्द्धा में आइसलैंड-खिताब अपने नाम किया। उन्होंने 2017 में भी रोहन के साथ हेलास ओपन का खिताब जीता। इंडिया इंटरनेशनल सीरीज में भी कुहू और रोहन ने दूसरा स्थान हासिल किया। कुहू के पिता अशोक कुमार राज्य बैडमिंटन संघ के संरक्षक एवं पूर्व पुलिस महानिदेशक भी हैं। वर्ष 2018 में लक्ष्य सेन ने इंडोनेशिया के जकार्ता में आयोजित एशियन जूनियर बैडमिंटन चैम्पियनशिप जीतकर इतिहास दोहराया। 16 अगस्त, 2001 को अल्मोड़ा में जन्मे लक्ष्य सेन देश के तीसरे ऐसे खिलाड़ी बने, जिन्होंने स्वर्ण पदक जीता। उन्होंने इस मुकाबले में विश्व के नम्बर वन थाईलैंड के खिलाड़ी कुनलावुत वितिदसार्न को हराकर खिताब अपने नाम किया। लक्ष्य सेन ने 2022 के कॉमन वेल्थ गेम्स में अपने बेहतरीन प्रदर्शन से स्वर्ण पदक जीता। चीन में हुए एशियाई खेल-2023 में लक्ष्य सेन ने रजत पदक जीता तथा पेरिस ओलंपिक (2024) में प्रतिभाग किया। लक्ष्य सेन के पिता डी०के० सेन भी बैडमिंटन कोच हैं तथा उनके भाई चिराग सेन भी अन्तर्राष्ट्रीय स्तर के बैडमिंटन खिलाड़ी हैं। अपने दौर में मधुमिता बिष्ट का बैडमिंटन में शानदार कैरियर रहा है। इसके अतिरिक्त भूपेन्द्र रावत, अरविंद शर्मा, शिखा खंडूड़ी, अमन सक्सेना, अभिषेक अग्रवाल व दानिश खान भी सीनियर वर्ग से राष्ट्रीय स्पर्धा में खेल चुके हैं। बैडमिंटन में उत्तराखण्ड से अनेक होनहार खिलाड़ी उभर रहे हैं।

बास्केटबाल

बास्केटबाल के क्षेत्र में भी राज्य के खिलाड़ी पीछे नहीं हैं। जनपद पिथौरागढ़ के हरिदत्त कापड़ी राज्य के प्रसिद्ध बास्केटबाल खिलाड़ी रहे हैं। इन्हें वर्ष 1969 में अर्जुन पुरस्कार से सम्मानित किया गया। कापड़ी सन् 1965-66 में कोलकाता और बंगलौर बास्केटबॉल प्रतियोगिताओं में भारतीय सर्विसेज टीम के कप्तान रहे। सन् 1970 में मलाया-फिलीपीन्स में आयोजित 10वीं कन्फेडरेशन बास्केटबॉल प्रतियोगिता में वे भारतीय टीम के सदस्य थे। इस टीम ने उस समय कांस्य पदक जीता था। 1975 में थाईलैंड में आयोजित 7वीं एशियन बास्केटबॉल प्रतियोगिता में रजत पदक जीतने वाली टीम में कापड़ी भी थे। सन् 1979 में श्रीलंका में आयोजित आमंत्रण बास्केटबॉल टूर्नामेंट में कापड़ी भारतीय टीम के कप्तान थे। इधर, कई नई प्रतिभाएँ भी उभर कर आई हैं, जिन्होंने अपने कौशल का बेहतर प्रदर्शन किया है। हाल के वर्षों में प्रशांत सिंह रावत तथा कई अन्य खिलाड़ी राष्ट्रीय स्तर पर अपनी प्रतिभा दिखाने में सफल रहे हैं।

बॉक्सिंग

उत्तराखण्ड में बॉक्सिंग की लोकप्रियता बढ़ रही है। पुरुष वर्ग में पद्म बहादुर

मल्ल, जयदेव बिष्ट, अरुण चौहान, अरविंद कुमार, विशाल सिंह, भूपेन्द्र टाकुली, धरम चन्द, राजेन्द्र कुमार पुनेड़ा, देवी चन्द, धर्मेन्द्र प्रकाश भट्ट, राजेन्द्र सिंह जेठी, नरेन्द्र सिंह बिष्ट, दिलीप कुमार पौरी, प्रकाश जंग थापा, हरि सिंह थापा, जनार्दन सिंह वल्दिया तथा महिला वर्ग में नीलम, कमला बिष्ट, विनीता महर, हेमंती मेहता, प्रियंका चौधरी, संगीता कुमारी आदि मुख्य हैं। सन् 1962 में जकार्ता में आयोजित चौथे एशियाई खेलों में पद्म बहादुर मल्ल को सर्वोत्तम बॉक्सर घोषित किया गया था। उन्हें अर्जुन पुरस्कार से सम्मानित किया गया। जयदेव बिष्ट को द्रोणाचार्य पुरस्कार से सम्मानित किया गया है। एशियाई देशों की फिलीपीन्स में हुई अंडर-19 जूनियर एशियन बॉक्सिंग चैंपियनशिप 2017 में 81 प्लस किग्रा० वर्ग में चमोली जनपद के सत्येंद्र सिंह रावत ने अन्तर्राष्ट्रीय फलक पर देश के लिए रजत पदक जीतकर राज्य का गौरव बढ़ाया है। प्रियंका चौधरी ने वियतनाम (वर्ष 2017) में हुई एशियन बॉक्सिंग चैंपियनशिप के महिला वर्ग में कांस्य पदक जीता।

बैंकाक में हुई एशियन चैंपियनशिप में कवीन्द्र सिंह बिष्ट ने मंगोलिया के खिलाड़ी को हरा कर फाइनल में स्थान बनाया। इससे पूर्व उत्तराखण्ड के देवीचंद 1987 में एशियन चैंपियनशिप के फाइनल में पहुंचे थे। कवीन्द्र ने सितम्बर 2019 में रूस के एकातेटिनबर्ग में आयोजित पुरुष विश्व बॉक्सिंग में चीन के प्रतिद्वन्दी को 3-2 से हराकर प्री क्वालिफाई कर फाइनल में जगह पक्की की।

एथलेटिक्स

क्षेत्रीय एवं राष्ट्रीय-अन्तर्राष्ट्रीय स्तर पर राज्य के एथलीटों ने कई पदक जीते हैं। सुरेश चन्द्र पाण्डे, दिनेश रावत (अल्मोड़ा), महेश सिंह फर्त्याल (चम्पावत), यशवन्त सिंह रावत, त्रिलोकपाल सिंह, गजेन्द्र सिंह नेगी (देहरादून), राजेश हरिप्रसाद भारद्वाज, हरीश तिवारी (नैनीताल), हीरासिंह रौतेला, गीता मनराल, पुष्पा देवी, खुशहाल सिंह नेगी (पिथौरागढ़), विनोद पोखरियाल, प्रतिभा भण्डारी, रमेश कठैत, दरबान सिंह (पौड़ी) एवं आदेश कुमार शर्मा (हरिद्वार) आदि राज्य के प्रमुख एथलीट हैं।

ओलंपियन सुरेन्द्र सिंह भंडारी के साथ ही पंकज डिमरी, प्रीतम बिंद, ज्योति भट्ट, गुरुमीत सिंह एवं राजेन्द्र सिंह रावत राज्य के मुख्य धावक हैं। महिला वर्ग में उभरती हुई एथलीटों में हरिद्वार की कोमल, ऊधमसिंह नगर की गोविंदी, अंजू, ज्योति भट्ट और अनिता, नैनीताल की मंजू देवी, रुद्रप्रयाग की जया खाती, अल्मोड़ा की दीपा मेहता, पिथौरागढ़ की शकुंतला मेहता और पौड़ी की अंकिता ध्यानी मुख्य हैं। धावक गुरुमीत सिंह ने 20 किलोमीटर दौड़ प्रतियोगिता में देश-विदेश में भारतीय दल का प्रतिनिधित्व किया है।

साहसिक खेल

राज्य में विभिन्न साहसिक खेलों का आयोजन किया जाता है, जिनमें न केवल प्रशिक्षित खिलाड़ी बल्कि यहाँ आने वाले पर्यटक भी भाग लेते हैं। इनमें राफ्टिंग, कैनोइंग, क्याकिंग, ट्रेकिंग, रॉक क्लाइंबिंग, स्कीइंग, हैंग ग्लाइडिंग एवं पैराग्लाइडिंग तथा पर्वतारोहण आदि मुख्य हैं।

राफ्टिंग/जल क्रीड़ायें

राज्य में अपार जल संसाधन की बदौलत जल क्रीड़ा के रूप में साहसिक खेलों की भी अपार संभावनाएँ हैं। राफ्टिंग यहाँ की लोकप्रिय जल क्रीड़ा है, जिसमें भाग लेने के लिए राज्य और राज्य से बाहर के लोग निरंतर आते रहते हैं। रिवर राफ्टिंग के लिए ऋषिकेश-बदरीनाथ राष्ट्रीय राजमार्ग पर गंगा नदी के तट पर स्थित ह्वाइट वॉटर वंडर कहलाने वाला कौड़ियाला सर्वोत्तम स्थान है।

उत्तराखण्ड के टिहरी में विश्व का आठवां सबसे बड़ा बांध 42 वर्ग किमी० में फैला है। यह भारत का विशालतम कृत्रिम जलाशय है, जिसमें जल क्रीड़ाओं और साहसिक खेलों की अपार संभावनाएं हैं। राज्य सरकार ने वर्ष 2014 में यहाँ राजीव गांधी साहसिक खेल अकादमी की स्थापना की है। टिहरी जलाशय में ऐंगलिंग, केनोइंग, रोविंग, बोटिंग, वाटर स्कूटर, स्पीड बोटिंग, राफ्टिंग एवं कममिंग जैसी जल क्रीड़ाएँ शुरू हो चुकी हैं।

नौकायन के क्षेत्र में राज्य और देश का नाम रोशन करने वाले खिलाड़ियों में सुरेन्द्र सिंह कन्वासी और सुरेन्द्र सिंह वल्दिया प्रमुख हैं। सुरेन्द्र सिंह कन्वासी अर्जुन पुरस्कार से सम्मानित हुए हैं।

ट्रैकिंग

राज्य में ट्रैकिंग के लिए 6 हजार मीटर से अधिक ऊँचाई वाले लगभग 100 पर्वत शिखर हैं। इसके अतिरिक्त अनेक छोटे-छोटे ट्रैकिंग मार्ग हैं, जिनका चयन पर्यटक अपनी इच्छा के अनुरूप करते हैं।

रॉक क्लाइंबिंग

रॉक क्लाइंबिंग दुर्गम चट्टानों पर चढ़ाई का खेल है। इस खेल का आयोजन चमोली जनपद में थराली और तपोवन, टिहरी में बुराँशखंडा और कौड़ियाला, उत्तरकाशी में सोनगड़ तथा तेखला और नैनीताल जनपद में मुक्तेश्वर, बारापत्थर तथा देहरादून जनपद में चकराता में किया जाता है।

स्कीइंग

स्कीइंग बर्फ पर खेला जाने वाला शीतकालीन खेल है। बर्फ पर फिसलने का यह खेल राज्य में बहुत लोकप्रिय है। स्कीइंग के लिए औली को विशेष तौर पर तैयार किया गया है। इसके लिए कई ढलानें बनाई गई हैं। यहाँ स्कीइंग का प्रशिक्षण भी दिया जाता है। औली में एक केबल कार है, जो इसे जोशीमठ से जोड़ती है। औली में प्रत्येक वर्ष स्कीइंग महोत्सव का आयोजन भी किया जाता है।

हैंग ग्लाइडिंग एवं पैराग्लाइडिंग

ये दोनों खेल रोमांचक एवं साहसिक खेलप्रेमियों के बीच लोकप्रिय हैं। खुले आकाश में पक्षियों की तरह स्वच्छंद उड़ान भरने के ये खेल अद्‌भुत हैं। हैंग ग्लाइडिंग का आयोजन विभिन्न स्पर्धाओं में किया जाता है।

पर्वतारोहण

हिमालयी राज्य उत्तराखण्ड संपूर्ण विश्व के पर्वतारोहियों के मन को रोमांचित कर ऊंची चोटियों को छूने की लालसा जगाता है। सर्व प्रथम सन् 1885 में कॉमेट शिखर पर चढ़ने के प्रयास किए गए थे। इसके लगभग 46 वर्षों के बाद सन् 1931 में एक ब्रिटिश दल यहाँ पहली बार पहुँचने में सफल हुआ। फ्रेंक स्माइथ के नेतृत्व में एरिक, शिप्टन, होल्डसवर्थ तथा लेवा शेरपा इस दल के सदस्य थे। इसी दल ने फूलों की घाटी को खोजकर उसके सौंदर्य को विश्व के समक्ष पेश किया था। सन् 1955 में कॉमेट शिखर पर दूसरी विजय नरेन्द्र जुयाल के नेतृत्व में दार्जिलिंग के हिमालय पर्वतारोहण संस्थान के सदस्यों ने हासिल की। उत्तरकाशी स्थित नेहरू इन्स्टीट्यूट ऑफ माउन्टेनियरिंग की स्थापना 14 नवम्बर, 1965 को हुई थी। यह इंटरनेशनल फेडरेशन फॉर क्लाइंबिंग एण्ड माउण्टेनियरिंग (UIAA) द्वारा मान्यता प्राप्त भारत का एकमात्र संस्थान है।

पिथौरागढ़ जनपद में जन्मे लवराज सिंह धर्मशक्तू विश्व की सबसे ऊँची चोटी एवरेस्ट पर 7 बार चढ़ने वाले प्रथम भारतीय पर्वतारोही हैं। उन्हें वर्ष 2014 में पद्मश्री से अलंकृत किया गया। बछेन्द्री पाल ने 23 मई, 1984 को विश्व की सर्वोच्च चोटी एवरेस्ट पर भारतीय तिरंगा फहराया था। इस 8848 मीटर ऊँची चोटी पर पहुँचने वाली वह भारत की प्रथम और विश्व की पाँचवीं महिला हैं। उन्हें 1984 में पद्मश्री, 1986 में अर्जुन पुरस्कार तथा वर्ष 2019 में पद्म भूषण सम्मान से अलंकृत किया गया है। मई 2013 में 21 वर्षीया जुड़वाँ बहनों, ताशी-नुंग्शी मलिक ने एवरेस्ट की चोटी पर पहुँच कर तिरंगा फहराया। चन्द्रप्रभा ऐतवाल भी शुरुआती महिला पर्वतारोहियों में से एक रहीं। वह नंदादेवी चोटी पर चढ़ने वाली पहली महिला पर्वतारोही थी। उन्हें 2009 में तेंजिग नोर्गे अवार्ड से सम्मानित किया गया। हर्षवन्ती बिष्ट भी एक जानी-मानी पर्वतारोही हैं।

शीतकालीन खेल एवं औली

चमोली गढ़वाल के सीमान्त क्षेत्र में नन्दादेवी, कॉमेट, माणा शिखर, द्रोणागिरी, हाथी-गौरी आदि पर्वत शिखरों से घिरे औली-गोरसों की विश्व प्रसिद्ध बर्फीली ढलानों पर उत्तराखण्ड में पहली बार 10 जनवरी से 16 जनवरी 2011 तक प्रथम दक्षिण एशियाई शीतकालीन खेलों (साउथ एशियन विंटर गेम्स-2011) का आयोजन हुआ, जिसमें भारत के 40, पाकिस्तान के 23, नेपाल के 10, मालदीव के 4, बांग्लादेश के 3 और श्रीलंका के 5 खिलाड़ियों सहित कुल 91 खिलाड़ियों ने भाग लिया।

राज्य खेल पुरस्कार

उत्तराखण्ड सरकार ने प्रतिवर्ष दिए जाने वाले राज्य खेल पुरस्कार शुरू किए हैं। 2013 का खेल रत्न पुरस्कार निशानेबाज जसपाल राणा को और द्रोणाचार्य पुरस्कार हरिसिंह थापा को दिया गया था। पद्म बहादुर मल्ल को लाइफ टाइम अचीवमेंट पुरस्कार दिया गया था। वर्ष 2014 में त्रिलोक सिंह बसेड़ा को खेल

रत्न, नारायण सिंह राणा को द्रोणाचार्य अवार्ड और हरिदत्त कापड़ी को लाइफ टाइम अचीवमेंट पुरस्कार दिया गया। वर्ष 2015 का खेल रत्न स्व. राम बहादुर क्षेत्री (मरणोपरांत), द्रोणाचार्य पुरस्कार रेणू कोहली और लाइफ टाइम अचीवमेंट पुरस्कार हंसा मनराल को प्रदान किया गया। 2016 में गुरमीत सिंह को खेल रत्न, सुरेन्द्र सिंह भंडारी को द्रोणाचार्य और राजेन्द्र सिंह रावत को लाइफ टाइम अचीवमेंट पुरस्कार से सम्मानित किया गया। वर्ष 2017 का 'देवभूमि उत्तराखण्ड खेल रत्न' महिला क्रिकेटर एकता बिष्ट और उनके कोच लियाकत अली को 'देवभूमि उत्तराखण्ड द्रोणाचार्य पुरस्कार' से सम्मानित किया गया। वर्ष 2018 के लिए एथलेटिक्स कोच अनूप बिष्ट को 'देवभूमि उत्तराखण्ड द्रोणाचार्य पुरस्कार' और मनोज सरकार को 'देवभूमि उत्तराखण्ड खेल रत्न' से सम्मानित किया गया। वर्ष 2019-20 के लिए बैडमिंटन खिलाड़ी लक्ष्य सेन को खेल रत्न और कोच धीरेन्द्र कुमार सेन को देवभूमि उत्तराखण्ड द्रोणाचार्य पुरस्कार एवं वर्ष 2020-21 के लिए एथलीट चंदन सिंह को देवभूमि उत्तराखण्ड खेल रत्न पुरस्कार से सम्मानित किया गया।

2020-21 का देवभूमि द्रोणाचार्य पुरस्कार ताइक्वांडो प्रशिक्षक कमलेश कुमार तिवारी को दिया गया, जबकि 2021-22 के लिए तीरंदाजी प्रशिक्षक संदीप कुमार डुकलान को द्रोणाचार्य पुरस्कार से नवाजा गया। वर्ष 2021-22 का लाइफटाइम अचीवमेंट अवॉर्ड एथलीट सुरेश चन्द्र पांडे को प्रदान किया गया।

उत्तराखण्ड खेल नीति में बदलाव

उत्तराखण्ड में अंतर्राष्ट्रीय और राष्ट्रीय स्तर पर पदक विजेता खिलाड़ियों को अब तक 14 सरकारी विभागों में नौकरी मिलती रही है, लेकिन नई खेल नीति में संशोधन के बाद अब केवल 6 विभागों में ही उन्हें नौकरी मिल सकेगी। 18 जुलाई, 2023 को मुख्य सचिव की अध्यक्षता में सचिवालय में हुई एक बैठक में राज्य की प्रस्तावित खेल नीति के प्रावधानों में कुछ संशोधन किये गये। इस नीति के अनुसार अब ओलंपिक, विश्व चैम्पियनशिप, विश्व कप, एशियन गेम्स, कॉमनवेल्थ चैम्पियनशिप के पदक विजेताओं को नौकरी मिलेगी। इसके अलावा उच्च और तकनीकी शिक्षा के पाठ्यक्रम में कुशल खिलाड़ियों को 5 प्रतिशत आरक्षण दिया जाएगा। ग्रीष्मकालीन अवकाश में विशेष खेल प्रतियोगिताएं एवं प्रशिक्षण शिविरों का आयोजन करने पर विचार किया गया। पौड़ी स्थित रांसी स्टेडियम को हाई एल्टीट्यूड सेंटर के रूप में विकसित करने और हल्द्वानी में अंतर्राष्ट्रीय स्पोर्ट्स कॉम्पलेक्स में खेल विश्वविद्यालय की स्थापना करने का फैसला किया गया। इसके अतिरिक्त महिला स्पोर्ट्स कॉलेज रुद्रपुर के बजाय लोहाघाट में शुरू किया जा रहा है।

प्रतिभावान खिलाड़ियों के लिए आर्थिक सहायता योजना

खेल और खिलाड़ियों को प्रोत्साहन देने के लिए उत्तराखण्ड सरकार ने प्रदेश के प्रतिभावान खिलाड़ियों के लिए आर्थिक सहायता योजना शुरू की है और इसके लिए मुख्यमंत्री खेल विकास निधि योजना के अंतर्गत सहायता राशि देने का निर्णय लिया है। इस योजना का लाभ राष्ट्रीय और अंतर्राष्ट्रीय खेल प्रतियोगिताओं में

प्रतिभाग करने वाले खिलाड़ी उठा सकेंगे।

योजना का उद्देश्य खिलाड़ियों को आगामी प्रतियोगिताओं में बेहतर प्रदर्शन करने के लिए प्रोत्साहित करना है। खेलों को बढ़ावा देने के लिए विशेष रूप से राष्ट्रीय एवं अंतर्राष्ट्रीय स्तर की उत्कृष्टता प्रदान करने के लिए उचित प्रशिक्षण व खेल उपकरणों की आपूर्ति समय पर उपलब्ध कराना है। राष्ट्रीय खेल प्रतियोगिता में पदक विजेता को दो लाख रुपये से लेकर ओलंपिक के पदक विजेता खिलाड़ी को दस लाख रुपए तक की आर्थिक सहायता देने का प्रावधान है।

राष्ट्रीय खेल और खेलो इंडिया चैम्पियनशिप में स्वर्ण, रजत अथवा कांस्य पदक विजेता को राज्य सरकार दो लाख रुपए की आर्थिक सहायता उपलब्ध कराएगी। इस श्रेणी में राष्ट्रीय स्कूल खेल, सब जूनियर खिलाड़ी भी पात्र होंगे।

सीनियर राष्ट्रीय चैम्पियनशिप, यूनिवर्सिटी गेम्स, स्कूल गेम्स और वर्ल्ड पुलिस गेम्स के पदक विजेताओं को तीन लाख रुपये की आर्थिक सहायता का प्रावधान है। तीसरी श्रेणी में राष्ट्रीय खेल एवं अन्तर्राष्ट्रीय चैम्पियनशिप को रखा गया है और इसके पदक विजेता खिलाड़ी को चार लाख रुपये की आर्थिक सहायता दी जाएगी। सैफ खेल चैम्पियनशिप के पदक विजेता खिलाड़ियों को पांच लाख रुपए और एफ्रो एशियन चैम्पियनशिप के पदक विजेता खिलाड़ियों को छह लाख रुपये जबकि राष्ट्रमंडल खेलों के पदक विजेता खिलाड़ियों को सात लाख रुपए की आर्थिक सहायता प्रदान की जायेगी।

एशियाई खेलों के पदक विजेता खिलाड़ियों को आठ लाख रुपए, विश्व कप चैम्पियनशिप के पदक विजेता खिलाड़ियों को नौ लाख रुपए और ओलंपिक पदक विजेता खिलाड़ियों को दस लाख रुपए की एकमुश्त आर्थिक सहायता दी जायेगी। यह आर्थिक सहायता पुरस्कार राशि के अतिरिक्त होगी। ●●

उत्तराखण्ड खेल नीति-2021

नई खेल नीति के अनुसार ओलम्पिक खेलों में स्वर्ण पदक विजेता को 2 करोड़ रुपये, रजत पदक विजेता को 1.5 करोड़ रुपये और कांस्य पदक विजेता को एक करोड़ रुपये का पुरस्कार दिया जाएगा। ओलम्पिक आयोजन में भाग लेने वाले हर खिलाड़ी को 50 लाख रुपये प्रदान किये जाएंगे। जबकि किसी भी अंतर्राष्ट्रीय चैंपियनशिप में स्वर्ण पदक विजेता को 30 लाख रुपये, रजत पदक विजेता को 20 लाख रुपये और कांस्य पदक विजेता को 15 लाख रुपये दिए जाएंगे। राष्ट्रीय और अंतर्राष्ट्रीय खेल प्रतियोगिताओं में उत्कृष्ट प्रदर्शन करने वाले राज्य के खिलाड़ियों को सरकारी नौकरी दी जाएगी। खुद की अलग पहचान बनाने वाली खेल प्रतिभाओं को राज्य सरकार छात्रवृत्ति भी देगी। खिलाड़ियों को कई नये पुरस्कारों सहित बीमा सुविधा, खेल उपकरण और किट दिये जाएंगे। 2024 में पेरिस ओलंपिक के खिलाड़ी लक्ष्य सेन, परमजीत सिंह, सूरज पंवार, और अंकिता ध्यानी को राष्ट्रीय खेल दिवस के अवसर पर 29 अगस्त, 2024 को 50-50 लाख रुपए की धनराशि प्रदान की गई।

उत्तराखण्ड सरकार की भावी योजनाएं

• राज्य में खेल विश्वविद्यालय की स्थापना	– खिलाड़ियों को उनके खेलों में उच्च स्तर के शोध कार्य किये जाने के उद्देश्य से राज्य में खेल विश्वविद्यालय का निर्माण।
• राज्य में महिला स्पोर्ट्स कॉलेज की स्थापना	– महिला खिलाड़ियों को उनके खेलों में और अधिक प्रभावशाली प्रशिक्षण के साथ शैक्षणिक गतिविधियों को भी बनाये रखने हेतु महिला स्पोर्ट्स कॉलेज का निर्माण।
• राज्य के खिलाड़ियों को सीधी भर्ती के पदों पर चार प्रतिशत आरक्षण	– राज्याधीन सेवाओं में सीधी भर्ती के पदों पर खेल कोटे के आधार पर खिलाड़ी चार प्रतिशत आरक्षण प्राप्त कर सकते हैं।
• राज्य खेल विकास संस्थान एवं खेल विज्ञान केन्द्र की स्थापना	– इस संस्थान की स्थापना से खिलाड़ियों को तकनीकी, वैज्ञानिक तथा मनोवैज्ञानिक प्रशिक्षण प्राप्त होगा और खेल क्षेत्र में शोध कार्य से राज्य के खिलाड़ियों के कौशल विकास में सहायता प्राप्त होगी।
• उदीयमान खिलाड़ियों को प्रशिक्षण	– उत्तराखण्ड सरकार की नीति के तहत प्रदेश के उदीयमान खिलाड़ियों को उच्च स्तरीय प्रशिक्षण प्रदान करने के उद्देश्य से विदेशी प्रशिक्षक अनुबंध के आधार पर तैनात किया जा सकेगा।
• खिलाड़ियों को आउट ऑफ टर्न नियुक्ति	– राष्ट्रीय और अंतर्राष्ट्रीय स्तर के राज्य के खिलाड़ियों को राज्याधीन सेवाओं में श्रेणी दो और श्रेणी तीन तक आउट ऑफ टर्न नियुक्ति प्रदान की जाएगी।
• राज्य परिवहन निगम की बसों में खिलाड़ियों को प्रतियोगिता अथवा प्रशिक्षण में प्रतिभागिता के दौरान निशुल्क यात्रा	– राज्य एवं राष्ट्रीय स्तर के पुरस्कार प्राप्त खिलाड़ी राज्य परिवहन निगम की बसों में निशुल्क यात्रा के लिए पात्र होंगे।
• महाविद्यालयों तथा व्यावसायिक पाठ्यक्रमों में प्रवेश के लिए पाँच प्रतिशत सीट उत्कृष्ट खिलाड़ी खेल कोटा प्रदान किये जाने की योजना	– इस योजना के तहत राज्य के खिलाड़ी उच्च शिक्षा ग्रहण करने हेतु खेल कोटा के तहत प्रवेश प्राप्त कर पायेंगे।

●●

राष्ट्रीय फलक पर नयी प्रतिभाएं

स्नेह राणा (क्रिकेटर)

स्नेह राणा देहरादून की रहने वाली हैं। वह भारतीय महिला क्रिकेट टीम की बेहतरीन ऑलराउंडर खिलाड़ी हैं। 2021 में इंग्लैंड के खिलाफ टेस्ट डेब्यू में उन्होंने शानदार नाबाद 80 रन बनाकर भारत को मैच बचाने में मदद की। स्नेह अपनी सटीक स्पिन गेंदबाजी और तेज फील्डिंग के लिए जानी जाती हैं। उन्होंने वर्ल्ड कप और टी-20 सीरीज में भारत के लिए कई महत्वपूर्ण प्रदर्शन किए हैं। स्नेह राणा उत्तराखण्ड की दूसरी महिला क्रिकेटर बनीं जिन्होंने भारतीय राष्ट्रीय टीम में जगह बनाई, और वह राज्य की युवा खिलाड़ियों के लिए प्रेरणा हैं।

एकता बिष्ट (क्रिकेटर)

अंतर्राष्ट्रीय क्रिकेटर, बाएं हाथ की स्पिन गेंदबाज, जो भारतीय महिला टीम की प्रमुख सदस्य हैं और अल्मोड़ा से हैं। नवम्बर 2025 में संपन्न महिला वर्ल्ड कप की विजेता भारतीय की टीम वह हिस्सा रही और इस दूर्नामेंट में उन्होंने शानदार प्रदर्शन किया।

मानसी नेगी (रेस वॉकिंग)

मानसी नेगी चमोली जनपद की रहने वाली हैं और वह भारत की उभरती हुई रेस वॉकर हैं। मुश्किल पहाड़ी परिवेश और सीमित सुविधाओं के बावजूद मानसी ने कड़ी मेहनत से राष्ट्रीय स्तर पर पहचान बनाई और अंतर्राष्ट्रीय मुकाबलों में भी देश का प्रतिनिधित्व किया। उनका समर्पण, अनुशासन और लंबी दूरी की सहनशीलता उन्हें राज्य की प्रमुख महिला एथलीटों में से एक बनाती है। मानसी ने स्थानीय कोच और परिवार के समर्थन से प्रशिक्षण लिया और युवाओं, विशेषकर पहाड़ी इलाकों की लड़कियों के लिए प्रेरणा बनकर उभरीं।

वंदना कटारिया (हॉकी)

वंदना कटारिया हरिद्वार के रोशनाबाद की रहने वाली हैं। वह भारतीय महिला हॉकी टीम की स्टार फॉरवर्ड खिलाड़ी रही हैं। टोक्यो ओलंपिक 2021 में उन्होंने हैट्रिक लगाकर इतिहास रचा और भारत को सेमीफाइनल तक पहुंचाने में अहम भूमिका निभाई। वंदना देश की पहली महिला हॉकी खिलाड़ी बनीं जिन्होंने ओलंपिक में हैट्रिक की। उन्हें वर्ष 2020 अर्जुन अवॉर्ड से भी सम्मानित किया गया। साधारण परिवार से आने वाली वंदना उत्तराखण्ड की बेटियों के लिए प्रेरणा बन चुकी हैं। वंदना के नाम पर हरिद्वार के रोशनाबाद में हॉकी स्टेडियम का नामकरण किया गया है।

अंजली रावत (कराटे)

देहरादून की अंजली रावत कराटे में अंतर्राष्ट्रीय स्तर पर भारत का प्रतिनिधित्व कर चुकी हैं। उन्होंने कई राष्ट्रीय प्रतियोगिताओं में स्वर्ण और रजत पदक जीते हैं। एशियन कराटे चैंपियनशिप में भी उन्होंने भारत का परचम लहराया। अंजली बचपन से ही आत्मरक्षा और खेलों में रुचि रखती थीं। वह अब राज्य में बालिकाओं को कराटे प्रशिक्षण देकर आत्मनिर्भर बना रही हैं। उनकी मेहनत और अनुशासन ने उन्हें राज्य की शीर्ष महिला खिलाड़ियों में शामिल किया है।

कुहू गर्ग (बैडमिंटन)

कुहू गर्ग देहरादून की युवा बैडमिंटन खिलाड़ी हैं। उन्होंने राष्ट्रीय और अंतर्राष्ट्रीय स्तर पर भारत का प्रतिनिधित्व किया है। डबल्स और मिक्स्ड डबल्स में उनका खेल विशेष रूप से सराहा जाता है। कुहू ने सैयद मोदी इंटरनेशनल और ऑल इंडिया बैडमिंटन टूर्नामेंट जैसे कई बड़े मुकाबलों में शानदार प्रदर्शन किया। कुहू अब भारतीय पुलिस सेवा का अंग बन चुकी है।

ताशी और नुंग्शी मलिक (पर्वतारोही)

दुनिया की पहली जुड़वां बहनें जिन्होंने सात महाद्वीपों की सबसे ऊंची चोटियां (Seven Summits) फतह करते हुए, एक्सप्लोरर्स ग्रैंड स्लैम पूरा किया। देहरादून की ये बहनें 'बेटी बचाओ' अभियान की ब्रांड एंबेसडर भी हैं। ●●

आरुषि निशंक (कत्थक नृत्यांगना)

आरुषि निशंक का जन्म कोटद्वार में हुआ। वे एक अभिनेत्री, शास्त्रीय नृत्यांगना, फिल्म निर्माता और समाजसेवी हैं। उन्होंने फिल्म तारिणी से अभिनय की शुरुआत की, जो महिलाओं के साहस पर आधारित है। आरुषि विश्व प्रसिद्ध कथक नृत्यांगना हैं और उन्होंने कई अंतर्राष्ट्रीय मंचों पर भारत का प्रतिनिधित्व किया है। वे नमामि गंगे अभियान की ब्रांड एंबेसडर भी रह चुकी हैं। पर्यावरण और महिला सशक्तिकरण से जुड़े प्रोजेक्ट्स में सक्रिय हैं। आरुषि उत्तराखण्ड की सांस्कृतिक विरासत को दुनिया तक पहुंचाने का कार्य कर रही हैं।

उर्वशी रौतेला (अभिनेत्री)

उर्वशी रौतेला का जन्म कोटद्वार (पौड़ी गढ़वाल) में हुआ। वे भारत की प्रसिद्ध मॉडल और बॉलीवुड अभिनेत्री हैं। 2015 में उन्होंने मिस यूनिवर्स इंडिया का खिताब जीता। उर्वशी ने फिल्मों- सनम रे, हेट स्टोरी 4, पागलपंती और वर्जिन भानुप्रिया में अभिनय किया है। उनकी खूबसूरती और आत्मविश्वास ने उन्हें अंतर्राष्ट्रीय पहचान दिलाई। उर्वशी सोशल मीडिया पर भी बेहद सक्रिय हैं और लाखों फॉलोअर्स रखती हैं। वह उत्तराखण्ड की पहली अभिनेत्री हैं जिन्होंने विश्वस्तर पर भारतीय सिनेमा का प्रतिनिधित्व किया है।

ग्रामीण पंचायतें : इतिहास, संरचना और स्वशासन की यात्रा

10

प्राचीन उत्पत्ति और विकास

ग्रामीण पंचायतों का इतिहास प्राचीन भारत से जुड़ा है, जब मानव ने खेती और पशुपालन को अपनाकर स्थायी बस्तियां बसानी शुरू कीं। प्रारंभ में एक स्थान पर एक ही समुदाय या गोत्र के लोग बसते थे। जैसे-जैसे गांवों की आबादी बढ़ी, लोगों में जरूरत की वस्तुओं के लेन-देन की प्रथा शुरू हुई। इससे गांवों के आसपास कारीगरों की बस्तियां, हाट-बाजार और छोटे-छोटे कुटीर उद्योग विकसित हुए। समय के साथ गांवों का आर्थिक और सामाजिक ढांचा जटिल होता गया। आपसी विवादों का निपटारा शुरू में परिवार या समुदाय के मुखिया करते थे, लेकिन जैसे-जैसे समाज संगठित हुआ, इन विवादों को सुलझाने के लिए पांच सम्मानित व्यक्तियों की समिति, जिसे 'पंच' कहा गया, गठित की गई। पंचों को परमेश्वर का दर्जा दिया गया, और यहीं से 'पंचायत' शब्द की उत्पत्ति हुई। पंचायत एक ऐसी समिति होती है, जो किसी विवाद के निष्पक्ष निपटारे के लिए नियुक्त की जाती है।

ग्राम पंचायतें न केवल विवाद समाधान में महत्वपूर्ण थीं, बल्कि गांवों की सांस्कृतिक विरासत को संरक्षित करने और सामुदायिक एकता को बनाए रखने में भी योगदान देती थीं। ये सामाजिक और आर्थिक आत्मनिर्भरता को बढ़ावा देती थीं, जिससे गांव स्वावलंबी बन सकें। पंचायतें सामुदायिक संसाधनों का प्रबंधन करती थीं, जैसे जल स्रोत, सामुदायिक भूमि और स्थानीय मेलों का आयोजन, जो गांवों के सामाजिक-आर्थिक जीवन का आधार थे।

- **कमिश्नर (आयुक्त) :** वह सरकारी अधिकारी, जिसके अधीन कई जनपदों को मिलाकर बनाये गए मंडल का प्रशासन होता है। यह पद 1829 ई० में अस्तित्व में आया।
- **कलक्टर (जिला अधिकारी) :** जिले की सम्पूर्ण प्रशासनिक व्यवस्था के लिए जिम्मेदार अधिकारी। ब्रिटिश भारत में कलक्टर जिले में राजस्व वसूली का प्रभारी अधिकारी होता था।
- **गुमाश्ता :** जमीन से संबंधित मामलों के लिए राजस्व अधिकारी द्वारा नियुक्त किया गया व्यक्ति। ब्रिटिश काल में यह अंग्रेजों और किसानों के बीच मध्यस्थ का काम करता था।
- **सयाणा :** जौनसार में ग्रामीण क्षेत्रों में विवादों के निपटारे के लिए अधिकृत व्यक्ति। यहां ग्राम सयाणा और कुछ गांवों को मिलाकर बने खत पर खत सयाणा होता था। गांव सयाणा खत सयाणा के अधीन काम करता था।
- **पदान :** ग्रामीण क्षेत्रों में गांव से राजस्व वसूल करने और उसे सरकारी खजाने में जमा करने के लिए नियुक्त व्यक्ति।
- **कमीण :** एक अधिकारी के रूप में गांवों के राजस्व की वसूली करने वाला ऐसा व्यक्ति जिसका संबंधित गांव की जायदाद पर कोई स्वामित्व नहीं होता था।

ब्रिटिश काल में स्थानीय स्वशासन

- **कानूनगो :** भूमि सम्बन्धी नियमों और राजस्व वसूली का रिकॉर्ड रखने वाला सरकारी कर्मचारी, जो पटवारी के ऊपर होता है।
- **थोकदार :** किसी थोक (ताल्लुका क्षेत्र) के पदानों के कार्यों की देखरेख करने वाला, जिसे पुलिस के समान अधिकार प्राप्त होते थे।
- **परगना :** कुछ पट्टियों को मिलाकर एक परगना बनाया जाता था।
- **पट्टा :** राजस्व अधिकारी द्वारा राजस्व देने वाले को दिया गया दस्तावेज या अधिकार पत्र। इसमें उन शर्तों का उल्लेख होता था, जिन पर भूमि उसे दी गई है।

ब्रिटिश शासनकाल में स्थानीय स्वशासन को औपचारिक रूप देने की शुरुआत हुई। लॉर्ड रिपन के शासनकाल में 18 मई, 1882 को पारित प्रस्ताव स्थानीय स्वशासन की दिशा में एक महत्वपूर्ण कदम था। इसने ग्रामीण स्तर पर प्रशासनिक ढांचे को मजबूत करने का मार्ग प्रशस्त किया। गवर्नमेंट ऑफ इंडिया एक्ट, 1919 ने स्थानीय स्वशासन को प्रांतीय सरकारों के अधीन कर दिया, जिसके बाद प्रांतों ने ग्राम पंचायतों के गठन के लिए कानून बनाना शुरू किया। 19 देशी रियासतों और ब्रिटिश शासित प्रांतों ने इस दिशा में अधिनियम बनाए। गवर्नमेंट ऑफ इंडिया एक्ट, 1935 ने प्रांतीय सरकारों को और अधिक स्वायत्तता प्रदान की, लेकिन ये सभी व्यवस्थाएं प्रांतीय सरकारों के नियंत्रण में थीं।

उत्तर प्रदेश में ग्राम पंचायतों को औपचारिक रूप देने के लिए कई कानून बनाए गए। 1947 में संयुक्त प्रांत पंचायत राज्य अधिनियम, 1958 में अंतरिम जिला परिषद अधिनियम, और 1961 में क्षेत्र पंचायत तथा जिला पंचायत अधिनियम लागू हुए। उत्तराखण्ड राज्य गठन के बाद, यह राज्य उत्तर प्रदेश के इन कानूनों के तहत पंचायती राज व्यवस्था संचालित करता रहा। हालांकि, 2016 में उत्तराखण्ड ने अपना स्वतंत्र पंचायती राज अधिनियम लागू किया, जो त्रिस्तरीय पंचायती व्यवस्था को और मजबूत करता है।

73वां संविधान संशोधन-1992

भारत के संविधान में 73वाँ संशोधन (1992) पंचायती राज व्यवस्था के लिए एक मील का पत्थर साबित हुआ। यह संशोधन 24 अप्रैल, 1993 से प्रभावी हुआ और संविधान के भाग-9 में 16 अनुच्छेद जोड़े गए, जो पंचायतों की संरचना, निर्वाचन और अधिकारों को परिभाषित करते हैं। इस संशोधन ने पंचायतों को संवैधानिक दर्जा प्रदान किया और स्थानीय स्वशासन को लोकतांत्रिक ढांचे में स्थापित किया।

ग्राम सभा

लोकतंत्र की आधारशिला संविधान के अनुच्छेद 243(बी) के अनुसार, ग्राम सभा एक गांव या कई गांवों के पंजीकृत मतदाताओं की सभा है। यह ग्राम पंचायत का आधार होती है और प्रत्येक ग्राम सभा में एक ही ग्राम पंचायत होती है। राज्य सरकार को ग्राम सभा घोषित करने, इसका नाम निर्धारित करने और शामिल गांवों

का निर्णय लेने का अधिकार है। ग्राम सभा की दो वार्षिक सामान्य बैठकें होती हैं, जिनकी अध्यक्षता ग्राम पंचायत का प्रधान करता है। इन बैठकों में ग्राम सभा निम्नलिखित कार्य करती है–

पंचायती राज नियमावली के नियम-31 के अनुसार, ग्राम सभा और उसकी पंचायत की बैठकें सामान्यतः ग्राम सभा कार्यालय में होती हैं। नियम-32 के तहत बैठक की सूचना कम से कम 15 दिन पहले दी जाती है और नियम-37 के अनुसार, तिथि, समय और स्थान की जानकारी सार्वजनिक स्थानों पर चस्पा की जाती है। यह पारदर्शिता और सामुदायिक भागीदारी सुनिश्चित करता है।

> पंचायत शब्द संस्कृत से उत्पन्न हुआ है, जहां 'पंच' का अर्थ पांच और 'आयत' का अर्थ है सभा अर्थात् पांच व्यक्तियों की सभा। यह शब्द वैदिक काल में गांवों की स्वशासन व्यवस्था को दर्शाता है। ऋग्वेद, मनुस्मृति, रामायण और महाभारत जैसे ग्रंथों में इनका उल्लेख है। चाणक्य के अर्थशास्त्र में गांव प्रमुख (अध्यक्ष) की भूमिका वर्णित है। मौर्य, गुप्त और चोल राजवंशों में गांव स्वशासित इकाई थे। हालांकि ब्रिटिश काल में केंद्रीकृत शासन से पंचायतें कमजोर हुईं, लेकिन वर्ष 1870 में लॉर्ड मेयो के प्रस्ताव और 1882 में लॉर्ड रिपन के सुधारों ने स्थानीय स्वशासन व्यवस्था को पुनर्जीवित किया।

ग्राम पंचायत की संरचना और कार्य

पंचायती राज अधिनियम की धारा-11 के अनुसार, प्रत्येक ग्राम पंचायत में एक प्रधान और एक उप-प्रधान होता है, जो क्रमशः अध्यक्ष और उपाध्यक्ष के रूप में कार्य करते हैं। ग्राम पंचायत में छह समितियां होती हैं–

1. नियोजन एवं विकास समिति	2. शिक्षा समिति
3. स्वास्थ्य एवं स्वच्छता समिति	4. प्रशासनिक समिति
5. पेयजल समिति	6. निर्माण कार्य समिति

इसके अतिरिक्त, प्रत्येक राजस्व गांव में एक स्वास्थ्य व स्वच्छता उप-समिति और प्रत्येक स्कूल में स्कूल प्रबंधन समिति होती है। ये समितियां स्थानीय स्तर पर विकास कार्यों को सुचारू रूप से संचालित करने में महत्वपूर्ण भूमिका निभाती हैं। ग्राम पंचायत ग्राम सभा के सुझावों पर विचार करती है और स्थानीय विकास योजनाओं को लागू करती है।

क्षेत्र पंचायत : मध्यवर्ती स्तर

क्षेत्र पंचायत त्रिस्तरीय पंचायती राज व्यवस्था का मध्य स्तर है, जो ग्राम पंचायत और जिला पंचायत के बीच कार्य करती है। संविधान के अनुच्छेद 243 में इसे मध्यवर्ती स्तर की पंचायत कहा गया है। इसके सदस्य प्रादेशिक निर्वाचन क्षेत्रों से प्रत्यक्ष निर्वाचन द्वारा चुने जाते हैं। उत्तराखण्ड में प्रत्येक विकासखंड के लिए एक क्षेत्र पंचायत होती है, जो खंड के नाम पर होती है और एक निगमित निकाय है। इसका कार्यालय राज्य सरकार द्वारा निर्धारित स्थान पर होता है।

पहाड़ी क्षेत्रों में 25,000 तक की जनसंख्या वाले खंड में 20 निर्वाचन क्षेत्र और अधिक जनसंख्या वाले खंड में अधिकतम 40 निर्वाचन क्षेत्र होते हैं। मैदानी क्षेत्रों में 50,000 तक की जनसंख्या वाले खंड में 20 और अधिक जनसंख्या वाले में अधिकतम 40 निर्वाचन क्षेत्र होते हैं। पदेन सदस्यों में ग्राम पंचायतों के प्रधान, लोकसभा और राज्यसभा के सदस्य और विधानसभा के सदस्य शामिल हैं, जो प्रमुख या उप-प्रमुख के निर्वाचन और अविश्वास प्रस्ताव को छोड़कर बैठकों में मत दे सकते हैं। क्षेत्र पंचायत में एक प्रमुख, एक वरिष्ठ उप-प्रमुख, और एक कनिष्ठ उप-प्रमुख चुने जाते हैं।

> स्वतंत्र भारत में बलवंत राय मेहता समिति (1957) ने तीन-स्तरीय प्रणाली की सिफारिश की थी। ग्राम पंचायत, पंचायत समिति और जिला परिषद। आज पंचायतें ग्रामीण विकास का आधार हैं। भारत में आधिकारिक रूप से पहले पंचायत चुनाव 2 अक्टूबर, 1959 को राजस्थान के नागौर जनपद में आयोजित किए गए थे। यह बलवंत राय मेहता समिति की सिफारिशों पर आधारित था, जिसने त्रि-स्तरीय पंचायती राज व्यवस्था की शुरुआत की। बाद में अन्य राज्यों में भी इसी व्यवस्था को अपनाया गया।

जिला पंचायत : शीर्ष स्तर

73वें संशोधन के तहत, धारा-17 में जिला पंचायतों के गठन और निगमन का प्रावधान है। प्रत्येक जनपद में एक जिला पंचायत होती है, जो जनपद के नाम पर होती है और एक निगमित निकाय है। इसका कार्यालय राज्य सरकार द्वारा निर्धारित स्थान पर होता है। यदि नया जनपद बनता है, तो पुरानी जिला पंचायत तब तक कार्य करती है, जब तक नई जिला पंचायत स्थापित न हो जाए।

जिला पंचायत में एक अध्यक्ष और प्रत्यक्ष निर्वाचन द्वारा चुने गए सदस्य होते हैं। पहाड़ी क्षेत्रों में 24,000 से अधिक और मैदानी क्षेत्रों में 50,000 से अधिक जनसंख्या वाले विकास खंडों में आनुपातिक आधार पर निर्वाचन क्षेत्र निर्धारित होते हैं। पदेन सदस्यों में क्षेत्र पंचायतों के प्रमुख, सांसद और विधायक शामिल हैं, जिन्हें कुछ मामलों को छोड़कर मताधिकार प्राप्त है। जिला पंचायत में एक अध्यक्ष और एक उपाध्यक्ष चुने जाते हैं।

उत्तराखण्ड पंचायती राज अधिनियम-2016

4 अप्रैल, 2016 को लागू उत्तराखण्ड पंचायती राज अधिनियम ने उत्तर प्रदेश के 1947 और 1961 के अधिनियमों को एकीकृत कर त्रिस्तरीय पंचायती राज व्यवस्था को मजबूत किया। इसमें 25 अध्याय और 194 धाराएं हैं, जो ग्राम, क्षेत्र, और जिला पंचायतों के कार्यों और अधिकारों का विस्तार से वर्णन करती हैं। पहाड़ी क्षेत्रों में न्यूनतम 500 और मैदानी क्षेत्रों में 1,000 की जनसंख्या पर ग्राम पंचायत बनती है, अधिकतम जनसंख्या क्रमशः 2,000 और 10,000 है। पहले से बनी ग्राम पंचायतों पर यह शर्त लागू नहीं होती। सभी पंचायतों में चुनाव गोपनीय मतदान द्वारा

होते हैं और प्रत्येक वयस्क को मताधिकार प्राप्त है। पंचायतें अपने क्षेत्र में विकास के लिए आय अर्जित कर सकती हैं, जैसे कर, शुल्क और अनुदान के माध्यम से।

त्रिस्तरीय पंचायतों में समन्वय

ग्राम पंचायत की वार्षिक योजनाएं क्षेत्र पंचायत के माध्यम से जिला पंचायत को भेजी जाती हैं, जो समेकित योजना जिला योजना समिति को सौंपती है। क्षेत्र पंचायत ग्राम प्रधान को शपथ दिलाती है, और जिला पंचायत त्याग-पत्र स्वीकार करती है। धारा-35 की अनुसूची-3 में पंचायती राज अधिनियम के विभिन्न विषयों से संबंधित अधिकार क्षेत्र और जिला पंचायत को सौंपे गए हैं।

पंचायती राज : वर्तमान में उत्तराखण्ड में 13 जिला पंचायत, 95 क्षेत्र पंचायत तथा 7817 ग्राम पंचायतें स्थापित हैं। 73वें संविधान संशोधन अधिनियम के प्रावधान के अन्तर्गत पंचायती राज संस्थाओं का वर्तमान में 05 वर्ष का कार्यकाल है। ग्राम पंचायत का मुख्य कार्य पंचायतों में आधारभूत सुविधाओं का निर्माण करना, पंचायतों की आय हेतु आय के साधन जुटाना, पंचायत क्षेत्र में शुद्ध पेयजल, पथ प्रकाश, जल निकासी, स्वच्छता आदि की व्यवस्था, जन्म-मृत्यु का शत-प्रतिशत पंजीयन करना एवं अन्य रोजगार सृजन किया जाना आदि कार्य हैं। ●●

पंचायती राजव्यवस्था और उत्तराखण्ड

- **उत्तराखण्ड में पंचायत व्यवस्था :** उत्तराखण्ड एक पहाड़ी राज्य होने के कारण यहां पंचायत व्यवस्था ग्रामीण विकास की रीढ़ है। यह भारत के 73वें संविधान संशोधन पर आधारित है, जो विकेंद्रीकृत शासन को बढ़ावा देती है। राज्य में पंचायत व्यवस्था तीन स्तरों पर संचालित होती है– **ग्राम पंचायत** (गांव स्तर), **क्षेत्र पंचायत** (ब्लॉक स्तर) और **जिला पंचायत** (जिला स्तर)। उत्तराखण्ड पंचायती राज अधिनियम, 2016 के अनुसार, ग्राम पंचायतों की स्थापना जनसंख्या के आधार पर की जाती है। पहाड़ी क्षेत्रों में कम से कम 500 और मैदानी क्षेत्र में 1,000 आबादी के लिए। इनकी शक्तियां स्वच्छता, जल आपूर्ति, सड़क निर्माण, शिक्षा और स्वास्थ्य सुविधाओं के रखरखाव तक फैली हैं। क्षेत्र पंचायत विकास योजनाओं का समन्वय करती है, जबकि जिला पंचायत जिला स्तर पर बजट और नीतियां बनाती है। राज्य में पंचायतों में महिलाओं के लिए 50% आरक्षण है, जो लैंगिक समानता को मजबूत करता है। अनुसूचित जाति, जनजाति और पिछड़े वर्गों के लिए भी आरक्षण का प्रावधान है। यह व्यवस्था ग्रामीण अर्थव्यवस्था को मजबूत करती है, जैसे– मनरेगा और स्वच्छ भारत मिशन जैसी योजनाओं के माध्यम से।
- **उत्तराखण्ड में पंचायत चुनाव :** उत्तराखण्ड राज्य का गठन 9 नवंबर, 2000 को हुआ था। राज्य में पहले पंचायत चुनाव 2003 में फरवरी से अप्रैल तक 12 जनपद (हरिद्वार को छोड़कर) में आयोजित किए गए। हरिद्वार में ये चुनाव

2005 में सितंबर से अक्टूबर तक हुए। यह राज्य चुनाव आयोग द्वारा आयोजित पहला सामान्य चुनाव था।

वर्ष 2003 में प्रदेश में कुल 13 जिला पंचायतें, 95 क्षेत्र पंचायतें (ब्लॉक स्तर) और लगभग 7,950 ग्राम पंचायतें थीं। हालांकि हरिद्वार को छोड़कर चुनाव हुए, इसलिए 12 जिला पंचायतों में चुनाव कराए गए। 73वें संविधान संशोधन के बाद पंचायती राज अनिवार्य हो गया, जिसने आरक्षण के माध्यम से महिलाओं और वंचित वर्गों को प्रतिनिधित्व दिया। उत्तराखण्ड राज्य निर्वाचन आयोग की आधिकारिक वेबसाइट के अनुसार वर्तमान में उत्तराखण्ड राज्य में 13 जिला पंचायतें, 95 विकासखंड और 7817 ग्राम पंचायतें हैं। इस दौरान राज्य में 11 नगर निगम, 45 नगरपालिका परिषद और 51 नगर पंचायत अस्तित्व में आये हैं।

- **उत्तराखण्ड पंचायत चुनाव 2025 :** उत्तराखण्ड के 12 जनपद (हरिद्वार को छोड़कर) में जुलाई 2025 में हुए त्रिस्तरीय पंचायत चुनाव ने ग्रामीण लोकतंत्र की नई तस्वीर पेश की है। दो चरणों में संपन्न हुए इस चुनाव में कुल 69·16% का उल्लेखनीय मतदान दर्ज किया गया, जिसमें महिलाओं का मतदान प्रतिशत 74·42 रहा, जो पुरुषों (64·23%) से काफी अधिक है। इन चुनावों में कुल 47,77,072 मतदाता थे, जो वर्ष 2019 की तुलना में 10·57% अधिक हैं। चुनावों में सदस्य ग्राम पंचायत, प्रधान ग्राम पंचायत, सदस्य क्षेत्र पंचायत और सदस्य जिला पंचायत केह्लपदों पर निर्वाचन हुआ।
- **उत्तराखण्ड की पंचायतों में महिला सशक्तिकरण :** उत्तराखण्ड अब "नारी शक्ति की भूमि" के रूप में भी अपनी पहचान बना रहा है। राज्य गठन के बाद से ही उत्तराखण्ड की पंचायतों में महिलाओं की भागीदारी लगातार बढ़ रही है। पंचायती राज संस्थाओं में 50 प्रतिशत आरक्षण ने ग्रामीण महिलाओं के लिए नेतृत्व का मार्ग प्रशस्त किया है। आज राज्य के लगभग हर गांव में महिलाएं ग्राम प्रधान, क्षेत्र पंचायत सदस्य या जिला पंचायत अध्यक्ष के रूप में अपनी सक्रिय भूमिका निभा रही हैं। पहाड़ की महिलाओं ने सदियों से जल, जंगल और जमीन के संरक्षण में अग्रणी भूमिका निभाई है। अब यही महिलाएं पंचायत स्तर पर विकास की नीतियों और योजनाओं के क्रियान्वयन में भी भागीदार बन रही हैं। स्वच्छता अभियान, जल संरक्षण, स्वास्थ्य, शिक्षा और महिला सुरक्षा जैसे विषयों पर पंचायत स्तर पर उनका निर्णय प्रभावी साबित हो रहा है। महिला प्रतिनिधियों के सशक्तिकरण में राज्य सरकार और विभिन्न सामाजिक संगठनों की भूमिका भी महत्वपूर्ण रही है। प्रशिक्षण कार्यक्रमों, डिजिटल साक्षरता और नेतृत्व विकास योजनाओं के माध्यम से महिलाएं आत्मविश्वास के साथ अपने अधिकारों और जिम्मेदारियों का निर्वहन कर रही हैं। ●●

नगर निकाय चुनाव-2025 11

भारत सहित विश्व की प्राचीन सभ्यताओं में स्थानीय स्वशासन (Local Self-Government) की अवधारणा सदियों पुरानी है, जो शहरों के प्रबंधन की आवश्यकता से जन्मी है। नगर पालिका शब्द का जन्म लैटिन के 'Municipium' से हुआ, जिसका अर्थ है सामाजिक अनुबंध। यह आधुनिक अवधारणा शहरी क्षेत्रों में बुनियादी सेवाएं (सफाई, जल निकासी, सड़कें) प्रदान करने के साथ ही इसमें स्थानीय निवासियों को भागीदारी देने के उद्देश्य से विकसित हुई। भारत में नगर पालिकाओं का आधुनिक इतिहास ब्रिटिश औपनिवेशिक काल में सामने आता है।

भारत सरकार के राष्ट्रीय पोर्टल 'Know India' के अनुसार देश में पहला नगर निगम 1688 में तत्कालीन मद्रास प्रेसीडेंसी (अब चेन्नई) में स्थापित किया गया था। यह भारत में ही नहीं, बल्कि ग्रेट ब्रिटेन के बाहर राष्ट्रमंडल देशों में भी सबसे पहला नगर निगम था। इसके बाद, 1726 में बॉम्बे (मुंबई) और कलकत्ता (कोलकाता) में भी इसी प्रकार के निगम स्थापित किए गए। लॉर्ड रिपन के 1882 के प्रस्ताव को, जिसे 'स्थानीय स्वशासन का मैग्ना कार्टा' कहा जाता है, ने भारत में आधुनिक स्थानीय शासन की नींव रखी और निर्वाचित सदस्यों को अधिक शक्तियां प्रदान की। आजादी के बाद, इन संस्थाओं को और सशक्त बनाने के लिए, भारत सरकार ने 1992 में 74वाँ संविधान संशोधन अधिनियम पारित किया। इस संशोधन ने नगर पालिकाओं (नगर पंचायत, नगर परिषद, नगर निगम) को संवैधानिक दर्जा दिया और शहरी स्थानीय निकायों को व्यापक अधिकार और जिम्मेदारियाँ सौंपीं।

मसूरी नगर पालिका (Mussoorie Municipality)

मसूरी को भारत के शुरुआती नगर निकायों में से एक होने का गौरव प्राप्त है। **पहाड़ों की रानी** के रूप में विकसित होने के साथ ही इसके प्रशासनिक प्रबंधन की आवश्यकता महसूस की गई। मसूरी नगर पालिका की स्थापना का उल्लेख 1842 में मसूरी नगर समिति (Municipal Committee) के रूप में मिलता है। इसे वर्ष 1850 में सिटी बोर्ड के रूप में पुनर्गठित किया गया था। यह संस्था ब्रिटिश भारत के सबसे धनी सिटी बोर्डों में से एक थी। इसकी स्थापना का उद्देश्य सड़कों, जल आपूर्ति, सीवरेज और अन्य नागरिक सुविधाओं को प्रबंधित करना था।ह्ल1883 में 'नॉर्थ-वेस्टर्न प्रोविंस एंड अवध म्युनिसिपैलिटीज एक्ट' के बाद इसे मसूरी म्यूनिसिपल बोर्ड के रूप में पुनर्गठित किया गया।

अल्मोड़ा नगर पालिका

अल्मोड़ा भले ही अब नगर निगम हो गया हो, लेकिन उत्तराखण्ड की सबसे पुरानी नगर पालिका में से एक थी अल्मोड़ा नगर पालिका। अल्मोड़ा नगर पालिका का गठन 1864 में ब्रिटिश शासन के तहत किया गया था, जैसा कि अल्मोड़ा जिला, उत्तराखण्ड शासन की आधिकारिक वेबसाइट और अन्य ऐतिहासिक दस्तावेजों से पता चलता है। (स्रोत : District Almora, Government of Uttarakhand).

- 1851 में, नगर में 'जिक्र बोर्ड' स्थापित किया गया था।
- 1864 में इसी जिक्र बोर्ड को नगर पालिका में बदल दिया गया।
- शुरुआत में, सदस्यों को सरकार द्वारा नियुक्त किया जाता था।
- चुनाव की व्यवस्था 1898 में शुरू हुई और 1899 में पहला चुनाव हुआ।

नगर पालिका के गठन के बाद, ब्रिटिश काल में यहां छावनी, चर्च और सर्किट हाउस जैसे कई शानदार भवनों का निर्माण भी हुआ। इस तरह, अल्मोड़ा नगर पालिका ने इस पर्वतीय नगर के आधुनिक प्रशासनिक और नागरिक विकास में महत्वपूर्ण भूमिका निभाई।

उत्तराखण्ड में स्थानीय निकायों का स्वरूप

उत्तराखण्ड शहरी विकास विभाग के नवीनतम आंकड़ों के अनुसार राज्य में कुल 107 शहरी स्थानीय निकाय (ULBs) कार्यरत हैं, जिनकी संख्या निम्न प्रकार है–

निकाय का प्रकार	कुल संख्या
• नगर निगम (Municipal Corporations)	11
• नगर पालिका परिषद (Municipal Councils)	45
• नगर पंचायत (Nagar Panchayats)	51

त्रि-स्तरीय नगरीय संरचना

उत्तराखण्ड में शहरी क्षेत्रों के लिए तीन प्रकार के स्थानीय निकाय हैं, जिनका वर्गीकरण उनके भौगोलिक क्षेत्र, जनसंख्या और राजस्व के आधार पर किया जाता है।

- **नगर निगम (Municipal Corporations) :** यह स्थानीय स्वशासन की सबसे बड़ी इकाई है। इनका गठन बड़े शहरों के लिए किया जाता है, जिनकी जनसंख्या आमतौर पर एक लाख से अधिक होती है। नगर निगम का प्रमुख महापौर (Mayor) होता है, जिसका चुनाव सीधे जनता द्वारा किया जाता है। उदाहरण के लिए, देहरादून, हरिद्वार, हल्द्वानी, रुड़की, काशीपुर, ऋषिकेश, कोटद्वार, श्रीनगर, अल्मोड़ा, पिथौरागढ़ और रुद्रपुर नगर निगम।
- **नगर पालिका परिषद (Municipal Councils) :** यह छोटे शहरों या मध्यम आकार के शहरी क्षेत्रों के लिए गठित होती हैं। नगर पालिका परिषद का प्रमुख अध्यक्ष होता है, जिसका चुनाव भी प्रत्यक्ष रूप से होता है। ये निकाय निगमों की तुलना में कम संसाधन और छोटे भौगोलिक क्षेत्र का प्रबंधन करते हैं। इनकी संख्या राज्य में 45 है।
- **नगर पंचायत (Nagar Panchayat) :** यह ऐसे क्षेत्र हैं जो ग्रामीण से शहरी

क्षेत्र में संक्रमण (Transition) की अवस्था में होते हैं। अर्थात, इनकी आबादी और अर्थव्यवस्था अभी भी ग्रामीण और शहरी विशेषताओं का मिश्रण होती है। नगर पंचायत का प्रमुख भी अध्यक्ष कहलाता है। यह निकाय ग्रामीण क्षेत्रों से शहरी क्षेत्रों में आने वाले कस्बों के प्रबंधन और विकास पर केंद्रित होते हैं। राज्य में इनकी कुल संख्या 51 है।

यह स्थानीय निकाय संविधान के तहत स्व-शासन की संस्थाएं हैं, जिन्हें राज्य विधानमंडल द्वारा निर्धारित शक्तियों और जिम्मेदारियों के साथ स्थानीय स्तर पर विकास और नागरिक प्रशासन को सुनिश्चित करने का अधिकार है।

देहरादून नगर निगम

उत्तराखण्ड की राजधानी देहरादून का प्रशासनिक इतिहास पुराना है, जिसकी शुरुआत 1867 में एक नगर पालिका के रूप में हुई थी। तीव्र शहरीकरण को देखते हुए, देहरादून को विधिवत रूप से 9 दिसंबर, 1998 को नगर निगम (Municipal Corporations) का दर्जा दिया गया था। देहरादून नगर निगम का क्षेत्राधिकार व्यापक है। 2018 में हुए परिसीमन के बाद निगम का क्षेत्रफल 196.48 वर्ग किलोमीटर है। निगम क्षेत्र की अनुमानित आबादी 8,03,983 है, जो 1,67,577 घरों को कवर करती है। निगम का प्रशासनिक ढाँचा 100 वार्डों में विभाजित है। शिक्षा और विकास के मामले में यह क्षेत्र उच्च है। दून नगर निगम क्षेत्र की समग्र साक्षरता दर 88.42% है, जिसमें पुरुष साक्षरता 91.81% और महिला साक्षरता 84.7% है।

नगर निगम बनने के बाद, देहरादून में महापौर (Mayor)

- मनोरमा शर्मा डोबरियाल : 08 फरवरी, 2003 से 07 फरवरी, 2008
- विनोद चमोली : 03 मई, 2008 से 02 मई, 2013
- विनोद चमोली : 04 मई, 2013 से 03 मई 2018
- सुनील उनियाल गामा : 02 दिसम्बर, 2018 से 01 दिसम्बर, 2023
- सौरभ थपलियाल : 07 फरवरी, 2025 से अब तक

उत्तराखण्ड के नगर निगम और वर्तमान महापौर
(जनवरी, 2025 में हुए निकाय चुनाव के बाद)

क्र.सं.	नगर निगम	वर्तमान महापौर (मेयर)	कार्यकाल
1.	देहरादून	सौरभ थपलियाल	2025 से
2.	हरिद्वार	किरण जैसल	2025 से
3.	हल्द्वानी-काठगोदाम	गजराज बिष्ट	2025 से
4.	रुड़की	अनिता देवी अग्रवाल	2025 से
5.	काशीपुर	दीपक बाली	2025 से
6.	रुद्रपुर	विकास शर्मा	2025 से
7.	ऋषिकेश	शंभू पासवान	2025 से

8.	कोटद्वार	शैलेंद्र सिंह रावत	2025 से
9.	श्रीनगर	श्रीमती आरती भंडारी	2025 से
10.	अल्मोड़ा	अजय वर्मा	2025 से
11.	पिथौरागढ़	कल्पना देवलाल	2025 से

नोट : *यह सूची जनवरी, 2025 में घोषित निकाय चुनाव के परिणामों पर आधारित है, जिसमें 11 नगर निगमों में से 10 पर भाजपा और 1 पर निर्दलीय उम्मीदवार विजयी हुए थे।*

उत्तराखण्ड निकाय चुनाव-2025

जनवरी, 2025 में हुए उत्तराखण्ड नगर निकाय चुनावों ने राज्य की राजनीतिक तस्वीर को एक बार फिर से स्पष्ट कर दिया है। यह चुनाव 11 नगर निगमों, 45 नगर पालिका परिषदों और 51 नगर पंचायतों सहित 100 शहरी स्थानीय निकायों के लिए आयोजित किए गए, जिन्हें 'मिनी विधानसभा चुनाव' के तौर पर भी देखा गया। इन चुनाव में भारतीय जनता पार्टी (BJP) ने इन चुनावों में अपनी मजबूत पकड़ बनाए रखी। 11 नगर निगमों में से 10 पर भाजपा के महापौर (मेयर) विजयी हुए, जिसमें देहरादून, हरिद्वार, हल्द्वानी, काशीपुर और रुड़की जैसे महत्वपूर्ण शहर शामिल हैं।

यह सफलता भाजपा की राज्य सरकार के प्रति शहरी मतदाताओं के विश्वास को दर्शाती है और आगामी बड़े चुनावों के लिए मनोबल बढ़ाने वाली है। वहीं, कांग्रेस पार्टी नगर निगमों में एक भी मेयर सीट जीतने में नाकाम रही। हालांकि, नगर पालिका परिषदों और नगर पंचायतों में उसने कुछ हद तक अच्छा प्रदर्शन किया।

इस चुनाव का सबसे महत्वपूर्ण पहलू निर्दलीय उम्मीदवारों का प्रदर्शन रहा। श्रीनगर नगर निगम में निर्दलीय प्रत्याशी ने जीत दर्ज की। इसके अलावा, नगर पालिका परिषदों और नगर पंचायतों के अध्यक्ष पदों तथा पार्षद व सभासद के हजारों पदों पर निर्दलीयों ने बड़ी संख्या में जीत हासिल की, जो मुख्य राजनीतिक दलों के लिए एक चुनौती है।

निर्दलीयों का यह दबदबा दिखाता है कि मतदाता स्थानीय मुद्दों पर दलगत राजनीति से हटकर स्वतंत्र और जुझारू उम्मीदवारों को चुनने को प्राथमिकता दे रहे हैं। कुल मिलाकर, 2025 के निकाय चुनाव ने उत्तराखण्ड में शहरी नेतृत्व पर भाजपा के वर्चस्व को स्थापित किया, लेकिन जमीनी स्तर पर निर्दलीयों के उभार ने यह भी संकेत दिया कि शहरी शासन की चुनौतियों को हल करने में विफल रहने पर मुख्य दलों को स्थानीय स्तर पर कड़ी टक्कर का सामना करना पड़ सकता है।

- **नगरीय निकायों का विस्तार :** राज्य गठन के समय उत्तराखण्ड में केवल 63 स्थानीय निकाय थे और राजधानी देहरादून ही एकमात्र नगर निगम होता था। आज, राज्य में 107 नगरीय निकाय काम कर रहे हैं, जिनमें 11 नगर निगम भी शामिल हैं।

राजनीतिक परिदृश्य
संदर्भ उत्तराखण्ड–2024 | 12

लोकसभा गठन

भारत में लोकसभा के सदस्यों का चुनाव प्रत्यक्ष रूप से वयस्क मताधिकार के आधार पर किया जाता है। विभिन्न राज्यों के लिए सीटों का निर्धारण इस तरह से किया जाता है कि निर्धारित सीटों की संख्या और उस राज्य की जनसंख्या का अनुपात जहां तक संभव हो, सभी राज्यों के बराबर हो। भारत के संविधान के अनुच्छेद 83 के अनुसार लोकसभा का कार्यकाल, यदि उसे भंग न किया जाए तो पांच वर्ष निर्धारित है। आपात स्थिति लागू हो तो यह अवधि संसद द्वारा कानून बनाकर एक बार में एक वर्ष तक बढ़ाई जा सकती है। आपात स्थिति समाप्त होने पर किसी भी हालत में यह अवधि छह माह से अधिक नहीं हो सकती।

संविधान में लोकसभा सदस्यों की अधिकतम संख्या 552 है। पहले दो सदस्य एंग्लो इंडियन समुदाय से मनोनीत किए जाते थे, लेकिन संविधान में 104वें संशोधन द्वारा एंग्लो–इंडियन समुदाय के लिए आरक्षित दो सीटों को समाप्त कर दिया गया है। वर्तमान लोकसभा के लिए 543 सदस्यों का चुनाव किया जा रहा है। पहली लोकसभा के गठन के लिए 1952 में आम चुनाव हुआ था। 18वीं लोकसभा के लिए 16 मार्च, 2024 को चुनाव कार्यक्रम की घोषणा की गई।

राज्यसभा

राज्यसभा संसद का उच्च सदन होता है। इसके सदस्यों का द्विवार्षिक चुनाव विधान सभा के सदस्यों द्वारा होता है। उन्हें राज्यों की विधान सभाओं के निर्वाचित सदस्य एकल संक्रमणीय मत के आधार पर आनुपातिक प्रतिनिधित्व प्रणाली से चुनते हैं। सभी राज्यों के लिए राज्यसभा की सीटें निर्धारित हैं। उत्तराखण्ड से राज्यसभा के तीन सदस्य चुने जाते हैं। वर्तमान राज्यसभा सदस्य श्री नरेश बंसल, डॉ० कल्पना सैनी एवं श्री महेन्द्र भट्ट हैं।

लोकसभा चुनाव-2024

वर्ष 2024 में 18वीं लोकसभा (2024–2029) के लिए 7 चरणों में आम चुनाव करवाये गये। 04 जून, 2024 को चुनाव परिणामों की घोषणा हुई। भाजपा के नेतृत्व वाली एनडीए को 292 और कांग्रेस नेतृत्व वाले इण्डिया गठबंधन को 234 सीटें प्राप्त हुई। नरेन्द्र मोदी के नेतृत्व में तीसरी बार पुनः एनडीए और उसके सहयोगी दलों की सरकार का गठन हुआ। इस चुनाव में भाजपा को केवल 240 सीटें प्राप्त हुई। वर्ष 2014 के लोकसभा चुनाव में भाजपा को 282 सीटें और 2019 के चुनाव में भाजपा को अकेले 303 सीटें प्राप्त हुई थी। कांग्रेस को कुल 99 सीटें प्राप्त हुईं।

इन चुनावों में हालांकि भारतीय जनता पार्टी को स्पष्ट बहुमत नहीं मिला, लेकिन सहयोगी दलों के साथ मिलकर पार्टी ने बहुमत का आंकड़ा हासिल किया

लोकसभा चुनाव-2024

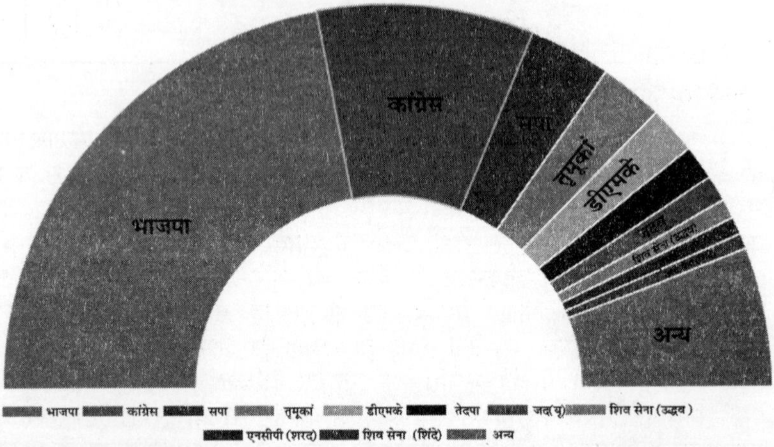

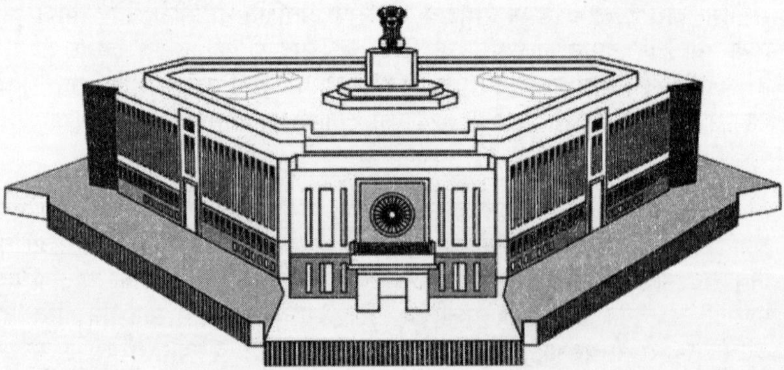

और तीसरी बार नरेन्द्र मोदी देश के प्रधानमंत्री बने। सरकार बनाने के लिए भारतीय जनता पार्टी ने मुख्य रूप से आंध्र प्रदेश के मुख्यमंत्री चन्द्र बाबू नायडू और बिहार के मुख्यमंत्री नीतीश कुमार का सहयोग लिया। इसके साथ ही 18वीं लोकसभा के लिए ओम बिड़ला को दूसरी बार अध्यक्ष चुना गया, वे 17वीं लोकसभा के अध्यक्ष भी थे। जबकि 10 वर्षों के बाद लोकसभा को राहुल गांधी के रूप में नेता प्रतिपक्ष भी मिला।

राज्यों के चुनाव

आंध्र प्रदेश, ओडिशा, सिक्किम और अरुणाचल प्रदेश में विधानसभा चुनाव भी लोकसभा चुनाव के साथ करवाये गये। यह चुनाव मुख्य चुनाव आयुक्त राजीव कुमार और दो चुनाव आयुक्त ज्ञानेश कुमार और एसएस संधू की देखरेख में सम्पन्न हुए।

लोकसभा में दलीय स्थिति			
1. भाजपा	240	16. आप	3
2. कांग्रेस	99	17. झामुमो	3
3. सपा	37	18. जन सेना पार्टी	2
4. तृमूकां	29	19. भाकपा (माले)	2
5. डीएमके	22	20. जद (एस)	2
6. तेदपा	16	21. वीसीके	2
7. जद (यू)	12	22. भाकपा	2
8. शिव सेना (उद्धव)	9	23. रालोद	2
9. एनसीपी (शरद)	8	24. नेशनल कान्फ्रेंस	2
10. शिव सेना (शिंदे)	7	24. यूपीपीए	1
11. लोजपा	5	25. असम गण परिषद	1
12. वाई एस आर (सीपी)	4	26. हिन्दुस्तानी अवामी मोर्चा	1
13. राजद	4	28. केरल कांग्रेस	1
14. माकपा	4	29. आरएसपी	1
15. मुस्लिम लीग	3	30. एनसीपी	1
		अन्य	18

18वीं लोकसभा : लगभग 140 करोड़ की जनसंख्या वाले देश में इस चुनाव में 96,88,21,926 पात्र मतदाता थे। इस दृष्टि से यह भारतीय लोकतंत्र के इतिहास में अब तक का सबसे बड़ा चुनाव था।

इस लोकसभा चुनाव की विशेषता यह थी कि 1.89 करोड़ ऐसे मतदाता पंजीकृत थे, जिन्हें पहली बार मतदान का अधिकार प्राप्त था, साथ ही कुल मतदाताओं के करीब 12 फीसद युवा मतदाता पंजीकृत किये गए थे। निर्वाचन आयोग ने पहली बार 85 वर्ष से अधिक उम्र के लोगों के लिए घर से मतदान करने की सुविधा प्रदान की। इसके लिए मतदान कार्मिकों ने उनके घर पर जाकर उनका वोट रिकार्ड किया।

लोकसभा चुनाव में भारतीय जनता पार्टी को सर्वाधिक 36.56 फीसद मत मिले जबकि भारतीय राष्ट्रीय कांग्रेस को 21.19 फीसद, आम आदमी पार्टी को 1. 11, एडीएमके को 1.39, एआईएफबी को 0.04, तृमूकां को 4.37, आजसू को 0. 07, बीजद को 1.46 एजीपी को 0.20, बसपा को 2.04, सपा को 4.50, जद (यू) को 1.25 प्रतिशत वोट मिले। आंध्र प्रदेश विधानसभा की 175 सीटों के लिए हुए चुनाव में तेदेपा को 135, जनसेवा पार्टी को 21 और भाजपा को 8 सीटें मिली।

उड़ीसा की 147 सदस्यीय विधानसभा में भाजपा को 78, बीजद को 51, कांग्रेस को 14 तथा निर्दलीय को तीन सीट मिलीं।

अरुणाचल प्रदेश की 60 सदस्यीय विधानसभा के लिए हुए चुनाव में भाजपा को 46 सीटें मिली। एनपीईपी को 5, एनसीपी को 3, पीबीए को 2 तथा निर्दलीय को तीन सीटें मिली। अरुणाचल में भाजपा के 11 विधायक निर्विरोध निर्वाचित हो गये थे।

32 सदस्यीय सिक्किम विधानसभा में एस. के. एम. (सिक्किम क्रांतिकारी मोर्चा) को 31 और एसडीएफ, (सिक्किम डेमोक्रेटिक फ्रंट) को मात्र एक सीट मिली। सिक्किम में भारतीय जनता पार्टी का प्रदर्शन बेहद निराशाजनक रहा। उसे एक भी सीट पर विजय नहीं मिली। उसके प्रत्याशी सभी सीटों पर तीन अंकों तक ही सीमित रहे। सिक्किम में औसतन दस हजार मतदाताओं वाली सीटें हैं।

उत्तराखण्ड में तीसरी बार भाजपा

लोकसभा चुनाव में भारतीय जनता पार्टी ने उत्तराखण्ड से लगातार तीसरी बार सभी पांच सीटें जीतकर इतिहास बनाया। वर्ष 2019 के मुकाबले इस बार भाजपा के मत प्रतिशत में गिरावट आई, लेकिन पार्टी के सभी प्रत्याशी अच्छे खासे अंतर से चुनाव जीत गये। **उत्तराखण्ड में कुल 55 उम्मीदवारों ने लोकसभा चुनाव लड़ा था,** इनमें से 44 की जमानत जब्त हो गई। नैनीताल-ऊधमसिंह नगर सीट पर अजय भट्ट ने कांग्रेस प्रत्याशी प्रकाश जोशी को 3,34,548 मतों से हराया। यह राज्य में भाजपा की सबसे बड़ी जीत थी। अजय भट्ट को 7,72,671 वोट मिले जबकि कांग्रेस के प्रकाश जोशी को 4,38,123 वोट मिले। हरिद्वार से त्रिवेंद्र सिंह रावत को 6, 53, 808 वोट मिले। कांग्रेस उम्मीदवार वीरेंद्र सिंह रावत को 4,89,752 वोट मिले। पौड़ी से अनिल बलूनी 4,32,159 वोट लेकर चुनाव जीत गए। इस सीट पर कांग्रेस के गणेश गोदियाल को 2,68,656 वोट मिले। अल्मोड़ा से भाजपा के अजय टम्टा को 4,29,167 वोट मिले जबकि कांग्रेस के प्रदीप टम्टा को मात्र 1,95,070 वोट प्राप्त हुए। टिहरी से माला राज्यलक्ष्मी शाह भाजपा की उम्मीदवार थी। उन्होंने 4,62,603 वोट प्राप्त किये। इस सीट पर कांग्रेस के जोत सिंह गुनसोला 1,90,110 वोट ही पा सके। उत्तराखण्ड देश के उन कुछ राज्यों में शामिल है, जहां लोकसभा की सभी सीटें भाजपा ने जीती। उत्तराखण्ड के अलावा ऐसे राज्यों में हिमाचल प्रदेश, दिल्ली और मध्य प्रदेश शामिल हैं।

2024 के लोकसभा चुनाव में उत्तराखण्ड के पांच संसदीय क्षेत्रों का विवरण

1. गढ़वाल संसदीय क्षेत्र

भाजपा	कांग्रेस	अन्य
अनिल बलूनी (विजयी)	गणेश गोदियाल	नोटा- 11, 375
4, 32, 159	2, 68, 656	

2. टिहरी संसदीय क्षेत्र

भाजपा	कांग्रेस	निर्दलीय
माला राज्यलक्ष्मी शाह (विजयी)	जोत सिंह गुनसोला	बॉबी पंवार
4, 62, 603	1, 90, 110	1, 68, 081

3. हरिद्वार संसदीय क्षेत्र

भाजपा	कांग्रेस	निर्दलीय
त्रिवेन्द्र सिंह रावत (विजयी)	वीरेन्द्र रावत	उमेश कुमार
6, 53, 808	4, 89, 752	91, 188

4. नैनीताल- उ० नगर संसदीय क्षेत्र

भाजपा	कांग्रेस	बसपा
अजय भट्ट (विजयी)	प्रकाश जोशी	अख्तर अली
7, 72, 671	4, 38, 123	23, 455

5. अल्मोड़ा संसदीय क्षेत्र

भाजपा	कांग्रेस	अन्य
अजय टम्टा (विजयी)	प्रदीप टम्टा	नोटा
4, 29, 167	1, 95, 070	17, 019

उत्तराखण्ड से लोकसभा सदस्य

अनिल बलूनी (पौड़ी गढ़वाल) : भाजपा के प्रवक्ता और मीडिया प्रबन्धन से जुड़े अनिल बलूनी पहली बार लोकसभा के लिए निर्वाचित हुए। वर्ष 2018 से अप्रैल 2024 तक वे उत्तराखण्ड से राज्यसभा के सदस्य थे। 2 दिसम्बर 1970 को पौड़ी गढ़वाल में जन्मे अनिल बलूनी की शिक्षा-दीक्षा दिल्ली में हुई। वे दिल्ली विश्वविद्यालय से स्नातक हैं। वे संसद की विज्ञान एवं प्रौद्योगिकी समिति, स्वास्थ्य व परिवार कल्याण मंत्रालय के अधीन एम्स ऋषिकेश तथा राजघाट समिति व शहरी विकास तथा रोजगार मंत्रालय की समितियों के सदस्य भी रहे हैं।

माला राज्यलक्ष्मी शाह (टिहरी गढ़वाल) : टिहरी संसदीय क्षेत्र से श्रीमती माला राज्यलक्ष्मी शाह चौथी बार जून 2024 में लोकसभा सदस्य निर्वाचित हुई। 23 अगस्त 1957 को काठमांडु, नेपाल में जन्मी माला राज्यलक्ष्मी शाह का विवाह टिहरी के अंतिम नरेश महाराज मानवेन्द्र शाह के पुत्र मनुजेन्द्र शाह के साथ हुआ। वे वर्ष 2012 में लोकसभा का उपचुनाव में जीत दर्ज करके पहली बार लोकसभा के लिए निर्वाचित हुई। पुनः 2014, 2019 और 2024 के लोकसभा चुनावों में उन्होंने लगातार जीत दर्ज की।

त्रिवेन्द्र सिंह रावत (हरिद्वार) : पौड़ी गढ़वाल के खैरासैंण गांव में 20 दिसम्बर 1960 को जन्मे त्रिवेन्द्र सिंह रावत 4 जून 2024 को घोषित चुनाव में हरिद्वार सीट से पहली बार लोकसभा के लिए निर्वाचित हुए। वे 2002 के विधानसभा चुनाव में डोईवाला सीट से विधायक चुने गए। 2007 में इसी सीट से विजय दर्ज कर वह बी०सी० खंडूड़ी सरकार में कृषि मंत्री रहे। वर्ष 2017 में वे उत्तराखण्ड के मुख्यमंत्री बने।

अजय भट्ट (नैनीताल उधमसिंह नगर) : 63 वर्षीय अजय भट्ट का जन्म 1 मई 1961 को अल्मोड़ा जनपद के रानीखेत में हुआ। वर्ष 2019 में पहली बार वह नैनीताल संसदीय क्षेत्र से लोकसभा के लिए निर्वाचित हुए और जुलाई 2021 से केन्द्रीय मंत्रिमण्डल में रक्षा व पर्यटन राज्यमंत्री रहे। 2024 के चुनाव में वे इसी सीट से दोबारा निर्वाचित हुए। वे भाजपा के प्रदेश अध्यक्ष रहे हैं और 2017 तक विधानसभा में नेता प्रतिपक्ष रहे। 2000 से 2002 तक अंतरिम सरकार में कैबिनेट मंत्री रहे अजय भट्ट 1996 में पहली बार उत्तर प्रदेश विधानसभा के लिए चुने गये थे।

अजय टम्टा (अल्मोड़ा-पिथौरागढ़) : अल्मोड़ा-पिथौरागढ़ से संसदीय सीट से वर्ष 2014 से लगातार तीन बार विजय दर्ज करने वाले अजय टम्टा का जन्म 16 जुलाई 1972 को अल्मोड़ा जनपद में हुआ। वर्ष 2014 में विजयी होने के बाद वह केन्द्रीय मंत्रिमण्डल में कपड़ा राज्यमंत्री रहे और वर्ष 2024 में तीसरी विजयी होने पर उन्हें सड़क परिवहन राजमार्ग मंत्रालय में राज्यमंत्री बनाया गया है। उत्तराखण्ड सरकार में भी वह मंत्री रहे। पहली बार वर्ष 2007 में वह विधानसभा के लिए चुने गये थे।

उत्तराखण्ड से अजय टम्टा बने मंत्री

उत्तराखण्ड से भाजपा ने 5 सीटें जीती हैं लेकिन मंत्री पद के लिए सिर्फ अजय टम्टा का नाम ही आया। पहले वे कपड़ा मंत्रालय में राज्यमंत्री थे। इस बार उन्हें सड़क परिवहन मंत्रालय में नितिन गडकरी के साथ राज्यमंत्री रखा गया है। सिर्फ 23 वर्ष की उम्र में राजनीति में कदम रखने वाले अजय टम्टा ने अल्मोड़ा संसदीय सीट पर जीत की हैट्रिक लगाई, अपने अब तक के राजनीतिक जीवन में उन्होंने नौ बार चुनाव लड़ा और छह बार जीत दर्ज की। वर्ष 1996 में जिला पंचायत सदस्य के रूप में उनकी राजनीतिक यात्रा की शुरुआत हुई। उन्होंने सबसे कम उम्र का जिला पंचायत अध्यक्ष बनने का रिकार्ड बनाया। वर्ष 2002 में सोमेश्वर सीट से निर्दलीय प्रत्याशी के रूप में पहला विधानसभा चुनाव लड़ा, लेकिन हार गये। वर्ष 2007 में भाजपा के टिकट पर चुनाव जीते। अल्मोड़ा संसदीय क्षेत्र से 2009 में पहली बार लोकसभा चुनाव लड़ा, लेकिन हार गए। वर्ष 2014 में भाजपा ने उन्हें लोकसभा चुनाव में उतारा। तब से लगातार उन्होंने इस सीट में जीत दर्ज की।

केन्द्र की विभिन्न सरकारों में उत्तराखण्ड से कैबिनेट मंत्री

- गोविंदबल्लभ पन्त : गृह मंत्रालय
- महावीर त्यागी : राजस्व एवं लोक व्यय
- हेमवतीनंदन बहुगुणा : संचार, पेट्रोलियम मंत्रालय, वित्त
- नारायणदत्त तिवारी : विदेश, व्यापार, वाणिज्य एवं उद्योग
- के०सी० पन्त : ऊर्जा मंत्री, उपाध्यक्ष योजना आयोग
- भुवनचन्द्र खण्डूड़ी : सड़क परिवहन एवं राजमार्ग मंत्रालय
- डॉ० रमेश पोखरियाल 'निशंक' : शिक्षा मंत्रालय

1952 से 2025 तक गढ़वाल मण्डल से लोकसभा सदस्य

	अवधि	गढ़वाल संसदीय क्षेत्र	टिहरी संसदीय क्षेत्र	हरिद्वार संसदीय क्षेत्र
1.	1952-57	भक्त दर्शन	कमलेन्दुमति शाह	.....
2.	1957-62	भक्त दर्शन	मानवेन्द्र शाह	.....
3.	1962-67	भक्त दर्शन	मानवेन्द्र शाह	.....
4.	1967-71	भक्त दर्शन	मानवेन्द्र शाह	.....
5.	1971-76	प्रतापसिंह नेगी	परिपूर्णानंद पैन्यूली	.....
6.	1977-80	जगन्नाथ शर्मा	त्रेपनसिंह नेगी	.....
7.	1980-84	हेमवतीनंदन बहुगुणा *(1982 के उपचुनाव में बहुगुणा पुनः निर्वाचित)*	त्रेपनसिंह नेगी	.....
8.	1984-89	चन्द्रमोहनसिंह नेगी	ब्रह्मदत्त	......
9.	1989-91	चन्द्रमोहनसिंह नेगी	ब्रह्मदत्त	.....
10.	1991-96	भुवनचन्द्र खण्डूड़ी	मानवेन्द्र शाह	.....
11.	1996-98	सतपाल महाराज	मानवेन्द्र शाह	.....
12.	1998-99	भुवनचन्द्र खण्डूड़ी	मानवेन्द्र शाह	.....
13.	1999-2004	भुवनचन्द्र खण्डूड़ी	मानवेन्द्र शाह	हरपालसिंह साथी
14.	2004-2009	भुवनचन्द्र खण्डूड़ी (उपचुनाव 24 फरवरी 2008) टी०पी०एस० रावत	मानवेन्द्र शाह (उपचुनाव 21 फरवरी 2007) विजय बहुगुणा	राजेन्द्र बाड़ी
15.	2009-2014	सतपाल महाराज	विजय बहुगुणा 10 अक्टूबर 2012 (उपचुनाव) माला राज्यलक्ष्मी शाह	हरीश रावत
16.	2014-2019	भुवनचन्द्र खण्डूड़ी	माला राज्यलक्ष्मी शाह	डॉ० रमेश पोखरियाल 'निशंक'
17.	2019-2024	तीरथ सिंह रावत	माला राज्यलक्ष्मी शाह	डॉ० रमेश पोखरियाल 'निशंक'
18	2024-	अनिल बलूनी	माला राज्यलक्ष्मी शाह	त्रिवेंद्र सिंह रावत

नोट *: हरिद्वार संसदीय क्षेत्र राज्य निर्माण के पश्चात् गढ़वाल मंडल में शामिल हुआ है.*

1952 से 2025 तक कुमाऊँ मण्डल से लोकसभा सदस्य

	अवधि	अल्मोड़ा संसदीय क्षेत्र	नैनीताल संसदीय क्षेत्र
1.	1952-57	देवीदत्त पन्त *(1955 के उपचुनाव में* बदरीदत्त पाण्डे *निर्वाचित)*	सी०डी० पाण्डे
2.	1957-62	हरगोविन्द पन्त *(1957 के उपचुनाव में* जंग बहादुर *निर्वाचित)*	सी०डी० पाण्डे
3.	1962-67	जंग बहादुर	सी०डी० पाण्डे
4.	1967-71	जंग बहादुर	के०सी० पन्त
5.	1971-76	नरेन्द्रसिंह बिष्ट	के०सी० पन्त
6.	1977-80	डॉ० मुरली मनोहर जोशी	भारत भूषण
7.	1980-84	हरीश रावत	नारायणदत्त तिवारी
8.	1984-89	हरीश रावत	सत्येन्द्रचन्द्र गुड़िया
9.	1989-91	हरीश रावत	डॉ० महेन्द्रसिंह पाल
10.	1991-96	जीवन शर्मा	बलराज पासी
11.	1996-98	बचीसिंह रावत	नारायणदत्त तिवारी
12.	1998-99	बचीसिंह रावत	इला पन्त
13.	1999-2004	बचीसिंह रावत	नारायणदत्त तिवारी (उपचुनाव 12 दिसम्बर 2002) डॉ० महेन्द्रसिंह पाल
14.	2004-2009	बचीसिंह रावत	के०सी० सिंह बाबा
15.	2009-2014	प्रदीप टम्टा	के०सी० सिंह बाबा
16.	2014-2019	अजय टम्टा	भगतसिंह कोश्यारी
17.	2019-2024	अजय टम्टा	अजय भट्ट
18.	2024-	अजय टम्टा	अजय भट्ट

नरेन्द्र मोदी तीसरी बार प्रधानमंत्री

नरेन्द्र मोदी ने राष्ट्रीय जनतांत्रिक गठबंधन के नेता के रूप में तीसरी बार प्रधानमंत्री पद संभाला। 9 जून को हुए शपथ ग्रहण समारोह में मोदी मंत्रि-परिषद के 71 सदस्यों ने भी शपथ ली। इनमें 30 कैबिनेट मंत्री, 5 राज्य मंत्री (स्वतंत्र प्रभार) और 36 राज्य मंत्री शामिल हैं। गठबंधन सरकार में तेलगू देशम पार्टी, जनता दल यूनाइटेड, शिवसेना (शिंदे गुट), लोक जनशक्ति पार्टी, जनता दल सेक्यूलर, राष्ट्रीय लोक दल, हिंदुस्तानी अवामी मोर्चा, द रिपब्लिकन पार्टी ऑफ इंडिया के कुल 11 मंत्री भी शामिल किये गये।

पिछली सरकार के तीन चर्चित चेहरे स्मृति ईरानी, अनुराग ठाकुर और राजीव चंद्रशेखर इस बार सरकार से बाहर हैं। हरियाणा के पूर्व मुख्यमंत्री मनोहर लाल खट्टर, मध्य प्रदेश के पूर्व मुख्यमंत्री शिवराज सिंह चौहान, कर्नाटक के पूर्व मुख्यमंत्री एचडी कुमारस्वामी और बिहार के पूर्व मुख्यमंत्री जीतन राम मांझी को कैबिनेट में जगह दी गई। राजनाथ सिंह, अमित शाह, जेपी नड्डा, निर्मला सीतारमण, एस. जयशंकर, नितिन गडकरी और पीयूष गोयल उन 19 मंत्रियों में शामिल हैं, जिन्हें मोदी की तीसरी सरकार में भी जगह मिली है। पीयूष गोयल, धर्मेंद्र प्रधान, भूपेंद्र यादव और ज्योतिरादित्य सिंधिया को भी लोकसभा सीट जीतने के बाद मंत्री बनाया गया। पूर्व में ये सभी राज्यसभा के सदस्य थे। ●●

- केंद्रीय निर्वाचन आयोग ने 18वीं लोकसभा के लिए 7 चरणों में चुनाव की घोषणा की। **–10 अप्रैल, 2024**
- लोकसभा चुनाव के पहले चरण में देश के 20 राज्यों में 91 सीटों पर मतदान हुआ। **–19 अप्रैल, 2024**
- 16वीं लोकसभा में उत्तराखण्ड से सांसद नहीं थे? **–तीरथ सिंह रावत**
- लोकसभा 2019 के लिए नैनीताल से निर्वाचित सांसद? **–अजय भट्ट**
- लोकसभा निर्वाचन 2019 : उत्तराखण्ड में सबसे ज्यादा मतों के अन्तर से जीत? **–अजय भट्ट**
- लोकसभा निर्वाचन 2019 : उत्तराखण्ड में सबसे अधिक मतदाता वाली सीट कौन सी है? **–हरिद्वार**
- 15वीं लोकसभा चुनाव 2009, उत्तराखण्ड में पाँचों सीटों पर मतदान हुआ **–13 मई, 2009**
- 14वीं लोकसभा के लिए उत्तराखण्ड राज्य की पांचों सीटों पर मतदान हुआ **–10 मई, 2004**

प० जवाहर लाल नेहरू के पश्चात अनवरत तीन बार चुनाव जीतकर सरकार बनाने वाले नरेन्द्र मोदी देश के दूसरे प्रधानमंत्री बन गये हैं। भारतीय राजनीति एवं शासन में छह दशकों के पश्चात यह पुनरावृत्ति हुई है।

पांचवीं विधान सभा के चुनाव-2022 | 13

उत्तराखण्ड में वर्ष 2022 में पांचवीं विधानसभा का गठन किया गया। चुनाव आयोग द्वारा 8 जनवरी, 2022 को उत्तराखण्ड के साथ ही चार अन्य राज्यों उत्तर प्रदेश, पंजाब, गोवा और मणिपुर में विधानसभा चुनाव की घोषणा की गई। उत्तराखण्ड में चुनाव एक ही चरण में 14 फरवरी, 2022 को करवाने की घोषणा की गई। आदर्श चुनाव आचार संहिता लागू होने के साथ ही 21 जनवरी से नामांकन प्रक्रिया शुरू हुई। 31 जनवरी, 2022 को नाम वापसी के बाद राज्य की 70 सीटों पर 632 उम्मीदवार चुनाव मैदान में रह गए। इस चुनाव में मुख्य रूप से भारतीय जनता पार्टी, भारतीय राष्ट्रीय कांग्रेस, उत्तराखण्ड क्रांति दल, आम आदमी पार्टी और बहुजन समाज पार्टी के साथ कुछ सीटों पर कम्युनिस्ट पार्टियों के संयुक्त उम्मीदवारों ने हिस्सा लिया। बड़ी संख्या में निर्दलीय प्रत्याशी भी चुनाव मैदान में उतरे।

उत्तराखण्ड चुनाव कार्यक्रम : 2022

चुनाव की घोषणा	: 8 जनवरी
नामांकन प्रक्रिया आरम्भ	: 21 जनवरी
नामांकन की अंतिम तिथि	: 28 जनवरी
नामांकन पत्रों की जांच	: 29 जनवरी
नाम वापसी	: 31 जनवरी
मतदान	: 14 फरवरी
मतगणना	: 10 मार्च
चुनाव प्रक्रिया सम्पन्न	: 12 मार्च

14 फरवरी, 2022 को राज्य की सभी 70 सीटों पर कुल 65.37 प्रतिशत मतदान हुआ। वर्ष 2017 में मतदान का प्रतिशत 65.60 था। सभी 5 राज्यों में मतदान प्रक्रिया समाप्त होने के बाद 10 मार्च 2022 को मतगणना हुई। उत्तराखण्ड में इस बार के चुनाव परिणाम भी लगभग वर्ष 2017 के जैसे ही रहे। अलबत्ता इस बार भाजपा की सीटों में कुछ कमी और कांग्रेस की सीटों में कुछ बढ़ोत्तरी देखने को मिली। राज्य गठन के बाद पहली बार ऐसा हुआ है कि सत्ताधारी पार्टी ने लगातार दूसरी बार चुनाव में जीत दर्ज की।

वर्ष 2022 में राज्य के 9 पर्वतीय जिलों की 34 सीटों में से 33 सीटों और मैदानी जिलों की 5 सीटों पर अर्थात् कुल 38 सीटों पर महिलाओं का मतदान प्रतिशत पुरुषों से ज्यादा रहा। इस बार भी उत्तरकाशी जिले की पुरोला विधानसभा सीट पर पुरुषों ने महिलाओं से ज्यादा वोट डाले। वर्ष 2017 में उधमसिंह नगर जिले में सबसे ज्यादा मतदान हुआ था जबकि इस बार यह हरिद्वार जिले में अधिक रहा। विधानसभा में भाजपा को 47 सीटों के साथ स्पष्ट बहुमत प्राप्त हुआ। कांग्रेस

ने 19, बसपा ने 2 सीटों तथा निर्दलीय प्रत्याशियों ने 2 पर जीत दर्ज की।

मुख्य बिन्दु : चुनाव वर्ष 2022

- राज्य में अधिकांश सीटों पर भारतीय जनता पार्टी और भारतीय राष्ट्रीय कांग्रेस के बीच मुकाबला हुआ।
- गढ़वाल मंडल के जिलों में भाजपा को ज्यादा बढ़त मिली।
- कुमाऊँ मंडल के जिलों में भाजपा की बढ़त कम हुई।
- हरिद्वार और उधमसिंह नगर जैसे पूर्ण मैदानी जिलों में कांग्रेस को भाजपा पर बढ़त मिली।
- राज्य निर्माण में महत्वपूर्ण योगदान देने वाली पार्टी उत्तराखण्ड क्रांति दल एक भी सीट नहीं जीत पाई।
- राज्य में बहुजन समाज पार्टी दो सीटों के साथ विधानसभा पहुंची।
- विधानसभा चुनाव में पहली बार उतरी आम आदमी पार्टी का प्रदर्शन निराशाजनक रहा।
- भाजपा ने पुष्कर सिंह धामी के चेहरे पर चुनाव लड़ा, लेकिन वे खटीमा से चुनाव हार गये।
- आम आदमी पार्टी से कर्नल अजय कोठियाल और कांग्रेस के पूर्व मुख्यमंत्री हरीश रावत भी चुनाव हार गये।
- कांग्रेस के प्रदेश अध्यक्ष गणेश गोदियाल भी श्रीनगर सीट से चुनाव हार गये।
- वर्ष 2002 से लगातार चुनाव जीतने वाले पूर्व विधानसभा अध्यक्ष गोविन्द सिंह कुंजवाल भी अपनी सीट हार गये।
- कांग्रेस के पूर्व प्रदेश अध्यक्ष किशोर उपाध्याय ने भाजपा में शामिल होकर टिहरी से जीत हासिल की।
- पूर्व प्रदेश महिला कांग्रेस अध्यक्ष सरिता आर्य ने भाजपा के टिकट पर नैनीताल से चुनाव जीता।
- इस बार सबसे ज्यादा 8 महिलाएं विधायक चुनी गईं। इससे पूर्व वर्ष 2002 और 2007 में 4-4 और 2012 तथा 2017 में 5 महिलाएं विधायक चुनी गई थीं। बागेश्वर उपचुनाव के बाद विधानसभा में महिला विधायकों की संख्या 9 हो गई। जुलाई 20024 में केदारनाथ की विधायक शैलारानी रावत का निधन हो गया। उसके बाद हुए उपचुनाव में वहां से आशा नौटियाल निर्वाचित हुई।
- बिशन सिंह चुफाल, मदन कौशिक, अरविन्द पांडे, प्रीतम सिंह और यशपाल आर्य लगातार पांचवीं बार चुनाव जीते।
- उत्तराखण्ड की पाँचवीं विधानसभा के लिए 14 फरवरी, 2022 को हुए मतदान के बाद 10 मार्च, 2022 को हुई मतगणना के परिणामों के आधार पर

राज्य की 70 सीटों में से 47 सीटों पर विजय दर्ज कर भारतीय जनता पार्टी पूर्ण बहुमत में आ गयी।

- उत्तराखण्ड में लगातार दो बार सरकार बना कर भारतीय जनता पार्टी ने इतिहास रचा है। जबकि राज्य स्थापना के बाद जनता हर चुनाव में सरकार बदलती रही है।
- इस चुनाव में भारतीय जनता पार्टी ने सर्वाधिक 47 सीटों पर जीत दर्ज की है तथा उसे 44.33 प्रतिशत वोट मिले हैं। वर्ष 2017 के चुनाव में भारतीय जनता पार्टी को 57 सीटें मिली थीं, जिसका मत प्रतिशत 46.5 प्रतिशत था। इस तरह उस के मत प्रतिशत में 2.27 प्रतिशत की गिरावट हुई है।
- प्रमुख विपक्षी दल भारतीय राष्ट्रीय कांग्रेस 19 सीटें जीत कर दूसरे स्थान पर रही। उसे 37.91 प्रतिशत वोट मिले। वर्ष 2017 के चुनाव में कांग्रेस को 11 सीटें ही मिली थी और तब उसका मत प्रतिशत 33.5 था। इस बार उसकी न सिर्फ 8 सीटें बढ़ीं, बल्कि मत प्रतिशत भी 4.41 प्रतिशत बढ़ा।
- वर्ष 2022 के चुनाव में दो बार के विजेता और मुख्यमंत्री पुष्कर सिंह धामी खटीमा सीट से 6951 वोट के अंतर से पराजित हो गये। कांग्रेस के पूर्व मुख्यमंत्री हरीश रावत भी लालकुआं विधानसभा सीट से चुनाव हार गये। वह 2017 में मुख्यमंत्री रहते हुए हरिद्वार ग्रामीण और किच्छा 2 सीटों से चुनाव लड़े थे और दोनों ही जगह से हार गये थे।
- बहुजन समाज पार्टी और निर्दलीयों ने वर्ष 2022 के विधानसभा चुनाव में दो-दो सीटों पर जीत दर्ज की। आम आदमी पार्टी, उत्तराखण्ड क्रांति दल और दूसरे किसी भी दल का खाता नहीं खुल पाया।
- इस बार के चुनाव में भी मुख्यमंत्री की पराजय का सिलसिला बरकरार रहा। 2012 में कोटद्वार सीट से भुवन चन्द्र खंडूड़ी चुनाव नहीं जीत पाये। 2017 के चुनाव में तत्कालीन मुख्यमंत्री हरीश रावत दोनों सीटों से चुनाव हारे और इस बार 2022 में मुख्यमंत्री पुष्कर सिंह धामी भी खटीमा से चुनाव हार गये।
- **रानीखेत और शिक्षा मंत्री की हार का मिथक टूटा :** इस बार के चुनाव में रानीखेत सीट से जीतने वाले विधायक के विपक्ष में बैठने का मिथक टूट गया। यानी रानीखेत से जीतने वाला विधायक विपक्ष में बैठता रहा था, लेकिन इस बार भाजपा के प्रमोद नैनवाल ने जीत दर्ज कर इस मिथक को तोड़ दिया। एक धारणा यह भी बनी हुई थी कि उत्तराखण्ड में शिक्षा मंत्री चुनाव नहीं जीत पाते लेकिन इस बार शिक्षा मंत्री अरविंद पांडे गदरपुर सीट से पुनः चुनाव जीत गये।
- **गंगोत्री का मिथक रहा बरकरार :** आजादी के बाद से उत्तरकाशी जिले की गंगोत्री विधानसभा सीट का मिथक बरकरार बना हुआ है। इस सीट के बारे में धारणा है कि इस सीट से जिस पार्टी का प्रत्याशी जीतता है, उसी पार्टी की सरकार प्रदेश में सत्तारूढ़ होती है। भाजपा के सुरेश सिंह चौहान ने जीत दर्ज कर फिर से इस मिथक को बनाये रखा है।
- **दो धाम में भाजपा, एक में कांग्रेस व एक में निर्दलीय :** उत्तराखण्ड के चार प्रमुख धामों की बदरीनाथ, केदारनाथ, गंगोत्री और यमुनोत्री सीट में से केदारनाथ और गंगोत्री में भाजपा तथा बदरीनाथ में कांग्रेस और यमुनोत्री से निर्दलीय प्रत्याशी जीते। वर्ष 2017 में यमुनोत्री, गंगोत्री और बदरीनाथ में भाजपा जीती

थी जबकि केदारनाथ सीट कांग्रेस ने जीती थी।

- **मुख्यमंत्री पुष्कर सिंह धामी चम्पावत विधान सभा से उप चुनाव में विजयी हुए :** चम्पावत सीट के बाद में कैलाशचंद ने सीट से त्याग पत्र दिया और पुष्कर धामी वहां से प्रत्याशी बने व जीत हासिल की।

विधानसभा में दलीय स्थिति 2022

क्र०सं०	दल	सीटें	मत प्रतिशत
1.	भाजपा	47	44.33
2.	कांग्रेस	20	37.91
3.	आम आदमी पार्टी	00	4.82
4.	बसपा	01	3.31
5.	भाकपा	00	0.04
6.	भाकपा (माले)	00	0.04
7.	समाजवादी पार्टी	00	0.29
8.	राष्ट्रीय लोकदल	00	0.07
9.	अन्य व निर्दलीय	02	8.31
10.	नोटा		0.87

***नोट :** मंगलौर से बसपा विधायक हाजी सरबत करीम के निधन के बाद हुए उपचुनाव में कांग्रेस के काजी निजामुद्दीन चुनाव जीते। इसके बाद विधानसभा में कांग्रेस की सदस्य संख्या बढ़कर 20 हुई और बसपा का एक सदस्य रह गया।*

राज्य में पहली महिला विधानसभा अध्यक्ष

उत्तराखण्ड में पहली बार किसी महिला को विधानसभा अध्यक्ष बनाया गया है। विधानसभा सत्र शुरू होने से पहले 26 मार्च, 2022 को कोटद्वार की विधायक श्रीमती ऋतु खंडूड़ी भूषण को निर्विरोध विधानसभा अध्यक्ष चुना गया। वे राज्य विधानसभा की छठी अध्यक्ष हैं।

श्रीमती ऋतु खंडूड़ी भूषण उत्तराखण्ड के पूर्व मुख्यमंत्री ले०जन० (से०नि०) भुवन चंद्र खंडूड़ी की बेटी हैं। वे शिक्षिका रही हैं और भारतीय इतिहास पर उन्होंने तीन पुस्तकें लिखी हैं। पिछली विधानसभा में उन्होंने यमकेश्वर विधानसभा क्षेत्र का प्रतिनिधित्व किया था। इस बार उन्होंने कोटद्वार विधान सभा से जीत हासिल की।

राज्य विधानसभा अध्यक्ष

1.	प्रकाश पंत	(2000–02)	अंतरिम विधानसभा
2.	यशपाल आर्य	(2002–07)	प्रथम विधानसभा
3.	हरबंस कपूर	(2007–12)	द्वितीय विधानसभा
4.	गोविन्द सिंह कुंजवाल	(2012–2017)	तृतीय विधानसभा
5.	प्रेमचंद अग्रवाल	(2017–2022)	चौथी विधानसभा
6.	ऋतु खंडूड़ी भूषण	(पदस्थ) 2022 से	पांचवीं विधानसभा

वर्ष 2019 से 2025 तक पारित प्रमुख विधेयक | 14

- 27 जनवरी, 2025 को उत्तराखण्ड समान नागरिक संहिता लागू हुई। उत्तराखण्ड की अनुसूचित जनजातियों को छोड़कर राज्य के सभी नागरिकों के लिए यह कानून विवाह, तलाक, उत्तराधिकार और गोद लेने जैसे मामलों में एक समान नियम बनाता है। इसमें लिव इन रिलेशन को भी अधिनियमित किया गया है।
- 20 मार्च, 2025 को **"उत्तराखण्ड माल और सेवा कर (संशोधन) विधेयक 2025"**, अधिनियम संख्या 2 को पारित किया गया। यह 2017 के विधेयक का स्थान लेगा। इसमें माल या सेवाओं में कर अदायगी का सरलीकरण किया गया है ताकि कर दाता आसानी से कर अदायगी कर सके।
- 26 मार्च, 2025 को **"उत्तराखण्ड निरसन विधेयक-2025"** पारित किया गया। इस विधेयक के तहत उत्तर प्रदेश के 57 अधिनियमों को निरस्त कर दिया गया है जो राज्य बनने के बाद से जस के तस स्वीकार कर लिए गये थे। जैसे- पंचायती राज अधिनियम, मोटर वाहन अधिनियम, सहकारी समितियां अधिनियम आदि।
- 21 मार्च, 2025 को उत्तराखण्ड राज्य विधानसभा (सदस्यों की उपलब्धियां और पेंशन) (संशोधन) विधेयक-2025 अधिनियम संख्या 4, पारित किया गया। जिसमें विधानसभा सदस्यों की पेंशन और भत्तों में संशोधन कर बढ़ोत्तरी की गई है।
- 9 अप्रैल, 2025 को उत्तराखण्ड नगर निकायों एवं प्राधिकरणों हेतु विशेष प्राविधान (संशोधन) विधेयक-2025, अधिनियम संख्या 5, पारित किया गया। विधेयक में राज्य के समस्त नगर निकायों में अवस्थित मलिन बस्तियों के सुधार, विनियमितीकरण, पुनर्व्यवस्थापन हेतु व्यवस्था की गई है।
- 9 अप्रैल, 2025 को उत्तराखण्ड (उत्तर प्रदेश नगर निगम अधिनियम-1959) (संशोधन) विधेयक, अधिनियम 6, वर्ष 2025 पारित किया गया। इसमें उत्तराखण्ड के परिपेक्ष में अनुसूचित जाति, अनुसूचित जनजाति और अन्य पिछड़ा वर्ग के लिए आरक्षण प्रक्रियाओं का संशोधन किया गया है।
- 22 अप्रैल, 2025 को उत्तराखण्ड शारीरिक रूप से विकलांग, स्वतंत्रता संग्राम सेनानियों के आश्रितों और पूर्व सैनिकों के लिए आरक्षण अधिनियम विधेयक-2025 पारित किया गया जिसमें विकलांग की जगह दिव्यांगजन लिखा जायेगा। दिव्यांगजनों को लोक सेवा के कुल पदों पर 4 प्रतिशत आरक्षण, स्वतंत्रता संग्राम सेनानियों के आश्रितों को 2 प्रतिशत और पूर्व सैनिकों के लिए 5 प्रतिशत आरक्षण दिया गया है।
- 28 अप्रैल, 2025 को उत्तराखण्ड लोक सेवा (कुशल खिलाड़ियों के लिए क्षैतिज आरक्षण) (संशोधन) विधेयक-2025, अधिनियम संख्या 10 पारित

किया गया। उत्तराखण्ड के कुशल खिलाड़ियों को उनके पदक के स्तर के अनुसार 4 प्रतिशत आरक्षण अलग-अलग श्रेणी के पदों में दिया जायेगा।

- 1 मई, 2025 को उत्तराखण्ड (उत्तर प्रदेश जमींदारी विनाश और भूमि व्यवस्था अधिनियम-1950) (संशोधन) विधेयक-2025, अधिनियम संख्या 11 पारित किया गया। अधिनियम में कृषि बागवानी, औद्योगिकीकरण के लिए भूमि खरीद और व्यवस्थाओं को निर्धारित किया गया है।
- 7 मई, 2025 को उत्तराखण्ड राज्य क्रीड़ा विश्वविद्यालय विधेयक-2025, विधेयक संख्या 12 पारित किया गया। अधिनियम में सरकारी और संबद्ध खेल महाविद्यालयों के लिए नियमावली बना कर पारित की गई है।
- उत्तराखण्ड लोक तथा निजी सम्पति क्षति वसूली विधेयक-2024, विधेयक में हड़ताल, बंद, दंगों, तत्संबधी लोक अशांति प्रतिवादों के दौरान सार्वजनिक स्थानों पर समस्त हिंसात्मक कार्यों को व्यवहृत करने और उसकी निरंतरता तथा तीव्रता को नियंत्रित रखने और लोक या निजी संम्पति की क्षति वसूली का उपबंध करता है।
- 16 अक्टूबर, 2023 को उत्तराखण्ड शहीद आश्रित अनुग्रह अनुदान (संशोधन) विधेयक-2023 विधेयक संख्या 20 पारित किया गया। विधेयक में वीर नारी को 60 प्रतिशत और माता-पिता को 40 प्रतिशत अनुग्रह राशि देने का प्रावधान जोड़ा गया है।
- **उत्तराखण्ड प्रतियोगी परीक्षा (भर्ती में अनुचित साधनों की रोकथाम व निवारण के उपाय) विधेयक, 2023 :** 26 अप्रैल, 2023 को अधिसूचित इस कानून के तहत प्रश्नपत्र लीक करना, किसी भी माध्यम से नकल करवाना और ऐसा करने में मदद करने को अपराध के दायरे में लाया गया है। इन सभी अपराधों को जघन्य अपराधों की श्रेणी में रखा गया है। अर्थात् 7 वर्ष से आजीवन कारावास तक की सजा का प्रावधान किया गया है, तो साथ ही दोषी आरोपित और दोष सिद्ध परीक्षार्थी को भी प्रतियोगी परीक्षाओं में बैठने से वंचित करने के प्रावधान किए गये हैं।
- **सरकारी अनुदान अधिनियम (संशोधन) 25 अप्रैल, 2023 :** मूल अधिनियम 1895 अनुच्छेद 200 में संशोधन कर 20 अप्रैल, 2023 को अधिसूचित कर इसे उत्तराखण्ड राज्य का अधिनियम अधिसूचित किया गया है। 1971 में भारत सरकार द्वारा वर्तमान उधमसिंह नगर, उत्तराखण्ड में जिन लोगों को भूमि पट्टे आवंटित किए गए थे, उन पट्टों को अधिनियम संशोधन के जरिए नियमित करने का प्रावधान किया गया है। यह अधिनियम उत्तराखण्ड के सभी जनपदों में लागू होगा। अधिनियम में जो 9 जनवरी, 2000 तक काबिज होने की पुष्टि करते हों और जिन्होंने वर्ष 2013 तक सर्किल रेट राजकोष में जमा कर दिए हैं, वह पात्र माने जाएंगे।
- **उत्तराखण्ड सेवा का अधिकार (संशोधन) विधेयक-2023 :** 25 अप्रैल, 2023 को अधिसूचित इस विधेयक में जनता को दी जाने वाली सेवाओं को

समय सीमा में पूरा करने के लिए संशोधनों में उत्तराखण्ड सेवा का अधिकार आयोग को सिविल न्यायालय के समरूप अधिकार होंगे और इसके निर्णयों को अन्य न्यायालय में चुनौती नहीं दी जा सकेगी।

- **उत्तराखण्ड (उत्तर प्रदेश जमींदारी विनाश और भूमि व्यवस्था अधिनियम 1950) (संशोधन) विधेयक-2022 :** सहायक कलेक्टर को कृषि भूमि को गैर कृषि भूमि में बदलने के अधिकार दिए गए हैं और प्रतिबंधित करने वाले प्रावधानों का लोप कर व्यावसायिक उपयोग हेतु तीन दिन में खतौनी में बदलाव करने का प्रावधान किया गया है।
- **उत्तराखण्ड (उत्तर प्रदेश नगर निगम अधिनियम1959) (संशोधन) विधेयक-2022 :** 31 मार्च, 2023 को अधिसूचित किया गया जिसमें नगर निकायों में राज्य की जरूरतों के अनुसार एकाउंटिंग मैनुअल बनाने के लिए संशोधन किए गए हैं।
- **उत्तराखण्ड सहकारी समिति (संशोधन) विधेयक-2022 :** 20 अप्रैल, 2023 को अधिसूचित किया गया। संशोधन में शीर्ष सहकारी समिति में प्रबंध निदेशक नियुक्त करने और नियमन करने की व्यवस्था की गई है।
- **उत्तराखण्ड दुकान और स्थापना (रोजगार और विनियमन सेवा शर्त) विधेयक-2022 :** नियोक्ता के प्रतिष्ठान में किसी कर्मकार की मृत्यु होने या गंभीर शारीरिक क्षति होने पर आपराधिक मुक्त कर 2 लाख से 10 लाख रुपये तक के मुआवजे के दण्ड तक सीमित करता है।
- **उत्तराखण्ड लोक सेवा (महिलाओं के लिए क्षैतिज आरक्षण) विधेयक-2022:** 10 जनवरी, 2023 को वर्ष का 1 (प्रथम) अधिनियम अधिसूचित किया गया। अधिनियम में उत्तराखण्ड की मूल निवासी महिलाओं को राज्याधीन सेवाओं, निगमों में 30 प्रतिशत क्षैतिज आरक्षण का प्रावधान किया गया।
- **उत्तराखण्ड नगर एवं ग्राम नियोजन तथा विकास (संशोधन) विधेयक-2022:** 22 दिसम्बर, 2022 को अधिसूचित संशोधन विधेयक में बढ़ते शहरीकरण के कारण सार्वजनिक मार्ग, स्थलों पर अतिक्रमण की प्रवृत्ति रोकने के लिए दण्डात्मक प्रावधान किए गए हैं। प्रत्येक जनपद में विकास प्राधिकरण का गठन कर व्यवस्थित विकास सुनिश्चित कराने की व्यवस्था की गई है।
- **उत्तराखण्ड जिला योजना समिति (संशोधन) विधेयक-2022 :** 21 दिसम्बर, 2022 को अधिसूचित विधेयक संशोधन में क्षेत्र पंचायत प्रमुखों को जिला योजना समिति का स्थाई सदस्य बनाया गया है।
- **उत्तराखण्ड धर्म स्वतंत्रता (संशोधन) विधेयक-2022 :** संशोधन में सामूहिक धर्म परिवर्तन, पुरुष द्वारा अन्य धर्म की महिला के साथ विवाह को संज्ञेय अपराध मानते हुए गैर जमानती बनाया गया है जो सत्र न्यायालय द्वारा विचारणीय होंगे।
- **उत्तराखण्ड किरायेदारी विधेयक-2021 पारित 2022 :** 27 जनवरी, 2022 को पारित इस विधेयक संख्या-2 में भू-स्वामी और किरायेदार के हितों और

प्रक्रियाओं को प्रतिष्ठापित किया गया है और उल्लंघन पर कानूनी कार्यवाही की व्यवस्थाएं निर्दिष्ट की गई हैं।

- **उत्तराखण्ड पंचायती राज (संशोधन) विधेयक-2020 :** त्रिस्तरीय पंचायत सामान्य निर्वाचन में टंकण त्रुटि सुधार और स्पष्टता के लिए संशोधन किए गये जिन्हें 9 जून, 2020 को अधिसूचित किया गया है।
- **उत्तराखण्ड शहीद आश्रित अनुग्रह अनुदान विधेयक-2020 :** राज्य के युद्ध, आंतरिक सुरक्षा आतंकवाद आदि गतिविधियों में शहीद हुए रक्षा बल, अर्धसैनिक बल कर्मिक की विधवा एवं आश्रित माता-पिता के जीवनयापन के लिए एकमुश्त अनुग्रह अनुदान दिये जाने की व्यवस्था अधिनियम में की गई है।
- **उत्तराखण्ड अधीनस्थ सेवा चयन आयोग (संशोधन) विधेयक-2020 :** उत्तराखण्ड पुलिस द्वारा शासित समूह "ग" भर्ती में आयोग को चयन संस्था के रूप में प्राधिकृत किया गया है।
- **उत्तराखण्ड (उत्तर प्रदेश भू-राजस्व अधिनियम, 1901 (संशोधन) विधेयक-2020 :** अभिलेख प्रविष्टियों सम्बन्धित विवादों के निपटारा हेतु 21 दिन की अवधि की जगह 10 दिन की अवधि निर्धारित की गई है।
- **उत्तराखण्ड लोक सेवा (आर्थिक रूप से कमजोर वर्गों के लिए आरक्षण (संशोधन) विधेयक-2020 :** यदि आर्थिक रूप से कमजोर व्यक्ति के लिए आरक्षित पद पर कोई नहीं मिला तो उस पद पर सामान्य वर्ग के अभ्यर्थी को लिया जायेगा।
- **उत्तराखण्ड राज्य कृषि उपज और पशुधन विपणन (प्रोत्साहन एवं सुविधा) विधेयक-2020 :** राज्य की एकल मंडी के रूप में स्थापित करने और कृषि और पशुधन विपणन की व्यवस्थाएं अधिनियम में विस्तार से की गई हैं।
- **उत्तराखण्ड साक्ष्य संरक्षण विधेयक-2020 :** 27 अप्रैल, 2020 को पारित इस विधेयक में गवाह या साक्ष्य प्रदान करने वाले व्यक्ति और उसके परिवार की रक्षा/संरक्षण के लिए संरक्षण उपाय हेतु जिला स्तर पर समिति और क्षतिपूर्ति के लिए संरक्षण निधि की व्यवस्था की गई है।
- **उत्तराखण्ड राज्य विधानसभा (सदस्यों की उपलब्धियां और पेंशन) विधेयक-2020 :** 20 अक्टूबर, 2020 में इस अधिनियम के तहत "कोविड-19" महामारी में विधानसभा सदस्यों के वेतन, निर्वाचन क्षेत्र भत्तों में 30 प्रतिशत कटौती की व्यवस्था की गई थी।
- **महामारी संशोधन विधेयक-2020 : कोविड-1** महामारी के चलते महामारी अधिनियम 1897 में संशोधन कर 16 अक्टूबर, 2020 पारित किया गया। इस संशोधन में महामारी कानूनों के उल्लंघन पर सजा और दण्ड या दोनों का प्रावधान और प्रक्रियाओं को जोड़ा गया।
- **उत्तराखण्ड अधीनस्थ सेवा चयन आयोग (संशोधन) विधेयक-2019 :** 5 मार्च, 2019 को पारित इस संशोधन के जरिए उच्च न्यायालय के अधीनस्थ

न्यायालयों के समूह "ग" के पदों पर भर्ती हेतु चयन संस्था के रूप में आयोग को प्राधिकृत किया गया।

- **उत्तराखण्ड (उत्तर प्रदेश लोक सेवा (शारीरिक विकलांग, स्वतंत्रता संग्राम सेनानियों के आश्रितों और पूर्व सैनिकों के लिए आरक्षण) अधिनियम-1993 (सशोधन) विधेयक-2019 :** 2 जनवरी, 2020 को अधिसूचित किया गया, जिसमें "आश्रित" की परिभाषा में संशोधन कर "पुत्री" और "पौत्री" को भी शामिल किया गया।
- **उत्तराखण्ड लोक सेवा (आर्थिक रूप से कमजोर वर्गों के लिए आरक्षण) विधेयक-2019 :** आर्थिक रूप से कमजोर, जिनकी आय 8 लाख रु० वार्षिक हो को इस अधिनियम के तहत राज्य सरकार की सेवाओं में 10 प्रतिशत आरक्षण देने की व्यवस्था की गई।
- **उत्तराखण्ड चारधाम देवस्थानम प्रबंधन विधेयक-2020 :** विधेयक 15 जनवरी, 2020 को लागू हुआ जिसका भारी विरोध हुआ। विधेयक सरकार को प्रबंधन की शक्तियां देता है जिसका पंडा-पुजारी समुदाय ने विरोध किया। अंततः यह विधेयक सरकार ने निरस्त कर दिया।
- **उत्तराखण्ड फल पौधशाला (विनिमयन) विधेयक-2019 :** 16 जनवरी, 2020 में अनुमति प्रदान की गई। फल नर्सरी संचालन, विपणन और नियमन के लिए इस विधेयक में प्रावधान किए गए हैं।
- **भारतीय भागीदारी (उत्तराखण्ड संशोधन) विधेयक-2019 :** किसी भी फर्म, सोसायटी या चिट्स आर्गनाइजेशन को ऑनलाइन पंजीकरण के लिए संशोधन में प्रावधान किए गए हैं।
- **सोसाइटी रजिस्ट्रीकरण (उत्तराखण्ड संशोधन) विधेयक-2019 :** इस विधेयक में सोसाइटी पंजीकरण को ऑनलाइन पंजीकरण किये जाने, नवीनीकरण एवं विवाद निस्तारण के प्रावधान किए गए हैं।
- **उत्तराखण्ड पंचायती राज (द्वितीय संशोधन) विधेयक-2019 :** इस संशोधन विधेयक में पिछड़ा वर्ग की महिलाओं की शैक्षिक योग्यता निर्धारण, दो पदों पर आसीन होने को प्रतिबंधित करने के अलावा त्रुटियों को सुधारा गया है।
- **उत्तराखण्ड जैविक कृषि विधेयक-2019 :** उत्तराखण्ड में जैविक खेती प्रोत्साहन के लिए नियमन इस अधिनियम में किया गया है। जैविक प्रमाणीकरण पंजीकरण आदि विधिक व्यवस्था विधेयक में की गई हैं।
- **उत्तराखण्ड (संयुक्त प्रांत आबकारी अधिनियम-1910 (संशोधन) विधेयक-2019 :** इसके तहत अवैध शराब, मादक पदार्थ उत्पादन, बिक्री को रोकने के लिए उपलब्ध धारा 60 के साथ धारा 60 (क) जोड़ा गया है और अन्य धाराओं में संशोधन कर दण्ड और सजा को बढ़ा दिया गया है। पहली बार अपराध में 5 हजार की जगह 20 हजार रु० दण्ड और दूसरी बार 50 हजार रु० दण्ड और 1 वर्ष के कारावास की सजा देने की व्यवस्था की गई है। ●●

प्रमुख घटनाएँ (2000–2025) : एक 15

उत्तराखण्ड राज्य की स्थापना 9 नवंबर, 2000 को उत्तर प्रदेश से अलग होकर हुई थी, और आज यह अपने 25 वर्ष पूरे कर चुका है। इस अवधि में राज्य ने प्राकृतिक सौंदर्य, आध्यात्मिक महत्व और पहाड़ी चुनौतियों के बीच उल्लेखनीय प्रगति की है। आर्थिक विकास से लेकर सामाजिक न्याय तक, हर क्षेत्र में नए प्रतिमान स्थापित हुए हैं। नीचे विभिन्न क्षेत्रों में प्रमुख मील के पत्थरों का विस्तृत विवरण दिया गया है, जो सरकारी आंकड़ों, नीति आयोग की रिपोर्टों और विश्वसनीय स्रोतों पर आधारित है।

राज्य गठन की प्रक्रिया

1 अगस्त, 2000 को उत्तर प्रदेश पुनर्गठन विधेयक, 2000 लोकसभा में तथा 10 अगस्त, 2000 को राज्यसभा में पारित हुआ। राष्ट्रपति के हस्ताक्षर के साथ यह अधिनियम "उत्तर प्रदेश पुनर्गठन अधिनियम, 2000" (अधिनियम संख्या 29, दिनांक 25 अगस्त, 2000) बना। इसके अनुसार 9 नवम्बर, 2000 को उत्तरांचल राज्य के गठन की तिथि निर्धारित की गई।

• *राज्य का गठन 9 नवम्बर, 2000*

9 नवम्बर, 2000 को देश का 27वाँ राज्य 'उत्तरांचल' अस्तित्व में आया। मध्यरात्रि में नैनीताल उच्च न्यायालय के कार्यवाहक मुख्य न्यायाधीश जस्टिस अशोक ए. देसाई ने सुरजीत सिंह बरनाला को राज्यपाल तथा तत्पश्चात् सुरजीत सिंह बरनाला ने नित्यानन्द स्वामी को राज्य के प्रथम मुख्यमंत्री पद की शपथ दिलाई। इस अवसर पर केंद्रीय गृहमंत्री लालकृष्ण आडवाणी, मानव संसाधन मंत्री डॉ. मुरली मनोहर जोशी, उत्तर प्रदेश के मुख्यमंत्री राजनाथ सिंह तथा वरिष्ठ कांग्रेस नेता नारायण दत्त तिवारी उपस्थित थे।

राज्य गठन के साथ 30 सदस्यीय अंतरिम विधानसभा का गठन 12 जनवरी, 2001 को हुआ, जिसके पहले प्रोटेम स्पीकर काजी मोहिउद्दीन ने 28 नवम्बर, 2000 को सदस्यों को शपथ दिलाई। प्रकाश पंत विधानसभा अध्यक्ष चुने गए। नित्यानन्द स्वामी की मंत्रिपरिषद में 11 सदस्य शामिल थे।

• *पहला विधानसभा चुनाव-2002*

14 फरवरी, 2002 को हुए पहले विधानसभा चुनाव में कांग्रेस ने 70 में से 36 सीटें जीतकर नारायण दत्त तिवारी के नेतृत्व में राज्य की पहली निर्वाचित सरकार बनाई। भाजपा को 19, बसपा को 7 और उत्तराखण्ड क्रांति दल को 4 सीटें मिलीं। तिवारी मंत्रिमंडल में 16 सदस्य थे। संविधान के 91वें संशोधन

के बाद मंत्रिमंडल का आकार सीमित किया गया, जिसके तहत तिवारी सरकार से पाँच मंत्रियों को हटाया गया और मंत्रिमंडल 12 सदस्यों को रखा।

- ***फूलों की घाटी और नंदा देवी जैवमंडल को विश्व धरोहर का दर्जा***

चमोली जनपद स्थित नंदा देवी जैवमंडल (बायोस्फीयर रिजर्व) और फूलों की घाटी राष्ट्रीय उद्यान को यूनेस्को ने विश्व प्राकृतिक धरोहर के रूप में संयुक्त रूप से मान्यता दी। 6 नवम्बर, 1982 को स्थापित नंदा देवी राष्ट्रीय उद्यान को 18 जनवरी, 1988 को सर्वोच्च संरक्षित जैवमंडल का दर्जा मिला। यह क्षेत्र 2,100 मीटर से 7,817 मीटर की ऊँचाई तक फैला है और भारत की दूसरी सबसे ऊँची चोटी नंदा देवी (7817 मीटर) इसी में स्थित है।

- ***मनेरी भाली द्वितीय और विष्णुप्रयाग जलविद्युत परियोजना***

उत्तरकाशी जनपद की मनेरी भाली द्वितीय (304 मेगावाट) राज्य सेक्टर की सबसे बड़ी जलविद्युत परियोजना है। 18 जुलाई, 2002 को पुनः निर्माण शुरू हुआ और 2007 में उत्पादन प्रारंभ हुआ। धरासू स्थित पावर हाउस में 76 मेगावाट की चार यूनिटें लगी हैं जिनकी वार्षिक उत्पादन क्षमता 1566 मिलियन यूनिट है। चमोली जनपद में अलकनंदा नदी पर स्थित 400 मेगावाट की विष्णुप्रयाग जलविद्युत परियोजना की कमिशनिंग 2006 में हुई। जयप्रकाश पावर वेंचर्स लिमिटेड द्वारा निर्मित इस परियोजना की प्रत्येक चार यूनिट 100 मेगावाट की हैं।

- ***टिहरी बांध परियोजना का पूर्ण होना***

टिहरी बांध परियोजना भारत की महत्वाकांक्षी नदी घाटी परियोजना है, जो उत्तराखण्ड के टिहरी जनपद में भागीरथी और भिलगंगा नदियों के संगम पर स्थित है। यह 260.5 मीटर ऊंचा रॉक-फिल बांध एशिया का सबसे ऊंचा बांध है, जिसका निर्माण 1978 में शुरू हुआ और 2006 में पूरा हुआ। प्राथमिक जांच 1961 में हुई थी। परियोजना के तीन मुख्य घटक हैं- टिहरी बांध (1000 MW), कोटेश्वर जलविद्युत परियोजना (400 MW) और टिहरी पंप स्टोरेज (1000 MW), कुल 2400 MW) क्षमता। यह परियोजना 2.7 लाख हेक्टेयर क्षेत्र की सिंचाई करती है तथा प्रतिदिन 102 करोड़ लीटर पेयजल दिल्ली, उत्तर प्रदेश और उत्तराखण्ड को उपलब्ध कराती है।

- ***राज्य का नाम परिवर्तन 2007***

संसद द्वारा पारित 'उत्तरांचल (नाम परिवर्तन) विधेयक, 2006' राष्ट्रपति की स्वीकृति के बाद 1 जनवरी, 2007 से लागू हुआ, जिसके साथ राज्य का नाम 'उत्तरांचल' से बदलकर 'उत्तराखण्ड' हो गया।

- ***दूसरा विधानसभा चुनाव 2007***

21 फरवरी, 2007 को हुए दूसरे विधानसभा चुनाव में भाजपा को 34, कांग्रेस

को 21, बसपा को 8, उत्तराखण्ड क्रांति दल को 3 तथा निर्दलीयों को 3 सीटें मिलीं। भुवन चन्द्र खण्डूड़ी के नेतृत्व में भाजपा-यूकेडी-निर्दलीय गठबंधन सरकार बनी।

- ***राजनीतिक परिवर्तन (2009-2011)***

2009 के लोकसभा चुनाव में कांग्रेस ने राज्य की सभी पाँच सीटें जीतीं। इसके बाद 27 जून, 2009 को रमेश पोखरियाल 'निशंक' मुख्यमंत्री बने। 11 सितम्बर, 2011 को पुनः भुवन चन्द्र खण्डूड़ी मुख्यमंत्री बने।

- ***रम्माण को विश्व धरोहर का दर्जा 2009***

जोशीमठ ब्लॉक के सलूड़-डुंग्रा गांव में मनाए जाने वाले 'रम्माण' उत्सव को यूनेस्को ने 2 अक्टूबर, 2009 को सांस्कृतिक विश्व धरोहर घोषित किया।

- ***परिसीमन और नई विधानसभा सीटें 2006***

26 दिसम्बर, 2006 को परिसीमन आयोग ने राज्य की छह पर्वतीय विधानसभा सीटें समाप्त कर मैदानी क्षेत्रों में छह नई सीटें सृजित कीं। इन्हीं के आधार पर 2012 का विधानसभा चुनाव हुआ।

- ***तीसरा विधानसभा चुनाव 2012***

2012 के चुनाव में कांग्रेस को 32 और भाजपा को 31 सीटें मिलीं। विजय बहुगुणा मुख्यमंत्री बने, पर जनवरी 2014 में उन्होंने इस्तीफा दिया और 1 फरवरी, 2014 को हरीश रावत मुख्यमंत्री बने।

- ***गैरसैंण में शासकीय गतिविधियाँ***

3 नवम्बर, 2012 को गैरसैंण में पहली कैबिनेट बैठक हुई। 9 नवम्बर, 2013 को विधान भवन का भूमि पूजन और 14 जनवरी, 2013 को शिलान्यास किया गया। 2014 में पहली बार विधानसभा का ग्रीष्मकालीन सत्र गैरसैंण में आयोजित हुआ। 2016 में यह सत्र नवनिर्मित भवन 'भराड़ीसैंण' में संपन्न हुआ।

- ***केदारनाथ आपदा 2013***

16-17 जून, 2013 की रात उत्तराखण्ड के केदारनाथ क्षेत्र में बादल फटने और चोराबाड़ी झील के फटने से भयंकर बाढ़ आई। मंदाकिनी नदी ने विनाशकारी रूप धारण किया, केदारनाथ मंदिर के पीछे का पूरा इलाका बह गया। हजारों तीर्थयात्री फंस गए। आधिकारिक आंकड़ों में 6,054 मृत/लापता, 3,556 गांव प्रभावित, 9,000 पशु मृत। रुद्रप्रयाग, चमोली, उत्तरकाशी, पिथौरागढ़ में 4,200 घर नष्ट। सड़कें, पुल, होटल सब बह गए। सेना, वायुसेना, NDRF ने 1.10 लाख लोगों को बचाया। हेलिकॉप्टर से 3,000 उड़ानें। आपदा का मुख्य कारण : अनियोजित पर्यटन, जलवायु परिवर्तन, ग्लेशियर पिघलना। 2013 में 6 लाख तीर्थयात्री आए थे। पुनर्वास में ₹ 7,000 करोड़ खर्च, नए केदारपुरी का

पुनर्निर्माण। यह भारत की सबसे बड़ी प्राकृतिक आपदा थी, जिसने हिमालयी पारिस्थितिकी संरक्षण की आवश्यकता उजागर की।

- ***नंदा देवी राजजात यात्रा 2014***

विश्व की सबसे कठिन धार्मिक यात्राओं में शामिल यह यात्रा 18 अगस्त, 2014 को नौटी गांव से प्रारंभ होकर 7 सितम्बर को समाप्त हुई। यह यात्रा 280 किमी० की दूरी 20 दिनों में पूरी करती है।

- ***राजनीतिक संकट और राष्ट्रपति शासन 2016***

हरीश रावत सरकार के नौ विधायकों के बागी हो जाने पर 27 मार्च, 2016 को राज्य में राष्ट्रपति शासन लागू हुआ। 21 अप्रैल, 2016 को नैनीताल हाईकोर्ट ने इसे असंवैधानिक ठहराया। 10 मई, 2016 को सुप्रीम कोर्ट की निगरानी में विधानसभा में शक्ति परीक्षण हुआ, जिसमें हरीश रावत सरकार को 33 मतों से बहुमत मिला और सरकार पुनः बहाल हुई।

- ***चौथा विधानसभा चुनाव 2017***

15 फरवरी, 2017 को हुए चुनाव में भाजपा ने 70 में से 57 सीटें जीतकर त्रिवेन्द्र सिंह रावत के नेतृत्व में 18 मार्च, 2017 को सरकार बनाई। कांग्रेस को मात्र 11 सीटें मिलीं और तत्कालीन मुख्यमंत्री हरीश रावत दोनों सीटों से हार गए।

- ***राष्ट्रपति प्रणब मुखर्जी का विधानसभा में संबोधन 2015***

18 मई, 2015 को आयोजित विधानसभा के विशेष सत्र में राष्ट्रपति प्रणव मुखर्जी ने सदन को संबोधित किया। यह अवसर उत्तराखण्ड के संसदीय इतिहास में ऐतिहासिक रहा।

- ***चारधाम ऑल वेदर रोड परियोजना 2016***

प्रधानमंत्री नरेन्द्र मोदी ने 27 दिसम्बर, 2016 को देहरादून में 12,000 करोड़ रुपये की लागत वाली चारधाम राजमार्ग परियोजना का शिलान्यास किया। लगभग 900 किमी सड़कों के चौड़ीकरण के साथ अनेक सुरंगें, पुल और बाईपास इसके अंतर्गत बनाए जा रहे हैं।

- ***अंतर्राष्ट्रीय स्तर के स्टेडियम 2016***

राजीव गांधी अंतर्राष्ट्रीय क्रिकेट स्टेडियम, देहरादून का उद्घाटन 16 दिसम्बर, 2016 को और ग्रेटर हल्द्वानी स्पोर्ट्स कॉम्प्लेक्स का लोकार्पण 18 दिसम्बर, 2016 को हुआ। दोनों में अंतर्राष्ट्रीय खेल सुविधाएँ और खिलाड़ियों के लिए आवासीय परिसर निर्मित किए गए।

- ***गैरसैंण बनी ग्रीष्मकालीन राजधानी 2020***

4 मार्च, 2020 को मुख्यमंत्री त्रिवेन्द्र सिंह रावत ने गैरसैंण को राज्य की ग्रीष्मकालीन राजधानी घोषित किया। राज्यपाल की स्वीकृति के बाद 8 जून, 2020 को अधिसूचना

जारी हुई, हालांकि 2022 में यहाँ सत्र आयोजित नहीं हो सका।

- ***प्रधानमंत्री की केदारनाथ यात्राएँ (2017-2022)***

प्रधानमंत्री नरेन्द्र मोदी ने 2017 से 2022 के बीच छह बार केदारनाथ धाम की यात्रा की। 21 अक्टूबर, 2022 को उन्होंने गौरीकुण्ड से केदारनाथ तक 9.7 किमी० लम्बे रोपवे की आधारशिला रखी और आपदा के बाद धाम के पुनर्निर्माण कार्यों की समीक्षा की।

- ***वित्तीय प्रबंधन में हिमालयी राज्यों अग्रणी बना राज्य***

राज्य ने वित्तीय प्रबंधन में उल्लेखनीय सुधार दिखाया है जिसमें 2022-23 में 5310 करोड़ रुपये का राजस्व अधिशेष हासिल किया गया जो हिमालयी राज्यों के लिए दुर्लभ उपलब्धि रही। अपनी कर राजस्व क्षमता में वृद्धि हुई है विशेषकर एसजीएसटी और स्टाम्प शुल्क जैसे स्त्रोतों से। राजस्व अधिशेष प्राप्त करना हिमालयी राज्यों की पुरानी चुनौती को पार करने का संकेत है।

- ***5000 होमस्टे मालिकों का निःशुल्क सूचीकरण***

उद्योग और पर्यटन का समन्वय बढ़ा है जिसमें होमस्टे और छोटे उद्यमों को प्रोत्साहन दिया गया जैसा होमस्टे पोर्टल से स्पष्ट है। पर्यटन में नवाचार के रूप में उत्तरास्टेज डॉट कॉम (www.uttarastays.com) होमस्टे बुकिंग पोर्टल लॉन्च किया गया जिससे लगभग 5000 होमस्टे मालिकों को निःशुल्क सूचीकरण का लाभ होमस्टे को डिजिटलीकरण से जोड़कर स्थानीय लोगों को प्रत्यक्ष आर्थिक लाभ पहुँचाया गया है। कृषि एवं बागवानी में 2024-25 बजट में फसल पालन के लिए 644 करोड़ रुपये आवंटित किए गए तथा तीन वर्षों में 50000 पॉलीहाउस स्थापित करने की योजना शुरू हुई। पॉलीहाउस और अरोमा वैली जैसे क्लस्टर मॉडल कृषि में नई पद्धति स्थापित कर रहे हैं। हिमालयी क्षेत्र में पॉलीहाउस और अरोमा वैली जैसे क्लस्टर पारंपरिक कृषि से आगे नवाचारी उद्यमी मॉडल बना रहे हैं। पर्यटन उद्योग में स्थानीय लोगों को लाभ देने वाला मॉडल अपनाया गया जिससे विकास बड़े कारखानों तक सीमित नहीं रहा।

- ***एसडीजी इंडेक्स में देश में सर्वोच्च स्थान***

एनआईटीआई आयोग के एसडीजी इंडेक्स 2023-24 में राज्य ने 79 अंक प्राप्त कर देश में सर्वोच्च स्थान हासिल किया जबकि राष्ट्रीय औसत 71 रहा। एसकेओसीएच डेवलपमेंट फाउंडेशन की 2024 रिपोर्ट में राज्य ने राष्ट्रीय रैंक सात प्राप्त की जिसमें शिक्षा, अवसंरचना और महिला-बाल विकास में सुधार उल्लेखनीय रहे। डिजिटल सेवाओं में वाहन और ड्राइविंग लाइसेंस के लिए सारथी-4 तथा वाहन-4 पोर्टल पूरे राज्य में लागू हुए जिससे ई-चालान प्रणाली

भी सफल हुई। हिमालयी राज्य होने के बावजूद एसडीजी मानकों में शीर्ष स्थान सामाजिक सुधार का व्यापक प्रमाण है। शासन वित्तीय और डिजिटल मोर्चों पर एकीकृत मॉडल अपनाया गया जैसे वेबसाइट्स के लिए एस3डब्ल्यूएएस प्लेटफार्म से सरकारी पोर्टल सुधारे जा रहे हैं।

- ***यूसीसी लागू करने वाला उत्तराखण्ड पहला राज्य***

समान नागरिक संहिता लागू करने वाला उत्तराखण्ड देश में पहला राज्य बन गया। हालांकि गोवा में पहले से ही समान नागरिक संहिता सन् 1870 से लागू थी जिसका कानून 1869 में बना था। लेकिन स्वतंत्र भारत में ऐसा कानून बनाने वाला उत्तराखण्ड ही देश का पहला राज्य है। इस संहिता के लिए 27 मई, 2022 को विशेषज्ञ समिति का गठन किया गया, जिसने 2 फरवरी, 2024 को विस्तृत रिपोर्ट प्रस्तुत की। इसके बाद 8 फरवरी, 2024 को उत्तराखण्ड विधानसभा ने इसे पारित किया और 8 मार्च, 2024 को राष्ट्रपति की स्वीकृति प्राप्त हुई। 12 मार्च, 2024 को अधिनियम जारी किया गया और 18 अक्टूबर, 2024 को नियमावली प्रस्तुत की गई। आखिरकार, 27 जनवरी, 2025 को यह संहिता विधिवत रूप से लागू हो गई। यह यात्रा इस बात का प्रमाण है कि यह निर्णय लंबे विचार-विमर्श और कानूनी प्रक्रिया के तहत लिया गया है।

- ***निवेशक सम्मेलन में 3.25 लाख करोड़ के एमओयू***

उत्तराखण्ड ग्लोबल इन्वेस्टर्स समिट 2023 उत्तराखण्ड राज्य की आर्थिक प्रगति का एक महत्वपूर्ण मील का पत्थर साबित हुआ। यह दो दिवसीय सम्मेलन 8 और 9 दिसंबर, 2023 को देहरादून के वन अनुसंधान संस्थान में आयोजित किया गया। सम्मेलन की थीम "पीस टू प्रॉस्पेरिटी" (शांति से समृद्धि की ओर) था, जो राज्य को निवेश का प्रमुख केंद्र बनाने की दृष्टि को प्रतिबिंबित करता था। प्रधानमंत्री नरेंद्र मोदी ने इसका उद्घाटन किया। सम्मेलन में 5,000 से अधिक राष्ट्रीय एवं अंतर्राष्ट्रीय प्रतिनिधियों, निवेशकों, उद्योगपतियों, राजदूतों और केंद्रीय मंत्रियों ने भाग लिया। सम्मेलन से पहले मुख्यमंत्री पुष्कर सिंह धामी ने दिल्ली, मुंबई, बेंगलुरु, लंदन, दुबई आदि में 12 घरेलू और 4 अंतर्राष्ट्रीय रोड शो आयोजित किए, जिससे निवेश आकर्षण बढ़ा। सम्मेलन का लक्ष्य ₹2.5 लाख करोड़ के एमओयू साइन करने का था, जो समिट से पहले ही ₹3.25 लाख करोड़ तक पहुंच गया।

- ***देश का सबसे कठोर धर्मान्तरण विरोधी कानून***

उत्तराखण्ड में जबरन धर्मांतरण रोकने हेतु देश का सबसे सख्त कानून उत्तराखण्ड धर्म स्वतंत्रता (संशोधन) अधिनियम 2022 है, जो 29 नवंबर, 2022 को पारित होकर 1 दिसंबर से लागू हुआ। प्रलोभन या बल से धर्म परिवर्तन पर

1–10 वर्ष कारावास और ₹ 5 लाख जुर्माना है। सामूहिक परिवर्तन में 3–10 वर्ष सजा, ₹ 10 लाख तक जुर्माना। विवाह द्वारा छलपूर्ण धर्मांतरण पर 3–10 वर्ष जेल, विवाह शून्य। धर्म बदलने से 60 दिन पहले जिलाधिकारी को शपथपत्र अनिवार्य, पुलिस जाँच जरूरी। उल्लंघन करने पर संस्थाओं का पंजीकरण रद्द, 10 वर्ष जेल का प्रावधान। इसका उद्देश्य धार्मिक उद्देश्य से छलपूर्ण विवाह रोकना, कमजोर वर्गों की सुरक्षा करना है। इस कानून के तहत 2022–2025 तक 100 मामले दर्ज, कई गिरफ्तारियाँ। हाईकोर्ट ने 2024 में कुछ प्रावधानों पर स्टे दिया, पर मुख्य कानून प्रभावी।

- ***देश में सबसे कठोर नकल विरोधी कानून***

उत्तराखण्ड में परीक्षा में नकल रोकने हेतु उत्तराखण्ड प्रतियोगी परीक्षा (भर्ती में अनुचित साधनों की रोकथाम एवं निवारण उपाय) अधिनियम, 2023 देश का सबसे कठोर नकल विरोधी कानून है, जो 25 फरवरी, 2023 को अधिसूचित होकर लागू हुआ। नकल, पेपर लीक या अनुचित साधन अपनाने पर 5 वर्ष से आजीवन कारावास ₹ 1 करोड़ तक जुर्माना। परीक्षा केंद्र से 500 मीटर दायरे में अनधिकृत प्रवेश पर 3 वर्ष जेल ₹ 10 लाख जुर्माना। पेपर लीक करने वालों की संपत्ति जब्त, सरकारी नौकरी से आजीवन अयोग्यता। परीक्षा रद्द करने का अधिकार राज्य सरकार को। 2023 में पेपर लीक कांड के बाद बना यह कानून बिहार से भी सख्त है। 2023–2025 तक 200 मामले दर्ज, 50 गिरफ्तारियाँ, 50 करोड़ संपत्ति जब्त की गई। इसका उद्देश्य युवाओं का भविष्य सुरक्षित करना, भ्रष्टाचार मुक्त भर्ती सुनिश्चित करना है।

उत्तराखण्ड रजत जयन्ती वर्ष

25 वर्षों की प्रमुख उपलब्धियाँ : दो

16

पिछले 25 वर्षों में राज्य ने आर्थिक, सामाजिक, आधारभूत संरचना, पर्यटन, शिक्षा, स्वास्थ्य, कृषि, ऊर्जा और सांस्कृतिक क्षेत्रों में उल्लेखनीय प्रगति की है। प्रधानमंत्री नरेंद्र मोदी के 2047 तक विकसित भारत के लक्ष्य के अनुरूप, उत्तराखण्ड ने नीतिगत सुधारों, निवेश आकर्षण और सतत विकास पर जोर दिया। SDG इंडेक्स में 2023-24 में प्रथम स्थान, Ease of Doing Business में लीडर श्रेणी और GDP में 26 गुना वृद्धि जैसे संकेतक राज्य की निरंतर प्रगति को दर्शाते हैं। नीचे प्रमुख क्षेत्रवार उपलब्धियाँ संक्षेप में वर्णित हैं।

- **आर्थिक विकास और राजस्व :** राज्य गठन के समय (2000) अर्थव्यवस्था का आकार ₹ 15,826 करोड़ था, जो 2024-25 में अनुमानित ₹ 3,78,240 करोड़ हो गया (26 गुना वृद्धि)। प्रति व्यक्ति आय ₹ 15,285 से बढ़कर ₹ 2,74,064 हुई (17 गुना)। बजट ₹ 4,500 करोड़ से बढ़कर 2025-26 में ₹ 1 लाख करोड़ से अधिक। बेरोजगारी दर में रिकॉर्ड 4.4% कमी। आर्थिक विकास दर 2001 में 2.9% से 2022-23 में 7.83%। राजस्व ₹ 433 करोड़ से ₹ 44,151 करोड़ (10,100% वृद्धि), जिससे वित्तीय स्वायत्तता बढ़ी और विकास कार्यों पर व्यय बढ़ा। GSDP ₹ 42,832 करोड़ से ₹ 1,89,882 करोड़ (344% वृद्धि)। GST जैसे बड़े कर सुधार और डिजिटलीकरण से राजस्व संग्रह बेहतर हुआ। COVID के बावजूद 2022-23 में ₹ 5,310 करोड़ सरप्लस। SDG इंडेक्स में 2018 से 2023 तक प्रथम स्थान 2018 (10वाँ), 2023 (प्रथम)।
- **औद्योगिक विकास :** पूर्व प्रधानमंत्री अटल बिहारी वाजपेयी की विशेष औद्योगिक पैकेज नीति से आधार मजबूत। 24 वर्षों में औद्योगिक निवेश 24 गुना, इकाइयाँ छह गुना, रोजगार 10 गुना वृद्धि। MSME में तेज वृद्धि, लाखों युवाओं को रोजगार। दिसंबर 2023 ग्लोबल इन्वेस्टर्स समिट से ₹ 3.56 लाख करोड़ MoU, ₹ 1 लाख करोड़ से अधिक निवेश ग्राउंडेड। नई निवेश नीति से निर्यात को बढ़ावा। लॉजिस्टिक सुविधाएँ विकसित, अमृतसर-कोलकाता औद्योगिक कॉरिडोर में स्मार्ट इंडस्ट्रियल टाउनशिप को मंजूरी। बेहतर औद्योगिक माहौल, कम बिजली दरें, मजबूत कानून व्यवस्था। खाद्य प्रसंस्करण उद्योगों के लिए योजनाएँ। दो मेगा फूड पार्क, चार फूड क्लस्टर पूर्ण क्षमता पर। सिंगल विंडो सिस्टम सुधार। 6,000 एकड़ से अधिक विशेष लैंड बैंक। पर्यटन, आयुर्वेद, वेलनेस, IT, सौर ऊर्जा पर फोकस। सीमांत क्षेत्रों के लिए मुख्यमंत्री सीमांत क्षेत्र विकास योजना। सभी न्याय पंचायतों में क्लस्टर आधारित एप्रोच सेंटर।

- **पर्यटन** : पर्यटन नीति-2030 घोषित। प्रमुख स्थल 176 से 327 (86% वृद्धि)। चारधाम यात्रा में तेजी, मानसखंड परियोजना, कैलाश यात्रा, होम स्टे योजना से सतत पर्यटन। रोजगार और आय में वृद्धि, उत्तराखण्ड पर्यटन हब के रूप में उभरा।
- **आधारभूत संरचना : सड़कें और कनेक्टिविटी** : राष्ट्रीय राजमार्ग 536 से 2,104 किमी०। राज्य राजमार्ग 1,138 से 5,782 किमी०। कुल सड़क नेटवर्क 2,525 से 30,186 किमी०। वाहन 4.05 लाख से 31.45 लाख। कनेक्टिविटी और व्यापार-पर्यटन में वृद्धि। प्रधानमंत्री ग्राम सड़क योजना, राज्य सड़क परियोजनाएँ। ऑल वेदर रोड और एक्सप्रेस वे। ₹ 11,700 करोड़ चारधाम ऑल वेदर रोड (889 किमी, 92% पूर्ण)। टनकपुर-बागेश्वर NH-125 (₹ 282 करोड़, पूर्ण)। देहरादून नई दिल्ली एक्सप्रेस वे (₹ 13,000 करोड़, 71% पूर्ण)। देहरादून में अजबपुर रेलवे क्रॉसिंग पर ROB (₹ 71.93 करोड़, पूर्ण)। मोहनपुर पुराना रेलवे क्रॉसिंग पर ROB (₹ 71.93 करोड़, पूर्ण)।
- **रेलवे और हवाई कनेक्टिविटी** : ऋषिकेश-कर्णप्रयाग रेल लाइन (125 किमी०, 2026 तक लक्ष्य)। केंद्र से टनकपुर-बागेश्वर, गंगोत्री-यमुनोत्री रेल लाइनों को सहमति। ₹ 16,216 करोड़ ऋषिकेश-कर्णप्रयाग रेल लाइन (70% पूर्ण)। पंतनगर एयरपोर्ट विस्तार, अंतर्राष्ट्रीय टर्मिनल। देहरादून एयरपोर्ट में नियमित सेवाएँ (बेंगलुरु, हैदराबाद आदि)। 2000 में कोई एयरपोर्ट नहीं, 2008 से जॉलीग्रांट से पहली उड़ान, अब कई शहरों से कनेक्शन। पंतनगर एयरपोर्ट शुरू। देहरादून और हल्द्वानी से हेली सेवाएँ। पहाड़ी क्षेत्रों में हेली सेवाएँ।
- **ऊर्जा क्षेत्र : स्वावलंबी राज्य** : क्षमता 993 से 1,296 MW (30% वृद्धि)। उत्पादन 2,660 से 4,755 MU (79% वृद्धि)। लाइन लॉस 27% से 13.96% (48% कमी)। बिजली उपलब्धता, घरेलू, उद्योग, कृषि को लाभ। जलविद्युत, स्मार्ट ग्रिड, सौर ऊर्जा प्रोत्साहन। सौर ऊर्जा में नया रिकॉर्ड। 42,000 से अधिक सोलर रूफटॉप प्लांट। भारत सरकार का 2027 तक 40,000 लक्ष्य, उत्तराखण्ड ने अगस्त 2025 में पूरा किया (156 MW उत्पादन)। हाइब्रिड ऊर्जा में अग्रणी।
- **शिक्षा और कौशल विकास** : माध्यमिक स्तर तक स्कूलों में वृद्धि। इंटर कॉलेज और हाईस्कूल 4020, कॉलेज 74 से 117, पॉलिटेक्निक 16 से 71, ITI 63 से 238, इंजीनियरिंग कॉलेज 15 से 29। गुणवत्ता सुधार के लिए NEP-2020 लागू। सरकारी स्कूलों में टैबलेट, स्मार्ट क्लास। PM SHRI योजना से 141 स्कूल, नेताजी सुभाष चंद्र बोस आवासीय स्कूल। गुजरात मॉडल पहला राज्य। 5000 स्कूल जुड़े। छठी-12वीं के मेधावी छात्रों को ₹ 600-1200 मासिक छात्रवृत्ति। NCERT पुस्तकें अनिवार्य। आपदा प्रभावित बच्चों के लिए मुख्यमंत्री बालकल्याण योजना। प्रत्येक जनपद में बालिका

आवासीय स्कूल।

- **स्वास्थ्य व्यवस्था :** प्राथमिक स्वास्थ्य केंद्र 228 से 578, सामुदायिक 36 से 79, आयुष डिस्पेंसरी 416 से 602, यूनानी तीन से छह, होम्योपैथिक 60 से 1241। शिशु मृत्यु दर 48 से 14 (71% कमी)। मातृ-शिशु स्वास्थ्य सुधार, जीवन प्रत्याशा वृद्धि। योग-आयुर्वेद प्रोत्साहन। आयुष्मान भारत, जननी सुरक्षा, EMN नेटवर्क, टीकाकरण, आयुष मिशन, योग वेलनेस सेंटर, पतंजलि संस्थान।
- **जल आपूर्ति और स्वच्छता :** वर्ष 2000 में 34 पेयजल संकट गांव, अब शून्य। हर घर नल से जल। ग्रामीण पेयजल योजनाएँ, जल जीवन मिशन। शौचालय कवरेज 67% से 99.90%। प्लास्टिक वितरण केंद्र, ब्लॉक स्तर रिसाइक्लिंग। स्वच्छ भारत मिशन, 15वाँ वित्त आयोग टाइड ग्रांट, पंचायतों को जिम्मेदारी।
- **कृषि, बागवानी और पशुपालन :** सिंचित क्षेत्र 44% से 55% (25% वृद्धि)। सिंचाई क्षमता 544 हजार हेक्टेयर से 1,020 हजार। खाद्यान्न 16.19 से 19.40 लाख MT। दालें 28,993 से 57,313 MT, तिलहन 14,525 से 22,157 MT। अनाज उपज 586 से 884 क्विंटल/हेक्टेयर। जैविक खाद 7,590 से 4.72 लाख MT। फल क्षेत्र 1.53 से 1.81 लाख हेक्टेयर (19% वृद्धि)। वैज्ञानिक उत्पादन 4.54 से 6.49 लाख MT। उच्च मूल्य फसलें (फल, सब्जियाँ, मसाले)। किसान क्लस्टर, फूड पार्क, कोल्ड स्टोरेज, निर्यात प्रोत्साहन। प्रति बीघा अधिक फसल योजना, उन्नत तकनीक, बीज, जैविक खेती, सिंचाई नहरें। पशु चिकित्सालय 306 से 329। पशु सेवा केंद्र 588 से 788, मोबाइल वेटरनरी। मातृ गौशाला 398 से 768 (93% वृद्धि)। दुग्ध उत्पादन बढ़ा। राष्ट्रीय गोकुल मिशन, मोबाइल वेटरनरी।
- **डेयरी और मत्स्य पालन :** दुग्ध उत्पादन 1 लाख लीटर/दिन से 2.16 लाख (116% वृद्धि)। ग्रामीण परिवारों, विशेषकर महिलाओं को रोजगार। सहकारी समितियाँ, सब्सिडी, प्रशिक्षण, आधुनिक प्रसंस्करण। मत्स्य उत्पादन 2,552 से 8,900 MT (249% वृद्धि), मूल्य ₹ 2,765 से ₹ 26,817 लाख। वार्षिक वृद्धि 9.39%। उत्तरफिश ब्रांड, ट्राउट फार्मिंग, 50 कियोस्क, ITBP को सीड सप्लाई।
- **महिला एवं बाल विकास :** आंगनबाड़ी केंद्र 20,067, मिनी 5,120। कार्यकर्ता 35,000 से अधिक। 6 वर्ष से कम 2.5 लाख बच्चे पोषण। कुपोषण कमी, महिलाओं की भागीदारी। ICDS, पोषण अभियान, स्वयं सहायता समूह।
- **रोजगार और कौशल :** पिछले वर्षों में 26,500 से अधिक सरकारी नौकरियाँ। और अगले वर्ष 10,000 तक नौकरियाँ। सख्त भर्ती कानून, पारदर्शी परीक्षाएँ। स्टार्ट-अप फंड ₹ 200 करोड़। नर्सिंग, हॉस्पिटैलिटी में विदेश रोजगार।

खेल और युवा विकास

- **अंतर्राष्ट्रीय स्तर :** दो स्टेडियम, एक आइस स्केटिंग रिंक, पाँच जल ताल,

26 स्टेडियम, 17 मल्टीपर्पज हॉल, 27 इंडोर क्रिकेट हॉल। ओलंपिक में भागीदारी। 38वें राष्ट्रीय खेलों की मेजबानी, नया रिकॉर्ड 103 पदक। नई खेल नीति। स्पोर्ट्स लीगेसी प्लान, आठ शहरों में 23 अकादमियाँ। हल्द्वानी में पहला खेल विश्वविद्यालय, लोहाघाट में महिला स्पोर्ट्स कॉलेज। मुख्यमंत्री उदीयमान खिलाड़ी उन्नयन योजना (₹ 1,500 मासिक)। खेल छात्रावास भत्ता ₹ 175 से ₹ 250। मुख्यमंत्री खेल विकास फंड। अंतर्राष्ट्रीय पदक विजेताओं को आउट ऑफ टर्न नौकरी।

सुशासन और सामाजिक परिवर्तन

- **डिजिटल सेवाएँ :** पोर्टल से 73 विभागों की 886 सेवाएँ। समान नागरिक संहिता (UCC) देश में पहला राज्य (27 जनवरी, 2025 से लागू)। विवाह, तलाक, उत्तराधिकार में समानता। एकीकृत आपदा प्रबंधन नेटवर्क, SDRF, अलर्ट सिस्टम। **सहकारिता :** प्राथमिक समितियाँ डिजिटल, महिलाओं को 33% आरक्षण। ग्राम पंचायतें स्वच्छ। **पुलिस :** CCTNS, e-FIR, साइबर सेल, महिला थाने, टूरिस्ट पुलिस, ड्रोन। **फिल्म :** हिंदी और क्षेत्रीय फिल्म हब, 2015 नीति, सब्सिडी, 2024 नीति। **G20 :** रामनगर, नरेंद्रनगर में सफल आयोजन। सांस्कृतिक उत्थान : संस्कृति, साहित्य, कला परिषद। चारधाम, नंदा राजजात, कुमाऊं महोत्सव।

आवास, शहरी विकास और सैनिक कल्याण

- आवास सुविधाएँ, स्मार्ट सिटी। पर्यावरण संरक्षण। भव्य सैन्य धाम निर्माण। शहीद परिवारों को ₹ 10 से ₹ 50 लाख। द्वितीय विश्वयुद्ध वेटरन, स्वतंत्रता सेनानी पेंशन वृद्धि।
- उत्तराखण्ड ने 25 वर्षों में पहाड़ी चुनौतियों के बावजूद संतुलित विकास किया। आर्थिक स्वावलंबन, पर्यावरण संरक्षण और सांस्कृतिक संरक्षण से राज्य विकसित भारत के लक्ष्य की दिशा में अग्रसर है।

वार्षिक घटनाक्रम-2025

जनवरी, 2025

2 जनवरी : उत्तराखण्ड के निशानेबाज सुभाष राणा को द्रोणाचार्य पुरस्कार के लिए चुना गया।

5 जनवरी : कोहरे के कारण उत्तराखण्ड में यातायात और विमान सेवाएं प्रभावित हुई।

6 जनवरी : हाईकोर्ट ने बागेश्वर में खड़िया खनन पर रोक लगाई।

7 जनवरी : सुप्रीम कोर्ट ने प्राइमरी सहायक अध्यापकों की नियुक्ति में बी-एड० और ब्रिज कोर्स अभ्यर्थियों को शामिल न करने की याचिका खारिज की।

10 जनवरी : हाईकोर्ट की सख्ती के बाद बागेश्वर खड़िया खनन में लगी 124 मशीनें सीज की गईं।

12 जनवरी : देहरादून में अंतर्राष्ट्रीय प्रवासी उत्तराखण्डी सम्मेलन शुरू हुआ। मुख्यमंत्री पुष्कर सिंह धामी ने उद्घाटन किया।

13 जनवरी : 1554 एल०टी० शिक्षकों की नियुक्ति की घोषणा से राज्य में विभिन्न स्कूलों में सेवाएं दे रहे 1500 अतिथि शिक्षकों की नौकरी खतरे में पड़ी।

15 जनवरी : ऊर्जा निगम ने 4000 संविदा कर्मचारियों की सेवाओं को विस्तार दिया।

16 जनवरी : बारिश और बर्फबारी से उत्तराखण्ड में ठिठुरन बढ़ी।

17 जनवरी : देहरादून से पौड़ी और श्रीनगर के लिए हेली सेवाओं को राज्य सरकार ने मंजूरी दी।

- विशेषज्ञ समिति ने समान नागरिक संहिता नियमावली का मसौदा विधायी विभाग को भेजा।

19 जनवरी : उत्तराखण्ड में नगर निकायों के लिए चुनाव प्रचार के लिए सभी प्रत्याशियों ने ताकत झोंकी।

20 जनवरी : समान नागरिक संहिता नियमावली को कैबिनेट ने मंजूरी दी।

22 जनवरी : प्रवर्तन निदेशालय (ई०डी०) ने पूर्व मंत्री हरक सिंह रावत की 101 बीघा जमीन अटैच की।

23 जनवरी : उत्तराखण्ड के 100 नगर निकायों के लिए 66 प्रतिशत मतदान हुआ। रुड़की और भगवानपुर में पुलिस को लाठीचार्ज करना पड़ा।

24 जनवरी : नगर निकाय चुनाव की मतदाता सूची में विपक्ष ने गड़बड़ी होने के आरोप लगाए।

25 जनवरी : नगर निकाय चुनाव में भारतीय जनता पार्टी की जबरदस्त जीत

हुई। मेयर के 11 में से 10 पद भाजपा ने जीते।

मेयर के पद : 1. पिथौरागढ़, 2. अल्मोड़ा, 3. हल्द्वानी, 4. रुद्रपुर, 5. काशीपुर, 6. हरिद्वार, 7. कोटद्वार, 8. देहरादून, 9. ऋषिकेश, 10. रुड़की, 11. श्रीनगर।

- मसूरी निवासी ह्यूग कॉलिन गैंटजर और कौसानी निवासी राधा भट्ट को पद्मश्री पुरस्कार से सम्मानित किये जाने की घोषणा की गई।

27 जनवरी : उत्तराखण्ड में समान नागरिक संहिता लागू हुई। यू०सी०सी० लागू करने वाला उत्तराखण्ड देश का पहला राज्य बना।

28 जनवरी : प्रधानमंत्री नरेंद्र मोदी ने देहरादून के राजीव गांधी खेल स्टेडियम में 38वें राष्ट्रीय खेलों का उद्घाटन किया।

29 जनवरी : गणतंत्र दिवस परेड में शामिल की गई उत्तराखण्ड की झांकी ने तीसरा स्थान प्राप्त किया।

30 जनवरी : राष्ट्रीय खेलों में उत्तराखण्ड ने पहला स्वर्ण पदक जीता।

31 जनवरी : खानपुर क्षेत्र के पूर्व और वर्तमान विधायक के विवाद में मौजूदा विधायक उमेश शर्मा के समर्थकों ने पथराव किया। पुलिस ने लाठियां चलाई।

फरवरी, 2025

1 फरवरी : केंद्रीय बजट में उत्तराखण्ड को पिछले वर्ष की तुलना में डेढ़ हजार करोड़ रुपए ज्यादा मिलने की उम्मीद।

3 फरवरी : रेल बजट में उत्तराखण्ड को 4611 करोड़ रुपए आवंटित किये जाने की घोषणा की गई।

4 फरवरी : उत्तराखण्ड के पर्वतीय क्षेत्रों में जोरदार बर्फबारी हुई।

6 फरवरी : उत्तराखण्ड में 3000 तक की आबादी वाले क्षेत्रों में ए०एन०एम० सेंटर खोलने की घोषणा की गई।

7 फरवरी : उत्तराखण्ड ने राष्ट्रीय खेलों में एक ही दिन में बॉक्सिंग प्रतियोगिताओं में तीन स्वर्ण और दो रजत पदक जीते।

9 फरवरी : समान नागरिक संहिता (यू०सी०सी०) कानून लागू करने के लिए संतों ने प्रयागराज में मुख्यमंत्री पुष्कर सिंह धामी को सम्मानित किया।

11 फरवरी : उत्तराखण्ड के प्रख्यात हास्य कलाकार घन्ना भाई का निधन हुआ।

- समान नागरिक संहिता (यू०सी०सी०) को हाईकोर्ट में चुनौती दी गई।

12 फरवरी : उत्तराखण्ड कैबिनेट में पूर्व विधायकों की पेंशन 50 प्रतिशत बढ़ाने की मंजूरी दी गई।

14 फरवरी : गृहमंत्री अमित शाह ने हल्द्वानी में 38वें राष्ट्रीय खेलों का समापन किया।

- उत्तराखण्ड ने राष्ट्रीय खेलों में 103 पदक जीत कर सातवां स्थान प्राप्त किया।
- सर्वोदयी और पर्यावरणविद सुन्दरलाल बहुगुणा की पत्नी विमला बहुगुणा का निधन हुआ।

17 फरवरी : रिस्पना-बिंदाल एलिवेटेड रोड का काम जल्द शुरू करने की घोषणा की गई।

18 फरवरी : राज्यपाल के अभिभाषण के साथ उत्तराखण्ड विधानसभा का बजट सत्र शुरू हुआ।

19 फरवरी : उत्तराखण्ड भू-कानून में संशोधन के प्रस्ताव को कैबिनेट ने मंजूरी दी।

20 फरवरी : उत्तराखण्ड के वित्त मंत्री प्रेमचंद अग्रवाल ने एक लाख, एक हजार, एक सौ 75 करोड़ रुपए का बजट विधानसभा में पेश किया।

- उत्तराखण्ड का अब तक का सबसे बड़ा बजट नमो- नवाचार, **आत्मनिर्भरता**, **महान विरासत** और **ओजस्वी मानव संसाधन** पर आधारित।

20 फरवरी : नया भू-कानून संशोधन बिल विधानसभा में पेश किया गया।

21 फरवरी : उत्तराखण्ड का नया भू-कानून बिल विधानसभा में पारित किया गया।

22 फरवरी : विधानसभा में वित्त मंत्री प्रेमचंद अग्रवाल की टिप्पणी के बाद सदन से लेकर सड़क तक बवाल मचा।

23 फरवरी : मंत्री प्रेमचंद अग्रवाल के खिलाफ राज्यभर में धरने-प्रदर्शन हुए।

24 फरवरी : उत्तराखण्ड के वरिष्ठ आई०पी०एस० अधिकारी केवल खुराना का निधन हुआ।

27 फरवरी : उत्तराखण्ड में भारी बारिश और बर्फबारी हुई।

28 फरवरी : चमोली जनपद के माणा में हिमस्खलन होने से 22 मजदूर लापता हुए।

- उत्तराखण्ड हाईकोर्ट ने बदरीनाथ में सीवरेज ट्रीटमेंट प्लांट की जांच के लिए कमेटी बनाने का आदेश दिया।

मार्च, 2025

1 मार्च : हिमस्खलन के बाद माणा में बचाव अभियान जारी रहा। चार मजदूरों की मृत्यु हुई और चार लापता हुए।

2 मार्च : माणा में चारों लापता श्रमिकों के शव मिले। हिम्स्खलन की

घटना में कुल 8 मजदूरों की मृत्यु हुई।

3 मार्च : उत्तराखण्ड में एकीकृत पेंशन योजना (यू०पी०एस०) को राज्य कैबिनेट ने मंजूरी दी।

- उत्तराखण्ड भाषा संस्थान ने 18 साहित्यकारों को सम्मानित किया।

5 मार्च : केंद्रीय कैबिनेट ने केदारनाथ और हेमकुंड साहिब रोपवे को मंजूरी दी।

6 मार्च : प्रधानमंत्री नरेंद्र मोदी ने ***मुखबा*** में गंगा की पूजा-अर्चना की। हर्षिल में जनसभा में उत्तराखण्ड में ***'घाम तापो पर्यटन'*** की जरूरत बताई।

7 मार्च : नैनीताल हाईकोर्ट ने पुलिस भर्ती परीक्षा परिणाम पर रोक लगाई।

8 मार्च : उत्तराखण्ड में आर्थिक रूप से कमजोर, विधवा और परित्यक्ता महिलाओं के लिए ***महिला सारथी योजना*** शुरू की गई।

9 मार्च : परमार्थ निकेतन, ऋषिकेश में मुख्यमंत्री पुष्कर सिंह धामी ने अंतर्राष्ट्रीय योग महोत्सव का उद्घाटन किया।

11 मार्च : देहरादून से नैनीताल, मसूरी और बागेश्वर के लिए हेली सेवाएं शुरू हुई।

15 मार्च : होली पर उत्तराखण्ड में बारिश और बर्फबारी से मौसम बदला।

- परमार्थ निकेतन ऋषिकेश में अंतर्राष्ट्रीय योग महोत्सव का राज्यपाल ने समापन किया।

16 मार्च : पहाड़ी-मैदानी विवाद के बाद कैबिनेट मंत्री प्रेमचंद अग्रवाल ने इस्तीफा दिया।

18 मार्च : उत्तराखण्ड में एकीकृत पेंशन योजना लागू किए जाने की अधिसूचना जारी की गई।

19 मार्च : चारधाम यात्रा के लिए ऑनलाइन पंजीकरण शुरू किए गए।

21 मार्च : 16 शिक्षकों को शैलेश मटियानी शैक्षिक पुरस्कार-2024 के लिए चुना गया।

23 मार्च : मुख्यमंत्री पुष्कर सिंह धामी सरकार ने 3 वर्ष का कार्यकाल पूरा किया। इस अवसर पर उपनल कर्मचारियों को पक्का करने के लिए नीति बनाने सहित कई घोषणाएं की गई।

24 मार्च : मुख्यमंत्री पुष्कर सिंह धामी ने अवैध मदरसों को फंडिंग की जांच करने के आदेश दिए।

26 मार्च : सरकार ने समान नागरिक संहिता (यू०सी०सी०) नियमावली में *बदलाव का फैसला किया।*

28 मार्च : आनन्द बर्द्धन उत्तराखण्ड के 19वें मुख्य सचिव बनाए गए।

29 मार्च : उत्तराखण्ड के सभी शहरों में सिल्वर जुबली पार्क बनाए जाने की घोषणा की गई।

30 मार्च : हरिद्वार सांसद त्रिवेंद्र सिंह रावत द्वारा संसद में अवैध खनन का मुद्दा उठाने पर उत्तराखण्ड सरकार के अधिकारी ने जवाब दिया।

31 मार्च : उत्तराखण्ड सरकार ने चार जनपदों के 15 स्थानों के नाम बदलने की घोषणा की।

अप्रैल, 2025

1 अप्रैल : उत्तराखण्ड सरकार ने भारतीय जनता पार्टी के 22 नेताओं को दायित्व सौंपे।

- उत्तराखण्ड की अंतर्राष्ट्रीय हॉकी खिलाड़ी वंदना कटारिया ने हॉकी खेलने से संन्यास लिया।

2 अप्रैल : उत्तराखण्ड लोक सेवा आयोग ने समीक्षा अधिकारी परीक्षा परिणाम निरस्त किया।

4 अप्रैल : भारतीय जनता पार्टी के 18 अन्य नेताओं को राज्य सरकार ने दायित्व सौंपे।

- राज्य सरकार ने 6 विद्युत परियोजनाओं के लिए निजी कंपनियों के साथ समझौता किया।

5 अप्रैल : पूर्व मुख्य सचिव राधा रतूड़ी को मुख्य सूचना आयुक्त बनाया गया।

7 अप्रैल : सुप्रसिद्ध साहित्यकार सुभाष पंत का निधन हुआ।

10 अप्रैल : केंद्र सरकार ने श्रीनगर गढ़वाल में एलिवेटेड रोड के निर्माण को मंजूरी दी।

11 अप्रैल : कुशल कोठियाल और देवेंद्र आर्य सूचना आयुक्त बनाए गए।

15 अप्रैल : उत्तराखण्ड कैबिनेट ने 13 जनपदों में 13 गांवों को संस्कृत ग्राम घोषित किया।

16 अप्रैल : देश की सबसे लंबी (14.5 किलोमीटर) **देवप्रयाग जानसू** रेलवे टनल आर-पार हुई।

17 अप्रैल : नैनीताल हाईकोर्ट ने भू-कानून पर राज्य सरकार का जवाब तलब किया।

18 अप्रैल : राज्य सरकार ने मोटे अनाज की खेती पर 80 प्रतिशत अनुदान देने की घोषणा की।

19 अप्रैल : उत्तराखण्ड माध्यमिक शिक्षा बोर्ड की हाई स्कूल परीक्षा में 90. 77 प्रतिशत और इंटरमीडिएट परीक्षा में 83.23 प्रतिशत परीक्षार्थी उत्तीर्ण हुए।

- उत्तराखण्ड महिला आयोग ने हर जनपद में सास-बहू सेल स्थापित करने की घोषणा की।

22 अप्रैल : पहलगाम में आतंकी हमले के बाद उत्तराखण्ड में अलर्ट किया गया।

23 अप्रैल : पेपर लीक मामले में प्रतिबंधित अभ्यर्थियों को हाईकोर्ट ने परीक्षा में बैठने की अनुमति दी।
- पहलगाम में आतंकी हमले के विरोध में राज्यभर में विरोध प्रदर्शन हुए।

25 अप्रैल : उत्तराखण्ड में आउटसोर्स और संविदा भर्ती पर शासन ने रोक लगाई।

28 अप्रैल : उत्तराखण्ड में धार्मिक और पर्यटन स्थलों की सुरक्षा बढ़ाने के निर्देश दिए गए।

29 अप्रैल : उत्तराखण्ड ने चार धाम यात्रा के लिए केंद्र से अर्ध सैनिक बल मांगे।

30 अप्रैल : गंगोत्री और यमुनोत्री के कपाट खुलने के साथ ही उत्तराखण्ड की चार धाम यात्रा शुरू हुई।
- कांग्रेस ने संविधान बचाओ रैली में शक्ति प्रदर्शन किया।

मई, 2025

1 मई : नाबालिग से बलात्कार के मुकदमे के बाद नैनीताल बंद, दुकानों में तोड़फोड़ की गई।
- भू-कानून संशोधन बिल को राजभवन से मंजूरी मिली।

2 मई : केदारनाथ धाम के कपाट ग्रीष्मकाल के लिए खोले गए।

3 मई : जौलीग्रांट से केदारनाथ और बदरीनाथ के लिए हेली सेवाएं शुरू हुई।

4 मई : बदरीनाथ धाम के कपाट खोले गए।

7 मई : देहरादून सहित कई जगहों पर मॉकड्रिल की गई। ऑपरेशन सिंदूर को जबरदस्त समर्थन मिला।

8 मई : उत्तरकाशी में गंगोत्री के पास हेलीकॉप्टर दुर्घटना में छह लोगों की मृत्यु हुई।
- उपनलकर्मियों के नियमितीकरण के मामले में नैनीताल हाईकोर्ट ने मुख्य सचिव को अवमानना नोटिस जारी करने के निर्देश दिए।
- ऑपरेशन सिंदूर के मद्देनजर उत्तराखण्ड के अस्पतालों में बेड बढ़ाये गए। डॉक्टरों की छुट्टी पर रोक लगाई गई।

9 मई : ऑपरेशन सिंदूर के कारण उत्तराखण्ड में पर्यटकों की संख्या में कमी दर्ज की गई।

12 मई : मुख्यमंत्री पुष्कर सिंह धामी ने नंदादेवी राजजात को महाकुंभ की तर्ज पर आयोजित करने की घोषणा की।

14 मई : सैनिकों के सम्मान में राज्यभर में तिरंगा शौर्य यात्राएं निकाली गई।

15 मई : देहरादून में मिलिट्री पुलिस स्टेशन हैक करने का प्रयास किया गया।

16 मई : मुख्यमंत्री स्वरोजगार योजना के तहत 50 हजार रोजगार देने की

घोषणा की गई।

17 मई : केदारनाथ में हेली एंबुलेंस दुर्घटनाग्रस्त हुई। कोई हताहत नहीं हुआ।

- मुख्यमंत्री पुष्कर सिंह धामी ने ई-रूपी प्रणाली के साथ चार कृषि नीतियां लॉन्च की।

19 मई : उत्तराखण्ड ने 16वें वित्त आयोग से 9 सेक्टरों में वित्तीय मदद मांगी।

20 मई : उत्तराखण्ड में नया भू-कानून लागू किया गया। सरकार ने अधिसूचना जारी की।

21 मई : 12 जनपदों में त्रिस्तरीय पंचायत चुनाव के लिए राज्य सरकार ने हाईकोर्ट में शपथ पत्र दिया।

22 मई : मुख्यमंत्री पुष्कर सिंह धामी ने धर्मान्तरण के मामलों में कार्रवाई की रिपोर्ट मांगी।

23 मई : नैनीताल हाईकोर्ट ने देहरादून और हल्द्वानी के स्टेडियम 24 घंटे खुले रखने के आदेश दिए।

- देहरादून के कैप्टन दीपक सिंह को मरणोपरांत शौर्य चक्र से सम्मानित किया गया।

25 मई : सिखों के पवित्र तीर्थ हेमकुंड साहिब के कपाट खोले गए।

- बूढ़ा भरसार पैदल मार्ग को **ट्रैक ऑफ द इयर** के रूप में विकसित करने की घोषणा की गई।

26 मई : स्टार्टअप विकास के लिए उत्तराखण्ड और गुजरात के बीच समझौता हुआ।

28 मई : उत्तराखण्ड कैबिनेट ने राज्य स्वास्थ्य प्राधिकरण को 75 करोड़ रुपए देने को मंजूरी दी।

29 मई : हरिद्वार जमीन घोटाले की जांच पूरी हुई। 11 अधिकारियों और कर्मचारियों पर कार्रवाई करने की सिफारिश की गई।

30 मई : अंकिता भंडारी हत्याकांड के तीन दोषियों को कोटद्वार की अदालत ने उम्रकैद की सजा सुनाई।

31 मई : उत्तराखण्ड में आपदा सखी नियुक्त करने की घोषणा की गई।

जून, 2025

1 जून : मुख्यमंत्री पुष्कर सिंह धामी ने घोषणा की कि हरिद्वार स्टेडियम का नाम वंदना कटारिया के नाम पर ही रहेगा।

4 जून : राज्य की ऊंची पहाड़ियों पर बर्फबारी और मैदानों में बारिश हुई। जून के महीने में ठंड का एहसास हुआ।

5 जून : विजय जड़धारी और प्रताप सिंह पोखरियाल को मुख्यमंत्री पुष्कर सिंह

धामी ने सुंदरलाल बहुगुणा प्रकृति एवं पर्यावरण पुरस्कार प्रदान किया।

6 जून : महेश नेगी उत्तरांचल क्रिकेट एसोसिएशन के पुनः अध्यक्ष बने।

7 जून : पंतनगर में अंतर्राष्ट्रीय एयरपोर्ट बनाने की घोषणा की गई।

• : रुद्रप्रयाग के बड़ासू में हेलीकॉप्टर दुर्घटनाग्रस्त होकर सड़क पर गिरा। कोई जनहानि नहीं हुई।

9 जून : मुख्यमंत्री पुष्कर सिंह धामी ने उत्तराखण्ड की बोलियों और लोक साहित्य की ई–लाइब्रेरी बनाने की घोषणा की।

11 जून : देहरादून की रिस्पना और बिंदाल नदियों में एलिवेटेड रोड बनाने को कैबिनेट ने मंजूरी दी।

• प्रसिद्ध पर्यावरणविद् देवेश्वरी भट्ट का 89 वर्ष की उम्र में निधन हुआ।

12 जून : उत्तराखण्ड में पहाड़ों पर बारिश और मैदानों में तेज गर्मी महसूस की गई।

• उत्तराखण्ड में महिला सशक्तीकरण के लिए **'तेरे मेरे सपने'** अभियान की घोषणा की गई।

13 जून : उत्तराखण्ड में त्रिस्तरीय पंचायत चुनाव के लिए अनन्तिम आरक्षण सूची जारी की गई।

14 जून : देहरादून में कोरोना के 10 मरीजों की पुष्टि हुई।

15 जून : देहरादून सहित राज्यभर में आँधी और बारिश से गर्मी से राहत मिली। जनजीवन प्रभावित हुआ। केदारनाथ मार्ग पर एक यात्री की मृत्यु हुई।

16 जून : नैनीताल हाईकोर्ट ने हेलीकॉप्टर उड़ानों के लिए नीति बनाने का आदेश दिया।

18 जून : प्रो० श्री प्रकाश सिंह हेमवती नन्दन बहुगुणा गढ़वाल केंद्रीय विश्वविद्यालय के कुलपति बने।

19 जून : राष्ट्रपति द्रौपदी मुर्मू देहरादून पहुंचीं। राज्यपाल गुरमीत सिंह और मुख्यमंत्री पुष्कर सिंह धामी ने स्वागत किया।

20 जून : मानसून उत्तराखण्ड पहुंचा।

मोरी में घर ढहने से एक ही परिवार के चार लोगों की मृत्यु हुई।

• राष्ट्रपति द्रौपदी मुर्मू ने राष्ट्रीय दृष्टि दिव्यांगजन सशक्तीकरण संस्थान का दौरा किया।

21 जून : उत्तराखण्ड त्रिस्तरीय पंचायत चुनाव की घोषणा की गई। हरिद्वार को छोड़कर शेष 12 जनपदों में 10 और 15 जुलाई को मतदान का कार्यक्रम जारी किया गया।

• उत्तराखण्ड में **'योग नीति'** लागू की गई। योग नीति लागू करने

वाला उत्तराखण्ड देश का पहला राज्य बना।

- राष्ट्रपति द्रौपदी मुर्मू ने देहरादून में योग किया। स्वस्थ समाज और व्यक्तित्व निर्माण के लिए योग को जरूरी बताया।

22 जून : उत्तराखण्ड में भारी बारिश हुई। केदारनाथ हाईवे मुनकटिया में बंद हुआ।

23 जून : विश्व ओलंपिक दिवस पर मुख्यमंत्री पुष्कर सिंह धामी ने राज्य के खिलाड़ियों को सम्मानित किया।

24 जून : नैनीताल हाईकोर्ट के आदेश के बाद उत्तराखण्ड में त्रिस्तरीय पंचायत चुनाव प्रक्रिया रोकी गई।

26 जून : रुद्रप्रयाग में यात्रियों की बस अलकनंदा में गिरी। तीन लोगों की मृत्यु हुई और आठ लोग लापता हुए।

27 जून : नैनीताल हाईकोर्ट ने पंचायत चुनाव पर लगाई गई रोक हटाई।

28 जून : मलबा आने से बदरीनाथ और गंगोत्री हाइवे बंद हुए।

- उत्तराखण्ड में त्रिस्तरीय पंचायत चुनाव का नया कार्यक्रम जारी किया गया।
- 24 और 28 जुलाई को मतदान की तिथि घोषित की गई।

29 जून : यमुनोत्री हाईवे पर सिलाई बैंड के पास भूस्खलन से दो मजदूरों की मृत्यु हुई और 7 लोग लापता हुए। 150 सड़कें बंद हुई।

30 जून : मुख्यमंत्री पुष्कर सिंह धामी ने कहा कि उत्तराखण्ड को स्पेस टेक्नोलॉजी फ्रेंडली बनाया जाएगा।

जुलाई, 2025

1 जुलाई : महेंद्र भट्ट को दूसरी बार उत्तराखण्ड भारतीय जनता पार्टी का प्रदेश अध्यक्ष बनाया गया।

2 जुलाई : केदारनाथ में नेशनल म्यूजियम की देखरेख का जिम्मा संस्कृति विभाग को सौंपने का फैसला।

3 जुलाई : बॉण्ड भरकर सरकारी मेडिकल कॉलेज में पढ़ाई करने वाले गायब 234 डॉक्टर्स को बर्खास्त करने का फैसला।

4 जुलाई : देहरादून में नागर विमानन मंत्रालय के सम्मेलन में हिमालयी राज्यों के लिए अलग विमानन नीति बनाने की मांग की गई।

5 जुलाई : मुख्यमंत्री पुष्कर सिंह धामी ने कुमाऊं मंडल में आध्यात्मिक जोन खोलने की घोषणा की।

6 जुलाई : मुख्यमंत्री पुष्कर सिंह धामी ने घोषणा की कि उत्तराखण्ड में डेमोग्राफी बदलने नहीं दी जाएगी।

8 जुलाई : चमोली जनपद के नंदानगर के गांव धुर्मा में भारी बारिश के कारण 16 मकान क्षतिग्रस्त हुए।

10 जुलाई : उत्तराखण्ड में आपदा से निपटने के लिए केंद्र सरकार ने 455.60 करोड़ रुपए दिए।

- फर्जी साधुओं को पकड़ने के लिए उत्तराखण्ड में ऑपरेशन कालनेमी शुरू किया गया।

11 जुलाई : हरिद्वार से प्रसिद्ध कांवड़ यात्रा शुरू हुई।

- त्रिस्तरीय पंचायत चुनाव के लिए चुनाव चिह्न जारी किए गए।

12 जुलाई : टिहरी जनपद के नेल गांव में बारिश के कारण पेड़ उखड़ने से दो स्कूली बच्चों की मृत्यु हुई।

13 जुलाई : भ्रष्टाचार मुक्त अभियान के लिए देहरादून के 150 संगठनों ने मुख्यमंत्री पुष्कर सिंह धामी को सम्मानित किया।

14 जुलाई : मुख्यमंत्री पुष्कर सिंह धामी ने प्रधानमंत्री नरेंद्र मोदी से मुलाकात की। उत्तराखण्ड के विकास के लिए 4915 करोड़ रुपए मांगे।

14 जुलाई : राज्य के सभी सरकारी स्कूलों में सुबह की प्रार्थना में गीता श्लोक वाचन करने का निर्देश दिया गया।

15 जुलाई : पिथौरागढ़ जनपद के मवानी में सवारी वाहन गिरने से 18 लोगों की मृत्यु हुई।

- रुद्रप्रयाग में फर्जी डिग्री से शिक्षक बने युवक को 5 वर्ष की कारावास की सजा सुनाई गई।

16 जुलाई : केदारनाथ में खच्चर चलाने वाले रुद्रप्रयाग जनपद के अतुल कुमार को आईआईटी जैम-2025 में सफलता मिली।

17 जुलाई : राष्ट्रीय स्वच्छ सर्वेक्षण में उत्तराखण्ड के शहरों की स्थिति चिंताजनक। गंगा किनारे के शहरों में ऋषिकेश को देश में 13वाँ स्थान मिला।

- दून विश्वविद्यालय और आई०आई०टी० मद्रास मिलकर शोध करने पर सहमत हुए।

18 जुलाई : प्रवर्तन निदेशालय ने कांग्रेस नेता हरक सिंह रावत सहित पाँच लोगों पर मनी लॉन्ड्रिंग मामले में चार्जशीट दाखिल की।

19 जुलाई : रुद्रपुर में उत्तराखण्ड निवेश उत्सव का आयोजन किया गया। केंद्रीय गृह मंत्री अमित शाह भी शामिल हुए।

20 जुलाई : उत्तराखण्ड सरकार ने अग्नि वीरों को सरकारी नौकरियों में 10 प्रतिशत आरक्षण देने की योजना बनाई।

21 जुलाई : मुख्यमंत्री पुष्कर सिंह धामी ने हर ब्लॉक में एक स्मार्ट गांव बनाने की घोषणा की।

22 जुलाई : कांवड़ यात्रा में नया रिकॉर्ड बना। लगभग एक करोड़ 15 लाख कांवड़िये हरिद्वार पहुंचे।

23 जुलाई : प्रधानाचार्य भर्ती में एल०टी० शिक्षकों को भी अवसर देने की कैबिनेट ने मंजूरी दी।

24 जुलाई : उत्तराखण्ड अधीनस्थ सेवा चयन आयोग ने भर्ती कैलेंडर जारी किया।
- उत्तराखण्ड में त्रिस्तरीय पंचायत चुनाव के लिए पहले चरण का मतदान संपन्न हुआ।

25 जुलाई : उत्तराखण्ड सरकार ने राज्य के परमवीर चक्र विजेताओं को ₹ 1.5 करोड़ एकमुश्त देने की घोषणा की।

27 जुलाई : हरिद्वार स्थित मनसा देवी मंदिर में भगदड़ मचने से आठ श्रद्धालुओं की मृत्यु हुई।

28 जुलाई : उत्तराखण्ड के मंदिरों में प्रवेश के मानक बदलने की मुख्यमंत्री ने घोषणा की। धर्मांतरण कानून को और भी सख्त बनाने की घोषणा भी की गई।

29 जुलाई : मुख्यमंत्री पुष्कर सिंह धामी ने चमोली जनपद के कालेश्वर और नैनीताल में सैनिक विश्राम गृह बनाने की घोषणा की।
- त्रिस्तरीय पंचायत चुनाव में दूसरे चरण का मतदान संपन्न हुआ। दोनों चरणों में कुल 69.19 प्रतिशत मतदान हुआ।

30 जुलाई : बारिश के कारण केदारनाथ यात्रा पर दो दिन के लिए रोक लगाई गई।

31 जुलाई : त्रिस्तरीय पंचायत चुनाव की मतगणना शुरू हुई। कई जगहों पर नतीजे घोषित किए गए।

अगस्त, 2025

1 अगस्त : उत्तराखण्ड की 12 जिला पंचायतों के अध्यक्ष पद के लिए अनंतिम आरक्षण सूची जारी की गई।

3 अगस्त : मुख्यमंत्री पुष्कर सिंह धामी ने देहरादून में राज्य सरकार की 'जल सखी योजना' की शुरुआत की।

4 अगस्त : उत्तराखण्ड में भारी बारिश से कोटद्वार में दो और हल्द्वानी में एक व्यक्ति की मृत्यु हुई।

5 अगस्त : उत्तरकाशी के धराली में हिमस्खलन से भारी तबाही। प्रारम्भिक खबरों में चार लोगों की मृत्यु की बात कही गई, दर्जनों लापता हुए। रुड़की में पांच घर गिरे।

6 अगस्त : पौड़ी के पाबौ ब्लॉक के बुरांसी और सैंजी सहित कई गांवों में भूस्खलन। तीन लोगों की मृत्यु हुई। पाँच लापता हुए।

7 अगस्त : धराली और पौड़ी में राहत कार्य तेज किए गए। देहरादून में बारिश के पानी में डूब कर दो बच्चों की मृत्यु हुई।

8 अगस्त : राज्य में जिला पंचायत अध्यक्षों और ब्लॉक प्रमुखों के चुनाव की तैयारियां तेज हुई।

9 अगस्त : धराली आपदा प्रभावितों को पाँच-पाँच लाख रुपये राहत राशि देने की घोषणा की गई।

10 अगस्त : धराली में छह लोगों के शव मिले। 48 लापता लोगों की सूची जारी की गई।

- देहरादून में नाले में बहकर एक बच्चे की मृत्यु हुई।

11 अगस्त : बारिश से हुई घटनाओं में उत्तराखण्ड में चार लोगों की मृत्यु हुई।

- प्राकृतिक आपदाओं को ध्यान में रखते हुए उत्तराखण्ड सरकार ने संवेदनशील क्षेत्रों में नए निर्माण पर रोक लगाई।

12 अगस्त : मुख्यमंत्री पुष्कर सिंह धामी ने उत्तराखण्ड में उन्नत डाटा सेंटर बनाने की घोषणा की। हिल से हाईटेक मंत्र दिया।

13 अगस्त : उत्तराखण्ड कैबिनेट ने धार्मिक स्वतंत्रता (संशोधन) विधेयक-2025 को मंजूरी दी। कैबिनेट में कई अन्य प्रस्ताव भी पास किए गए।

14 अगस्त : भारतीय जनता पार्टी ने जिला पंचायत अध्यक्षों की 10 और कांग्रेस ने एक सीट जीती। नैनीताल में विवाद हुआ। मामला हाईकोर्ट पहुंचा।

16 अगस्त : धराली में राहत पहुंचाने में परेशानी। राज्य में बारिश से हुई घटनाओं में पाँच लोगों की मृत्यु हुई।

16 अगस्त : नैनीताल जिला पंचायत अध्यक्ष चुनाव में बवाल के मामले में नेता प्रतिपक्ष यशपाल आर्य सहित 15 लोगों पर मुकदमा दर्ज किया गया।

- देहरादून में होने वाली एशियाई स्केटिंग चैम्पियनशिप का शुभंकर 'हिम तेंदुआ' जारी किया गया।

17 अगस्त : उत्तराखण्ड कैबिनेट ने अल्पसंख्यक शिक्षा प्राधिकरण को मंजूरी दी।

18 अगस्त : नैनीताल बवाल को लेकर हाईकोर्ट ने कानून व्यवस्था पर सवाल उठाए।

19 अगस्त : भारी शोर-शराबे के साथ गैरसैंण के भराड़ीसैंण में उत्तराखण्ड विधानसभा का मानसून सत्र शुरू हुआ।

20 अगस्त : देहरादून में एशियाई स्केटिंग चैम्पियनशिप शुरू हुई।

- भारी हंगामे के बीच विधानसभा में नौ विधेयक बिना चर्चा के पारित हुए। विधानसभा सत्र स्थगित किया गया।

21 अगस्त : यमुना नदी पर बड़कोट के पास स्यानाचट्टी में झील बनी। खतरे की आशंका पैदा हुई।

22 अगस्त : नैनीताल हाईकोर्ट ने अवैध हथियारों पर एस०ओ०पी० तलब की।

23 अगस्त : चमोली जनपद के थराली में भूस्खलन से भारी तबाही हुई। कई लोगों के लापता होने की आशंका।

24 अगस्त : मुख्यमंत्री पुष्कर सिंह धामी ने थराली आपदा का जायजा लिया।

25 अगस्त : गौचर और चिन्यालीसौड़ हवाई पट्टी सेना को सौंपने का फैसला किया गया।

- चम्पावत की शिक्षिका मधुबाला को राष्ट्रीय शिक्षक पुरस्कार के लिए चुना गया।

27 अगस्त : मुख्यमंत्री पुष्कर सिंह धामी ने स्यानाचट्टी के आपदा प्रभावितों से मुलाकात की।

28 अगस्त : मुख्यमंत्री पुष्कर सिंह धामी ने आपदा प्रभावितों के लिए नई पुनर्वास नीति बनाने के निर्देश दिए।

29 अगस्त : रुद्रप्रयाग जनपद के बसुकेदार क्षेत्र के छेनागाड़ में अतिवृष्टि और भूस्खलन से 10 गांवों को नुकसान। नौ लोग लापता हुए।

- चमोली और बागेश्वर में भी भारी नुकसान। छह लोगों की मृत्यु हुई।

31 अगस्त : देहरादून को महिलाओं के लिए असुरक्षित बताये जाने पर पुलिस और महिला आयोग ने नाराजगी जताई।

सितम्बर, 2025

1 सितम्बर : अग्निवीरों को वर्दीधारी पदों पर क्षैतिज आरक्षण की नियमावली जारी की गई।

2 सितम्बर : उत्तराखण्ड में कई जगहों पर भारी बारिश होने से 486 सड़कें बंद हुई।

4 सितम्बर : आई०आई०टी० रुड़की को एन०आई०आर०एफ० में देश की टॉप-10 रैंकिंग में शामिल किया गया।

- 13 महिलाओं को तीलू रौतेली सम्मान प्रदान किया गया। 33 आंगनवाड़ी कार्यकर्त्री भी सम्मानित की गई।

5 सितम्बर : मुख्यमंत्री पुष्कर सिंह धामी ने घोषणा की है कि उत्तराखण्ड में कबीलाई शिक्षा नहीं चलेगी।

- 16 शिक्षकों को शैलेश मटियानी पुरस्कार से सम्मानित किया गया।

9 सितम्बर : नेपाल में तख्तापलट के बाद उत्तराखण्ड के नेपाल से लगते जनपदों में हाई अलर्ट किया गया।

10 सितम्बर : धराली आपदा के बाद से बंद गंगोत्री यात्रा फिर से शुरू हुई।

11 सितम्बर : आपदा में नुकसान का आकलन करने के लिए प्रधानमंत्री नरेंद्र मोदी देहरादून पहुंचे। हवाई अड्डे पर पीड़ितों और अधिकारियों के साथ मुलाकात की।

12 सितम्बर : गिरीश तिवारी 'गिर्दा' और शैलेश मटियानी को दीर्घकालिक साहित्य सेवी सम्मान प्रदान किया गया।

15 सितम्बर : नैनीताल हाईकोर्ट ने अवैध खनन पर एक्शन प्लान प्रस्तुत करने का आदेश दिया।

16 सितम्बर : उत्तराखण्ड में भारी बारिश हुई। कई जगहों पर नुकसान हुआ। देहरादून में 11 लोगों की मृत्यु हुई।

17 सितम्बर : प्रधानाचार्य पद पर सीधी भर्ती के खिलाफ राज्यभर के शिक्षकों ने देहरादून में प्रदर्शन किया।

17 सितम्बर : देहरादून आपदा में मृतकों की संख्या बढ़ी। राहत और बचाव अभियान जारी रहा।

18 सितम्बर : चमोली जनपद के नंदानगर क्षेत्र में भारी बारिश से कई जगहों पर भूस्खलन हुआ। 18 लोगों की मृत्यु हुई।

- अंकिता भंडारी की हत्या की तीसरी बरसी पर राज्यभर के सामाजिक संगठनों ने नैनीताल में प्रदर्शन किया।

19 सितम्बर : नंदानगर में आई तबाही के बाद पाँच और शव बरामद किए गए।

20 सितम्बर : पटवारी भर्ती परीक्षा से पहले पेपरलीक के आरोपी हाकम सिंह को गिरफ्तार किया गया।

21 सितम्बर : पटवारी भर्ती परीक्षा प्रश्न पत्र परीक्षा के दौरान ही बाहर आया। यू०के०एस०एस०एस०सी० के अध्यक्ष ने पेपर लीक की बात नकारी।

22 सितम्बर : पेपर लीक मामले को लेकर पाँच लोगों पर केस दर्ज किया गया और एक को गिरफ्तार किया गया। युवाओं ने देहरादून में धरना शुरू किया।

23 सितम्बर : पेपर लीक मामले का मुख्य आरोपी गिरफ्तार किया गया। देहरादून में युवाओं का आंदोलन तेज हुआ।

24 सितम्बर : पेपर लीक मामले की जांच के लिए एस०आई०टी० गठित की गई।

25 सितम्बर : पेपर लीक मामले में चार कर्मचारी निलंबित किए गए। देहरादून में छात्रों का धरना-प्रदर्शन जारी रहा।

26 सितम्बर : सुप्रीम कोर्ट ने पंचायत चुनाव मामले में राज्य चुनाव आयोग की याचिका खारिज की। आयोग पर जुर्माना भी लगाया गया।

27 सितम्बर : पेपर लीक मामले में पूर्व मुख्यमंत्री त्रिवेंद्र सिंह रावत ने सी०बी०आई० जांच का समर्थन किया।

28 सितम्बर : हिमाचल प्रदेश के साहित्यकार एस०आर० हरनोट को द्वितीय नरेंद्र सिंह नेगी संस्कृति सम्मान प्रदान किया गया।

29 सितम्बर : मुख्यमंत्री पुष्कर सिंह धामी ने युवाओं के धरना स्थल पर पहुंचकर पेपर लीक मामले की सी०बी०आई० जांच का ऐलान किया। युवाओं ने धरना समाप्त किया।

30 सितम्बर : बेरोजगार युवाओं ने सी०बी०आई० जांच और पटवारी भर्ती परीक्षा रद्द करने के लिए 10 दिन का समय दिया।

अक्टूबर, 2025

1 अक्टूबर : मुख्यमंत्री पुष्कर सिंह धामी ने अल्मोड़ा-हल्द्वानी और पिथौरागढ़-मुनस्यारी हेली सेवाओं का उद्घाटन किया।

3 अक्टूबर : वन्य जीवों के हमले से मृत्यु होने पर 10 लाख रुपए तक मुआवजा देने की घोषणा की गई।

4 अक्टूबर : देहरादून में सब जूनियर राष्ट्रीय बास्केटबॉल चैम्पियनशिप शुरू हुई।

5 अक्टूबर : उत्तराखण्ड प्रीमियम लीग में हरिद्वार चैम्पियन बना।

6 अक्टूबर : स्वास्थ्य सेवाओं में सुधार के लिए चौखुटिया में आंदोलन शुरू हुआ।

7 अक्टूबर : हाईकोर्ट ने सहायक अध्यापक भर्ती पर लगाई गई रोक हटाई।

8 अक्टूबर : उत्तराखण्ड ने केंद्र सरकार से सात हाइड्रो पावर प्रोजेक्ट की मंजूरी मांगी।

- अंकिता हत्याकांड में हाईकोर्ट ने राज्य सरकार से आपत्तियां मांगी।

9 अक्टूबर : मुख्यमंत्री पुष्कर सिंह धामी ने केंद्रीय वित्त मंत्री निर्मला सीतारमण से मुलाकात की। 17,877 करोड़ रुपए की मांग की।

11 अक्टूबर : नैनीताल हाईकोर्ट ने आपदा प्रबंधन के लिए ठोस नीति बनाने के आदेश दिए।

- हेमकुंड साहिब के कपाट शीतकाल के लिए बंद किए गए।

12 अक्टूबर : उत्तराखण्ड अधीनस्थ सेवा चयन आयोग ने विवादित पटवारी भर्ती परीक्षा रद्द की।

13 अक्टूबर : उत्तराखण्ड कांग्रेस प्रभारी शैलजा ने उत्तराखण्ड विधानसभा चुनाव में वोट चोरी का आरोप लगाया।

15 अक्टूबर : मुख्यमंत्री पुष्कर सिंह धामी ने पर्वतीय जनपदों के विकास के लिए सीमांत विकास परिषद बनाने की घोषणा की।

16 अक्टूबर : आंदोलन के बाद चौखुटिया सामुदायिक स्वास्थ्य केंद्र में दो डॉक्टर भेजे गए। एक ही दिन में दोनों वापस बुलाए गए।

17 अक्टूबर : राज्य सरकार ने विनियमितीकरण नियमावली तैयार की। 5000 कर्मचारियों के पक्के होने की उम्मीद जगी।

- राज्य सरकार ने समान नागरिक संहिता में बड़े संशोधन करने का संकेत दिया।
- बदरीनाथ के नर पर्वत पर ग्लेशियर टूटा।

21 अक्टूबर : दीपावली के बाद उत्तराखण्ड के शहरों में प्रदूषण बढ़ा।

22 अक्टूबर : गंगोत्री धाम के कपाट शीतकाल के लिए बंद किए गए।

23 अक्टूबर : केदारनाथ और यमुनोत्री धाम के कपाट शीतकाल के लिए बंद किए गए।

26 अक्टूबर : चिपको नेत्री गौरा देवी की 100वीं जयंती पर डाक टिकट जारी किया गया।

27 अक्टूबर : पटवारी भर्ती परीक्षा पेपरलीक मामले में सी०बी०आई० ने केस दर्ज किया।

28 अक्टूबर : उत्तराखण्ड में विकास योजनाओं के लिए 59.60 करोड रुपए मंजूर किए गए।

29 अक्टूबर : रुद्रप्रयाग के अगस्त्यमुनि विकासखंड के जौंदला गांव में गुलदार ने अधेड़ व्यक्ति को मार डाला।

30 अक्टूबर : उत्तराखण्ड सरकार ने प्रधानाचार्य की सीधी भर्ती की योजना वापस ली।

31 अक्टूबर : नैनीताल हाईकोर्ट ने जिला पंचायत अध्यक्ष चुनाव के दौरान अपहरण के मामले की जांच पर असंतुष्टि जताई।

नवम्बर, 2025

1 नवम्बर : राज्य स्थापना के 25 वर्ष पूर्ण होने पर रजत जयंती समारोह शुरू हुए। मुख्यमंत्री पुष्कर सिंह धामी ने अपने कार्यकाल की उपलब्धियां

गिनाई।

2 नवम्बर : राष्ट्रपति द्रौपदी मुर्मू तीन दिवसीय यात्रा पर उत्तराखण्ड पहुँचीं। उन्होंने हरिद्वार स्थित पतंजलि विश्वविद्यालय के दीक्षांत समारोह को सम्बोधित किया।

3 नवम्बर : राष्ट्रपति द्रौपदी मुर्मू ने उत्तराखण्ड विधानसभा के विशेष सत्र को संबोधित किया। उत्तराखण्ड को नंबर एक राज्य बनाने के लिए काम करने की नसीहत दी।

4 नवम्बर : विधानसभा का विशेष सत्र दूसरे दिन भी जारी रहा। मुख्यमंत्री पुष्कर सिंह धामी ने संस्कृति और डेमोग्राफी बचाने के लिए कड़े फैसले लेने की बात कही।

5 नवम्बर : एक दिन बढ़ाये गये विधानसभा के विशेष सत्र में सत्तापक्ष और विपक्ष के बीच तीखी झड़पें हुईं। सदन में मैदान-पहाड़ का मुद्दा भी उठा।

- रजत जयंती समारोह के अंतर्गत दून विश्वविद्यालय में प्रवासी उत्तराखण्डी सम्मेलन का आयोजन किया गया।

6 नवम्बर : रजत जयंती समारोह के तहत हल्द्वानी में पूर्व सैनिक सम्मेलन का आयोजन किया गया।

- देहरादून में राज्य स्तरीय युवा महोत्सव का मुख्यमंत्री पुष्कर सिंह धामी ने शुभारम्भ किया।

7 नवम्बर : उत्तराखण्ड राज्य स्थापना की रजत जयंती के उपलक्ष्य में मुख्यमंत्री पुष्कर सिंह धामी ने भूमि बंदोबस्त सहित 11 घोषणाएं कीं।

8 नवम्बर : उत्तराखण्ड के राज्य आंदोलन के शहीदों के परिजनों और राज्य आंदोलनकारियों को सम्मानित किया गया। आंदोलनकारियों की पेंशन में 10 हजार रुपये तक की बढ़ोत्तरी की घोषणा की गई।

9 नवम्बर : प्रधानमंत्री नरेन्द्र मोदी ने राज्य की स्थापना दिवस की रजत जयंती के अवसर पर देहरादून में जनसभा को संबोधित किया।

घटनाक्रम- 9 नवम्बर, 2025 तक

चर्चित/प्रमुख घटनाएं-2025

समान नागरिक संहिता (यू०सी०सी०)

कई तरह के विरोध और समर्थन के बीच 27 जनवरी, 2025 को उत्तराखण्ड समान नागरिक संहिता (यू०सी०सी०) लागू हो गई। इस तरह यूसीसी लागू करने वाला देश का पहला राज्य बन गया। यूसीसी भारत के संविधान के अनुच्छेद 44 में वर्णित उस विचार को मूर्त रूप देने की दिशा में एक बड़ा कदम है, जिसमें देश के सभी नागरिकों के लिए एक समान व्यक्तिगत कानून लागू करने की बात कही गई है, चाहे उनका धर्म, जाति, लिंग या भाषा कुछ भी हो।

समान नागरिक संहिता का उद्देश्य देश के सभी नागरिकों के लिए विवाह, तलाक, उत्तराधिकार, गोद लेना और संपत्ति जैसे मामलों में एक समान कानून लागू करना है। वर्तमान में भारत में विभिन्न धर्मों के लिए अलग-अलग व्यक्तिगत कानून लागू हैं। जैसे हिंदू लॉ, मुस्लिम पर्सनल लॉ आदि।

प्रमुख उद्देश्य

समानता लाना

- सभी नागरिकों के लिए समान अधिकार सुनिश्चित करना।

महिला सशक्तिकरण

- महिलाओं को विवाह, तलाक और संपत्ति में समान अधिकार देना।

एकरूपता

- अलग-अलग धर्मों के अलग-अलग कानूनों की जटिलता को समाप्त करना।

संविधान के नीति निर्देशक सिद्धांतों का पालन

- संविधान के अनुच्छेद 44 को लागू करना।

विधेयक की मुख्य विशेषताएं

एक विवाह का प्रावधान

- एक से अधिक विवाह (बहुविवाह) पर रोक।

समान तलाक प्रक्रिया

- पुरुष और महिला दोनों के लिए तलाक के समान प्रावधान।

लिव-इन रिलेशनशिप का पंजीकरण अनिवार्य

- 30 दिन के भीतर रजिस्ट्रेशन अनिवार्य है।
- गोद लेने और उत्तराधिकार पर एक समान नियम, सभी धर्मों के लिए समान कानून।
- महिलाओं को संपत्ति में समान अधिकार, पुत्री और पुत्र दोनों को बराबर हिस्सेदारी।

यू०सी०सी० के लाभ

- लैंगिक समानता को बढ़ावा मिलेगा।
- धार्मिक भेदभाव में कमी आएगी।
- न्यायिक प्रक्रिया में पारदर्शिता आएगी।
- महिलाओं और बच्चों को बेहतर सुरक्षा मिलेगी।

विरोध और चुनौतियां

हालाँकि यह कानून प्रगतिशील माना जा रहा है, लेकिन कुछ वर्गों और धार्मिक संगठनों ने इसे लेकर निम्न आपत्ति भी जताई है।

- धार्मिक स्वतंत्रता पर प्रभाव पड़ेगा।
- लोगों की निजता के अधिकार का हनन होगा, जिससे यह कानून संविधान विरोधी माना जा सकता है।
- समाज में विविधता के चलते एकरूपता लागू करना एक चुनौतीपूर्ण कार्य है।
- राज्य की पांच जनजातियों को इस कानून के दायरे से बाहर रखा गया है।

राष्ट्रीय स्तर पर क्या असर हो सकता है?

उत्तराखण्ड में यू०सी०सी० लागू होने के बाद यह एक मॉडल बन सकता है जिसे अन्य राज्य भी अपनाने का विचार कर सकते हैं। गोवा में पहले से ही पुर्तगाली नागरिक संहिता लागू है, लेकिन उत्तराखण्ड पहला राज्य है जिसने आधुनिक संदर्भ में व्यापक यू०सी०सी० कानून पास किया है। हालांकि यह भी कहा जा रहा है कि अनुच्छेद 44 में भविष्य की संसद को समान नागरिक संहिता बनाने के लिए कहा गया है, न कि किसी राज्य की विधानसभा को। इसके साथ ही यह भी कहा गया है कि शुरुआती दौर में इसे नागरिकों पर जबरन थोपने के बजाय ऐच्छिक रखा जाना चाहिए।

उत्तराखण्ड का नया भू-कानून

उत्तराखण्ड में अब नया भू-कानून लागू हो गया है। सशक्त भू-कानून की मांग को देखते हुए सरकार ने वर्ष 2022 में पूर्व मुख्य सचिव सुभाष कुमार की अध्यक्षता में एक समिति का गठन किया था, जिसने 5 सितम्बर, 2022 को अपनी रिपोर्ट सौंप दी थी।

कैबिनेट की मंजूरी के बाद उत्तराखण्ड (उत्तर प्रदेश जमींदारी विनाश और भूमि व्यवस्था अधिनियम 1950) संशोधन विधेयक-2025 उत्तराखण्ड विधानसभा में पारित कर दिया गया। राज्यपाल की मंजूरी के बाद यह नया भू-कानून उत्तराखण्ड के 11 पर्वतीय जनपदों में लागू हो गया है। राज्य के दो जनपद हरिद्वार और ऊधमसिंह नगर को इस कानून के दायरे से बाहर रखा गया है। इस संशोधन से न केवल भूमि खरीद पर रोक लगेगी, बल्कि असल निवेशकों व भू-माफिया के बीच के अंतर को पहचानने में भी कामयाबी मिलेगी।

नये भू-कानून के मुख्य बिन्दु

- हरिद्वार, ऊधमसिंह नगर को छोड़कर बाकी 11 जनपदों में राज्य से बाहर के व्यक्ति कृषि और बागवानी के लिए भूमि नहीं खरीद सकेंगे।
- नगर निकाय क्षेत्रों को छोड़कर बाकी जगहों पर बाहरी राज्यों के व्यक्ति जीवन में एक बार आवासीय प्रयोजन के लिए अधिकतम 250 वर्ग मीटर भूमि खरीद सकेंगे। इसके लिए उन्हें अब अनिवार्य शपथ पत्र देना होगा।
- औद्योगिक प्रयोजन के लिए जमीन खरीद के नियम यथावत रहेंगे।
- हरिद्वार और ऊधमसिंह नगर में कृषि-औद्यानिकी की जमीन खरीदने के लिए जिलाधिकारी के स्तर से अनुमति नहीं होगी, बल्कि इसके लिए शासन स्तर से ही अनुमति मिलेगी।
- 11 जनपदों में 12.5 एकड़ भूमि की सीलिंग खत्म कर दी गई है। हरिद्वार और ऊधमसिंह नगर में भी 12.5 एकड़ भूमि खरीद से पहले जिस प्रयोजन के लिए खरीदी जानी है, उससे संबंधित विभाग को आवश्यकता प्रमाणपत्र जारी करना होगा। उसके बाद ही शासन स्तर से अनुमति मिल सकेगी।
- खरीदी गई भूमि का निर्धारित समय से अन्य उपयोग नहीं करने के संबंध में क्रेता को रजिस्ट्रार को शपथपत्र देना होगा। भू-कानून का उल्लंघन होने पर भूमि सरकार में निहित होगी।
- पोर्टल के माध्यम से भूमि खरीद प्रक्रिया की निगरानी होगी। सभी जिलाधिकारी राजस्व परिषद और शासन को नियमित रूप से भूमि खरीद से जुड़ी रिपोर्ट भेजेंगे।
- नगर निकाय सीमा के अंतर्गत भूमि का उपयोग केवल निर्धारित भू-उपयोग के अनुसार ही किया जा सकेगा।

चमोली के माणा में हिमस्खलन

उत्तराखण्ड के चमोली जनपद में माणा गांव के पास 28 फरवरी, 2025 को हुए हिमस्खलन में आठ लोगों की मृत्यु हो गई। वहीं 46 लोगों को जीवित बचाने में सफलता मिली। यह बचाव अभियान लगभग 55 घंटे तक चला। माणा गांव के पास 28 फरवरी को सुबह सवा सात बजे हुए हिमस्खलन में सीमा सड़क संगठन (बी०आर०ओ०) का शिविर चपेट में आ गया था। इस शिविर में उस समय 54 मजदूर रह रहे थे। हिमस्खलन की जानकारी मिलते ही भारतीय सेना की आईबैक्स ब्रिगेड ने मोर्चा संभाला और सुबह आठ बजे से ही राहत एवं बचाव कार्य शुरू कर दिया। भारतीय वायु सेना के साथ समन्वय और जिला प्रशासन, एन०डी०आर०एफ० और एस०डी०आर०एफ० के सहयोग से राहत व बचाव कार्य को तेजी से अंजाम दिया गया। इस दौरान बर्फबारी के कारण 15 किलोमीटर तक पूरी तरह से रास्ता बंद था। ऐसे में हेलीकॉप्टर के माध्यम से बचाव अभियान को पूरा किया गया।

पहाड़ी-मैदानी विवाद

उत्तराखण्ड विधानसभा के बजट सत्र के दौरान संसदीय कार्यमंत्री प्रेमचंद अग्रवाल की एक टिप्पणी राज्य में पहाड़ी-मैदानी विवाद का कारण बन गई। इस मामले में आखिरकार प्रेमचंद अग्रवाल को मंत्रिमंडल से इस्तीफा देना पड़ा। यह विवाद तब शुरू हुआ, जब मंत्री ने राज्य विधानसभा में कांग्रेस विधायक मदन बिष्ट की एक टिप्पणी पर प्रतिक्रिया दी। उन्होंने पूछा, क्या उत्तराखण्ड सिर्फ पहाड़ी लोगों के लिए है? इस दौरान उन्होंने एक आपत्तिजनक शब्द का इस्तेमाल किया, जो विवाद का कारण बन गया। उनके बयान के बाद कांग्रेस और सामाजिक संगठनों ने विधानसभा के अंदर और बाहर 'पहाड़ी बनाम मैदानी' का मुद्दा उठाया और अग्रवाल के पुतले जलाए। विवाद बढ़ने के बाद प्रेमचंद अग्रवाल को मंत्री पद से त्यागपत्र देना पड़ा।

उत्तराखण्ड के 19वें मुख्य सचिव : आनन्द बर्द्धन

उत्तराखण्ड की मुख्य सचिव श्रीमती राधा रतूड़ी का कार्यकाल 31 मार्च को समाप्त हुआ। उनके स्थान पर वरिष्ठ आईएएस आनन्द बर्द्धन मुख्य सचिव बनाये गये हैं। आनन्द बर्द्धन का लंबा प्रशासनिक अनुभव रहा है। 1992 में उन्हें यूपी कैडर आवंटित हुआ था। वह रामपुर, इटावा, पौड़ी, नैनीताल और हरिद्वार के जिला मजिस्ट्रेट और कलेक्टर सहित कई पदों पर रहे। उन्होंने वित्तीय संस्थानों और सार्वजनिक क्षेत्र के उपक्रमों में सेवायें दी हैं। उन्होंने दिल्ली विश्वविद्यालय से कंप्यूटर एप्लीकेशन में मास्टर डिग्री हासिल की है।

पूर्व मुख्य सचिवों का कार्यकाल

मुख्य सचिव	कार्यकाल	मुख्य सचिव	कार्यकाल
श्री अजय विक्रम सिंह	295 दिन	श्री एन० रविशंकर	303 दिन
श्री मधुकर गुप्ता	1 वर्ष 364 दिन	श्री राकेश शर्मा	91 दिन
श्री आर०एस० टोलिया	2 वर्ष 29 दिन	श्री शत्रुघ्न सिंह	1 वर्ष 29 दिन
श्री एम० रामचंद्रन	1 वर्ष 30 दिन	श्री एस० रामास्वामी	327 दिन
श्री सुरजीत किशोर दास	1 वर्ष 304 दिन	श्री उत्पल कुमार सिंह	2 वर्ष 280 दिन
श्री इंदु कुमार पांडे	1 वर्ष 90 दिन	श्री ओम प्रकाश सिंह	339 दिन
श्री एन०एस० नपलच्याल	273 दिन	श्री सुखबीर सिंह संधू	2 वर्ष 208 दिन
श्री सुभाष कुमार	1 वर्ष 273 दिन	श्रीमती राधा रतूड़ी	1 वर्ष 55 दिन
श्री आलोक कुमार जैन	333 दिन	श्री आनन्द बर्द्धन	1 अप्रैल 2025
श्री सुभाष कुमार	1 वर्ष 152 दिन		से अद्यावधि

संसदीय कार्य मंत्री प्रेमचंद अग्रवाल का इस्तीफा

उत्तराखण्ड के वित्त एवं संसदीय कार्य मंत्री प्रेमचंद अग्रवाल ने 16 मार्च, 2025 को इस्तीफा दे दिया। बजट सत्र के दौरान उनकी एक विवादास्पद टिप्पणी के कारण उनका व्यापक विरोध हो रहा था। इस भाषण में उन्होंने पहाड़ी लोगों की आलोचना की थी। विपक्ष ने भाजपा पर पहाड़ी निवासियों की उपेक्षा और अपमान करने का आरोप लगाया था। फरवरी, 2025 में बजट सत्र के दौरान कांग्रेस विधायक मदन बिष्ट की एक टिप्पणी पर प्रेमचंद अग्रवाल ने गुस्से में प्रतिक्रिया दी थी। उन्होंने कहा था कि उन्होंने उत्तराखण्ड राज्य के लिए इसलिए संघर्ष नहीं किया था कि पहाड़ी और देसी के बीच भेदभाव किया जाए। अग्रवाल ने विपक्षी विधायकों के साथ बहस के दौरान एक आपत्तिजनक शब्द का भी इस्तेमाल किया था। उनकी इस टिप्पणी से लोगों में, खासकर राज्य के पहाड़ी क्षेत्रों के लोगों में काफी गुस्सा था।

महिला सारथी योजना

8 मार्च, 2025 को ***अंतर्राष्ट्रीय महिला दिवस*** पर उत्तराखण्ड सरकार ने प्रदेश में आर्थिक रूप से कमजोर, विधवा और परित्यक्ता महिलाओं के स्वरोजगार के लिए 50 प्रतिशत अनुदान पर बाइक, स्कूटी, ऑटो और कार देने की योजना शुरू की है। इसे ***महिला सारथी योजना*** नाम दिया गया। पहले चरण में देहरादून, हरिद्वार, ऊधमसिंह नगर और नैनीताल जनपद से योजना की शुरूआत होगी। परिवहन विभाग इस तरह की महिला-बालिकाओं को वाहन चलाने का मुफ्त प्रशिक्षण और लाइसेंस देगा।

प्रधानमंत्री ने की 'घाम तापो' पर्यटन की अपील

- 6 मार्च, 2025 को प्रधानमंत्री नरेंद्र मोदी उत्तराखण्ड के उत्तरकाशी के दौरे पर थे।
- उन्होंने ***मुखबा*** में मां गंगा के शीतकालीन प्रवास में पूजा-अर्चना और हर्षिल में जनसभा की।
- इस दौरान प्रधानमंत्री ने **'घाम तापो'** पर्यटन का नया मंत्र उत्तराखण्ड को दिया।
- प्रधानमंत्री ने **'घाम तापो'** शब्द स्थानीय भाषा गढ़वाली से लिया, जो उत्तराखण्ड में काफी प्रचलित है।
- सर्दियों में मैदानी इलाकों में प्रदूषण और कोहरे की वजह से धूप नहीं आती है लेकिन पहाड़ों में चटख धूप खिली रहती है। इसलिए प्रधानमंत्री ने लोगों से अपील की है कि उत्तराखण्ड आकर सर्दियों में धूप का आनंद लें।
- प्रधानमंत्री ने इस शब्द का प्रयोग इसलिए किया, क्योंकि दिल्ली, मुंबई, जैसे महानगरों में प्रदूषण की वजह से लोगों को धूप नहीं मिल पाती है, इससे कई तरह की बीमारियां हो जाती हैं।

- सर्दियों में जब मैदानी क्षेत्रों में पूरे दिन कोहरा छाया रहता है और जबरदस्त ठिठुरन रहती है तो उत्तराखण्ड के पहाड़ी इलाकों में अच्छी-खासी धूप खिली रहती है।
- प्रधानमंत्री ने कॉरपोरेट घरानों से भी आग्रह किया है कि वह पहाड़ों पर इस गुनगुनी और खिली धूप में आकर अपनी बैठकें करें।

केदारनाथ-हेमकुंड रोपवे को मंजूरी

5 मार्च, 2025 को केदारनाथ रोपवे प्रोजेक्ट और हेमकुंड रोपवे प्रोजेक्ट को केंद्र सरकार से मंजूरी मिली। केंद्रीय मंत्रिमंडल ने राष्ट्रीय रोपवे विकास कार्यक्रम की ***पर्वतमाला परियोजना*** के तहत उत्तराखण्ड में सोनप्रयाग से केदारनाथ और गोविन्दघाट से हेमकुंड साहिब परियोजनाओं को मंजूरी दी। वर्तमान में इन यात्राओं में 8-9 घंटे का समय लगता है। रोपवे बनने के बाद यह समय घटकर 36 मिनट रह जाएगा। इसमें 36 लोगों के बैठने की क्षमता होगी। केदारनाथ रोपवे बनने के बाद राज्य में हेली सेवाएं सीमित हो जाएंगी। हिमालय की सर्वाधिक खतरनाक घाटियों में से एक केदारनाथ के लिए हेली टैक्सी यात्रा बेहद जोखिम भरी मानी जाती है।

एकीकृत पेंशन योजना को मंजूरी

- उत्तराखण्ड मंत्रिमंडल ने 3 मार्च, 2025 को राज्य के अधिकारियों और कर्मचारियों के लिए केंद्र सरकार की एकीकृत पेंशन योजना (यू०पी०एस०) के क्रियान्वयन को मंजूरी प्रदान की।
- यह योजना उन सरकारी कर्मचारियों के लिए वैकल्पिक होगी जो राष्ट्रीय पेंशन प्रणाली (एन०पी०एस०) के तहत आते हैं।
- इस योजना का उद्देश्य सेवानिवृत्ति के बाद निश्चित पेंशन भुगतान सुनिश्चित करना है, जिससे कर्मचारियों को वित्तीय सुरक्षा मिल सके।
- सरकार का उद्देश्य इस योजना के माध्यम से पेंशनरों को स्थायित्व प्रदान करना और सेवानिवृत्ति के बाद आय में अनिश्चितता को कम करना है।

संविदा और आउटसोर्स भर्ती पर रोक

26 अप्रैल, 2025 को मुख्य सचिव आनन्द बर्द्धन की ओर से एक आदेश जारी किया गया, जिसके अनुसार प्रदेश सरकार ने सभी विभागों में संविदा, आउटसोर्स, दैनिक वेतन, अंशकालिक, नियत वेतन व तदर्थ भर्तियों पर प्रतिबंध लगा दिया है। सभी विभागाध्यक्षों को निर्देश दिए गए कि वे रिक्त नियमित पदों पर भर्ती के लिए चयन आयोगों को अधियाचन भेजें। किसी भी विभाग में नियमित रिक्त पदों के सापेक्ष संविदा, आउटसोर्स या अन्य इस तरह की कोई भर्ती पूर्णरूप से प्रतिबंधित रहेगी। रिक्त नियमित पदों पर नई भर्तियों के लिए

संबंधित चयन आयोग को अधियाचन भेजने होंगे।

जौलीग्रांट में तितली गैलरी

उत्तराखण्ड की पहली तितली गैलरी देहरादून के जौलीग्रांट स्थित प्रकृति शिक्षा केंद्र में खोली गई है। इस गैलरी में 100 से अधिक तितली प्रजातियों को प्रदर्शित किया गया है, जिनमें से कुछ के नमूने भी शामिल हैं। गैलरी का उद्देश्य उत्तराखण्ड की तितली विविधता (प्रजातियों) को उजागर करना और पारिस्थितिकीय रूप से इन महत्वपूर्ण प्रजातियों की जानकारी देना है।

डीडीहाट में बनेगा नक्षत्र भवन

पिथौरागढ़ के डीडीहाट स्थित डायट में एक करोड़ की लागत से नक्षत्र भवन, सेंटर ऑफ एक्सीलेंस स्थापित किया जाएगा। यह नक्षत्र भवन छात्रों और शोधकर्ताओं को खगोल विज्ञान के बारे में जानकारी प्रदान करेगा। डीडीहाट में डायट में नक्षत्र भवन स्थापित करने का मुख्य उद्देश्य छात्रों और शोधकर्ताओं को खगोल विज्ञान के बारे में जानकारी प्रदान करना है। यह भवन खगोल विज्ञान के प्रति रुचि रखने वाले लोगों के लिए एक महत्वपूर्ण केंद्र होगा। उत्तराखण्ड में नक्षत्र सभा नामक एक खगोल पर्यटन कार्यक्रम भी शुरू किया गया है। यह कार्यक्रम ग्रामीण भारत में खगोल पर्यटन को बढ़ावा देने में मदद करेगा।

गार्गी नारीशक्ति चैटबॉट

उत्तराखण्ड में महिलाओं को सशक्त बनाने की एक पहल गई है, जिसमें एक चैटबॉट के माध्यम से महिलाओं को कानूनी सहायता, करियर मार्गदर्शन, वित्तीय साक्षरता, सुरक्षा उपाय और स्वास्थ्य सेवाओं से संबंधित जानकारी प्रदान की जाएगी। यह चैटबॉट, महिलाओं को सशक्त बनाने के लिए तकनीकी का उपयोग करेगा। यह एक मोबाइल एप के रूप में लॉन्च किया जा चुका है।

सबसे लंबी रेल सुरंग आर-पार

देश की सबसे लंबी रेलवे सुरंग उत्तराखण्ड में बन रही है। अप्रैल, 2025 में ऋषिकेश-कर्णप्रयाग निर्माणाधीन रेलवे मार्ग पर **देवप्रयाग** से **जनासू** तक 14.57 किमी० लंबी यह सुरंग आर-पार हुई। देश में अब तक सबसे लंबी रेलवे सुरंग जम्मू-कश्मीर में पीर पंजाल में है। इस सुरंग की लम्बाई 11.26 किमी० है।

गंगा-शारदा नदी कॉरिडोर

मुख्यमंत्री पुष्कर सिंह धामी ने राज्य में धार्मिक पर्यटन को बढ़ावा देने के लिए गंगा और शारदा नदियों के किनारे गलियारों के विकास की घोषणा की है। इस पहल का उद्देश्य राज्य की सांस्कृतिक और आध्यात्मिक विरासत को संरक्षित करते हुए तीर्थयात्रियों के लिए बुनियादी ढांचे और सुविधाओं में सुधार करना है। गंगा और शारदा नदियाँ भारत भर में लाखों श्रद्धालुओं के लिए अत्यधिक

धार्मिक, सांस्कृतिक और आध्यात्मिक महत्व रखती हैं।

राधा रतूड़ी पहली महिला मुख्य सूचना आयुक्त

उत्तराखण्ड के मुख्य सचिव पद से सेवानिवृत्त हुई श्रीमती राधा रतूड़ी को मुख्य सूचना आयुक्त बनाया गया। वे राज्य की पहली महिला मुख्य सूचना आयुक्त हैं। मुख्य सूचना आयुक्त पद पर की गई नियुक्ति सूचना का अधिकार अधिनियम की धारा 15 की उपधारा (6) के अंतर्गत राज्यपाल द्वारा की जाती है। राधा रतूड़ी राज्य की चौथी पूर्व मुख्य सचिव हैं, जिन्हें राज्य मुख्य सूचना आयुक्त की जिम्मेदारी दी गई है। राज्य सूचना आयोग के अस्तित्व में आने के बाद इसके सबसे पहले मुख्य सूचना आयुक्त डॉ० आर०एस० टोलिया थे। उनके बाद मुख्य सूचना आयुक्त बनने का अवसर पूर्व मुख्य सचिव एन०एस० नपलच्याल को मिला। पूर्व मुख्य सचिव शत्रुघ्न सिंह भी मुख्य सूचना आयुक्त का दायित्व निभा चुके हैं। आंध्र प्रदेश में मुख्य सचिव पद पर रहे अनिल चंद्र पुनेठा भी मुख्य सूचना आयुक्त रहे। राज्य सरकार ने कुशल कोठियाल और देवेन्द्र आर्य को भी सूचना आयुक्त नियुक्त किया है।

अंकिता भंडारी के दोषियों को उम्रकैद

कोटद्वार की जिला अदालत ने 30 मई, 2025 को उत्तराखण्ड के बहुचर्चित अंकिता भंडारी हत्याकांड पर फैसला सुनाया है। कोर्ट ने तीनों दोषियों को उम्रकैद की सजा सुनाई। जांच में जुटी एसआईटी टीम ने 500 पन्ने की चार्जशीट दाखिल की थी। लगभग ढाई वर्ष बाद अंकिता भंडारी हत्याकांड का फैसला आया है। उत्तराखण्ड के पौड़ी जनपद के डोभ श्रीकोट गांव की रहने वाली 19 वर्षीय अंकिता भंडारी ऋषिकेश के पास गंगा भोगपुर में वनंतरा रिजॉर्ट में रिसेप्शनिस्ट के रूप में काम किया करती थी। 18 सितंबर, 2022 को अंकिता अचानक रिजॉर्ट से लापता हो गई। परिजनों ने राजस्व पुलिस चौकी में गुमशुदगी की रिपोर्ट दर्ज कराई। लेकिन उचित कार्यवाही ना होने के चलते 21 सितंबर, 2022 को मामला लक्ष्मण झूला थाना पुलिस को ट्रांसफर किया गया। पुलिस ने रिजॉर्ट के मालिक पुलकित आर्य और उसके दो अन्य दोस्तों सौरभ भास्कर और अंकित गुप्ता को आरोपी बनाया। सभी साक्ष्यों के आधार पर अदालत ने तीनों को उम्रकैद की सजा सुनाई।

उत्तराखण्ड का पहला साइकैड गार्डन

उत्तराखण्ड का पहला साइकैड गार्डन हल्द्वानी में स्थापित किया गया है। यह उद्यान 0.75 हेक्टेयर क्षेत्र में फैला है और इसमें साइकैड की 31 प्रजातियां हैं, जिनमें से 17 संकटग्रस्त हैं। यह गार्डन उत्तराखण्ड वन विभाग द्वारा स्थापित किया गया है। जो जैव विविधता और विलुप्त हो रही वनस्पतियों के संरक्षण के

लिए काम कर रहा है। यह उद्यान जापान अंतर्राष्ट्रीय सहयोग एजेंसी (जे०आई०सी०ए०) के वित्तीय सहयोग से बनाया गया है और यह उत्तर भारत में इस तरह का दूसरा साइकैड संरक्षण उद्यान है।

ई-रूपी प्रणाली लॉन्च

मुख्यमंत्री पुष्कर सिंह धामी ने 17 मई, 2025 को देहरादून सचिवालय में आधुनिक तकनीक पर आधारित ई-रूपी प्रणाली का शुभारंभ किया। इस अवसर पर उन्होंने राज्य की कृषि व्यवस्था को नई दिशा देने के लिए चार कृषि नीतियों-कीवी नीति, ड्रैगन फ्रूट नीति, सेब तुड़ाई उपरांत योजना और मिलट मिशन का शुभारंभ भी किया। उन्होंने कहा कि सरकार जल्द ही प्रदेश में फ्लावर और हनी पॉलिसी भी तैयार करेगी। ई-रूपी प्रणाली राज्य के किसानों के लिए एक नई पहल है। यह प्रणाली किसानों के लिए पारदर्शी, तेज और बिचौलिया-मुक्त डिजिटल भुगतान का नया माध्यम बनेगी। इस प्रणाली के अंतर्गत पायलट परियोजनाओं में किसानों को मिलने वाली अनुदान राशि ई-वाउचर के माध्यम से सीधे उनके मोबाइल पर भेजी जाएगी, जिसे वे अधिकृत केंद्रों या विक्रेताओं से खाद, बीज, दवाएं आदि खरीदने में उपयोग कर सकेंगे।

सिरकारी भ्योल रूपसिया बगड़ परियोजना

उत्तराखण्ड में सिरकरी भ्योल रूपसिया बगड़ जलविद्युत परियोजना को पर्यावरण, वन और जलवायु परिवर्तन मंत्रालय के तहत वन सलाहकार समिति से सैद्धांतिक स्वीकृति मिल गई। यह परियोजना पिथौरागढ़ जनपद में गोरी गंगा नदी पर स्थित है। इसकी स्थापित क्षमता 120 मेगावाट है। परियोजना के कार्यान्वयन के लिए आवश्यक 29.997 हेक्टेयर वन भूमि के परिवर्तन को स्वीकृति प्रदान कर दी है। इस परियोजना में लगभग 1 किमी० सुरंग का निर्माण शामिल है। परियोजना का अधिकांश बुनियादी ढाँचा भूमिगत बनाया जाएगा, जिससे पर्यावरणीय प्रभाव को निम्न करने में सहायता मिलेगी। परियोजना के कारण स्थानीय जनसंख्या का कोई विस्थापन नहीं होगा।

आबकारी नीति-2025

- उत्तराखण्ड में नई आबकारी नीति, 2025 लागू कर दी गई है।
- इस नीति का उद्देश्य शराब की बिक्री को नियंत्रित करना, जनभावनाओं की रक्षा करना और राज्य की राजस्व वृद्धि को बढ़ावा देना है।
- नई आबकारी नीति, 2025 में मंदिरों और अन्य धार्मिक स्थलों के पास शराब की बिक्री के लिए लाइसेंस को रद्द करने का प्रावधान किया गया है।
- इस निर्णय का उद्देश्य धार्मिक और सांस्कृतिक भावनाओं का सम्मान करना है।
- अनधिकृत शराब बिक्री को रोकने के लिए सब-शॉप्स और मेट्रो शराब बिक्री प्रणाली को समाप्त किया जाएगा।

- यदि कोई शराब विक्रेता एम०आर०पी० से अधिक शुल्क वसूलता है, तो उसका लाइसेंस रद्द कर दिया जाएगा।
- यह नियम डिपार्टमेंटल स्टोर्स पर भी लागू होगा, जिससे उपभोक्ताओं को अधिक शुल्क चुकाने से बचाया जा सके।
- वित्तीय वर्ष 2025-26 के लिए 5,060 करोड़ रुपये का राजस्व लक्ष्य रखा गया है।

उत्तराखण्ड में योग नीति लागू-2025

मुख्यमंत्री पुष्कर सिंह धामी ने राज्य की ग्रीष्मकालीन राजधानी भराड़ीसैंण में 11वें अंतर्राष्ट्रीय योग दिवस के अवसर पर 21 जून, 2025 को राज्य की पहली योग नीति का शुभारंभ किया। इसके साथ ही गढ़वाल और कुमाऊं क्षेत्रों में आध्यात्मिक आर्थिक क्षेत्र के निर्माण की भी घोषणा की गई।

योग नीति का उद्देश्य उत्तराखण्ड को योग और कल्याण की वैश्विक राजधानी के रूप में विकसित करना है। यह नीति **'हर घर योग, हर व्यक्ति को स्वास्थ्य'** की अवधारणा को बढ़ावा देती है।

इस नीति के तहत योग और ध्यान केंद्रों की स्थापना के लिए अधिकतम 20 लाख रुपए तक की सब्सिडी दी जाएगी। योग एवं प्राकृतिक चिकित्सा से संबंधित अनुसंधान गतिविधियों को अधिकतम 10 लाख रुपए तक का अनुदान प्रदान किया जाएगा।

नीति के तहत मार्च 2026 तक राज्य के सभी आयुष स्वास्थ्य और वेलनेस केंद्रों पर योग सेवाएं उपलब्ध कराई जाएंगी। वर्ष 2030 तक राज्य में पांच नए योग केंद्र विकसित किये जाएंगे।

इन क्षेत्रों को आयुर्वेद, योग और आध्यात्मिक पर्यटन के लिए अंतर्राष्ट्रीय केंद्र के रूप में विकसित किया जाएगा। इन क्षेत्रों के माध्यम से राज्य में नए रोजगार के अवसर सृजित होंगे। यह पहल स्थानीय स्तर पर आजीविका के अवसर उपलब्ध कराकर पहाड़ी क्षेत्रों से पलायन को रोकने में सहायक सिद्ध होगी।

उत्तराखण्ड भू-तापीय नीति

राज्य सरकार ने ऊर्जा के क्षेत्र में बड़ी पहल करते हुए भू-तापीय ऊर्जा नीति को मंजूरी दी है। इस नीति का मुख्य उद्देश्य राज्य में भू-तापीय संसाधनों का उपयोग करके स्वच्छ ऊर्जा का उत्पादन करना, कार्बन उत्सर्जन कम करना, ऊर्जा सुरक्षा बढ़ाना और बिजली, तापन, शीतलन, जल शोधन व सामुदायिक विकास को बढ़ावा देना है। इसे लागू करने के लिए ऊर्जा विभाग, उरेडा (उत्तराखण्ड अक्षय ऊर्जा विकास एजेंसी) और यूजेवीएनएल (उत्तराखण्ड जल विद्युत निगम लिमिटेड) मिलकर काम करेंगे। यह नीति वैज्ञानिक और तकनीकी अनुसंधान को बढ़ावा देगी, ताकि भू-तापीय ऊर्जा के आर्थिक और पर्यावरणीय रूप से व्यवहार्य संसाधनों का पता लगाया जा सके।

बूढ़ा भरसार 'ट्रैक ऑफ द इयर'

उत्तराखण्ड में साहसिक पर्यटन को बढ़ावा देने की दिशा में एक महत्वपूर्ण कदम उठाते हुए बूढ़ा भरसार पैदल ट्रैक को राज्य के 'ट्रैक ऑफ द इयर' के रूप में विकसित करने की घोषणा की गई है। बूढ़ा भरसार क्षेत्र धार्मिक और पर्यटन दोनों दृष्टि से अत्यंत महत्वपूर्ण है। यहां हर वर्ष हजारों श्रद्धालु दर्शन के लिए पहुंचते हैं।

राष्ट्रपति की देहरादून यात्रा

राष्ट्रपति द्रौपदी मुर्मू ने 19 से 21 जून, 2025 तक देहरादून का तीन दिवसीय दौरा किया। इस दौरान उनका मुख्य ठिकाना राष्ट्रपति निकेतन (पूर्व में राष्ट्रपति आशियाना) था।

19 जून को जौलीग्रांट एयरपोर्ट पर राज्यपाल ले० जन० (सेवानिवृत्त) गुरमीत सिंह और मुख्यमंत्री पुष्कर सिंह धामी ने उनका स्वागत किया। इसके बाद वे सड़क मार्ग से देहरादून पहुंचीं और राष्ट्रपति निकेतन में एक भव्य एम्फीथिएटर का उद्घाटन किया। साथ ही स्टाफ क्वार्टर, अस्तबल और बैरकों के निर्माण का शिलान्यास किया।

20 जून को, राष्ट्रपति ने राष्ट्रपति निकेतन को आम जनता के लिए खोलने का उद्घाटन किया। इसी के साथ विजिटर फैसिलिटेशन सेंटर, कैफेटेरिया और स्मारिका शॉप जैसी सुविधाओं का भी लोकार्पण किया। इसी दिन राष्ट्रपति ने राजपुर रोड स्थित तपोवन का उद्घाटन और राष्ट्रपति उद्यान का शिलान्यास भी किया गया।

राष्ट्रपति ने राष्ट्रीय दृष्टि दिव्यांगजन सशक्तीकरण संस्थान का दौरा किया, जहां उन्होंने एक प्रदर्शनी और मॉडल स्कूल की विज्ञान प्रयोगशाला का अवलोकन किया। छात्रों के साथ संवाद कर उन्होंने नैनीताल स्थित राजभवन के 125 वर्ष पूरे होने पर डाक टिकट का विमोचन किया।

इस कार्यक्रम के दौरान, राष्ट्रपति छात्रों द्वारा गाये गए विशेष जन्मदिन गीत सुनकर भावुक हो उठीं और उनके आंसू छलक आए। यह वाकया भावनात्मक रूप से बेहद प्रेरक था। यात्रा के अंतिम दिन 21 जून, जो अंतर्राष्ट्रीय योग दिवस था, राष्ट्रपति ने देहरादून पुलिस लाइन मैदान में आयोजित सामूहिक योग कार्यक्रम में भाग लिया।

विशेषताएं एवं महत्व

राष्ट्रपति ने ऐतिहासिक राष्ट्रपति निकेतन, तपोवन और नया राष्ट्रपति उद्यान जनता के लिए खोलकर पर्यावरण, विरासत और नागरिक सहभागिता को बढ़ावा दिया। उद्यान-स्थल को खास तरीके से विकसित किया गया है, जिसमें स्थानीय पेड़-पौधे और मधुमक्खियों, पक्षियों एवं वन्यजीवों का ध्यान रखा गया।

राष्ट्रपति द्रौपदी मुर्मू की देहरादून की यह यात्रा कई मायनों में ऐतिहासिक और प्रेरणादायक रही। इसमें सार्वजनिक विरासत को खोलने, पर्यावरण और समावेशिता को बढ़ावा देने, दिव्यांगजनों के अधिकारों को संवेदनशील दृष्टिकोण से समर्थन और योग के माध्यम से स्वास्थ्य-चेतना को राष्ट्रीय महत्व देने का संयोजन था।

उत्तराखण्ड में महक क्रांति

उत्तराखण्ड में 'महक क्रांति' सुगंधित पौधों की खेती को बढ़ावा देने की एक पहल है, जिसका उद्देश्य किसानों की आर्थिक स्थिति को मजबूत करना और मानव-वन्यजीव संघर्ष को कम करना है। इस योजना के तहत, उत्तराखण्ड सगंध पौधा केंद्र विभिन्न जनपदों और घाटियों में सुगंधित पौधों की खेती को बढ़ावा दे रहा है।

'महक क्रांति' के तहत देहरादून, हरिद्वार और पौड़ी जनपदों में 2400 हेक्टेयर भूमि पर लेमनग्रास की खेती का लक्ष्य है। हरिद्वार और ऊधमसिंह नगर में 8000 हेक्टेयर भूमि पर मिंट वैली विकसित की जाएगी। चमोली, उत्तरकाशी और अल्मोड़ा जनपदों में 2000 हेक्टेयर भूमि पर डेमेक्स गुलाब की खेती का लक्ष्य है, जिससे गुलाब जल, गुलाब का तेल और अन्य सुगंधित उत्पाद बनाए जाएंगे।

तेरे मेरे सपने अभियान

उत्तराखण्ड में महिला सशक्तीकरण को गति देने के लिए सेतु आयोग ने पहल की है। महिलाओं को कार्यस्थल पर यौन उत्पीड़न और घरेलू हिंसा से बचाव की जानकारी के साथ ही कौशल विकास का प्रशिक्षण दिया जाएगा। इस संबंध में सेतु आयोग और राष्ट्रीय महिला आयोग ने **'तेरे मेरे सपने'** विशेष अभियान संचालित करने को 13 जून, 2025 को सचिवालय में सहमति पत्र पर राष्ट्रीय महिला आयोग की अध्यक्ष विजया राहटकर और सेतु आयोग के उपाध्यक्ष राजशेखर जोशी ने हस्ताक्षर किए। इसके अंतर्गत राष्ट्रीय महिला आयोग अपने व्यापक अनुभव का लाभ महिलाओं को बांटेगा और उन्हें प्रशिक्षण भी देगा।

उत्तराखण्ड त्रिस्तरीय पंचायत चुनाव

उत्तराखण्ड के 12 जनपदों में त्रिस्तरीय पंचायतों के लिए जिला पंचायत सदस्य, क्षेत्र पंचायत सदस्य और ग्राम प्रधान के कुल 10831 पदों के लिए चुनाव हुए। इनमें से जिला पंचायत के 358 पद, क्षेत्र पंचायत के 2974 पद और ग्राम प्रधानों के 7499 पद शामिल थे।

त्रिस्तरीय पंचायत चुनाव दो चरणों में कराए गए थे। इनमें कुल 69.16 प्रतिशत मतदान हुआ। इसमें पुरुषों की तुलना में महिलाओं का मतदान प्रतिशत अधिक रहा। पुरुषों ने 64.23 प्रतिशत और महिलाओं ने 74.42 प्रतिशत वोट डाले।

उत्तराखण्ड में जिला पंचायत अध्यक्ष और ब्लॉक प्रमुख के चुनाव में भारतीय जनता पार्टी ने बाजी मारी। राज्य की 12 में से 11 जिला पंचायत अध्यक्ष की सीटों पर भाजपा ने कब्जा किया। ब्लॉक प्रमुख के चुनाव में लगभग 70 फीसदी सीटों पर भारतीय जनता पार्टी ने जीत दर्ज की। ग्राम पंचायत के चुनाव में लगभग 85 फीसदी क्षेत्र में भारतीय जनता पार्टी समर्थित प्रत्याशियों ने जीत दर्ज की। राजधानी देहरादून में बीजेपी को झटका लगा। यहां कांग्रेस से सुखविंदर कौर ने बीजेपी की मधु चौहान को चार मतों से हरा दिया।

निर्वाचित जिला पंचायत अध्यक्ष

टिहरी	:	इशिता सजवाण	भाजपा
ऊधमसिंह नगर	:	अजय मौर्य	भाजपा
चंपावत	:	आनंद सिंह अधिकारी	भाजपा
पिथौरागढ़	:	जितेंद्र प्रसाद	भाजपा
उत्तरकाशी	:	रमेश चौहान	भाजपा
चमोली	:	दौलत सिंह बिष्ट	भाजपा
अल्मोड़ा	:	हेमा गैड़ा	भाजपा
रुद्रप्रयाग	:	पूनम कठैत	भाजपा
पौड़ी	:	रचना बुटोला	भाजपा
बागेश्वर	:	शोभा आर्या	भाजपा
देहरादून	:	सुखविंदर कौर	कांग्रेस

उत्तराखण्ड निवेश उत्सव -2025

20 जुलाई, 2025 को ऊधमसिंह नगर जनपद के रुद्रपुर में उत्तराखण्ड निवेश उत्सव आयोजित किया गया। केंद्रीय गृह एवं सहकारिता मंत्री अमित शाह ने इस अवसर पर ₹ 1,271 करोड़ की विकास परियोजनाओं का उद्घाटन और शिलान्यास किया। इस आयोजन ने 2023 के वैश्विक निवेशक शिखर सम्मेलन में की गई प्रतिबद्धताओं के अनुरूप, इस पहाड़ी राज्य में ₹ 1 लाख करोड़ के निवेश का सपना साकार किया।

कार्यक्रम को सम्बोधित करते हुए सहकारिता मंत्री अमित शाह ने निवेश समझौता ज्ञापनों को सफलतापूर्वक क्रियान्वित करने के लिए राज्य सरकार की प्रशंसा की। उन्होंने कहा, 2023 के वैश्विक निवेशक शिखर सम्मेलन में, उत्तराखण्ड को ₹ 3.56 लाख करोड़ के समझौता ज्ञापन प्राप्त हुए। आज ₹ 1 लाख करोड़ मूल्य के निवेश साकार हुए हैं, जिससे 81,000 से ज्यादा रोजगार सृजित हुए हैं। सहायक उद्योगों से 2.5 लाख रोजगार के अवसर और सृजित होने की उम्मीद है।

शाह ने औद्योगिक विकास और पर्यावरणीय स्थिरता के बीच संतुलन बनाए रखने के लिए धामी के नेतृत्व वाले प्रशासन की सराहना की। उन्होंने आगे कहा,

उत्तराखण्ड जैसे पहाड़ी राज्य में निवेश लाना कोई छोटी उपलब्धि नहीं है। लेकिन मुख्यमंत्री ने पारदर्शी नीतियों, त्वरित कार्यान्वयन और रणनीतिक योजना सुनिश्चित करके यह उपलब्धि हासिल की है।

स्वच्छता सर्वेक्षण में औसत प्रदर्शन

राष्ट्रीय स्वच्छता सर्वेक्षण-2025 में भी उत्तराखण्ड का औसत प्रदर्शन सामान्य रहा। हालांकि राज्य के कुछ नगर निकायों को कुछ श्रेणियों में मामूली रैंकिंग हासिल हुई। 107 में से सिर्फ 27 निकायों का प्रदर्शन राष्ट्रीय स्तर पर सुधरा है। गंगा घाटों के मामले में ऋषिकेश के गंगा घाट सबसे साफ पाए गए हैं। शहरी विकास विभाग की ओर से जारी आंकड़ों के अनुसार, पिछले वर्ष की तुलना में इस बार छोटे निकायों जैसे नगर पालिका और नगर पंचायतों ने अच्छे अंक हासिल किये हैं। उनकी रैंकिंग में भी 2800 से अधिक अंक तक का सुधार दर्ज किया गया है।

50 हजार से तीन लाख आबादी वर्ग में देखें तो रुद्रपुर की रैंकिंग में 349, डोईवाला की रैंकिंग में 1219, पिथौरागढ़ में 2434, कोटद्वार में 73, ऋषिकेश में 55, रामनगर में 1913 अंकों का सुधार हुआ है। 20,000 से 50,000 आबादी वर्ग में मसूरी की रैंकिंग में 1172, मुंनि-की-रेती में 627, टिहरी में 1770, लक्सर में 1031, सितारगंज में 2844, टनकपुर में 2869, अल्मोड़ा में 2334, बागेश्वर में 2502, बाजपुर में 2267 और नैनीताल में 776 अंक का सुधार आया है।

20,000 से कम आबादी वर्ग में लालकुआं की रैंकिंग में 1697, भीमताल की रैंकिंग में 2857, भवाली की 2738, चिन्यालीसौड़ की 2651, विकासनगर की 2173, बड़कोट की 2884, गुलरभोज की 1566, नरेंद्रनगर की 809, लोहाघाट की 1967 और भिकियासैंण की रैंकिंग में 1636 का सुधार दर्ज किया गया है। हल्द्वानी, हरिद्वार, काशीपुर और रुड़की का प्रदर्शन काफी कमतर रहा है।

पिछले वर्ष नगर निगम देहरादून व नगर पालिका मुनि-की-रेती को राष्ट्रपति ने सम्मानित किया था। इस बार नगर निगम की राष्ट्रीय रैंक तो छह अंक सुधरी है, लेकिन राज्य रैंक पहले से खिसककर 13वें स्थान पर आ गई है। मुनि-की-रेती की राज्य रैंक भी अपनी श्रेणी में पहले से खिसककर 17वें स्थान पर आ गई है। डोर-टू-डोर कूड़ा एकत्रीकरण में राज्य का प्रदर्शन पिछले वर्ष के 69.76 प्रतिशत से गिरकर 56.6 प्रतिशत पर आ गया है।

उत्तराखण्ड के नौ कैंटोनमेंट बोर्ड में से लैंसडौन को 17वाँ स्थान मिला है। रानीखेत को 18वाँ, रुड़की को 22वाँ, देहरादून गढ़ी कैंट को 29वाँ, अल्मोड़ा कैंट को 36वाँ, क्लेमेंटाउन देहरादून कैंट को 41वाँ, चकराता कैंट को 46वाँ, मसूरी के लंढौर कैंट को 50वाँ और नैनीताल कैंट को 52वाँ स्थान मिला है।

3500 वर्ष पुरानी ताम्र मानवाकृति

लगभग 3500 वर्ष पुरानी ताम्र मानवाकृति भीमताल के मेहरागांव में एक घर के पीछे खुदाई के समय मजदूरों को मिली है। पुरातत्ववेत्ता डॉ० यशोधर मठपाल ने इस मूर्ति को उत्तर सिंधु सभ्यता काल के होने की पुष्टि करते हुए इसे ऐतिहासिक बताया है। उन्होंने कहा कि दुर्लभ मूर्ति का उत्तराखण्ड में मिलना मूर्तिकला की ताम्रनिधान संस्कृति का पहला और अनोखा प्रमाण है।

कुछ दिन पहले मेहरागांव के समाजसेवी वीरेंद्र सिंह मेहरा घर के पीछे खुदाई के समय मानवाकृति मिली। इसके ऐतिहासिक होने की उन्हें कोई जानकारी नहीं थी। उन्होंने पुरातत्वविद् डॉ० यशोधर मठपाल को इसकी जानकारी दी जिस पर उन्होंने मूर्ति का बारीकी से अध्ययन किया।

ऑपरेशन कालनेमी

10 जुलाई, 2025 को मुख्यमंत्री के निर्देश पर उत्तराखण्ड के सभी जनपदों में ऑपरेशन कालनेमि शुरू किया गया। इस ऑपरेशन के तहत उन लोगों की धर-पकड़ की जा रही है जो साधु का वेश धारण कर अपराध करते हैं, महिलाओं और श्रद्धालुओं से ठगी या अपराध में लिप्त रहते हैं। कई बांग्लादेशी नागरिक भी फर्जी साधु बनकर रहते पाए गए।

संवेदनशील क्षेत्रों में निर्माण पर रोक

धराली और राज्य के दूसरे क्षेत्रों में आई आपदा के बाद 11 अगस्त, 2025 को मुख्यमंत्री पुष्कर सिंह धामी ने उच्च स्तरीय बैठक के दौरान राज्य में आपदा प्रबंधन एवं सुरक्षा को लेकर अधिकारियों को अहम निर्देश दिए हैं। मुख्यमंत्री ने कहा कि प्रदेश के पर्वतीय क्षेत्रों में भूस्खलन, हिमस्खलन और अन्य प्राकृतिक आपदाओं की देखते हुए संवेदनशील स्थानों को तत्काल चिह्नित किया जाए, ताकि संभावित खतरे से पहले ही सतर्कता बरती जा सके। उन्होंने स्पष्ट निर्देश दिए कि इन चिह्नित संवेदनशील स्थलों पर किसी भी प्रकार की नई बसावट या नए निर्माण कार्य की अनुमति न दी जाये। मुख्यमंत्री ने कहा कि प्रदेश के प्राकृतिक जल स्रोतों और नदियों और नालों के किनारों पर किसी भी प्रकार का सरकारी या निजी निर्माण कार्य प्रतिबंधित रहेगा। इसके लिए सभी जिलाधिकारियों को स्पष्ट दिशा-निर्देश जारी किए जाएं तथा इनके क्रियान्वयन की नियमित निगरानी की जाए।

एशियन स्केटिंग ट्रॉफी

देहरादून स्थित महाराणा प्रताप स्पोर्ट्स स्टेडियम के हिमाद्रि आइस रिंक पर 20 से 22 अगस्त, 2025 तक एशियन ओपन शार्ट ट्रैक स्पीड स्केटिंग ट्रॉफी का आयोजन किया गया। ट्रॉफी थाईलैंड ने जीती। थाईलैंड ने 15 स्वर्ण, 12 रजत व तीन कांस्य सहित 30 पदक हासिल किए। जबकि भारतीय स्केटर्स ने 9 स्वर्ण, 12

रजत और 18 कांस्य सहित 39 पदक जीते। जापान ने 8 स्वर्ण, 8 रजत और 7 कांस्य सहित 23 पदक प्राप्त किए। चाइनीज ताइपे ने 5 स्वर्ण सहित 16, वियतनाम ने 3 स्वर्ण सहित 8, हांग-कांग व चाइना ने 2 स्वर्ण सहित 9 पदक झटके। समापन के अवसर पर मुख्यमंत्री पुष्कर सिंह धामी और विशेष ओलम्पिक (भारत) की अध्यक्ष मल्लिका नड्डा पहुंची।

विधानसभा का मानसून सत्र- गैरसैंण

उत्तराखण्ड विधानसभा का मानसून सत्र 19 अगस्त, 2025 से 22 अगस्त तक गैरसैंण के भराड़ीसैंण में प्रस्तावित था, लेकिन दो ही दिन में सत्र समापन कर दिया गया। कुल मिलाकर सदन लगभग 2 घंटे 40 मिनट ही चला। विधानसभा सत्र के पहले दिन विपक्ष ने पंचायत चुनावों में धांधली, आपदा प्रबंधन और कानून व्यवस्था जैसे मुद्दों पर नियम 310 के तहत चर्चा की मांग की, लेकिन सभापति ने इसे स्वीकार नहीं किया। इसके बाद सत्र को पहले ही दिन एवं अगले दिन कुछ समय के लिए स्थगित किया। विपक्ष ने विधान भवन के मंडप में रात गुजारी।

इस सत्र में मुख्यमंत्री पुष्कर सिंह धामी ने 5,315 करोड़ रुपये का अनुपूरक बजट पेश किया गया। इस बजट में राजस्व और पूंजी दोनों पक्षों के लिए प्रावधान किये गये, जिनमें आपदा प्रबंधन, सार्वजनिक निर्माण आदि क्षेत्र शामिल हैं। इस सत्र में कुल 9 विधेयक सदन में पेश किये गए और भारी हंगामे के कारण सभी विधेयक बिना चर्चा के पारित कर दिये। ये विधेयक हैं-

- उत्तराखण्ड विनियोग विधेयक-2025
- उत्तराखण्ड-उत्तर प्रदेश श्री बदरीनाथ तथा श्री केदारनाथ मंदिर अधिनियम, 1939 संशोधन
- धर्म स्वतंत्रता एवं विधि विरुद्ध प्रतिषेध (संशोधन) विधेयक-2025
- निजी विश्वविद्यालय (संशोधन) विधेयक-2025
- साक्षी संरक्षण निरसन विधेयक-2025
- अल्पसंख्यक शिक्षा विधेयक-2025
- समान नागरिक संहिता उत्तराखण्ड संशोधन विधेयक-2025
- पंचायती राज संशोधन विधेयक-2025
- लोकतंत्र सेनानी सम्मान विधेयक-2025

अल्पसंख्यक शिक्षा प्राधिकरण

उत्तराखण्ड में अल्पसंख्यक शिक्षा प्राधिकरण की नई व्यवस्था की जा रही है, जिसे 17 अगस्त, 2025 को राज्य कैबिनेट ने मंजूरी दी। यह प्राधिकरण 1 जुलाई, 2026 से मदरसा बोर्ड और मदरसा रूल्स-2019 का स्थान लेगा। प्राधिकरण राज्य के सभी अल्पसंख्यक शैक्षणिक संस्थानों की मान्यता और निगरानी करेगा। इसमें अल्पसंख्यक समुदायों को सुविधाएं और अधिकार प्रदान करने की सीमा बढ़ाई गई

है। अब सिर्फ मुस्लिम समुदाय नहीं, बल्कि सिख, जैन, बौद्ध, ईसाई, पारसी समुदायों के शिक्षण संस्थानों को भी अल्पसंख्यक शिक्षण संस्थान का दर्जा मिलेगा।

धर्मान्तरण कानून और सख्त

उत्तराखण्ड विधानसभा के मानसून सत्र में उत्तराखण्ड धर्म स्वतंत्रता (संशोधन) विधेयक-2025 को पारित किया गया। इस बिल में किसी प्रेरणा, दबाव, धोखा, विवाह वाद, प्रलोभन आदि के माध्यम से किये जाने वाले धार्मिक परिवर्तन को नियंत्रित करने का प्रावधान है। प्रेरणा की परिभाषा काफी विस्तारित की गई है। इसमें उपहार, नकद/वस्तुओं का लाभ, रोजगार, मुफ्त शिक्षा, विवाह का वादा, बेहतर जीवन का वादा, किसी धर्म की तुलना में दूसरे धर्म की महिमा करना या किसी धर्म की भावनाएं आहत करना आदि शामिल किया गया है। ऐसा करने पर सजा का प्रावधान भी किया गया है। मीडिया और डिजिटल प्लेटफार्म पर प्रचार/प्रलोभन/विवादास्पद उकसावे को प्रतिबंधित किया गया है।

उत्तराखण्ड उन्नत डेटा सेंटर

मुख्यमंत्री पुष्कर सिंह धामी ने राज्य में सूचना एवं संचार प्रौद्योगिकी को और मजबूत कर भविष्य की चुनौतियों का सामना करने के लिए कई बड़े कदमों की घोषणा की है। इनमें अगली पीढ़ी के डाटा सेंटर की स्थापना की जाएगी। साथ में एआई मिशन एक्सीलेंस सेंटर विकसित होगा। सुशासन को केंद्र में रखकर नेक्स्ट-जेनरेशन रिमोट सेंसिंग एवं ड्रोन एप्लीकेशन सेंटर तैयार किया जाएगा। विशिष्ट आईटी कैडर की स्थापना कर डाटा सेंटर को फुलप्रूफ बनाया जाएगा। पिछले दिनों राज्य सरकार के डाटा पर साइबर आक्रमण हुआ था। इसे देखते हुए अब सूचना एवं संचार प्रौद्योगिकी को और सुदृढ़ किया जा रहा है। मुख्यमंत्री ने 13 अगस्त, 2025 को मुख्यमंत्री कैंप कार्यालय स्थित मुख्य सेवक सदन में सूचना एवं संचार प्रौद्योगिकी सक्षम सेवाओं के उद्घाटन के अवसर पर ये घोषणाएं की। मुख्यमंत्री ने कहा कि राज्य को तकनीकी रूप से सक्षम राज्य बनाने के लिए सरकार हिल से हाईटेक के मंत्र पर कार्य कर रही है।

जल सखी योजना की तैयारी

प्रदेश के ग्रामीण क्षेत्रों में पेयजल आपूर्ति का काम महिला स्वयं सहायता समूहों को सौंपने की तैयारी की जा रही है। इसके लिए प्रदेश सरकार जल सखी तैयार करेगी। इनको गांव में पेयजल आपूर्ति व बिलों की वसूली का काम सौंपा जाएगा। इसके अलावा विभाग की ओर से महिला समूहों को पेयजल गुणवत्ता जांचने के लिए किट भी उपलब्ध कराई जाएगी। महिला स्वयं सहायता समूह पेयजल योजना में आने वाली खराबी की रिपोर्ट भी विभाग को देंगी। इसके लिए चयनित समूहों को **नल जल मित्र** के तौर पर प्रशिक्षित किया जाएगा। पायलट

प्रोजेक्ट के तहत शुरु की जा रही इस योजना में महिला स्वयं सहायता समूहों को प्रोत्साहन दिया जाएगा।

टैक्सपेयर्स हब की स्थापना

करदाता सेवाओं को बढ़ाने और देश में एक मजबूत तंत्र स्थापित करने के उद्देश्य से विभाग ने सात शहरों में करदाता केंद्र यानि 'टैक्सपेयर्स हब' स्थापित किए हैं। 6 अगस्त, 2025 को देहरादून में राज्यपाल ले०जन० (सेवानिवृत्त) गुरमीत सिंह ने टैक्सपेयर्स हब का उद्घाटन किया। करदाता केंन्द्र में कियोस्क की एक विविध शृंखला है और जिसमें प्रत्येक का एक विशिष्ट प्रयोजन है।

हरिद्वार में पहली मेडिसिटी

प्रदेश सरकार हरिद्वार में राज्य की पहली मेडिसिटी बनाने जा रही है। इसके तहत हरिद्वार में नवनिर्मित मेडिकल कालेज का संचालन सुनिश्चित करने के बाद दूसरे चरण में इसे बनाया जाना प्रस्तावित है। इसमें मेडिकल कालेज के साथ ही सुपर स्पेशलिटी अस्पताल, नर्सिंग कालेज, पैरामेडिकल कालेज और वैलनेस केंद्र बनाया जाएगा। इस मेडिकल कालेज को पीपीपी मोड पर चलाया जाना प्रस्तावित था। यद्यपि, गत वर्ष फीस को लेकर हुए विवाद के बाद सरकार ने इसका संचालन अपने हाथों में ले लिया था।

पटवारी भर्ती परीक्षा

21 सितंबर, 2025 को आयोजित उत्तराखण्ड अधीनस्थ सेवा चयन आयोग (यू०के०एस०एस०एस०सी०) की ग्रेजुएट-लेवल भर्ती परीक्षा में परीक्षा शुरू होने के लगभग 30-35 मिनट बाद ही सोशल मीडिया पर तीन पृष्ठों का प्रश्नपत्र वायरल होने लगा। आरोप है कि हरिद्वार में एक परीक्षा केंद्र में एक अभ्यर्थी मोबाइल फोन मोज़े में छिपाकर ले गया और प्रश्नपत्र की फोटो ली और उसे अपनी बहन को भेजा। इसके बाद बहन ने एक सह-प्राध्यापक को भेजा, जिसने आगे उस सामग्री को सोशल मीडिया और आंदोलनकर्ता के पास भेजा। पेपर लीक के बाद राज्य के कई जनपदों में युवाओं द्वारा विरोध प्रदर्शन शुरू हुआ, जैसे देहरादून, हल्द्वानी, अल्मोड़ा, पिथौरागढ़, चमोली, उत्तरकाशी आदि।

शुरुआती दौर में सरकार ने इसे पेपर लीक मानने से इंकार कर दिया। देहरादून और दूसरी जगहों पर बेरोजगार युवाओं का धरना चलता रहा। सरकार ने एसआईटी का गठन किया, लेकिन युवा नहीं माने। आखिरकार मुख्यमंत्री ने देहरादून में धरनास्थल पर पहुंचकर मामले की सीबीआई जांच कराने की घोषणा की। इसके बाद बेरोजगार युवाओं ने अपना धरना समाप्त किया।

एशियन कैडेट कप-2025

एशियन कैडेट कप 2025 तलवारबाजी प्रतियोगिता 19 से 23 सितंबर,

2025 तक हल्द्वानी में आयोजित की गई। इस प्रतियोगिता में भारत ने शानदार प्रदर्शन करते हुए कुल 16 पदक जीते, जिनमें 5 स्वर्ण पदक शामिल थे और पहला स्थान हासिल किया। कजाकिस्तान दूसरे और ओमान तीसरे स्थान पर रहे। गौरव चौधरी और प्राची सैनी जैसे भारतीय खिलाड़ियों ने स्वर्ण पदक जीते। फेंसिंग एसोसिएशन ऑफ इंडिया द्वारा एशियाई फेंसिंग परिसंघ के तत्वावधान में आयोजित इस प्रतियोगिता में एशिया के 17 देशों के 192 एथलीट शामिल हुए।

स्वच्छ वायु सर्वेक्षण-2025

स्वच्छ वायु सर्वेक्षण 2025 में उत्तराखण्ड के शहरों ने अपनी रैंकिंग में सुधार किया है। देहरादून 3 से 10 लाख की आबादी वाले शहरों की श्रेणी में 19वें स्थान पर रहा, जबकि पिछले वर्ष यह 37वें स्थान पर था। इसी तरह, ऋषिकेश 3 लाख से कम आबादी वाली श्रेणी में 31वें स्थान से सुधरकर 14वें स्थान पर पहुंच गया है। काशीपुर 19वें स्थान से सुधरकर 18वें स्थान पर आ गया है। इस सुधार का श्रेय शहरी निकायों, उद्योगों और आम जनता के सामूहिक प्रयासों को दिया जा रहा है, जिनमें यांत्रिक सड़क सफाई, ठोस अपशिष्ट प्रबंधन, हरित पट्टी विकास और स्वच्छ ईंधन का उपयोग शामिल हैं।

टिहरी झील का विकास

भारत सरकार ने उत्तराखण्ड के टिहरी झील क्षेत्र में सतत और जलवायु-अनुकूल पर्यटन को बढ़ावा देने के लिए एशियाई विकास बैंक (एडीबी) के साथ 126.42 मिलियन डॉलर (लगभग 1,050 करोड़ रुपये के ऋण समझौते पर हस्ताक्षर किए हैं। इस परियोजना का उद्देश्य बेहतर पर्यटन योजना, बुनियादी ढांचे और आपदा तैयारियों के माध्यम से 87,000 से अधिक निवासियों और हर वर्ष आने वाले 2.7 मिलियन पर्यटकों को लाभ पहुंचाना है। इसमें महिलाओं और युवाओं के नेतृत्व वाले पर्यटन को बढ़ावा देने और विकलांग व्यक्तियों के लिए सार्वभौमिक पहुंच सुनिश्चित करने जैसी विशेष पहलें भी शामिल हैं।

दूसरा कृषि विश्वविद्यालय

उत्तराखण्ड में वर्तमान में केवल एक प्रमुख कृषि विश्वविद्यालय, गोविंद बल्लभ पंत कृषि एवं प्रौद्योगिकी विश्वविद्यालय पंतनगर में स्थापित है।

हाल ही में राज्य सरकार ने दूसरे कृषि विश्वविद्यालय की स्थापना की घोषणा की है। यह विश्वविद्यालय चंपावत जनपद में स्थापित किया जाना है। घोषणा के अनुसार इसे पंतनगर मॉडल यानी पंतनगर कृषि विश्वविद्यालय की तर्ज पर बनाया जाएगा। इस नए विश्वविद्यालय का उद्देश्य, पर्वतीय क्षेत्रों में कृषि और उद्यान विज्ञान को बढ़ावा देना है, ताकि स्थानीय युवाओं को उच्च शिक्षा एवं शोध के अवसर मिलें। चंपावत जैसे क्षेत्र में इसकी स्थापना से आसपास के जनपदों जैसे

पिथौरागढ़, बागेश्वर, नैनीताल के युवाओं को भी लाभ होगा।

हिम तेंदुओं की संख्या में उत्तराखण्ड दूसरे स्थान पर

पहली बार किये गये वैज्ञानिक सर्वेक्षण (2019-23) के अनुसार भारत में अनुमानित हिम तेंदुओं की संख्या लगभग 718 हैं। उत्तराखण्ड 124 हिम तेंदुओं के साथ दूसरे स्थान पर है। जबकि लद्दाख में सबसे ज्यादा 477 हिम तेंदुए हैं। यह आकलन उन जनपदों में किया गया है जहां उच्च हिमालयी इलाकों में उनका आवास सुरक्षित माना गया है। उदाहरण के लिए गंगोत्री राष्ट्रीय उद्यान। वैश्विक स्तर पर हिम तेंदुओं की संख्या बहुत सीमित है, अनुमानित रूप से 4,000 से 10,000 के बीच। गंगोत्री राष्ट्रीय पार्क को हिम तेंदुओं के लिए एक महत्वपूर्ण आवास क्षेत्र माना गया है। इस इलाके में ऊंचाई और कठिन पर्वतीय क्षेत्र है, जो हिम तेंदुए के रहने के लिए उपयुक्त है। राज्य सरकार ने यहां हिम तेंदुए के लिए विशेष संरक्षण केन्द्र बनाने की घोषणा की है।

लंदन फोर्ट बना सोरगढ़ किला

उत्तराखण्ड के पिथौरागढ़ शहर के बाहरी-हिल में एक ऊंचे स्थान पर बने लंदन फोर्ट का नाम बदलकर अब सोरगढ़ किला कर दिया गया है। इस किले को पहले स्थानीय रूप से बाउलकी गढ़ कहा जाता था, जिसे बाद में अंग्रेजों ने लंदन फोर्ट नाम दिया। इसका निर्माण लगभग 1789 के आस-पास हुआ था, जब गोरखा शासक ने इसे बनवाया था। 1815 में सिंगौली संधि के बाद अंग्रेजों ने कुमाऊं क्षेत्र पर नियंत्रण कर लिया और इस किले को नया नाम दिया गया। वर्ष 2021 में मुख्यमंत्री पुष्कर सिंह धामी ने घोषणा की कि लंदन फोर्ट का नाम अब सोरगढ़ किला होगा। अब इस संबंध में शासनादेश जारी कर दिया गया है।

उत्तराखण्ड कुक्कुट विकास नीति

राज्य में पोल्ट्री उत्पादन को बढ़ावा देने और बाहरी राज्यों पर चिकन और अंडा जैसे उत्पादों की निर्भरता कम करने के लिए कुक्कुट नीति लागू की गई है। इसका उद्देश्य विशेष रूप से पर्वतीय जनपदों में स्वरोजगार बढ़ाना और ग्रामीण अर्थव्यवस्था को मजबूत करना भी है। इस नीति के तहत अगले 5 वर्षों में लगभग 85 करोड़ का निवेश आकर्षित करने का लक्ष्य रखा गया है। पर्वतीय क्षेत्रों में पोल्ट्री पालन के लिए सब्सिडी 40 प्रतिशत तक और मैदानी इलाकों में 30 प्रतिशत तक सब्सिडी दी जाएगी। इस नीति के तहत विशेष रूप से पर्वतीय जनपदों जैसे अल्मोड़ा, चमोली, उत्तरकाशी, पिथौरागढ़, चंपावत, पौड़ी, बागेश्वर, टिहरी और रुद्रप्रयाग को प्राथमिकता दी जाएगी।

हाथियों की संख्या में उत्तराखण्ड का पांचवाँ स्थान

राज्य में लगभग 1,792 हाथी पाए गए हैं। यह आंकड़ा हाल ही में हुए

देशव्यापी डीएनए-आधारित समवर्ती हाथी अनुमान (2021-25) के अनुसार है। इस आंकड़े के आधार पर भारत में हाथियों की संख्या के मामले में उत्तराखण्ड शीर्ष पांच राज्यों में शामिल हुआ है। संख्या बढ़ने के साथ ही हाथियों तथा मानवों के बीच संघर्ष भी बढ़ रहा है, खासकर रेलवे दुर्घटनाओं, बिजली के करंट और आवासीय विस्तार के कारण। राज्य में हाथियों के आवागमन व कोरिडोर की स्थिति महत्वपूर्ण है क्योंकि जंगलों व मानव-आबादी के बीच सीमाएं बनी हुई हैं।

गौरा देवी पर डाक टिकट

चिपको आंदोलन की अग्रणी स्व० गौरा देवी की 100वीं जयंती पर डाक टिकट जारी किया गया है। रैणी गांव में आयोजित इस कार्यक्रम में उत्तराखण्ड के वन मंत्री सुबोध उनियाल मौजूद थे। यह सम्मान एक सामान्य नागरिक का असाधारण योगदान का उदाहरण है। गौरा देवी ने पर्यावरण संरक्षण, वृक्षों का संरक्षण, महिला-सशक्तिकरण आदि में महत्वपूर्ण भूमिका निभाई। उनका जन्म चमोली जनपद के लाता गांव में हुआ था। रैणी गांव में 1974 में उन्होंने अन्य महिलाओं के साथ मिलकर पेड़ों पर चिपककर पेड़ काटने का विरोध किया था।

सतत विकास लक्ष्य के लिए नीति

देहरादून स्थित दून विश्वविद्यालय में स्कूल ऑफ सोशल साइंसेज, अर्थशास्त्र विभाग द्वारा 10 से 12 अक्टूबर, 2025 को एक सेमीनार आयोजित किया गया। इस सेमिनार का मुख्य फोकस सतत विकास, जलवायु-सहिष्णुता, जीवनयापन सुरक्षा, विशेष रूप से हिमालयी क्षेत्र की चुनौतियों पर था। शहरीकरण, ग्रामीण-शहरी प्रवासन, क्लस्टर फार्मिंग, कृषि उत्पादन आदि पर विचार किया गया। उत्तराखण्ड सरकार ने इस अवसर पर एक 'नौ-बिंदु नीति' का शुभारंभ किया, जिसका उद्देश्य अर्थव्यवस्था व पारिस्थितिकी के बीच संतुलित विकास सुनिश्चित करना था। ताकि सतत विकास लक्ष्य हासिल किये जा सकें। सेमीनार का उद्घाटन मुख्यमंत्री पुष्कर सिंह धामी ने किया।

नीति के मुख्य 9 बिंदु

1. पर्यावरण-सुधार युक्त आर्थिक योजना।
2. जलवायु-रोधी आधारभूत संरचनाओं का विकास।
3. प्राकृतिक संसाधनों - वन, जल, जैव-विविधता का संरक्षण एवं संवर्धन।
4. हरित ऊर्जा का प्रसार और विकास।
5. सतत पर्यटन प्रथाएं अपनाना।
6. समावेशी एवं समान-वितरण समान विकास।
7. स्थानीय समुदायों को हरित निर्णय-प्रक्रियाओं में शामिल करना।
8. पर्यावरण शिक्षा और जागरूकता का विस्तार।
9. सतत कृषि और जल-प्रबंधन में नवाचार को बढ़ावा देना।

आदि कैलाश में मैराथन

उत्तराखण्ड राज्य स्थापना की रजत जयंती के अवसर पर आदि कैलाश परिक्रमा रन जोलिंगकोंग (गुंजी) में आयोजित की गई। यह दौड़ समुद्रतल से लगभग 4,300 मीटर की ऊंचाई पर शुरू हुई। इसमें कई श्रेणियां– 5 किमी०, 10 किमी०, 21 किमी० मैराथन, 42 किमी० और 60 किमी० थीं। यह दौड़ 2 नवंबर, 2025 को आयोजित हुई। इसमें 22 राज्यों के 580 धावकों ने हिस्सा लिया।

उत्तराखण्ड का सबसे ऊंचा तिरंगा

मुख्यमंत्री पुष्कर सिंह धामी ने अपने गृह जनपद खटीमा में उत्तराखण्ड का सबसे ऊंचा 215 फीट ऊंचा तिरंगा फहराकर एक नया कीर्तिमान स्थापित किया। कंजाबाग तिराहे पर 47.42 लाख रुपये की लागत से लघु सिंचाई विभाग द्वारा निर्मित इस राष्ट्रीय ध्वज स्तंभ का लोकार्पण मुख्यमंत्री ने 17 अक्टूबर 2025 को विधिवत पूजा-अर्चना और ध्वजारोहण के साथ किया।

उन्होंने कहा कि खटीमा की धरती से फहरता यह तिरंगा आने वाली पीढ़ियों को राष्ट्रभक्ति की भावना से ओतप्रोत करेगा। "यह ध्वज हमारे युवाओं को सदैव यह स्मरण कराएगा कि हम सब एक हैं और भारत के गौरव को ऊंचा उठाने के लिए समर्पित हैं।"

गोदियाल उत्तराखण्ड कांग्रेस के अध्यक्ष

कांग्रेस ने उत्तराखण्ड में संगठनात्मक ढांचे में बड़ा बदलाव करते हुए वरिष्ठ नेता गणेश गोदियाल को एक बार फिर प्रदेश अध्यक्ष की जिम्मेदारी सौंपी है। इस नई नियुक्ति के तहत पूर्व प्रदेश अध्यक्ष प्रीतम सिंह को प्रचार समिति का चेयरमैन और पूर्व कैबिनेट मंत्री हरक सिंह रावत को चुनाव प्रबंधन कमेटी का चेयरमैन बनाया गया है।

निवर्तमान अध्यक्ष करन माहरा को पार्टी की शीर्ष इकाई कांग्रेस वर्किंग कमेटी (CWC) में स्थान दिया गया है।

प्रदेश नेतृत्व में यह बदलाव आगामी चुनावी रणनीति से जुड़ा माना जा रहा है। करन माहरा अप्रैल 2022 में अध्यक्ष बने थे, लेकिन उनके नेतृत्व में पार्टी को लोकसभा चुनावों में पांचों सीटों पर हार मिली।

वहीं, गोदियाल जुलाई 2021 में प्रदेश अध्यक्ष बने थे, लेकिन विधानसभा चुनाव में पराजय के बाद हटाए गए। इसके बावजूद हाईकमान ने एक बार फिर उन पर भरोसा जताया है।

पहाड़ी.ai , गढ़वाली-कुमाउंनी का करेगा संरक्षण

जब धाराप्रवाह गढ़वाली, कुमाउंनी व जौनसारी बोलने वाली पीढ़ी धीरे-धीरे अवसान की ओर हो, तब शिद्दत के साथ यह बात महसूस की जा रही थी कि कुछ ऐसा हो, जो लोकभाषाओं को बचाने के लिए संजीवनी का काम करे। उत्तराखण्ड

के दो आईटी पेशेवर युवाओं ने यही किया है। लंदन में ai विशेषज्ञ के रूप में कार्यरत रहे इन इंजीनियरों ने 'पहाड़ी.ai' नाम से एक ऐसी वेबसाइट विकसित की है, जो आने वाले समय में लोकभाषाओं को नवजीवन देने में सहायक सिद्ध होगी। अपनी तरह की यह पहली वेबसाइट है, जिसमें आप एक क्लिक के माध्यम से Chat GTP की तरह हिंदी, अंग्रेजी या दुनिया की किसी भी भाषा में अपने प्रश्न पूछकर गढ़वाली-कुमाउंनी में उसका उत्तर पा सकते हैं।

गढ़वाली-कुमाउंनी बोली के संरक्षण और संवर्धन में योगदान देने के लिए तैयार किया गया संभवत: यह विश्व का पहला ai है, जो किसी बोली का संरक्षण करने में सक्षम है। अब इसमें गढ़वाली-कुमाउंनी सहित अन्य पहाड़ी बोलियों को शामिल करने की योजना है।

वेबसाइट विकसित करने वाले उत्तरकाशी निवासी आदित्य नौटियाल और श्रीनगर निवासी सुमितेश नैथानी ने बताया कि वह लंदन में ai विशेषज्ञ के रूप में कार्यरत रहे हैं। लगभग दो वर्ष पहले उन्होंने उत्तराखण्ड की गढ़वाली और अन्य बोली-भाषाओं के प्रचार के लिए एक ai वेबसाइट विकसित करने का विचार बनाया। इसके बाद वापस आकर उन्होंने गांव-गांव में पहुंचकर स्थानीय बोलियों, उच्चारणों, ध्वनियों और भाषाई पैटर्न का गहन अध्ययन किया, जिसमें करीब डेढ़ वर्ष का समय लगा। इस कार्य में उनके साथ डॉ. अदिति नौटियाल भी शामिल हुईं, जो अब पहाड़ी.ai क्रिएटिव की हेड हैं। उनके इस कार्य को आगे बढ़ाने का कार्य हेमवती नन्दन बहुगुणा गढ़वाल केन्द्रीय विश्वविद्यालय और उत्तराखण्ड सरकार के संयुक्त तत्वावधान में किया जा रहा है।

भालुओं के आतंक से त्रस्त है गढ़वाल

उत्तराखण्ड में गुलदार के हमलों के बीच भालुओं ने भी अपने खतरनाक तेवर दिखाने शुरू कर दिए हैं। हालात इतने चिंताजनक हो चुके हैं कि पूरे उत्तराखण्ड में जानवरों से सबसे ज्यादा खतरा अब भालुओं से देखने को मिल रहा है। प्रदेश में इस वर्ष जनवरी से अब तक भालू के हमलों में 69 लोग घायल हुए और पांच लोगों की जान चली गई। यह आंकड़ा निरन्तर बढ़ता ही जा रहा है।

गढ़वाल क्षेत्र में उत्तरकाशी, चमोली, पौड़ी और रुद्रप्रयाग जनपद इस खतरे के बड़े केंद्र बन गए हैं। चमोली में 22, पौड़ी में 18 और रुद्रप्रयाग में 14 लोग भालुओं की हिंसा का शिकार हुए हैं। भोजन की तलाश में गांवों की ओर भटकते भालू अचानक घरों और खेतों में पहुंच जाते हैं। ऐसे में ग्रामीणों का घर से बाहर निकलना मुश्किल हो गया है। शाम होते ही गांवों में भय का माहौल छा जाता है। चमोली के पोखरी में एक बच्चे पर स्कूल में ही भालू ने हमला कर जख्मी कर दिया।

वन्यजीव विशेषज्ञों का कहना है कि यह समस्या तात्कालिक नहीं, बल्कि लंबे समय से बढ़ती जा रही है। यदि समय रहते स्थायी समाधान नहीं ढूंढ़ा गया, तो आने वाले दिनों में भालुओं का खतरा और भी भयावह रूप ले सकता है।

गढ़वाल राइफल्स रेजीमेंटल सेंटर के अग्निवीर अब हे०न०ब० से भी डिग्री ले सकेंगे

गढ़वाल राइफल्स रेजीमेंटल सेंटर (जीआरआरसी) लैंसडौन के अग्निवीर अब हेमवती नंदन बहुगुणा गढ़वाल केंद्रीय विश्वविद्यालय से डिग्री प्राप्त कर सकेंगे। गढ़वाल विश्वविद्यालय और जीआरआरसी लैंसडौन के बीच शैक्षणिक सहयोग हेतु एम.ओ.यू पर हस्ताक्षर किए गए।

समझौते पर विश्वविद्यालय के कुलपति प्रो. श्रीप्रकाश, कुलसचिव प्रो. राकेश कुमार ढोड़ी और जीआरआरसी लैंसडौन के कमांडेंट ब्रिगेडियर विनोद सिंह नेगी ने हस्ताक्षर किए। विश्वविद्यालय की विभिन्न फैकल्टी द्वारा आठ माह की अवधि में अग्निवीरों के लिए कौशल आधारित डिप्लोमा/सर्टिफिकेट कोर्स तैयार किया गया है। यह पहली बार है जब गढ़वाल विश्वविद्यालय सैन्य कल्याण के लिए इस प्रकार का शैक्षणिक कार्यक्रम शुरू कर रहा है।

यह कौशल आधारित मल्टी-डोमेन ट्रेनिंग के साथ अग्निवीरों को स्कॉलर वॉरियर बनने की दिशा में एक नया आयाम देगा। यह अनुबंध न केवल अग्निवीरों का उत्साह बढ़ाएगा बल्कि उन्हें राष्ट्रीय सेवा और राष्ट्रीय सुरक्षा में योगदान देने के लिए और सशक्त करेगा।

वर्ष 2024 के मुकाबले 4.35 लाख अधिक रही श्रद्धालुओं की संख्या

बदरीनाथ धाम के कपाट बंद होने के साथ ही चारों धामों के कपाट शीतकाल के छह माह के लिए बंद हो गए हैं। प्राकृतिक आपदाओं के चलते कई दिनों तक यात्रा बाधित होने के बावजूद इस वर्ष भी यात्रा ने नया रिकॉर्ड बनाया है। इस वर्ष 51 लाख से अधिक श्रद्धालुओं ने चारधाम के दर्शन किए हैं। वर्ष 2024 के मुकाबले इस वर्ष श्रद्धालुओं की संख्या 04 लाख 35 हजार 901 अधिक रही है।

इस वर्ष 30 अप्रैल, 2025 को यमुनोत्री और गंगोत्री धाम के कपाट खुलने के साथ ही चारधाम यात्रा का शुभारंभ हुआ था। इसके बाद दो मई को केदारनाथ धाम और चार मई को बदरीनाथ धाम के कपाट खुले थे। केदारनाथ, गंगोत्री और यमुनोत्री धाम के कपाट दीपावली के बाद बंद हो चुके थे।

प्रदेश सरकार के कुशल और बेहतर यात्रा प्रबंधन के चलते बीते वर्ष के मुकाबले इस वर्ष 4 लाख 35 हजार 901 अधिक श्रद्धालु चारधाम दर्शन को पहुंचे। बीते वर्ष कुल 46 लाख 69 हजार 074 तीर्थयात्री चारधाम यात्रा पर आए थे, जबकि इस वर्ष यह आंकड़ा रिकॉर्ड वृद्धि के साथ 51 लाख 04 हजार 975 पहुंच गया। केदारनाथ में सर्वाधिक 17 लाख 68 हजार 795 श्रद्धालु पहुंचे हैं। इसी प्रकार बदरीनाथ में 16 लाख 60 हजार 224, गंगोत्री में 7 लाख 57 हजार 10 और यमुनोत्री में 6 लाख 44 हजार 505 श्रद्धालुओं ने दर्शन किए। हेमकुंट साहिब में पहली बार श्रद्धालुओं की संख्या 2 लाख 74 हजार 441 पहुंची है। इससे पहले वर्ष 2023 में 1 लाख 64 हजार 546 और वर्ष 2024 में 1 लाख 85 हजार 972 श्रद्धालु हेमकुंट साहिब में शीश नवाने पहुंचे थे।

शीतकालीन यात्रा की तैयारियां हुई तेज

बदरीनाथ धाम के कपाट बंद होने के साथ ही अब शीतकालीन यात्रा की तैयारियां तेज हो गई हैं। भगवान बदरी विशाल की पूजा अब शीतकालीन प्रवास स्थल पांडुकेश्वर और नृसिंह भगवान मंदिर ज्योतिर्मठ में होगी। जबकि बाबा केदारनाथ की शीतकालीन पूजा ओंकारेश्वर मंदिर ऊखीमठ, मां गंगा (गंगोत्री) की पूजा मुखबा और मां यमुना (यमुनोत्री) की पूजा खरसाली में होगी।

मुख्यमंत्री पुष्कर सिंह धामी वर्षभर तीर्थाटन/पर्यटन को बढ़ावा देने के लिए निरंतर प्रयासरत हैं। इसी उद्देश्य से शीतकालीन यात्रा पर जोर दिया जा रहा है। बीते वर्ष मुख्यमंत्री के अनुरोध पर प्रधानमंत्री नरेंद्र मोदी शीतकालीन यात्रा पर उत्तरकाशी जनपद में पहुंचे थे। तब प्रधानमंत्री ने मां गंगा के शीतकालीन प्रवास स्थल मुखबा पहुंचकर मां गंगा की पूजा अर्चना की थी।

प्रधानमंत्री नरेंद्र मोदी के ड्रीम प्रोजेक्ट के तहत केदारनाथ में पुनर्निर्माण कार्य होने के बाद यात्री सुविधाएं बढ़ी हैं। पैदल यात्रा मार्ग को बेहतर बनाया गया है। श्री बदरीनाथ धाम का विकास मास्टर प्लान के अनुसार किया जा रहा है। अब शीतकालीन यात्रा की तैयारियों में भी यात्री सुविधाओं और सुरक्षा पर विशेष फोकस किया जा रहा है।

षट्कोणीय संरचना वाला एशिया का एकमात्र घंटाघर

दून का घंटाघर, जिसे पहले 'बलवीर क्लॉक टावर' के नाम पर से जाना जाता था, शहर की ऐतिहासिक पहचान है। इसका शिलान्यास उत्तर प्रदेश की तत्कालीन गवर्नर सरोजिनी नायडू ने 24 जुलाई, 1948 को किया था। यह वर्ष 1953 में बनकर तैयार हुआ और इसका उद्घाटन तत्कालीन रेल मंत्री लाल बहादुर शास्त्री ने किया। यह टावर अपनी षट्कोणीय संरचना के लिए प्रसिद्ध है, जिसके छहों मुखों पर एक-एक घड़ी लगी हुई है। इसे एशिया का एकमात्र षट्कोणीय घंटाघर भी कहा जाता है। इसकी मूल घड़ियां स्विट्जरलैंड से लाई गई थीं, जो अपनी सटीकता के लिए विश्वविख्यात हैं। हालांकि, ये घड़ियां कालांतर में यांत्रिक रूप से बंद हो गईं, जिसके बाद उन्हें आधुनिक इलेक्ट्रॉनिक घड़ियों से बदला गया।

आस्ट्रेलियन ओपन पर लक्ष्य सेन का कब्जा

उत्तराखण्ड के बैडमिंटन स्टार लक्ष्य सेन ने एक बार फिर देश का गौरव बढ़ाते हुए आस्ट्रेलियन ओपन का खिताब अपने नाम किया। सिडनी में 18 से 23 नवंबर तक आयोजित इस टूर्नामेंट के फाइनल में लक्ष्य ने जापान के युशी तानाका को सीधे सेट में 21-15, 21-11 से पराजित कर गोल्ड मेडल जीता।

लक्ष्य सेन का इस टूर्नामेंट में प्रदर्शन बेहद शानदार रहा। प्री-क्वार्टर फाइनल में उन्होंने ताइवान के चाई यू जेन को कड़े मुकाबले में 17-21, 21-13, 21-13 से हराया। इसके बाद क्वार्टर फाइनल में अपने भारतीय प्रतिद्वंद्वी आयुष शेट्टी को 23-21, 21-11 से मात देते हुए सेमीफाइनल में जगह बनाई।

सेमीफाइनल में लक्ष्य का सामना विश्व के नंबर दो खिलाड़ी ताइवान के ताउ टेन चैन से हुआ। कड़े संघर्ष वाले इस मुकाबले में लक्ष्य ने 21-17, 24-22, 21-16 की जीत के साथ फाइनल में प्रवेश कर अपने इरादे साफ कर दिए थे।

इस जीत के साथ लक्ष्य सेन ने इस वर्ष का अपना पहला वर्ल्ड टूर खिताब हासिल किया। चोट के कारण वर्ष की शुरुआत में लय से बाहर रहे लक्ष्य अब शानदार वापसी कर रहे हैं। पिछले सप्ताह उन्होंने जापान ओपन में कांस्य पदक जीता था, जबकि इससे पहले डेनमार्क ओपन में क्वार्टर फाइनल तक पहुंचे थे।

देवभूमि के इस युवा खिलाड़ी ने अपने दमदार प्रदर्शन से एक बार फिर साबित किया है कि वह विश्व बैडमिंटन में भारत की सबसे बड़ी उम्मीदों में से एक हैं।

उपलब्धि/नियुक्ति/सम्मान

उत्तराखण्ड की झांकी को तीसरा स्थान

गणतंत्र दिवस के अवसर पर दिल्ली में आयोजित परेड में शामिल उत्तराखण्ड की सांस्कृतिक विरासत एवं साहसिक खेल झांकी को पीपुल्स चॉइस अवॉर्ड श्रेणी में तृतीय स्थान प्राप्त करने के लिए पुरस्कृत किया गया। केंद्रीय रक्षा राज्यमंत्री संजय सेठ ने यह पुरस्कार प्रदान किया। यह पुरस्कार उत्तराखण्ड की ओर से सूचना एवं लोक संपर्क विभाग के महानिदेशक बंशीधर तिवारी और झांकी के टीम लीडर व संयुक्त निदेशक के०एस० चौहान ने प्राप्त किया।

नव्या पांडेय ने जीता स्वर्ण पदक

उत्तराखण्ड के हल्द्वानी की नव्या पांडे ने नौवीं एशियाई जु-जित्सू चैंपियनशिप में स्वर्ण पदक हासिल कर इतिहास रचा। वह एशियाई जु-जित्सू चैंपियनशिप में भारत के लिए स्वर्ण पदक जीतने वाली पहली महिला खिलाड़ी बन गई हैं। जॉर्डन की राजधानी अम्मान में आयोजित एशियाई चैंपियनशिप में नव्या ने 45 किलोग्राम भार वर्ग में शानदार प्रदर्शन करते हुए स्वर्ण पदक अपने नाम किया। नव्या की इस उपलब्धि पर उत्तराखण्ड के मुख्यमंत्री पुष्कर सिंह धामी ने उनके उज्ज्वल भविष्य की कामना की। मुख्यमंत्री ने नव्या से शीघ्र ही मुलाकात करने की भी बात कही। नव्या ने उत्तराखण्ड सरकार द्वारा दी गई नौकरी के लिए मुख्यमंत्री का आभार जताया। पिछले वर्ष नव्या को खेल कोटे के तहत राज्य सरकार ने वन विभाग में नौकरी दी थी।

ट्रैवलर और लेखक : ह्यूग कॉलिन गैंटजर

मसूरी निवासी ट्रैवलर और लेखक ह्यूग कॉलिन गैंटजर और उनकी पत्नी दिवंगत कॉलिन गैंटजर के साथ ही सामाजिक कार्यकर्ता राधा बहन भट्ट को प्रतिष्ठित पद्मश्री पुरस्कार के लिए चुना गया। 25 जनवरी, 2025 को केंद्रीय गृह मंत्रालय की ओर से जारी विज्ञप्ति में देश की 7 हस्तियों को पद्म विभूषण, 72

को पद्म भूषण और 113 को पद्मश्री पुरस्कार देने की घोषणा की गई। उत्तराखण्ड के ह्यूग और कॉलिन के साथ ही राधा बहन का नाम भी इस सूची में शामिल है।

ह्यूग और उनकी पत्नी कॉलिन गैंटजर को यह पुरस्कार संयुक्त रूप से दिया गया। अंग्रेजी के ट्रैवल लेखक ह्यूग और उनकी दिवंगत पत्नी कॉलिन गैंटजर को साहित्य एवं शिक्षा के क्षेत्र में पद्मश्री पुरस्कार दिए जाने की घोषणा हुई। ह्यूग और कॉलिन के नाम से मशहूर इस दंपति का नाम मसूरी के प्रतिष्ठित लोगों में शामिल है। 94 वर्षीय ह्यूग भारतीय नौसेना से रिटायर कमांडर हैं। उन्होंने अपनी पत्नी कॉलिन के साथ अनेक यात्राएं की और यात्रा से जुड़े लेख लिखे। इस प्रसिद्ध साहित्यकार जोड़ी का साथ 6 नवंबर, 2024 को तब टूटा जब कॉलिन गैंटजर का 90 वर्ष की आयु में मसूरी में निधन हो गया।

लक्ष्मी आश्रम कौसानी की अध्यक्षा : राधा भट्ट

पद्मश्री सम्मान से सम्मानित उत्तराखण्ड की दूसरी हस्ती लक्ष्मी आश्रम कौसानी की अध्यक्ष राधा बहन भट्ट हैं। वर्ष 1957 में भूदान आंदोलन के साथ उनकी पदयात्रा शुरू हुई। बालिका शिक्षा, पर्यावरण, जल, जंगल और जमीन की चिंता उन्हें लगातार रही। ग्राम स्वराज, शराब आंदोलन, युवा महिला सशक्तिकरण और सर्वोदय आंदोलन में उन्होंने बढ़-चढ़कर हिस्सेदारी की। 18 वर्ष की उम्र में घर छोड़कर कौसानी पहुंची राधा दीदी वहां गरीब बालिकाओं को पढ़ाने और उन्हें जीवन जीने की कला सिखाने लगी। राधा बहन का जन्म 16 अक्टूबर, 1933 को अल्मोड़ा के धुर्कागांव में हुआ था।

6 पुलिस कर्मियों को राष्ट्रपति पदक

उत्तराखण्ड के 6 पुलिस कर्मियों को राष्ट्रपति पदक से सम्मानित किया गया। नई दिल्ली में गणतंत्र दिवस पर आयोजित समारोह में राष्ट्रपति ने इन पुलिस कर्मचारियों को सम्मानित किया। एक पुलिसकर्मी को राष्ट्रपति का विशिष्ट सेवा पदक प्रदान किया गया, जबकि पांच को सराहनीय सेवा पदक दिए गए। अर्जुन सिंह लीडिंग फायरमैन जनपद नैनीताल को राष्ट्रपति का विशिष्ट सेवा पदक प्रदान किया गया, जबकि शाहजहां जावेद खान अपर पुलिस अधीक्षक कार्मिक उत्तराखण्ड, प्रमोद कुमार अपर पुलिस अधीक्षक जनपद देहरादून, वीरेंद्र सिंह कठैत दलनायक 40वीं वाहिनी पीएसी, सुमन पंत उप निरीक्षक नागरिक पुलिस जनपद चंपावत और राजेंद्र सिंह उपनिरीक्षक घुड़सवार जनपद देहरादून को सराहनीय सेवा पदक प्रदान किए गए।

लोकरत्न हिमालय सम्मान : सविन बंसल

देहरादून के जिलाधिकारी सविन बंसल को लोकरत्न हिमालय सम्मान से सम्मानित किया गया। उन्हें पारम्परिक पर्वतीय वाद्य यंत्र रणसिंघा व ढोल दमाऊँ का

प्रतीक चिह्न, अभिनन्दन पत्र तथा शॉल भेंट कर सम्मानित किया गया। यह सम्मान पर्वतीय बिगुल सामाजिक सांस्कृतिक संस्था द्वारा अपने 29वें स्थापना दिवस पर प्रदान किया गया। पद्मश्री प्रीतम भरतवाण, गायिका मीना राणा, राज्य आंदोलनकारियों सहित अनेक प्रतिष्ठित लोगों के हाथों से जिलाधिकारी को सम्मान प्रदान किया गया।

इंद्रमणि बड़ोनी स्मृति-सम्मान-2025

टिहरी गढ़वाल के अखोड़ी गांव में 24 दिसम्बर, 1924 को जन्मे इन्द्रमणि बडोनी का करिश्माई व्यक्तित्व रोमांच और रंगत से भरपूर है। उनकी नेतृत्व क्षमता, जीवटता व्यक्ति को हर पल आगे बढ़ते रहने की प्रेरणा देती है। वे एक असाधारण, बहुआयामी व्यक्ति थे। एक तरफ वे स्थानीय कलाकारों के ढोल-दमाऊं के तालों पर राजपथ पर केदार नृत्य प्रस्तुत कर वाह-वाही बटोर गये, माधो सिंह भंडारी भाव नाटिका के जगह-जगह एक से बढ़कर एक हिट शो देते रहे तो दूसरी तरफ ग्राम प्रधान, प्रमुख और तीन बार विधायक रहकर लोगों से जुड़ते रहे। लोग कभी उनको सिक्कों में तोलकर तो कभी जहाँ भी वे गये, वहीं उनके होकर उनको जननेता और लोकनायक बनाते चले गये।

उत्तराखण्ड आंदोलन में केंद्रीय भूमिका निभाने और सूझ-बूझ भरे नेतृत्व के कारण आंदोलन के दौरान ही उन्हें पर्वत पुत्र, पहाड़ के गाँधी और उत्तराखण्ड का गाँधी कहा जाने लगा। उनकी स्मृति में इन्द्रमणि बड़ोनी चेरिटेबल फाउण्डेशन द्वारा **इन्द्रमणि बडोनी संस्कृति सम्मान** प्रारम्भ किया गया है। पुरस्कार के रूप में ₹ 51,000 की सम्मान राशि, स्मृति पत्र, एक स्मृति चिह्न तथा अंगवस्त्र प्रदान किए जाते हैं।

इस दिन उन पर केन्द्रित पुस्तक **इन्द्रमणि बडोनी और उत्तराखण्ड** का लोकार्पण किया गया।

पिछले 5 दशकों से सामाजिक एवं पर्यावरण के क्षेत्र में सक्रिय बीज बचाओ आंदोलन के संयोजक विजय जड़धारी को इस वर्ष का इंद्रमणि बडोनी स्मृति सम्मान-2025 प्रदान किया गया।

तृतीय भैरवदत्त धूलिया सम्मान-2025 : रमेश पहाड़ी

उत्तराखण्ड में पत्रकारिता और जनसेवा में उत्कृष्ट योगदान के लिए वरिष्ठ पत्रकार रमेश पहाड़ी को पंडित भैरव दत्त धूलिया पत्रकार पुरस्कार-2025 से सम्मानित किया गया।

रमेश पहाड़ी को 1968 से अपने क्षेत्र में पर्यावरण और सामाजिक-आर्थिक मुद्दों को उजागर करने में उनके अग्रणी कार्य के लिए यह सम्मान दिया गया। पहाड़ी को 'अनिकेत' समाचार पत्र की स्थापना और संपादन के लिए जाना जाता है, जिसका उन्होंने 1977 से 2017 तक संपादन किया। उन्होंने चिपको आंदोलन में महत्वपूर्ण भूमिका निभाई। जनपद की महिलाओं और युवाओं को संगठित

करने के उनके प्रयासों ने राज्य में जमीनी स्तर के आंदोलनों पर एक स्थायी प्रभाव छोड़ा है।

इस पुरस्कार की स्थापना कर्मभूमि फाउंडेशन द्वारा पंडित भैरव दत्त धूलिया के सम्मान और स्मृति में की गई है। वे एक प्रसिद्ध स्वतंत्रता सेनानी और कर्मभूमि पत्र के संपादक थे, जिन्होंने अपना जीवन जनसेवा और पत्रकारिता के लिए समर्पित कर दिया था। इस पुरस्कार में एक लाख रुपये की नकद राशि, प्रशंसा पत्र और अंगवस्त्र प्रदान किया जाता है।

खिलाड़ी सम्मानित

मुख्यमंत्री पुष्कर सिंह धामी ने अंतर्राष्ट्रीय ओलंपिक दिवस के अवसर पर 23 जून, 2025 को अंतर्राष्ट्रीय और राष्ट्रीय स्तर पर पदक जीतने वाले खिलाड़ियों को सम्मानित किया। साथ ही खिलाड़ियों को खेल भावना की शपथ दिलाई। देहरादून के परेड ग्राउंड में आयोजित कार्यक्रम में मुख्यमंत्री ने कहा कि यह दिन **खेलभावना**, **एकता** और **शांति** के मूल्यों को समर्पित है। ओलंपिक केवल प्रतिस्पर्धा नहीं, बल्कि समर्पण, साधना और राष्ट्रीय गौरव का प्रतीक है। मुख्यमंत्री ने कहा प्रदेश के आठ प्रमुख शहरों में 23 खेल अकादमियों, हल्द्वानी में खेल विश्वविद्यालय और लोहाघाट में महिला स्पोर्ट्स कॉलेज की स्थापना की दिशा में तेजी से कार्य किये जा रहे हैं।

हिमालय प्रहरी सम्मान-2025

सेव हिमालय मूवमेंट व पर्वतीय नवजीवन मंडल आश्रम के संयुक्त तत्वावधान में देहरादून के टाउन हॉल में 21 मई, 2025 को पद्म विभूषण सुंदरलाल बहुगुणा की चतुर्थ पुण्यतिथि पर सम्मान समारोह आयोजित किया गया। जनकवि और आंदोलनकारी स्व० घनश्याम रतूड़ी सैलानी और दीक्षा बिष्ट को सुंदरलाल बहुगुणा स्मृति सम्मान हिमालय प्रहरी-2025 से सम्मानित किया गया। सम्मान समारोह में मुख्य अतिथि के रूप में पर्यावरणविद् सोनम वांगचुक ने हिस्सा लिया।

दीर्घकालीन साहित्य सेवी सम्मान

उत्तराखण्ड भाषा संस्थान ने वर्ष 2024 और 2025 के लिए दीर्घकालीन साहित्य सेवी सम्मान से विभिन्न साहित्यकारों को सम्मानित किया। वर्ष 2024 के लिए यह सम्मान प्रसिद्ध साहित्यकार शैलेश मटियानी और जनकवि गिरीश तिवारी गिर्दा को मरणोपरांत प्रदान किया गया। इसी वर्ष के लिए साहित्यकार सोमवारी लाल उनियाल को भी यह सम्मान दिया गया।

2025 के लिए यह पुरस्कार साहित्यकार शेर सिंह बिष्ट 'अनपढ़' और लोकगायक हीरा सिंह राणा को मरणोपरांत प्रदान किया गया। साथ ही वर्ष 2025 के लिए जनकवि अतुल शर्मा को भी यह सम्मान प्रदान किया गया। 14 सितंबर,

2025 को हिन्दी दिवस के अवसर पर देहरादून में यह सम्मान प्रदान किया गया।

सुभाष राणा को द्रोणाचार्य पुरस्कार

उत्तराखण्ड से सुभाष राणा को द्रोणाचार्य अवॉर्ड से सम्मानित किया गया। 17 जनवरी, 2025 को राष्ट्रपति द्रौपदी मुर्मू ने उन्हें यह सम्मान प्रदान किया। सुभाष राणा ने टोक्यो पैरालंपिक 2020 में शामिल हुई निशानेबाजी टीम को प्रशिक्षण दिया था। उस टीम ने 5 मेडल भी जीते थे। सुभाष राणा के बड़े भाई और अंतर्राष्ट्रीय निशानेबाज जसपाल राणा भी द्रोणाचार्य पुरस्कार से सम्मानित हो चुके हैं। जसपाल राणा की देहरादून जनपद के पौंधा में शूटिंग अकादमी है, जहां देश-दुनिया के कई खिलाड़ी ट्रेनिंग लेते हैं। ओलंपिक में पदक जीतने वाली शूटर मनु भाकर ने देहरादून में ही ट्रेनिंग ली थी। जसपाल राणा शूटर मनु भाकर के कोच हैं।

सुन्दर लाल बहुगुणा प्रकृति एवं पर्यावरण पुरस्कार-2025

मुख्यमंत्री पुष्कर सिंह धामी ने विश्व पर्यावरण दिवस के अवसर पर 5 जून, 2025 को पर्यावरण के क्षेत्र में सर्वश्रेष्ठ कार्य करने वाले लोगों को सम्मानित किया। सुन्दर लाल बहुगुणा प्रकृति एवं पर्यावरण संरक्षण पुरस्कार-2025 सरकारी श्रेणी में नगर निगम रुद्रपुर को दिया गया। नगर निगम रुद्रपुर से उप नगर आयुक्त श्रीमती शिप्रा जोशी ने यह पुरस्कार प्राप्त किया। गैर सरकारी श्रेणी में श्री विजय जड़धारी एवं श्री प्रताप सिंह पोखरियाल को सम्मानित किया गया।

तीलू रौतेली पुरस्कार-2025

तीलू रौतेली पुरस्कार (17वीं-सदी की गढ़वाली वीरांगना) के नाम पर उत्तराखण्ड सरकार द्वारा उन महिलाओं को सम्मानित करने के लिए दिया जाता है जिन्होंने समाज, खेल, शिक्षा, संस्कृति आदि विभिन्न क्षेत्रों में उत्कृष्ट योगदान दिया हो। यह पुरस्कार राज्य स्तरीय है और हर जनपद-से एक-एक महिला का चयन किया जाता है।

वर्ष 2024-25 के लिए 13 महिलाओं को सम्मानित किया गया। इनमें शामिल हैं, मीता उपाध्याय, सामाजिक क्षेत्र अल्मोड़ा, अलिशा मनराल, खेल, बागेश्वर, सुरभि साहित्य, चमोली, अनामिका बिष्ट, खेल, चम्पावत, शिवानी गुप्ता, समाज सेवा देहरादून, रूमा देवी, खेल, हरिद्वार, नैना, खेल, नैनीताल, रोशमा देवी, सामाजिक क्षेत्र पौड़ी, रेखा भट्ट, सामाजिक क्षेत्र पिथौरागढ़, हेमा नेगी करासी, लोक-गायन / संस्कृति, रुद्रप्रयाग, साक्षी चौहान, खेल, टिहरी गढ़वाल, रेखा, खेल, ऊधमसिंह नगर, विजयलक्ष्मी जोशी, सामाजिक क्षेत्र, उत्तरकाशी।

राष्ट्रीय शिक्षक पुरस्कार-2025

2025 में उत्तराखण्ड की डॉ० मंजूबाला और श्री मनीष ममगाईं को राष्ट्रीय शिक्षक पुरस्कार से सम्मानित किया गया। डॉ० मंजूबाला राजकीय प्राथमिक विद्यालय, च्यूरानी (चंपावत) की शिक्षिका हैं। श्री मनीष ममगाईं राष्ट्रीय कौशल

विकास और औद्योगिक प्रशिक्षण संस्थान देहरादून में ट्रेनिंग ऑफिसर हैं।

डॉ० मंजूबाला ने त्रिभाषा तकनीक (हिंदी, अंग्रेजी और कुमाउंनी) को अपनाकर शिक्षण को सहज और प्रभावी बनाया और राष्ट्रीय शिक्षा नीति-2020 के अनुरूप पहल की। श्री मनीष ममगाईं को शिक्षा और कौशल विकास में उनके समर्पण और नवाचार के लिए सम्मानित किया गया। 5 सितम्बर को शिक्षक दिवस पर नई दिल्ली स्थित राष्ट्रपति भवन में आयोजित समारोह में राष्ट्रपति द्रौपदी मुर्मू ने उन्हें सम्मानित किया।

उत्तराखण्ड भाषा पुरस्कार : 18 साहित्यकार सम्मानित

- 3 मार्च, 2025 को उत्तराखण्ड भाषा संस्थान की ओर से राज्य के 18 साहित्यकारों को सम्मानित किया गया।
- देहरादून में आयोजित इस समारोह में मुख्यमंत्री पुष्कर सिंह धामी ने साहित्यकारों को सम्मानित किया।

पुरस्कृत साहित्यकार : 2025

उत्तराखण्ड साहित्य भूषण सम्मान	:	सुभाष पंत
सुमित्रानंदन पंत पुरस्कार	:	डॉ. दिनेश पाठक
गुमानी पंत पुरस्कार	:	गोपाल दत्त भट्ट
भजन सिंह 'सिंह' पुरस्कार	:	कुलानन्द घनशाला
गोविंद चातक पुरस्कार	:	सुनीता चौहान
प्रो. उन्वान चिश्ती पुरस्कार	:	सगीर उल्लाह
गौरा पंत 'शिवानी' पुरस्कार	:	शमा खान
मंगलेश डबराल पुरस्कार	:	सतीश डिमरी
महादेवी वर्मा पुरस्कार	:	शशिभूषण बड़ोनी
शैलेश मटियानी पुरस्कार	:	ललित मोहन रयाल
डॉ. पीताम्बर दत्त बड़थ्वाल पुरस्कार	:	नीरज कुमार नैथानी
बहादुर बोरा बंधु पुरस्कार	:	महेंद्र ठुकराठी
शेर सिंह बिष्ट 'अनपढ़' पुरस्कार	:	मोहन चंद्र जोशी
भवानीदत्त थपलियाल पुरस्कार	:	वीरेंद्र पंवार
कन्हैयालाल डंडरियाल पुरस्कार	:	मदन मोहन डुकलान
गिरीश तिवारी गिर्दा पुरस्कार	:	डॉ० पवनेश ठकुराठी
विद्यासागर नौटियाल पुरस्कार	:	अनूप सिंह रावत
भैरव दत्त धूलिया पुरस्कार	:	एम०आर० ध्यानी

शैलेश मटियानी पुरस्कार : 2025

शिक्षक दिवस 5 सितंबर, 2025 के अवसर पर, राजभवन उत्तराखण्ड, देहरादून में आयोजित समारोह में 16 शिक्षकों को शैलेश मटियानी राज्य शैक्षिक पुरस्कार से सम्मानित किया गया। इनमें प्रारम्भिक शिक्षा क्षेत्र से 9, माध्यमिक से 5, एक प्रशिक्षक और एक संस्कृत शिक्षा से शामिल थे।

चयनित शिक्षक

मुरारी लाल राणा	:	राजकीय आदर्श प्राथमिक विद्यालय, बड़ेथी
ठाट सिंह	:	राजकीय उच्चतर प्राथमिक विद्यालय, झबरेड़ी कला, हरिद्वार
रजनी ममगाईं	:	राजकीय प्राथमिक विद्यालय मुनि-की-रेती
मिली बागड़ी	:	राजकीय उच्चतर प्राथमिक विद्यालय पौंठी जखोली
नरेश चंद्र	:	राजकीय उच्चतर प्राथमिक विद्यालय पासम लोहाघाट
दीवान सिंह कठायत	:	राजकीय आदर्श प्राथमिक विद्यालय, उडियारी
डॉ० विनीता खाती	:	राजकीय उच्चतर प्राथमिक विद्यालय, गाडी, ताड़ीखेत
रम्भा शाह	:	राजकीय प्राथमिक विद्यालय मरोड़ा (गैरसैंण), चमोली
डॉ० यतेंद्र प्रसाद गौड़	:	जूनियर हाईस्कूल लालढांग, दुगड्डा
पुष्कर सिंह नेगी	:	पब्लिक इंटर कॉलेज, सुरखेत
गीतांजलि जोशी	:	राजकीय इंटर कॉलेज, डुण्डा
डॉ० सुनीता भट्ट	:	प्राचार्य राजीव गांधी नवोदय विद्यालय, देहरादून
प्रकाश चंद्र उपाध्याय	:	राजकीय इंटर कॉलेज, बापरू
दीपक चंद्र बिष्ट	:	राजकीय इंटर कॉलेज, शेर ताड़ीखेत
राजेश कुमार पाठक	:	प्रवक्ता जिला शिक्षा एवं प्रशिक्षण संस्थान, डीडीहाट
बलदेव प्रसाद चमोली	:	प्रवक्ता ऋषिकुल विद्यापीठ (ब्रह्मचर्याश्रम संस्कृत उत्तर माध्यमिक विद्यालय), हरिद्वार

केदार सिंह रावत पर्यावरण पुरस्कार

यह पुरस्कार चिपको आंदोलन के अग्रदूत केदार सिंह रावत की स्मृति में दिया जाता है। इसे चंडी प्रसाद भट्ट पर्यावरण एवं विकास केन्द्र गोपेश्वर द्वारा 2014 में शुरू किया गया था। इसके माध्यम से पर्यावरण-संरक्षण, वन संरक्षण, हिमालयी पारिस्थितिकी के क्षेत्र में उल्लेखनीय योगदान देने वाले व्यक्तियों या संगठनों को सम्मानित किया जाता है। वर्ष 2025 के लिए यह पुरस्कार हर्षवंती बिष्ट को गंगोत्री क्षेत्र में भोजपत्र वनों के संरक्षण पर कार्य के लिए प्रदान किया गया।

उत्तराखण्ड शिल्प रत्न पुरस्कार

यह पुरस्कार उत्तराखण्ड राज्य द्वारा पारंपरिक हस्तशिल्प एवं हथकरघा कला के क्षेत्र में उत्कृष्ट योगदान देने वाले शिल्पकारों को दिया जाता है। वर्ष 2024 के लिए 11 शिल्पकारों को यह पुरस्कार प्रदान किया गया। पुरस्कार के अंतर्गत सम्मानित शिल्पकारों को प्रशस्ति पत्र, अंगवस्त्र और नकद राशि प्रदान की जाती है। यह पुरस्कार न सिर्फ शिल्पकारों को प्रेरित करता है बल्कि राज्य की लोक-कला एवं संस्कृति को आगे बढ़ाने का माध्यम भी बनता है। इससे स्थानीय कारीगर-समुदायों को पहचान, आर्थिक प्रोत्साहन व आत्म-गौरव मिलता है।

राष्ट्रीय जल पुरस्कार-2025 : मोहन चन्द्र कांडपाल

पहाड़ में जल संरक्षण एवं प्रबंधन के क्षेत्र में उत्कृष्ट कार्य करने के लिए अल्मोड़ा के कांडे गांव निवासी शिक्षक मोहन चन्द्र कांडपाल को राष्ट्रीय जल पुरस्कार से सम्मानित किया गया। 18 नवम्बर, 2025 को नई दिल्ली स्थित विज्ञान भवन में 6वें राष्ट्रीय जल पुरस्कार वितरण समारोह में राष्ट्रपति द्रौपदी मुर्मू ने शिक्षक मोहन मोहन कांडपाल को सम्मानित किया। बेस्ट इंडिविजुअल फॉर एक्सीलेंस इन वाटर सेक्टर श्रेणी में उत्तर भारत के वह एकमात्र पुरस्कार विजेता हैं।

डेरोजियो अवॉर्ड से सम्मानित : कुसुम उनियाल

जोशीमठ की वरिष्ठ शिक्षिका कुसुम उनियाल को सीआईएससीई द्वारा देश के प्रतिष्ठित डेरोजिया अवॉर्ड से सम्मानित किया गया है। इस वर्ष देशभर से जिन चार शिक्षकों का चयन इस राष्ट्रीय सम्मान के लिए हुआ, उनमें उत्तराखण्ड की कुसुम उनियाल भी शामिल हैं।

कुसुम उनियाल को विज्ञान शिक्षा के क्षेत्र में नवोन्मेषी प्रयोग, विद्यार्थियों में जीवनपरक समझ विकसित करने तथा सीमित संसाधनों वाले दूरस्थ पर्वतीय क्षेत्र में लगातार उत्कृष्ट शैक्षणिक परिणाम देने के लिए इस सम्मान से सम्मानित किया गया है। उनकी प्रेरक शिक्षण शैली और विद्यार्थियों की निरंतर प्रगति ने उन्हें राष्ट्रीय स्तर पर विशिष्ट पहचान दिलाई है।

मिलिट्री स्टेशन ऑफ द इयर 2025 : लैंसडौन

8 अक्टूबर, 2025 गढ़वाल राइफल्स रेजिमेंटल सेंटर ने एक बार फिर वीरभूमि उत्तराखण्ड का मान बढ़ाया है। दिल्ली में आयोजित संयुक्त आर्मी कमांडर सम्मेलन में लैंसडौन स्थित सेंटर को सर्वश्रेष्ठ स्वच्छ, हरित और सतत **मिलिट्री स्टेशन ऑफ द इयर-2025** के राष्ट्रीय प्रथम पुरस्कार से सम्मानित किया गया।

यह सम्मान देश के 5,000 से कम आबादी वाले मिलिट्री स्टेशनों की श्रेणी में दिया गया। सेनाध्यक्ष जनरल उपेंद्र द्विवेदी ने पुरस्कार सेंटर कमांडेंट ब्रिगेडियर विनोद सिंह नेगी और सूबेदार मेजर नंदकिशोर को प्रदान किया।

इस सम्मान के लिए गढ़वाल रेजिमेंटल सेंटर का चयन एक लंबी प्रक्रिया के बाद हुआ। दो सितंबर, 2025 को सेना मुख्यालय, दिल्ली में डिप्टी कमांडेंट कर्नल कुलदीप सिरोही ने सेंटर की ओर से प्रस्तुतीकरण दिया था। इसके बाद 15 सितंबर को तीन दिवसीय निरीक्षण के लिए सेना मुख्यालय की टीम लैंसडौन पहुंची और यहां स्वच्छता, हरियाली, जल संरक्षण, ठोस कचरा प्रबंधन और ऊर्जा दक्षता से जुड़े कार्यों का मूल्यांकन किया।

भक्त दर्शन उच्च शिक्षा गौरव पुरस्कार

उत्तराखण्ड में उच्च शिक्षा में कार्यरत उत्कृष्ट शिक्षकों को प्रोत्साहित करने

एवं गुणवत्ता अभिवृद्धि सुनिश्चित करने के उद्देश्य से प्रख्यात शिक्षाविद् व पूर्व केन्द्रीय मंत्री स्व० भक्त दर्शन जी के नाम से **भक्त दर्शन उच्च शिक्षा गौरव पुरस्कार योजना** शुरू की गई है। इस योजना के तहत उच्च शिक्षा के विविध क्षेत्रों में उत्कृष्ट योगदान करने वाले शिक्षकों को 50 हजार रुपये की पुरस्कार धनराशि तथा प्रशस्ति पत्र प्रदान किया जाता है। यह पुरस्कार प्रति वर्ष पाँच विभिन्न विषयों में प्रदान किया जाता है।

'माय भारत- राष्ट्रीय सेवा योजना' पुरस्कार

हरिद्वार स्थित देवसंस्कृति विश्वविद्यालय के आलोक कुमार पाण्डेय को 6 अक्टूबर, 2025 को राष्ट्रपति भवन नई दिल्ली में आयोजित एक समारोह में राष्ट्रपति द्रौपदी मुर्मू ने राष्ट्रीय सेवा योजना (एनएसएस) के सक्रिय स्वयंसेवक आलोक कुमार पाण्डेय 'माय भारत-राष्ट्रीय सेवा योजना' राष्ट्रपति पुरस्कार 2022-23 से सम्मानित किया।

आलोक कुमार पांडेय ने अपने विश्वविद्यालय काल में समाज और राष्ट्रहित के विविध कार्यों में अनुकरणीय योगदान दिया। उन्होंने डिजिटल साक्षरता, डिजिटल इंडिया, उज्ज्वला योजना, प्रधानमंत्री जीवन बीमा योजना जैसी महत्वपूर्ण सरकारी योजनाओं के प्रति जन-जागरूकता फैलाने में विशेष भूमिका निभाई।

पर्यावरण संरक्षण के क्षेत्र में उनकी उल्लेखनीय सेवा के अन्तर्गत 710 वृक्षारोपण किए गए। इसके अतिरिक्त, उन्होंने विभिन्न रक्तदान शिविरों का आयोजन कर रक्तदान के महत्व को जन-जन तक पहुँचाया।

निधन

सर्वोदयी कार्यकर्त्री : विमला बहुगुणा

सरला बहन की शिष्या और लक्ष्मी आश्रम, कौसानी की छात्रा विमला बहुगुणा का 14 फरवरी, 2025 की सुबह देहरादून में निधन हो गया। एक सामाजिक कार्यकर्त्री के रूप में वह सामाजिक पुनर्निर्माण के गांधीवादी कार्यक्रम से प्रेरित थीं। उन्होंने सुंदरलाल बहुगुणा से इस शर्त पर विवाह किया कि उत्तर प्रदेश कांग्रेस पार्टी के तत्कालीन सचिव सुंदरलाल सक्रिय पार्टी राजनीति छोड़ दें और सुदूर उत्तराखण्ड में रहने वाले वंचित लोगों को सशक्त बनाने में लग जाएं। टिहरी गढ़वाल के सिल्यारा गांव में स्थित पर्वतीय नवजीवन आश्रम, सर्वोदय सक्रियता और ग्राम उत्थान कार्यक्रम के कार्यान्वयन का केंद्र बन गया। विमला बहुगुणा ने गांव की महिलाओं को शिक्षित करने के कार्य को आगे बढ़ाया, उनमें अपनी असीम अंतर्निहित क्षमता के बारे में जागरूकता की भावना पैदा की। इस पहल ने पहाड़ी महिलाओं को गरिमापूर्ण इंसान बना दिया। टिहरी गढ़वाल में हजारों महिलाओं का शराबबंदी आंदोलन (1965-67) और चिपको (1973-1981) में जुटना विमला बहुगुणा के अथक प्रयासों का परिणाम था। कमजोर और छोटी कद-काठी वाली

लेकिन बेहद साहसी विमला बहुगुणा कई अवसरों पर गांव की महिलाओं के साथ मिलकर जंगल में जाकर पेड़ों की कटाई को रोकने में कामयाब रही थीं। प्रचार से दूर रहने वाली विमला बहुगुणा अनुशासन, विनम्रता, करुणा और ईमानदारी के गांधीवादी सिद्धांतों का प्रतिनिधित्व करती थीं। उनकी कमजोर शारीरिक बनावट ने उनकी असीम आंतरिक शक्ति और उनके चट्टान जैसे आत्मविश्वास को छुपा दिया। वे भविष्य में महिला आंदोलन के लिए प्रेरणास्रोत बनी रहेंगी।

हास्य कलाकार : घन्ना भाई

उत्तराखण्ड के प्रसिद्ध लोक हास्य कलाकार घन्ना भाई (घनानंद) का 11 फरवरी, 2025 को निधन हो गया। घन्ना भाई ने देहरादून में अंतिम सांस ली। घन्ना भाई उत्तराखण्ड रंगमंच के मंझे हुए कलाकार थे। उनका जन्म 1953 में पौड़ी के गगोड़ गांव में हुआ। उनकी शिक्षा कैंट बोर्ड, लैंसडौन जनपद पौड़ी गढ़वाल से हुई। घन्ना भाई ने हास्य कलाकार के रूप में अपने सफर की शुरुआत 1970 में रामलीलाओं में नाटकों से की। 1974 में घनानंद ने रेडियो और बाद में दूरदर्शन पर कई कार्यक्रम भी दिए। जब भी उत्तराखण्ड में मेले या सांस्कृतिक कार्यक्रमों का आयोजन होता था, तब घन्ना भाई अपने चुटीले अंदाज से सभी को गुदगुदाते रहते थे। वे पहले ऐसे हास्य कलाकार थे, जो रंगमंच और फिल्मों में जमकर कॉमेडी करते थे, इसके अलावा घन्ना भाई ने राजनीति में भी अपने कदम उतारने चाहे, उन्होंने भाजपा के टिकट पर विधानसभा चुनाव भी लड़ा लेकिन वे चुनाव जीत नहीं पाए। उसके बाद वे राजनीति में पूरी तरह से सक्रिय नहीं हो पाए। हालांकि भाजपा के कई कार्यक्रमों में नजर आते रहे। वे उत्तराखण्ड संस्कृति परिषद के उपाध्यक्ष भी रहे।

साहित्यकार : सुभाष पंत

हिंदी के प्रसिद्ध कथाकार सुभाष पंत का 7 अप्रैल, 2025 को देहरादून में निधन हो गया। वर्ष 2025 में उत्तराखण्ड सरकार ने उन्हें साहित्यभूषण सम्मान से सम्मानित किया था। सुभाष पंत का जन्म 14 फरवरी को देहरादून में हुआ था। वह मूल रूप से कुमाऊं मंडल के रहने वाले थे। हिंदी के नई कहानी आंदोलन के प्रमुख हस्ताक्षर रहे सुभाष पंत बीते पांच दशक से निरंतर रचना-कर्म में संलग्न थे। उनकी कई अन्य कहानियां पाठ्यक्रमों में शामिल हैं और उनके साहित्य पर अनेक विश्वविद्यालयों में शोध किये जा रहे हैं। उन्होंने सन् 1961 में भारतीय वन अनुसंधान देहरादून से राजकीय सेवा की शुरुआत की और वे सन् 1991 में भारतीय वानिकी अनुसंधान एवं शिक्षा परिषद देहरादून से वरिष्ठ वैज्ञानिक के पद से सेवानिवृत्त हुए थे।

बॉस्केटबॉलर : हरिदत्त कापड़ी

अपने समय के चर्चित बास्केटबॉल खिलाड़ी और भारतीय टीम के पूर्व कप्तान हरि दत्त कापड़ी का 83 वर्ष की आयु में पिथौरागढ़ में 9 अप्रैल, 2025 को निधन हुआ, उनका जन्म वर्ष 1942 में पिथौरागढ़ जनपद के चिरियाखान

गांव में हुआ था। उन्हें 1969 में अर्जुन पुरस्कार से सम्मानित किया गया था। उनके नेतृत्व में ही भारतीय बास्केटबॉल टीम वर्ष 1969 में एशिया में सातवें से चौथे स्थान पर पहुंच गई थी। भारतीय बास्केटबॉल टीम ने 1965 से 1978 तक उनकी कप्तानी में लगातार अच्छा प्रदर्शन किया। कापड़ी को उत्तराखण्ड सरकार ने लाइफटाइम अचीवमेंट पुरस्कार से भी सम्मानित किया था।

उत्तराखण्ड क्रांतिदल के संस्थापक सदस्य : दिवाकर भट्ट

उत्तराखण्ड राज्य के शिल्पियों और उत्तराखण्ड क्रांतिदल के संस्थापक सदस्यों में अग्रणी, उत्तराखण्ड के पूर्व कैबिनेट मंत्री दिवाकर भट्ट का 25 नवम्बर, 2025 को हरिद्वार स्थित अपने आवास पर निधन हो गया। अस्वस्थता के कारण वे कई दिनों तक देहरादून स्थित महन्त इन्द्रेश अस्पताल में भर्ती रहे।

उनका जन्म टिहरी गढ़वाल के सुपार पट्टी गांव, बड़ियारगढ़ में हुआ था। प्राथमिक से लेकर हाई स्कूल तक की शिक्षा उन्होंने देहरादून में ग्रहण की। उसके बाद कनखल से 12वीं की परीक्षा पास की। श्रीनगर गढ़वाल से उन्होंने आई०टी०आई० किया। उन्होंने पहले आई०डी०पी०एल० और बाद में भेल रानीपुर हरिद्वार में नौकरी की। उनके सामाजिक-राजनीतिक जीवन के कई पहलू थे। उनकी कार्यशैली औरों से बिल्कुल अलग थी। आरम्भ में उनका राजनीतिक कार्यक्षेत्र कीर्तिनगर रहा। तत्पश्चात् उन्होंने कई आंदोलनों का नेतृत्व किया।

अपने सार्वजनिक जीवन की शुरुआत उन्होंने ट्रेड यूनियन से की। वहाँ से चलकर वे उत्तराखण्ड राज्य आंदोलन का एक बड़ा चेहरा बन गये। 1970 में उन्होंने सामाजिक संस्था तरुण हिमालय का गठन किया। बाद में गढ़वाल विश्वविद्यालय आंदोलन, वन संरक्षण अधिनियम के खिलाफ 1980 के आंदोलन में भी शामिल हुए। 1982 में वे कीर्तिनगर के ब्लॉक प्रमुख बने।

वे 'उत्तराखण्ड क्रांति दल' के संस्थापकों में से हैं। उन्हें पार्टी का संस्थापक उपाध्यक्ष बनाया गया था। उक्रांद की स्थापना के बाद लगातार राज्य की मांग को सड़क पर लड़ने में उनकी अग्रणी और केंद्रीय भूमिका रही है। उक्रांद के नेतृत्व में कुमाऊं-गढ़वाल मंडल मुख्यालयों का घेराव, दिल्ली में 1987 की ऐतिहासिक रैली, समय-समय पर किए उत्तराखण्ड बंद में उनकी सक्रिय भागीदारी रही। जब 1994 में उत्तराखण्ड राज्य आंदोलन की ज्वाला भड़की तो वे इस आंदोलन के प्रमुख चेहरों में से एक थे। जब 1994 के बाद आंदोलन ढीला पड़ा तो उन्होंने नवंबर, 1995 में श्रीयंत्र टापू और दिसंबर, 1995 में खैट पर्वत पर आमरण अनशन किया। श्रीयंत्र टापू में यशोधर बेंजवाल और राजेश रावत शहीद हुए।

राजनीति में सक्रिय रहते हुए वह 1982 से लेकर 1996 तक तीन बार कीर्तिनगर के ब्लाक प्रमुख रहे। उन्होंने जितने भी विधानसभा चुनाव लड़े, उनमें उन्हें हमेशा भारी वोट मिला। वर्ष 2007 में विधायक और मंत्री भी बने। अपने क्षेत्र में उनकी गहरी पकड़ थी। वे 1999 और 2017 में उक्रांद के केंद्रीय अध्यक्ष रहे।

25 नवम्बर, 2025 को हरिद्वार में वे इस दुनिया से विदा हो गये। ●●

वार्षिक घटनाक्रम 2025 पर केन्द्रित प्रश्नोत्तरी

1. उत्तराखण्ड के किस निशानेबाज खिलाड़ी को वर्ष 2024 के द्रोणाचार्य पुरस्कार से सम्मानित किया गया?
   (अ) जसपाल राणा (ब) सुभाष राणा
   (स) नारायण सिंह राणा (द) इनमें से कोई नहीं
2. 28 जनवरी, 2025 को प्रधानमंत्री नरेन्द्र मोदी ने देहरादून में 38वें राष्ट्रीय खेलों का उद्घाटन किया। गृहमंत्री अमित शाह ने हल्द्वानी में इन खेलों का समापन किस दिन किया?
   (अ) 14 फरवरी, 2025 (ब) 11 फरवरी, 2025
   (स) 15 फरवरी, 2025 (द) 28 फरवरी, 2025
3. उत्तराखण्ड के एक प्रतीक चिह्न पर आधारित 38वें राष्ट्रीय खेलों के शुभंकर का नाम क्या था?
   (अ) ब्रह्मकमल (ब) कस्तूरी
   (स) मौली (द) इनमें से कोई नहीं
4. राष्ट्रीय खेल प्रतियोगिताएं राज्य के 8 जनपदों में आयोजित की गई। ये प्रतियोगिताएं कितने शहरों में हुईं?
   (अ) 18 शहर (ब) 16 शहर
   (स) 38 शहर (द) 11 शहर
5. 38वें राष्ट्रीय खेलों में किस राज्य ने सबसे अधिक 201 पदक जीते?
   (अ) केरल (ब) महाराष्ट्र
   (स) मध्य प्रदेश (द) हरियाणा
6. 38वें राष्ट्रीय खेलों में सबसे ज्यादा 68 स्वर्ण पदक एस०एस०बी०सी० ने जीते। 54 स्वर्ण पदक जीतकर महाराष्ट्र दूसरे स्थान पर था। 48 स्वर्ण पदक के साथ तीसरे स्थान पर कौन सा राज्य था?
   (अ) हरियाणा (ब) केरल
   (स) मध्य प्रदेश (द) तमिलनाडु
7. उत्तराखण्ड ने 38वें राष्ट्रीय खेलों में मेजबानी करते हुए 44 कांस्य और 35 रजक पदक जीते। राज्य के हिस्से में कितने स्वर्ण पदक आये?
   (अ) 14 (ब) 25
   (स) 24 (द) 18
8. दिल्ली में आयोजित गणतंत्र दिवस परेड में गुजरात की झांकी को प्रथम स्थान प्राप्त हुआ। उत्तराखण्ड की झांकी को कौन सा स्थान मिला?
   (अ) दूसरा (ब) तीसरा

(स) चौथा (द) पाँचवां

9. भारतीय संविधान की परिकल्पना को साकार करते हुए उत्तराखण्ड में समान नागरिक संहिता लागू हो गई। उत्तराखण्ड से पहले किस राज्य में समान नागरिक संहिता लागू है?
(अ) अरुणाचल प्रदेश (ब) लद्दाख
(स) गोवा (द) इनमें से कोई नहीं

10. भारत के संविधान के किस खंड में भविष्य की संसद को समान नागरिक संहिता (यूसीसी) बनाने की व्यवस्था दी गई है?
(अ) मूल अधिकार (ब) मूल कर्तव्य
(स) नीति निर्देशक तत्व (द) इनमें से कोई नहीं

11. जनवरी 2025 में उत्तराखण्ड के कितने नगर निकायों में चुनाव सम्पन्न हुए?
(अ) 100 (ब) 112
(स) 103 (द) 98

12. राधा बहन को पर्यावरण और महिला सशक्तिकरण के लिए वर्ष 2025 में पद्मश्री पुरस्कार प्रदान किया गया। ह्यू और कोलिन दंपति को किस क्षेत्र में पद्मश्री पुरस्कार दिया गया?
(अ) पर्यावरण (ब) समाजसेवा
(स) साहित्य एवं शिक्षा (द) इनमें से कोई नहीं

13. मनरेगा के तहत 100 दिन का रोजगार देने में किस जनपद को प्रथम स्थान मिला?
(अ) रुद्रप्रयाग (ब) पिथौरागढ़
(स) अल्मोड़ा (द) उत्तरकाशी

14. उत्तराखण्ड में छठे वित्त आयोग का अध्यक्ष किसे बनाया गया है?
(अ) एन० रविशंकर (ब) एस०पी० जंगपांगी
(स) बी०एन० राव (द) इनमें से कोई नहीं

15. सामाजिक कार्यकर्त्री विमला बहुगुणा का 14 फरवरी, 2025 को निधन हो गया। वे किस विचारधारा से प्रेरित थीं?
(अ) गांधीवादी (ब) अंबेडकरवादी
(स) समाजवादी (द) वामपंथी

16. उत्तराखण्ड सरकार ने 2025-26 के लिए सकल राज्य घरेलू उत्पाद (जी०एस०डी०पी०) का क्या अनुमान लगाया है?
(अ) 4,29,308 करोड़ (ब) 4,20,308 करोड
(स) 4,30,308 करोड़ (द) 4,19,308 करोड़

17. उत्तराखण्ड बजट 2025-26 में सूक्ष्म, लघु और मध्यम उद्यमों (एम०एस०एम०ई०) के लिए कितनी राशि आवंटित की गई है?
(अ) 60 करोड़ रुपये (ब) 50 करोड़ रुपये
(स) 70 करोड़ रुपये (द) 80 करोड़ रुपये

18. उत्तराखण्ड बजट 2025-26 में खाद्य सुरक्षा योजना के लिए कितनी राशि आवंटित की गई है?
(अ) 500 करोड़ रुपये (ब) 800 करोड़ रुपये
(स) 600 करोड़ रुपये (द) 700 करोड़ रुपये

19. उत्तराखण्ड बजट 2025-26 में प्रधानमंत्री आवास योजना (ग्रामीण) के लिए कितनी राशि आवंटित की गई है?
(अ) 200.18 करोड़ (ब) 210.18 करोड
(स) 217.18 करोड़ (द) 207.18 करोड़

20. उत्तराखण्ड बजट 2025-26 में प्रधानमंत्री आवास योजना (शहरी) के लिए कितनी राशि आवंटित की गई है?
(अ) 50.12 करोड़ (ब) 54.12 करोड़
(स) 60.12 करोड़ (द) 64.12 करोड़

21. उत्तराखण्ड बजट 2025-26 का मुख्य उद्देश्य क्या है?
(अ) सकल राज्य घरेलू उत्पाद बढ़ाना
(ब) बुनियादी ढांचे, सामाजिक कल्याण, पर्यावरण और आर्थिक विस्तार पर जोर देना
(स) राज्य के निवासियों के जीवन की गुणवत्ता में सुधार करना
(द) उपरोक्त सभी

22. उत्तराखण्ड के किस स्कूल को पर्यावरण शिक्षा के लिए विप्रो ऑर्थियन अवॉर्ड 2024 से सम्मानित किया गया?
(अ) बलूनी पब्लिक स्कूल (ब) कैंब्रिज स्कूल
(स) नानकमत्ता पब्लिक स्कूल (द) इनमें से कोई नहीं

23. उत्तराखण्ड की किस संस्था को नेवा (नेशनल ई-विधान एप्लिकेशन) का इस्तेमाल कर डिजिटल बनाया गया है?
(अ) सचिवालय (ब) विधानसभा
(स) राजभवन (द) सीएम ऑफिस

24. उत्तराखण्ड में ई-रूपी प्रणाली की शुरुआत की गई है। यह प्रणाली किस क्षेत्र से संबंधित है?
(अ) रोजगार (ब) पर्यटन
(स) कृषि (द) खेल

25. उत्तराखण्ड में नया भू-कानून लागू हो गया है। यह कानून राज्य के कितने जनपदों में लागू किया गया है?

(अ) 11 (ब) 13

(स) 12 (द) 2

26. उत्तराखण्ड सरकार ने महिला सारथी योजना शुरू की है। इस योजना से किन महिलाओं को लाभ मिलेगा?

(अ) निर्धन (ब) विधवा

(स) परित्यक्ता (द) उक्त तीनों

27. उत्तराखण्ड भाषा संस्थान ने इस वर्ष कितने साहित्यकारों को सम्मानित किया?

(अ) 11 (ब) 13

(स) 18 (द) 20

28. शैलेश मटियानी राज्य शैक्षिक पुरस्कार-2024 कितने शिक्षकों को प्रदान किया गया है?

(अ) 17 (ब) 16

(स) 13 (द) 20

29. उत्तराखण्ड का 19वां मुख्य सचिव किसे बनाया गया है?

(अ) उत्पल कुमार (ब) राधा रतूड़ी

(स) आनन्द बर्द्धन (द) इनमे से कोई नहीं

30. उत्तराखण्ड का पहला महिला खेल विश्वविद्यालय किस जनपद में बनाया जा रहा है?

(अ) देहरादून (ब) हरिद्वार

(स) चम्पावत (द) रुद्रप्रयाग

31. प्रधानमंत्री नरेन्द्र मोदी ने उत्तराखण्ड के लिए 'घाम तापो योजना' का जिक्र किया। यह योजना किसने संबंधित है?

(अ) पर्यटन (ब) सौर ऊर्जा

(स) योग शिक्षा (द) इनमें से कोई नहीं

32. प्रधानमंत्री नरेन्द्र मोदी ने उत्तराखण्ड में किस जगह से शीतकालीन पर्यटन को प्रोत्साहित किया?

(अ) आदि केदार (ब) मुखबा (उत्तरकाशी)

(स) खरसाली (द) इनमें से कोई नहीं

33. 9 से 15 मार्च, 2025 को अंतर्राष्ट्रीय योग महोत्सव का आयोजन उत्तराखण्ड में किस स्थान पर किया गया?

(अ) हरिद्वार (ब) नैनीताल
(स) हर्षिल (द) ऋषिकेश

34. श्रीमती राधा रतूड़ी को राज्य की पहली महिला मुख्य सूचना आयुक्त बनाया गया है। इससे पहले वे राज्य में किस पद पर कार्यरत थीं?
(अ) मुख्य सचिव (ब) मुख्य चुनाव आयुक्त
(स) मुख्य वन अधिकारी (द) इनमें से कोई नहीं

35. छात्रों और शोधकर्ताओं को खगोलीय जानकारी उपलब्ध करवाने के लिए उत्तराखण्ड में नक्षत्र भवन स्थापित किया जा रहा है। यह नक्षत्र भवन कहां स्थापित किया जा रहा है।
(अ) देवप्रयाग (ब) डीडीहाट
(स) गोपेश्वर (द) गुप्तकाशी

36. इंडिया जस्टिस रिपोर्ट-2025 में उत्तराखण्ड को भारतीय राज्यों में कौन सा स्थान प्राप्त हुआ?
(अ) दूसरा (ब) पांचवां
(स) सोलहवां (द) सत्रहवां

37. उत्तराखण्ड में प्रथम तितली गैलरी की स्थापना किस स्थान पर की गई है?
(अ) मंडल (ब) मुनस्यारी
(स) हर्षिल (द) जौलीग्रांट

38. उत्तराखण्ड में कुपोषण के प्रभाव को कम करने के लिए कौन सा अभियान चलाया गया है?
(अ) मिशन ओजस (ब) मिशन सेहत
(स) मिशन शक्ति (द) इनमें से कोई नहीं

39. उत्तराखण्ड विज्ञान शिक्षा व अनुसंधान केन्द्र (यूसर्क) का विलय किस संस्था में किया गया है?
(अ) डी०आर०डी०ओ० (ब) यूकॉस्ट
(स) एरीज (द) इनमें से कोई नहीं

40. उत्तराखण्ड में सेंटर फॉर हिन्दू स्टडीज की शुरुआत कहां से करने की योजना है?
(अ) गढ़वाल विश्वविद्यालय (ब) कुमाऊं विश्वविद्यालय
(स) दून विश्वविद्यालय (द) इनमें से कोई नहीं

41. उत्तराखण्ड सरकार ने राज्य के कितने गांवों को संस्कृत ग्राम घोषित किया है?
(अ) 13 (ब) 14

(स) 15 (द) 22

42. साहित्यकार सुभाष पंत का हाल ही में निधन हो गया। उत्तराखण्ड सरकार ने उन्हें किस सम्मान से सम्मानित किया था?
(अ) साहित्य गौरव (ब) साहित्य भूषण
(स) साहित्य वाचस्पति (द) इनमें से कोई नहीं

43. पिथौरागढ़ के रहने वाले 83 वर्षीय खिलाड़ी हरिदत्त कापड़ी का हाल में निधन हो गया है। वे किस खेल से संबंधित थे?
(अ) क्रिकेट (ब) वॉलीबॉल
(स) बास्केटबॉल (द) हॉकी

44. हरिद्वार की वंदना कटारिया ने खेलों से संन्यास लेने की घोषणा की है। वे किस खेल से संबंधित हैं?
(अ) क्रिकेट (ब) वॉलीबॉल
(स) बास्केटबॉल (द) हॉकी

45. साइकैड प्रजाति के संरक्षण के लिए उत्तराखण्ड में पहला साइकैड गार्डन कहां स्थापित किया गया है?
(अ) हल्द्वानी (ब) नैनीताल
(स) मसूरी (द) भरसार

46. जल जीवन मिशन के तहत सभी घरों को नल से जल उपलब्ध करवाकर राज्य के किस जनपद को प्रथम स्थान प्राप्त हुआ?
(अ) चमोली (ब) बागेश्वर
(स) चंपावत (द) अल्मोड़ा

47. राष्ट्रीय बाल स्वास्थ्य कार्यक्रम के तहत स्कूली बच्चों के स्वास्थ्य का डाटा एकत्रित किया जा रहा है। इसके लिए कौन सा पोर्टल लॉन्च किया गया है?
(अ) बाल स्वास्थ्य (ब) बचपन
(स) किलकारी (द) बाल आरोग्यम

48. सिरकारी भ्योल रूपसिया बगड़ जल विद्युत परियोजना को सैद्धांतिक मंजूरी मिल गई है। यह परियोजना किस नदी पर प्रस्तावित है?
(अ) गोरी गंगा (ब) आकाशकामिनी
(स) मंदाकिनी (द) सौंग नदी

49. नव्या पांडेय जॉर्डन में आयोजित एशियन जु-जित्सू चैम्पियनशिप में स्वर्ण पदक जीतने वाली पहली भारतीय महिला बनी हैं। नव्या पांडेय किस शहर की निवासी हैं?
(अ) रुड़की (ब) हल्द्वानी

(स) गोपेश्वर (द) गरुड़

50. रमेश पहाड़ी को तृतीय भैरव दत्त धूलिया पत्रकार सम्मान प्रदान किया गया। वे किस समाचार पत्र से संबंधित रहे हैं?
(अ) देवभूमि (ब) कर्मभूमि
(स) अनिकेत (द) गढ़वाल पोस्ट

51. राष्ट्रीय शिक्षा रत्न पुरस्कार-2025 में उत्तराखण्ड के कितने शिक्षक सम्मानित किये गये?
(अ) नौ (ब) दो
(स) चार (द) पांच

52. बूढ़ा भरसार पैदल मार्ग को 'ट्रैक ऑफ द इयर' के रूप में वर्तमान में विकसित किया जा रहा है। यह ट्रैक किस जनपद में है?
(अ) रुद्रप्रयाग (ब) पिथौरागढ़
(स) पौड़ी (द) टिहरी

53. उत्तराखण्ड योग नीति लागू करने वाला देश का पहला राज्य बन गया है। राज्य में कितने योग केंद्र बनाने की घोषणा की गई है।
(अ) तेरह (ब) दस
(स) नौ (द) पांच

54. वर्ष 2016 में राज्य तितली घोषित की गई कॉमन पीकॉक को अब अपदस्थ कर दिया गया है। 8 जून, 2025 को किस तितली को राज्य तितली घोषित करने का नोटिफिकेशन जारी किया गया?
(अ) वूली ब्रांडेड पीकॉक (ब) गोल्डन बर्गविंग
(स) हिमालयन ऑकलीफ (द) इनमें से कोई नहीं

55. नैनीताल हाईकोर्ट का रजिस्ट्रार किसे बनाया गया है?
(अ) कहकशां खान (ब) ऋतु बाहरी
(स) योगेश कुमार गुप्ता (द) इनमें से कोई नहीं

56. यूकॉस्ट के सहयोग से उत्तराखण्ड का पहला साइंस रेडियो स्टेशन 5 जून, 2025 कहां से शुरू किया गया?
(अ) हल्द्वानी (ब) नैनीताल
(स) पिथौरागढ़ (द) देहरादून

57. सुन्दर लाल बहुगुणा प्रकृति एवं पर्यावरण पुरस्कार-2025 किसे प्रदान किया गया?
(अ) विजय जड़धारी (ब) रुद्रपुर नगर निगम
(स) प्रताप सिंह पोखरियाल (द) इन सभी को

58. 21 जून, 2025 को उत्तराखण्ड में योग नीति लागू कर दी गई ई। योग

नीति लागू करने वाले राज्यों में उत्तराखण्ड का कौन सा स्थान है?
(अ) आठवां (ब) पाँचवां
(स) पहला (द) तीसरा

59. उत्तराखण्ड में 'महक क्रांति' का आगाज कर दिया गया है। यह क्रांति किस खेती से संबंधित है?
(अ) सगंध पादप (ब) फूलों की खेती
(स) सुगंधित चावल (द) इनमें से कोई नहीं

60. राष्ट्रीय स्वास्थ्य मिशन के तहत उत्तराखण्ड को खसरा/रूबेला मुक्त राज्य बनाने की घोषणा की गई है। इस लक्ष्य को हासिल करने की समय सीमा क्या है?
(अ) वर्ष 2030 (ब) वर्ष 2027
(स) वर्ष 2028 (द) वर्ष 2026

61. तेरे मेरे सपने अभियान किससे संबंधित है?
(अ) महिला पोषण (ब) महिला कौशल
(स) निर्धन कन्या विवाह (द) इनमें से कोई नहीं

62. उत्तराखण्ड में त्रिस्तरीय पंचायतों में महिलाओं के लिए कितने पद आरक्षित किये गये हैं?
(अ) 50 प्रतिशत (ब) 33 प्रतिशत
(स) 25 प्रतिशत (द) 10 प्रतिशत

63. उत्तराखण्ड को वर्ष 2070 तक कार्बन मुक्त राज्य बनाने का लक्ष्य निर्धारित किया गया है। इसके लिए उत्तराखण्ड मुख्यमंत्री सौर स्वरोजगार योजना शुरू की गई है। इस योजना में शामिल महिलाओं को क्या नाम दिया गया है?
(अ) सोलर सिस्टर (ब) सौर दीदी
(स) सौर सखी (द) इनमें से कोई नहीं

64. मथुरा दत्त मठपाल स्मृति सम्मान-2025 से किसे सम्मानित किया गया?
(अ) चारु तिवारी (ब) जयसिंह रावत
(स) देवकी माहरा (द) इनमें से कोई नहीं

65. उत्तराखण्ड के किस जनपद को शीतल जल मत्स्य विकास क्लस्टर के रूप में देश के अग्रणी जनपदों में शामिल किया गया है।
(अ) चमोली (ब) पिथौरागढ़
(स) बागेश्वर (द) उक्त तीनों

66. उत्तराखण्ड निवेश उत्सव में केन्द्रीय सहकारिता मंत्री अमित शाह ने निवेश से संबंधित कई घोषणाएं कीं। यह उत्सव कहाँ आयोजित किया गया था?

(अ) देहरादून (ब) रुद्रपुर
(स) हल्द्वानी (द) नैनीताल

67. चमोली जनपद की शालिनी नेगी और मानसी नेगी किस खेल से संबंधित हैं?
(अ) वॉक रेस (ब) तैराकी
(स) बास्केट बाल (द) इनमें से कोई नहीं

68. देश का पहला दिव्यांग आधार पंजीकरण केन्द्र कहां खोला गया है?
(अ) अल्मोड़ा (ब) गोपेश्वर
(स) देहरादून (द) हल्द्वानी

69. इंद्रमणि बडोनी स्मृति सम्मान 2025 किसे प्रदान किया गया?
(अ) विजय जड़धारी (ब) सुरेश भाई
(स) भीमसिंह नेगी (द) इनमें से कोई नहीं

70. त्रियुगीनारायण को वैदिक पर्यटन गांव के रूप में विकसित किया जा रहा है। यह गांव किस जनपद में है?
(अ) पिथौरागढ़ (ब) रुद्रप्रयाग
(स) चमोली (द) चम्पावत

71. मेहरगांव में 3500 वर्ष पुरानी ताम्र मानवाकृति मिली है। यह गांव किस जनपद में स्थित है?
(अ) रुद्रप्रयाग (ब) नैनीताल
(स) बागेश्वर (द) चमोली

72. वर्ष 2025 में हुए उत्तराखण्ड के त्रिस्तरीय पंचायत चुनाव में 12 में से 11 जिला पंचायत अध्यक्ष के पद भाजपा ने जीत लिये। किस जनपद में भाजपा को हार का सामना करना पड़ा?
(अ) देहरादून (ब) पौड़ी
(स) टिहरी (द) बागेश्वर

73. 5 अगस्त, 2025 को उत्तरकाशी के धराली में आई आपदा से काफी नुकसान हुआ। पर्यावरणविदों ने इस आपदा का कारण क्या बताया है?
(अ) हिमस्खलन (ब) बादल फटना
(स) ओलावृष्टि (द) अतिवृष्टि

74. करदाताओं को सुविधाएं देने के लिए देहरादून में टैक्सपेयर्स हब की स्थापना की गई है। इसका उद्घाटन किसके द्वारा किया गया?
(अ) मुख्यमंत्री द्वारा (ब) राज्यपाल द्वारा
(स) मेयर द्वारा (द) डी०एम० द्वारा

75. इस वर्ष उत्तराखण्ड की शिक्षिका डॉ० मंजू बाला को राष्ट्रीय शिक्षक

पुरस्कार प्रदान किया गया। वे किस जनपद की हैं?

(अ) देहरादून (ब) रुद्रप्रयाग

(स) अल्मोड़ा (द) चम्पावत

76. उत्तराखण्ड सरकार ने राज्य में पहली मेडिसिटी बनाने की योजना बनाई है। यह मेडिसिटी कहां स्थापित करने का प्रस्ताव है?

(अ) हल्द्वानी (ब) रामनगर

(स) हरिद्वार (द) बागेश्वर

77. देहरादून में हुई एशियन ओपन शॉर्ट ट्रैक स्केटिंग ट्रॉफी वर्ष 2025 में 11 देश शामिल हुए। यह ट्रॉफी किसने जीती?

(अ) भारत (ब) थाईलैंड

(स) मलेशिया (द) इनमें से कोई नहीं

78. देहरादून में हुई एशियन ओपन शॉर्ट ट्रैक स्केटिंग ट्रॉफी वर्ष 2025 में भारत ने ट्रॉफी विजेता से अधिक पदक जीते। भारत ने कुल कितने पदक जीते?

(अ) 39 (ब) 48

(स) 18 (द) 28

79. उत्तराखण्ड सरकार ने पूर्व अग्नि वीरों को सरकारी नौकरियों में आरक्षण देने की घोषणा की है। यह आरक्षण कितने प्रतिशत होगा?

(अ) 5 प्रतिशत (ब) 10 प्रतिशत

(स) 12 प्रतिशत (द) 8 प्रतिशत

80. उत्तराखण्ड धर्म स्वतंत्रता (संशोधन) विधेयक वर्ष 2025 को विधान सभा से पारित कर दिया है। इस विधेयक का मुख्य उद्देश्य क्या है?

(अ) धर्मस्थल सुरक्षा (ब) अल्पसंख्यक सुरक्षा

(स) धर्मान्तरण रोकना (द) इनमें से कोई नहीं

81. बाघों की संख्या में बढ़ोत्तरी के लिए कार्बेट टाइगर रिजर्व को देशभर के 58 टाइगर रिजर्व में पहला स्थान मिला है। कार्बेट टाइगर रिजर्व में बाघों की कुल संख्या कितनी आंकी गई है?

(अ) 260 (ब) 160

(स) 80 (द) 310

82. उत्तराखण्ड में जिला पंचायत अध्यक्ष की एक सीट एस०सी० महिला के लिए, एक सीट एस०टी० महिला के लिए और एक सीट ओबीसी महिला के लिए आरक्षित की गई है। सामान्य श्रेणी की महिलाओं के लिए कुल कितनी सीट आरक्षित हैं?

(अ) दो (ब) चार

(स) तीन (द) एक

83. उत्तराखण्ड में विकास खंडों की कुल संख्या 95 है। हाल ही में इनमें से कितने विकास खंडों में क्षेत्र पंचायत के चुनाव करवाये गये?

(अ) 92 (ब) 91

(स) 90 (द) 89

84. एशियन कैडेट कप-2025 तलवारबाजी प्रतियोगिता में भारत ने 16 पदक जीत कर प्रथम स्थान प्राप्त किया। इसमें कुल कितने देशों ने हिस्सा लिया था?

(अ) 17 (ब) 16

(स) 12 (द) 84

85. पर्यटन विभाग उत्तराखण्ड ने किन ट्रैकों को ट्रैक ऑफ इयर-2025 घोषित किया है?

(अ) चेनाप घाटी (ब) गुलाबी कांठा

(स) बनकटिया ग्लेशियर (द) उक्त तीनों

86. स्वच्छ वायु सर्वेक्षण में 3 लाख से ज्यादा आबादी वाले शहरों में देहरादून को 19वां स्थान मिला। 2024 में देहरादून किस स्थान पर था?

(अ) 20वां (ब) 22वां

(स) 37वां (द) 39वां

87. स्वच्छ वायु सर्वेक्षण में 3 लाख से कम आबादी वाले शहरों में ऋषिकेश को 14वां स्थान मिला। 2024 में ऋषिकेश किस स्थान पर था?

(अ) 20वां (ब) 22वां

(स) 31वां (द) 39वां

88. 2025 के लिए कितने शिक्षकों को शैलेश मटियानी राज्य शैक्षिक पुरस्कार से सम्मानित किया गया?

(अ) 18 (ब) 16

(स) 15 (द) 10

89. दीर्घकालीन साहित्य सेवी पुरस्कार चार साहित्यकारों को मरणोपरांत प्रदान किया गया। उन दो जीवित साहित्यकारों के नाम बताओ, जिन्हें यह पुरस्कार प्रदान किया गया?

(अ) अतुल शर्मा (ब) सोमवारी लाल उनियाल

(स) उक्त दोनों (द) इनमें से कोई नहीं

90. उत्तराखण्ड के किस क्षेत्र के विकास के लिए भारत सरकार ने एशियन डेवलपमेंट बैंक से 126.42 मिलियन डॉलर का ऋण समझौता किया है?

(अ) गंगोत्री धाम (ब) नौकुचियाताल

(स) टिहरी बांध (द) उक्त तीनों

91. 2025 के लिए उत्तराखण्ड के कितने शिक्षकों को राष्ट्रीय शिक्षक पुरस्कार से सम्मानित किया गया?

(अ) एक (ब) दो
(स) पांच (द) चार

92. अक्टूबर 2025 में दून विश्वविद्यालय में किस विषय पर राष्ट्रीय सम्मेलन आयोजित हुआ?

(अ) जल संकट (ब) आर्थिकी और पारिस्थितिकी
(स) लोक संस्कृति (द) गढ़वाली भाषा संरक्षण

93. पंतनगर कृषि विश्वविद्यालय के बाद उत्तराखण्ड में दूसरा कृषि विश्वविद्यालय कहां स्थापित किया जा रहा है?

(अ) गोपेश्वर (ब) विकासनगर
(स) चम्पावत (द) उत्तरकाशी

94. केदार सिंह रावत पर्यावरण पुरस्कार- 2025 हर्षवंती बिष्ट को प्रदान किया गया। उन्हें यह पुरस्कार किस कार्य के लिए प्रदान किया गया?

(अ) भोजपत्र वन संरक्षण (ब) पर्वतारोहण
(स) जलस्रोत संरक्षण (द) इनमें से कोई नहीं

95. उत्तराखण्ड की पहली साइबर फॉरेंसिक लैब देहरादून में है। दूसरी लैब कहां बनाई जा रही है?

(अ) नैनीताल (ब) हरिद्वार
(स) रुद्रप्रयाग (द) रुद्रपुर

96. 3 नवम्बर, 2025 को राष्ट्रपति द्रौपदी मुर्मू ने उत्तराखण्ड विधानसभा के विशेष सत्र को संबोधित किया। इससे पहले किस राष्ट्रपति ने राज्य की विधानसभा को संबोधित किया था?

(अ) प्रणब मुखर्जी (ब) प्रतिभा पाटिल
(स) रामनाथ कोविंद (द) इनमें से कोई नहीं

97. राष्ट्रपति के रूप में द्रौपदी मुर्मू कितनी बार उत्तराखण्ड का दौरा कर चुकी हैं?

(अ) दो बार (ब) तीन बार
(स) चार बार (द) एक बार

98. उत्तराखण्ड राज्य स्थापना की रजत जयंती के अवसर पर हाई अल्टीट्यूड मैराथन का आयोजन कहां किया गया?

(अ) औली बुग्याल (ब) आदि कैलाश
(स) केदारनाथ (द) पिंडारी

99. रजत जयंती समारोह के सिलसिले में प्रवासी उत्तराखण्डी सम्मेलन कहाँ

आयोजित किया गया?

(अ) दिल्ली (ब) नैनीताल

(स) हल्द्वानी (द) देहरादून

100. रजत जयंती समारोह के सिलसिले में पूर्व सैनिक सम्मेलन कहाँ आयोजित किया गया?

(अ) दिल्ली (ब) नैनीताल

(स) हल्द्वानी (द) देहरादून

प्रस्तुति : त्रिलोचन भट्ट

उत्तरमाला

1. (ब)	2. (अ)	3. (स)	4. (द)	5. (ब)
6. (अ)	7. (स)	8. (ब)	9. (स)	10. (स)
11. (अ)	12. (स)	13. (अ)	14. (अ)	15. (अ)
16. (अ)	17. (ब)	18. (स)	19. (द)	20. (ब)
21. (द)	22. (स)	23. (ब)	24. (स)	25. (अ)
26. (द)	27. (स)	28. (ब)	29. (स)	30. (स)
31. (स)	32. (ब)	33. (द)	34. (अ)	35. (ब)
36. (स)	37. (द)	38. (अ)	39. (ब)	40. (स)
41. (अ)	42. (ब)	43. (स)	44. (द)	45. (अ)
46. (ब)	47. (द)	48. (अ)	49. (ब)	50. (स)
51. (अ)	52. (स)	53. (द)	54. (अ)	55. (स)
56. (द)	57. (द)	58. (स)	59. (अ)	60. (द)
61. (ब)	62. (अ)	63. (स)	64. (स)	65. (द)
66. (ब)	67. (अ)	68. (द)	69. (अ)	70. (ब)
71. (ब)	72. (अ)	73. (अ)	74. (ब)	75. (द)
76. (स)	77. (ब)	78. (अ)	79. (ब)	80. (स)
81. (अ)	82. (ब)	83. (द)	84. (अ)	85. (द)
86. (स)	87. (स)	88. (ब)	89. (स)	90. (स)
91. (ब)	92. (ब)	93. (स)	94. (अ)	95. (द)
96. (अ)	97. (स)	98. (ब)	99. (द)	100. (स)

उत्तराखण्ड एवं राष्ट्रीय समसामयिकी-2025

1. राष्ट्रीय स्वच्छता सर्वेक्षण-2024 में उत्तराखण्ड की किस छावनी को राज्य में प्रथम स्थान प्राप्त हुआ है?
(अ) रानीखेत छावनी (ब) लैंसडौन छावनी
(स) नैनीताल छावनी (द) चकराता छावनी

2. उत्तराखण्ड के किन क्षेत्रों को पर्यटन विभाग ने 'ट्रैक ऑफ द इयर-2025' घोषित किया है?
(अ) दून घाटी, चिनाप घाटी, बनकटिया ग्लेशियर
(ब) चिनाप घाटी, गुलाबी कांठा, बनकटिया ग्लेशियर
(स) फूलों की घाटी, गुलाबी कांठा, बनकटिया ग्लेशियर
(द) पिंडर घाटी, सरू ताल, कण्वाश्रम रूट

3. प्रसिद्ध पर्वतारोही डॉ० हर्षवंती बिष्ट को वर्ष 2025 का 'केदार सिंह रावत पर्यावरण पुरस्कार' किस विशिष्ट योगदान के लिए प्रदान किया गया?
(अ) पर्वतारोहण में उनकी अर्जुन पुरस्कार विजेता उपलब्धियों के लिए
(ब) गंगोत्री और गोमुख क्षेत्र में भोज वनों के संरक्षण में उनकी भूमिका के लिए।
(स) केदार घाटी में चिपको आंदोलन को पुनर्जीवित करने के लिए
(द) महिला सशक्तिकरण और पर्यावरण शिक्षा को बढ़ावा देने के लिए

4. उत्तराखण्ड सरकार द्वारा देवभूमि परिवार योजना की शुरुआत कब की गई है?
(अ) 10 नवंबर, 2025 (ब) 11 नवंबर, 2025
(स) 12 नवंबर, 2025 (स) 15 नवंबर, 2025

5. राज्य खनन तत्परता सूचकांक (State Mining Readiness Index-SMRI) में उत्तराखण्ड को किस श्रेणी में दूसरा स्थान प्राप्त हुआ है?
(अ) श्रेणी-ए (ब) श्रेणी-बी
(स) श्रेणी-सी (द) श्रेणी-डी

6. उत्तराखण्ड राज्य स्थापना दिवस के अवसर पर प्रधानमंत्री द्वारा उत्तराखण्ड को 31 विकास परियोजनाओं हेतु कितनी धनराशि दी गई है?
(अ) 8260.72 करोड़ (ब) 759.54 करोड़
(स) 9560 करोड़ (द) 2450 करोड़

7. उत्तराखण्ड की रजत जयंती के अवसर पर विधानसभा में राष्ट्रपति को भेंट किया गया स्मृति-चिह्न किस लोक सांस्कृतिक उत्सव/कला पर आधारित था?
(अ) नंदा राजजात यात्रा (ब) जौलदेवी मेला
(स) रम्माण लोक-उत्सव (द) हिलजात यात्रा

8. उत्तराखण्ड के रजत जयंती वर्ष के तहत किस गांव को 'जड़ी-बूटी ग्राम

के उत्कृष्ट गांव' के सम्मान से सम्मानित किया गया?

(अ) मानमती (ब) सरमौली

(स) वांण (द) घेस

9. वर्ष 2025 में उत्तराखण्ड के किस जल योद्धा को जल संरक्षण एवं प्रबंधन के क्षेत्र में उत्कृष्ट योगदान के लिए राष्ट्रपति द्रौपदी मुर्मू द्वारा सम्मानित किया गया है?

(अ) राजेंद्र सिंह (ब) सुनील नौटियाल

(स) मोहन चंद्र कांडपाल (द) अनिल जोशी

नोट : नई दिल्ली के विज्ञान भवन में आयोजित समारोह में राष्ट्रपति द्रौपदी मुर्मू द्वारा छठे राष्ट्रीय पुरस्कार और जल संचय –जन भागीदारी पुरस्कार प्रदान किए गए।

10. उत्तराखण्ड राज्य का पहला बोनमैरो ट्रांसप्लांट (बीएमटी) सेंटर कहाँ स्थापित किया जाना प्रस्तावित है?

(अ) काशीपुर (ब) हरिद्वार

(ब) हल्द्वानी (द) ऋषिकेश

11. वर्ष 2025 में भारत की सबसे लंबी रेल सुरंग का निर्माण कार्य उत्तराखण्ड के किस स्थान में सम्पन्न हुआ है?

(अ) कर्णप्रयाग – चमोली (ब) रुद्रप्रयाग – कर्णप्रयाग

(स) उत्तरकाशी – यमुनोत्री (द) देवप्रयाग – जनासू (पौड़ी)

12. उत्तरकाशी के धराली में तबाही की घटना कब हुई है?

(अ) 3 अगस्त, 2025 (ब) 5 अगस्त, 2025

(स) 12 अगस्त, 2025 (द) 22 अगस्त, 2025

13. उत्तराखण्ड जनजातीय महोत्सव–2025 में उत्तराखण्ड आदि गौरव सम्मान पुरस्कार–2025 से किन लोक गायकों को सम्मानित किया गया है?

(अ) नरेन्द्र सिंह नेगी और किशन महिपाल

(ब) मोहन तिवारी और जितेन्द्र पंवार

(स) गजेन्द्र राणा और मीना राणा

(द) जितेन्द्र पंवार और अनिल बिष्ट

14. उत्तराखण्ड में स्थानीय संस्कृति, योग, अध्यात्म, आयुर्वेद को आगे बढ़ाने हेतु सरकार द्वारा कौन सी योजना चलाने का निर्णय लिया गया है?

(अ) एक जिला – एक उत्पाद योजना

(ब) एक जिला – एक मेला योजना

(स) वन नेशन – वन हेल्थ योजना

(द) एक राज्य – एक स्वास्थ्य योजना

15. भारतीय अंतरिक्ष अनुसंधान संगठन–इसरो का नया अध्यक्ष किसे नियुक्त

किया गया है?

(अ) के० सिवान (ब) एस० सोमनाथ

(स) वी० नारायण (द) जी० माधवन

16. वर्ष 2025 में किस स्थान को भारत सरकार ने रामसर स्थल घोषित किया है?

(अ) सक्काराकोट्टई पक्षी अभयारण्य - तमिलनाडु

(ब) थेरथंगल पक्षी अभयारण्य - तमिलनाडु

(स) खेचेओपालरी आद्रभूमि - सिक्किम

उधवा झील - झारखंड

(द) उपरोक्त सभी

नोट- भारत में अब रामसर स्थलों की संख्या 96 हो गई है?

17. भारत की पहली एआई यूनिवर्सिटी किस राज्य में खोली जाएगी?

(अ) हरियाणा (ब) महाराष्ट्र

(स) राजस्थान (द) उत्तर प्रदेश

18. ब्रिक्स शिखर सम्मेलन-2025 की मेजबानी कौन सा देश ने किया?

(अ) दक्षिण अफ्रीका (ब) रूस

(स) चीन (द) ब्राजील

नोट- आयोजन - 6-7 जुलाई 2025, रियो डी जेनेरियो।

19. टाइम्स मैगजीन की वूमेंस ऑफ द इयर-2025 की सूची में किस भारतीय महिला को शामिल किया गया है?

(अ) निर्मला सीतारमण (ब) डॉ० पूर्णिमा देवी बर्मन

(स) मीराबाई चानू (द) मनु भाकर

20. यूनेस्को के विश्व धरोहर केंद्र ने भारत की अस्थायी सूची में कितने स्थलों को जोड़ा है?

(अ) 7 स्थलों को (ब) 6 स्थलों को

(स) 8 स्थलों को (द) 9 स्थलों को

21. 59वें ज्ञानपीठ पुरस्कार-2024 से किसे सम्मानित किया गया है?

(अ) जगदगुरु रामभद्राचार्य (ब) गुलजार

(स) विनोद कुमार शुक्ल (द) नीलमणि फुकन

22. भारत के पहले विश्व शांति केंद्र का उद्घाटन कहाँ किया गया है?

(अ) अमृतसर, पंजाब (ब) लखनऊ, उत्तर प्रदेश

(स) जयपुर, राजस्थान (द) गुरुग्राम, हरियाणा

23. भारत की सबसे लंबी रेल सुरंग का निर्माण किस राज्य में हुआ है?

(अ) हिमाचल प्रदेश (ब) सिक्किम

(स) मेघालय (द) उत्तराखण्ड

24. लक्कुंडी स्मारक किस राज्य में स्थित है जिसे यूनेस्को की अंतरिम सूची में शामिल करने का प्रस्ताव रखा गया है?

(अ) केरल (ब) कर्नाटक

(स) तमिलनाडु (द) राजस्थान

नोट - कर्नाटक सरकार ने लक्कुंडी स्मारकों और चालुक्य कालीन मंदिरों को यूनेस्को की अस्थायी सूची में शामिल कराने हेतु प्रस्ताव तैयार किया है।

25. भारत का पूर्ण साक्षर राज्य कौन बना है?

(अ) मेघालय (ब) केरल

(स) त्रिपुरा (द) मिजोरम

26. वर्ष 2025 में लॉन्च किया गया 'भारत जेन' क्या है?

(अ) नया सुपर कंप्यूटर

(ब) भारतीय भाषाओं के लिए स्वदेशी एआई मॉडल

(स) सरकारी शिक्षा कार्यक्रम

(द) अंतरिक्ष अनुसंधान परियोजना

27. प्रधानमंत्री ने कहाँ चिनाब ब्रिज का उद्घाटन किया है?

(अ) जम्मू-कश्मीर (ब) लद्दाख

(स) हिमाचल प्रदेश (द) उत्तराखण्ड

नोट - प्रधानमंत्री नरेन्द्र मोदी ने 6 जून, 2025 को जम्मू-कश्मीर में चिनाब नदी पर बने दुनिया के सबसे ऊंचे रेलवे आर्च पुल 'चिनाब ब्रिज' का उद्घाटन किया।

28. एक्सिओम-4 मिशन के तहत अंतर्राष्ट्रीय अंतरिक्ष स्टेशन पर जाने वाले पहले भारतीय कौन बने हैं?

(अ) गगनदीप नायर (ब) अंगद प्रताप सिंह

(स) शुभांशु शुक्ला (द) सुनीता विलियम्स

नोट - एक्सिओम-4 मिशन नासा और स्पेस एक्स के सहयोग से संचालित किया गया।

- इस मिशन के तहत चार अंतरिक्ष यात्री स्पेस एक्स ड्रॉगन यान के माध्यम से अंतर्राष्ट्रीय अंतरिक्ष स्टेशन पर गये।

29. भारत की पहली क्वांटम कंप्यूटिंग वैली कहाँ स्थापित की जाएगी?

(अ) मुंबई (अ) बेंगलुरू

(स) चेन्नई (द) अमरावती

30. भारत का 44वां यूनेस्को विश्व धरोहर स्थल कौन बना है?

(अ) अयोध्या राम मंदिर (ब) ओरछा का किला

(स) नई संसद भवन (द) मराठा सैन्य परिदृश्य

नोट – यूनेस्को की विश्व धरोहर समिति का 47वाँ वार्षिक सत्र 6 से 16 जुलाई 2025 तक पेरिस, फ्रांस में आयोजित किया गया है।

- मराठा सैन्य परिदृश्य को यूनेस्को की विश्व धरोहर सूची में शामिल किया गया है जिसमें 12 किले शामिल हैं।

31. 130वां संविधान संशोधन विधेयक, 2025 के तहत किस स्थिति में प्रधानमंत्री या मंत्री को पद छोड़ना होगा?
(अ) 15 दिन हिरासत में रहे (अ) 30 दिन हिरासत में रहे
(स) 45 दिन हिरासत में रहे (द) 50 दिन हिरासत में रहे

32. चंद्रयान-5 मिशन किन दो देशों के बीच एक महत्वपूर्ण समझौता हुआ है?
(अ) भारत और रूस (ब) भारत और चीन
(स) भारत और जापान (द) भारत और अमेरिका

33. सी०पी० राधाकृष्णन भारत की किस नंबर के उपराष्ट्रपति बने हैं?
(अ) 14वें (ब) 15वें
(स) 16वें (स) 17वें

नोट – सी०पी० राधाकृष्णन (चंद्रपुरम पोन्नुसामी) देश के 15वें उपराष्ट्रपति चुने गए हैं।

- वे एनडीए के उम्मीदवार रहे और 2024 में महाराष्ट्र के 24वें राज्यपाल रहे थे और 2 बार कोयम्बटूर से लोकसभा सदस्य हेतु चुने गये।
- उपराष्ट्रपति चुनाव में उन्होंने विपक्ष के बी० सुदर्शन रेड्डी को हराया है।

34. आईसीसी महिला वनडे वर्ल्ड कप-2025 किसने जीता है?
(अ) श्रीलंका (ब) ऑस्ट्रेलिया
(स) दक्षिण अफ्रीका (स) भारत

नोट -

- संस्करण - 13वां
- आयोजन - 30 सितंबर से 2 नवंबर 2025, भारत
- मेजबान देश - भारत और श्रीलंका
- विजेता - भारत
- उपविजेता - दक्षिण अफ्रीका
- महिला विश्वकप जीतने वाला चौथा देश है।
- भारतीय टीम की कप्तान- हरमनप्रीत कौर
- प्लेयर ऑफ द मैच- शैफाली वर्मा
- प्लेयर ऑफ द टूर्नामेंट- दीप्ति शर्मा

35. वर्ष 2025 में जस्टिस सूर्यकांत ने भारत के मुख्य न्यायाधीश की शपथ ली है, वह कौन से नंबर के मुख्य न्यायाधीश बने हैं?

(अ) 51वें (ब) 52वें
(स) 53वें (द) 54वें

नोट - जस्टिस सूर्यकांत मुख्य न्यायाधीश के पद पर 9 फरवरी, 2027 तक रहेंगे।

- जस्टिस सूर्यकांत हिन्दी में शपथ लेने वाले भारत के पहले मुख्य न्यायाधीश बने हैं। यह शपथ उन्हें राष्ट्रपति द्रौपदी मूर्मू ने दिलाई है।
- वह हरियाणा से पहले मुख्य न्यायाधीश हैं।

36. ग्लोबल फाइनेंस मैगजीन द्वारा भारत के किस बैंक को सर्वश्रेष्ठ उपभोक्ता बैंक 2025 का पुरस्कार प्रदान किया है?
(अ) पंजाब नेशनल बैंक (ब) भारतीय स्टेट बैंक
(स) बैंक ऑफ बड़ौदा (द) यूनियन बैंक ऑफ इंडिया

37. एशियन यूथ गेम्स- 2025 में भारत ने कुल कितने मेडल जीते हैं?
(अ) 50 मेडल (ब) 62 मेडल
(स) 48 मेडल (द) 72 मेडल

38. आर्थिक स्वतंत्रता सूचकांक-2025 में भारत की रैंक क्या है?
(अ) 125 (ब) 126
(स) 127 (द) 128

39. संसद रत्न पुरस्कार-2025 से कितने सांसदों को सम्मानित किया गया है।
(अ) 15 (ब) 17
(स) 20 (द) 25

40. 71वें राष्ट्रीय फिल्म पुरस्कार-2025 में सर्वश्रेष्ठ फीचर फिल्म का पुरस्कार किसे मिला है?
(अ) जवान (ब) द केरल
(स) मिजेज चटर्जी वर्सस नॉर्वे (द) 12वीं फेल

प्रस्तुति : बी.एस. रैकुनी, हल्द्वानी

उत्तरमाला

1.	(ब)	2.	(ब)	3.	(ब)	4.	(स)	5.	(स)
6.	(अ)	7.	(स)	8.	(द)	9.	(स)	10.	(ब)
11.	(द)	12.	(ब)	13.	(अ)	14.	(ब)	15.	(स)
16.	(द)	17.	(ब)	18.	(द)	19.	(ब)	20.	(ब)
21.	(स)	22.	(द)	23.	(द)	24.	(ब)	25.	(द)
26.	(ब)	27.	(अ)	28.	(स)	29.	(द)	30.	(द)
31.	(अ)	32.	(स)	33.	(ब)	34.	(स)	35.	(स)
36.	(ब)	37.	(स)	38.	(द)	39.	(ब)	40.	(द)

विविध प्रश्नोत्तरी

1. सही कूट का चयन करें—

(i) नरेन्द्र सिंह नेगी सम्मान 2025 – S.R. हरनोट

(ii) विद्यासागर नौटियाल स्मृति सम्मान 2024 – प्रभात ध्यानी

(iii) आमारे जौनसारी गीत पुस्तक – नंद लाल भारती

(iv) हरूहीत पुस्तक – डॉ० नवीन जोशी

(a) i, ii, iii, iv (b) i, ii, iii (c) i, iii, iv (d) ii, iii, iv

2. सही मिलान करें—

(A) हल्द्वानी – 1. गौला

(B) कालाढूंगी – 2. बौर

(C) बैजनाथ – 3. सरयू

(B) बागनाथ – 4. गोमती

	(A)	(B)	(C)	(D)
(a)	1	2	3	4
(b)	1	2	4	3
(c)	1	3	2	4
(d)	1	4	2	3

3. ग्रास्टीनगंज किसका प्राचीन नाम था—

(a) कोटद्वार (b) दुगड्डा (c) पौड़ी (d) टनकपुर

4. ब्रिटिश गढ़वाल के वन उत्तरी व दक्षिणी दो भागों में विभाजित किए गए—

(a) 1814 (b) 1914 (c) 1826 (d) 1924

5. UCC की प्रारूप समिति के पांच सदस्यों में शामिल नहीं है—

(i) अजय मिश्रा (ii) अमित सिन्हा

(iii) सुरेखा डंगवाल (iv) प्रमोद कोहली

(a) i, iii (b) iii, iv (c) i, iii (d) i, iv

6. आर्यभट्ट प्रेक्षण विज्ञान शोध संस्थान स्थित है—

(a) अल्मोड़ा (b) नैनीताल (c) देहरादून (d) चमोली

7. हिमालयन पर्यावरण अध्ययन और संरक्षण संस्थान की स्थापना 1979 में हुई, इसके संस्थापक हैं—

(a) कल्याण सिंह रावत (b) चण्डी प्रसाद भट्ट

(c) अनिल जोशी (d) गोविन्द बल्लभ पंत

8. सही कूट का चयन करें–

(A) राष्ट्रीय लघु उद्योग विकास निगम – 1. उत्तरकाशी

(B) क्षेत्रीय रेशम अनुसंधान – 2. पीपलकोटी

(C) राजकीय मंडुवा अनुसंधान – 3. भीमताल

(B) हिम तेंदुआ संरक्षण केन्द्र – 4. उधमसिंह नगर

	(A)	(B)	(C)	(D)
(a)	4	3	2	1
(b)	4	3	1	2
(c)	4	1	2	3
(d)	1	2	3	4

9. चन्द वंश में सही विकल्प नहीं है–

(a) छोटे ब्राह्मण खती मन थे, डोटी में इन्हें खटख्वाला कहते थे।

(b) धौनी, लडवाल, बैडवाल बारह अधिकारियों में शामिल नहीं थे।

(c) महरा व फर्त्याल दोनों थोक के नेता राजनीतिक निपुण थे।

(d) सेलखनियां चंदकाल में गोला बारूद रखने वाले स्थान को कहते थे।

10. राज्य की मापतौल मापन प्रणाली में सही विकल्प नहीं है

(a) 8 रती = एक माशा (b) 16 आना = एक रुपया

(c) 8 पैसा = 1 आना (c) 12 टका = 1 सवासेर

11. जंगलात कैसे खुलेगा 'शीर्षक से सम्पादकीय में किस अखबार ने खबर प्रकाशित की?

(a) अल्मोड़ा अखबार (b) गढ़वाली समाचार

(c) शक्ति (c) पुरुषार्थ

12. उत्तराखण्ड की वर्तमान कैबिनेट के सन्दर्भ में कौन सा विकल्प सही नहीं है–

(a) मत्स्य पालन – सौरभ बहुगुणा (b) युवा कल्याण – गणेश जोशी

(c) पंचायती राज – सतपाल महाराज (c) भाषा – सुबोध उनियाल

13. राज्य में आए भूस्खलन हेतु सही विकल्प है–

(i) बेरीनाग भूस्खलन – 1996 (ii) ऊखीमठ भूस्खलन–2012

(iii) मालपा भूस्खलन – 18 अगस्त 1998 (iv) कपकोट भूस्खलन –2015

(a) i, ii, iii, iv (b) i, ii. iii (c) ii, iii, iv (d) i, iii, iv

14. कथन (1) – मोर प्रिया मोलाराम का प्रारम्भिक अवस्था का चित्र है।

कथन (2) – मयंक मुखी मोलाराम का उत्कृष्ट अवस्था का चित्र है।

कथन (3) – उत्कंठित नायिका मोलाराम का युवा अवस्था का चित्र है

(a) केवल 1 सही (b) 1, 2 सही (c) 1, 2, 3 सही (d) केवल 2,3 सही

15. इनमें से किस आभूषण का अन्य नाम प्वल्या है—

(a) झांवर (b) पौंटा (c) बिछुवा (c) इमरती

16. सही कूट का चयन करें—

(A) लवार्त – 1. फसल काटने का समय

(B) लूण – 2. नमक

(C) अछाणु – 3. लकड़ी का आधार

(B) साटि – 4. धान

	(A)	(B)	(C)	(D)
(a)	1	2	3	4
(b)	1	2	4	3
(c)	4	2	3	1
(d)	4	3	2	1

17. राज्य में पहला महिला बैंक स्थापित हुआ—

(a) 28 जनवरी, 2014 (b) 28 फरवरी, 2014

(c) 28 मार्च, 2014 (c) 28 अप्रैल, 2014

18. सही कूट का चयन करें—

(A) अनुसूचित जाति साक्षरता – 1. 74.4%

(B) अनुसूचित जाति पुरुष साक्षरता – 2. 18.8%

(C) अनुसूचित जाति महिला साक्षरता – 3. 64.1%

(B) अनुसूचित जाति का कुल जनसंख्या प्रतिशत – 4. 84.3%

	(A)	(B)	(C)	(D)
(a)	1	2	3	4
(b)	1	3	4	2
(c)	1	4	3	2
(d)	4	3	2	1

19. शाल्मली इनमें से किस नदी का प्राचीन नाम है—

(a) कोसी (b) सुयाल (c) सौंग (c) रिस्पना

20. सही कूट का चयन करें—

(i) गुरु राम राय एजुकेशन मिशन देहरादून – 1952

(ii) श्री देव सुमन विश्वविद्यालय टिहरी – 2012

(iii) महादेवी कन्या पाठशाला देहरादून –1902

(iv) शेरवुड कॉलेज नैनीताल -1869

(a) i, ii, iii, iv (b) i, ii. iii (c) i, iii, iv (d) ii, iii, iv

21. IIT रुड़की के संबंध में सही कूट का चयन करें–

(i) 1949 में इसका नाम रुड़की विश्वविद्यालय किया गया था।

(ii) यह एशिया का पहला इंजीनियरिंग कॉलेज था जिसकी स्थापना 1947 में रुड़की में हुई।

(iii) 21 सितम्बर 2001 को इसे देश का 7वां आई.आई.टी. घोषित किया गया था।

(iv) यहां पर भूकम्प इंजीनियरिंग का अलग विभाग है।

(a) i, ii, iii, iv (b) i, ii. iii (c) i, iii, iv (d) ii, iii, iv

22. चंद वंश से सम्बन्धित सही कूट का चयन करें–

(A) महाजन के लिए कर – 1. खेनि कपीनी

(B) महाफीस व लेखक के लिए – 2. साहू

(C) सईस के लिए – 3. बाजदार

(B) कुली बेगार के लिए – 4. भुकडिया

	(A)	(B)	(C)	(D)
(a)	1	2	3	4
(b)	4	3	2	1
(c)	3	2	4	1
(d)	2	3	4	1

23. कनिंघम के अनुसार कत्यूरियों की राजधानी कहाँ थी–

(a) ब्रह्मपुत्र (b) विराटपट्टन (c) केदारनाथ (d) अल्मोड़ा

24. उत्तराखण्ड की पहली महिला सत्याग्रही–

(a) विश्नी देवी शाह (b) बेलमती चौहान (c) हंसा धनाई (d) भागीरथी देवी

25. अक्षांश दर्पण पुस्तक है–

(a) तारा.दत्त गैरोला (b) यशोधर मठपाल

(c) राहुल सांकृत्यायन (d) नैनसिंह रावत

26. सही विकल्प का चयन करें–

(i) अन्वाल- बकरी चुगाने वाला (ii) डंग्याण - पथरीला स्थान

(iii) खिबच्याट - पक्षियों का कलरव (iv) किडकताल - आकाश में बिजली कड़कने की आवाज

(a) i, ii, iii, iv (b) i, ii. iii (c) ii, iii, iv (d) i, iii, iv

27. सही विकल्प नहीं है–

(a) RBI का क्षेत्रीय कार्यालय - देहरादून

(b) विवेकानंद पर्वतीय कृषि अनुसंधानशाला - अल्मोड़ा

(c) सेंट्रल मेडिसिन एण्ड एरोमेटिक प्लांट संस्थान - काशीपुर

(d) राष्ट्रीय पादप एवं जैविक अनुसंधान ब्यूरो - निगलाठ (नैनीताल)

28. पंवार वंश के सन्दर्भ में सही कूट का चयन करें–

(i) शंकर- श्यामशाह
(ii) श्रीनिवास - फतेहपति शाह
(iii) श्रीपति - प्रद्युम्न शाह
(iv) धरमीदास - उपेन्द्र शाह

(a) i, ii, iii, iv (b) i, ii, iii (c) ii, iii, iv (d) i, iii, iv

29. हिरण्यवती इनमें से किस नदी का अन्य नाम है–

(a) जलकनंदा (b) सरस्वती (c) नयार (d) अलकनंदा

30. भीलेश्वर व नीलेश्वर पर्वत स्थित हैं–

(a) अल्मोड़ा (b) बागेश्वर (c) चम्पावत (iv) पिथौरागढ़

31. राज्य बजट 2025-2026 के सन्दर्भ में सही विकल्प नहीं हैं–

(a) नि:शुल्क यात्रा सुविधा-40 करोड़

(b) प्रधानमंत्री आवास योजना ग्रामीण -207.18 करोड़

(c) कैम्पा योजना -495 करोड़

(d) पर्यावरण मित्र बीमा- 2 करोड़

32. राज्य में चल रही योजनाओं के सन्दर्भ में गलत विकल्प का चयन करें–

(a) आपातकालीन चिकित्सा सेवा - 15 मई, 2008

(b) वैष्णवी सुरक्षा योजना - 25 जनवरी, 2018

(c) होम स्टे योजना - 10 अप्रैल, 2018

(iv) वन योजना वन कार्ड योजना - 1 जुलाई, 2020

33. मीर रंजन नेगी का सम्बन्ध है–

(a) क्रिकेट (b) हॉकी (c) बॉलीबाल (d) जूडो

34. सही कूट का चयन करें–

(i) बॉब लिडन ऑफ उत्तराखण्ड - नरेन्द्र सिंह नेगी

(ii) पहाड़ का नागार्जुन - गौरी दत्त पांडे

(iii) उत्तराखण्ड का गाँधी - इन्द्रमणी बडोनी

(iv) पहाड़ी विल्सन - फ्रेडरिक विल्सन

(a) i, ii, iii, iv (b) i, ii. iii (c) ii, iii, iv (d) i, iii, iv

35. कमर पर पहने जाने वाला आभूषण है–

(a) सांगल (b) चंदरौली (c) अतरदान (d) तुग्यल

36. पंडूली क्या है–

(a) पहेली (b) लोकोक्ति (c) लोकवार्ता (d) लोकगीत

37. यह यात्रा उत्तराखण्ड में पाँचवा धाम यात्रा है–

(a) नंदा देवी राजजात (b) कैलाश मानसरोवर

(c) खतलिंग - रुद्रादेवी (d) पवांली काठा - केदारनाथ यात्रा

38. इनमें से कौन सा मंदिर पौड़ी जनपद में स्थित है–

(i) राहू मंदिर (ii) उमा देवी

(iii) सिद्धबली (iv) धारी देवी

(a) i, ii, iii, iv (b) i, ii, iii (c) i, iii, iv (d) ii, iii, iv

39. हाल ही में इनकी 100वीं जयन्ती के अवसर पर डाक टिकट जारी हुआ–

(a) सुन्दरलाल बहुगुणा (b) श्रीदेव सुमन (c) गौरा देवी (d) तीतू रौतेली

40. उत्तराखण्ड विधानसभा में वर्तमान विपक्ष नेता की भूमिका में है–

(a) भुवन कापड़ी (b) हरक सिंह रावत

(c) ऋतु खंडूरी (d) यशपाल आर्य

41. इन्द्रमणी बडोनी व उत्तराखण्ड नामक पुस्तक के लेखक हैं–

(a) ललित मोहन रयाल (b) देवीदत्त पंत

(c) गिरीश बडोनी/अनिल नेगी (d) प्रीतम सिंह

42. केन्द्रीय राज्य खनन सूची–2025 में C श्रेणी में उत्तराखण्ड का स्थान रहा है।

(a) प्रथम (b) द्वितीय (c) तृतीय (d) चतुर्थ

43. देश में हाथियों की गणना 2025 के अनुसार उत्तराखण्ड में हाथियों की संख्या में उत्तराखण्ड का देश में स्थान है–

(a) 3 (b) 4 (c) 2 (d) 5

44. एक हथिया देवाल स्थित है–

(a) गंगोलीहाट (b) बेरीनाग (c) चम्पावत (d) चमोली

45. गोरखाकालीन विकल्पों में सही नहीं है–

(a) गोरखों द्वारा पहली बार लंगूरगढ़ पर घेरा डाला गया- 1791

(b) जमीन जायदाद के हस्तानान्तरण प्राप्त करने से संबन्धित कर–पगरी (पगड़ी)।

(c) कप्तान हियरसे ने 1815 में गोरखों को रक्त पिपासु व कठोर कहा।

(d) गार्डनर व ट्रेल ने गोरखों के कुकृत्यों का वर्णन किया।

(a) i (b) ii (c) iii (d) iv

46. राष्ट्रीय आन्दोलन में उत्तराखण्ड की भूमिका के सन्दर्भ में सही विकल्प का चयन करें–

(i) भारत छोड़ो आन्दोलन के समय बदरीदत्त पांडे की गिरफ्तारी नंदा देवी मंदिर प्रांगण से 9 अगस्त 1942 को हुई।

(ii) असहयोग आन्दोलन को स्वामी सत्यदेव ने कुली बेगार आन्दोलन को असहयोग की पहली ईंट कहा।

(iii) दिल्ली चलो आन्दोलन के समय भागीरथी देवी सबसे पहले जेल जाने वाली महिला बनी।

(iv) ब्राह्मणों के हल न लगाने की प्रथा का अन्त हरगोविन्द पंत ने 1928 में बागेश्वर में किया।

(a) i, ii, iii, iv (b) i, ii. iv (c) ii, iii, iv (d) i, iii, iv

47. उत्तराखण्ड दीर्घकालीन साहित्य सेवी सम्मान–2025 उत्तराखण्ड भाषा संस्थान द्वारा कुल 6 लोगों को दिया गया, इसमें कौन शामिल नहीं हैं–

(a) गिरीश तिवारी (b) शेरदा अनपढ़ (c) शैलेश शर्मा (d) हीरा सिंह राणा

48. देश का पहला लाइकेन पार्क कहाँ स्थापित किया गया है–

(a) खटीमा (b) मुनस्यारी (c) डीडीहाट (d) पुरोला

49. राज्य फिल्म विकास परिषद का गठन हुआ–

(a) वर्ष 2014 (b) वर्ष 2015 (c) वर्ष 2016 (d) वर्ष 2017

50. राज्य में संचालित योजनाओं के सन्दर्भ में सही विकल्प का चयन करें–

(a) मुख्यमंत्री नमक पोषण योजना - 6 जुलाई, 2024

(b) उत्तराखण्ड मिलेट मिशन योजना - 16 फरवरी, 2024

(c) पीरुल लाओ–पैसा पाओ योजना - 8 मई, 2025

(d) मुख्यमंत्री निःशुल्क गैस रीफिल योजना - 12 फरवरी, 2024

51. मालपा भूस्खलन की घटना का सम्बंध है–

(a) उत्तरकाशी (b) पिथौरागढ़ (c) चमोली (d) नैनीताल

52. कथन (1) - थुलमा को GI Tag प्राप्त है–

कथन (2) - बकरी व भेड़ की ऊन से निर्मित बिना बांह का कोट दौंखा कहलाता है।

(a) दोनों कथन गलत हैं (b) केवल कथन 1 सही है

(c) केवल कथन 2 सही है (d) दोनों कथन सही हैं

53. एक जिला–एक उत्पाद के सम्बन्ध में सही विकल्प है–

(a) पिथौरागढ़ - सेब
(b) पौड़ी - मशरूम
(c) अल्मोड़ा - खुमानी
(d) देहरादून - कीवी

54. अमृत सरोवर योजना 2024 में उत्तराखण्ड का देश में स्थान है–

(a) प्रथम (b) द्वितीय (c) तृतीय (d) छठा

55. निदेशालय के सम्बन्ध में पद सोपान का सही बढ़ता क्रम है–

(i) सहायक निदेशक
(ii) उपनिदेशक
(iii) संयुक्त निदेशक
(iv) अपर निदेशक

(a) iv, iii, ii, i (b) i, ii. iii (c) ii, iii, iv (d) i, iii, iv

56. पर्वतीय राज्य परिषद का गठन हुआ–

(a) 25 जून, 1967
(b) 25 जुलाई, 1967
(c) 25 अगस्त, 1967
(d) 25 मई, 1967

57. सही कूट का चयन करें–

(i) देवदार-सिडरस देवदारा
(ii) थुनेर - टैक्सस बकाटा
(iii) बांज-क्वरकस ल्यूकोटाइकोफोरा
(iv) हिंसालू - फिकस पामेटा

(a) i, ii (b) i, ii. iii (c) i, ii, iii, iv (d) ii, iii, iv

58. ट्रैक ऑफ द इयर के सम्बन्ध में गलत विकल्प का चयन करें–

(a) दयारा बुग्याल - 2015
(b) देवक्यारा बुग्याल - 2019
(c) बागची बुग्याल - 2021
(d) कुश कल्याण बुग्याल - 2020

59. कथन (A) गोमती नदी बागेश्वर की डेवरा पहाड़ी से निकलती है–

कारण (R) सरयू नदी कुमाऊं की सबसे पवित्र नदी है, जिसे मिलिन्द पन्हो में सरभू कहा गया है।

(a) कथन (A) सही व कारण (R) गलत है।
(b) कथन (A) गलत व कारण (R) सही है।
(c) कथन (A) व कारण (R) दोनों सही हैं। किन्तु R,A की सही व्याख्या नहीं है।
(d) कथन (A) व कारण (R) दोनों सही हैं। व R,A की सही व्याख्या है।

60. सही कूट का चयन करें–

(A) अकल ठिकाणू लगूण - 1. एक निश्चित क्रम होना
(B) सतजुगी हूण - 2. अत्यधिक भोजन करना
(C) हलिया जस अहार - 3. सबक सिखाना
(B) सुपाधान उखौव म जनैरै भै - 4. अच्छे स्वभाव का होना

	(A)	(B)	(C)	(D)
(a)	3	4	1	2
(b)	3	1	2	4
(c)	3	4	2	1
(d)	3	1	4	2

61. भागाध्यौनान नामक वीरांगना का युद्ध किस चंद शासक से हुआ ?

(a) भारती चंद (b) बाज बहादुर चंद (c) सोम चंद (d) पूर्ण चंद

62. भारतीय सेना ने उत्तराखण्ड में पंचशूल प्लस FM रेडियो स्टेशन लॉन्च किया। यह राज्य के किस जनपद में स्थापित किया गया ?

(a) अल्मोड़ा (b) पौड़ी (c) देहरादून (d) पिथौरागढ़

63. गलत विकल्प का चयन करें–

(a) पर्यटन के क्षेत्र में रोजगार को बढ़ावा देना– वीर चन्द्र सिंह गढ़वाली पर्यटन स्वरोजगार योजना।

(b) 11 से 18 वर्ष की बालिकाओं को प्रशिक्षण प्रदान कर आत्मनिर्भर बनाना – सबला योजना।

(c) गर्भवती महिलाओं को निशुल्क उपचार सुविधा प्रदान करने से संबन्धित –वन्दे मातरम योजना।

(d) अनाथ बच्चों को 12वीं तक नि:शुल्क शिक्षा व 3000 भत्ता प्रदान करना –मुख्यमंत्री वात्सल्य योजना।

64. जीवन ज्योति पुस्तक है–

(a) श्री देव सुमन (b) राधा भट्ट

(c) कमलेंदुमति शाह (d) गोविन्द बल्लभ पंत

65. HOPE पोर्टल का सम्बन्ध है–

(a) गरीबी (b) रोजगार (c) कृषि (d) उच्च शिक्षा

66. छावनियों के सम्बन्ध में सही विकल्प नहीं है–

(a) लण्ढौर छावनी – 1836 (b) अल्मोड़ा छावनी – 1815

(c) चकराता छावनी – 1866 (d) रानीखेत छावनी – 1881

67. कथन (अ) राज्य में नैनीताल बैंक की स्थापना 1922 में पंडित गोविन्द बल्लभ पंत के सहयोग से हुई।

कारण (ब) 5 मई, 2006 को मसूरी में भारतीय रिजर्व बैंक की बैठक सम्पन्न हुई व 30 जून, 2006 को देहरादून में RBI का क्षेत्रीय कार्यालय स्थापित हुआ।

(a) कथन (अ) सही, कारण (ब) गलत

(b) कथन (अ) गलत, कारण (ब) सही

(c) कथन (अ) व कारण (ब) दोनों सही

(d) कथन (अ) व कारण (ब) दोनों गलत

68. सही कूट का चयन करें—

(i) कभी सुख-कभी दु:ख –गढ़वाली भाषा की दूसरी फिल्म

(ii) चेली-कुमाउंनी भाषा की दूसरी फिल्म

(iii) बौड़िगी गंगा – पलायन पर आधारित फिल्म

(iv) कन्यादान – दो फौजी मित्रों पर आधारित फिल्म

(a) i, ii, iii (b) i, ii, iii. iv (c) ii, iii, iv (d) i, iii, iv

69. गलत कूट का चयन करें—

(a) धाईमाता रोग से पीड़ित चंद शासक – उद्योग चंद

(b) बागेश्वर के बागनाथ मंदिर का जीर्णोद्धार किया – बाज बहादुर चंद

(c) सीरा क्षेत्र चंद साम्राज्य में मिलाया – रुद्रचंद

(d) कालापानी गाड़ ताम्र पत्र जारी किया – बालो कल्याण चंद

70. गोरखा काल में ब्राह्मण दास कहलाते थे—

(a) कैंची (b) कुली (c) कामी (d) कठुआ

71. उत्तराखण्ड बजट 2025-2026 के सन्दर्भ में सही विकल्प का चयन करें—

(a) बजट का आधार –MAMO एवं GYAN

(b) यह पहला बजट है जिसमें एक लाख करोड़ से अधिक आय प्रस्तुत किया गया।

(c) समान नागरिक संहिता के लिए 320 करोड़ का प्रावधान

(d) ज्ञान मॉडल में 'N' नरेगा का बोधक है।

72. केशोराय मठ श्रीनगर में किस पंवार वंशीय राजा ने स्थापित किया?

(a) श्याम शाह (b) महीपत शाह (c) पृथ्वीपति शाह (d) मान्वेन्द्र शाह

73. टिहरी जनपद में स्थित खैट पर्वत आंछरियों का प्रमुख निवास माना जाता है। लोकगाथाओं के अनुसार आंछरियां किसकी पुत्रियां मानी गई हैं?

(a) कंश (b) रावण (c) दुर्योधन (d) शकुनी

74. वाद्य यंत्रों के सन्दर्भ में सही कूट का चयन करें—

(i) मजीरा – घन वाद्य यंत्र

(ii) हुड़का – अवनद वाद्य यंत्र

(iii) कंसेरी – चर्म वाद्य यंत्र

(iv) एकतारा – तत् वाद्य यंत्र

(a) i, ii, iv (b) i, ii, iii (c) i, ii, iii, iv (d) ii, iii, iv

75. जौनसार बावर के प्रमुख व्यक्तित्व के सम्बन्ध में सही कूट का चयन करें–

(i) केदार सिंह – जौनसार बावर के प्रथम समाजसेवी

(ii) सुमन वर्मा – जौनसारी गायिका

(iii) नंदलाल भारती – जौनसारी राजनीति के जनक

(iv) गुलाब सिंह – जौनसारी राजनीति के जनक

(a) i, ii, iv (b) i, ii. iii (c) ii, iii, iv (d) ii, iv

76. पं. हरिकृष्ण रतूड़ी जिन्होंने गढ़वाल का इतिहास नामक पुस्तक लिखी, इन्हें यह पुस्तक लिखने का सुझाव किस परमार वंशीय राजा ने दिया था?

(a) नरेन्द्र शाह (b) कीर्ति शाह (c) सुदर्शन शाह (d) प्रताप शाह

77. स्थापत्य से सम्बन्धित सही विकल्प है–

(A) टिहरी बाँध	–	1. फिलिप चेटवुड
(B) भारतीय वन अनुसंधान	–	2. सन्टोनी मैकडोनाल्ड
(C) उत्तराखण्ड उच्च न्यायालय भवन	–	3. जेम्स ब्रून
(B) इंडियन मिलिट्री अकेडमी	–	4. ब्लूम फील्ड

	(A)	(B)	(C)	(D)
(a)	3	4	2	1
(b)	3	4	1	2
(c)	3	1	2	4
(d)	1	2	3	4

78. पुस्तकों के सन्दर्भ में सही कूट है–

(i) ढोल सागर – केशव दास अनुरागी

(ii) नाक काटी रानी – कुलदीप सिंह रावत

(iii) सूरज सबका है – विद्या सागर नौटियाल

(iv) भैंस का कट्टा – गौरी दत्त पांडे

(a) i, iii, iv (b) i, ii. iii (c) i, ii, iii, iv (d) ii, iii, iv

79. देश की पहली रनर टरबाइन स्थापित की गई है–

(a) टिहरी (b) पौड़ी (c) चमोली (d) बागेश्वर

80. स्यूनराकोट का प्राचीन नौला जिसे राष्ट्रीय महत्व का स्मारक घोषित किया गया है, यह किस जनपद में व किस काल से सम्बन्धित है?

(a) चम्पावत – कत्यूरीकाल (b) अल्मोड़ा – चंदकाल

(c) चम्पावत – चंदकाल (d) अल्मोड़ा – कत्यूरीकाल

81. सही कूट का चयन करें–

(i) लखु उड्यार - अल्मोड़ा (ii) किमनी - चमोली

(iii) वनकोट - पिथौरागढ़ (iv) नैनीपातल - नैनीताल

(a) i, ii, iii, iv (b) i, ii. iii (c) ii, iii, iv (d) i, ii, iv

82. गलत विकल्प का चयन करें–

(a) कौंकळ्या - कच्ची अरबी का स्वाद

(b) चिलख्याण्यां - कच्चे तेल का स्वाद

(c) दौंदाण्या - अत्यधिक नमक युक्त स्वाद

(d) चलमलो - वसा युक्त स्वाद, भिगाकर पीसी गई कच्ची दाल का स्वाद

83. 6वाँ राज्य खाद्य सुरक्षा सूचकांक-2024 में उत्तराखण्ड का देश में स्थान–

(a) 10 (b) 14 (c) 19 (d) 18

84. सही विकल्प नहीं है–

(a) एस्ट्रोपार्क साइंस सिटी - हल्द्वानी (b) फर्न संरक्षण केन्द्र - रानीखेत

(c) डायनासोर पार्क - खटीमा (d) थीम पार्क - कंडोलिया

85. वन रिपोर्ट 2023 के सन्दर्भ में सही कूट का चयन करें–

(i) सर्वाधिक अत्यधिक सघन वन - नैनीताल

(ii) सर्वाधिक मध्यम सघन वन- पौड़ी

(iii) सर्वाधिक खुले वन - पौड़ी

(iv) सर्वाधिक वन क्षेत्रफल - पौड़ी

(a) i, ii, iii, iv (b) i, ii. iii (c) i, iii, iv (d) ii, iii, iv

86. इनमें से वह कुमाऊं कमिश्नर जिसकी मृत्यु पद पर रहते हुई ?

(a) ट्रेल (b) लुशिंग्टन (c) गार्डनर (d) बैटन

87. सांगल आभूषण पहना जाता है–

(a) पैर (b) कमर (c) कंधा (d) हाथ

88. गलत विकल्प का चयन करें–

(a) माघ माह की एक गते को आटे से घुघूत बनाए जाते हैं- घुघूतिया त्यार

(b) गांव को बीमारी से दूर रखने के लिए नंदा के दूत पूजे जाते हैं- भिटोली

(c) अखण्ड सौभाग्य की कामना हेतु गौरा-महेश की पूजा होती है- आठू

(d) संतान कल्याण से सम्बन्धित है - भिरौली

89. मेले के सन्दर्भ में सही कूट है–

(i) गनियात मेला - टिहरी

(ii) बौराणी मेला – टिहरी

(iii) दनगल मेला – सतपुली (पौड़ी)

(iv) अन्नकूट मेला – रुद्रप्रयाग

(a) i, iii, iv (b) i, ii (c) iii, iv (d) i, ii, iii

90. कथन (A) दशकुमार चरित का कुमाउंनी अनुवाद ज्वालादत्त जोशी ने किया।

कारण (R) ज्वालादत्त जोशी ने भारतीय राष्ट्रीय कांग्रेस के 1886 कलकत्ता अधिवेशन में भाग लिया।

(a) कथन (A) सही व कारण (R) गलत

(b) कथन (A) गलत व कारण (R) सही

(c) कथन (A) व कारण (R) दोनों सही

(d) कथन (A) व कारण (R) दोनों गलत

91. तिमूर मिशन राज्य के किस जनपद से प्रारम्भ हुआ ?

(a) पौड़ी (b) टिहरी (c) पिथौरागढ़ (d) चमोली

92. वर्तमान में उत्तराखण्ड की मुख्य सूचना आयुक्त हैं–

(a) आनंद वर्धन (b) सतपाल महाराज

(c) श्रीमती राधा रतूड़ी (d) इनमें से कोई नहीं

93. चंद शासकों के करों की जानकारी किस ताम्र पत्र से प्राप्त होती है ?

(a) मूनाकोट (b) गोबासा (c) जाख (d) सेरा खडकोट

94. धराली (उत्तरकाशी) में आई आपदा में चलाया गया राहत बचाव था–

(a) ऑपरेशन राहत (b) ऑपरेशन धराली

(c) ध्रुव सेना (d) ऑपरेशन गंगोत्री

95. बजट 2025-26 के लिए सही विकल्प रहेगा–

(A) आकार	–	1. 10,11,75.33
(B) पिछले बजट से वृद्धि	–	2. 13.35%
(C) मॉडल	–	3. ज्ञान व नमो
(B) प्रस्तुतकर्ता	–	4. प्रेमचन्द अग्रवाल

	(A)	(B)	(C)	(D)
(a)	1	2	3	4
(b)	1	2	4	4
(c)	1	4	3	2
(d)	2	3	4	1

96. 12 पंक्तियों में 200 कपमार्क्स द्वाराहाट अल्मोड़ा से प्राप्त किए–
(a) हेनवुड (b) रिवेट कारनेक
(c) शिव प्रसाद डबराल (d) यशोधर मठपाल

97. उत्तराखण्ड के 24 मंदिरों को केन्द्र सरकार ने हैरिटेज सर्किट योजना में शामिल किया है, इनमें से कौन सा विकल्प सही नहीं है–
(a) केदाननाथ मंदिर (रुद्रप्रयाग) (b) एकेश्वर महादेव (पौड़ी)
(c) बागनाथ मंदिर (बागेश्वर) (d) कल्पेश्वर (चमोली)

98. सही कूट है–
(i) सुखराम ग्लेशियर – बागेश्वर (ii) सोना ग्लेशियर –पिथौरागढ़
(iii) खिमलोगा ग्लेशियर – उत्तरकाशी (iv) डोरियानी ग्लेशिर– उत्तरकाशी
(a) i, ii, iii (b) i, ii, iii, iv (c) ii, iii, iv (d) ii, iii, iv

99. उत्तराखण्ड राज्य सरकार के निर्धारित लक्ष्यों के सन्दर्भ में सही विकल्प का चयन करें–
(A) टी.वी. मुक्त उत्तराखण्ड – 1. 2030 तक
(B) आत्म निर्भर उत्तराखण्ड – 2. 2025 तक
(C) ड्रग्स फ्री उत्तराखण्ड – 3. 2025 तक
(B) सतत् विकास लक्ष्य – 4. 2024 तक

	(A)	(B)	(C)	(D)
(a)	1	2	3	4
(b)	4	2	3	1
(c)	2	1	4	3
(d)	3	4	1	2

100. गलत विकल्प है–
(a) थुनेर – टैक्सस वॉलिचियाना (b) केदारपत्ती– एस्केमिया लौरिला
(c) साल– शौरिया रोबस्टा (d) झंगोरा – मोरस झल्बा

101. उत्तराखण्ड में राजस्व पुलिस व्यवस्था (पटवारी) के सन्दर्भ में सही कूट होगा।
(i) राजस्व पुलिस व्यवस्था का नेतृत्व भारतीय प्रशासनिक सेवा (IAS) के अधिकारी करते हैं।
(ii) VIP दौरे के दौरान पटवारी एक प्रोटोकॉल अधिकारी होता है।
(iii) 4 मार्च, 1958 को राजस्व अधिकारियों को पुलिस व्यवस्था के अधिकार दिए गए।

(iv) 2023 में राज्य सरकार ने पूर्ववर्ती राजस्व पुलिस क्षेत्रों में 6 नए पुलिस स्टेशन व 20 नई पुलिस चौकियाँ स्थापित कीं।

(a) i, ii, iii, iv (b) i, ii, iii (c) i, iii, iv (d) ii, iii, iv

102. निम्नलिखित में से कौन सा राष्ट्रीय उद्यान क्षेत्र की दृष्टि से सबसे बड़ा है?

(a) कार्बेट (b) फूलों की घाटी
(c) गंगोत्री (d) राजाजी

103. राज्य में सबसे लम्बी अवधि तक राज्यपाल कौन रहे?

(a) नारायण दत्त तिवारी (b) बी.एल. जोशी
(c) सुदर्शन अग्रवाल (d) कृष्ण कांत पॉल

104. सर्वाधिक ग्राम पंचायत वाला जनपद है–

(a) पौड़ी (b) टिहरी (c) चमोली (d) पिथौरागढ़

105. राज्य में स्थापित विभिन्न आयोगों की स्थापना के सन्दर्भ में सही विकल्प का चयन करें–

(i) पलायन आयोग - 2017 (ii) किसान आयोग - 2016
(iii) अन्य पिछड़ा वर्ग आयोग–2004 (iv) उत्तराखण्ड अधीनस्थ सेवा चयन आयोग - 2014

(a) i, ii, iii, iv (b) i, ii, iii (c) i, ii, iv (d) ii, iii, iv

106. सगाई की अपना–पराया रस्म सम्बन्धित है–

(a) भोटिया (b) थारू (c) बोक्सा (d) जौनसारी

107. गलत कूट का चयन करें–

(i) कुमाऊं के मांगल - शकुनाखर
(ii) प्रिय मिलन की आस - चौमासा गीत
(iii) समसू देवता की स्तुति - भौनी
(iv) उपदेशात्मक - पट

(a) केवल i (b) केवल ii (c) केवल iii (d) केवल iv

108. ट्रैक ऑफ द इयर 2025 के लिए चुना गया है–

(a) फूलों की घाटी (b) पिण्डारी ग्लेशियर
(c) चेनाप घाटी (d) सिनला पास

109. जंगल बचाओ–जीवन बचाओ अभियान का नेतृत्व किया–

(a) सुन्दर लाल बहुगुणा (b) चण्डी प्रसाद भट्ट
(c) शेखर पाठक (d) गजेन्द्र पाठक

110. विदेशियों के यात्रा वृतान्त से सम्बन्धित सही कूट का चयन करें–

(i) अन्तोनियो दे अन्द्रादे –1626 (ii) मूरक्राफ्ट – 1820

(iii) हार्डविक – 1796 (iv) रेपर – 1808

(a) i, ii, iii, iv (b) i, ii, iii (c) ii, iii, iv (d) i, iii, iv

111. सूचकांकों का उत्तराखण्ड के सन्दर्भ में सही विकल्प का चयन करें–

(A) सतत् विकास लक्ष्य 2023-2024 – 1. 1

(B) छठा खाद्य सुरक्षा सूचकांक – 2. 18

(C) बौद्धिक सम्पदा रिपोर्ट – 2025 – 3. 8

(B) राष्ट्रीय बहुआयामी सूचकांक (गरीबी) 2023 – 4. 15

	(A)	(B)	(C)	(D)
(a)	1	2	3	4
(b)	1	2	4	3
(c)	1	4	2	3
(d)	1	3	2	4

112. राज्य में पहला अनाज एटीएम कहां पर स्थापित किया गया है–

(a) अल्मोड़ा (b) देहरादून (c) मसूरी (d) ऋषिकेश

113. शृंग कण्ठ दर्रा किन स्थानों को जोड़ता है–

(a) उत्तरकाशी व हिमाचल (b) उत्तरकाशी व तिब्बत

(c) चमोली व तिब्बत (d) पिथौरागढ़ व तिब्बत

114. सही विकल्प का चयन करें–

(i) भुली आर्ट – तान्या कोटनाला (ii) घोड़ा लाइब्रेरी – शुभम बधाणी

(iii) मांगल गर्ल – मंजू सती (iv) रिंगाल मैन – संगत सिंह

(a) i, ii, iii, iv (b) i, ii, iii (c) ii, iii, iv (d) i, iii, iv

115. गलत विकल्प का चयन करें–

(a) कीर्ति चक्र प्राप्त करने वाले राज्य के पहले व्यक्ति – अजय वर्धन

(b) पद्म विभूषण प्राप्त करने वाले राज्य के पहले व्यक्ति – घनानंद पांडे

(c) अर्जुन पुरस्कार प्राप्त करने वाले राज्य के प्रथम व्यक्ति – विपिन चन्द्र जोशी

(d) नौसेना अध्यक्ष बनने वाले राज्य के पहले व्यक्ति – देवेन्द्र जोशी

116. राज्य की मापन प्रणाली के सम्बन्ध में सही कूट है–

(i) 1 मुठ्ठी = 62.5 ग्राम (ii) 8 मुठ्ठी = 1 सेर

(iii) 20 कुड़ी = 2 विशत (iv) 20 दूण = 1 खार

(a) i, ii, iii, iv (b) i, ii, iii (c) iii, iv (d) i, ii

117. गौडवंशोद्भव - वैराथ कुल तिलक किसे कहा गया है—
(a) गरुड़ ज्ञान चंद (b) रुद्र चंद (c) क्राच्चल देव (d) अशोक चल्ल

118. उज्जैन का किला स्थित है—
(a) रुद्रनाथ (b) काशीपुर (c) खटीमा (d) अल्मोड़ा

119. सही विकल्प नहीं है—
(a) मानोदय काव्य - मानशाह (b) कल्याण चन्द्रोदय - कवि शिव
(c) सभासार - सुदर्शन शाह (d) रामायण प्रदीप - मेधाकर शर्मा

120. खनिजों के सन्दर्भ में सही विकल्प हैं—
(a) बेराइट्स - देहरादून (b) टिन - चमोली
(c) चाँदी -अल्मोड़ा (d) गंधक - अल्मोड़ा

121. टिहरी जल विद्युत परियोजना के लिए कौन सा विकल्प मेल नहीं खा रहा है—
(a) इसका डिजाइन जेम्स ब्रून ने तैयार किया।
(b) इसके निर्माण में रूस ने सहयोग किया।
(c) बाँध विरोधी समिति का गठन 1988 में किया गया।
(d) इसे राष्ट्र का गांव संज्ञा दी गई है।

122. गलत विकल्प का चयन करें—
(a) कोसड़ि–नमक रखने का काष्ट पात्र (b) जाड़- बड़ा पत्थर
(c) क्वणेठि - कमरे का कोना (d) किराट - तेजी से चलने वाली सांस की आवाज

123. सही विकल्प का चयन करें—
(i) घरजवैं –तू दिख्खांदि जन जुन्याली
(ii) चक्रचाल –खोज्याली मिल खोज्याली
(iii) मेरे गांव की बाट –कानो रे झुमको
(iv) जग्वाल –बोल चिट्ठी किले नि भेजी
(a) i, ii, iii, iv (b) i, ii, iv (c) i, iii (d) i, ii, iii

124. गलत विकल्प का चयन करें—
(a) आर्किड संरक्षण केन्द्र - मंडल, चमोली
(b) प्लास्टिक पार्क - सितारगंज
(c) स्पाइस गार्डन - रानीखेत
(d) क्रिप्टोगेमिक गार्डन - हल्द्वानी

125. छठे वित्त आयोग के संदर्भ में सही विकल्प का चयन करें—

(i) पूर्व मुख्य सचिव एन. रविशंकर इसके अध्यक्ष बने।

(ii) पूर्व आई. ए.एस. पी. एस. जंगपांगी व डॉ. एम. सी. जोशी आयोग के सदस्य बने।

(iii) आयोग का कार्यकाल एक वर्ष का होगा।

(iv) 2026 से शुरू होने वाली पांच वर्ष की अवधि के लिए सिफारिश देगा।

(a) i, ii, iii, iv (b) i, ii, iii (c) ii, iii, iv (d) i, iii, iv

126. उत्तराखण्ड में समान नागरिक संहिता लागू है, जिसके सम्बन्ध में नीचे कुछ विकल्प दिए गए है, इनमें सही कूट का चयन करें—

(A) प्रारूप समिति का गठन – 1. 27 फरवरी, 2025

(B) विधानसभा में पारित – 2. 27 मई, 2022

(C) राष्ट्रपति की मंजूरी – 3. 17 फरवरी, 2024

(B) लागू – 4. 13 मई, 2024

	(A)	(B)	(C)	(D)
(a)	2	4	3	1
(b)	2	3	4	1
(c)	1	2	3	4
(d)	4	3	2	1

127. गलत विकल्प का चयन करें— (वर्तमान लोकसभा सदस्य)

(a) हरिद्वार लोकसभा – त्रिवेन्द्र सिंह रावत

(b) नैनीताल– उधमसिंह नगर – अजय भट्ट

(c) अल्मोड़ा – प्रदीप टम्टा

(d) गढ़वाल – अनिल बलूनी

128. पंवार वंश का 55वां राजा था—

(a) प्रताप शाह (b) सुदर्शन शाह (c) प्रद्युम्न शाह (d) नरेन्द्र शाह

129. आयुक्तालय का अवरोही क्रम क्या होगा—

(i) सहायक आयुक्त (ii) उपायुक्त (iii) संयुक्त आयुक्त
(iv) अपर आयुक्त (v) आयुक्त

(a) i, ii, iii, v, iv (b) i, ii, iii, iv,v (c) v, iv, iii, ii, i (d) ii, iii, iv, v, i

130. कत्यूरी काल के सन्दर्भ में सही विकल्प है—

(i) अस्कोट के शासक रजबार कहलाते थे।

(ii) सीरा के मल्ल परम वैष्णव थे।

(iii) गंगोली हाट का जाह्नवी नौला अभिलेख रामचन्द्र देव का है।

(iv) सोर शासकों की राजधानी पिथौरागढ़ के मुनस्यारी में स्थित थी।

(a) i, ii, iii, iv (b) i, ii, iv (c) i, ii, iii (d) ii, iii, iv

131. झिझाड़ ताम्रपत्र का सम्बन्ध है–
(a) भीष्म चंद (b) कल्याण चंद (c) ज्ञान चंद (d) देवी चंद

132. कुमाऊं परिषद के अधिवेशन में कौन सा विकल्प सुमेलित नहीं है–
(a) प्रथम अधिवेशन - 1916 (b) तृतीय अधिवेशन - 1919
(c) पांचवां अधिवेशन -1923 (d) छठा अधिवेशन - 1926

133. सुन्दरलाल बहुगुणा सम्बन्धित हैं–
(a) पौड़ी (b) टिहरी (c) बागेश्वर (d) चम्पावत

134. इसका प्रयोग अनाज को बीनने, फटकने के लिए किया जाता है–
(a) जुवा (b) जौव (c) सुपा (d) डाला

135. पिथौरागढ़ जनपद की स्थापना कब हुई–
(a) 24 फरवरी, 1960 (b) 24 जनवरी, 1965
(c) 1 अगस्त, 1949 (d) 24 फरवरी, 1960

136. उत्तराखण्ड में राष्ट्रपति शासन लागू हुआ–
(a) 27 मार्च, 2016 (b) 24 मार्च, 2016
(c) 20 मार्च, 2016 (d) 30 मार्च, 2016

137. राज्य के तराई क्षेत्र में भूमि सम्बन्धित सीलिंग कानून कब लाया गया–
(a) वर्ष 1982 (b) वर्ष 1961 (c) वर्ष 1972 (d) वर्ष 1985

138. उत्तराखण्ड राज्य के कुल कितने जनपद अन्तर्राष्ट्रीय सीमा बनाते हैं–
(a) 4 (b) 5 (c) 6 (d) 3

139. जनपदों को उनके क्षेत्रफल के अनुसार आरोही क्रम में लगाए?
(i) बागेश्वर (ii) उधमसिंह नगर (iii) चम्पावत (iv) हरिद्वार
(a) i, ii, iii, iv (b) iv, iii, ii, i (c) iv, i, ii (d) iii, i, iv, ii

140. उत्तराखण्ड गौरव सम्मान की शुरुआत कब हुई है–
(a) 2021 (b) 2022 (c) 2023 (d) 2024

141. सही विकल्प का चयन करें–
(i) पौंछी आभूषण – 1. पैर
(ii) मुंदडा आभूषण – 2. कमर
(iii) ज्योडि - आभूषण – 3. कान
(iv) प्वल्या आभूषण – 4. हाथ
(a) 1, 2, 3, 4 (b) 4, 3, 2, 1 (c) 2, 3, 4, 1 (d) 3, 4, 2, 1

142. कथन 1– गढ़वाली की पहली मौलिक कहानी गढ़वाली ठाट है।

कथन 2– विशालकीर्ति समाचार पत्र में गढ़वाली ठाट शृंखलाबद्ध रूप से प्रकाशित हुई।

(a) कथन 1 सही, कथन 2 गलत (b) कथन 1 गलत, कथन 2 सही
(c) दोनों कथन सही (d) दोनों कथन गलत

143. कथन 1– राज्य में पहला वाइन उत्पादन केन्द्र कोटद्वार में शुरू किया गया।

कथन 2– बागेश्वर व चम्पावत में इसकी नई इकाइयां स्थापित करने की योजना है–

(a) कथन 1 सही, कथन 2 गलत है। (b) कथन 1 गलत, कथन 2 सही
(c) दोनों कथन सही (d) दोनों कथन गलत

144. भू कानून के लिए सही विकल्प का चयन कीजिये–

(i) समिति का गठन – 2023
(ii) अध्यक्ष सुभाष कुमार
(iii) विधानसभा में पारित–21 फरवरी, 2025
(iv) हरिद्वार व उधमसिंह नगर इसमें शामिल नहीं है।

(a) i, ii, iii, iv (b) i, ii, iii (c) ii, iii, iv (d) i, iii, iv

145. कथन (A) देश की पहली पक्षी गैलरी देहरादून में स्थित है।

कारण (R) उत्तराखण्ड में देश की सबसे ज्यादा पक्षी प्रजातियां पाई जाती हैं।

(a) कथन (A) सही, कारण (R) गलत (b) कथन (A) गलत, कारण (R) सही
(c) कथन व कारण दोनों गलत (d) कथन व कारण दोनों सही

146. निदेशालय का सही आरोही क्रम है–

(i) महानिदेशक (ii) निदेशक (iii) अपर निदेशक
(iv) संयुक्त निदेशक (v) उपनिदेशक (vi) सहायक निदेशक

(a) i, ii, iii, iv, v, vi (b) vi, v, iv, iii, ii, i
(c) i, iii, ii, iv, v, vi (d) vi, v, iii, iv, i, i

147. सम्पूर्ण उत्तराखण्ड को एकसूत्र में बाँधने का पहला प्रयास किया–

(a) अजयपाल (b) इष्टगण देव (c) बलभद्र शाह (d) फतेहपति शाह

148. कुमाऊँ राष्ट्रीय मोर्चा का गठन हुआ–

(a) 1970 (b) 1980 (c) 1990 (d) 2000

149. वर्ष 2025 में उत्तराखण्ड से कितने व्यक्तियों को शिल्प रत्न प्रदान किया गया?

(a) 10 (b) 11 (c) 12 (d) 13

150. न्योली क्या है–

(a) आभूषण (b) भोज्य पदार्थ (c) परिधान (d) चिड़िया

151. वर्ष 2025 में उत्तराखण्ड गौरव रत्न सम्मान इनमें से किसे प्राप्त नहीं हुआ है–

(a) शैलेश मटियानी (b) तीलू रौतेली (c) दीक्षा बिष्ट (d) गौरा देवी

152. सही विकल्प का चयन करें–

(i) अलबलाट – सही रास्ता न सुझाई देने पर भी चलते रहना

(ii) खद – एक प्रकार की लय

(iii) ठालु – लोगों को मूर्ख बनाने वाला

(iiv) अलगोजा – वाद्य यंत्र

(a) i, ii, iv (b) i, iii, iv (c) i, ii, iii (d) i, ii, iii, iv

153. उत्तराखण्ड सरकार द्वारा आरम्भ किये गये 'ड्रैगन मिशन 2025' को किस योजना के अन्तर्गत लागू किया गया है?

(a) पर्वतीय बागवानी योजना (b) राष्ट्रीय फल विकास योजना

(c) मुख्यमंत्री राज्य कृषि विकास योजना (d) एकीकृत ड्रैगन फल संवर्धन योजना

154. उत्तराखण्ड में राष्ट्रपति शासन लागू होने के दौरान राज्यपाल थे–

(a) हरीश रावत (b) कृष्णकांत पॉल

(c) बेबी रानी मौर्य (d) गुरमीत सिंह

155. सही कूट का चयन करें–

(A) मैग्नेसाइट कारखाना – 1. चण्डाक

(B) भारत हैवी इलेक्ट्रिकल्स लिमिटेड – 2. हरिद्वार

(C) भारत हैवी इलेक्ट्रॉनिक्स – 3. मोहान

(B) इंडियन मेडिसिन फार्मास्यूटिकल लिमिटेड – 4. कोटद्वार

	(A)	(B)	(C)	(D)
(a)	1	2	3	4
(b)	1	2	4	3
(c)	1	4	3	2
(d)	1	3	2	4

156. उत्तराखण्ड गो सेवा आयोग का गठन हुआ।

(a) 2010 (b) 2012 (c) 2014 (d) 2013

157. नदियों के प्राचीन नामों के सन्दर्भ में सही विकल्प नहीं है–

(a) दाबका – देवकी (b) पशिचमी रामगंगा –रथवाहिनी

(c) पनार – पदमपर्णा(d) अलकनंदा – हिरण्यवती

158. ब्रिटिश काल के समय के सन्दर्भ में सही विकल्प नहीं है–

(a) ऊपरी गंगा नहर का निर्माण कार्य बैटन के कार्यकाल में पूर्ण हुआ

(b) आपदा प्रबन्धन के क्षेत्र में पहला प्रयास रैमजे ने किया।

(c) एक मात्र कुमाऊं कमिश्नर लुशिंग्टन था जिसकी मृत्यु पद पर रहते हुई।

(d) गोरखों की दिप व्यवस्था का अंत ट्रेल ने किया।

159. इन्द्रमणी बडोनी केदार नृत्य को 26 जनवरी को प्रधानमंत्री नेहरू के समक्ष प्रस्तुत करते हैं, जिसमें ढोलवादक शिवजनी भी शामिल थे। यह प्रस्तुति हुई–

(a) वर्ष 1952 (b) वर्ष 1954 (c) वर्ष 1956 (d) वर्ष 1960

160. जन वन महोत्सव–2025 का आयोजन हाल ही में किस स्थान पर किया गया?

(a) देहरादून (b) हल्द्वानी (c) कोटद्वार (d) काशीपुर

161. राज्य सरकार ने कुक्कुट विकास नीति- 2025 को मंजूरी प्रदान की। इस नीति के अनुसार पर्वतीय व मैदानी क्षेत्र में सब्सिडी का प्रावधान किया गया है–

(a) 30%, 40% (b) 40%, 50% (c) 40%, 30% (d) 30%, 45%

162. इनमें से किसे नवम्बर–2025 में GI Tag प्रदान किया गया–

(a) बद्री गाय व बेड़ू (b) बेड़ू व बद्री गाय का घी

(c) बाल मिठाई व बेड़ू (d) इनमें से कोई नहीं

163. लोकसभा में उत्तराखण्ड राज्य निर्माण सम्बन्धित विधेयक को कब पेश किया गया?

(a) 1 अगस्त, 2000 (b) 10 अगस्त, 2000

(c) 29 जुलाई, 2000 (d) 27 जुलाई, 2000

164. अल्मोड़ा अखबार के सम्पादकों में शामिल नहीं थे–

(a) बुद्धी बल्लभ पंत (b) मुंशी इम्तीयाद अली

(c) बदरीदत्त जोशी (d) जीवानंद जोशी

165. सही कथन का चयन करें–

(i) गड़यूडा ताम्रपत्र का सम्बन्ध त्रिमल चंद से है।

(ii) महाभारत में गढ़वाल को उत्तरकुरू कहा गया है।

(iii) अल्मोड़ा प्रकार के सिक्कों पर स्वास्तिक चिह्न अंकित है।

(iiv) कत्यूरी काल में सेना का विभाजन दो भागों में किया गया था।

(a) i, ii, iii, iv (b) i, ii, iii (c) i, ii (d) iii, iv

166. उत्तराखण्ड की भौगोलिक स्थिति के सन्दर्भ में सही विकल्प नहीं है–

(a) राज्य का देशान्तरीय विस्तार 3°28' है।

(b) राज्य का अक्षांश 28°43'-31°27'N है।

(c) उत्तराखण्ड की चौड़ाई 358 किमी० है।

(d) उत्तरकाशी की सीमा शिमला से लगती है।

167. राज्य के साहित्य से सम्बन्धित कूट का सही विकल्प चुनें–

(A) गौरी दत्त पांडे – 1. गोपी गीत

(B) शिव दत्त सती – 2. गौरी गुटका

(C) दुर्गेश पंत – 3. शरमैगे ब्याल

(B) ललित मोहन थपलियाल – 4. खाडू लापता

	(A)	(B)	(C)	(D)
(a)	1	2	3	4
(b)	4	3	2	1
(c)	2	1	3	4
(d)	2	3	1	4

168. यह एक पुरुष प्रधान गीत है जिसे स्त्रियां नहीं गाती ?

(a) न्योली (b) हुड़किया बोल (c) ठुल खेल (d) भैलो गीत

169. राज्य में लगने वाले मेलों के सन्दर्भ में सही विकल्प का चयन करें–

(i) घनलेख मेला – डीडीहाट

(ii) रामबाग का मेला – दिनेशपुर

(iii) नैथडा का मेला – गेवाड़ घाटी

(iiv) पांचाली मेला – गैरसैंण

(a) i, ii, iii, iv (b) i, ii, iii (c) i, iii, iv (d) i, iii, iv

170. उत्तराखण्ड राज्य गठन के समय कौन सी, पंचवर्षीय योजना अस्तित्व में थी ?

(a) 9वीं (b) 10वीं (c) 11वीं (d) 12वीं

171. गलत कूट का चयन करें–

(a) राज्य लोक सेवा आयोग – हरिद्वार

(b) अधीनस्थ सेवा चयन आयोग – देहरादून

(c) राष्ट्रीय जल विज्ञान संस्थान – ऋषिकेश

(d) ढालवाला औद्योगिक क्षेत्र –टिहरी

172. राज्य में पर्वत चोटियों को सही आरोही क्रम में लगाएं–

(i) नंदा देवी (पूर्वी) (ii) सतोपंथ (iii) गंदमादन (iv) जैलंग

(a) i, ii, iii, iv (b) iv, iii, ii, i (c) iv, iii, i, ii (d) i, ii, iv, iii

173. कुमाऊं गवर्मेंट गार्डन की स्थापना किस वर्ष हुई?

(a) वर्ष 1903 (b) वर्ष 1909 (c) वर्ष 1910 (d) वर्ष 1911

174. सही विकल्प का चयन करें—

(a) दूधातोली का पठार महान हिमालय का हिस्सा है।

(b) उत्तराखण्ड के 7 जनपद मध्य हिमालय के अन्तर्गत शामिल हैं।

(c) सर्वाधिक वर्षा उत्तराखण्ड में सबसे अधिक ऊंचाई वाले वृहद हिमालय में होती है।

(d) उपरोक्त सभी विकल्प असत्य हैं।

175. मुख्यमंत्री वात्सल्य योजना प्रारम्भ हुई—

(a) 2 अगस्त, 2021 (b) 2 अगस्त, 2022

(c) 2 अगस्त, 2020 (d) 2 अगस्त, 2019

176. नेपाल में उत्तराखण्ड के समान हथजोड़ी गाए जाते हैं, यह गीत है—

(a) जागर (b) झोड़ा (c) मांगल (d) बैर

177. सही विकल्प का चयन करें—

(i) महाजनों को दिया जाने वाला कर - बाजदार

(ii) शौका व्यापारियों से स्वर्ण धूल के रूप में वसूला जाने वाला कर–कटक

(iii) राज सेवकों के लिए वसूला जाने वाला कर - साउली

(iv) सयाणा को अनाज के रूप में दिया जाने वाला कर - डाला

(a) i, ii (b) ii, iii (c) i, iv (d) iii, iv

178. भारत छोड़ो आन्दोलन के समय आन्दोलनकारी जिन्होंने भूमिगत रेडियो स्टेशन में महत्वपूर्ण भूमिका निभाई—

(a) सदानंद कुकरेती (b) गंगाराम

(c) खीमादेव (d) मदन मोहन उपाध्याय

179. सही विकल्प नहीं है—

(a) प्रजा बन्धु - जय दत्त जोशी (b) पताका - सोबन सिंह जीना

(c) समता - हरिप्रसाद टम्टा (d) तरुण कुमाऊं - मुकुन्दी लाल

180. कालू मेहरा को उत्तराखण्ड का प्रथम स्वतंत्रता संग्राम सेनानी कहा जाता है। इन्होंने गुप्त संगठन बनाया—

(a) क्रान्तिकारी (b) क्रान्तिदल (c) क्रान्तिवीर (d) क्रान्ति

—संकलनकर्ता : विजय सेमवाल

MSC- भूगर्भ शास्त्र (Geology) + MA- इतिहास + B.ed.

उत्तरमाला

1.	(c)	2.	(b)	3.	(d)	4.	(b)	5.	(c)
6.	(b)	7.	(c)	8.	(a)	9.	(b)	10.	(c)
11.	(c)	12.	(b)	13.	(b)	14.	(a)	15.	(c)
16.	(a)	17.	(b)	18.	(c)	19.	(b)	20.	(c)
21.	(c)	22.	(c)	23.	(b)	24.	(d)	25.	(d)
26.	(a)	27.	(c)	28.	(b)	29.	(d)	30.	(b)
31.	(c)	32.	(c)	33.	(b)	34.	(d)	35.	(c)
36.	(c)	37.	(c)	38.	(c)	39.	(c)	40.	(d)
41.	(c)	42.	(b)	43.	(d)	44.	(a)	45.	(d)
46.	(a)	47.	(c)	48.	(b)	49.	(c)	50.	(a)
51.	(b)	52.	(d)	53.	(c)	54.	(d)	55.	(b)
56.	(a)	57.	(b)	58.	(c)	59.	(c)	60.	(c)
61.	(a)	62.	(d)	63.	(b)	64.	(c)	65.	(b)
66.	(d)	67.	(c)	68.	(b)	69.	(b)	70.	(d)
71.	(d)	72.	(b)	73.	(b)	74.	(a)	75.	(a)
76.	(b)	77.	(a)	78.	(b)	79.	(a)	80.	(d)
81.	(b)	82.	(d)	83.	(d)	84.	(c)	85.	(a)
86.	(b)	87.	(c)	88.	(b)	89.	(a)	90.	(c)
91.	(c)	92.	(c)	93.	(a)	94.	(c)	95.	(a)
96.	(b)	97.	(d)	98.	(b)	99.	(b)	100.	(d)
101.	(a)	102.	(c)	103.	(c)	104.	(a)	105.	(c)
106.	(b)	107.	(c)	108.	(c)	109.	(d)	110.	(c)
111.	(a)	112.	(b)	113.	(a)	114.	(b)	115.	(c)
116.	(d)	117.	(d)	118.	(b)	119.	(a)	120.	(d)

121.	(c)	122.	(d)	123.	(d)	124.	(d)	125.	(a)
126.	(b)	127.	(c)	128.	(b)	129.	(b)	130.	(c)
131.	(d)	132.	(a)	133.	(b)	134.	(c)	135.	(d)
136.	(a)	137.	(c)	138.	(b)	139.	(d)	140.	(a)
141.	(b)	142.	(c)	143.	(c)	144.	(c)	145.	(d)
146.	(b)	147.	(b)	148.	(a)	149.	(c)	150.	(d)
151.	(c)	152.	(d)	153.	(c	154.	(b)	155.	(b)
156.	(a)	157.	(c)	158.	(d)	159.	(c)	160.	(b)
161.	(c)	162.	(b)	163.	(c)	164.	(c)	165.	(c)
166.	(c)	167.	(c)	168.	(c)	169.	(a)	170.	(a)
171.	(c)	172.	(b)	173.	(b)	174.	(d)	175.	(a)
176.	(b)	177.	(c)	178.	(d)	179.	(a)	180.	(c)

सामान्य ज्ञान पर आधारित जानकारियाँ (2023-2025)

- 2023-24 रिपोर्ट के अनुसार उधमसिंह नगर का लिंगानुपात है— **94.1%**
  गदरपुर का सबसे अधिक— **97.4%**
  बाजपुर का सबसे कम— **89%**
- Happyness index-2023 में Uttarakhand Rank— **II Rank**
- हाथियों के लिए देश का पहला रैंप बना— **उत्तराखण्ड में**
- 2023 में उत्तराखण्ड के कितने बाल वैज्ञानिकों का राष्ट्रीय स्तर पर चयन हुआ— **118**
- 20 सूत्रीय कार्यक्रम में उत्तराखण्ड का शीर्ष जनपद— **टिहरी**
- देश के पहले गांव की संज्ञा मिली है— **माणा**
- खल्ला (चमोली) में बना उत्तर भारत का पहला आर्किड क्षेत्र स्थित है— **गोपेश्वर** (कैंपा योजना के तहत)
- सेतु (SETU) (State Institute For Empowring and Transforming) योजना आयोग के स्थान पर बना। इसके अध्यक्ष होंगे— **CM**
  सदस्य - कैबिनेट के सभी सदस्य
- उत्तराखण्ड में सुगम जनपद घोषित हुए— **टिहरी व अल्मोड़ा**
- Youth 20 (Y-20) - की मेजबानी 4-5 मई 2023 में की गई— **AIIMS,** ऋषिकेश
- साइबर सिटी बनाने की योजना है— **सहसपुर,** देहरादून
- फिल्म सिटी बनाने की योजना है— **नैनी-सैनी** (पिथौरागढ़)
- Twin City बनाने की योजना है— **Dehradun**
- प्रथम पर्वतीय संग्रहालय व तारामंडल बनेगा— **पौड़ी में**
- सावित्रीबाई फुले अवार्ड-2023 मिला— **डॉ० राशि पाण्डे**
- 2023 में Blind Cricket Tournament- आयोजन हुआ— **हरिद्वार**
- महाराष्ट्र हिन्दी साहित्य अकादमी पुरस्कार मिला— **डॉ. राजेश्वर उनियाल**
- उत्तराखण्ड का पीएम आवास योजना में देश में स्थान— **तीसरा**
- सामाजिक प्रगति सूचकांक में उत्तराखण्ड का स्थान रहा— **14वाँ**
- जादुंग गांव जो हाल में चर्चा में रहा, स्थित है— **उत्तरकाशी**
- तीन दिवसीय Millets सम्मेलन का आयोजन हुआ— **मसूरी**
- राज्य आन्दोलनकारियों का आरक्षण किया गया है— **10%**
- अंतर्राष्ट्रीय कॉर्टियोग्राफिक संघ की अंतर्राष्ट्रीय कांग्रेस का आयोजन हुआ— **देहरादून**
- Smart Spritual Hill Town बनाया जा रहा है— **बदरीनाथ**
- उत्तराखण्ड लोक सेवा आयोग के अध्यक्ष बने – **जे. एस. राणा**

❖❖❖

- खाद्य सुरक्षा सूचकांक 2022-23 में उत्तराखण्ड की रैंक— **11वीं**
- मुख्यमंत्री एकल महिला सशक्त स्वरोजगार योजना शुरू हुई—**7 मार्च 2023**
- नई सौर ऊर्जा नीति-2023 लायी गयी— **13 मार्च 2023**
- ऋषिकेश की तर्ज पर देवप्रयाग व श्रीनगर में बनेंगे— **आस्थापथ**
- दालचीनी व तिमूर मिशन शुरू— **चंपावत** (दालचीनी), **पिथौरागढ़** (तिमूर)
- ई- कचरा प्रबंधन में देश में उत्तराखण्ड का रैंक— **2nd**
- 2022 हेतु राष्ट्रीय भू-विज्ञान पुरस्कार मिला— **डॉ० हरीश बहुगुणा**
- गोबर से बनेगी सीएनजी, जिसके लिए प्लांट लगाया जायेगा—**सितारगंज में**
- मिसेज इंडिया-2023 बनीं— **स्वाति सुयाल, टिहरी**
- खिलाड़ियों को आरक्षण दिया जायेगा— **4%**
- निर्यात तैयारी सूचकांक-2022 में उत्तराखण्ड का देश में स्थान— **9वां**
- हिमालयी राज्य में उत्तराखण्ड का स्थान रहा— **प्रथम**
- हरिद्वार गंगा कॉरिडोर बनेगा— **2026 तक**
- उत्तराखण्ड का पहला COEEAT (विश्व बैंक योजना के तहत) बनाया जा रहा है— **काशीपुर आई.टी.आई.**
- सेंट्रल विस्टा की तर्ज पर दून में बनेगा— **Admin City**
- उत्तराखण्ड गौरव सम्मान 2023 प्राप्त हुआ— **नौ व्यक्तियों को**
- लैंसडौन शहर का नाम किया जा रहा है— **जसवंतगढ़**
- नैनीताल, चंपावत, रुड़की जनपद अस्पताल को प्राप्त हुआ— **लक्ष्य पुरस्कार**
- उत्तराखण्ड का तीसरा साइंस सेंटर बनेगा— **चंपावत**
  पहला- देहरादून, दूसरा- अल्मोड़ा
- टिहरी के राजेश भण्डारी बने— **एयर वाइस मार्शल**
- Pride of Asia Award प्राप्त हुआ— **जगत सिंह 'जंगली'**
- नई MSME नीति को मंजूरी— **3 अगस्त, 2023**

❖❖❖

- 2024 में पद्मश्री पुरस्कार प्राप्त हुआ— **डॉ० यशवंत सिंह कठोच**
- भारतीय हॉकी टीम में शामिल किया गया— **बॉबी सिंह धामी**, पिथौरागढ़
- तेनजिंग नोर्गे नेशनल एडवेंचर अवार्ड 2024 प्राप्त हुआ— **सविता कंसवाल** (मरणोपरांत)
- साहित्य गौरव सम्मान-2024 मिला— **10 व्यक्तियों को**
- केदार सिंह रावत पुरस्कार (पर्यावरण) प्राप्त हुआ— **4 व्यक्तियों को**
- पुरिया नैथानी (गढ़वाल का चाणक्य—पहाड़ का नाना फडनवीस) स्मारक बनाया गया— **पौड़ी**
- राज्य का पहला मानसिक दिव्यांग पुनर्वास केन्द्र बना—**रुद्रपुर** (13 मार्च, 2024)

- 26 जनवरी, 2024 उत्तराखण्ड झांकी में उत्तराखण्ड की थीम—**विकसित उत्तराखण्ड**
- समलौंण सम्मान–2024 प्राप्त हुआ—**सुरेश भाई** (रक्षा सूत्र), **मितेश्वरानंद, अनुभा पुंडीर, दिनेश चन्द्र कुकरेती** (गौरैया रक्षक)
- राष्ट्रीय युवा महोत्सव –2024 नासिक (महाराष्ट्र) एकल नृत्य में उत्तराखण्ड का स्थान— **प्रथम**
- उत्तराखण्ड में उच्च न्यायालय की प्रथम महिला मुख्य न्यायाधीश—**ऋतु बाहरी**
- उत्तराखण्ड का तीसरा रडार स्थापित हुआ— **लैंसडौन** (23 फरवरी, 2024)
- 2 मार्च, 2024– संगीत नाटक अकादमी पुरस्कार मिला— **राकेश भट्ट, संजय पांडे, लता पांडे**
- राष्ट्रीय स्कीइंग प्रतियोगिता सम्पन्न हुई— **औली** (9–10 मार्च, 2024)
- पुरोला नगर पंचायत को नगर पालिका का दर्जा मिला— **5 मार्च, 2024**
- अंतर्राष्ट्रीय फोटोग्राफी 10 मार्च, 2024 में प्रथम स्थान— **हिमांशु जोशी**
- 31 मार्च, 2024 में हनी उत्सव का आयोजन किसके द्वारा किया गया— **G.B.P. यूनिवर्सिटी,** पंतनगर
- ट्वीड (कपड़ा, बाल मिठाई) प्रमुख विशेषता है— **अल्मोड़ा**
- उत्तराखण्ड में वनाग्नि पर नियंत्रण हेतु वायुसेना के MI17VS द्वारा किया गया ऑपरेशन था— **बांबी बकेट ऑपरेशन**
- पिरूल लाओ—पैसा पाओ योजना शुरू हुई— **8 मई, 2024,** रुद्रप्रयाग से प्रारम्भ
- कार्बेट में वन एवं वन्य जीव सुरक्षा में चलाया गया ऑपरेशन—**ऑपरेशन मानसून**
- अनाज एटीएम शुरू हुआ— **नेहरूग्राम,** देहरादून
- उत्तराखण्ड का पहला निजी ऑटोनोमस कॉलेज बना— **डॉल्फिन कॉलेज**
- प्रदेश की पहली स्पेस एजुकेशन लैब बनेगी— **रानीपोखरी**
- चाई ग्रामोत्सव 2024 आयोजित हुआ— **कोटद्वार**
- 3 जुलाई, 2024 को ऋषिकेश में एम्स के मरीज व तीमारदारों हेतु लोकार्पण शुरू किया गया— **माधव सेवा विश्राम सदन**
- राज्य स्तरीय योग दिवस 2024 का आयोजन हुआ— **हल्द्वानी**
- गवर्नस कप गोल्फ टूर्नामेंट 2024 आयोजित हुआ— **नैनीताल**
- श्रीदेव सुमन राष्ट्रीय शिक्षक सम्मान 2024 प्राप्त हुआ—**संजय असवाल** (हरिद्वार)
- उत्तराखण्ड रत्न सम्मान 2024 प्राप्त हुआ— **11 व्यक्तियों को**
- हिमालय प्रहरी 2024 के लिए चुना गया— **कुंवर प्रसून, मंगशिरी देवी**
- भैरवदत्त धूलिया पुरस्कार–2024 प्राप्त हुआ— **राजीव लोचन शाह**
- साहित्य अकादमी का सर्वोच्च सम्मान महत्तर सदस्यता 2024 प्राप्तकर्ता हैं— **रस्किन बॉन्ड**

- अस्कोट-आराकोट यात्रा-2024 का आयोजन हुआ—**25 मई-8 जुलाई, 2024**
  कुल दूरी- 1150 किमी०
- पेरिस ओलम्पिक 2024 में शामिल हुए— **परमजीत सिंह बिष्ट**, चमोली
  सूरजसिंह (पौड़ी)
- नमक पोषण योजना प्रारम्भ हुई— **6 जुलाई 2024**
- विवेकानन्द अंतर्राष्ट्रीय सम्बन्ध शांति पुरस्कार मिला—**डॉ० चिन्मय** (हरिद्वार)
- 2023-2024 का तीलू रौतेली पुरस्कार कितनी महिलाओं को मिला—**13 महिलायें**
- उत्तराखण्ड की 4 महिला ग्राम प्रधानों को सम्मानित किया गया—
  15 अगस्त (दिल्ली में)
- नरेन्द्र सिंह नेगी (ठंडो रे ठंडो गीत) को ग्लोबल ब्रिलिएंस अवार्ड लंदन में प्राप्त हुआ— **29 जुलाई, 2024**
- टीकाकरण से सम्बधित पोर्टल शुरू हुआ— **यू विन पोर्टल**
- तुलसीदास की विनय पत्रिका का कुमाउंनी अनुवाद किया— **भारती पांडे**
- उत्तराखण्ड गौरव सम्मान 2024 प्राप्त हुआ— **5 व्यक्तियों को**
  1. अनिल चौहान (सीडीएस) 2. प्रीतम भरतवाण- (2019 पद्मश्री) संगीत क्षेत्र
  3. हेमंत पांडे (अभिनेता) 4. माता मंगला (समाजसेवी)
  5. डॉ० महेश कुड़ियाल (चिकित्सा)
- श्रीलंका के चुनाव में पर्यवेक्षक बने— **मस्तू दास**
- अंतर्राष्ट्रीय आयुर्वेद सम्मेलन 2024 आयोजित हुआ— **12-15 दिसम्बर, 2024**
  100 देशों के विशेषज्ञ शामिल
- देश की पहली हेलीकॉप्टर इमरजेंसी मेडिकल सर्विस एम्स ऋषिकेश से प्रारम्भ हुई— **29 अक्टूबर, 2024**
- राज्य के हर जनपद का एक गांव बनेगा— **आयुष गांव**
- सर्वश्रेष्ठ पर्यटन ग्राम 2024 बने- कुल 4 गांव
  • उत्तरकाशी- जखोल, हर्षिल • पिथौरागढ़- गुंजी • बागेश्वर - सूपी गांव
- भारत-कजाकिस्तान सेनाभ्यास आयोजित हुआ— **30 सितम्बर, 2024**
  काजिंग अभ्यास - ऑली
- राज्य के नए डी.जी.पी. बने— **दीपम सेठ**, 25 नवम्बर, 2024
  1995 बैच के IPS
- IPL 2025 के सबसे महंगे खिलाड़ी (27 करोड़) बने— **ऋषभ पंत**
- जौनसार बावर की पहली फिल्म बनी— **मेरे गांव की बाट**
- देश का पहला पेपरलैस कोर्ट बना— **नैनीताल**
- 10वीं विश्व आयुर्वेद कांग्रेस आयोजित हुई— **12-14 दिसम्बर, 2024**

- अपार आई.डी. रैकिंग में उत्तराखण्ड का स्थान रहा— **8वां**
- राज्य में शीतकालीन यात्रा प्रारम्भ हुई—

केदारनाथ	-	ऊखीमठ	बदरीनाथ	-	जोशीमठ
गंगोत्री	-	मुखबा	यमुनोत्री	-	खरसाली

- देश का पहला पूर्ण CCTV कवर्ड कैंट बना— **नैनीताल**, 9 दिसम्बर (नैनीताल छावनी 1878) **त्रिनेत्र अभियान के तहत**
- राष्ट्रीय खेल उत्तराखण्ड में किस क्रम के हुए— **38वें**

❖❖❖

- 26 जनवरी, 2025 में उत्तराखण्ड की झांकी—**सांस्कृतिक विरासत एवं साहसिक खेल**
- थानो से प्रारम्भ साहित्य से संबंधित देश का पहला लेखक गांव का लोकार्पण किस उत्सव में हुआ— **स्पर्श हिमालय महोत्सव**
- अल्मोड़ा में सौनी बिनसर में बनेगा— **बर्ड म्यूजियम**
- सुभाष राणा (शूटिंग कोच) चुने गए— **द्रोणाचार्य पुरस्कार**
- हरिद्वार व उधमसिंह नगर में मखाने की खेती होगी। यह किस योजना के तहत होगी— **अमृत सरोवर योजना के तहत**
- उत्तराखण्ड में छठे वित्त आयोग का गठन हुआ— **29 जनवरी, 2025**
- सांस्कृतिक विरासत एवं साहसिक खेल की झांकी में उत्तराखण्ड का स्थान— **तीसरा**
- राज्य में 13 आदर्श संस्कृत ग्राम घोषित हुए—

1. हरिद्वार	– नूरपुर पंजन हेडी (बहादराबाद)	8. नैनीताल	– पांडे गांव (कोटाबाग)
2. देहरादून	– भोगपुर (डोईवाला)	8. अल्मोड़ा	– जैंती (ताड़ीखेत)
3. उत्तरकाशी	– कोट गांव (मोरी)	10. चंपावत	– खर्क कार्की
4. चमोली	– डिम्मर गांव (कर्णप्रयाग)	11. पिथौरागढ़	– उर्ग गांव (मूनाकोट)
5. पौड़ी	– गोदा गांव (खिर्सू)	12. बागेश्वर	– शेरी गांव
6. रुद्रप्रयाग	– बेंजी गांव (अगस्त्यमुनि)	13. उ०सिं०नगर	– नगला (खटीमा)
7. टिहरी	– मुखेम (प्रतापनगर)		

- विश्व का दूसरा सबसे ऊँचा ट्रेक बना— **जनकताल**, उत्तरकाशी
- पीएम मातृत्व वंदना योजना में उत्तराखण्ड में प्रथम स्थान— **पौड़ी गढ़वाल**
- हरिदत्त कापड़ी का निधन हुआ, वह किस खेल से संबंधित थे— **बास्केट बॉल खिलाड़ी**
- जल स्रोतों को नव जीवन देने हेतु बनाया गया है— **भगीरथ एप**
- उत्तराखण्ड का पहला नक्षत्र भवन बनाया जाएगा— **डीडीहाट**, पिथौरागढ़

- AI पर आधारित है— **गार्गी नारी शक्ति चैटबॉट**
- देश का पहला बुरांश उद्यान बना— **मुनस्यारी**, पिथौरागढ़
- देश का पहला जिम्नोस्पर्श पार्क बना— **राड़ी टॉप**, उत्तरकाशी
- देश का पहला ड्रोन पायलट प्रशिक्षण केन्द्र बना— **पछवादून**, देहरादून
- देश का पहला महिला सैन्य नौकायन अभियान— **देवप्रयाग** से प्रारम्भ
- यूसर्क का यूकॉस्ट में विलय हुआ जिसका नाम रखा है— **यूकॉस्ट**
- कुशलानंद कोठियाल, देवेन्द्र आर्य बने— **नये सूचना आयुक्त**
- मुख्य सूचना आयुक्त बनी— **श्रीमती राधा रतूड़ी**
- भूकम्प से सुरक्षा (आपदा प्रबंधन विभाग, आई.आई.टी. रुड़की) हेतु बनाया गया एप— **भू देव एप**
- राज्य के नए मुख्य सचिव बने— **आनन्द बर्द्धन** (19वें)
- हिमालय प्रहरी सम्मान-2025 प्राप्त हुआ—

  1. दीक्षा बिष्ट - वन आंदोलन में सक्रिय (हेंवल घाटी)
  2. घनश्याम रतूड़ी (जनकवि, आंदोलन)- चिपको आंदोलन, भूदान आंदोलन, नशा बन्दी, टिहरी बांध आंदोलन में योगदान
- बदरी-केदार मंदिर के समिति अध्यक्ष बने— **हेमंत द्विवेदी**
- पुष्कर कुंभ का आयोजन हुआ— **माणा गांव**
- किसानों के लिए पारदर्शी डिजिटल भुगतान के लिए बना— **ई रूपी प्रणाली**
- मोदी के कार्यकाल पर आधारित पुस्तक 'अमृतकाल पुस्तक' के लेखक हैं— **नरेश बंसल**
- उत्तराखण्ड में 3 नए डॉप्लर रडार लगेंगे— **हरिद्वार, चमोली, ऊधमसिंह नगर** 100 किमी० परिधि की जानकारी देंगे
- उत्तराखण्ड का पहला साइंस रेडियो स्टेशन शुरू हुआ— **UCOST में**
- किसानों को जिलास्तरीय मौसम पूर्वानुमान व कृषि सलाह प्रदान करता है— **मेघदूत ऐप**
- गढ़वाल और प्रथम विश्व युद्ध पुस्तक के लेखक— **देवेश जोशी**
- 'इन्द्रमणी बडोनी और उत्तराखण्ड' पुस्तक के लेखक—**गिरीश बडोनी, अनिल नेगी**
- तीसरा इन्द्रमणी बडोनी सम्मान-(18 अगस्त, 2025) मिला— **विजय जड़धारी**
- नकली दवाओं के खिलाफ चलाया गया अभियान— **ऑपरेशन Clean**
- 16वां अयोध्या प्रसाद खत्री सम्मान प्राप्त हुआ— **शेखर पाठक** (पुस्तक- हिमांक एवं क्वथनांक के बीच)
- देश का पहला दिव्यांग आधार पंजीकरण केन्द्र बना— **हल्द्वानी**
- DIT यूनिवर्सिटी मेजबानी करेगी— **नासा ग्लोबल स्पेस एम्स हैकाथॉन 2025**

- 11वां विश्व योग दिवस का आयोजन हुआ–2025 **गैरसैंण**
- उत्तराखण्ड आदि गौरव सम्मान- 2025 मिला–**नरेन्द्र सिंह नेगी, किशन महिपाल**
- केन्द्रीय सिंचाई एवं ऊर्जा बोर्ड पुरस्कार-2025– **JUVNL**
- भारत गौरव सम्मान-2025 प्राप्त हुआ– **जगत सिंह चौधरी**
- धराली (उत्तरकाशी) आपदा की घटना हुई– **5 अगस्त, 2025**
- थराली (चमोली) आपदा की घटना हुई– **22 अगस्त, 2025**
- सहस्त्रधारा (देहरादून) आपदा की घटना हुई– **16 सितम्बर, 2025**
- 2025 में शिल्प रत्न (हस्तशिल्प से संबंधित) प्राप्त हुआ– **कुल 12 लोगों को**

उत्तरकाशी	–	जानकी देवी, भागीरथी देवी, महिमानंद तिवारी
बागेश्वर	–	इन्द्रसिंह
अल्मोड़ा	–	लक्ष्मण सिंह, भूपेन्द्र बिष्ट
हल्द्वानी	–	जीवन चन्द्र जोशी, मोहन चन्द्र जोशी
नैनीताल	–	जानकी बिष्ट, जगदीश पांडे
चमोली	–	प्रदीप कुमार, गुड्डी देवी

- राज्य वाद्य यंत्र सम्मान 2024 प्राप्त हुआ– **11 व्यक्तियों को**
- 2025 में उत्तराखण्ड गौरव सम्मान प्राप्त हुआ– **कुल 8 लोगों को**

जसपाल राणा	–	निशानेबाज
देव रतूड़ी	–	उद्यमी एवं समाजसेवी
टॉम ऑल्टर	–	अभिनेता एवं लेखक
सुशीला बलूनी	–	राज्य आन्दोलनकारी (मरणोपरांत)
गौरा देवी	–	चिपको आन्दोलन की जननी (मरणोपरांत)
प्रो. खड़ग सिंह वल्दिया	–	भू वैज्ञानिक
तीलू रौतेली	–	वीरांगना (मरणोपरांत)
शैलेश मटियानी	–	लेखक (मरणोपरांत)

- सीराकोट मंदिर मानसखंड मंदिर माला में शामिल हुआ, यह मंदिर है– **पिथौरागढ़**
- 2025 में राज्य स्थापना दिवस पर मुख्य अतिथि थे– **प्रधानमंत्री नरेन्द्र मोदी**

–संकलनकर्ता : विजय सेमवाल

MSC- भूगर्भ शास्त्र (Geology) + MA- इतिहास + B.ed.

●●

उत्तराखण्ड अर्थव्यस्था : कुछ महत्वपूर्ण तथ्य

- ऑनलाइन सेवाओं (ई-सेवाओं) के मामले में उत्तराखण्ड का स्थान? **-पाँचवाँ**
- महंगाई दर को नियंत्रित करने के मामले में उत्तराखण्ड का स्थान? **-तीसरा**
- भारत की बौद्धिक संपदा रिपोर्ट मार्च-2024 में उत्तराखण्ड का स्थान? **-8वाँ**
- अमृत सरोवर योजना प्रगति रैंकिंग-2024 में उत्तराखण्ड का स्थान? **-छठा**
- जी०ई०पी० इंडेक्स लागू करने वाला पहला राज्य है? **-उत्तराखण्ड**
- जी०ई०पी० इंडेक्स की दर कितनी आँकी गई है? **-0.9 प्रतिशत**
- राष्ट्रीय बहुआयामी गरीबी सूचकांक-2023 में उत्तराखण्ड का स्थान? **-15वाँ**
- देश के टॉप-10 संस्थानों में ओवरऑल रैंकिंग में IIT-रुड़की का स्थान-**8वाँ**
- स्वच्छता सर्वेक्षण-2023 के अनुसार-अटल निर्मल नगर पुरस्कार में उत्तराखण्ड की किस नगर पंचायत को प्रथम स्थान प्राप्त है। **-लालकुआँ, नैनीताल**
- भारत सरकार द्वारा विकसित नेशनल सिंगल विंडो सिस्टम के साथ इंटीग्रेशन करने वाला पहला राज्य? **-उत्तराखण्ड**
- नीति आयोग द्वारा सतत् विकास सूचकांक SDI-2021 में उत्तराखण्ड की रैंक कौन सी थी? **-7वीं**
- खाद्य सुरक्षा विभाग की **'फूड सेफ्टी ऑन व्हील्स पहल'** में उत्तराखण्ड को स्थान प्राप्त हुआ। **-दूसरा**
- जल जीवन मिशन योजना के तहत **हर घर नल से जल** पहुँचाने में उत्तराखण्ड का कौन सा जनपद पहले स्थान पर रहा? **-देहरादून**
- जल जीवन मिशन के अंतर्गत **हर घर में जल** योजना के तहत पेयजल कनेक्शन लगाने में उत्तराखण्ड का कौन सा जनपद प्रथम स्थान पर है? **-पौड़ी गढ़वाल**
- भारत सरकार की महत्वाकांक्षी परियोजना PM - FME (सूक्ष्म खाद्य प्रसंस्कृत इकाइयों को अपग्रेड करने) के मामले में उत्तराखण्ड कौन से स्थान पर है? **-आठवाँ**
- मिलेट्स मिशन योजना के अंतर्गत मंडुवा खरीद में उत्तराखण्ड का कौन सा जनपद प्रथम स्थान पर है? **-चमोली**
- उत्तराखण्ड के किस जनपद में वर्ष 2018-2022 के दौरान सबसे अधिक स्थायी पलायन हुआ है। **-अल्मोड़ा**
- जीएसटी पारित करने वाले राज्यों में उत्तराखण्ड का स्थान। **-5वाँ**
- जीएसटी परिषद में कुल सदस्यों की संख्या। **-33**

राज्य दिवस, गणतंत्र दिवस परेड की झाँकियाँ और राज्य प्रतीक चिह्न

9 नवम्बर, 2000 को भारत के 27वें राज्य के रूप में उत्तराखण्ड अस्तित्व में आया था। स्थापना के समय इसे उत्तरांचल नाम दिया गया। जनवरी 2007 से इसे उत्तराखण्ड नाम से अभिहित किया गया। अत: 9 नवम्बर को प्रतिवर्ष राज्य स्थापना दिवस के रूप में मनाया जाता है।

राज्य के प्रमुख दिवस

20 मार्च : फूलदेई दिवस
25 मई : राज्य जल दिवस–श्रीदेव सुमन का जन्म दिवस।
30 मई : तिलाड़ी कांड/रवांई कांड दिवस।
5 जुलाई : हरियाली दिवस।
25 जुलाई : वृक्षारोपण दिवस–श्रीदेव सुमन का शहीदी दिवस।
4 अगस्त : जड़ी–बूटी दिवस।
12 अगस्त : प्रख्यात लोकगायक व कवि नरेन्द्र सिंह नेगी का जन्म दिवस।
19 अगस्त : देघाट गोलीकांड दिवस।
25 अगस्त : सालम क्रान्ति दिवस।
1 सितम्बर : खटीमा कांड दिवस।
2 सितम्बर : मसूरी कांड दिवस।
2 सितम्बर : बुग्याल संरक्षण दिवस (2024)
5 सितम्बर : सल्ट गोलीकांड दिवस।
9 सितम्बर : हिमालय दिवस–9 सितम्बर 2010 को पहली बार मनाया गया।
10 सितम्बर : उत्तराखण्ड गौरव दिवस–जी०बी० पंत का जन्म दिवस।
17 सितम्बर : जागर संरक्षण दिवस–प्रीतम भरतवाण का जन्म दिवस।
19 सितम्बर : उत्तराखण्ड साहित्य दिवस–हरिदत्त भट्ट 'शैलेश' की पुण्य तिथि।
2 अक्टूबर : मुजफ्फर नगर कांड/रामपुर तिराहा कांड दिवस।
11 दिसम्बर : पहाड़ दिवस।
17 दिसम्बर : गंगा स्वच्छता दिवस।
24 दिसम्बर : लोक संस्कृति दिवस–उत्तराखण्ड के गांधी इन्द्रमणि बडोनी का जन्म दिवस।

गणतंत्र दिवस में उत्तराखण्ड की झाँकियाँ (2003 से 2025 तक)

वर्ष 2025 : सांस्कृतिक धरोहर, साहसिक खेल – स्थान – तृतीय
वर्ष 2024 : विकसित उत्तराखण्ड – 2024 में लाल किले में आयोजित भारतपर्व में उत्तराखण्ड की झाँकी की थीम "विकसित उत्तराखण्ड"।
वर्ष 2023 : मानसखंड (प्रथम स्थान) – उत्तराखण्ड की झाँकी की थीम मंदिरमाला मिशन के अंतर्गत मानसखण्ड थी जिसमें प्रसिद्ध पौराणिक धाम जागेश्वर, जिम कार्बेट नेशनल पार्क, उत्तराखण्ड राज्य पशु

उत्तराखण्ड राज्य दिवस, गणतंत्र दिवस परेड की झाँकियाँ और राज्य प्रतीक चिह्न

कस्तूरी मृग और प्रसिद्ध पक्षी तीतर, घुघुती, चकोर, मोनाल को शामिल किया गया था।

वर्ष 2022 : बदरीनाथ, हेमकुंड साहिब, टिहरी डैम, डोबरा चाँठी पुल।

वर्ष 2021 : केदारखण्ड-तीसरा स्थान प्राप्त हुआ था।

वर्ष 2019 : अनाशक्ति आश्रम।

वर्ष 2018 : ग्रामीण पर्यटन।

वर्ष 2016 : रम्माण लोकनृत्य।

वर्ष 2015 : केदारधाम पुनर्निर्माण।

वर्ष 2014 : जड़ी-बूटी सम्पदा।

वर्ष 2010 : कुम्भ मेला, हरिद्वार।

वर्ष 2009 : साहसिक पर्यटन।

वर्ष 2007 : कार्बेट नेशनल पार्क।

वर्ष 2006 : फूलों की घाटी।

वर्ष 2005 : नंदा राजजात यात्रा।

वर्ष 2003 : फूलदेई पर्व।

उत्तराखण्ड के राज्य प्रतीक

राज्य प्रतीक किसी राज्य की सामाजिक, सांस्कृतिक तथा भौगोलिक पहचान होते हैं। उत्तराखण्ड सरकार द्वारा 1 अप्रैल, 2001 में राज्य प्रतीकों को स्वीकार किया गया था।

उत्तराखण्ड की राजकीय भाषा

- उत्तराखण्ड की प्रथम राज्य भाषा : हिन्दी
- दूसरी राज्य भाषा : संस्कृत, जनवरी 2010 में राजकीय भाषा घोषित।

उत्तराखण्ड राज्य खेल

फुटबाल - 2011 में राज्य खेल घोषित।

उत्तराखण्ड राज्य वाद्ययंत्र

ढोल - 2015 में घोषित किया गया है।

राज्य लोक कला - ऐपण

राज्य उत्सव - हरेला (श्रावण माह के प्रथम दिन)

उत्तराखण्ड राज्यगीत

- उत्तराखण्ड देवभूमि मातृभूमि शत्-शत् वंदन अभिनन्दन।
- **लेखक** - हेमंत बिष्ट
- **गायक** - नरेन्द्र सिंह नेगी, अनुराधा निराला
- **कुल पद्य** - 7 (3 हिन्दी, 4 कुमाउंनी, गढ़वाली)
- राज्य गीत 6 फरवरी, 2016 को घोषित किया गया।

उत्तराखण्ड राज्य तितली : कॉमन पीकॉक

- **वैज्ञानिक नाम-** पैपिलियो बायनार Papilio Bianor
- कॉमन पीकॉक को राज्य तितली 7 नवम्बर, 2016 को घोषित किया गया है।

- वर्तमान में राज्य तितली का नाम वूली वेडेंड पीकॉक कर दिया गया है।

राज्य सम्बन्धी विशेष तथ्य

- उत्तराखण्ड का सर्वाधिक विधानसभा सीटों वाला जनपद हरिद्वार।
- उत्तराखण्ड के सबसे कम विधानसभा सीटों वाले जनपद– 1. बागेश्वर, 2. रुद्रप्रयाग, 3. चंपावत।
- उत्तराखण्ड का एकमात्र जनपद देहरादून है जो सर्वाधिक (2) राज्यों (हिमाचल और उत्तर प्रदेश) से सीमा बनाता है।
- उत्तरकाशी तथा ऊधमसिंह नगर 2 ऐसे जनपद हैं जो एक ओर किसी राज्य तथा दूसरी ओर विदेश से सीमा बनाते हैं।
- उत्तरांचल से उत्तराखण्ड नाम 1 जनवरी, 2007 को किया गया था जिसमें 6 वर्ष, 1 माह और 23 दिन लगे थे।
- उत्तराखण्ड में 3 राज्यसभा सदस्य हैं—1. श्रीमती कल्पना सैनी, 2. श्री नरेश बंसल, 3. श्री महेन्द्र भट्ट।
- उत्तराखण्ड में सर्वप्रथम बजट पेश करने वाले वित्तमंत्री रमेश पोखरियाल 'निशंक' थे।
- उत्तराखण्ड का उच्च न्यायालय देश का 20वाँ उच्च न्यायालय है जिसमें कुल स्थायी न्यायाधीशों की संख्या 9 और अतिरिक्त न्यायाधीशों की संख्या 2 है।
- उत्तराखण्ड की ग्रीष्मकालीन राजधानी गैरसैंण बनाने की घोषणा 4 मार्च, 2020 को हुई थी।
- प्रथम अंतरिम विधानसभा का गठन 9 नवम्बर, 2000 को किया गया जो 30 सदस्यीय थी।
- उत्तराखण्ड का प्रथम विधानसभा सत्र 9 जनवरी, 2001 को आयोजित किया गया था।
- गैरसैंण में राज्य का प्रथम विधानसभा सत्र 9–11 जून, 2014 को आयोजित किया गया था।
- 4 मई, 2001 को उत्तराखण्ड विधानसभा द्वारा अपनी वेबसाइट शुरू की गई थी। इसके साथ ही वेबसाइट शुरू करने वाला देश का पहला राज्य बन गया।
- राज्य का प्रथम साइबर थाना 25 मार्च, 2015 को देहरादून में तथा दूसरा साइबर थाना 1 जनवरी, 2021 को रुद्रपुर में स्थापित किया गया।
- राज्य का प्रथम बालमित्र थाना देहरादून में जनवरी 2021 में तथा दूसरा बाल मित्र थाना अक्टूबर 2021 में हल्द्वानी में स्थापित किया गया।
- मुख्यमंत्री भुवनचन्द्र खण्डूड़ी के कार्यकाल के दौरान पंचायती राज संशोधन अधिनियम–2008 के अनुसार महिलाओं को 50 प्रतिशत आरक्षण का प्रावधान किया गया है।
- राज्य में राष्ट्रपति शासन की अवधि 46 दिन रही जो 27 मार्च, 2016 से 11 मई, 2016 के मध्य रहा था।
- उत्तराखण्ड राज्य सूचना आयोग का गठन 3 अक्टूबर, 2005 को किया गया था।
- उत्तराखण्ड राज्य मानवाधिकार आयोग का गठन जुलाई 2011 में किया गया

उत्तराखण्ड राज्य दिवस, गणतंत्र दिवस परेड की झाँकियाँ और राज्य प्रतीक चिह्न था। (अस्तित्व - 13 मई, 2013)

- राज्य बाल अधिकार संरक्षण आयोग का गठन 10 मई, 2011 को किया गया था।
- उत्तराखण्ड में सर्वाधिक और सबसे कम नगरों वाले जनपद क्रमशः हरिद्वार तथा बागेश्वर हैं।
- उत्तराखण्ड का प्रथम नगर निगम देहरादून (1998) और प्रथम नगर पालिका मसूरी (1842) है।
- उत्तराखण्ड में सबसे कम अवधि तक मुख्यमंत्री पद पर रहने वाले श्री तीरथ सिंह रावत हैं जो 116 दिन तक मुख्यमंत्री रहे।
- उत्तराखण्ड का सबसे पूर्वी जिला - पिथौरागढ़ (गुंजीपास लिपुलेख)
- उत्तराखण्ड का सबसे पश्चिमी जिला - देहरादून (आसन बैराज)
- उत्तराखण्ड का सबसे उत्तरी जिला - उत्तरकाशी (नेलंग घाटी)
- उत्तराखण्ड का सबसे दक्षिणी जिला - उधमसिंह नगर (जसपुर)
- उत्तराखण्ड राज्य के प्रथम एंग्लो इंडियन सदस्य रस्सैल वेलेन्टाइन गार्डनर थे, जो 30 मई, 2002 को मनोनीत किये गये।
- राज्य की प्रथम महिला पुलिस महानिदेशक कंचन चौधरी भट्टाचार्य और पहली महिला मेयर मनोरमा शर्मा थी।

नोट : प्रथम विधानसभा भवन-देहरादून।

- द्वितीय विधानसभा भवन- वीरचन्द्र सिंह गढ़वाली विधानसभा परिसर भराड़ीसैंण, गैरसैंण (चमोली)।

ट्रैक ऑफ द इयर बुग्याल

- 2015-दयारा बुग्याल : उत्तरकाशी
- 2016-चाइसिल : उत्तरकाशी
- 2017-द्रोणगिरि : चमोली
- 2018-नामिक बुग्याल : पिथौरागढ़
- 2019-देवक्यारा बुग्याल : उत्तरकाशी
- 2020-कुश कल्याण : उत्तरकाशी
- 2021-भयुड़ी बुग्याल : उत्तरकाशी
- 2022-बागची बुग्याल : चमोली
- 2022-पिण्डारी ग्लेशियर : बागेश्वर
- 2023-कण्वाश्रम रूट : पौड़ी
- 2024-सिनला पास : पिथौरागढ़ (दारमा ब्यास घाटी)
- 2024-सरुताल बुग्याल : उत्तरकाशी
- 2025-गुलाबी कांठा : उत्तरकाशी
- 2025-चेनाप घाटी : चमोली
- 2025-वनकटिया ग्लेशियर : पिथौरागढ़

●●▶

उत्तराखण्ड की प्रमुख योजनाएँ

वर्ष-2024

1. उत्तराखण्ड राज्य की प्रथम सर्विस सेक्टर पॉलिसी को कब मंजूरी दी गई?
-मार्च 2024

- प्रथम सर्विस सेक्टर पॉलिसी लागू हुई। **-31 दिसम्बर, 2023**

विशेष प्रावधान

- पर्वतीय क्षेत्र में न्यूनतम निवेश निवेश की सीमा 50 करोड़ और मैदानी क्षेत्र में 100 करोड़ रुपए रखी गई है।
- इस नीति के तहत् स्थापित होने वाले उद्योग संस्थाओं को कुल लागत का 25 प्रतिशत अथवा अधिकतम 100 करोड़ रुपये तक सब्सिडी का प्रावधान है।

कुछ विशेष सेक्टर्स में मिलेगी सब्सिडी

• हेल्थ केयर • हास्पिटेबिलिटी • वेलनेस • एजुकेशन • फिल्म, मीडिया एवं एंटरटेनमेंट • स्पोर्ट्स • डाटा सेंटर।

2. उत्तराखण्ड स्वच्छ गतिशीलता परिवर्तन नीति- 2024 को कब मंजूरी दी गई है
-14 मार्च, 2024

- शहरी क्षेत्रों में डीजल से चलने वाली पुरानी बस तथा विक्रमों की जगह नए (CSE) इलैक्ट्रिक वाहन खरीदने पर 50 प्रतिशत तक की सब्सिडी।
- प्रथम चरण में पायलट प्रोजेक्ट के रूप में देहरादून के शहरी क्षेत्रों में लागू किया जायेगा तथा 15 लाख रुपए तक की सब्सिडी दी जायेगी।

नोडल एजेंसी - परिवहन विभाग

3. **पिरुल लाओ-पैसे पाओ योजना** - 8 मई 2024 (रुद्रप्रयाग) : जंगलों की आग पर काबू पाने हेतु चलायी गई योजना है।
4. **मुख्यमंत्री नमक पोषण योजना** : (6 जुलाई, 2024)

- **पर्यटन उद्यमी योजना** - (13 अगस्त, 2024) : पर्यटन विकास को बढ़ावा देना तथा पर्यटन नीति-2023-30 के प्रावधानों को पूरा करना।
- मैदानी क्षेत्रों में 1 करोड़ में लगभग 35 लाख सब्सिडी जबकि पर्वतीय क्षेत्रों में 1 करोड़ पर 33 लाख सब्सिडी, जबकि 1-5 करोड़ तक का निवेश करने वाले राज्य के निवासियों हेतु 25 प्रतिशत तक की सब्सिडी का प्रावधान है।

5. **कर्मचारी वित्तवत् ऋण योजना** - (अगस्त 2024) : उत्तराखण्ड सरकार द्वारा SC,ST,OBC और दिव्यांग कर्मचारियों को सस्ते ऋण उपलब्ध कराने हेतु शुरू की गई योजना है।

संचालन : उत्तराखण्ड बहुउद्देशीय वित्त एवं विकास निगम

6. **परिवार पहचान योजना** - (अगस्त 2024) : प्रत्येक परिवार को 14 अंक का एक विशिष्ट पहचान पत्र दिया जायेगा।

उत्तराखण्ड राज्य दिवस, गणतंत्र दिवस परेड की झाँकियाँ और राज्य प्रतीक चिह्न

- इस पहचान पत्र में परिवार के सभी सदस्यों की जानकारी होगी।
- राज्य और केन्द्र सरकार की सभी योजनाओं का लाभ सीधे परिवारों तक पहुँचेगा।
- इसके तहत् लाभार्थी परिवारों की यूनीक आईडी होगी और उन्हें जाति व आवासीय प्रमाण पत्र तत्काल मिल सकेगा।

7. **सी-एम-उड़न खटोला योजना** - (अगस्त 2024) : उत्तराखण्ड के प्रमुख शहरों को भारत के प्रमुख धार्मिक और सांस्कृतिक स्थलों की यात्रा करने से संबंधित योजना है।

- सी-एम-उड़न खटोला योजना की शुरूआत दो शहरों के लिए शुरू की गई है- **-बनारस-अमृतसर**

8. **भारत दर्शन योजना** : उत्तराखण्ड सरकार द्वारा प्रत्येक ब्लॉक से हाई स्कूल और इंटरमीडिएट के मेधावी छात्रों को भारत के प्रमुख ऐतिहासिक और सांस्कृतिक स्थलों की यात्रा करवाना है।

वर्ष 2023

1. **मुख्यमंत्री नि:शुल्क गैस रिफिल योजना** - (12 फरवरी, 2023) : प्रदेश की महिलाओं को रसोई के धुएं से मुक्त करना तथा 1.83 लाख महिलाओं को लाभ पहुंचाना।

- **नोडल एजेन्सी** : खाद्य आपूर्ति और उपभोक्ता मंत्रालय

2. **उत्तराखण्ड मिलेट मिशन योजना** - (16 फरवरी, 2023) : केन्द्र सरकार की तर्ज पर राज्य द्वारा मोटे अनाजों के उत्पादन को बढ़ावा देना।
3. **मुख्यमंत्री उत्थान और ज्ञानकोष योजना** - (20 फरवरी, 2023) : उत्तराखण्ड में आई०ए०एस० और पी०सी०एस० की तैयारी करने वाले छात्र/छात्राओं को नि:शुल्क कोचिंग उपलब्ध कराना।
4. **एकल महिलाओं के लिए स्वरोजगार योजना** - (8 मार्च, 2023) : निराश्रित अर्थात् विधवा, किन्नर, परित्यक्ता, तलाकशुदा और अपराध व एसिड पीड़ित महिलाओं को 1 लाख रुपये तक के प्रोजेक्ट पर 50 प्रतिशत अनुदान देने का प्रावधान है।
5. **रेशम कीट बीमा योजना** - (मार्च 2023) : फसल बीमा के साथ-साथ रेशम, मत्स्य और पशुपालन को लाभ पहुँचाना।
6. **पशु सखी योजना** : (23 अप्रैल, 2023) : राज्य में पशुपालकों की आमदनी बढ़ाने और राज्य की ग्रामीण क्षेत्र की महिलाओं को रोजगार से जोड़ने हेतु।

- ग्रामीण क्षेत्र में ये महिलाएं पशुपालन विभाग और पशुपालक के मध्य संयोजन का काम करेगी।
- पशुपालकों को सरकार द्वारा संचालित सभी योजनाओं की जानकारी उपलब्ध कराएगी तथा संबंधित गांव में गाय, भैंस, बैल, मुर्गी, बकरी आदि जानवरों की नियमित चिकित्सा के प्रति सुरक्षा देने के लिए देखभाल करेंगी।

7. **मुख्यमंत्री कौशल उन्नयन व वैश्विक रोजगार योजना**-(मई 2023) : राज्य के युवाओं को शिक्षित करना और उन्हें विदेशों में नौकरी पाने के लिए तैयार करना है।
8. **स्मार्ट स्कूल स्मार्ट ब्लॉक कार्यक्रम** - (11 मई, 2023, चंपावत) : प्राथमिक शिक्षा में विज्ञान एवं प्रौद्योगिकी के जरिए नवाचार शिक्षा को प्रोत्साहन।

- **सहयोगी संस्था** : सम्पर्क फाउंडेशन (एनजीओ)

9. **अपणि सरकार नागरिक सेवाएँ आपके द्वार** - (8 जुलाई, 2023) : नागरिकों के एक फोन कॉल पर अपणि सरकार पोर्टल की नागरिक सेवाएँ घर पर उपलब्ध कराने का लक्ष्य है।
10. **मशरूम घरेलू उत्पादन योजना** - (17-18 अगस्त, 2023) : गैनोडर्मा ल्यूसिडम प्रजाति के मशरूम के उत्पादन को बढ़ावा देना।
11. **मुख्यमंत्री सशक्त बहना योजना**- (24 अगस्त, 2023) : महिला समूहों की ओर से निर्मित उत्पादों को व्यापक बाजार उपलब्ध कराना।
12. **निजी हैलीपेड योजना**-(4 दिसम्बर, 2023) : अपनी भूमि पर हैलीपैड बनाने अथवा यूकाडा को अपनी जमीन लीज पर देने पर 50 प्रतिशत सब्सिडी का प्रावधान किया गया है।

- एयर कनेक्टिविटी बढ़ाने हेतु निजी भूमि पर हेलीपोर्ट व हेलीपैड बनाना।

13. **उत्तराखण्ड ईंधन सखी योजना** - (15 दिसम्बर, 2023) : मिनी गैस एजेंसी के माध्यम से सुदूर पहाड़ी क्षेत्रों में रहने वाले लोगों को रसोई गैस सिलेण्डर की रिफिलिंग की समस्या का समाधान करना।
14. **देवभूमि उद्यमिता योजना** - (24 अगस्त, 2023) : छात्रों को कौशल प्रशिक्षण प्रदान कर आत्मनिर्भर बनाना।

- **नोडल एजेन्सी** : उत्तराखण्ड उच्च शिक्षा विभाग।

वर्ष 2022

1. **नि:शुल्क टैबलेट योजना की घोषणा** - (15 अगस्त, 2021, वास्तविक 1 जनवरी, 2022) : उत्तराखण्ड में 10वीं और 12वीं में 80 प्रतिशत अंकों के साथ परीक्षा पास करने पर सरकार द्वारा छात्रों को नि:शुल्क टैबलेट योजना का वितरण।
2. **मुख्यमंत्री उदीयमान खिलाड़ी उन्नयन योजना**-(29 अगस्त, 2022) : 8-14 वर्ष तक के खिलाड़ियों को 1500 रुपये मासिक खेल छात्रवृत्ति देने का प्रावधान।
3. **हिम प्रहरी योजना** - (8 सितम्बर, 2022) : राज्य के सीमावर्ती क्षेत्रों में 10 हजार हिम प्रहरियों की नियुक्ति का प्रावधान।
4. **मुख्यमंत्री लखपति दीदी योजना** - (4 नवम्बर, 2022) : 2025 तक 1.25 लाख महिलाओं को लखपति बनाने का लक्ष्य है।

वर्ष 2021

1. **मुख्यमंत्री रोजगार एवं कौशल विकास योजना** – (जनवरी 2021) : युवाओं को रोजगारपरक प्रशिक्षण उपलब्ध कराना।
2. **मुख्यमंत्री वात्सल्य योजना** –(22 मई, 2021 वास्तविक शुरुआत–2 अगस्त, 2021) : कोविड से अनाथ हुए बच्चों को 21 वर्ष की आयु तक निःशुल्क शिक्षा और 3000 रुपये प्रतिमाह उपलब्ध कराना।
3. **ऑपरेशन मर्यादा अभियान** – (15 जुलाई, 2021) : उत्तराखण्ड पुलिस द्वारा पर्यटन स्थलों पर कचरा फैलाने और गंगा तथा अलकनंदा नदी को प्रदूषित करने वालों के खिलाफ चलाया गया अभियान है।
4. **सेल्फी विद टैम्पल अभियान** – (15 सितम्बर, 2021) : मंदिर के साथ सेल्फी शेयर करने के बाद मंदिरों का निर्माण कार्य करना।
5. **एक जिला–दो उत्पाद योजना** – (25 अक्टूबर, 2021) : उत्तराखण्ड के सभी जनपदों में स्थानीय उत्पादों को बढ़ावा देना।
6. **मुख्यमंत्री घस्यारी कल्याण योजना की घोषणा** – (30 अक्टूबर 2021, वास्तविक शुरुआत– जनवरी 2022) : पशुओं के लिए पौष्टिक आहार उपलब्ध कराना।

वर्ष 2020

1. **उत्तराखण्ड रूफ टॉप सोलर योजना** – (22 जनवरी, 2020) : अपने घरों में सोलर पैनल लगाने पर सरकार द्वारा सब्सिडी प्रदान करना।
2. **उत्तराखण्ड संस्कृत ग्राम योजना** – (9 सितम्बर, 2020) : संस्कृत भाषा को आम जन की भाषा के रूप में पहचान दिलाना।

- **योजना चलाने वाली संस्था :** उत्तराखण्ड संस्कृत अकादमी (हरिद्वार)।

3. **अटल आदर्श विद्यालय योजना** – (5 अक्टूबर, 2020) : सी०बी०एस०ई० की तर्ज पर इंग्लिश मीडियम स्कूलों के समान सभी को गुणवत्तापूर्ण शिक्षा उपलब्ध कराना।
4. **एकीकृत आदर्श कृषि ग्राम योजना** – (21 अक्टूबर, 2020) : कृषि को प्रोत्साहन देने हेतु चलाई गई योजना है।

वर्ष 2019

1. **मुख्यमंत्री आँचल अमृत योजना** – (7 मार्च, 2019) : 20 हजार आँगनबाड़ी केन्द्रों में पढ़ने वाले बच्चों को सप्ताह में दो दिन 100–100 मिली० दूध उपलब्ध कराना। यह योजना महिला सशक्तिकरण एवं बाल विकास मंत्रालय द्वारा चलायी जाती है।
2. **वन नेशन वन राशन कार्ड योजना** – (1 अगस्त, 2019) : सम्पूर्ण देश में एक ही राशनकार्ड से कहीं भी राशन उपलब्ध कराना।

3. **मुख्यमंत्री प्रतिभा प्रोत्साहन योजना** – (15 अगस्त, 2019) : सरकार द्वारा प्रोफेशनल कोर्सेज के 25 टॉपर्स को 50 प्रतिशत स्कॉलरशिप देना।
4. **मुख्यमंत्री दाल पोषित योजना** – (12 सितम्बर, 2019) : राशनकार्ड धारकों को 2 किलो दाल और 44 रुपये प्रति किलो चने की दाल उपलब्ध कराना।

वर्ष 2018

1. **पं० दीनदयाल उपाध्याय होमस्टे योजना** – (20 अप्रैल, 2018) : पर्वतीय क्षेत्रों में 50 प्रतिशत (15 लाख) तथा मैदानी क्षेत्रों में 25 प्रतिशत (7.5 लाख) का अनुदान दिया जाता है।

- ग्रामीण क्षेत्रों में पर्यटकों को आकर्षित करने हेतु चलायी गई इस योजना का उद्देश्य पर्यटन क्षेत्र में रोजगार को बढ़ावा देने हेतु लोन पर सब्सिडी देना है।

2. **अटल आयुष्मान उत्तराखण्ड योजना**–(25 दिसम्बर, 2018) : उत्तराखण्डवासियों को निःशुल्क स्वास्थ्य सुविधाएँ उपलब्ध कराने हेतु प्रत्येक परिवार को 5 लाख रुपये तक का स्वास्थ्य बीमा प्रदान करना है।

वर्ष 2017

1. **नंदा देवी कन्या धन योजना** – (2009) : बी०पी०एल० परिवारों की स्थिति में सुधार हेतु बालिका के जन्म पर 11000 रुपये की एफ०डी० कराने का प्रावधान।

वर्ष 2016

1. **चार धाम राजमार्ग विकास परियोजना** – (27 दिसम्बर, 2016) : भारत के चार धामों को ऑल वेदर रोड से जोड़ने की योजना है।

वर्ष 2015

1. **मुख्यमंत्री हुनर योजना** – (15 अगस्त, 2015) : अल्पसंख्यकों के साथ-साथ सभी वर्ग के बेरोजगार युवाओं को रोजगार देने हेतु सरकार द्वारा चलाई गई योजना है।

- इस योजना के तहत् निःशुल्क प्रशिक्षण प्रदान कर रोजगार दिया जाता है और अत्याधुनिक परम्परागत व्यवसायों के लिए युवाओं के कौशल, उनकी शैक्षिक अर्हता, वर्तमान आर्थिक रुझान और बाजार की संभाव्यता के आधार पर उन्नयन किया जाना है।
- इस योजना के तहत् मदरसों और अल्पसंख्यक स्कूलों को भी जोड़ा जा रहा है।

2. **खिलती कलियाँ योजना** – (14-15 अगस्त, 2015) : बालिका सशक्तीकरण के उद्देश्य से चलाई जा रही इस योजना का उद्देश्य 6 वर्ष तक के बच्चों को कुपोषण से बचाने हेतु प्रयास करना है।
3. **पालना योजना** – (2-3 अक्टूबर, 2015) : कतिपय कारणों से माता-पिता द्वारा त्याग दिये गये अथवा अनाथ हुए बच्चों को गोद लिया जाना है।
4. **104 चिकित्सा परामर्श हेल्पलाइन योजना** – (वर्ष 2015) : निःशुल्क

उत्तराखण्ड राज्य दिवस, गणतंत्र दिवस परेड की झाँकियाँ और राज्य प्रतीक चिह्न

चिकित्सा परामर्श सुविधा उपलब्ध कराना है।

वर्ष 2014

1. **मेरी बेटी मेरा धन योजना** - (2014) : 2009 के बाद जन्म लेने वाली बालिकाओं को सरकार द्वारा 15000 रुपये की धनराशि दी जाती है।

- यह नंदा देवी कन्या धन योजना का ही रूप है।

2. **जायका परियोजना** - (2014) : इस योजना का उद्देश्य वन पंचायतों के माध्यम से वनों के संरक्षण, चारागाह विकास, महिला रोजगार व ग्रामीण आजीविका में वृद्धि करना है।

- 2014 उत्तराखण्ड और जापान की कंपनी जायका के मध्य 807 करोड़ रुपए का अनुबन्ध हुआ है।

वर्ष 2013

1. **मुख्यमंत्री बालिका शिक्षा प्रोत्साहन योजना** - (4 अप्रैल, 2013) : कक्षा 9 में प्रवेश करने वाली बालिकाओं को मैदानी क्षेत्रों में साइकिल उपलब्ध कराना जबकि पहाड़ी क्षेत्रों में साइकिल के मूल्य के बराबर एफ०डी० कराई जाती है।

वर्ष 2012

1. **108 डोली योजना** - (17 अप्रैल, 2012) : दूरदराज के विषम परिस्थितियों वाले क्षेत्रों में स्वास्थ्य सेवा उपलब्ध कराने हेतु डोली योजना चलायी गयी है।
2. **जय जवान आवास योजना**- (2012) : पूर्व सैनिकों के लिए आवास बनाने हेतु भूमि उपलब्ध कराने सम्बन्धी योजना है।
3. **शिल्पग्राम योजना** - (2012) : राज्य में पारम्परिक शिल्प से जुड़े अनुसूचित जाति एवं जनजातियों हेतु संचालित योजना है।

वर्ष 2011

1. **अटल खाद्यान्न योजना** - (11 फरवरी, 2011) : महंगाई से राहत दिलाने हेतु सस्ते मूल्यों पर खाद्यान्न उपलब्ध कराना है।

वर्ष 2009

1. **देवभूमि मुस्कान योजना** - (2009) : समाज के वंचित वर्ग के बच्चों को शिक्षा और पोषण उपलब्ध कराना है।
2. **नंदा देवी कन्या धन योजना** - (2009) : बी०पी०एल० परिवारों की स्थिति में सुधार हेतु बालिका के जन्म पर 5000 रुपये की एफ०डी० करायी जाती है।
3. **गौरा देवी कन्या धन योजना** - (2009) : इंटर पास करने वाली बालिकाओं के नाम 50000 रुपये की एफ०डी० करायी जाती थी।

- 1 जनवरी, 2018 से उपरोक्त दोनों योजनाओं को संयुक्त रूप से नंदा गौरा योजना के नाम से जाना जाता है।

वर्ष 2008

1. **दीनदयाल उपाध्याय चिकित्सा सेवा योजना-108**-(15 मई, 2008) : दूर

दराज के क्षेत्रों में आपातकालीन चिकित्सा सेवा उपलब्ध कराना है।

वर्ष 2004

1. **ज्ञानोत्कर्ष योजना** – (2004) : एस०बी०आई० के सहयोग से चलाई गई योजना का उद्देश्य उत्तराखण्ड सरकार के स्थायी शिक्षकों तथा अन्य कर्मचारियों को कम्प्यूटर शिक्षा उपलब्ध कराना है।

वर्ष 2002

1. **वीर चन्द्रसिंह गढ़वाली पर्यटन रोजगार योजना** – (1 जून, 2002) : पर्यटन को बढ़ावा देने हेतु बैंकों के सहयोग से रोजगार उपलब्ध कराने की योजना है।
2. **आरोही योजना** – (2002) : हाईस्कूल और इंटरमीडिएट के समस्त विद्यालयों में कम्प्यूटर शिक्षा उपलब्ध कराना।

नोट

- उत्तराखण्ड मत्स्य नीति वर्ष 2002 में लागू की गई थी।
- 1 मई, 2005 में सहकारी सहभागिता योजना की शुरुआत की गई थी।
- उत्तराखण्ड पौधरोपण नीति 6 जून, 2006 को लागू की गई थी।
- उत्तराखण्ड में महिला सशक्तिकरण वर्ष 2006-07 में मनाया गया है।
- 1 नवम्बर, 2007 से वाहनों में उत्तराखण्ड सीरीज की शुरुआत की गई।
- 29 जनवरी, 2008 को राज्य की नई ऊर्जा नीति घोषित की गई।
- 2009 में पौड़ी से ई-डिस्ट्रिक योजना की शुरुआत की गई थी।
- 14 जून, 2010 को हिमनद प्राधिकरण बनाने का निर्णय लिया गया था।
- राज्य सरकार की युवा नीति 5 सितम्बर, 2011 को जारी की गई।
- 9 अक्टूबर, 2013 को एस०डी०आर०एफ० का गठन किया गया।
- उत्तराखण्ड में ऑपरेशन मुक्ति अभियान का संबंध 'बाल भिक्षावृत्ति से मुक्ति' दिलाना है।
- वर्ष-2021 में संचालित दीन दयाल किसान कल्याण योजना का उद्देश्य शून्य प्रतिशत ब्याज पर 3-5 लाख रुपये का ऋण उपलब्ध कराना है।
- ऑपरेशन मर्यादा उत्तराखण्ड पुलिस द्वारा चलाया गया है जिसके तहत धार्मिक तथा पर्यटन स्थलों पर हुड़दंगबाजी करने वालों पर कार्यवाही की जायेगी।
- मिशन हौंसला उत्तराखण्ड पुलिस द्वारा कोरोना काल में चलाया गया ऑपरेशन था।

आधारभूत सूचनाएं

उत्तराखण्ड के लोकजीवन में भगवती नन्दा

उत्तराखण्ड के लोकजीवन में भगवती नन्दा के प्रति गहरी आस्था और श्रद्धा है। इस नन्दा के निमित्त यहां विशिष्ट आयोजनों की लम्बी श्रृंखला है। इसमें एक नन्दा राजजात भी है। सदियों से चली आ रही नन्दा की जात परम्परा महज एक धार्मिक कर्मकाण्ड नहीं बल्कि इस हिमालयी भूभाग की विशिष्ट संस्कृति की निरंतरता का महापर्व भी है।

प्रतिवर्ष भाद्रपद माह की दुर्गाष्टमी को नन्दा को कैलाश विदा करने के पर्व के रूप में अलग-अलग क्षेत्रों में अनेक रूपों में उत्सव मनाये जाते हैं।

चूंकि नन्दा को लोकसमाज में धियांण माना गया है तो उसे स्थानीय अनाज, फल-फूल, दान दक्षिणा देकर विदा किया जाता है। नन्दा राजजात नन्दा पात बीड़ा, नन्दा डाली, बीं माता आदि इसी के सोपान हैं।

नन्दाष्टमी की वार्षिक यात्रा को लोक जात या वार्षिक जात के रूप में मनाया जाता है। पिथौरागढ़, नैनीताल, अल्मोड़ा, रुद्रप्रयाग, टिहरी गढ़वाल, पौड़ी तथा उत्तरकाशी जनपदों में नन्दापाती उत्सव मनाये जाने की परम्परा है जबकि चमोली में नंदा लोकजात के विभिन्न स्वरूप हैं।

प्रत्येक बारह या उससे अधिक वर्षों में राजजात का वृहद आयोजन किया जाता है। 19 पड़ावों की यह यात्रा नंदा राजजात कहलाती है। ◈◈

उत्तराखण्ड के लोकजीवन में भगवती नन्दा के प्रति गहरी आस्था और श्रद्धा है। इस नन्दा के निमित्त यहां विशिष्ट आयोजनों की लम्बी श्रृंखला है। इसमें एक नन्दा राजजात भी है। सदियों से चली आ रही नन्दा की जात परम्परा महज एक धार्मिक कर्मकाण्ड नहीं बल्कि इस हिमालयी भूभाग की विशिष्ट संस्कृति की निरंतरता का महापर्व भी है।

आधारभूत सूचनाएं

सिलक्यारा सुरंग हादसा

41 लोगों को पुनर्जीवन

हरिद्वार-देहरादून से हनुमान चट्टी तक 221 किमी. लम्बी चारधाम आल वेदर रोड परियोजना के तहत यमुनोत्री हाईवे पर सिलक्यारा-बड़कोट सुरंग का निर्माण चल रहा है। सुरंग निर्माण के दौरान 12 नवम्बर, 2023 को उत्तरकाशी की 4.5 किमी० लम्बी सिलक्यारा-बड़कोट निर्माणाधीन सुरंग में 41 मजदूर फंस गए। मजदूरों को बचाने के लिए 17 दिन लम्बा बचाव अभियान चलाया गया। केन्द्र और राज्य स्तर की विभिन्न एजेंसियों के अलावा थल सेना, वायु सेना और नौसेना ने भी इस बचाव अभियान में हिस्सा लिया। देश-विदेश के कई विशेषज्ञों के प्रयासों के बाद आखिरकार 28 नवम्बर, 2023 को 17 दिन बाद 41 मजदूरों को सकुशल सुरंग से बाहर निकाला जा सका।

ऑल वेदर रोड़ की यह सबसे बड़ी सुरंग है। इसके बनने से यमुनोत्री की दूरी 26 किमी कम हो जायेगी।

हरिद्वार - देहरादून से हनुमान चट्टी तक निर्माणाधीन 221 किमी. लम्बी ऑल वेदर रोड़ चारधाम सिलक्यारा-बड़कोट सुरंग सबसे बड़ी सुरंग है। इसके बनने से यमुनोत्री की दूरी 26 किमी कम हो जायेगी।

उत्तराखण्ड : एक परिचय

1. भौगोलिक परिचय

नाम	: उत्तराखण्ड (पूर्व नाम उत्तरांचल)
भारतीय गणतन्त्र का	: 27वाँ राज्य
गठन की तिथि	: 09 नवम्बर, 2000
उत्तराखण्ड राज्य स्थापना दिवस	: 09 नवम्बर
राजधानी (अस्थाई)	: देहरादून
ग्रीष्मकालीन राजधानी	: भराड़ीसैंण (गैरसैंण, चमोली)
कुल क्षेत्रफल	: 53, 483 वर्ग कि०मी०
विभिन्न वर्गों के अन्तर्गत वनों का कुल क्षेत्रफल	: 37, 999.6 वर्ग कि०मी०*
वनों के कुल क्षेत्रफल का भौगोलिक क्षेत्र के सापेक्ष %	: 71.05
लम्बाई	: पूर्व से पश्चिम 358 कि०मी०
चौड़ाई	: उत्तर से दक्षिण 320 कि०मी०
देश के कुल क्षेत्रफल का	: 1.6वां भाग
क्षेत्रफल की दृष्टि से देश में स्थान	: 19वाँ
अक्षांशीय स्थिति	: 28°43' उत्तर से 31°27' उत्तरी अक्षांश
देशान्तरीय स्थिति	: 77°34' पूर्व से 81°02' पूर्वी देशान्तर
देश में स्थिति	: उत्तर-पश्चिम में
हिमालय में स्थिति	: मध्य हिमालय में
राज्य की सीमाएं	: पश्चिम में हिमाचल प्रदेश दक्षिण में उत्तर प्रदेश
प्राकृतिक सीमा	: उत्तर में : तिब्बत हिमालय (चीन से) पश्चिम में : टौंस नदी (हिमाचल से) पूर्व में : काली नदी (नेपाल से) दक्षिण-पूर्व तथा दक्षिण-मध्य में : उत्तर प्रदेश
अन्तर्राष्ट्रीय सीमाएं	: पूर्व में : नेपाल उत्तर में : तिब्बत एवं चीन
समुद्रतल से अधिकतम ऊँचाई	: 7,817 मीटर

** (स्रोत : उत्तराखण्ड आर्थिक सर्वेक्षण, 2024-25 भाग-1).*

2. प्रशासनिक स्वरूप

मण्डल : 02 : गढ़वाल और कुमाऊँ
जनपद : 13
सब डिवीजन : 67
नगर निगम : 11

विकास खण्ड : 95
नगर पंचायत : 51
ग्राम पंचायत : 7817
नगर पालिका परिषद् : 45

3. ऊंचाई के अनुसार क्षेत्रफल

क्र०	ऊंचाई	भौगोलिक क्षेत्रफल	प्रतिशत
1.	0–1000	13,609	25.44
2.	1000–2000	17,616	32.94
3.	2001–3000	7,512	13.37
4.	3001–4000	4,164	7.79
5.	4000 से अधिक	10,942	20.46
	योग	**53,483**	**100.00**

4. जनपदवार भौगोलिक क्षेत्र के सापेक्ष कुल वनों का प्रतिशत

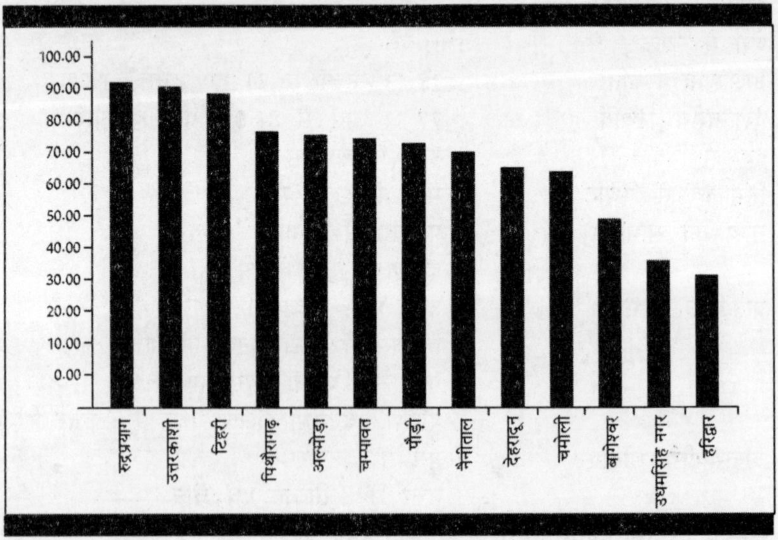

स्रोत: उत्तराखण्ड वन सांख्यिकी से साभार

5. ग्राम पंचायत, क्षेत्र पंचायत एवं जिला पंचायत वार्डों की संख्या -2025

क्र. सं	जनपद का नाम	ग्राम पंचायतों की संख्या	ग्राम पंचायत वार्डों की की संख्या	क्षेत्र पंचायतों की संख्या	क्षेत्र पंचायत वार्डों की संख्या	जिला पंचायतों की संख्या	जिला पंचायत वार्डों की संख्या
1	2	3	4	5	6	7	8
1.	अल्मोड़ा	1160	8242	11	391	1	45
2.	नैनीताल	475	3749	08	263	1	27
3.	बागेश्वर	405	2899	03	120	1	19
4.	पिथौरागढ़	681	4915	08	287	1	32
5.	चम्पावत	312	2286	04	134	1	15
6.	उधमसिंह नगर	373	3887	07	273	1	35
7.	पौड़ी गढ़वाल	1166	8188	15	370	1	38
8.	टिहरी गढ़वाल	1049	7467	09	351	1	45
9.	चमोली	615	4385	09	244	1	26
10.	रुद्रप्रयाग	333	2419	03	115	1	18
11.	उत्तरकाशी	521	3753	06	206	1	28
12.	देहरादून	409	3397	06	220	1	30
13.	हरिद्वार	318	3722	06	221	1	44
	कुल	**7817**	**59309**	**95**	**3195**	**13**	**402**

• *निदेशालय पंचायती राज उत्तराखण्ड, नवम्बर-2025*

6. वर्ष 1864 से 2011 तक उत्तराखण्ड में गाँवों की संख्या

वर्ष	गाँवों की संख्या	वर्ष	गाँवों की संख्या
1864	10,954	1951	14,843
1896	10,721	1961	14,266
1901	12,914	1971	14,970
1911	11,798	1981	15,959
1921	13,012	1991	15,597
1941	14,128	2001	16,810
–	–	2011	16793

7. वर्ष 2000 से वर्ष 2025 तक का अन्तर

	वर्ष 2000	वर्ष 2025
मंडल	2	2
जनपद	13	13
विकासखण्ड	95	95
नगर निगम	01	11
नगर पालिका	30	45
न्याय पंचायत	670	670
ग्राम पंचायत	7227	7817
जनसंख्या	84,89,349*	1,00,86,292**
लिंगानुपात	964*	963**
साक्षरता	71.60*	78.82**
जनसंख्या घनत्व	159	189
प्रति व्यक्ति आय	16908 रुपये⋆	2,74,064 रुपये⋆⋆
विधानसभा क्षेत्र	22	70 (2001 में परिसीमन के बाद)
विश्वविद्यालय	04	36 से अधिक
विश्वविद्यालय परिसर	0	03
विश्व विरासत	01	03
मेडिकल कॉलेज	00	05
एम्स	00	01
वन्य जीव विहार	06	07
संरक्षण आरिक्षिति	00	04
रामसर साइट	00	01
संस्पेंशन ब्रिज	00	01
इन्वेस्टर समिट	00	02
पीएम श्री विद्यालय	00	225

⋆आधार वर्ष 2000-2001.
⋆⋆आधार वर्ष 2024-2025.

*जनगणना-2001 पर आधारित.
**जनगणना-2011 पर आधारित.

8. उत्तराखण्ड में 100 मीटर से अधिक ऊँचे बाँध

बाँध	नदी	बाँध की ऊँचाई (मीटर में)	संग्रहित जल राशि का परिमाण ($\times 10^6$ घनमीटर)
कालागढ़	रामगंगा	126.0	2369
कोठार	कोसी	155.0	4080
किशाऊ	टौन्स	253.0	2400
टिहरी	भागीरथी	260.5	3539
लखवाड़	यमुना	192.0	580

9. राजकीय/प्रादेशिक औद्योगिक इकाइयाँ

• भारत इलैक्ट्रॉनिक्स लिमिटेड	:	कोटद्वार
• भारत हैवी इलैक्ट्रिकल्स लिमिटेड	:	हरिद्वार
• डील (DEAL)	:	रायपुर, देहरादून
• ऑप्टो इलैक्ट्रॉनिक्स	:	रायपुर, देहरादून
• ऑर्डिनेन्स फैक्ट्री	:	रायपुर, देहरादून

10. राष्ट्रीय/प्रादेशिक शोध संस्थान / प्रयोगशालाएँ

• ड्रग्स कम्पोजिट रिसर्च यूनिट	रानीखेत, अल्मोड़ा
• सेन्ट्रल बिल्डिंग रिसर्च इन्स्टीट्यूट	रुड़की, हरिद्वार
• स्ट्रक्चरल इंजीनियरिंग रिसर्च सेंटर	रुड़की, हरिद्वार
• इण्डस्ट्रियल टैक्सोकोलोजिकल रिसर्च सेंटर	रुड़की, हरिद्वार
• इण्डियन इन्स्टीट्यूट ऑफ पेट्रोलियम	देहरादून, देहरादून
• सर्वे ऑफ इण्डिया	देहरादून, देहरादून
• वाडिया इन्स्टीट्यूट ऑफ हिमालयन जियोलॉजी	देहरादून, देहरादून
• भारतीय वानिकी अनुसंधान एवं शिक्षा परिषद्	देहरादून, देहरादून
• इण्डियन इन्स्टीट्यूट ऑफ रिमोट सेन्सिंग	देहरादून, देहरादून
• इन्स्टीट्यूट ऑफ ड्रिलिंग टेक्नोलॉजी	देहरादून, देहरादून
• ऑयल एण्ड नेचुरल गैस कॉरपोरेशन	देहरादून, देहरादून
• आई०आर०डी०ई० (IRDE)	रायपुर, देहरादून
• राष्ट्रीय दृष्टि दिव्यांगजन सशक्तिकरण संस्थान	देहरादून, देहरादून
• क्षेत्रीय अभिलेखागार (मुख्यालय)	देहरादून, नैनीताल
• भारतीय पुरातत्व सर्वेक्षण (रसायन शाखा एवं प्रयोगशाला)	देहरादून, देहरादून
• इन्दिरा गांधी राष्ट्रीय वन अकादमी	देहरादून, देहरादून
• इन्दिरा गांधी राष्ट्रीय मुक्त विश्वविद्यालय	रायपुर, देहरादून
• उत्तराखण्ड राज्य विज्ञान एवं प्रौद्योगिकी परिषद (यूकॉस्ट)	देहरादून
• उत्तराखण्ड अंतरिक्ष उपयोग केन्द्र (यूसेक)	देहरादून
• जी०बी० पंत नेशनल इन्स्टीट्यूट ऑफ हिमालयन एन्वायरमेंट एण्ड सस्टेनेबल डॅवलपमेंट	कोसी, अल्मोड़ा

11. अकादमियाँ/संस्थान/ट्रस्ट

- राष्ट्रीय इंडियन मिलिट्री कॉलेज, देहरादून (मार्च 1922)
- भारतीय सैन्य अकादमी (I.M.A.), देहरादून (1932)
- लालबहादुर शास्त्री राष्ट्रीय प्रशासनिक अकादमी, मसूरी (1 सितम्बर, 1959)
- नेहरू पर्वतारोहण संस्थान, उत्तरकाशी (14 नवम्बर, 1965)
- उत्तराखण्ड प्रशासनिक प्रशिक्षण अकादमी, नैनीताल (1988)
- उत्तराखण्ड संस्कृत अकादमी, हरिद्वार (2005)
- उत्तराखण्ड न्यायिक एवं विधिक अकादमी, भवाली, जनपद नैनीताल
- डॉ० पी०द० बड़थ्वाल हिन्दी अकादमी उत्तराखण्ड, देहरादून (24 फरवरी, 2010)
- उत्तराखण्ड भाषा संस्थान, देहरादून (24 फरवरी, 2010)
- उत्तराखण्ड उर्दू अकादमी, देहरादून (2013)
- राजीव गांधी साहसिक खेल अकादमी, कोटी कॉलोनी टिहरी (2014)

12. प्रारम्भिक स्तर के राजकीय विद्यालय

क्र.सं.	जनपद	केवल प्राथमिक (1 से 5)	प्राथमिक के साथ उच्च प्राथमिक (1 से8)	केवल उच्च प्राथमिक (6 से 8	योग
1.	अल्मोड़ा	1250	0 (1से8)	181	1431
2.	बागेश्वर	561	0 (1से8)	110	671
3.	चमोली	919	0 (1से8)	195	1114
4.	चम्पावत	477	0 (1से8)	90	567
5.	देहरादून	881	0 (1से8)	232	1113
6.	हरिद्वार	666	1 (1से8)	167	834
7.	नैनीताल	937	3 (1से8)	214	1154
8.	पौड़ी गढ़वाल	1405	1 (1से8)	261	1667
9.	पिथौरागढ़	1023	4 (1से8)	206	1233
10.	रुद्रप्रयाग	521	0 (1से8)	131	625
11.	टिहरी	1266	1 (1से8)	303	1570
12.	ऊधमसिंह नगर	783	0 (1से8)	200	983
13.	उत्तरकाशी	686	0 (1से8)	248	934
	योग	**11375**	**10**	**2538**	**13923**

राज्य में कुल 13,923 प्रारंभिक विद्यालयों में (कक्षा 1 से 5 तक) 11,375 प्राथमिक स्तर के (कक्षा 1 से 8 तक) मात्र 10 विद्यालय संचालित है। सर्वाधिक विद्यालय पौड़ी जनपद में 1,667 जबकि चंपावत जनपद में मात्र 567 विद्यालय संचालित हैं। प्रारम्भिक स्तर तक के केवल उच्च प्राथमिक विद्यालय जिनमें कक्षा 6, 7 तथा 8 संचालित हैं, मात्र 2,538 हैं।

13. जनपदवार माध्यमिक एवं उच्च माध्यमिक विद्यालय

क्र.सं.	जनपद	कक्षा 1 से 10	कक्षा 1 से 12	कक्षा 6 से 10	कक्षा 6 से 12	कक्षा 9 से 10	कक्षा 9 से 12	कक्षा 9 से 12	योग
1.	अल्मोड़ा	13	26	96	201	13	2	0	351
2.	बागेश्वर	3	8	37	79	0	1	0	128
3.	चमोली	8	12	86	143	11	5	4	269
4.	चम्पावत	5	15	44	71	3	7	0	145
5.	देहरादून	85	252	47	127	42	22	2	577
6.	हरिद्वार	52	117	54	78	33	31	8	373
7.	नैनीताल	32	98	75	156	1	0	0	362
8.	पौड़ी गढ़वाल	17	30	113	254	13	10	0	437
9.	पिथौरागढ़	17	27	88	141	3	2	0	278
10.	रुद्रप्रयाग	5	5	32	90	8	14	0	154
11.	टिहरी	6	13	70	215	48	14	0	366
12.	ऊधमसिंह नगर	59	114	82	97	38	18	10	418
13.	उत्तरकाशी	10	9	8	72	47	16	0	162
	योग	**312**	**726**	**832**	**1724**	**260**	**142**	**24**	**4020**

राज्य में 7 प्रकार के विद्यालय संचालित हैं जिनमें कक्षा 1 से 12 तक कुल 4020 विद्यालय हैं। कक्षा 6 से 12 तक की श्रेणी में सर्वाधिक 1724 विद्यालय संचालित हैं, ऐसे विद्यालय जिनमें केवल कक्षा 11 व 12 हैं, मात्र 24 विद्यालय संचालित हैं।

14. अन्य संस्थान/ट्रस्ट

- उत्तराखण्ड ग्राम्य विकास संस्थान — रुद्रपुर (ऊधमसिंह नगर)
- वानिकी अनुसंधान एवं प्रशिक्षण संस्थान — हल्द्वानी
- जी० बी० पन्त राजकीय संग्रहालय — अल्मोड़ा
- भातखण्डे संगीत महाविद्यालय — देहरादून / अल्मोड़ा
- सचिवालय प्रशिक्षण एवं प्रबन्ध संस्थान — देहरादून
- जड़ी-बूटी शोध एवं विकास संस्थान — मण्डल, गोपेश्वर
- हिमालयन हॉस्पिटल इन्स्टीट्यूट ट्रस्ट — जौलीग्रान्ट (देहरादून)
- श्री गुरु राम राय दरबार साहब — झण्डा चौक (देहरादून)

15. प्रतिष्ठित स्कूल

द दून स्कूल	देहरादून	सेंट थॉमस स्कूल	देहरादून
वेल्हम गर्ल्स स्कूल	देहरादून	वेल्हम ब्वायज स्कूल	देहरादून
सेंट जोजेफ अकेडमी	देहरादून	ब्राइटलैंड स्कूल	देहरादून
कॉन्वेंट ऑफ जीसस	देहरादून	कर्नल ब्राउन स्कूल	देहरादून
एण्ड मैरी		कैम्ब्रियन हॉल स्कूल	देहरादून
द एशियन स्कूल	देहरादून	आर्मी पब्लिक स्कूल, वीरपुर	देहरादून
ओकग्रोव स्कूल झड़ीपानी,	मसूरी	वुडस्टॉक स्कूल	मसूरी
मसूरी इण्टरनेशनल स्कूल	मसूरी	सेंट जॉर्ज कॉलेज	मसूरी
बिरला विद्या मन्दिर	नैनीताल	सैनिक स्कूल (घोड़ाखाल)	नैनीताल
शेरवुड स्कूल	नैनीताल	सेंट मैरी/सेंट जोसेफ	नैनीताल

16. उच्च शिक्षा संस्थान

जी०बी० पन्त कृषि तथा प्रौद्योगिकी विश्वविद्यालय	पन्तनगर	1960
गुरुकुल काँगड़ी विश्वविद्यालय (डीम्ड)	हरिद्वार	1962
हे०न०ब० गढ़वाल विश्वविद्यालय (केन्द्रीय विश्वविद्यालय-2009)	श्रीनगर	1973
कुमाऊँ विश्वविद्यालय	नैनीताल	1973
एफआरआई (डीम्ड विश्वविद्यालय)	देहरादून	1991
इण्डियन इन्स्टीट्यूट ऑफ टेक्नोलॉजी (IIT)	रुड़की	1847 (थामसन कॉलेज)
देव संस्कृति विश्वविद्यालय (डीम्ड वि०वि०)	हरिद्वार	2002
पेट्रोलियम एवं ऊर्जा विश्वविद्यालय	देहरादून	2003
इक्फाई विश्वविद्यालय	सेलाकुई (देहरादून)	2004
हिमगिरी जी विश्वविद्यालय	देहरादून	2004
दून विश्वविद्यालय	देहरादून	2004
उत्तराखण्ड तकनीकी विश्वविद्यालय	देहरादून	2005
संस्कृत विश्वविद्यालय	हरिद्वार	2005
उत्तराखण्ड मुक्त विश्वविद्यालय	हल्द्वानी	2005
पतंजलि योग विद्यापीठ (डीम्ड वि०वि०)	हरिद्वार	2006

आधारभूत सूचनाएँ		
हिमालयन इंस्टीट्यूट ऑफ मेडिकल साइंसेज		
स्वामी राम हिमालयन विश्वविद्यालय (डीम्ड)	देहरादून	2007
ग्राफिक एरा विश्वविद्यालय (डीम्ड)	देहरादून	2008
आयुर्वेदिक विश्वविद्यालय	देहरादून	2009
नेशनल इंस्ट्टीयूट ऑफ टेक्नोलॉजी	श्रीनगर	2009
आई०आई०एम० (29 अप्रैल, 2011)	काशीपुर (उ०नगर)	2011
वीर चंद्र सिंह गढ़वाली उत्तराखण्ड औद्यानिकी एवं वानिकी वि०वि०	भरसार, पौड़ी गढ़वाल	2011
श्रीदेव सुमन उत्तराखण्ड विश्वविद्यालय	बादशाहीथौल, टिहरी	2012
हिमालयन विश्वविद्यालय (डीम्ड)	देहरादून	2012
आईएमएस यूनिसन विश्वविद्यालय (डीम्ड)	देहरादून	2012
उत्तरांचल विश्वविद्यालय (डीम्ड)	देहरादून	2012
डीआईटी विश्वविद्यालय (डीम्ड)	देहरादून	2012
हे०न०ब० चिकित्सा शिक्षा विश्वविद्यालय	देहरादून	2012
मदरहुड विश्वविद्यालय	रुड़की	2015
सोबन सिंह जीना विश्वविद्यालय	अल्मोड़ा	2016
हिमालयन गढ़वाल विश्वविद्यालय (डीम्ड)	पोखड़ा (पौड़ी गढ़वाल)	2016
केन्द्रीय संस्कृत विश्वविद्यालय	देवप्रयाग	2016
श्री गुरु राम राय विश्वविद्यालय	देहरादून	2017
स्पर्श हिमालयीय विश्वविद्यालय	फतेहपुर टांडा, डोईवाला	2019
आम्रपाली विश्वविद्यालय	हल्द्वानी	2021
देवभूमि उत्तराखण्ड विश्वविद्यालय	देहरादून	2021
डी.बी.एस. ग्लोबल विश्वविद्यालय	देहरादून	2023
मायादेवी विश्वविद्यालय	सेलाकुई, देहरादून	2023

17. उत्तराखण्ड पर महत्त्वपूर्ण पुस्तकें

केदारखण्ड : स्कन्दपुराण
मानसखण्ड : स्कन्दपुराण
हिमालयन डिस्ट्रिक्ट गजेटियर्स : एटकिन्सन, 1882-86
मेम्वायर्स ऑफ देहरादून : जी०आर०सी० विलियम्स, 1874
होली हिमालय : इ० सेरमन ओकले, 1905
देहरादून गजेटियर्स : एच०जी० वाल्टन, 1911
अल्मोड़ा गजेटियर्स : एच०जी० वाल्टन, 1928
गढ़वाल-एनसिएंट एण्ड माडर्न : पातीराम, 1917
हिमालयन ट्रैवल्स : जोधसिंह नेगी, 1920
गढ़वाल का इतिहास : हरिकृष्ण रतूड़ी, 1928
हिमालयन फोकलोर : तारादत्त गैरोला/ओकले, 1935
कुमाऊँ का इतिहास : बदरीदत्त पाण्डे, 1937
हिमालय की यात्रा : काका साहब कालेलकर, 1948
हिमालय परिचय-1, गढ़वाल : राहुल सांकृत्यायन, 1953
गढ़वाली लोक गीत : डॉ० गोविन्द चातक, 1954
कुमाऊँ : राहुल सांकृत्यायन, 1959
गढ़वाल पेन्टिंग्स : बैरिस्टर मुकुन्दीलाल, 1968-1980
राजुली मालूशाही : यमुनादत्त वैष्णव 'अशोक' 1972

गढ़वाली भाषा और उसका साहित्य	: डॉ हरिदत्त भट्ट 'शैलेश', 1976
उत्तराखण्ड के प्रमुख स्वतंत्रता सेनानी	: डॉ० धर्मपाल सिंह मनराल, 1977
कुमाउंनी भाषा और उसका साहित्य	: त्रिलोचन पाण्डे 1977
गढ़वाल की दिवंगत विभूतियाँ	: भक्तदर्शन, 1980, 2023
मध्य हिमालय का पुरातत्व	: डॉ० यशवन्त सिंह कठोच, 1981
गढ़वाल के लोकनृत्य गीत	: डॉ० शिवानंद नौटियाल, 1981
उत्तराखण्ड हिमालय की अर्थव्यवस्था	: नारायण सिंह बिष्ट, 1981
उत्तराखण्ड का इतिहास (21-भाग)	: डॉ० शिवप्रसाद डबराल
रुद्रप्रयाग का आदमखोर बाघ	: जिम कार्बेट
आर्यों का आदि निवास : मध्य हिमालय	: भजनसिंह 'सिंह', 1986
उत्तराखण्ड में कुली बेगार प्रथा	: डॉ० शेखर पाठक, 1987
भारतीय लोक संस्कृति का संदर्भ मध्य हिमालय	: गोविन्द चातक, 1990
ब्रिटिश कुमाऊँ-गढ़वाल	: डॉ आर०एस० टोलिया, 1996
उत्तराखण्ड आंदोलन का दस्तावेज	: पद्मेश बुड़ाकोटी, 1994-95
कुमाऊँ की चित्रकला	: डॉ० यशोधर मठपाल, 1997
उत्तराखण्ड का नवीन इतिहास	: डॉ० यशवन्त सिंह कठोच, 2006
देहरादून का गजेटियर	: एच०जी० वाल्टन अनु० प्रकाश थपलियाल, 2006
एशिया की पीठ पर	: प्रो० शेखर पाठक प्रो० उमा भट्ट, 2007
उत्तराखण्ड की जनजातियों का इतिहास	: जयसिंह रावत, 2012
In The Garb of Nanda Devi Raj Jaat	: Chandra Singh Negi, 2013
हरी भरी उम्मीद : चिपको आन्दोलन और अन्य जंगलात प्रतिरोध की परम्परा	: डॉ० शेखर पाठक, 2019
उत्तराखण्ड की संस्कृति, इतिहास और लोक साहित्य	: डॉ० शिवप्रसाद नैथानी, 2020

18. उत्तराखण्ड में आये भूकम्प

तिथि	तीव्रता	अधिकेन्द्र
22 मई, 1803	6	उत्तरकाशी
6 सितम्बर, 1803	9	बदरीनाथ
28 मई, 1816	7	गंगोत्तरी
25 दिसम्बर, 1831	5	लोहाघाट
2 जुलाई, 1832	6	लोहाघाट
30 मई, 1833	6	लोहाघाट
14 मई, 1835	7	लोहाघाट
11 अप्रैल, 1843	5	चमोली
14 फरवरी, 1851	5	नैनीताल
25 जुलाई, 1869	6	नैनीताल
22 मई, 1871	6	लण्ढौर

28 अक्टूबर, 1916	7.5	धारचूला, बजांग
5 मार्च, 1935	6	धारचूला, बजांग
2 अक्टूबर, 1937	8	देहरादून
11 दिसम्बर, 1943	5.0	चमोली
4 जून, 1945	6.5	अल्मोड़ा
28 दिसम्बर, 1958	7.5	बजांग-धारचूला
24 दिसम्बर, 1961	5.7	बजांग-धारचूला
26 सितम्बर, 1964	5.8	बजांग-धारचूला
6 अक्टूबर, 1964	5.3	बजांग-धारचूला
27 जून, 1966	6	बजांग-धारचूला
27 जुलाई, 1966	6.3	कपकोट-धारचूला
16 दिसम्बर, 1966	5.7	भारत-नेपाल सीमा
28 अगस्त, 1968	7	धारचूला-बजांग
20 मई, 1979	5.7	भारत-नेपाल सीमा
21 मई, 1980	6.5	धारचूला
20 अक्टूबर, 1991	6.6	उत्तरकाशी
29 मार्च, 1999	6.8	चमोली
14 अगस्त, 2005	4.8	सम्पूर्ण उत्तराखण्ड
14 दिसम्बर, 2005	5.2	चमोली-जोशीमठ (केन्द्र)
2 फरवरी, 2006	5.0	उत्तराखण्ड-चीन सीमा
23 जुलाई, 2007	5.0	सम्पूर्ण उत्तराखण्ड
7 जुलाई, 2010	5.1	पिथौरागढ़
6 नवम्बर, 2017	5.5	तोलियों (रुद्रप्रयाग)

19. राज्य में चलने वाली विभिन्न योजनाएं

- अटल आयुष्मान उत्तराखण्ड योजना।
- पं० दीनदयाल होम स्टे योजना।
- हमारी कन्या, हमारा धन।
- हिमालयी आजीविका सुधार योजना।
- सूचना प्रौद्योगिकी विकास एजेन्सी।
- उत्तराखण्ड सभी के लिए शिक्षा योजना।
- नई जिन्दगी एवं पालना योजना।
- उत्तराखण्ड हेल्थ सिस्टम योजना।
- ए०डी०बी० शहरी एवं नगरीय विकास योजना।
- राष्ट्रीय उच्चतर शिक्षा अभियान (रूसा)।
- मेरा गांव-मेरी सड़क योजना।
- मिशन एप्पल योजना।
- बेटी पढ़ाओ-बेटी बचाओ।
- तीलू रौतेली पेंशन योजना।
- यू हेल्थ योजना।
- स्वजल योजना।
- महिला डेरी विकास योजना।
- एकीकृत बाल विकास योजना।
- जलागम प्रबन्ध योजना।

- राष्ट्रीय सेवा योजना।
- समग्र शिक्षा अभियान (रमसा)।
- मेरा गांव-मेरा धन योजना।
- ग्रामीण पर्यटन उत्थान योजना।
- खिलती कलियां योजना।
- मुख्यमंत्री महालक्ष्मी योजना।
- प्रधानमंत्री आवास योजना।
- पर्वतमाला परियोजना।
- दीन दयाल उपाध्याय ग्राम ज्योति योजना।
- प्रधानमंत्री कृषि सिंचाई योजना।
- राष्ट्रीय कृषि विकास योजना।
- औद्योगिक उत्पादों के ढुलान की योजना।
- हिम प्रहरी योजना।
- दीनदयाल उपाध्याय ग्रामीण कौशल योजना।
- मुख्यमंत्री पलायन रोकथाम योजना।
- मुख्यमंत्री उदीयमान खिलाड़ी उन्नयन योजना।
- मुख्यमंत्री वात्सल्य योजना।
- मुख्यमंत्री आंचल अमृत योजना।
- मुख्यमंत्री बाल पोषण योजना।
- मुख्यमंत्री महिला पोषण योजना।
- नंदा गौरा योजना।
- मुख्यमंत्री अल्पसंख्यक हुनर योजना।
- मुख्यमंत्री अल्पसंख्यक प्रोत्साहन योजना।
- दीनदयाल उपाध्याय सहकारिता किसान कल्याण योजना।
- मुख्यमंत्री सीमांत क्षेत्र विकास योजना।

20. प्रमुख शासकीय तथ्य

राज्यपाल

प्रथम राज्यपाल	:	सुरजीत सिंह बरनाला (9 नवम्बर, 2000 – 7 जनवरी 2003)
वर्तमान राज्यपाल	:	ले०ज० (से०नि०) गुरमीत सिंह (15 सितम्बर, 2021 से अद्यावधि)

मुख्यमंत्री

प्रथम मुख्यमंत्री	:	नित्यानन्द स्वामी (अंतरिम) (9 नवम्बर, 2000 – 29 अक्टूबर, 2001)
वर्तमान मुख्यमंत्री	:	23 मार्च 2022 को वर्तमान मुख्यमंत्री पुष्कर सिंह धामी के साथ अन्य 8 विधायकों ने कैबिनेट मंत्री के रूप में शपथ ली। उससे पूर्व वे 4 जुलाई, 2021 को पहली बार मुख्यमंत्री बने।

विधान सभा अध्यक्ष

प्रथम विधान सभा अध्यक्ष	:	प्रकाश पन्त (अंतरिम विधान सभा)
वर्तमान विधान सभा अध्यक्ष	:	श्रीमती ऋतु खण्डूड़ी भूषण

उत्तराखण्ड से राज्य सभा सदस्य

नरेश बंसल	:	(30 नवम्बर, 2020 से 29 नवम्बर, 2026 तक)
डॉ० कल्पना सैनी	:	(8 जुलाई, 2022 से 3 जुलाई, 2028 तक)
महेन्द्र भट्ट	:	(2 अप्रैल, 2024 से 2030 तक)

उत्तराखण्ड से 18वीं लोक सभा के सदस्य

श्रीमती माला राज्यलक्ष्मी शाह	:	*टिहरी गढ़वाल*
अनिल बलूनी	:	गढ़वाल
त्रिवेन्द्र सिंह रावत	:	हरिद्वार
अजय भट्ट	:	नैनीताल
अजय टम्टा	:	अल्मोड़ा

उच्च न्यायालय के मुख्य न्यायाधीश

प्रथम मुख्य न्यायाधीश	:	न्यायमूर्ति अशोक अभेन्द्र देसाई (9 नवम्बर, 2000)
वर्तमान मुख्य न्यायाधीश	:	न्यायमूर्ति मनोज कुमार गुप्ता

उत्तराखण्ड राज्य अधीनस्थ सेवा चयन आयोग

प्रथम अध्यक्ष	:	डॉ० आर०बी०एस० रावत
वर्तमान अध्यक्ष	:	जी०एस० मर्तोलिया, (सेवानिवृत्त आई०पी०एस०)

राज्य सूचना आयुक्त

प्रथम मुख्य सूचना आयुक्त	:	डॉ० आर०एस० टोलिया
वर्तमान मुख्य सूचना आयुक्त	:	श्रीमती राधा रतूड़ी

मुख्य सचिव

प्रथम मुख्य सचिव	:	अजय विक्रम सिंह
वर्तमान मुख्य सचिव	:	आनन्द बर्द्धन

पुलिस महानिदेशक

प्रथम पुलिस महानिदेशक	:	अशोक कान्त शरण
वर्तमान पुलिस महानिदेशक	:	दीपम सेठ

उत्तराखण्ड

स्थिति, महत्त्वपूर्ण तथ्य एवं विश्व प्रसिद्ध उपलब्धियाँ

- **हिमालय :** भारत की उत्तर-पूर्वी सीमा में हिमालय की उच्च पर्वत श्रेणियां फैली हुई हैं। इस क्षेत्र में हिमालय की तीन समानान्तर पर्वत श्रेणियां हैं, जो महान हिमालय या हिमाद्रि, निम्न हिमालय या हिमाचल और बाह्य हिमालय या शिवालिक के नाम से जानी जाती हैं।
- **गंगा :** भारतीय मनीषा में 'गंगा' का अप्रतिम स्थान है। यह अपनी विराटता, धवलता, गाम्भीर्य और पवित्रता में सर्वोपरि है।

  'गंगा' गढ़वाल हिमालय में बहने वाली दो नदियों (भागीरथी-अलकनन्दा) एवं उनकी सहायक नदियों का सम्मिलित स्वरूप है। यह स्वरूप उसे देवप्रयाग में भागीरथी और अलकनन्दा के संगम के बाद प्राप्त हुआ है। इस स्थान से न तो अलकनन्दा, अलकनन्दा रहती है और न ही भागीरथी, भागीरथी, बल्कि वह 'गंगा' बनकर व्यास घाट में पूर्वी-पश्चिमी नयार का जल ग्रहण करते हुए हरिद्वार को पार कर मैदानी भाग में प्रवेश करती है। यहाँ से आगे बढ़ते हुए गंगा सागर तक का मार्ग 'गंगा' नाम से तय करती है। 'गंगा नदी' को 4 नवम्बर, 2008 को भारत सरकार द्वारा 'राष्ट्रीय नदी' घोषित किया गया। वर्ष 2014 में गंगा नदी की स्वच्छता के लिए 'नमामि गंगे' अभियान आरम्भ हुआ।
- **नन्दादेवी :** विश्व की ऊँची चोटियों में से एक नन्दादेवी चोटी (7,817 मी०) जनपद चमोली में स्थित है।
- **त्रिशूल पर्वत पर अद्भुत आकृतियों के दर्शन :** समुद्र तल से 7120 मीटर ऊँचा त्रिशूल पर्वत श्रद्धालुओं तथा धर्मावलम्बियों के साथ-साथ पर्यटकों के लिए भी श्रद्धा और कौतूहल का प्रतिरूप है। शिवधाम के रूप में प्रतिष्ठित यह हिम शिखर विभिन्न दिशाओं से अपने विचित्र रूप प्रकट करता है। उत्तराखण्ड के रानीखेत, अल्मोड़ा तथा ग्वालदम से यह नुकीला तथा तीव्र ढलान वाला, जबकि गोपेश्वर से यह सपाट तथा मुखाकृति के रूप में दिखाई देता है। यह मुखाकृति ग्रीष्मकाल में किसी साधु-संन्यासी की गम्भीर मुद्रा की तरह दिखाई देती है, जबकि जुलाई से सितम्बर तक इसके चेहरे पर मुस्कुराहट की झलक दिखाई देती है। यही वक्त है जब प्रसिद्ध नन्दा देवी की डोली छोटी राजजात के रूप में इस शिखर के पाद तल तक पहुँचाये जाने की परम्परा है। नवम्बर से फरवरी तक इसमें एक कन्या की मुखाकृति का आभास होता है जो आभूषणों से अलंकृत दिखाई देती है।

  उत्तराखण्ड के पिथौरागढ़ जनपद में स्थित ओम् पर्वत में ॐ की आकृति भी इसी प्रकार श्रद्धा एवं रोमांच के साथ देवभूमि की उक्ति को सार्थक कर देती है।
- **नन्दा राजजात :** यह उत्तराखण्ड में होने वाली सबसे लम्बी पैदल धार्मिक यात्रा है। प्रत्येक 12 वर्षों के बाद आयोजित होने वाली यह राजजात 18 अगस्त से 7 सितम्बर 2014 तक 14 वर्षों के बाद संपन्न हुई। नौटी से शुरू होकर उच्च हिमालयी क्षेत्र होमकुंड और वापस नौटी तक 280 किमी० लम्बी इस जात में असंख्य लोगों ने हिस्सा लिया था। अगस्त 2026 में नन्दा राजजात का पुनः आयोजन होना है।
- **कुम्भ पर्व और उत्तराखण्ड :** 7 दिसम्बर, 2017 को यूनेस्को द्वारा '*मानवता की अमूर्त सांस्कृतिक धरोहर*' की श्रेणी में शामिल कुम्भपर्व विश्व का एक ऐसा

धार्मिक पर्व है जिसमें स्नान करने के लिए जाति, पंथ या लिंग से इतर सर्वाधिक श्रद्धालु एकत्रित होते हैं। कुम्भ-पर्व का आयोजन हरिद्वार, प्रयाग, नासिक और उज्जैन में चार वर्ष के अन्तराल पर होता है। गंगा द्वार, हरिद्वार में हर 12वें वर्ष महाकुम्भ का आयोजन होता है। ज्योतिषीय गणना के अनुसार जब बृहस्पति कुम्भ राशि में होता है और सूर्य मेष राशि में प्रवेश करता है, तब हरिद्वार में महाकुम्भ होता है। महाकुम्भ के छह वर्ष बाद अर्द्धकुम्भ भी होता है। वर्ष 2021 में हरिद्वार में महाकुम्भ का आयोजन हुआ था। इस पर्व को पूरी अवधि तक चलना था, लेकिन कोविड-19 महामारी के कारण इसकी अवधि सीमित कर दी गई थी। वर्ष 2027 में पुनः कुम्भ पर्व का आयोजन होना है।

- **बदरीनाथ :** भारत के चारधाम बदरीनाथ, जगन्नाथ पुरी, रामेश्वरम और द्वारका में से एक बदरीनाथ को भू बैकुण्ठ धाम भी कहते हैं। बदरीनाथ धाम सीमान्त जनपद चमोली के सीमान्त हिमालय की तलहटी में नर और नारायण दो पर्वतों के मध्य अलकनन्दा के तट पर स्थित है। प्रकृति के अनुपम सौन्दर्य के बीच स्थित बदरीनाथ धाम में भगवान विष्णु की पूजा- आराधना होती है। उत्तराखण्ड में यमुनोत्री, गंगोत्री और केदारनाथ की यात्रा करने के उपरान्त बदरीनाथ धाम के दर्शन करने की परम्परा है।
- **तुंगनाथ :** सबसे अधिक ऊँचाई पर और पंचकेदारों में से एक यह मन्दिर रुद्रप्रयाग जनपद में स्थित है। इस मंदिर का निर्माण नौवीं शताब्दी का माना जाता है और समुद्र तल से यह 3,640 मीटर ऊंचाई अवस्थित है। वर्ष 2023 में भारत सरकार द्वारा तुंगनाथ मंदिर को राष्ट्रीय स्मारक घोषित किया गया।
- **जोशीमठ-औली रोप-वे :** एशिया का सबसे अधिक लम्बाई तथा ऊँचाई का रोप-वे, 4.15 किमी० लम्बा तथा 3,016 मी० ऊँचाई वाला यह (रोप-वे) रज्जु मार्ग अक्टूबर 1993 में शुरू किया गया। वर्तमान में भारत सरकार ने भारत पर्वतमाला परियोजना के अन्तर्गत केदारनाथ (सोनप्रयाग-केदारनाथ, हेमकुंड साहिब (गोविंदघाट-घांघरिया-हेमकुण्ड साहिब) और मसूरी-देहरादून रोप-वे प्रोजक्ट को स्वीकृति प्रदान की।
- **कार्बेट राष्ट्रीय उद्यान :** अपनी अकूत जैव विविधता के लिए विश्व प्रसिद्ध कार्बेट राष्ट्रीय उद्यान को पूर्व में 'हेली नेशनल पार्क' के नाम से जाना जाता था। यह भारत का प्रथम नेशनल पार्क है।
- **कटारमल सूर्य मन्दिर :** अल्मोड़ा जनपद में अवस्थित यह मन्दिर उत्तराखण्ड शैली का है, जिसका निर्माण राजा कटारमल्ल ने किया था। इस मन्दिर में मुख्य प्रतिमा सूर्य की है जो आसन मुद्रा में है। इस मन्दिर के कपाट वर्तमान में *राष्ट्रीय संग्रहालय*, नई दिल्ली में रखे हुए हैं जो अपनी विशिष्ट काष्ठ (शिल्प) कला के लिए विश्व प्रसिद्ध हैं।
- **पन्तनगर कृषि विश्वविद्यालय :** देश का प्रथम कृषि विश्वविद्यालय पन्तनगर में है। इसकी स्थापना 17 नवम्बर, 1960 को देश के प्रथम प्रधानमंत्री पं० जवाहर लाल नेहरू ने की। इसे गोविन्द बल्लभ पन्त कृषि एवं प्रौद्योगिकी विश्वविद्यालय कहा जाता है।
- **वाडिया संस्थान :** हिमालय के भूगर्भ से सम्बन्धित देश का प्रथम संग्रहालय तथा अध्ययन केन्द्र 'वाडिया भूगर्भ विज्ञान संस्थान' देहरादून में स्थित है।

- **यंत्र अनुसंधान एवं विकास संस्थान** : फरवरी 1960 में स्थापित यंत्र अनुसंधान एवं विकास संस्थान (I.R.D.E.) देहरादून, रक्षा अनुसंधान एवं विकास संगठन के अन्तर्गत एक प्रमुख प्रयोगशाला है जो प्रकाशिकी, वैद्युत-प्रकाशिकी, सर्वो, तन्तु प्रकाशिकी और होलोग्राफी पर आधारित यंत्रों के डिजाइन तथा विकास के क्षेत्र में महत्वपूर्ण कार्य करता है।
- **इण्डियन इन्स्टीट्यूट ऑफ टेक्नॉलॉजी** : 1847 को रुड़की में स्थापित एशिया के प्रथम इंजीनियरिंग कॉलेज थामसन कॉलेज ऑफ सिविल इंजीनियरिंग को 1947 में भारत सरकार द्वारा रुड़की विश्वविद्यालय बनाया गया। तत्पश्चात् भारत सरकार द्वारा इसे आई०आई०टी० (Indian Institute of Technology) का दर्जा दिया।
- **मलारी के पुरावशेष** : गढ़वाल विश्वविद्यालय के पुरातत्व विभाग को जनवरी 2002 में चमोली की तिब्बत सीमा से सटे मलारी गाँव में खुदाई के दौरान हजारों वर्ष पुराना नर कंकाल, मिट्टी के बर्तन, जानवरों के अंग और 5.2 किलो का एक सोने का मुखावरण आदि सामग्री मिली। मलारी गाँव में मिले पुरावशेषों ने हिमालय में मानव जीवन की प्राचीनता को सिद्ध किया है।
- **बौद्ध स्तूप** : क्लेमेन्टाउन, देहरादून स्थित 185 फीट ऊँचा यह बौद्ध स्तूप तिब्बती वास्तु-कला का अनुपम उदाहरण है। 3 करोड़ रुपये की लागत से बना यह स्तूप लगभग ढाई वर्ष में बनकर तैयार हुआ और बौद्ध धर्मगुरु दलाई लामा द्वारा इस स्तूप की प्राण-प्रतिष्ठा 28 अक्टूबर, 2002 को की गई।
- **टिहरी रियासत** : टिहरी रियासत के मुख्यालय की स्थापना 28 दिसम्बर, 1815 को भागीरथी और भिलंगना नदी के किनारे बसे एक छोटे से गांव में हुई। बाद में राजधानी स्थापित होने से यहां शिक्षा, सांस्कृतिक और अनेक केन्द्रों की स्थापना की गई। शिक्षा के क्षेत्र में यही एकमात्र ऐसा नगर था, जहां पर 1873 में महाराजा प्रताप शाह ने एक स्कूल की स्थापना करवाई। 1887 में उनकी मृत्यु के पश्चात् यहां पर प्रताप शाह हाईस्कूल और बाद में इंटर तक की शिक्षा की व्यवस्था की गई। 1897 में महारानी विक्टोरिया की हीरक जयंती पर यहां घंटाघर का निर्माण किया गया। इसका निर्माण महाराजा कीर्ति शाह ने करवाया। इस घंटाघर के लिए ब्रिटेन से घड़ियां मंगवाई गई। सन् 1815 में स्थापित यह टिहरी नगर सन् 2006 में अपनी स्थापना के 191 वर्ष पूर्ण करने के पश्चात् टिहरी बांध बनने के कारण जल समाधि ले चुका है।
- **एशिया में सबसे ऊँचा वृक्ष** : जनपद उत्तरकाशी स्थित मोरी ब्लाक में एशिया का सबसे ऊँचा चीड़ का वृक्ष 8 मई, 2007 को आये चक्रवाती तूफान में धराशायी हो गया था। 230 वर्ष पुराना, 60.65 मीटर ऊँचा तथा 2.70 मीटर गोलाई वाला चीड़ का वृक्ष पादप विज्ञानियों के साथ ही पर्यटकों के आकर्षण का केंद्र था।
- **सामूहिक जन भागीदारी की अनोखी मिसाल-जनशक्ति मोटर मार्ग** : सात-आठ दशक पूर्व गांव-समाज के लोग सरकारी सहायता की प्रतीक्षा किये बिना अपने क्षेत्र के विकास कार्यों में स्वयं ही जुट जाते थे। इस बलबूते पर बड़ी से बड़ी योजनायें सफल हो जाती थीं। ऐसा ही एक कार्य पौड़ी जनपद के चौंदकोट तथा राठ क्षेत्र के ग्रामीणों ने पचास के दशक में बिना सरकारी सहायता से स्वयं की सामूहिक श्रमशीलता एवं संसाधनों के बल पर 56 किमी०

लंबी मोटर सड़क का निर्माण करके दिखाया। उत्तराखण्ड में सामूहिक जन भागीदारी की यह मिसाल आज भी लोगों के लिए प्रेरणादायक है।

- **राइफलमैन जसवंत सिंह रावत (महावीर चक्र) स्टेडियम : पौड़ी :** एशिया में सबसे ऊंचाई पर दूसरे नंबर का स्टेडियम मंडल मुख्यालय पौड़ी स्थित रांसी स्टेडियम अब राइफलमैन जसवंत सिंह रावत (महावीर चक्र) स्टेडियम के नाम से जाना जाता है। राइफलमैन जसवंत सिंह रावत ने 1962 के भारत-चीन युद्ध में अरुणाचल प्रदेश की नूरानांग पहाड़ी पर अकेले चीन की सेना को 72 घण्टे तक रोके रखा था।

इस स्टेडियम को देश के हाई अल्टीट्यूट स्पोर्ट्स सेंटर के रूप में विकसित किया जा रहा है। इस स्टेडियम में 400 मीटर का 6 लेन का सिंथेटिक ट्रेक बनाया गया है। इसके साथ ही इसके बहुउद्देशीय क्रीड़ा हाल में बैडमिंटन के चार सिंथेटिक कोर्ट और एक टीटी हॉल का निर्माण किया गया है। उत्तर प्रदेश के तत्कालीन मुख्यमंत्री हेमवती नंदन बहुगुणा ने 2 जून, 1975 को इस स्टेडियम का शिलान्यास किया था। पूर्व में इस मैदान पर ऑल इंडिया टूर्नामेंट आयोजित भी हुए हैं। इसमें देश की नामी टीमें भाग लेती थीं। चारों ओर बांज, बुरांस और देवदार के पेड़ों से घिरा यह मैदान अद्‌भुत सौन्दर्य से भरपूर है। यहां की आबोहवा स्वास्थ्य के अनुकूल है।

उत्तराखण्ड के नाम अनोखे रिकॉर्ड

- ***चार हजार मील पैदल यात्रा*** : गढ़वाल राइफल्स की यह एक अति महत्वपूर्ण उपलब्धि है कि इसे ***विश्व इतिहास*** की सबसे लम्बी पैदल यात्राओं में से एक यात्रा करने का गौरव हासिल है। सन् 1909-10 में गढ़वाल रेजीमेंट के लेफ्टिनेंट पी०टी० अर्थटन तथा राइफलमैन ज्ञानसिंह फर्स्वाण ने लैंसडौन से मास्को तक चार हजार मील की यात्रा पैदल पूरी की। कश्मीर, गिलगिट, हुन्जा तथा पामीर की पहाड़ियों के ऊपर से गुजरकर चीन, मंगोलिया तथा साइबेरिया होते हुए ये दोनों यात्री पैदल मास्को पहुंचे थे। इस उपलब्धि पर सरकार ने इन्हें 'मैक ग्रेगर' अलंकरण से विभूषित किया था।
- ***पर्वत शिखरों पर रेजीमेंट की फतह*** : गढ़वाल राइफल्स के हवलदार जगत सिंह एवं कुंवर सिंह ने वर्ष 2003 में *संयुक्त इंडो-नेपाल पर्वतारोहण* अभियान के तहत एवरेस्ट शिखर पर भारत का झंडा फहराकर रेजीमेंट के पर्वतारोहण के इतिहास में एक स्वर्णिम अध्याय जोड़ा। एडमंड हिलेरी द्वारा एवरेस्ट फतह करने की 50वीं वर्षगांठ के अवसर पर गढ़वाल राइफल्स के पर्वतारोहियों ने यह उपलब्धि हासिल की। इससे पूर्व गढ़वाल राइफल्स की 8वीं बटालियन के प्रसिद्ध पर्वतारोही मेजर जान डी० डॉयस ने 1954 में कामेट तथा जोगिन शिखरों पर, 1958 में चूयू पर्वत शिखर पर तथा बाद में नंदादेवी पर्वत शिखर पर चढ़ने में सफलता पाई थी। सन् 1962 में मेजर डॉयस ने माउण्ट एवरेस्ट के लिए भारतीय अभियान का नेतृत्व किया था। रेजीमेंट के पर्वतारोहियों ने 1986 में जोगिन शिखर (6464 मीटर), कामेट शिखर (7756 मीटर), 1995 में चौखम्बा शिखर (7138 मीटर) तथा 1998 में सतोपंथ शिखर (7075 मीटर) आदि अभियानों में कामयाबी हासिल की थी।

- ***अधिकांश मुखिया एक ही संस्थान के*** : देहरादून के राष्ट्रीय इन्डियन मिलिट्री कॉलेज (RIMC) की स्थापना 1 मार्च, 1922 को ड्यूक ऑफ विंडसर (प्रिन्स ऑफ वेल्स) द्वारा ऊँचे आदर्शों की स्थापना हेतु की गई। अब तक यहाँ से 6 रक्षा मुखिया (Defence Chiefs), 4 थल सेना मुखिया (Army Chiefs) और 3 वायु सेना मुखिया (Air Chiefs) (इसमें से दो पाकिस्तान में) बने हैं। जनरल के०एस० थिमैय्या (DSO), जी०वी० बेवूर (PVSM), वी०एन० शर्मा (PVSM, AVSM) और बिपिन रावत (AVSM, YSM, SM,VSM, ने भारतीय सेना में मुखिया के रूप में देश को अपनी सेवाएँ दीं। थल सेनाध्यक्ष पद से सेवानिवृत्त हुए बिपिन रावत ने 1 जनवरी, 2020 को देश के प्रथम चीफ ऑफ डिफेंस स्टाफ का पदभार संभाला था। बिपिन रावत जल, थल और वायु सेना के प्रमुख रहे थे। एअर मार्शल एन०सी० सूरी (PVSM, AVSM, VM) सन् 1993 में वायु सेना के प्रमुख के पद से सेवानिवृत्त हुए। पाकिस्तान एयर फोर्स में मुखिया के रूप में एयर मार्शल एम० असगर खान और एम० नूर खान ने पाकिस्तान को अपनी सेवाएँ दीं। भारत के फील्ड मार्शल एस०एच०एफ० जे० मानेकशाह, म्यांमार के जनरल स्मिथडन तथा पाकिस्तान के अली अशरफ खान एवं मोहम्मद मूसा तीन राष्ट्रों के सैन्य मुखिया भारतीय सैन्य अकादमी (IMA) देहरादून से प्रशिक्षित हुए थे। मार्च 2022 में संस्थान द्वारा अपना शताब्दी वर्ष मनाया गया। इन 100 वर्षों में पहली बार कालेज में 5 सीट छात्राओं के लिए आरक्षित की गई हैं।
- ***भारतीय सैन्य अकादमी (IMA)*** : भारतीयों की मांग पर वर्ष 1932 में फील्ड मार्शल सर फिलिप चेटवुड द्वारा भारतीय सैन्य अकादमी की स्थापना की गई। सी०एन०सी० ब्रिगेडियर एल०पी० फोलिन्स इसके पहले कमांडेंट बनाए गए। सन् 1934 के प्रथम बैच में एस०एच०एफ०जे० मानेकशॉ ने 8वीं गोरखा राइफल्स से पास आउट किया। उपरोक्त संगठन ने अपनी बहादुरी से 1 विक्टोरिया क्रॉस (ले० क्लेयर जनरल) पी०एस० भगत, 1 जॉर्ज क्रॉस, 1 जॉर्ज मेडल, 73 मिलिट्री क्रॉस, 6 परमवीर चक्र, 15 अशोक चक्र, 81 महावीर चक्र, 40 कीर्ति चक्र, 250 वीर चक्र, 159 शौर्य चक्र, 1 सर्वोत्तम युद्ध सेवा मेडल एवं 18 उत्कृष्ट युद्ध सेवा मेडल प्राप्त किए। एकेडमी की स्थापना के 75 वर्ष पूरे होने के अवसर पर तत्कालीन प्रधानमंत्री डॉ० मनमोहन सिंह रिव्यूइंग ऑफिसर के तौर पर उपस्थित थे। 11 दिसम्बर, 2021 को अकादमी के 89वें रेजिंग डे के अवसर पर रिव्यूइंग ऑफीसर के तौर पर तत्कालीन राष्ट्रपति रामनाथ कोविंद उपस्थित थे।
- ***प्रथम पंजीकृत पब्लिक स्कूल*** : दून स्कूल देहरादून, भारत का प्रथम पंजीकृत स्कूल है जिसकी स्थापना 1935 में प्रसिद्ध बैरिस्टर और वायसराय की काउंसिल के सदस्य सतीश रंजन दास द्वारा की गई थी। इसे श्रेष्ठ वकीलों तथा वायसराय के कार्यकारी परामर्शदाताओं के सदस्यों के सहयोग से अच्छे शैक्षणिक स्तर हेतु बनवाया गया था ताकि अंग्रेजी का विकास हो सके तथा देश के नागरिकों को अच्छी शिक्षा मिल सके। उन्होंने इसे भारतीय कम्पनी अधिनियम 1929 के अन्तर्गत 'भारतीय पब्लिक स्कूल सोसाइटी' के अन्तर्गत बिना लाभ-हानि के

संचालित होने वाली श्रेणी में पंजीकृत करवाया था। 23 अक्टूबर, 2010 को दून स्कूल ने अपनी स्थापना की प्लेटिनम जुबली मनाई। इस अवसर पर भारत की तत्कालीन राष्ट्रपति श्रीमती प्रतिभा पाटिल मुख्य अतिथि थीं।

- ***सर्वाधिक खेल के मैदान*** : 1922 में प्रिन्स ऑफ वेल्स रॉयल मिलिट्री कॉलेज (अब RIMC) की देहरादून में स्थापना की गई। इसका मुख्य उद्देश्य भारतीय नागरिकों को प्राथमिकता के आधार पर प्रशिक्षण देकर भारतीय सेना में अफसर बनाना था। एकेडमी की महत्ता के अतिरिक्त यहाँ 7 फुटबाल मैदान, 3 क्रिकेट मैदान, 3 स्क्वैश पूल, 3 बास्केटबाल कोर्ट और एक जिम्नास्टिक सेन्टर बनाया गया है।
- ***सबसे लम्बी लकड़ी का पैनल हॉल*** : वन अनुसंधान संस्थान (FRI), देहरादून का मुख्य हाल 20 मी० × 15 मी० × 27.83 मी० तथा 20.15 मी० × 10.95 मी० है, जो शीशम और रोजवुड लकड़ी से निर्मित है।
- ***भारतीय वन अनुसंधान संस्थान (FRI) की हीरक जयंती (100 वर्ष)*** : सन् 1906 में इंपीरियल फॉरेस्ट रिसर्च इंस्टीट्यूट के नाम से इसकी स्थापना हुई थी। यह संस्थान 15 दिसम्बर, 2006 में अपनी स्थापना के 100 वर्ष पूर्ण कर चुका है। इस अवसर पर संस्थान के लिए यह दिन अत्यन्त यादगार एवं ऐतिहासिक था। राज्य के 13 जनपदों के 12 लाख स्कूली बच्चों ने 2 किमी० लम्बे हरे कपड़े पर संकल्प हस्ताक्षर करके उसे वन अनुसंधान संस्थान (एफ०आर०आई०) के शताब्दी वर्ष पर उसकी अद्वितीय सेवा के लिए समर्पित किया। विश्व के इतिहास में यह अपनी तरह का अनोखा सम्मान समारोह था।

6 दिसम्बर 1956 को भारत के प्रथम राष्ट्रपति डॉ० राजेन्द्र प्रसाद ने देहरादून की यात्रा के दौरान एफ०आर०आई० परिसर में एक साल का वृक्ष रोपा था। इस वृक्ष को 6 दिसम्बर, 2006 को 50 वर्ष पूरे हो गए, अर्थात् इस वृक्ष की स्वर्ण जयन्ती थी। इसी तरह 19 दिसम्बर, 1981 को भारत की प्रथम महिला प्रधानमंत्री श्रीमती इंदिरा गाँधी ने भी देहरादून के एफ०आर०आई० परिसर में रुद्राक्ष का एक वृक्ष रोपा था। इस वृक्ष की 19 दिसम्बर, 2006 को रजत जयन्ती थी।

7 दिसम्बर 2007 को इस अनूठी धरोहर (हस्ताक्षरित कपड़ा) को सैकड़ों स्कूली बच्चों व पर्यावरण प्रेमियों के बीच एफ०आर०आई० के सामाजिक वानिकी संग्रहालय में रखा गया है।

- ***भारतीय वन अनुसंधान संस्थान (FRI) इमारत की प्लेटिनम जुबली*** : भारत की अनुपम धरोहरों में से एक भारतीय वन अनुसंधान संस्थान की इमारत 7 नवम्बर, 2004 को अपनी स्थापना के 75 वर्ष पूर्ण कर चुकी है। लगभग 1200 एकड़ में स्थित एफआरआई की इमारत का निर्माण ग्रीक-रोमन स्थापत्य शैली में किया गया है। भवन परिसर की आधारशिला 1923 में रखी गई थी। भवन का डिजाइन ब्रिटिश वास्तुविद सी०जी० ब्लोम फील्ड ने बनाया, जिसका उद्घाटन 7 नवम्बर 1929 को वायसराय लार्ड इरविन ने किया था। यहाँ अब तक 500 से भी ज्यादा प्रजातियों का गहन अध्ययन किया जा चुका है। वैज्ञानिकों के प्रयासों से नीम, यूकेलिपटिस, पोपलर तथा सो-बबूल सरीखे वृक्षों की प्रकाष्ठ को इमारती प्रकाष्ठ के लिए उपयोगी बनाया गया है।

- ***माउण्ट एवरेस्ट पर चढ़ने वाली प्रथम भारतीय महिला :*** मई सन् 1984 को विश्व की सबसे ऊंची चोटी माउण्ट एवरेस्ट पर फतह करने वाली विश्व की पांचवीं तथा भारत की पहली महिला पर्वतारोही बछेन्द्रीपाल माउण्ट ब्लैक (1986), कैलाश (1988), कामेट एवं अबिगामिन (1989) व भारत की रूपापेहू, ऐरनस्लो और एग्रीज्यू, (न्यूजीलैण्ड 1990) इत्यादि पर्वत शृंखलाओं में भी चढ़ चुकी हैं। वे *पद्म भूषण, पद्मश्री, अर्जुन अवार्ड, आई०एम०एफ० स्वर्ण पदक* और *नेशनल एडवेंचर अवार्ड* से सम्मानित हो चुकी हैं। 3 मार्च, 1993 को सम्पूर्ण महिला दल द्वारा एवरेस्ट पर जाने वाली महिलाओं का उन्होंने नेतृत्व किया।
- ***प्रथम महिला दल जिसने हिमालय पार किया :*** बछेन्द्री पाल के नेतृत्व में एक महिला दल ने 4 फरवरी, 1997 को अरुणाचल प्रदेश के बाम्वडिला से हिमालय की यात्रा शुरू की। इस दल ने अरुणाचल प्रदेश से सियाचिन के ऊँचे ग्लेशियर की लगभग 4000 किमी० के ट्रैक की यात्रा 15 अगस्त, 1997 में समाप्त की।
- ***प्रथम कॉमनवेल्थ खेल पदक :*** सन् 1958 में हरिसिंह ने मिडिल वेट ग्रुप के तहत कार्डिफवेल्स में काँस्य पदक अर्जित किया।
- ***प्रथम एशियाई खेल पदक :*** हरिसिंह ने सन् 1958 में मिडिल वेट समूह (Middle Weight Category) के तहत मनीला खेलों में रजत पदक प्राप्त किया।
- ***प्रथम एशियाई स्वर्ण :*** पदम बहादुर मल्ल ने हल्के वजन समूह (Light Weight Category) में जकार्ता एशियन खेलों में सन् 1962 में स्वर्ण पदक प्राप्त किया। साथ ही उन्हें सर्वोत्तम बॉक्सर सम्मान से सम्मानित भी किया गया। इस सम्मान से सम्मानित होने वाले वे एकमात्र भारतीय बॉक्सर हैं।
- ***सैफ खेलों में सर्वाधिक स्वर्ण पदक :*** दिसम्बर 1995 में चेन्नई में आयोजित सैफ खेलों में जसपाल राणा ने 8 स्वर्ण तथा 1999 में काठमांडू में पुनः इतने ही पदक अर्जित किए। सन् 1995 में जकार्ता में जसपाल राणा ने एशियन शूटिंग चैम्पियनशिप में स्टैण्डर्ड पिस्टल प्रतियोगिता में स्वर्ण पदक हासिल किया। सन् 1994 में हिरोशिमा एशियाड में जसपाल राणा ने 588 अंक अर्जित कर 25 मीटर सेंटर फायर पिस्टल में विजय प्राप्त कर नया एशियाई रिकार्ड बनाया।
- ***सर्वाधिक कॉमनवेल्थ पदक :*** दिल्ली में नवम्बर 1995 में जसपाल राणा ने 8 स्वर्ण अर्जित किए। सन् 2001 में बिस्ले इंग्लैण्ड में आयोजित चौथी कामनवेल्थ शूटिंग चैम्पियनशिप में जसपाल राणा ने 5 स्वर्ण एवं 1 काँस्य पदक अर्जित किया। वर्ष 2020 में भारत सरकार द्वारा उन्हें द्रोणाचार्य पुरस्कार से सम्मानित किया गया।
- ***काँच का ताजमहल :*** सतपुली (पौड़ी गढ़वाल) के बेनी कौशल द्वारा काँच के बेकार पड़े टुकड़ों से ताजमहल का मॉडल बनाया गया जिसके लिए उन्होंने चूड़ियों के 4,45,000 टुकड़ों को जोड़कर 50 किलोग्राम तक 32 × 23 इंच के काँच के ताजमहल का मॉडल 1 जनवरी, 2000 से दिसम्बर 2000 के बीच तैयार किया। इस ताजमहल का निर्माण प्लाई के हार्डबोर्ड पर ग्लास कटर और फेवीकोल के माध्यम से किया गया। यह रिकॉर्ड लिम्का बुक ऑफ रिकॉर्ड में 2000 में दर्ज हुआ है।

- ***उत्तराखण्ड का प्रथम पावर हाउस 'ग्लोगी'*** : दक्षिण भारत के मैसूर रियासत के बाद मसूरी देश में बिजली पैदा करने वाला दूसरा और उत्तरी भारत का पहला शहर था। सन् 1906-07 में जब देश के प्रमुख नगरों दिल्ली, मुंबई, कोलकाता व चेन्नई जैसे नगरों में रात को लालटेनें व मशालें जलाकर रोशनी की जाती थी, तब मसूरी की वीरान ग्लोगी धार में लंदन की इमर्सन कम्पनी में बने दूधिया कांच के बल्बों में बिजली का प्रकाश सूर्य की चमक की तरह जगमगाने लगा था।

सन् 1900 में देहरादून पहुँची रेल ने इस परियोजना को गति देने में सबसे बड़ी भूमिका अदा की थी, जिसने इंग्लैण्ड से पानी के जहाजों के जरिये मुम्बई पहुँची विशालकाय मशीनों व टरबाइनों को द्रुतगति से देहरादून पहुँचाया और फिर बैलगाड़ियों व श्रमिकों के कंधों पर ग्लोगी धार व फिर रोपवे से सैकड़ों फीट नीचे पहाड़ी से योजना स्थल तक पहुँचाया था।

ब्रिटिश लोगों ने जब-जब नये आविष्कार किए तो उस समय अपने उपनिवेश भारत में इन नये आविष्कारों को अवश्य पहुँचाया था। 1825 के बाद मेकवर कम्पनी की विशाल लालटेन सीधे ही भारत पहुँची थी और यह 1831-32 में मसूरी और लंढौर डिपो में फौजी छावनी की कोठियों व बंगलों पर रात को दूर-दूर तक जगमगाने लगी थी। 19वीं सदी के अन्तिम दशकों में भारत में बिजली उत्पादन होने लग गया था। सन् 1900 में ग्लोगी पावर हाउस योजना पर काम शुरू हुआ।

सन् 1901 में मसूरी पालिका ने तत्कालीन नार्थ-वेस्ट प्रोविसेंस अवध एण्ड आगरा शासन को 4 लाख 67 हजार रुपये ऋण का प्रस्ताव भेजा। सन् 1906 में अन्ततः क्यारकुली व भट्ठा में बने छोटे जलाशयों से 16 इंची पाइप लाइनों से पहुँची जलधाराओं ने इंग्लैण्ड निर्मित विशालकाय टरबाइन (मशीनों) को चलाना शुरू किया और मसूरी व देहरादून शहरों के नागरिकों ने पहली बार बिजली की चकाचौंध वाली रोशनी को विश्व के एक अजूबे के रूप में आंखें मलते हुए देखा था।

- ***विश्व का द्वितीय और एशिया का प्रथम युवा ग्रैंडमास्टर परिमार्जन नेगी*** : परिमार्जन नेगी को भारत और एशिया का प्रथम तथा विश्व का द्वितीय सबसे युवा ग्रैंडमास्टर होने का गौरव प्राप्त है। यह उपलब्धि उन्हें 13 वर्ष 142 दिन की उम्र में साक्ता में आयोजित चेल्याबिंस्क रीजन सुपरफाइनल शतरंज टूर्नामेंट में रूस के ग्रैंडमास्टर शेरबकोवंत के खिलाफ ड्रॉ खेलकर हासिल हुई। भारतीय ग्रैंडमास्टर पी० हरिकृष्ण के 15 वर्ष 99 दिन के रिकॉर्ड को तोड़ते हुए वे देश के सबसे युवा और 15वें ग्रैंडमास्टर बने। सन् 2010 में मात्र 17 वर्ष की आयु में भारत सरकार द्वारा उन्हें अर्जुन अॅवार्ड से सम्मानित किया गया।

- ***ओएनजीसी में देश का पहला ऑयल म्यूजियम*** : देहरादून स्थित तेल एवं प्राकृतिक गैस निगम (ओएनजीसी) के 'स्वर्ण जयंती संग्रहालय' के रूप में देश को एक नई धरोहर मिली। ओएनजीसी की स्थापना के 50वें वर्ष के उपलक्ष्य में आयोजित गोल्डन जुबली समारोह का उद्घाटन करते हुए

तत्कालीन राष्ट्रपति डॉ० ए०पी०जे० अब्दुल कलाम ने देश के इस प्रथम विशिष्ट ऑयल म्यूजियम का 14 अगस्त, 2005 को लोकार्पण किया।
14 अगस्त 1956 को एक आयोग के रूप में अस्तित्व में आये तेल एवं प्राकृतिक गैस निगम (ओएनजीसी) का इतिहास सफलताओं का इतिहास है। वर्ष 1957 में पहले कुएं की खुदाई के साथ शुरू हुआ तेल के अन्वेषण का सिलसिला निरन्तर जारी है।

- ***एक घंटे में 15 लाख पौधे रोपने का कीर्तिमान :*** विद्यालयी शिक्षा विभाग उत्तराखण्ड द्वारा 25 जुलाई को प्रतिवर्ष श्रीदेव सुमन की स्मृति में वृक्षारोपण किया जाता है। वर्ष 2005 में भी इस दिवस पर प्रातः 10 बजे से 11 बजे तक उत्तराखण्ड के समस्त विद्यालयों में अध्ययनरत छात्र-छात्राओं ने एक साथ अपने-अपने विद्यालय परिसर में पौधरोपण किया। इस तरह पूरे उत्तराखण्ड में एक घंटे में किया गया 15 लाख पौधों का रोपण एक कीर्तिमान बना।
- ***बछेंद्री पाल व उनकी टीम लिम्का बुक ऑफ वर्ल्ड रिकॉर्ड्स में शामिल*** : विश्व की सबसे ऊँची पर्वत चोटी माउंट एवरेस्ट पर तिरंगा फहराने वाली प्रथम भारतीय महिला बछेंद्री पाल की अगुवाई में प्रमुख इस्पात कंपनी टाटा स्टील द्वारा प्रायोजित दो हजार किमी० लंबा रेगिस्तानी सफर पूरा करने वाले साहसिक महिला दल को लिम्का बुक ऑफ वर्ल्ड रिकॉर्ड्स ने वर्ष 2008 के अपने संस्करण में शामिल किया है। इस दल ने वर्ष की शुरुआत में अपनी साहसिक यात्रा कच्छ के रण से शुरू की थी और थार रेगिस्तान पार करते हुए यह दल बाघा सीमा तक पहुँचा था। दो हजार किमी० से अधिक दूरी की इस यात्रा को तय करने में इस दल को पूरा एक महीना लगा था। दल में सभी 12 सदस्य महिलाएं ही थीं।
- ***एवरेस्ट पर आरोहण करने वाले प्रथम भारतीय वायुसैनिक :*** रमेश चन्द्र त्रिपाठी माउंट एवरेस्ट पर सफल आरोहण करने वाले प्रथम भारतीय वायुसैनिक हैं। इस अभियान को सफलतापूर्वक सम्पन्न करने वाली भारतीय वायुसेना विश्व की प्रथम वायुसेना है। इन्हें वर्ष 2005 में वायुसेना पुरस्कार से सम्मानित किया गया।
- ***पूरन चन्द्र पाण्डे :*** रामनगर में रहने वाले अधिवक्ता पूरन चन्द्र पाण्डे वर्ष 2000 से संपादक के नाम पत्र लेखन का कार्य कर रहे हैं। इन वर्षों में उनके 1100 से ज्यादा पत्र विभिन्न समाचार पत्रों में प्रकाशित हुए हैं। उत्तराखण्ड के वह अकेले ऐसे पत्र लेखक हैं जिनके हजार से ज्यादा पत्र प्रकाशित हुए हैं। उन्होंने 1 वर्ष में एक राष्ट्रीय अखबार में सर्वाधिक पत्रों का विश्व रिकॉर्ड लंदन भेजा जो 12 अगस्त 2005 को मान्य हो गया और इसके साथ पूरन चन्द्र पाण्डे का नाम गिनीज बुक ऑफ वर्ल्ड रिकॉर्ड्स में दर्ज हो गया।
- ***वृद्ध की स्पाइन सर्जरी कर बनाया कीर्तिमान :*** चिकित्सा के क्षेत्र में विश्व की कई संस्थाओं द्वारा फैलोशिप और सदस्यता से सम्मानित, जापान, आस्ट्रेलिया, अमेरिका आदि देशों में विजिटिंग प्रोफेसर के रूप में कार्य कर चुके तथा गिनीज बुक ऑफ रिकार्ड में अपना नाम दर्ज करा चुके डॉ०

बी०के०एस० संजय उत्तरी भारत के प्रथम हड्डी रोग विशेषज्ञ हैं, जिनका नाम पिछले तीन वर्षों से लिम्का बुक ऑफ वर्ल्ड रिकार्ड में दर्ज हुआ है। डॉ० संजय ने जांघ का आपरेशन करके लगभग साढ़े 16 किलोग्राम का ट्यूमर निकाल कर गिनीज बुक 2005 में नाम दर्ज कराया था। इस आपरेशन को करने से जब सभी डाक्टरों ने मना कर दिया था तो ऐसे में डॉ० संजय ने उक्त चुनौती को स्वीकार किया था और मरीज का सफल आपरेशन किया था। इस आपरेशन के बाद उनका नाम गिनीज बुक ऑफ वर्ल्ड रिकार्ड में दर्ज हुआ। देहरादून स्थित जाखन में खुद का क्लीनिक चलाने वाले डॉ० बी०के०एस० संजय ने पुनः 88 वर्षीय एक वृद्ध की सफल स्पाइन सर्जरी कर लिम्का बुक ऑफ रिकार्ड 2009 में नाम दर्ज कराया। डॉ० संजय को उनके उल्लेखनीय कार्यों के लिए कई पुरस्कार भी प्राप्त हुए हैं। वर्ष 2021 में उन्हें पद्मश्री अलंकरण से अलंकृत किया गया।

- ***धावक सुरेन्द्र सिंह भण्डारी ने जीते हैं 27 स्वर्ण पदक :*** बीजिंग ओलम्पिक 2008 में धावक के रूप में भाग लेने वाले उत्तराखण्ड के प्रथम व्यक्ति होने का गौरव सुरेन्द्र सिंह भण्डारी को प्राप्त है। वर्ष 2009 में उन्होंने 11 प्रतिस्पर्धाओं में भाग लिया और सभी में जीत हासिल की। सुरेन्द्र सिंह भण्डारी ने सन् 2004 में एशियन क्रास कंट्री दौड़ में प्रथम स्थान पर रहने के साथ ही प्रतियोगिता में सर्वश्रेष्ठ प्रदर्शन कर अपने कैरियर की शुरुआत की। वर्ष 2004 से दिसम्बर 2009 तक उन्होंने विभिन्न राष्ट्रीय एवं अन्तर्राष्ट्रीय प्रतियोगिताओं में कुल 27 स्वर्ण पदक जीते। इतने स्वर्ण पदक जीतकर वे एक नया रिकॉर्ड बना चुके हैं। वर्तमान में वे सेना से प्रतिनियुक्ति पर भारतीय खेल प्राधिकरण ऊटी (बेंगलुरु) में कोच के रूप से सेवाएं दे रहे हैं। उत्तराखण्ड सरकार द्वारा 9 नवम्बर, 2016 को उन्हें देवभूमि द्रोणाचार्य पुरस्कार से सम्मानित किया गया।
- ***वंदना कटारिया की हैट्रिक :*** भारतीय महिला हॉकी टीम की खिलाड़ी वंदना कटारिया ने 31 जुलाई, 2021 को टोक्यो में इतिहास रचा। उन्होंने टोक्यो ओलंपिक में दक्षिण अफ्रीका के खिलाफ मैच में हैट्रिक लगाई। वह ओलंपिक के 125 वर्ष के इतिहास में हॉकी में हैट्रिक लगाने वाली पहली भारतीय खिलाड़ी हैं।
- ***मास्टरजी ने किया 55 नरभक्षी बाघों को ढेर :*** शिक्षा विभाग उत्तराखण्ड (चमोली) से सेवानिवृत्त अध्यापक लखपत सिंह रावत की पहचान जनसामान्य में कलम से ज्यादा बंदूक से है। वे बंदूक वाले मास्टरजी के नाम से जाने जाते हैं। उन्होंने 05 अक्टूबर 2020 तक उत्तराखण्ड में आतंक का पर्याय बने 55 नरभक्षी बाघों को ढेर किया है। प्रसिद्ध शिकारी जिम कार्बेट ने अपने जीवनकाल में 33 आदमखोर गुलदार और बाघ ढेर किए थे।
- ***राज्य में प्रथम हाइड्रो पॉवर इंस्टीट्यूट :*** टिहरी में टी०एच०डी०सी० के आर्थिक सहयोग से स्थापित राज्य का प्रथम हाइड्रो पॉवर इंस्टीट्यूट संचालित हो रहा है। इस इंस्टीट्यूट से देश को जल विद्युत के क्षेत्र में काम करने वाले तकनीशियन मिल रहे हैं।
- ***विश्व में सबसे कम आयु का ऐनिमेटर :*** 12 वर्ष की आयु में सेन्ट थॉमस

स्कूल देहरादून के छात्र अमन रहमान को विश्व का सबसे कम आयु का ऐनिमेटर होने का गौरव प्राप्त है। वर्ष 2010 में अमन को कोलम्बो (श्रीलंका) में 'दि स्टार ऑफ एशिया' के सम्मान से सम्मानित किया गया था।

- ***ताशी-नुंगशी : विश्व की ऊंची चोटियों पर चढ़ने का विश्व रिकार्ड :*** विश्व रिकॉर्डधारी जुड़वा बहनों ताशी और नुंगशी ने 16 दिसम्बर, 2014 को अंटार्कटिका की सबसे ऊंची चोटी माउंट विनसन (4897 मीटर) पर विजय प्राप्त की। इसके साथ ही दोनों बहनों ने सभी महाद्वीपों की सबसे ऊंची चोटियों पर चढ़ने का विश्व कीर्तिमान स्थापित किया। इससे पहले वे माउंट एवरेस्ट पर चढ़ कर गिनीज बुक ऑफ वर्ल्ड रिकाड्र्स में नाम दर्ज करवा चुकी हैं। दोनों बहनें फरवरी, 2013 में अफ्रीका की किलमंजारो, मई, 2013 में माउंट एवरेस्ट, अगस्त, 2013 में यूरोप की माउंट एलब्रस, जनवरी, 2014 में दक्षिण अमेरिका की माउंट एकोकागुआ, मार्च, 2014 में आस्ट्रेलिया की माउंट कार्सटेंज और जनवरी, 2014 में उत्तरी अमेरिका की माउंट मेककिनजे चोटी पर तिरंगा फहरा चुकी हैं। अगस्त 2013 में ताशी और नुंगशी ने हिमाचल प्रदेश की 21 हजार फुट ऊंची एक अनाम और अजेय चोटी पर चढ़ने में भी सफलता प्राप्त की।

29 अगस्त, 2016 को भारत के तत्कालीन राष्ट्रपति द्वारा **तेनजिंग नोर्गे राष्ट्रीय साहसिक पुरस्कार**-2015 से और 8 मार्च, 2020 को ताशी मलिक को **नारी शक्ति पुरस्कार** से सम्मानित किया गया।

- ***लगातार व्याख्यान देने का कीर्तिमान :*** ग्राफिक एरा विश्वविद्यालय के शिक्षक अरविन्द मिश्रा ने 7 मार्च, 2014 को 139 घंटे और 42 मिनट तक लगातार व्याख्यान देने का नया विश्व कीर्तिमान स्थापित करने में सफलता हासिल की है। इससे पहले गिनीज बुक ऑफ वर्ल्ड रिकाड्र्स में लगातार 121 घंटे व्याख्यान देने का विश्व कीर्तिमान दर्ज था। गिनीज बुक ऑफ वर्ल्ड रिकाड्र्स में अरविन्द मिश्रा के नाम यह नया रिकार्ड दर्ज हो गया है।
- ***केदारनाथ त्रासदी :*** केदारनाथ धाम और पूरी केदारनाथ घाटी में 16-17 जून, 2013 को आई त्रासदी ने पूरे क्षेत्र को तहस-नहस कर दिया था। केदारनाथ मंदिर के ठीक पीछे ऊंचाई पर स्थित चोराबाड़ी झील में ग्लेशियर के टूट कर गिर जाने से यह त्रासदी हुई। केदारनाथ धाम के साथ ही गरुड़ चट्टी, रामबाड़ा और गौरीकुण्ड में हजारों लोगों की मृत्यु हुई। जान बचाने के लिए पहाड़ों की तरफ गये सैकड़ों लोग भूख-प्यास, ठंड और आक्सीजन की कमी से मारे गये। त्रासदी के बाद से केदारनाथ और पूरी घाटी में लगातार पुनर्निर्माण कार्य किये जा रहे हैं। प्रधानमंत्री नरेन्द्र मोदी द्वारा केदारनाथ धाम के पुनर्निर्माण पर विशेष ध्यान दिया जा रहा है। उन्होंने मई, 2017 एवं अक्टूबर 2017 को केदारपुरी में पांच पुनर्निर्माण कार्यों का शिलान्यास तथा 7 नवम्बर 2018 को कई योजनाओं का लोकार्पण किया। 18 मई 2019 को गुफा में साधना की और पुनः 6 नवम्बर 2021 को केदारपुरी में आदिगुरु शंकराचार्य की मूर्ति के अनावरण के साथ ही प्रधानमंत्री बनने के बाद छठी यात्रा में 21 अक्टूबर, 2022 को केदारनाथ यात्रा को सुगम बनाने के लिए गौरी कुण्ड से केदारनाथ

तक 9.7 किलोमीटर लम्बे रज्जु मार्ग (रोपवे) की आधारशिला रखी। पुनर्निर्माण के पश्चात केदारपुरी अपने प्राचीन वैभव की ओर लौट रही है।

- ***विषम परिस्थितियों में निर्माण कार्य :*** नेहरू पर्वतारोहण संस्थान (निम) ने अत्यधिक विषम परिस्थितियों में केदारनाथ में मात्र 3 माह में मार्ग बनाने के साथ ही जेसीबी जैसी कई बड़ी मशीनों को बिना इंजन व बिना क्रेन की सहायता के मानव शक्ति द्वारा केदारनाथ पहुंचाया। एम०आई० 26 हेलीकॉप्टर के उतरने के लिए 40 मीटर चौड़े और 70 मीटर लंबे हेलीपैड का निर्माण करके निम ने एक नया कीर्तिमान बनाया।
- ***प्रथम विन्टर गेम :*** 10 जनवरी, 2011 से 16 जनवरी, 2011 तक विश्व प्रसिद्ध स्कीइंग सेंटर के रूप में ख्याति प्राप्त औली और राजधानी देहरादून में प्रथम दक्षिण एशियाई शीतकालीन खेलों का आयोजन हुआ। इस आयोजन से उत्तराखण्ड राज्य पर्यटन की वे तमाम विशेषताएं विश्व के कोने-कोने तक पहुंची जो अब तक लोगों की जानकारी में नहीं थीं। इस आयोजन में प्रतिभाग करने वाले खिलाड़ी दक्षिण एशियाई क्षेत्र के 6 देश- जिनमें भारत, पाकिस्तान, नेपाल, मालदीव, बांग्लादेश और श्रीलंका थे। उच्च हिमालयी क्षेत्रों में पाया जाने वाला 'भरल' सैफ विंटर खेलों का शुभंकर था।
- ***पूर्व माध्यमिक विद्यालय, देहरा के 200 वर्ष :*** देहरादून में राजपुर रोड स्थित राजकीय पूर्व माध्यमिक विद्यालय ने अपनी स्थापना के 200 वर्ष पूरे कर लिये हैं। सन् 1816 में इस विद्यालय की स्थापना तहसीली मिडिल स्कूल देहरा के नाम से हुई थी और यह पल्टन बाजार में कोतवाली भवन में चलता था। सन् 1953 में यह 55 राजपुर रोड स्थित भवन में स्थानान्तरित किया गया। वर्ष 2008 आने तक यह विद्यालय बंद होने की स्थिति में पहुंच गया था और छात्र संख्या मात्र 16 रह गई। स्थिति को संभालने के लिए तत्कालीन प्रधानाध्यापक श्री हुकुमसिंह उनियाल ने इस विद्यालय को शिक्षा विभाग से 'आवासीय निःशुल्क शैक्षिक नवाचार' के रूप में चलाने की अनुमति मांगी। अनुमति तो मिली, लेकिन इस शर्त के साथ कि संसाधन उन्हें खुद जुटाने होंगे। उन्होंने विज्ञापन निकाला तो 33 छात्रों ने प्रवेश लिया। इनकी रहने-खाने की व्यवस्था श्री उनियाल ने अपने संसाधनों से की। नई उपलब्धियों के कारण विद्यालय चर्चा में आया तो 2015-16 में छात्र संख्या 162 हो गई। अब आसरा, भारतीय योग संस्थान, प्रजापिता ब्रह्मकुमारी, मैड, सर्व शिक्षा अभियान और लायंस क्लब जैसी संस्थाएं इस विद्यालय को चलाने में सहयोग कर रही हैं। शिक्षा विभाग 50 बच्चों का खर्च उठा रहा है। अब विद्यालय में कम्प्यूटरीकृत पुस्तकालय भी है। इस उपलब्धि के लिए श्री उनियाल को वर्ष 2016 में राष्ट्रपति शिक्षक पुरस्कार से भी सम्मानित किया गया था।
- ***ग्रीष्मकालीन राजधानी गैरसैंण :*** उत्तराखण्ड के लिए 4 मार्च 2020 का दिन ऐतिहासिक रहा। इस दिन गैरसैंण के भराड़ीसैंण में चल रहे विधानसभा के बजट सत्र में तत्कालीन मुख्यमंत्री त्रिवेन्द्र सिंह रावत ने गैरसैंण को उत्तराखण्ड की ग्रीष्मकालीन राजधानी बनाने की घोषणा की। विधानसभा में की गई इस घोषणा को सरकार द्वारा एक प्रस्ताव के रूप में राज्यपाल की मंजूरी के लिए भेजा गया। राज्यपाल के हस्ताक्षर के बाद प्रमुख सचिव द्वारा

'ग्रीष्मकालीन राजधानी' की विधिवत अधिसूचना जारी की गई।

- ***आसन वैटलैंड*** : नमभूमि क्षेत्र (कंजरवेशन रिजर्व) के संरक्षण के लिए स्थापित रामसर साइट ने आसन रिजर्व कंजरवेशन वैटलैंड क्षेत्र को मान्यता दे दी है। आसन झील उत्तराखण्ड-हिमाचल प्रदेश सीमा क्षेत्र में पूर्वी यमुना और आसन नदी के संगम पर स्थित है। 4.4 वर्ग किमी० क्षेत्र में फैला यह जलाशय बर्ड वॉचिंग के लिए लोकप्रिय है और 53 पक्षी प्रजातियां यहां वास करने के लिए जानी जाती हैं। 19 पक्षी प्रजातियां यूरेशिया की प्रवासी हैं।
- ***डोबरा-चांठी*** : टिहरी जलाशय (श्रीदेव सुमन झील) के ऊपर बना डोबरा-चांठी पुल उत्तराखण्ड का सबसे लम्बा सस्पेंसन झूला पुल है। 14 वर्ष में बने इस झूला पुल का डिजाइन कोरियाई योसिन इंजीनियरिंग कारपोरेशन कंसलटेंट कम्पनी ने तैयार किया है। इस झूला पुल की कुल लम्बाई 725 मीटर है। झील के ऊपर के सस्पेंसन पुल की लम्बाई 440 मीटर है। समुद्रतल से 850 मीटर की ऊंचाई पर निर्मित डोबरा-चांठी पुल की कुल चौड़ाई सात मीटर है।
- ***प्रधानमंत्री की केदारनाथ यात्रा*** : द्वादश ज्योर्तिलिंग केदारनाथ धाम में प्रधानमंत्री बनने के बाद नरेन्द्र दामोदर दास मोदी 3 मई, 2017, 30 अक्टूबर, 2017, 7 नवम्बर, 2018, 18 मई, 2019, 5 नवम्बर, 2021 और 21 अक्टूबर, 2022 तक कुल छह बार आये। इन अवसरों पर प्रधानमंत्री ने पूजा अर्चना के साथ-साथ वर्ष 2013 में आयी विनाशकारी आपदा के बाद तहस-नहस हुए केदारनाथ धाम के कायाकल्प के संकल्प को भी मूर्त रूप दिया। 21 अक्टूबर, 2022 को प्रधानमंत्री केदारनाथ यात्रा को सुगम बनाने के लिए गौरी कुण्ड से केदारनाथ तक 9.7 किलोमीटर लम्बे रज्जु मार्ग (रोपवे) की आधारशिला रखी।
- ***सुरंग में 17 दिन फंसने के बाद दोबारा मिली जिंदगी*** : उत्तराखण्ड को नवम्बर-2023 के महीने में एक बड़े संकट से गुजरना पड़ा। दीपावली के दिन उत्तरकाशी जनपद के पास यमुनोत्री राष्ट्रीय मार्ग पर 4.5 किमी० लंबी निर्माणाधीन सिलक्यारा- बड़कोट सुरंग में 12 नवम्बर 2023 प्रातः भूस्खलन के कारण मलबा आने से 41 मजदूर फंस गए। मजदूरों को बचाने के लिए 17 दिन लंबा बचाव अभियान चलाया गया। केंद्र और राज्य स्तर की विभिन्न एजेंसियों के अलावा थल सेना, वायु सेना और नौसेना ने भी इस बचाव अभियान में हिस्सा लिया। देश-विदेश के कई विशेषज्ञों के प्रयासों के बाद आखिरकार 17 दिन बाद 41 मजदूरों को 28 नवम्बर की शाम सकुशल सुरंग से बाहर निकाल दिया गया। पूरे बचाव अभियान के दौरान मजदूरों को पाइप के जरिए ऑक्सीजन, भोजन और अन्य जरूरी सामग्री उपलब्ध कराई गई। इन 17 दिनों के दौरान प्रधानमंत्री नरेंद्र मोदी और मुख्यमंत्री पुष्कर सिंह धामी लगातार बचाव अभियान की निगरानी करते रहे। मुख्यमंत्री स्वयं कई बार घटनास्थल पर पहुंचे। मुख्यमंत्री के अलावा केंद्रीय सड़क परिवहन मंत्री नितिन गडकरी भी मौके का निरीक्षण करने गए जबकि तत्कालीन केंद्रीय राज्य मंत्री वीके सिंह भी दो बार मौके पर पहुंचे। प्रधानमंत्री कार्यालय के अधिकारियों ने भी घटनास्थल का दौरा किया। सुरंग में आए लगभग 60 मीटर मलबे में मशीनों और रैट माइनर्स के जरिए खुदाई करके 800 मिमी० व्यास का पाइप मजदूरों तक पहुंचाया गया। इसके बाद एजेंसियों की निगरानी में सभी मजदूरों को बाहर निकाला गया। ■■

उत्तराखण्ड के प्रमुख व्यक्ति

(कालक्रमानुसार)

1. स्वतन्त्रता संग्राम सेनानी

- **कालू महरा** : (1831-1906), ग्राम-बिसुंग, लोहाघाट। उत्तराखण्ड के इस प्रथम स्वतन्त्रता सेनानी ने 1857 में प्रथम स्वतन्त्रता संग्राम में लोहाघाट में अंग्रेजों के खिलाफ कुमाऊँ कमिश्नर हेनरी रैमजे के समय में जबरदस्त संघर्ष किया।
- **आचार्य नरदेव शास्त्री ''वेदतीर्थ''** : (21 अक्टूबर, 1880-24 सितम्बर, 1962), शढम, हैदराबाद रियासत। वह स्वतंत्रता सेनानी, शिक्षाविद् एवं आर्यसमाजी विद्वान थे। देहरादून उनका प्रमुख कर्मक्षेत्र रहा।
- **जयानन्द भारती** : (17 अक्टूबर, 1881-9 सितम्बर, 1952), ग्राम-अरकंडई, ब्लाक बीरौंखाल, पौड़ी गढ़वाल।
- **कूर्मांचल केसरी बदरीदत्त पांडे** : (15 फरवरी, 1882-13 जनवरी, 1965), अल्मोड़ा से प्रकाशित अखबार 'शक्ति' के सम्पादक एवं प्रखर स्वाधीनता सेनानी थे।
- **हरगोविन्द पन्त** : (19 मई, 1885-मई 1957), ग्राम-चितई, अल्मोड़ा।
- **बैरिस्टर मुकुन्दीलाल** : (14 अक्टूबर, 1885-10 जनवरी, 1982), ग्राम पाटली, चमोली गढ़वाल।
- **खुशीराम आर्य** : (13 दिसम्बर 1886- 5 मई, 1971), ग्राम हल्दूचौड़, दौलिया, हल्द्वानी।
- **भारत रत्न पं० गोविन्द बल्लभ पन्त** : (10 सितम्बर, 1887-7 मार्च 1961), ग्राम-खूंट, अल्मोड़ा।
- **मुंशी हरिप्रसाद टम्टा** : (26 अगस्त, 1888-23 फरवरी, 1960) अल्मोड़ा नगर।
- **हर्षदेव ओली** : (4 मार्च, 1890-5 जून, 1940), ग्राम-गोसानी (खेतीखान), जिला-चम्पावत, 'काली कुमाऊँ का शेर' के नाम से प्रसिद्ध।
- **वीर चन्द्रसिंह गढ़वाली** : (25 दिसम्बर, 1891-1 अक्टूबर, 1979), ग्राम-रैणीसेरा (मासौं), पट्टी चौथान, तहसील थलीसैंण, पौड़ी गढ़वाल। 23 अप्रैल, 1930 के पेशावर कांड के नायक।
- **रामसिंह धौनी** : (24 फरवरी, 1893-12 नवम्बर, 1930), ग्राम-तल्ला बिनौला, पट्टी तल्ला सालम, अल्मोड़ा।
- **अनुसूया प्रसाद बहुगुणा** : (18 फरवरी, 1894-23 मार्च, 1943), अनुसूया आश्रम, नंदप्रयाग, चमोली।
- **पं० कृष्णानन्द उप्रेती** : (1895-1937), ग्राम-हुड़ेती, पट्टी-मल्ला वल्दिया, जिला-पिथौरागढ़।
- **मोहन जोशी** : (1 फरवरी, 1896-4 अक्टूबर, 1940), नैनीताल।
- **नरसिंह धानिक** : (12 फरवरी 1897-25 अगस्त, 1942), ग्राम-चौकुना, सालम पट्टी, अल्मोड़ा, सालम क्रान्ति में शहीद।
- **मोहनसिंह मेहता** : (1897-25 दिसम्बर, 1988), ग्राम-बज्यूला (कत्यूर) बागेश्वर। (उत्तराखण्ड के प्रथम राजनीतिक बन्दी)।

- **प्रयाग दत्त पन्त :** (1898-1935), पिथौरागढ़ के हलपाटी चण्डाक में जन्म हुआ।
- **इन्द्रसिंह नयाल :** (दिसम्बर, 1902-14 अगस्त, 1992) ग्राम-बिसौदकोट, अल्मोड़ा।
- **रामसिंह 'आजाद' :** (1905-23 सितम्बर, 1992), ग्राम-सांगड़ मल्ला सालम, अल्मोड़ा।
- **शांतिलाल त्रिवेदी :** 1905 राजकोट, गुजरात।
- **इन्द्रसिंह गढ़वाली :** (1905-1952), टिहरी। मद्रास बमकांड में शामिल।
- **बच्चूलाल भट्ट 'गढ़वाली' :** (1909–1938)-लैन्सडौन के निकट एक गांव में, पौड़ी गढ़वाल। ऊटी बैंक कांड-1933 में शामिल।
- **भवानीसिंह रावत :** (8 अक्टूबर, 1910–6 मई, 1986), ग्राम-नाथुपुर पंचुर, पट्टी-मवालस्यूँ, पौड़ी गढ़वाल। गाड़ोदिया स्टोर कांड-1930 में शामिल।
- **मदनमोहन उपाध्याय :** (25 अक्टूबर, 1910–1970)-द्वाराहाट, अल्मोड़ा।
- **बलदेव सिंह आर्य :** (12 मई, 1912–23 दिसम्बर, 1995), ग्राम-उमथ, पट्टी सीला, पौड़ी गढ़वाल।
- **श्रीदेव सुमन :** (25 मई, 1916–25 जुलाई, 1944), ग्राम-जौल, पट्टी बमुण्ड, टिहरी गढ़वाल।
- **हेमवतीनन्दन बहुगुणा :** (25 अप्रैल, 1919–17 मार्च, 1989), ग्राम-बुघाणी, ब्लाक खिर्सू, पौड़ी गढ़वाल।
- **वीर केशरीचन्द :** (1 नवम्बर, 1920–3 मई, 1945), ग्राम-क्यावा, (जौनसार बावर) चकराता, देहरादून।
- **शहीद नागेन्द्र सकलानी :** टिहरी राजशाही के खिलाफ 1947-48 में हुए जनविद्रोह में सक्रियता से हिस्सेदारी करने वाले युवा नागेन्द्र सकलानी का जन्म 16 नवम्बर, 1920 में टिहरी की सकलाना पट्टी के पुजार गाँव में हुआ। 11 जनवरी 1948 को लोगों की भीड़ ने कीर्तिनगर कचहरी में आग लगाकर कर्मचारियों को बंदी बना लिया। भीड़ को नियंत्रित करने के लिए पुलिस ने गोली चलायी। इनमें से एक गोली नागेन्द्र सकलानी को लगी और वे सिर्फ 28 वर्ष की अल्पायु में शहीद हो गये।
- **देवसिंह दानू :** ग्राम पिनाऊँ, पिंडरवार पल्ला, चमोली 1965 में मृत्यु। गढ़वाल राइफल के सूबेदार मेजर देवसिंह दानू ने सुभाष चंद्र बोस से प्रभावित होकर आजाद हिंद फौज में जाना बेहतर समझा और नेताजी ने उनको अपनी अंगरक्षक बटालियन की कमान सौंपी।
- **मुंशी सदानन्द सनवाल :** ग्राम कठोली, ब्लाक लमगड़ा, अल्मोड़ा। अल्मोड़ा अखबार के सम्पादक।
- **सतेसिंह राणा :** प्रथम अध्यक्ष, जिला परिषद् टिहरी गढ़वाल। बनारस हिन्दू विश्वविद्यालय से न्यायिक परीक्षा उत्तीर्ण करने के पश्चात् टिहरी के राजा द्वारा टिहरी गढ़वाल का प्रथम *एस०डी०एम०* नियुक्त किया गया। स्वतंत्रता प्राप्ति के पश्चात् 1952 में टिहरी गढ़वाल के देवप्रयाग क्षेत्र से प्रथम विधायक चुने गए।
- **तारादत्त उनियाल :** उच्च न्यायालय (इलाहाबाद) में न्यायाधीश नियुक्त

होने वाले प्रथम उत्तराखण्डी थे।

2. प्रसिद्ध महिलाएँ

- **रानी कर्णावती :** वह गढ़वाल के राजा महीपति शाह की रानी थी, जिसे गढ़वाल के इतिहास में प्रसिद्ध 'वीरांगना और नीति कुशल रानी' के नाम से जाना जाता है। तत्कालीन समय में मुगलों से एक युद्ध में मुगल सेना के अधिकांश सैनिक मारे गये। रानी के आदेश पर शेष मुगल सैनिकों के नाक-कान काट कर उन्हें भागने को मजबूर कर दिया गया। रानी कर्णावती तभी से 'नाक काटी राणी' नाम से प्रसिद्ध हो गई।
- **तीलू रौतेली :** चौन्दकोट, गढ़वाल में जन्मी अपूर्व शौर्य, संकल्प और साहस की धनी इस वीरांगना को गढ़वाल के इतिहास में 'झांसी की रानी' के नाम से जाना जाता है।
- **सरला बहन**-मूल नाम **मिस कैथरिन हैलीमन :** स्वतन्त्रता संग्राम सेनानी, (जन्म 5 अप्रैल, 1901 इंग्लैण्ड), मृत्यु-1982.
- **बिशनीदेवी शाह :** स्वतन्त्रता संग्राम सेनानी, (12 अक्टूबर, 1902-1971), बागेश्वर। स्वतन्त्रता संग्राम में जेल जाने वाली उत्तराखण्ड की प्रथम महिला।
- **कुन्ती वर्मा :** स्वतन्त्रता संग्राम सेनानी (1906-1980), अल्मोड़ा नगर।
- **टिंचरी माई :** गढ़वाल में शराब विरोधी आन्दोलन एवं शिक्षा के क्षेत्र में अग्रणी भूमिका में रहने वाली टिंचरी माई का जन्म ग्राम मंज्यूर, तहसील थलीसैंण में तथा विवाह ग्राम गवांणी (गढ़वाल) के गणेशराम नवानी से हुआ था, जो द्वितीय विश्व युद्ध में शहीद हो गए थे। परिवार से विरक्त होने पर ये जोगन बन गईं, मगर सामाजिक कार्यों में अपने योगदान के लिए सारे गढ़वाल में प्रसिद्ध हुईं। गांव में यह ठगुली देवी के नाम से पुकारी जाती थीं। इच्छागिरी माई के रूप में भी इन्होंने प्रसिद्धि पायी। इन्होंने सामाजिक कुरीतियों तथा धार्मिक अन्धविश्वासों का डटकर मुकाबला किया। गढ़वाल में पचास-साठ के दशक में आयुर्वेदिक दवाई के नाम पर बिकने वाली शराब (टिंचरी) की दुकानों को बन्द कराने तथा बच्चों की शिक्षा विशेषकर बालिकाओं की शिक्षा के लिए कई स्कूलों का निर्माण कराने में इनका महत्वपूर्ण योगदान रहा। पेयजल समस्या के समाधान के लिए वह तत्कालीन प्रधानमंत्री पं० जवाहर लाल नेहरू से भिड़ गई थी।
- **गौरा देवी :** (जन्म 1925-4 जुलाई, 1991) चिपको आन्दोलन की प्रथम सूत्रधार महिला। 19 नवम्बर, 1986 को प्रथम वृक्ष मित्र पुरस्कार से सम्मानित। चिपको वूमन के नाम से ख्याति प्राप्त। वर्ष 2025 में उनकी जन्मशती पर 'माई स्टैम्प' और विशेष कवर जारी किया गया।
- **राधा बहन :** (जन्म 16 अक्टूबर, 1934) नारायण आश्रम, कौसानी, सामाजिक कार्यों से सम्बद्ध। वर्ष 2025 में पर्यावरण संरक्षण, महिला सशक्तिकरण और ग्रामीण क्षेत्रों में उल्लेखनीय कार्यों के लिए पद्मश्री सम्मान से अलंकृत किया गया।
- **आइरिन पन्त :** इनका जन्म डेनियल पन्त के घर मल्ला कसून, अल्मोड़ा में

दरबानसिंह नेगी

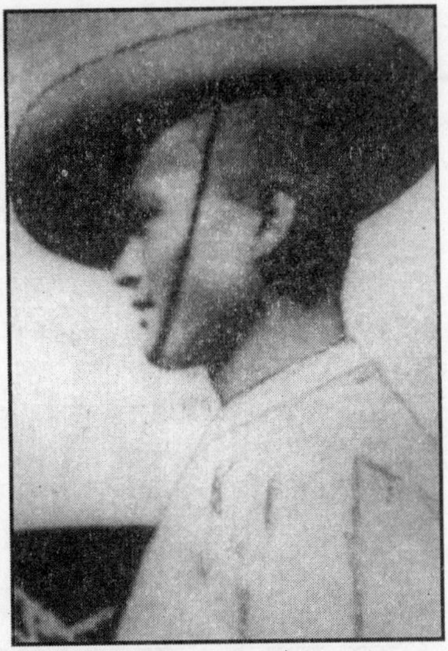
गबरसिंह नेगी

सरला बहन

तुलसी रावत

महिला सेनानी कुंती वर्मा

कविरत्न गुमानी पन्त

श्रीदेव सुमन

भक्तदर्शन

हुआ। इनका विवाह पाकिस्तान के प्रथम प्रधानमंत्री लियाकत अली खान के साथ हुआ। वे 1954 में नीदरलैण्ड्स में पाकिस्तान की राजदूत रहीं। राजदूत और गवर्नर पद पर पहुँचने वाली वे पाकिस्तान की प्रथम महिला थीं। इनको 'मदर ऑफ पाकिस्तान', 'वूमन ऑफ द वर्ल्ड' (1965) तथा संयुक्त राष्ट्र संघ के मानवाधिकार पुरस्कारों से सम्मानित किया गया।

- **चन्द्रप्रभा एतवाल :** विश्व प्रसिद्ध पर्वतारोही चन्द्रप्रभा एतवाल को 1981 में नंदादेवी अभियान की सफलता के लिए *अर्जुन पुरस्कार*, 1990 में *पद्मश्री*, 1993 में *नेशनल एडवेंचर अॅवार्ड* और वर्ष 2010 में *तेनजिंग नोर्गे नेशनल अॅवार्ड* से सम्मानित किया गया है।
- **डॉ० हर्षवन्ती बिष्ट :** भारतीय एवरेस्ट अभियान दल (1984) की सदस्य। अर्जुन पुरस्कार से सम्मानित। वर्ष 2013 में अंतर्राष्ट्रीय पुरस्कार 'द सर एडमंड हिलेरी माउन्टेन लिगेसी मैडल' से सम्मानित होने वाली एशिया की प्रथम महिला।
- **बछेन्द्री पाल :** (जन्म 24 मई, 1954, ग्राम नाकुरी, जनपद उत्तरकाशी) पद्म भूषण एवं पद्मश्री से सम्मानित भारत की प्रथम महिला एवरेस्ट विजेता होने का गौरव।
- **हंसा मनराल :** द्रोणाचार्य पुरस्कार से सम्मानित होने वाली उत्तराखण्ड की प्रथम महिला।
- **प्रो० सुशीला डोभाल :** वे 1958 में महादेवी कन्या डिग्री कॉलेज (देहरादून) में प्रधानाचार्या बनीं। 1977 में पहली बार और 1984-85 में वह दूसरी बार गढ़वाल विश्वविद्यालय की कुलपति बनीं। इन्हें उत्तराखण्ड की प्रथम महिला कुलपति होने का गौरव प्राप्त है।
- **हिमानी शिवपुरी :** (24 अक्टूबर, 1957) टेलीविजन एवं हिन्दी सिनेमा की प्रसिद्ध कलाकार। 1984 में राष्ट्रीय नाट्य विद्यालय से जुड़ने के बाद कई निर्माता-निर्देशकों के साथ कार्य किया। 1994 में सूरज बड़जात्या की फिल्म *'हम आपके हैं कौन'* में सफल अभिनय के साथ ही कई फिल्मों एवं धारावाहिकों में अभिनय किया।
- **श्रीमती बसन्ती बिष्ट :** ऐतिहासिक वीर गाथाओं तथा जागर गायकी के लिए प्रसिद्ध तथा 'नन्दा के जागर' पुस्तक की लेखिका। वर्ष 2017 में पदम्श्री नागरिक पुरस्कार एवं वर्ष 2023 में उत्तराखण्ड सरकार द्वारा **उत्तराखण्ड गौरव** सम्मान से अलंकृत।
- **कबूतरी देवी :** पिथौरागढ़ जनपद के ग्राम क्वीतड़ निवासी लोक गायिका कबूतरी देवी का जन्म काली कुमाऊँ के लेटी गाँव में हुआ। इनके लखनऊ और नजीबाबाद आकाशवाणी केन्द्रों से गाए गीत बहुत लोकप्रिय हुए। 7 जुलाई 2018 को दिवंगत।
- **सुभाषिनी बर्त्वाल :** उत्तराखण्ड आन्दोलन के CBI मुकदमे झेलने वाली एकमात्र महिला जो 2 सितम्बर 1994 को मसूरी गोलीकांड की प्रत्यक्षदर्शी रही हैं।
- **विजया बड़थ्वाल :** वर्ष 2009 में उत्तराखण्ड विधानसभा की प्रथम उपसभापति चुनी गईं। तत्पश्चात् राज्यमंत्री बनाई गईं। वे यमकेश्वर क्षेत्र से तीन बार विधानसभा सदस्य रही हैं। वे राज्य महिला आयोग की अध्यक्ष भी रहीं।
- **कलावती रावत :** जिनेवा में आयोजित 'विश्व महिला शीर्ष सम्मेलन' में वर्ष

अनुसूया प्रसाद बहुगुणा

महान कुमाउंनी कवि गौर्दा

हरगोविन्द पन्त

बदरीदत्त पाण्डे

शहीद नागेन्द्र सकलानी

देवीदत्त पन्त

आत्माराम गैरोला

बलदेवसिंह आर्य

2000 का 'ग्राम्य जीवन में रचनात्मकता' पुरस्कार से सम्मानित।

- **एकता बिष्ट :** अन्तर्राष्ट्रीय क्रिकेट खिलाड़ी। 9 नवम्बर, 2017 को देवभूमि खेल रत्न पुरस्कार से सम्मानित।
- **वर्तिका जोशी :** इनके नेतृत्व में भारतीय नौसेना की छह सदस्यीय महिला दल ने भारतीय नौसेना की पाल नौका आई०एन०एस०वी० तारणी के माध्यम से विश्व का चक्कर लगाकर नया कीर्तिमान स्थापित किया है। वर्ष 2018 में नारी शक्ति पुरस्कार से सम्मानित।
- ***मेजर सुमन गवानी* :** देश की प्रथम महिला जिन्हें संयुक्त राष्ट्र के 'जेंडर एडवोकेट ऑफ द इयर' अवार्ड 2019 से सम्मानित किया गया। मूल रूप से टिहरी गढ़वाल के पोखर गांव की रहने वाली हैं। उन्हें संयुक्त राष्ट्र मिशन में भारतीय सेना की ओर से दक्षिण सूडान में एक सैन्य पर्यवेक्षक के रूप में उल्लेखनीय कार्य के लिए यह सम्मान दिया गया।

3. सैन्य

- **दरबानसिंह नेगी :** 1914-18 में प्रथम विश्व युद्ध में पहली गढ़वाल राइफल्स के नायक दरबान सिंह नेगी '*विक्टोरिया क्रॉस*' से सम्मानित। प्रथम विश्व युद्ध में इस पुरस्कार को प्राप्त करने वाले वे प्रथम गढ़वाली सैनिक थे।
- **गबरसिंह नेगी :** 1914-18 में दूसरी गढ़वाल राइफल्स बटालियन के राइफलमैन गबरसिंह को मरणोपरान्त '*विक्टोरिया क्रास*' प्रदान किया गया।
- **कै० धूम सिंह चौहान :** 1903 में गढ़वाल राइफल्स की पहली बटालियन में राइफलमैन के रूप में भर्ती धूम सिंह चौहान चमोली जनपद में बिचला नागपुर पट्टी के सरमोला गाँव के मूल निवासी थे। 1914-15 में प्रथम विश्व युद्ध में फ्रांस और लेंडर्स के मोर्चों पर सीनियर सिग्नलिंग इंस्ट्रक्टर की हैसियत से प्रतिभाग किया था। 1919 में तृतीय अफगान युद्ध में उत्तर-पश्चिमी सीमा प्रान्त में खैबर-जमरूद के दुर्गम-कबाइली इलाके में सूबेदार के रूप में ब्रिटिश भारतीय सेना की निर्णायक विजय के सहभागी रहे। 1929 में सम्राट जॉर्ज पंचम के इण्डियन ऑर्डली ऑफिसर के रूप में चयनित होने पर एक वर्ष तक सम्राट के शाही आवास बकिंघम पैलेस लंदन में गौरवपूर्ण तैनाती रही। (विस्तृत विवरण पृष्ठ-298)
- **ज्योति प्रसाद नौटियाल :** 30 अक्टूबर, 1937 को ग्राम बौंसला, जिला टिंहरी गढ़वाल में जन्मे ज्योति प्रसाद नौटियाल ने असम राइफल के सिपाही के रूप में 26 जुलाई, 1983 को विद्रोहियों के साथ भिड़ंत में अपूर्व साहस का परिचय दिया।
- **जसवन्त सिंह रावत :** 1941 में देहरादून में जन्मे जसवन्त सिंह रावत ने गढ़वाल राइफल में रहते हुए नवम्बर, 1962 में नूरानांग मोर्चे पर चीन के साथ युद्ध में अदम्य साहस का परिचय दिया। उन्हें मरणोपरान्त महावीर चक्र से सम्मानित किया गया। उन्हें आज भी प्रतीकात्मक रूप से जीवित माना जाता है।
- **बिपिनचन्द्र जोशी :** भारतीय थल सेना में उत्तराखण्ड से प्रथम जनरल होने का गौरव प्राप्त।
- **देवेन्द्र कुमार जोशी :** मूल रूप से अल्मोड़ा निवासी एडमिरल देवेन्द्र कुमार जोशी नौसेना प्रमुख के पद पर रह चुके हैं। उन्हें अक्टूबर 2017 में अंडमान निकोबार का उप राज्यपाल नियुक्त किया गया है।

- **सी.डी.एस. बिपिन रावत :** पौड़ी जनपद के मूल निवासी जनरल बिपिन रावत 31 दिसम्बर, 2016 से 31 दिसम्बर, 2019 तक देश के थल सेनाध्यक्ष रहे। 2020 में भारत के प्रथम CDS नियुक्त हुए। 8 दिसम्बर 2021 को तमिलनाडु के कुन्नूर में हेलीकॉप्टर के दुर्घटनाग्रस्त होने से निधन।
- **मोहन चंद शर्मा मासीवाल :** (1967–19 सितम्बर, 2008) बहादुरी के लिए 1 बार राष्ट्रपति पदक तथा 6 बार पुलिस पदक से सम्मानित मोहन चंद शर्मा ने 55 मुठभेड़ों को अंजाम दिया था। इन मुठभेड़ों में उन्होंने 40 आतंकवादियों को मार गिराया था। 19 सितम्बर 2008 को दिल्ली के जामिया नगर के बाटला हाउस में आतंकवादियों के साथ मुठभेड़ में वे शहीद हो गए। मरणोपरान्त उन्हें अशोक चक्र से सम्मानित किया गया।
- **गजेन्द्र सिंह बिष्ट :** (1 जुलाई, 1972–26 नवम्बर, 2008) मुम्बई स्थित नरीमन हाउस में भारत पर अब तक का सबसे बड़ा आतंकी हमला हुआ। इस हमले में जान की परवाह किए बिना उन्होंने बन्धकों को रिहा कराने में प्रमुख भूमिका निभाई। उन्हें मरणोपरान्त अशोक चक्र से सम्मानित किया गया।

4. उत्तराखण्ड आन्दोलन के शहीद

- 1 सितम्बर, 1994 के खटीमा कांड के शहीद : धर्मानन्द भट्ट, गोपीचन्द, रामपाल, भगवान सिंह सिरोला, प्रताप सिंह, परमजीत सिंह और भुवन सिंह।
- 2 सितम्बर, 1994 के मसूरी कांड के शहीद : धनपत सिंह, बेलमती चौहान, रायसिंह बंगारी, हंसा धनाई, मदन मोहन मंमगाई, बलवीर सिंह नेगी एवं डी०एस०पी० उमाकांत त्रिपाठी।
- 2 अक्टूबर, 1994 को दिल्ली में आयोजित रैली में भाग लेने जा रहे आन्दोलनकारियों पर गोलीबारी में रामपुर तिराहा (मुजफ्फरनगर) के शहीद : गिरीश कुमार भद्री, सतेन्द्र सिंह, रवीन्द्र रावत, सूर्यप्रकाश थपलियाल, राजेश लखेड़ा और अशोक कुमार कैशिव।
- 3 अक्टूबर, 1994 को भड़के आन्दोलन में देहरादून में राजेश रावत और बलवंत सिंह जंगवाण, कोटद्वार में पृथ्वीसिंह बिष्ट, राकेश देवरानी और नैनीताल में प्रतापसिंह बिष्ट उत्तराखण्ड राज्य के लिए शहीद हुए।
- 10 नवम्बर, 1995 को श्रीनगर (गढ़वाल) के श्रीयंत्र टापू पर धरना दे रहे आंदोलनकारियों पर पुलिस कार्रवाई में यशोधर बेंजवाल व राजेश रावत शहीद हुए।

5. प्रमुख साहित्यकार

- **चन्द्रकुँवर बर्त्वाल :** (20 अगस्त, 1919–1947) प्रकृति के चितेरे कवि का जन्म तत्कालीन चमोली जनपद और अब रुद्रप्रयाग के मालकोटी गांव में हुआ था। मात्र 28 वर्ष में ही वह हिन्दी साहित्य के लिए अनमोल कविताओं का समृद्ध खजाना छोड़ संसार से विदा हो गये।
- **डॉ० पीताम्बरदत्त बड़थ्वाल :** हिंदी में प्रथम डी० लिट और कबीर ग्रंथावली, सत्सई सप्तक, रामचन्द्रिका, प्राणायाम, विज्ञान और कला, रूपक रहस्य, गद्य सौरभ आदि कृतियों के रचनाकार।
- **सुमित्रानन्दन पन्त** (ज्ञानपीठ पुरस्कार) : हिन्दी साहित्य की छायावादी काव्य-कृति-'*चिदम्बरा*' के लेखक : 1961 में पद्मभूषण से सम्मानित तथा 1968 में प्रथम *ज्ञानपीठ* से सम्मानित। कला और बूढ़ा चांद, वीणा-ग्रंथि, पल्लव आदि अन्य कृतियां।

- **गौरा पन्त 'शिवानी'** : हिन्दी की शीर्षस्थ लेखिका, कथाकार एवं उपन्यासकार। पद्मश्री सहित विभिन्न पुरस्कारों से सम्मानित। वर्ष 2003 में दिवंगत।
- **यमुनादत्त वैष्णव 'अशोक'** (2 अक्टूबर, 1915-12 मार्च, 2009) : हिन्दी विज्ञान कथा साहित्य के जन्मदाता माने जाते हैं। 1940 के दशक से लेकर 1990 तक 10 वैज्ञानिक उपन्यास एवं 6 वैज्ञानिक कहानी संग्रह प्रकाशित। इसके अतिरिक्त 'कुमाऊँ का इतिहास' उनका प्रमुख ऐतिहासिक ग्रन्थ है। उनके आंचलिक उपन्यासों में 'शैल वधु', 'दोपहर को अंधेरा' एवं 'राजुली मालूसाही' प्रमुख हैं।
- **इलाचन्द्र जोशी** : घृणामयी, संन्यासी, जहाज का पंछी, मुक्तिपथ, विजनवती के रचनाकार।
- **डॉ० गोविन्द बल्लभ पन्त** : (कुमाऊँ विश्वविद्यालय द्वारा 1994 में डॉक्टरेट की मानद उपाधि से सम्मानित) रानीखेत में वर्ष 1898 में जन्मे गोविन्द बल्लभ पन्त की ख्याति हिन्दी साहित्य में नाटककार एवं उपन्यासकार के रूप में है। उन्होंने लगभग 100 नाटकों की रचना की, जिसमें राजमुकुट, अंगूर की बेटी, ययाति, अन्तःपुर का छिद्र, सुजाता, अधूरी मूर्ति, सोना-सोना-सोना, गुरु दक्षिणा, पन्ना, अहंकार, तुलसीदास एवं आत्मदीप विशेष चर्चित नाटक हैं। इनका निधन वर्ष 1996 में लखनऊ में हुआ।
- **डॉ० गोविन्द चातक** : सरकासैंणी, लोस्तू (बड़ियारगढ़) टिहरी गढ़वाल में जन्मे डॉ० चातक ने गढ़वाली लोक गाथाएँ, मध्य पहाड़ी का भाषा शास्त्रीय अध्ययन, गढ़वाली लोकगीत, लोक संस्कृति का संदर्भ 'मध्य हिमालय' आदि पुस्तकें लिखीं।
- **हिमांशु जोशी** : 4 मई, 1935 को खेतीखान, जोस्यूड़ा गांव (चम्पावत) में जन्मे हिमांशु जोशी ने कहानी, उपन्यास, कविता, संस्मरण, जीवनी, रेडियो नाटक आदि अनेक विधाओं में साहित्य सृजन किया। कगार की आग, छाया मत छूना मन, समय साक्षी है, तुम्हारे लिए, सुराज और मेरी श्रेष्ठ आंचलिक कहानियां आदि उनकी चर्चित कृतियाँ हैं। 23 नवम्बर, 2018 को दिल्ली में दिवंगत।
- **मनोहरश्याम जोशी** : (पत्रकार एवं साहित्यकार) कसप, हम लोग, कुरु-कुरु स्वाहा, हरिया हरक्यूलियस आदि उनकी चर्चित रचनाएँ हैं।
- **मंगलेश डबराल** : टिहरी गढ़वाल जनपद के काफलपानी गांव में 16 मई, 1948 में जन्मे मंगलेश डबराल का 9 दिसम्बर, 2020 को निधन हो गया। 'पहाड़ पर लालटेन, हम जो देखते हैं, लेखक की रोटी, एक बार आयोवा, आवाज भी एक जगह है' आदि उनकी प्रमुख रचनाएं हैं।
- **पंकज बिष्ट** : उस चिड़िया का नाम, आखिर क्या हुआ, इनकी प्रमुख चर्चित कृतियाँ हैं।
- **शिवानन्द नौटियाल** : गढ़वाली लोक मानस, गढ़वाल के लोक नृत्य, गढ़वाल के लोकगीत, गढ़वाल के खुदेड़गीत, गढ़वाल के नृत्यगीत, नेफा की लोककथाएं आदि कृतियों के रचनाकार रहे हैं। वह उ० प्र० सरकार में कैबिनेट मंत्री भी रहे।
- **शैलेश मटियानी** : (कुमाऊँ विश्वविद्यालय द्वारा डी०लिट् की उपाधि से सम्मानित) जाने-माने हिन्दी लेखक एवं चिंतक। 30 उपन्यास, 28 कथा संग्रह, 7 लोककथा संग्रह, राष्ट्रभाषा का सवाल, जनता और साहित्य आदि के रचनाकार।

शिक्षा विभाग द्वारा उनके नाम पर प्रति वर्ष शिक्षक दिवस पर शैलेश मटियानी पुरस्कार दिया जाता है।

- **विद्यासागर नौटियाल** : उलझे रिश्ते, सूरज सबका है, टिहरी की कहानियाँ, भीम अकेला, भैंस का कट्या, सोना, उत्तर बायां है, मोहन गाता जाएगा, बाग़ी टिहरी गाए जा के रचनाकार। 12 फरवरी, 2012 को दिवंगत।
- **हरिदत्त भट्ट 'शैलेश'** : शिखर और शिखर, आगे और आगे, हिमालय की रोमांचकारी झलकियां, मैन एण्ड मेमरीज, आदमी और आदमी, कॉल ऑफ द माउंटेन्स, घूमते चेहरे, कला के स्वर आदि। 18 सितम्बर, 2011 को दिवंगत।
- **बल्लभ डोभाल** : तिब्बत की बेटी, कहाँ है स्वर्ग, सैनिक, श्राद्ध की दक्षिणा, काव्य साधना, कैसे-कैसे लोग, जै जगदीश हरे आदि।
- **रस्किन बांड** : (वर्ष 1999 में पद्मश्री एवं वर्ष 2014 में पद्म भूषण से सम्मानित) अवर ट्रीज स्टिल ग्रो इन देहरा, फ्रेन्ड्स इन स्माल, लण्ढौर डेज, द रूम ऑफ द रूफ, डेज ऑफ इनोसेंस, टाइम स्टॉप्स एट शामली, सक्सेज फ्रॉम वाटर लाइफ, द इण्डियन घोस्ट आदि।
- ***लीलाधर जगूड़ी*** : (1997 में साहित्य अकादमी पुरस्कार तथा 2004 में पद्मश्री से सम्मानित) उनकी कृति 'जितने लोग उतने प्रेम' (काव्य संग्रह) के लिए के०के० बिरला फाउण्डेशन द्वारा 2018 का 28वाँ व्यास सम्मान मिला। उन्होंने अपने साहित्यिक जीवन में कई कविता, गद्य व नाटक लिखे हैं, जिनमें प्रमुख हैं- *कविता संग्रह:* शंखमुखी शिखरों पर, नाटक जारी है, इस यात्रा में, रात अब भी मौजूद है, बची हुई पृथ्वी, घबराए हुए शब्द, भय भी शक्ति देता है, अनुभव के आकाश में चाँद, महाकाव्य के बिना, ईश्वर की अध्यक्षता में, खबर का मुँह विज्ञापन से ढका है आदि रचनाएँ हैं। वे उत्तराखण्ड साहित्य कला परिषद के उपाध्यक्ष भी रह चुके हैं।
- **वीरेन डंगवाल** : वर्ष 2004 के साहित्य अकादमी पुरस्कार से सम्मानित। इनके दो कविता संकलन 'इसी दुनिया में' और 'दुष्चक्र में सृष्टा' प्रकाशित हैं। 27 सितम्बर, 2015 को दिवंगत।

6. चर्चित आंचलिक साहित्यकार

- **लोकरत्न गुमानी पन्त** (जन्म: फरवरी 1790) : कुमाउंनी के प्रख्यात आरम्भिक लेखक। कुमाऊँ के राजा गुमानसिंह देव एवं टिहरी गढ़वाल नरेश सुदर्शन शाह के राज्याश्रित कवि। कुमाउंनी, संस्कृत, हिन्दी व नेपाली भाषा के विद्वान। प्रमुख ग्रंथ-शतोपदेश, कृष्णाष्टक, नीति शतक, राम नाम पंच पंचाशिका, गंगाशतक, चित्र पद्यावली आदि।
- **गौरीदत्त पांडे 'गौर्दा'** (1872-1939) : गौरी गुटका (काव्य संग्रह)।
- **तोताकृष्ण गैरोला** : प्रेमी पथिक के लेखक।
- **भजनसिंह 'सिंह'** : (29, अक्टूबर, 1905-10 अक्टूबर 1996) गढ़वाली साहित्य के प्रारम्भिक लेखकों में प्रमुख तथा समीक्षक; सिंहनाद (1930), प्रेमबन्धन, आर्यों का आदि निवास आदि के रचयिता। वर्ष 2004 में उनका शताब्दी वर्ष मनाया गया।
- **नरेन्द्रसिंह नेगी** : (12, अगस्त, 1949), गढ़वाली साहित्य, गीत-संगीत के रचयिता, गढ़ रत्न, गढ़पुत्र, गढ़कला शिरोमणि आदि विभिन्न सम्मानों से सम्मानित।

अभी तक 50 से अधिक ऑडियो कैसेट तथा अनेक गढ़वाली फिल्मों में संगीतकार के रूप में विशिष्ट पहचान बनाई। अभी तक उनकी छह पुस्तकें 'खुचकण्डि', 'गाण्यूँ की गंगा स्याण्यूं का समोदर', 'मुट्ट बोटीकि रख', 'तुम दगड़ि ये गीत राला', 'अब जबकि' एवं 'तेरी खुद तेरो ख्याल' प्रकाशित हुई हैं। दून विश्वविद्यालय द्वारा वर्ष 2018 में तथा गढ़वाल विश्वविद्यालय द्वारा 1 दिसम्बर, 2021 को डी०लिट् की मानद उपाधि से सम्मानित। लोक संगीत के क्षेत्र में विशेष योगदान के लिए ***संगीत नाटक अकादमी*** *पुरस्कार* तथा वर्ष 2022 में राज्य स्थापना दिवस पर ***उत्तराखण्ड गौरव सम्मान*** से नवाजा गया। वर्ष 2024 में ब्रिटिश संसद के हाउस ऑफ लार्ड्स में ***ग्लोबल अॅवार्ड*** से एवं 12 अगस्त, 2024 को प्रथम ***नरेन्द्र सिंह नेगी संस्कृति*** सम्मान से सम्मानित।

- **गिरीश तिवाड़ी 'गिर्दा' :** (10 सितम्बर, 1945-22 अगस्त, 2010), जनकवि 'गिर्दा' की उत्तराखण्ड के वन, शराब एवं पृथक राज्य आंदोलन में प्रमुख भूमिका रही। गिर्दा के जनगीत 'आज हिमाल तुमन कै धत्यूं छौ', 'जैंता एक दिन त आलो उ दिन ईं दुनी में', 'उत्तराखण्ड मेरि मातृभूमि', 'हम लड़ते रयां भुलों' तथा 'कैसा हो स्कूल हमारा' बहुत लोकप्रिय रहे हैं। गिर्दा ने नगाड़े खामोश हैं और धनुष-यज्ञ नाटक लिखे। झूसिया दमाई पर उन्होंने शोध प्रबन्ध लिखा जिसे व्यापक सराहना मिली। 'रंग डारि दियो हो अलबेलिन में' (कुमाउंनी होली संग्रह) उनकी लोकप्रिय पुस्तक है। चार दशकों तक उत्तराखण्ड की सांस्कृतिक विरासत को जनांदोलनों में गीतों के माध्यम से जीवन्त करने वाले गिरीश तिवारी गिर्दा 22 अगस्त, 2010 को हल्द्वानी में दिवंगत हुए।
- **प्रीतम भरतवाण :** (जन्म, 15 अगस्त 1970 को ग्राम सिल्ला, जनपद देहरादून)। जागर गायन और लोक गाथाओं के गायन के माध्यम से उत्तराखण्ड की सांस्कृतिक विरासत को आगे बढ़ाने में विशेष योगदान दिया है। उन्होंने बचपन से ही ढोल, दमाऊं, डौंर-थाली वादन और गायन सीखना शुरू किया तथा 13 वर्ष की उम्र में रामलीला के मंच पर पहली प्रस्तुति दी। 1989 से वे आकाशवाणी पर जागर और लोकगीत गाने लगे। अखिल भारतीय स्तर पर आकाशवाणी और दूरदर्शन के वे 'ए' ग्रेड कलाकार हैं। 2017 में उत्तराखण्ड राज्य निर्वाचन आयोग ने उन्हें 'स्टेट आइकन' बनाया। अमेरिका के विश्वविद्यालयों में वे विजिटिंग फैकल्टी के रूप में ढोल एवं सहायक वाद्य यंत्रों को पढ़ाने जाते हैं। जर्मनी और अन्य देशों में भी वे अध्यात्म विद्या के वैश्विक सम्मेलनों में ढोल वादन और पंवाड़ा गायन कर चुके हैं। 27 नवंबर, 2018 को उत्तराखण्ड मुक्त विश्वविद्यालय द्वारा डॉक्टरेट की मानद उपाधि तथा वर्ष 2019 में पद्मश्री सम्मान से अलंकृत। वर्ष 2025 में उत्तराखण्ड सरकार द्वारा उत्तराखण्ड गौरव सम्मान।

7. कला

- **मौलाराम :** मौलाराम का जन्म श्रीनगर गढ़वाल के प्रसिद्ध चित्रकार हरदास के पौत्र मंगतराम के घर हुआ था। 25 वर्ष की आयु में उन्होंने अपने पूर्वजों द्वारा अपनाई गई मुगल शैली में चित्र रचना शुरू की। बाद में उन्होंने कांगड़ा के राजा संसारचन्द के लिए कांगड़ा शैली में भी चित्र बनाये। एक कलाकार के रूप में उनकी ख्याति दूर-दूर के राज्यों तक पहुंच गई थी। मौलाराम ने चित्रकला के साथ ही लेखन भी किया और लगभग 30 पुस्तकें लिखीं। इनमें गढ़राजवंश काव्य, गढ़गीता संग्राम और मन्मथ सागर प्रमुख हैं। मौलाराम के

बाद उनके वंशजों ने गढ़वाल चित्रकला शैली को नये रूप प्रदान करने का प्रयास किया, लेकिन उन्हें मौलाराम जैसी लोकप्रियता नहीं मिल पाई।

- **चैतू और माणकू :** गढ़वाल में चित्रकला के क्षेत्र में मौलाराम के बाद चैतू और माणकू का नाम आता है। कुछ लोग उन्हें मौलाराम के शिष्य बताते हैं। ये दोनों श्रीनगर में रहते थे। यादवियों का हरण और कृष्ण द्वारा कर वसूली आदि चित्रों पर चैतू के हस्ताक्षर हैं। चैतू ने रुक्मणी हरण जैसे प्रसंगों पर भी चित्र बनाये। माणकू ने गीत गोविन्द की विषय वस्तु को लेकर चित्र रचना की। बाद में माणकू का पुत्र खुशाल भी अच्छा चित्रकार बना लेकिन समुचित संरक्षण न होने के कारण इन चित्रकारों की कृतियां सुरक्षित नहीं रह पाई और आज वे बहुत कम संख्या में उपलब्ध हैं।
- **धरणीधर चन्दोला :** इनका जन्म 25 दिसम्बर 1916 में ग्राम चन्दोला राई, पट्टी नांदलस्यूं (पौड़ी) में हुआ। 1941 में लखनऊ से प्रथम श्रेणी में परीक्षा उत्तीर्ण की। अनेक राजा-महाराजाओं के बड़े चित्र बनाए। विदेशों में इनके चित्रों की विशेष मांग रही। ये अच्छे संगीतकार थे। इन्होंने गढ़वाली गीतों की स्वरावली तैयार की और जापानी बैंजो व टाशीकीटो यंत्रों में संशोधन कर **'विचित्र बेला'** नामक वाद्य यंत्र तैयार किया। उन्होंने दिल्ली, मैसूर, मुम्बई, लाहौर में चित्र प्रदर्शनियाँ लगाई। वे विभिन्न पुरस्कारों से सम्मानित किए गए।
- **रणवीर सिंह बिष्ट :** रणवीर सिंह बिष्ट का जन्म 4 अक्टूबर, 1928 को लैंसडौन में हुआ था। उन्होंने लैंसडौन से शिक्षा प्राप्त की। कला एवं शिल्प महाविद्यालय लखनऊ में नौकरी शुरू की। कॉलेज के प्राचार्य और लखनऊ विश्वविद्यालय के ललित कला संकाय के डीन रहे। लैंडस्कैप, हिलस्कैप, ब्ल्यू सीरीज, ब्लैक पेजिज ऑफ इण्डियन रिपब्लिक, अनवान्टेड चाइल्ड सहित अनेक विषयों पर कलाकृतियां बनाई। कला क्षेत्र में अनेक सम्मान के साथ ललित कला अकादमी उत्तर प्रदेश तथा राष्ट्रीय ललित कला अकादमी नई दिल्ली की फेलो से भी सम्मानित किये गये। भारत सरकार ने उन्हें वर्ष 1991 में पद्मश्री से सम्मानित किया। 25 सितम्बर, 1998 को उनकी मृत्यु हुई।
- **अवतार सिंह पंवार :** अवतार सिंह पंवार का जन्म टिहरी जनपद के धानियूँ गांव में सन् 1929 में हुआ था। शांति निकेतन से शिक्षा ग्रहण कर कला एवं शिल्प महाविद्यालय लखनऊ में अध्यापन किया एवं मूर्ति कला में अन्तर्राष्ट्रीय ख्याति प्राप्त की। चन्द्रसिंह गढ़वाली, मदर टेरेसा, इंदिरा गांधी, मुकुन्दी लाल, महादेवी वर्मा जैसी अनेक हस्तियों की मूर्तियां बनाने का श्रेय उन्हें प्राप्त है।
- **यशोधर मठपाल :** पद्मश्री पुरस्कार से सम्मानित डॉ० यशोधर मठपाल का जन्म 12 सितम्बर, 1940 को अल्मोड़ा जनपद के नौल ग्राम में हुआ। रानीखेत और कानपुर से शिक्षा प्राप्त करने के बाद उन्होंने कला एवं शिल्प महाविद्यालय लखनऊ से फाइन आर्ट्स में डिप्लोमा प्राप्त किया। कला के क्षेत्र में विशेष योगदान के लिए उन्हें पद्मश्री पुरस्कार से सम्मानित किया गया।
- **रमेश बिष्ट :** रमेश बिष्ट का जन्म 1945 में ग्राम पोखरी (लैंसडौन) में हुआ। उन्होंने अनेक संस्थानों में मूर्तिकार के रूप में कार्य किया। शारदा उकील स्कूल ऑफ आर्ट्स दिल्ली एवं ललित कला संस्थान में मूर्ति कला विभाग के अध्यक्ष पद पर रहे हैं। वे ललित कला अकादमी नई दिल्ली में काउंसिल के सदस्य भी रहे।
- **आर०पी० डबराल :** गढ़वाल में जन्मे तथा कॉलेज आफ आर्ट लखनऊ से शिक्षा प्राप्त आर०पी० डबराल ने चित्रकला के क्षेत्र में कई कार्यशालाओं व प्रदर्शनियों में भागीदारी की। उनके चित्र नई दिल्ली के नेशनल गैलरी ऑफ

माडर्न आर्ट, ललित कला अकादमी के अतिरिक्त देश-विदेश के अन्य संग्रहालयों में संग्रहीत हैं।

- **एकेश्वर हटवाल :** चमोली में जन्मे तथा डी०ए०वी० कॉलेज देहरादून से शिक्षा प्राप्त करने वाले एकेश्वर हटवाल प्रयोगवादी और सृजनात्मक कलाकार हैं। वे राजस्थान में कला शिक्षक के रूप में कार्यरत हैं।

8. उत्तराखण्ड के प्रमुख इतिहासकार

- **बदरीदत्त पाण्डेय :** कुमाऊँ का इतिहास।
- **हरिकृष्ण रतूड़ी :** गढ़वाल का इतिहास।
- **डॉ० शिवप्रसाद डबराल 'चारण' :** उत्तराखण्ड का इतिहास।
- **डॉ० मदन चन्द्र भट्ट :** हिमालय का इतिहास।
- **डॉ० यशवन्त सिंह कठोच :** उत्तराखण्ड का नवीन इतिहास।
- **डॉ० अजय रावत :** हिस्ट्री ऑफ गढ़वाल।
- **डॉ० शेखर पाठक :** एशिया की पीठ पर।

9. सामाजिक कार्यकर्ता

- **चण्डीप्रसाद भट्ट :** राज्य में वनों की रक्षा एवं वनों के क्षेत्रफल में अनुपम कार्य करने वाले चमोली जनपद के पर्यावरणविद्, गांधी शान्ति पुरस्कार (2014), '*रेमन मैग्सेसे*', *पद्मश्री* और *पद्म भूषण* सम्मान से सम्मानित। वर्ष 2017-18 के प्रतिष्ठित इंदिरा गांधी राष्ट्रीय एकता पुरस्कार से 11 अक्टूबर, 2019 को अलंकृत।
- **दीप जोशी :** पिथौरागढ़ मूल के दीप जोशी झारखण्ड एवं बिहार के आदिवासी लोगों के बीच कार्य कर उन्हें नई दिशा प्रदान कर रहे हैं। उन्हें वर्ष 2009 में रेमन मैग्सेसे पुरस्कार से सम्मानित किया गया। वे उत्तराखण्ड से यह पुरस्कार पाने वाले दूसरे व्यक्ति हैं। यह अन्तर्राष्ट्रीय पुरस्कार दीप जोशी को जनसेवा के क्षेत्र में योगदान के लिए दिया गया है।
- **बद्रीदत्त बमोला :** (1868-1930) ग्राम बमोली, जनपद रुद्रप्रयाग में जन्मे प्रथम उत्तराखण्डी हैं जो प्रवास में रह कर फिजी काउंसिल के सदस्य चुने गए।
- **अवधेश कौशल :** पद्मश्री से सम्मानित पर्यावरण प्रेमी अवधेश कौशल को खान माफिया से लोहा लेने वाले के रूप में जाना जाता है। 14 जुलाई, 1983 को उन्होंने देहरादून-मसूरी क्षेत्र में खनन को प्रतिबंधित करने के लिए सर्वोच्च न्यायालय में जनहित याचिका दायर की थी। उस समय पर्यावरण के मुद्दे पर दायर होने वाली यह प्रथम याचिका थी और फैसला भी उनके पक्ष में हुआ। बाद में उन्होंने देहरादून से 11 किमी० दूर स्थित सहस्त्रधारा क्षेत्र में बड़े पैमाने पर पौधरोपण किया। उन्होंने शिवालिक की पहाड़ियों के वन गूजरों को एकजुट किया। अंत तक वे अपनी संस्था रूरल लिटिगेशन एंड एंटाइटलमेंट केंद्र के माध्यम से उत्तराखण्ड के 13 जनपदों में पर्यावरण की अलख जगाते रहे। 12 जुलाई, 2022 को देहरादून में दिवंगत।
- **श्री महन्त देवेन्द्र दास :** 10 फरवरी, 2000 को धार्मिक विधि विधान से श्री महन्त इन्दिरेश चरण दास जी ने अनसुया प्रसाद बहुगुणा (पुत्र श्री सदानन्द बहुगुणा) को अपना शिष्य घोषित किया तथा उन्हें नाम दिया श्री देवेन्द्र दास। श्री अनसूया प्रसाद का जन्म आदिबद्री, जनपद चमोली में हुआ। उन्होंने एम०एससी, बी०एड० तक की शिक्षा प्राप्त की है। वे गुरु राम राय पब्लिक

स्कूल जनकपुरी में सन् 1994 में प्रवक्ता जीव विज्ञान के रूप में नियुक्त होकर अध्यापन करने लगे। फिर वे छात्रावास अधीक्षक बने और 1997 से प्रधानाचार्य के पद पर नियुक्त हुए। 10 जून 2000 को महन्त इन्दिरेश चरण दास जी के ब्रह्मलीन होने के उपरान्त 25 जून, 2000 को वे श्री गुरु राम राय दरबार के दसवें महन्त के रूप में गद्दी नशीन हुए। महन्त देवेन्द्र दास जी अपने गुरु महन्त इन्दिरेश चरण दास जी के सपनों और अधूरे कार्यों को पूर्ण करने का संकल्प लेकर सतत क्रियाशील हैं।

- **धूम सिंह नेगी :** गांधीवादी शिक्षक, चिपको कार्यकर्ता और समाजसेवी धूम सिंह नेगी उत्तराखण्ड में मद्यनिषेध एवं नशामुक्ति आंदोलन (1965–71) में सहभागिता के कारण जेल गए और सेवा से त्याग पत्र दे दिया। 14 दिन के कारावास के बाद उत्तराखण्ड में मद्यनिषेध नीति लागू होने और त्याग पत्र अस्वीकार होने के बाद पुनः विद्यालयी सेवा में आ गए। इसी दौरान 'चिपको आन्दोलन में भी भागीदारी करते रहे। 4 जुलाई 1974 को अपने सहयोगी को विद्यालय का कार्यभार सौंप कर पूर्णरूपेण 'चिपको आन्दोलन' के लिए समर्पित हो गए। उन्होंने पर्यावरण संरक्षण और संवर्द्धन से जुड़े अनेक आन्दोलनों में सक्रिय भागीदारी के साथ-साथ महिला समाख्या के कार्यों में भी सहयोग किया। चिपको आन्दोलन का संदेश 'हिमालय बचाओ-गांव बचाओ' को लेकर श्री सुन्दरलाल बहुगुणा के साथ कश्मीर से लेकर नागालैण्ड-कोहिमा तक लगभग 5000 किमी॰ की पैदल यात्रा की। वर्ष 2018 में जमनालाल बजाज पुरस्कार से सम्मानित।
- **डॉ॰ अनिल प्रकाश जोशी :** वनस्पति विज्ञान विभाग में प्रवक्ता के रूप में कोटद्वार महाविद्यालय में कुछ समय तक अपनी सेवाएं दीं। स्वैच्छिक सेवानिवृत्ति के उपरान्त हेस्को (HESCO) संस्था की स्थापना की। ग्रामीण विकास हेतु स्थानीय संस्थाओं का सर्वोत्तम उपयोग के विचार को 'हेस्को' ग्राम में उन्होंने मूर्त रूप दिया है। पहाड़ों की झाड़-झंकाड़ (लेन्टाना) को हेस्को के तत्वावधान में स्थानीय विकास के लिए प्रयोग किया। इस झाड़ से फर्नीचर, पत्तियों एवं फूल से अगरबत्ती आदि बनाई। स्थानीय आटा पीसने की चक्की 'घराट' का उच्चीकरण किया। पद्म विभूषण, पद्मश्री से सम्मानित और 'माउन्टेन मैन' के नाम से प्रसिद्ध डॉ॰ जोशी महात्मा गांधी को अपना आदर्श मानते हैं जो आम आदमी की सहायता और उत्थान में विश्वास रखते थे। वर्तमान में 'हेस्को' संस्था शुक्लापुर, (सहसपुर) देहरादून में कार्यरत है।
- ***सच्चिदानन्द भारती :*** 5 नवम्बर 1995 को पौड़ी गढ़वाल के उफरैंखाल क्षेत्र के गाडखर्क गांव में जन्मे सच्चिदानन्द भारती पिछले पांच दशक से जल, जंगल और जमीन के लिए कार्य करते हुए **'पाणी राखो आंदोलन'** चला रहे हैं। वे 1990 से 92 तक संयुक्त राष्ट्र पर्यावरण स्वयंसेवी दल के सदस्य रहे और सन् 1995 में आपको अशोक फैलोशिप प्राप्त हुई। पानी के लिए किये जा रहे उनके इस अनूठे काम को देखने के लिए राष्ट्रीय स्वयं सेवक संघ के सरसंघ चालक के॰एस॰ सुदर्शन भी उफरैंखाल पहुँचे थे।

2010 में आप उत्तराखण्ड में राज्य जल नीति प्रारूप समिति के अध्यक्ष रहे, जिसे सच्चिदानन्द कमेटी भी कहा जाता है। आपको स्वामी राम हिमालयन विश्वविद्यालय द्वारा स्वामी राम मानवता पुरस्कार और उत्तराखण्ड मुक्त विश्वविद्यालय द्वारा डी.लिट. की मानद उपाधि से सम्मानित किया गया है। नेशनल जियोग्राफी ने अपने वाटर अंक **रिटर्न इन वॉटर 2009** में आपके

जल संरक्षण और पानी तथा जंगलों के संरक्षण पर रिपोर्ट प्रकाशित की है। उन्हें इस कार्य के लिए वर्ष 2011 में मध्य प्रदेश सरकार का महात्मा गांधी राष्ट्रीय अवार्ड-2015 में 'पाणी राखो आंदोलन' के लिए और वर्ष 2015 में इंदिरा गांधी पुरस्कार से पुरस्कृत किया गया। वर्ष 2023 में उन्हें उत्तराखण्ड सरकार का सर्वोच्च नागरिक सम्मान '**उत्तराखण्ड गौरव सम्मान**' से राष्ट्रपति के हाथों विभूषित किया गया। जल संचयन और संरक्षण के क्षेत्र में किये गये उनके कार्यों का मूल्यांकन करते हुए प्रधानमंत्री नरेन्द्र मोदी ने अपने '**मन की बात**' कार्यक्रम में उनके कार्य की सराहना करते हुए विशेष उल्लेख किया।

10. विभिन्न पुरस्कारों का परिचय

- **भारत रत्न :** यह भारत का सर्वोच्च नागरिक पुरस्कार है। पहले यह पुरस्कार कला, साहित्य, विज्ञान व जनसेवा के क्षेत्र में दिया जाता था, लेकिन अब खेल और राजनीति सहित किसी भी क्षेत्र में असाधारण कार्यों के लिए दिया जाता है।
- **परमवीर चक्र :** यह भारत का सर्वोच्च सैन्य सम्मान है। यह युद्धकाल में असाधारण वीरता और बलिदान देने वाले सैनिकों को प्रदान किया जाता है। यह 26 जनवरी, 1950 को स्थापित हुआ। पहला परमवीर चक्र 4 कुमाऊं रेजीमेंट के मेजर सोमनाथ शर्मा को प्रदान किया गया था।
- **कीर्ति चक्र :** यह भारत का दूसरा सबसे बड़ा **शांति-काल वीरता पुरस्कार** है। यह पुरस्कार सेना और नागरिकों को युद्धक्षेत्र से दूर असाधारण वीरता, साहसिक कार्रवाई या आत्म-बलिदान के लिए दिया जाता है। यह महावीर चक्र के समकक्ष है और मरणोपरांत भी प्रदान किया जा सकता है।
- **शौर्य चक्र :** यह भारत का **शांति काल** का तीसरा सबसे बड़ा वीरता पुरस्कार है, जो सैनिकों और असैनिकों को असाधारण वीरता, साहस या आत्म-बलिदान के लिए दिया जाता है। यह सम्मान अशोक चक्र, कीर्ति चक्र के बाद आता है और इसे मरणोपरांत भी दिया जा सकता है।
- **रेमन मैग्सेसे :** इसे एशिया का नोबेल पुरस्कार कहा जाता है। इसकी स्थापना वर्ष 1957 में फिलीपींस के तीसरे राष्ट्रपति रेमन मैग्सेसे की स्मृति में की गई थी। पहले यह पुरस्कार छह श्रेणियों में दिया जाता था, लेकिन अब एकमात्र श्रेणी 'उभरता हुआ नेतृत्व' के लिए दिया जाता है।
- **अर्जुन पुरस्कार :** इस पुरस्कार को 1961 में प्रारम्भ किया गया था। यह पुरस्कार उन प्रतिभाशाली खिलाड़ियों को दिया जाता है, जिन्होंने पिछले तीन वर्षों में किसी खेल में अंतर्राष्ट्रीय स्तर पर उत्कृष्ट प्रदर्शन किया हो। इन तीन वर्षों के प्रदर्शन में वह वर्ष भी शामिल होता है, जिसमें यह पुरस्कार दिया जाना है। इसके अलावा खिलाड़ी में नेतृत्व क्षमता, खेल भावना एवं अनुशासनप्रियता जैसे गुण भी होने चाहिए। इस पुरस्कार के तहत खिलाड़ी को 5 लाख रुपए नकद, अर्जुन की एक कांस्य प्रतिमा, प्रशस्ति-पत्र एवं समारोह का परिधान (अंगवस्त्र) प्रदान किया जाता है।
- **द्रोणाचार्य पुरस्कार :** इसकी स्थापना 1985 में की गई थी। यह पुरस्कार उन सफल प्रशिक्षकों को दिया जाता है, जिनके खिलाड़ी अथवा टीम ने अंतर्राष्ट्रीय स्तर पर उत्कृष्ट प्रदर्शन किया हो। इस पुरस्कार के तहत प्रशिक्षक को 5 लाख रुपए नकद, द्रोणाचार्य की कांस्य प्रतिमा, प्रशस्ति-पत्र एवं समारोह का परिधान (अंगवस्त्र) प्रदान किया जाता है।
- **पद्म पुरस्कार :** ये पुरस्कार समाज के विभिन्न क्षेत्रों में उल्लेखनीय कार्य के

लिए दिये जाते हैं। इनकी तीन श्रेणियां हैं–1. पद्म विभूषण, 2. पद्म भूषण एवं 3. पद्मश्री। पहले इन पुरस्कारों पर कुछ समय के लिए रोक लगा दी गयी थी, लेकिन उच्चतम न्यायालय के निर्देश के अनुसार, 1997 से ये पुरस्कार फिर से दिये जाने लगे। इन पुरस्कारों की घोषणा प्रतिवर्ष गणतंत्र दिवस की पूर्व संध्या पर की जाती है, बाद में राष्ट्रपति भवन में आयोजित एक भव्य समारोह में राष्ट्रपति द्वारा ये पुरस्कार प्रदान किए जाते हैं।

11. राज्य पुरस्कार

- **तीलू रौतेली पुरस्कार :** यह पुरस्कार समाज और जीवन में साहस और संघर्ष की मिसाल स्थापित करने वाली महिलाओं को प्रतिवर्ष प्रदान किया जाता है।
- **राज्य शैक्षिक पुरस्कार :** बेसिक और माध्यमिक कक्षाओं में शिक्षण के क्षेत्र में प्रशंसनीय कार्य करने वाले शिक्षकों को शैलेश मटियानी राज्य शैक्षिक पुरस्कार से सम्मानित किया जाता है।
- **राज्य खेल पुरस्कार :** खेल के क्षेत्र में अंतर्राष्ट्रीय और राष्ट्रीय स्तर पर विशेष उपलब्धि प्राप्त करने वाले राज्य के खिलाड़ियों और खेल प्रशिक्षकों को प्रतिवर्ष देवभूमि खेल रत्न, देवभूमि द्रोणाचार्य और लाइफटाइम एचीवमेंट पुरस्कार प्रदान किये जाते हैं।
- **गवर्नर्स टीचर अवार्ड :** उत्तराखण्ड विद्यालयी शिक्षा बोर्ड और घरेलू परीक्षाओं में उत्कृष्ट कार्य करने वाले शिक्षकों को गवर्नर्स टीचर अवार्ड से सम्मानित किया जाता है।
- **उत्तराखण्ड राज्य शिल्प रत्न पुरस्कार :** परम्परागत शिल्प के संवर्द्धन और शिल्पियों को प्रोत्साहित करने के लिए प्रतिवर्ष अधिकतम 25 शिल्पकारों को इस पुरस्कार से सम्मानित किया जाता है।

12. महत्वपूर्ण पुरस्कारों से सम्मानित उत्तराखण्ड के व्यक्ति

पं० नैन सिंह रावत	:	*कम्पेनियन ऑफ इंडियन इम्पायर*
नायक दरबानसिंह नेगी	:	*विक्टोरिया क्रास* (1914)
राइफलमैन गबरसिंह नेगी	:	*विक्टोरिया क्रास* (1915)
गोविन्दबल्लभ पन्त	:	*भारत रत्न* (1957)
सुमित्रानन्दन पन्त	:	*ज्ञानपीठ* (1968)
हंसा मनराल	:	*द्रोणाचार्य पुरस्कार* (2001)
जयदेव बिष्ट	:	*द्रोणाचार्य पुरस्कार* (2009)
भवानीदत्त जोशी	:	*अशोक चक्र*
मातवर सिंह नेगी	:	*अशोक चक्र* (2002)
मोहन चन्द शर्मा मासीवाल	:	*अशोक चक्र* (2009)
गजेन्द्र सिंह बिष्ट	:	*अशोक चक्र* (2009)
जयकीरत सिंह रावत	:	*शौर्य चक्र* (2009)
मेजर सुन्दर सिंह बिष्ट	:	*शौर्य चक्र* (2009)
मेजर विभांशु ढौंडियाल	:	*शौर्य चक्र* (2015)
एस०आई० जयेन्द्र भट्ट	:	*सर्वोच्च जीवन रक्षा पदक* (2015)
नन्दराम	:	*जीवन रक्षा पदक* (2015)
अजय लाल	:	*जीवन रक्षा पदक* (2015)

मोहन नाथ गोस्वामी	:	*अशोक चक्र* (2016)
मेजर सुमन गवानी	:	जेंडर एडवोकेट ऑफ द इयर (2019)
जसपाल राणा	:	द्रोणाचार्य पुरस्कार (2020)
मेजर विभूति ढौंडियाल	:	*शौर्य चक्र* (2021)
सुभाष राणा	:	द्रेणाचार्य पुरस्कार (2025)

13. रेमन मैग्सेसे पुरस्कार

चण्डी प्रसाद भट्ट	:	*पर्यावरण* (1982)
दीप जोशी	:	*सामाजिक कार्य* (2009)

14. पद्म विभूषण

डॉ० घनानन्द पाण्डे	:	*विज्ञान* (1969)
भैरवदत्त पाण्डे	:	*प्रशासनिक सेवा* (2000)
सुन्दरलाल बहुगुणा	:	*पर्यावरण* (2009)
बिपिन रावत (सी०डी०एस०)	:	शौर्य (2022) मरणोपरांत

15. पद्म भूषण

कमलेन्दुमति शाह	:	*समाज सेवा* (1958)
सुमित्रानन्दन पन्त	:	*साहित्य* (1961)
कुंवरसिंह नेगी	:	*ब्रेल लिपि* (1990)
चण्डीप्रसाद भट्ट	:	*पर्यावरण* (2005)
रस्किन बांड	:	*साहित्य* (2014)
डॉ० खड्ग सिंह वल्दिया	:	*भूविज्ञान* (2015)
स्वामी सत्यमित्रानन्द	:	*सामाजिक कार्यकर्ता* (2015)
बछेन्द्री पाल	:	*पर्वतारोहण* (2019)
डॉ० अनिल प्रकाश जोशी	:	समाज सेवा (2020)
विक्टर बनर्जी	:	कला (2022)

16. पद्मश्री

प्रीतम भरतवाण	:	*लोक संस्कृति* (2019)
अनूप शाह	:	*छायाकार/फोटोग्राफी* (2019)
डॉ० योगी ऐरन	:	*चिकित्सा* (2020)
कल्याण सिंह रावत 'मैती'	:	*समाज सेवा* (2020)
बी०के०एस० संजय	:	*चिकित्सा* (2021)
प्रेमचन्द्र शर्मा	:	*कृषि (2021)*
बसंती देवी	:	*जल संरक्षण (2022)*
वंदना कटारिया	:	*खेल (2022)*
डॉ० माधुरी बड़थ्वाल	:	*लोककला (2022)*
डॉ० यशवन्त सिंह कठोच	:	इतिहास *(2023)*
ह्यूग कॉलिन गैंटजर और कॉलिन गैंटजर (दिवंगत)	:	*साहित्य एवं शिक्षा (2025)*
राधा भट्ट	:	पर्यावरण संरक्षण, महिला सशक्तिकरण *(2025)*

17. साहित्य अकादमी पुरस्कार

सुमित्रा नन्दन पंत	:	*कला और बूढ़ा चाँद* (1960)
रस्किन बॉण्ड	:	*ट्रीज स्टिल ग्रो इन देहरा* (1992)
लीलाधर जगूड़ी	:	*अनुभव के आकाश में चाँद* (1997)
मंगलेश डबराल	:	*हम जो देखते हैं* (2000)
वीरेन डंगवाल	:	*दुश्चक्र में सृष्टा* (2004)
सुदामा प्रसाद 'प्रेमी' व प्रेमलाल भट्ट	:	*गढ़वाली लेखन के लिए पहली बार दिया गया।* (2010)
रमेश चन्द्र शाह	:	*विनायक* (2014)
चारुचन्द्र पाण्डे*	:	*कुमाउंनी भाषा के उन्नयन में योगदान हेतु* (2015)
मथुरा प्रसाद मठपाल*	:	*कुमाउंनी लेखन के लिए* (2015)

*(*कुमाउँनी साहित्य में लेखन हेतु)*

हेमचन्द्र बेलवाल	:	*परिवर्तनकाव्यम् (संस्कृत लेखन) युवा साहित्यकार पुरस्कार* (2017)
देवेन्द्र मेवाड़ी	:	*बाल साहित्य श्रेणी - नाटक में विज्ञान* (2022)

18. संगीत नाटक अकादमी पुरस्कार

नरेन्द्र सिंह नेगी	:	*प्रदर्शन कला एवं लोक संगीत*
दीवान सिंह बजेली	:	*लोक साहित्य/प्रदर्शन कला*
प्रो० (डॉ०) डी०आर० पुरोहित	:	*लोक रंगमंच/ लोक संगीत (2022)*
रामलाल भट्ट	:	*कठ्पुतली कलाकार (2022)*
ललित सिंह पोखरिया	:	*रंगमंच के क्षेत्र में उत्कृष्टता (2022)*
भूपेश जोशी	:	*रंगमंच के क्षेत्र में उत्कृष्टता (2022)*
राकेश भट्ट	:	*प्रदर्शन कला व लोकसंगीत (2023)*
लता तिवारी/संजय पाण्डेय	:	*शास्त्रीय लोकगायक (2023)*
जहूर आलम	:	*रंगमंच (2023)*

19. संगीत नाटक अकादमी अमृत अवार्ड-लोक संगीत पुरस्कार

भैरव दत्त तिवारी	:	*लोक संगीत व नृत्य (2023)*
जगदीश ढौंढियाल	:	*लोक संगीत (2023)*
नारायण सिंह बिष्ट	:	*लोक संगीत (2023)*
जुगल किशोर पेटशाली	:	*प्रदर्शन कला में समग्र योगदान (2023)*

20. राष्ट्रीय वीरता पुरस्कार

हरीश राणा	:	*उत्तरकाशी* (2003)
माजदा (बबली)	:	*हरिद्वार* (2004)
महेश कुमार	:	*उत्तरकाशी* (2005)
पूजा कबड़वाल	:	*अल्मोड़ा* (2006)
श्रुति लोढ़ी	:	*देहरादून* (2010)
प्रियांशु जोशी	:	*देहरादून* (2010)

कपिल कुमार	:	*रुद्रप्रयाग* (2012) मरणोपरांत
मोनिका	:	*चमोली* (2014) मरणोपरांत
लवांशु	:	*ऋषिकेश* (2014)
पंकज सेमवाल	:	*ग्राम नारगढ़, टिहरी गढ़वाल* (2018)
राखी रावत	:	*पौड़ी गढ़वाल* (2020)

21. राष्ट्रीय जीवन रक्षक पुरस्कार

श्रीमती मगनी देवी	:	*देवप्रयाग* (2008)
सुनील चौहान	:	*गोपेश्वर* (2008)
श्रीमती संगीता अग्रवाल	:	*देहरादून* (2013) मरणोपरांत

22. राष्ट्रीय बाल पुरस्कार

अनुराग रमोला	:	*कला एवं संस्कृति* (2021)

23. राज्य खेल पुरस्कार

जसपाल राणा (निशानेबाजी)	:	*देवभूमि खेल रत्न* (2013)
हरिसिंह थापा (मुक्केबाजी)	:	*देवभूमि द्रोणाचार्य पुरस्कार* (2013)
पद्म बहादुर मल्ल (मुक्केबाजी)	:	*लाइफ टाइम अचीवमेन्ट* (2013)
त्रिलोक सिंह बसेड़ा (फुटबॉल)	:	*देवभूमि खेल रत्न* (2014) मरणोपरान्त
नारायण सिंह राणा (निशानेबाजी)	:	*देवभूमि द्रोणाचार्य पुरस्कार* (2014)
हरिदत्त कापड़ी (बास्केटबॉल)	:	*लाइफ टाइम अचीवमेन्ट* (2014)
स्व० राम बहादुर क्षेत्री	:	*देवभूमि खेल रत्न* (2015)
रेणू कोहली	:	*देवभूमि द्रोणाचार्य पुरस्कार* (2015)
हंसा मनराल	:	*लाइफ टाइम अचीवमेन्ट* (2015)
गुरुमीत सिंह (एथलीट)	:	*देवभूमि खेल रत्न पुरस्कार* (2016)
सुरेन्द्र सिंह भण्डारी (सर्विसेज कोच)	:	*देवभूमि द्रोणाचार्य पुरस्कार* (2016)
राजेन्द्र सिंह रावत (ओलम्पियन)	:	*लाइफ टाइम अचीवमेन्ट पुरस्कार* (2016)
एकता बिष्ट (क्रिकेट)	:	*देवभूमि खेल रत्न पुरस्कार* (2017)
लियाकत अली (कोच)	:	*देवभूमि द्रोणाचार्य पुरस्कार* (2017)
लक्ष्य सेन	:	*देवभूमि उत्तराखण्ड खेल रत्न (2019)*
धीरेंद्र कुमार सेन (बैडमिंटन)	:	देवभूमि उत्तराखण्ड द्रोणाचार्य पुरस्कार (2019-2020)
चंदन सिंह (एथलीट)	:	*देवभूमि उत्तराखण्ड खेल रत्न (2020-2021)*
कमलेश कुमार तिवारी (ताईक्वांडो प्रशिक्षक)	:	*देवभूमि उत्तराखण्ड द्रोणाचार्य पुरस्कार (2020-2021)*
संदीप कुमार डुकलान (तीरंदाजी प्रशिक्षक)	:	*देवभूमि उत्तराखण्ड द्रोणाचार्य पुरस्कार (2021-2022)*
सुरेश चंद्र पांडे (लाइफटाइम अचीवमेंट)	:	लाइफटाइम अचीवमेंट अवार्ड (2021-2022)

■■

उत्तराखण्ड प्रश्नावली

क्या आप जानते हैं?

- **प्रति व्यक्ति आय में सुधार :** उत्तराखण्ड में आम नागरिक की आय में अभूतपूर्व बदलाव हुआ है। वर्ष 2000 में प्रदेश में प्रति व्यक्ति आय मात्र 15,285 रुपये थी, जो 2023-24 में बढ़कर दो लाख 46 हजार 178 रुपये हो गई। वर्ष 2025-26 में इसके 2 लाख 74 हजार रुपये होने का अनुमान है। यह प्रति व्यक्ति आय में 17 से 18 गुना की वृद्धि है, जो जीवन स्तर में आए गुणात्मक सुधार को रेखांकित करती है।
- **अर्थव्यवस्था की संरचना :** राज्य की अर्थव्यवस्था की संरचना भी मजबूत हुई है। सेकेंडरी सेक्टर (उद्योग) का योगदान लगभग 46% है, जो इसे विनिर्माण और उद्योग के लिए एक मजबूत आधार देता है। वहीं, सर्विस सेक्टर (पर्यटन, सेवाएं) का योगदान 43% से अधिक है, जो रोजगार सृजन में महत्वपूर्ण है, खासकर पर्यटन पर निर्भर पर्वतीय क्षेत्रों में।
- **निवेश आकर्षण :** इस पैकेज के तहत, उद्योगों को राज्य में करों में छूट और सब्सिडी दी गई, जिससे देश की प्रमुख औद्योगिक कंपनियों ने यहाँ का रूख किया। सिडकुल के तहत हरिद्वार, पंतनगर, सितारगंज, और सेलाकुंई (देहरादून) जैसे क्षेत्रों में विश्वस्तरीय औद्योगिक एस्टेट्स विकसित किए गए।
- **रेल नेटवर्क का विस्तार :** कुछ समय बाद ऋषिकेश से कर्णप्रयाग तक रेल के सफर का लुत्फ लिया जा सकेगा। ऋषिकेश-कर्णप्रयाग रेल परियोजना पर काम तेजी से चल रहा है, जो गढ़वाल के आंतरिक क्षेत्रों में विकास लाएगी। साथ ही, बदरीनाथ-केदारनाथ और गंगोत्री-यमुनोत्री को भी रेल नेटवर्क से जोड़ने की योजना है।
- **शहरीकरण दर :** वर्ष 2001 में जहाँ राज्य की शहरी जनसंख्या लगभग 16 प्रतिशत थी, वहीं आज यह बढ़कर 36 प्रतिशत से अधिक हो चुकी है।
- **नगरीय निकायों का विस्तार :** राज्य गठन के समय उत्तराखण्ड में केवल 63 स्थानीय निकाय थे और राजधानी देहरादून ही एकमात्र नगर निगम था। आज, राज्य में 107 नगरीय निकाय काम कर रहे हैं, जिनमें 11 नगर निगम भी शामिल हैं।
- उत्तराखण्ड में वर्तमान में (कोरोनाकाल को छोड़कर) औसतन प्रतिवर्ष लगभग 3.5 करोड़ घरेलू पर्यटक आते हैं। इनमें से 44.2 प्रतिशत तीर्थयात्री जबकि 43.6 प्रतिशत पर्यटक दर्शनीय स्थलों के भ्रमण के लिए आते हैं। वर्ष 2026 तक यह संख्या 6.7 करोड़ तक पहुंचने की उम्मीद है। इसके लिए राज्य की पर्यटन नीति में साहसिक खेल, योग, वेलनेस टूरिज्म, पर्यावरण, पर्यटन आदि पहलुओं को जोड़ा गया है।
- राज्य के दुर्गम व दूरस्थ क्षेत्रों में छात्र/छात्राओं के सर्वांगीण विकास की दृष्टि से

जनपद नैनीताल के बेतालघाट, पिथौरागढ़ के बेरीनाग, चमोली के जोशीमठ और जनपद पौड़ी के जयहरीखाल में राजीव गांधी अभिनव आवासीय विद्यालय स्थापित किये गये हैं।

- राज्य के अंतर्गत सुनियोजित विकास के उद्देश्य से मसूरी-देहरादून विकास प्राधिकरण तथा हरिद्वार-रुड़की विकास प्राधिकरण में मास्टर प्लान लागू किया गया है।
- उत्तराखण्ड राज्य डाटा केन्द्र इन्फार्मेशन टेक्नोलॉजी डेवलपमेंट अथॉरिटी (आईटीडीए) द्वारा देहरादून में स्टेट डाटा सेन्टर की स्थापना की गई है। द्वितीय चरण में इसके विस्तार की योजना है। वर्तमान में राज्य सरकार के 14 विभागों के एप्लीकेशन लाइव हैं और 20 विभागों के एप्लीकेशंस लाइव किये जाने की प्रक्रिया गतिमान है। वर्तमान में स्टेट डाटा सेन्टर पर ई-डिस्ट्रिक्ट, ई-गेटपास सिस्टम सीएम डैश बोर्ड, सी०एस०आर० पोर्टल होस्ट कर संचालित किया जा रहा है।
- **डिजीलॉकर :** भारत सरकार की पहल पर डिजिटल तरीके से दस्तावेजों और प्रमाण पत्रों को जारी करने और सत्यापन का मंच है। वस्तुतः यह पेपरलेस व्यवस्था है जो जारी किये गये दस्तावेजों की सटीकता और प्रमाणिकता सुनिश्चित करती है।
- चमोली जनपद के दूरस्थ घेस-हिमनी में आई०टी०डी०ए० द्वारा कनेक्टिविटी प्रदान कर स्मार्ट विलेज की पहल की गई। घेस-हिमनी में इस पहल के जरिये नागरिकों को ई-मेडिसिन, ई-पशु, स्मार्ट क्लास, प्रधानमंत्री डिजिटल ग्रामीण साक्षरता व कॉमन सर्विस सेंटर के माध्यम से विभिन्न सेवायें प्रदान की जा रही हैं।
- **सी०एम० डैशबोर्ड :** उत्कर्ष नाम से मुख्यमंत्री डैशबोर्ड स्टेट डाटा सेंटर से संचालित किया जा रहा है। इसके तहत 33 विभागों के 266 के०पी०आई०, 134 प्राथमिकता कार्यक्रम तथा 59 राज्य प्राथमिकता कार्यक्रम की समीक्षा सम्बन्धित सक्षम अधिकारियों द्वारा समयबद्धता से की जाती है।
- **सी०एम० हेल्पलाइन :** मुख्यमंत्री द्वारा जनता से सीधा संवाद स्थापित करने तथा जन समस्याओं और शिकायतों के त्वरित समाधान के लिए 23 फरवरी 2019 को सीएम हेल्पलाइन 1905 का शुभारम्भ किया गया। सीएम हेल्पलाइन के तहत दर्ज शिकायतों को ऑनलाइन प्रक्रिया के तहत सम्बन्धित विभागों को भेजा जाता है। विभागों में गठित चार स्तरीय अधिकारियों द्वारा निर्धारित समय सीमा के भीतर निस्तारित कर शिकायतकर्ता को सूचित किया जाता है।
- **वीडियो कॉन्फ्रेंसिंग :** राज्य में 250 स्थलों पर वीडियो कॉन्फ्रेंसिंग सुविधा की स्थापना की गई है। सचिवालय में समस्त सचिव कार्यालय, जिलों के जिलाधिकारी, विकासखण्ड एवं तहसील तक 133 स्वान केन्द्रों, पुलिस के 21 क्षेत्रीय कार्यालयों, पुलिस मुख्यालय, इंटेलिजेंस मुख्यालय, समस्त एस०एस०पी० कार्यालय, परिवहन विभाग के क्षेत्रीय कार्यालय तथा हरिद्वार जनपद की 45 ग्राम पंचायतों को इस कार्यक्रम से जोड़ा जा चुका है।

- **स्किल डेवलपमेंट केन्द्र :** सूचना प्रौद्योगिकी विभाग द्वारा गढ़वाल मंडल के ऋषिकेश तथा कुमाऊं मण्डल के पिथौरागढ़ में दो स्किल डेवलपमेंट सेंटर स्थापित करने की योजना है। इन केन्द्रों में अंग्रेजी के बेसिक व उच्च स्तरीय प्रशिक्षण एवं अन्य विदेशी भाषाओं जैसे जापानी, जर्मन आदि का प्रशिक्षण भी दिया जायेगा।
- **उत्तराखण्ड जैव प्रौद्योगिकी परिषद :** यह उत्तराखण्ड सरकार का स्वायत्त निकाय है और कृषि विभाग की इकाई के रूप में कार्यरत है। राज्य में जैव प्रौद्योगिकी के क्षेत्र में शिक्षा, अनुसंधान, विकास तथा कौशल विकास को बढ़ाकर राज्य को उन्नत करना परिषद का मुख्य उद्देश्य है।
- **उच्च स्तरीय संस्थाओं की स्थापना :** देहरादून में देश का पहला ड्रोन एप्लीकेशन सेंटर, डोईवाला में सीपेट, कोस्ट गार्ड भर्ती सेंटर, नेशनल लॉ यूनिवर्सिटी, अल्मोड़ा में सेंटर ऑफ एक्सीलेंस ऑन नेचुरल फाईबर शामिल हैं।

◆ ई-ऑफिस प्रणाली से जुड़े सचिवालय सहित कई विभाग

- डिजिटलाइजेशन के इस युग में राज्य सरकार ने सचिवालय के 23 विभागों को ई-ऑफिस से जोड़ने के बाद शहरी विकास निदेशालय को भी ई-ऑफिस में परिवर्तित कर दिया है। इसके साथ ही नगर निकायों में जन उपयोगी सेवायें ऑनलाइन कर दी गयी हैं। मुख्यमंत्री ने ट्रेड लाइसेन्स, सम्पत्ति कर सहित मिश्रित सेवाओं को ऑनलाइन करने को बनाया गया साफ्टवेयर लांच किया है। फलस्वरूप नगर निकायों में लोग घर बैठे सभी प्रकार के टैक्स ऑनलाइन जमा करने के साथ अन्य सेवायें भी ले सकेंगे।
- सचिवालय से बाहर 27 निदेशालय एवं कॉरपोरेट ऑफिस ई-ऑफिस प्रणाली के अन्तर्गत आ चुके हैं। राज्य के नैनीताल, अल्मोड़ा, पिथौरागढ़, बागेश्वर एवं उधमसिंह नगर के जिलाधिकारी कार्यालय में ई-ऑफिस प्रणाली आरम्भ हो चुकी है। ई-ऑफिस प्रणाली के लिए सरकारी मेल आईडी एवं डिजिटल सिग्नेचर अनिवार्य हैं। देहरादून में ई-कलेक्ट्रेट *का सफल क्रियान्वयन हुआ है।*

◆ *राज्य क्षेत्रीय विस्तार नेटवर्क*

- *क्षेत्रीय विस्तार नेटवर्क (स्वान) का क्रियान्वयन नेशनल ई-गवर्नेंस योजना के अंतर्गत* स्वीकृत किया गया था। इस समय पूरे राज्य में स्वान का क्रियान्वयन किया जा रहा है। इन नेटवर्क में ब्लॉक एवं तहसील स्तर तक 133 प्वाइंट ऑफ प्रेजेंस स्थापित किए गए हैं।

◆ स्टेट डाटा सेंटर

- स्टेट डाटा सेंटर में विभिन्न विभागों की 80 वेबसाइट एवं एप्लीकेशन होस्ट किए जा चुके हैं। राज्य डाटा सेंटर में केन्द्रीय निधि, सुरक्षित डाटा भंडार, सेवाओं की ऑनलाइन आपूर्ति, नागरिक सूचना सेवा पोर्टल, राज्य इंटरनेट पोर्टल, सुदूर प्रबन्धन आदि योजनाओं से सम्बन्धित जानकारी एकत्र की जाएगी। इसके अलावा डाटा सेंटर पर राजकीय विभागों के सर्वर स्थापित किए जाएंगे तथा राज्य के नागरिकों

को प्रदान की जाने वाली सेवाएं, राज्य के सभी नागरिकों को इलेक्ट्रॉनिक रूप में इस डाटा सेंटर के सर्वरों द्वारा उपलब्ध कराई जाएगी।

◆ *स्मार्ट सिटी देहरादून*

- देहरादून हमेशा से ही देश-विदेश से आने वालों और पर्यटकों के लिए आकर्षण का केन्द्र रहा है। इसलिए इसकी सुन्दरता को संवारने के लिए स्मार्ट सिटी के रूप में चयन किया गया। कोविड काल को छोड़कर देहरादून स्मार्ट सिटी का कार्य तेजी से हुआ है। जब स्मार्ट सिटी के लिए देहरादून का चयन हुआ था, तब देहरादून 100वें नम्बर पर था, कार्यों की प्रगति में तेजी से देहरादून 13वें नंबर पर आया। मौजूदा समय में स्मार्ट रोड, वॉटर एटीएम, देहरादून इंटीग्रेटेड कमांड एंड कंट्रोल सेंटर, स्मार्ट टॉयलेट, स्मार्ट स्कूल, इलेक्ट्रिक बस, मॉडर्न दून लाइब्रेरी, परेड ग्राउंड, पलटन बाजार का सौन्दर्यीकरण, स्मार्ट वॉटर मैनेजमेंट एवं वीएमडी डिस्प्ले आदि का कार्य किया गया है।
- **वन नेशन वन कार्ड :** इस योजना के अंतर्गत राज्य में माह अगस्त, 2020 से राशन कार्ड पोर्टेबिलिटी को लागू किया गया है। इसमें अन्य राज्यों से आने वाले परिवारों को, जिनके पास राष्ट्रीय खाद्य सुरक्षा योजना (NFSA) के राशन कार्ड हैं, को बॉयोमैट्रिक पहचान के माध्यम से खाद्यान्न प्राप्त हो सकेगा। साथ ही राज्य के राष्ट्रीय खाद्य सुरक्षा योजना के राशन कार्डधारकों को अन्य राज्यों में खाद्यान्न प्राप्त हो सकेगा।

◆ *संस्कृति*

- **प्रदेश में विरासत का अंगीकार योजना लागू :** राज्य के लगभग 100 वर्ष पुराने देवालयों, मन्दिरों एवं स्मारकों का सर्वेक्षण कराकर उनके विकास हेतु 'विरासत का अंगीकार योजना' को मंजूरी दी गई है।
- **सैन्य धाम :** जनपद देहरादून अंतर्गत गुन्याल गाँव में आधुनिक एवं अनेक प्रकार की सुविधाओं से युक्त सैन्य धाम बनाया जा रहा है। 16 दिसम्बर 2021 को रक्षा मंत्री राजनाथ सिंह ने विजय सम्मान दिवस के अवसर पर इसका विधिवत भूमि पूजन किया।

◆ *सिंगल विंडो से 7 दिन में शूटिंग की अनुमति*

- फिल्म निर्माता-निर्देशकों को आकर्षित करने के लिए नई फिल्म नीति 2019 लागू की गई। इसके तहत सिंगल विंडो से 7 दिन में शूटिंग की अनुमति दी जा रही है। उत्तराखण्ड सरकार द्वारा राज्य में शूटिंग के लिए कोई शुल्क नहीं लिया जा रहा है। साथ ही क्षेत्रीय फिल्मों को भी प्रोत्साहित किया जा रहा है।

◆ *उत्तराखण्ड में विश्व विरासत*

- यूनेस्को ने उत्तराखण्ड की तीन धरोहरों को विश्व विरासत घोषित किया है। इनमें प्रकृति की अनमोल धरोहर **नन्दादेवी बायोस्फीयर**, **फूलों की घाटी** और जोशीमठ के निकट सलूड़ व डुंग्रा गांव में परम्परागत सांस्कृतिक नृत्य **रम्माण** शामिल है। इसके अलावा यूनेस्को ने देहरादून स्थित वन्य जीव संस्थान

में **विश्व प्राकृतिक धरोहर केन्द्र** की स्थापना की है। यह विश्व का पहला प्राकृतिक धरोहर केन्द्र है। 7 दिसम्बर, 2017 को यूनेस्को द्वारा कुम्भ पर्व को ***'मानवता की अमूर्त सांस्कृतिक धरोहर'*** की श्रेणी शामिल किया गया।

◆ *हर खेत को पानी*

- इस योजना के अन्तर्गत लघु सिंचाई के माध्यम से नये जल स्त्रोतों का विकास करना, जिसमें सतह एवं भूमिगत जल दोनों सम्मिलित होंगे। प्रक्षेत्र में जल वितरण प्रणाली को सुदृढ़ीकरण करना, जल वितरण एवं जल प्रबन्धन को बढ़ाना, कमाण्ड एरिया का कम से कम 10 प्रतिशत क्षेत्र माइक्रो/प्रिसिसियन सिंचाई में लाना, विभिन्न स्त्रोतों से परम्परागत जल संचय स्त्रोतों को बढ़ाना इस योजना का मुख्य उद्देश्य है।

◆ *ग्रामीण महिला हाट*

- ग्रामीण क्षेत्रों के विभिन्न आय सृजक गतिविधियों में कार्यरत महिलाओं को विशेष रूप से गरीब परिवार की ग्रामीण महिलाओं को संगठित करते हुए उनके द्वारा तैयार उत्पादों को इन्हीं महिलाओं के सामुदायिक संगठनों के माध्यम से विपणन व्यवस्था सुनिश्चित कराने के उद्‌देश्य से पर्वतीय क्षेत्रों में 10 हजार की आबादी पर एक महिला हाट खोले जाने की योजना के तहत ग्रामीण महिला हाट योजना शुरू की गई है।

◆ *उत्तराखण्ड सीमान्त एवं पिछड़ा क्षेत्र विकास निधि*

- इस योजना का मुख्य उद्देश्य राज्य सरकार द्वारा समेकित विकास के दृष्टिगत उत्तराखण्ड सीमान्त एवं पिछड़ा क्षेत्र विकास निधि का गठन कर सीमान्त एवं पिछड़े विकासखण्डों में स्थानीय आधारभूत अवस्थापना संरचनाओं की पूर्ति करना है।

◆ *उत्तराखण्ड की धार्मिक यात्राएं*

- उत्तराखण्ड में केदारनाथ, बदरीनाथ, यमुनोत्तरी, गंगोत्तरी और हेमकुंड साहिब हिमालय पर स्थित प्रमुख धाम हैं। इन धामों के कपाट ग्रीष्म काल में खुलते हैं। इस दौरान यहां भारी संख्या में श्रद्धालु आते हैं। इसके अतिरिक्त नन्दा राजजात एक प्रमुख धार्मिक यात्रा है, जो 12 वर्ष के अन्तराल पर चमोली जनपद में आयोजित होती है।

◆ *शिक्षा का हब उत्तराखण्ड*

- ब्रिटिश शासन काल से ही **उत्तराखण्ड एजुकेशन हब** के रूप में विकसित होने लगा था। देहरादून, मसूरी और नैनीताल में सेंट जार्ज स्कूल, वुड स्टाक स्कूल, दून स्कूल, शेरवुड कालेज, ओकग्रोव स्कूल खुले। तकनीकी शिक्षा के क्षेत्र में थॉमसन कालेज ऑफ सिविल इंजीनियरिंग कालेज रुड़की में खुला, जो अब आई०आई०टी० दर्जा प्राप्त है। आजादी के बाद पंतनगर में भारत का पहला कृषि विश्वविद्यालय खुला जो अब गोविन्द बल्लभ पंत कृषि विवि है। कुमाऊँ और गढ़वाल विवि खुले। राज्य स्थापना के बाद कई

नये विश्वविद्यालय, ड्रोन एप्लीकेशन सेंटर, सीपेट, नेशनल लॉ यूनिवर्सिटी, सेंटर ऑफ एक्सीलेंस ऑन नेचुरल फाईबर आदि की स्थापना हुई। राज्य में एन०आई०टी०, आई०आई०एम० तथा एम्स जैसे केन्द्रीय संस्थानों के अलावा अनेक अन्य शिक्षण संस्थान हैं।

◆ *गिरि द्वार (दर्रा)*

- उत्तर में हिमालय की ट्रान्स हिमालय श्रेणी जल विभाजन रेखा के रूप में भारत-तिब्बत की सीमा का निर्धारण करती है। इस श्रेणी में कई जगहों पर आर-पार जाने के लिए मार्ग हैं, जिन्हें गिरिद्वार अथवा दर्रा (Pass) कहा जाता है। आज से 4-5 दशक पूर्व इन्हीं गिरिद्वारों से होकर भारत-तिब्बत का व्यापार होता था। इस व्यापार में उत्तराखण्ड की सीमान्त भोटिया जनजाति की अहम भूमिका होती थी। उत्तराखण्ड में ये गिरिद्वार पिथौरागढ़, चमोली और उत्तरकाशी जनपदों के सीमान्त क्षेत्रों में हैं।

◆ *जलप्रवाह तंत्र*

- उत्तराखण्ड में तीन प्रमुख जलप्रवाह तंत्र हैं–1. भागीरथी-अलकनंदा जलप्रवाह तंत्र, 2. यमुना-टोन्स जलप्रवाह तंत्र तथा 3. काली जलप्रवाह तंत्र।
- भागीरथी-अलकनंदा जलप्रवाह तंत्र उत्तराखण्ड में प्रमुख जलप्रवाह तंत्र है। हिमाच्छादित पर्वतशिखरों व मध्य हिमालयी क्षेत्र से निकलने वाली लगभग 16 मुख्य नदियां इस जलप्रवाह तंत्र में शामिल होती हैं।
- केदारखण्ड के अनुसार भागीरथी-अलकनंदा प्रवाह तंत्र में शामिल अलकनंदा, धौली, नन्दाकिनी, पिण्डर, मन्दाकिनी, भागीरथी व नयार नदियों को 'सप्त सामुद्रिक स्रोत' तथा इनसे मिलकर बने प्रवाह तंत्र को 'सप्त सामुद्रिक तीर्थ' कहा गया है।
- यमुना-टोन्स जलप्रवाह तंत्र में प्रमुख नदी टोन्स (तमसा) रूपिन व सूपिन नदियों से मिलकर बनती है। हिमाचल प्रदेश के सीमावर्ती क्षेत्र में इस नदी का उद्‌गम होता है। यह नदी कालसी (देहरादून) में यमुना नदी में मिलती है।
- कुमाऊँ में स्थित काली जलप्रवाह तंत्र की मुख्य नदी काली का मूल नाम कालापानी गाड़ (काली गंगा) है। नेपाल-भारत की सीमा रेखा बनाती हुई यह नदी बनबसा (ऊधमसिंह नगर) के पश्चात् शारदा नाम से जानी जाती है।
- हिमाच्छादित शिखरों से निकलने वाली प्रमुख नदियां–अलकनंदा, नन्दाकिनी, पिण्डर, मन्दाकिनी, भिलंगना, भागीरथी, काली, रामगंगा (पूर्वी), यमुना व टोंस हैं।
- मध्य हिमालय से निकलने वाली प्रमुख नदियां–रामगंगा (पश्चिमी), खोह, नयार, सरयू, गोमती, पनार, लोधिया, कोसी व गौला हैं।
- शिवालिक पर्वत श्रेणियों से निकलने वाली प्रमुख नदियां–बेगुल, निहाल, सौंग, रिस्पना, नन्धौर भाकरा, ढेला व मालिन हैं।
- उत्तराखण्ड में काली नदी का प्रवाहपथ (लिपूलेख से टनकपुर तक लगभग 252 किमी०) सबसे अधिक है।

◆ *ताल*

- केदारनाथ धाम से 1 कि०मी० ऊपर स्थित चोराबाड़ी ताल 'गांधी सरोवर' नाम से भी जाना जाता है। इस ताल में गांधी जी की अस्थियां विसर्जित की गई थीं। 16-17 जून, 2013 को एवलांच गिरने से यह ताल टूट गया, जिससे केदारनाथ धाम, रामबाड़ा और गौरीकुंड के साथ ही पूरी केदारनाथ घाटी में भारी तबाही हुई।
- नैनीताल के आसपास का क्षेत्र पूर्व में छखाता नाम से जाना जाता था। कहा जाता है कि यहाँ कभी 60 के करीब प्राकृतिक झीलें थी। जिनमें से कालान्तर में कई झीलों का अस्तित्व मिट गया।
- नैनीताल झील को स्कंद पुराण में त्रिऋषि सरोवर के नाम से जाना जाता है। ये त्रिऋषि अत्रि, पुलस्त्य व पुलह थे। शहर के मल्लीताल में स्थित वर्तमान फ्लैट में 1880 तक झील का विस्तार था, बरसात में भूस्खलन का भारी मलबा इस स्थान पर आ जाने से इस फ्लैट मैदान का निर्माण हुआ।
- नदी बेसिन के आधार पर उत्तराखण्ड में सर्वाधिक वनभूमि का प्रतिशत टोन्स, कोसी तथा यमुना नदी बेसिन में है, जो क्रमश: 76.6, 69.0 तथा 56.7 प्रतिशत है। वन भूमि का सबसे कम प्रतिशत (32.1) अलकनन्दा बेसिन में है।

◆ *मिट्टी*

- हिमालयी क्षेत्र में मुख्यत: 5 प्रकार की मिट्टियां पायी जाती हैं– 1. पर्वतीय छिछली मिट्टी, 2. एल्पाइन चरागाह मिट्टी, 3. उप पर्वतीय मिट्टी, 4. भूरी-लाल-पीली मिट्टी, 5. टर्सियरी मिट्टी।
- हिमानी (ग्लेशियर) क्षेत्रों में पर्वतीय छिछली मिट्टी, बुग्यालों में एल्पाइन मिट्टी, देवदार-स्प्रूस के क्षेत्रों में उप पर्वतीय मिट्टी, मध्य हिमालय के चीड़ वन क्षेत्रों में भूरी-लाल-पीली मिट्टी तथा शिवालिक पहाड़ियों में हल्की बलुई छिद्रमय (टर्सियरी) मिट्टी पायी जाती है। दून घाटी में हल्की चिकनी दोमट मिट्टी मिलती है।
- मानव प्रदत्त उर्वरता व कार्य सुविधा के आधार पर पर्वतीय क्षेत्रों में मानव अधिवासों के समीप की भूमि 'घर्‌या', गांव की मध्यवर्ती भूमि 'बिचल्या' व वनों से लगी भूमि 'बुण्या' कहलाती है।
- पर्वतीय क्षेत्र में सिंचाई की सुविधा के अनुसार भूमि को वर्गीकृत किया गया है। इसी आधार पर सम्बन्धित भूमि से राजस्व प्राप्त किया जाता है। नदी किनारे की सिंचित भूमि अथवा जल स्रोतों से सिंचित भूमि 'तलाऊं' कहलाती है, जो 'उपराऊं' भूमि से लगभग तिगुनी फसल पैदा करती है। गैर सिंचित भूमि 'उपराऊं' कहलाती है। जंगल से सटी पथरीली, ढलाऊं व निकृष्ट भूमि 'इजरान' कहलाती है।

◆ *प्रतीक चिह्न*

- उत्तराखण्ड का राज्य पक्षी मोनाल जो उच्च हिमालय के 2500-5000 मी० तक की ऊँचाई में पाया जाता है, यह विश्व के सुन्दरतम पक्षियों में से एक

है। यह हिमालय का मोर भी कहलाता है। अब इनकी संख्या बहुत कम रह गयी है। वन्य जीव संरक्षण अधिनियम के अनुसार इसके शिकार पर प्रतिबन्ध है। दूसरी ओर राज्य पशु कस्तूरी मृग भी विलुप्ति के कगार पर है। हिमालयन मस्क डियर नाम से विख्यात यह पशु वनाच्छादित पहाड़ों में 3600-4400 मी० की ऊंचाई के मध्य पाया जाता है। राज्य वृक्ष बुरांस तथा राज्य पुष्प ब्रह्मकमल है। (ब्रह्मकमल को स्थानीय भाषा में 'कौंलपद्म' नाम से भी जाना जाता है) इसका धार्मिक महत्व तो है ही, औषधीय महत्व भी कम नहीं है। यह पुष्प 4800-6000 मी० की ऊंचाई के मध्य मखमली बुग्यालों में पाया जाता है।

◆ *पर्वतारोहण*

- भारत में पर्वतारोहण को लोकप्रिय बनाने में दून स्कूल के अध्यापकों-गिबसन, मार्टिन एवं होल्ड्सबर्थ का विशेष योगदान रहा है। इनकी प्रेरणा से उत्तराखण्ड के नंदू जुयाल ने एक सफल पर्वतारोही के रूप में ख्याति अर्जित की।
- युवाओं में पर्वतारोहण के प्रति रुझान पैदा करने और हिमालय की वनस्पति, जीव-जंतुओं की जानकारी देने के उद्देश्य से 1965 में उत्तरकाशी में 'नेहरू पर्वतारोहण संस्थान' की स्थापना की गयी, जिसमें पर्वतारोहण सम्बन्धी विविध पक्षों पर प्रशिक्षण दिया जाता है। नैनीताल में भी 'नैनीताल पर्वतारोहण संस्थान' की स्थापना स्व० चन्द्रलाल साह 'ठुलघरिया' के प्रयासों से की गयी। जिसमें शिलारोहण सम्बन्धी कई प्रशिक्षण दिये जाते हैं।
- उत्तराखण्ड में केदारडोम, गंगोत्तरी शिखर, चतुरंगी, भागीरथी, शिवलिंग, कालानाग, स्वर्गारोहिणी, कालिन्दीखाल, चौखंभा, सतोपंथ, अविगामिन, कामेट, दूनागिरी, देवतोली, देवस्थान, नंदा घुंघटी, नंदादेवी, मृगथुनी, त्रिशूल, थारकोट, मैकतोली, नंदाखाट, पंचाचूली आदि पर्वतारोहण की दृष्टि से प्रमुख शिखर हैं। इन शिखरों के आरोहण मार्ग में गंगोत्तरी, मोरी (नैटवाड़), बदरीनाथ (माणा), मलारी (नीति), सुराईठोठा, कपकोट तथा मुनस्यारी मुख्य आधार स्थान हैं।

◆ *हिमालय का प्रबन्धन*

- हिमालय का निरंतर टूटना, कटना और बहना पहाड़ के लिए ही नहीं अपितु पूरे देश के पर्यावरण और पारिस्थितिकी के लिए अत्यन्त नुकसानदेह है। हिमालय की अनेक सदानीरा नदियों से हमें पीने व कृषि कार्य के लिए प्रचुर जल मिलता है। वहीं हिमालय की वन और वनस्पतियाँ हर तरह से पारिस्थितिकी संतुलन को बनाये रखने में अपना योगदान देती हैं। इसलिए हिमालय का समुचित प्रबन्धन करना बहुत जरूरी है। हिमालय के **जल-जंगल-जमीन** का संरक्षण, हिमालय की भूगर्भीय संरचना व उसके खतरों से निपटने के उपायों पर खोज कार्य और हिमालय के भूगोल व अर्थशास्त्र के आधार पर उसके टिकाऊ विकास की जरूरत है। इसके लिए एक अलग

हिमालयी प्रबन्धन नीति बनायी जानी चाहिए।

◆ पर्यावरण संरक्षण एवं वनों की भूमिका

- मैती आन्दोलन के तहत विवाह के मौके पर लड़कियां दूल्हे से नेग मांगने के बदले पौधरोपण करवाती हैं। मैती वन की यह लोकप्रियता आज उत्तराखण्ड के गांवों के अलावा देश-विदेशों में भी फैल चुकी है। इस अनूठे आन्दोलन के प्रणेता पद्मश्री से सम्मानित कल्याण सिंह रावत हैं, जिन्होंने वर्ष 1995 में ग्वालदम से इस आन्दोलन की शुरुआत की थी।

◆ उत्तराखण्ड में उद्योग धन्धे

- डोईवाला, बाजपुर, किच्छा व सितारगंज में चीनी मिलें हैं।
- पन्तनगर-रुद्रपुर, हरिद्वार, कोटद्वार तथा सेलाकुई को उत्तराखण्ड के प्रमुख औद्योगिक आस्थान के रूप में विकसित किया गया है।
- बी०एच०ई०एल० (हरिद्वार), बी०ई०एल० (कोटद्वार) राज्य में स्थित प्रमुख सार्वजनिक उद्यम हैं।
- लालकुआं (नैनीताल) में सेंचुरी पल्प मिल नाम से कागज की बड़ी मिल है। साथ ही काशीपुर में भी कागज की मिलें हैं।
- अल्मोड़ा ऊनी वस्त्रों व ताँबे के बर्तनों के निर्माण के लिए प्रसिद्ध है। यहाँ कई छोटी-बड़ी इकाइयों में ऊनी वस्त्रों का निर्माण भी होता है।
- प्राकृतिक संसाधनों पर आधारित उत्तराखण्ड के प्रमुख लघु एवं कुटीर उद्योगों में जड़ी-बूटी, लीसा, मौनपालन, रिंगाल-बांस, काष्ठकला, फल संरक्षण, कागज, लुगदी, दियासलाई, आरा मशीन आदि शामिल हैं।

◆ जनजाति और प्राचीन समय में उनका मुख्य व्यवसाय

- उत्तराखण्ड के पिथौरागढ़, चमोली तथा उत्तरकाशी जनपदों की सीमाएं तिब्बत एवं चीन से लगी हुई हैं। इसी सीमान्त क्षेत्र के नीती, माणा, दारमा, व्यास-चौंदास, जोहार व जाड़ गंगा घाटी के गांवों में भोटिया जनजाति के लोग रहते हैं। पिथौरागढ़ में इन्हें 'शौका' भी कहा जाता है। प्राचीन समय में इनका मुख्य व्यवसाय तिब्बत के साथ व्यापार था। ग्रीष्म काल में भोटिया लोग, उच्च हिमालय के महत्त्वपूर्ण दर्रों से होकर पश्चिमी तिब्बत में स्थित ज्ञानिमा, गरतोक, खिंगतुंग, तकलाकोट की मण्डियों में पहुँचते थे। अपनी भेड़ों में ये लोग भारत से-अनाज, सूती वस्त्र, सूखे फल, चाय, गुड़, तेल, बर्तन व बिसातखाने का सामान आदि वस्तुएं इन मण्डियों में पहुँचाते थे और वहाँ से नमक, सुहागा, ऊन, चंवर, कस्तूरी, स्वर्ण चूर्ण, विविध रत्न, ऊनी वस्त्र, गलीचे तथा झिप्पू (याक प्रजाति के जानवर) आदि लाकर भारत की मण्डियों में पहुँचाते थे। दुर्गम भौगोलिक परिवेश, यातायात के साधनों के अभाव में तब भेड़ों की अत्यधिक महत्ता थी। यात्रा मार्ग में भेड़ों को हिमपात, चट्टानी रास्तों, बर्फीले तूफान से निकालकर लाना अति दुष्कर कार्य होता था। भारत के भोटिया व तिब्बत के हूणियां व्यापारियों के मध्य होने वाला व्यापार 'गमग्या' पद्धति पर आधारित होता था, जो पूर्णतया विश्वास, सद्भाव व एक निश्चित आचार नीति से मर्यादित होता था।

व्यापारिक रिश्ते कायम हो जाने पर ये 'मुश्ये' यानि मित्र कहलाते थे। सीमान्त क्षेत्र के इन भोटिया जनजातियों का तिब्बत से व्यापार सम्बन्ध सन् 1962 के भारत-चीन युद्ध के बाद सीमा विवाद के पश्चात् टूट गया।

- 'राजी' (वनरौत) जनजाति जो अपने को 'रजवार' वंशज मानते हैं, मुख्यतः पिथौरागढ़ के कनालीछीना एवं डीडीहाट विकास खण्डों के गांवों में रहती है। 'राजी' को आदिम जाति का दर्जा प्राप्त है तथा यह जाति देश की उन 18 आदिम जातियों में शामिल है जिनकी जनसंख्या 1 हजार से कम है तथा अस्तित्व के खतरे से जूझ रही है। कहा जाता है कि पहले ये लोग जंगलों, गुफाओं में रहते थे और कंदमूल फल और शिकार पर ही अधिक निर्भर रहते थे। वनराजी लोग काष्ठ के बर्तनों को बनाने में निपुण होते हैं। सीधे-सरल स्वभाव के कारण पूर्व में ये लोग काष्ठ के बर्तनों को समीपवर्ती दूसरे गांव के परिवारों के यहाँ रात में चुपचाप रख देते थे। अगले दिन सम्बन्धित परिवार उस बर्तन की कीमत के बराबर अनाज उसी जगह पर रख देते थे जिसे ये लोग अगली रात ले जाते थे। शिक्षा और विकास के फलस्वरूप अब ये लोग काफी शिक्षित हो गए हैं। उत्तराखण्ड के धारचूला क्षेत्र के पूर्व विधायक गगन सिंह रजवार 'राजी' जनजाति परिवार से हैं, जिन्हें दो बार विधायक होने का अवसर मिला।

◆ *पुरातन प्रथाएं*

- उत्तराखण्ड के पर्वतीय क्षेत्रों में आज भी कई पुरातन प्रथाएं विद्यमान हैं, जो वैदिक काल से चली आ रही हैं। यहां के काष्ठ व पत्थर से बने घर ऋग्वेद काल में छपरे/तिपरे कहलाते थे। जिन्हें आज भी उसी नाम से पुकारा जाता है। जड़ी-बूटियों का परम्परागत उपयोग आज भी रोगों के उपचार में किया जाता है। गौ पालन आज भी यहां की संस्कृति व सभ्यता का प्रतीक है। गाय के बाड़ों को आज भी गोठ (गोष्ठ) व जंगल में बने बाड़ों को 'मरोड़ा', 'खरक' या 'छानी' कहा जाता है। ऋग्वेद के समय से प्रयोग में लाए जाने वाले काष्ठ कलश (परोठे/ठेकी आदि) आज भी यहां गांवों में देखे जा सकते हैं। जो प्रायः दूध, दही एवं घी रखने के काम आते हैं।

◆ *गोरखाकाल*

- 18वीं शताब्दी के अंतिम दशकों में दैवीय प्रकोप एवं गृहयुद्ध के कारण गढ़वाल राज्य की राजनीतिक एवं आर्थिक स्थिति खराब हो गई थी, जिसका लाभ गोरखों ने उठाया और सन् 1804 में गढ़वाल को अपने अधिकार में ले लिया। गोरखों ने 1790 में ही कुमाऊँ पर कब्जा कर लिया था।
- श्रीनगर दरबार में गोरखा प्रतिनिधि होने के कारण नेपाल से आये यात्री जब केदारनाथ जाते थे तो वे यात्रा मार्ग में कई जगहों पर आग लगा देते थे, पशुओं को अपने साथ हांक ले जाते थे और नर-नारियों को दास बनाकर बेच डालते थे। कई स्थानों पर स्थानीय जनता भी उनसे उसी प्रकार का बदला लेती थी।

◆ *भारतीय स्वतन्त्रता संग्राम और उत्तराखण्ड*

- 1857 में ब्रिटिश शासन के विरुद्ध प्रथम विद्रोह में शामिल सुई-बिसुंग

(लोहाघाट) के महान स्वतन्त्रता सेनानी 'कालू महरा' (कालमारज्यू) थे।

- 1905 में गढ़वाल-यूनियन की ओर से देहरादून से 'गढ़वाली' नाम से अखबार का प्रकाशन शुरू किया गया। इस अखबार ने गढ़वाल क्षेत्र में स्वतन्त्रता संग्राम के दौरान सामाजिक चेतना फैलाने में अहम भूमिका निभायी।
- 1916 में नैनीताल में स्थापित 'कुमाऊँ परिषद्' ने राष्ट्रीय आन्दोलन के दौरान कुली बेगार, कुली उतार, कुली बर्दायश व जंगल सम्बन्धी समस्याओं, बन्दोबस्त आदि के विरोध में आवाज उठायी और आन्दोलन किये।
- कूर्मांचल केसरी बदरीदत्त पाण्डे ने 'अल्मोड़ा अखबार' में डिप्टी कमिश्नर लोमस के कारनामों को प्रकाशित किया, फलस्वरूप अखबार पर भारी जुर्माना लगाया गया। इस अखबार को बन्द करने के बाद 1918 में 'शक्ति' नाम से दूसरा अखबार शुरू हुआ।
- 1921 के मकर संक्रान्ति के मेले के अवसर पर बागेश्वर में बदरीदत्त पाण्डे, हरगोविन्द पंत व चिरंजीलाल की अगुवाई में कुमाऊँ के 40,000 से अधिक लोगों ने कुली बेगार कुप्रथा का अन्त करने के उद्देश्य से कुली बेगार के समस्त रजिस्टर व कागजात सरयू नदी की धारा में बहा दिये।
- स्वतन्त्रता आन्दोलन के दौरान राष्ट्रपिता महात्मा गांधी ने भी उत्तराखण्ड की यात्रा की। हल्द्वानी, ताकुला, नैनीताल, भवाली, ताड़ीखेत, अल्मोड़ा, कौसानी, बागेश्वर, हरिद्वार, देहरादून और मसूरी की यात्रा कर उन्होंने कई स्थानों पर सभा और बैठकें कीं।
- वर्ष 1929 में टिहरी राज्य में नया वन बन्दोबस्त लागू हुआ, इसमें जनता की जरूरतों एवं सुविधाओं का ध्यान नहीं रखा गया। टिहरी की जनता ने विरोध स्वरूप उग्र आन्दोलन किया। कई बार समझौते के भी प्रयत्न हुए, लेकिन सफलता नहीं मिली। 30 मई 1930 को तिलाड़ी के मैदान में टिहरी राज्य के दीवान चक्रधर जुयाल ने आन्दोलन कर रही जनता पर गोलियां चलवा दीं। इसमें कई लोग मारे गये। इसे टिहरी का **'जलियांवाला बाग काण्ड'** भी कहते हैं।
- क्रान्तिकारी चन्द्रशेखर आजाद अपने भवानी सिंह रावत जैसे साथियों के साथ गुपचुप तरीके से दुगड्डा (गढ़वाल) आये थे। जहां उन्होंने समीप के जंगल में क्रान्तिकारी दल के सदस्यों को पिस्तौल चलाने की ट्रेनिंग दी थी।
- स्वतन्त्रता संग्राम के दौरान अल्मोड़ा जनपद के देघाट, सालम और सल्ट खुमाड़ में स्थानीय जनता द्वारा हड़ताल, आन्दोलन और विरोध प्रकट करने पर ब्रिटिश सैनिकों द्वारा गोलियां चलायी गयीं। जिनमें 6 लोग शहीद और कई लोग घायल हो गये थे।
- 1937 में महात्मा गांधी के परम शिष्य श्री शांतिलाल त्रिवेदी द्वारा अल्मोड़ा के चनौदा नामक स्थान पर 'गांधी आश्रम' की स्थापना की गयी। बाद में यह स्थान स्थानीय (क्षेत्रीय) राजनीतिक जागृति का प्रमुख केन्द्र बना।

- नैनीताल में 'भारत छोड़ो आन्दोलन' का काफी उग्र रूप दिखायी दिया, मंगोली व भीमताल के डाक बंगले, नैनीताल का जंगलात ऑफिस और भीमताल के अंग्रेजी होटल में लोगों द्वारा आग लगा दी गयी। इस आरोप में कुछ युवकों को गिरफ्तार किया गया और उन पर मुकदमा चलाया गया। उनकी ओर से जब किसी वकील को पैरवी करने का साहस नहीं हुआ, तब इन्द्रसिंह नयाल ने निःशुल्क पैरवी कर देशभक्ति की नई मिसाल पेश की।
- नेताजी सुभाष चन्द्र बोस की आजाद हिन्द फौज में उत्तराखण्ड के महेन्द्र सिंह बागड़ी और ज्ञान सिंह बिष्ट ने अद्वितीय रणकौशल एवं साहस का परिचय देकर युद्ध में शहादत दी थी।

◆ *माणा*

- माणा सीमान्त जनपद चमोली का एक प्रसिद्ध गांव है।
- पुराणों में इस गांव को 'मणिभद्र पुरी' नाम से पुकारा गया है।
- माणा गांव में बदरीनाथ जी की माता मूर्ति एवं क्षेत्रपाल घण्टाकर्ण का मन्दिर है।
- आलू और फाफर यहाँ की मुख्य फसलें हैं।
- माणा गांव के आसपास व्यास गुफा, मुचुकुन्द गुफा, भीमपुल जैसे प्राचीन दर्शनीय स्थल हैं।
- केन्द्रीय पर्यटन मंत्रालय ने माणा गांव को ग्रामीण पर्यटन केन्द्र के रूप में चयनित किया है।

◆ *विधानसभा क्षेत्र*

- वर्तमान में उत्तराखण्ड में कुल 70 विधानसभा क्षेत्र हैं। परिसीमन-2006 के अनुसार हरिद्वार जनपद में सर्वाधिक 11 विधानसभा क्षेत्र हैं। सबसे कम विधानसभा क्षेत्र चम्पावत, बागेश्वर एवं रुद्रप्रयाग में हैं, जहाँ प्रत्येक में 2-2 विधानसभा क्षेत्र हैं।
- राज्य में राज्य सभा की 3 सीटें और लोक सभा (संसदीय निर्वाचन क्षेत्र) की 5 सीटें हैं।

◆ *राज्य स्तरीय या क्षेत्रीय दल*

- कोई दल राज्य स्तरीय दल के रूप में मान्यता प्राप्त करता है यदि (अ) वह लोकसभा अथवा संबंधित राज्य की विधानसभा के चुनाव में उस राज्य से हुए कुल वैध मतों का छह प्रतिशत प्राप्त करता है तथा (ब) इसके अतिरिक्त उसने संबंधित राज्य में दो स्थान प्राप्त किए हों। किसी राज्य में, क्षेत्रीय दल की मान्यता प्राप्त करने के लिए दूसरी योग्यता यह है कि दल ने उस राज्य में कुल स्थानों का तीन प्रतिशत या तीन स्थान इसमें जो भी अधिक हो प्राप्त किए हों।

◆ *राजभाषाएँ*

- संविधान की आठवीं अनुसूची के अनुसार निम्न 22 भाषाओं को राजभाषा के रूप में संवैधानिक मान्यता दी गई है–1. असमिया, 2. बांग्ला, 3. बोडो, 4. डोगरी, 5. गुजराती, 6. हिन्दी, 7. कन्नड़, 8. कश्मीरी, 9. कोंकणी, 10. मैथिली, 11. मलयालम, 12. मणिपुरी, 13. मराठी, 14. नेपाली, 15.

उड़िया, 16. पंजाबी, 17. संस्कृत, 18. संथाली, 19. सिंधी 20. तमिल 21. तेलुगू और 22. उर्दू।

◆ आस्था/धर्म

- पंच केदारों में से एक तुंगनाथ मन्दिर उत्तराखण्ड में सबसे अधिक ऊँचाई पर स्थित मन्दिर है। समुद्रतल से इस मन्दिर की ऊँचाई 3680 मी० है।
- जागेश्वर मन्दिर समूह उत्तराखण्ड में सबसे बड़ा मन्दिर समूह है। जहां कभी 150 के आसपास मन्दिर थे। कुमाऊँ में इस बारे में कहावत है– 'द्याप्त देखण जागश्यर, गंग नाण बागश्यर' यानि देवता देखने हैं तो जागेश्वर जायें, गंगा नहाना है तो बागेश्वर जायें।
- उत्तराखण्ड के फूलदेई और घुघुतिया त्यौहार मूलतः बच्चों से जुड़े हैं। फूलदेई त्यौहार जहां वसंत ऋतु के आगमन पर मनाया जाता है, वहीं घुघुतिया त्यौहार माघ संक्रान्ति को मनाया जाता है।
- बाबा नीम करौली, स्वामी विशुद्धानंद, सोमवारी महाराज, बाबा हैड़ाखान, स्वामी रामतीर्थ, स्वामी विवेकानन्द, रौखड़िया बाबा, मां आनन्दमयी, स्वामीराम, आचार्य श्रीराम शर्मा, महात्मा शिवानन्द, महर्षि महेश योगी सहित कई सिद्धपुरुष, संत तथा योगियों का उत्तराखण्ड देवभूमि से गहरा लगाव रहा।

◆ लोकगीत

- झुमैलो एवं न्योली जहां वेदना व प्रेमाभिव्यक्ति के गीत हैं, वहीं पंवाड़ा/भड़ौं (वीरगाथा के गीत), खुदेड़ (विरह गीत), चौमासा (वर्षा/विरह गीत), छपेली/छोपती (संयोग एवं श्रृंगार गीत) हैं।
- उत्तराखण्ड की लोक कथाओं में देवी देवताओं, पशु-पक्षी एवं भूतों की कथाओं के साथ ही स्थानीय राजाओं, वीर पुरुषों तथा परियों की कथाएं भी सुनने को मिलती हैं।
- पौराणिक लोक गाथाओं के साथ ही उत्तराखण्ड में धार्मिक लोक गाथाएं, वीर गाथाएं एवं प्रणय गाथाएं भी गाई जाती हैं। राजुला मालूशाही, अर्जुन वासवदत्ता, कुसुमा कोलिण एवं गंगनाथ की प्रणय गाथाएं आज भी कई जगह गाई जाती हैं।

◆ औखाणा

- हिन्दी की लोकोक्तियां/कहावतें उत्तराखण्ड में 'औखाणा', 'किस्स', 'अखाणा' व 'पखाणा' नाम से जानी जाती हैं। गागर में सागर भरने वाली ये लोकोक्तियां सत्य एवं नैतिकता को उद्घाटित करती हैं। यहां के जन-जीवन से जुड़ी ये लोकोक्तियां गांव-समाज में अक्सर सुनने को मिलती हैं।
- उत्तराखण्ड के 'आणा' अथवा 'ऐण' (पहेलियां) अपने अन्दर गूढ़ अर्थ को समेटे हुए प्रायः पेड़-पौधों, जीव-जन्तु, पशु-पक्षी, फल-फूल, अनाज व खेतीबाड़ी के विषयों पर आधारित होती हैं।
- मनोरंजन की दृष्टि से हंसी-मजाक में किया जाने वाला 'स्वांग' (प्रहसन) एक तरह का लोक नाट्य है जो उत्तराखण्ड में पर्व विशेष, होली के दौरान तथा शादी ब्याह में रत्याली (रतजगा) में विशेष रूप से महिलाओं द्वारा किया जाता है।

◆ लोक नृत्य

- उत्तराखण्ड में नागर्जा (नागराजा), नरसिंह नृत्य व पाण्डव नृत्य सिद्ध पुरुषों की लीलाओं पर आधारित नृत्य हैं। चौंफुला, थड्या, झोड़ा व झुमैला प्रकृति और प्रेम पर आधारित नृत्य हैं। विजय प्राप्ति का प्रतीक छोलिया नृत्य उल्लास व्यक्त करने वाला नृत्य है तो रवांई-जौनपुर क्षेत्र का बाजूबंद नृत्य प्रेम और श्रृंगारपरक नृत्य है।

◆ वाद्य यंत्र

- उत्तराखण्ड में 'ढोल' लोक वाद्यों में सर्वश्रेष्ठ वाद्य यंत्र है। बधाई, नौबत, पूजा, यात्रा, विवाह समारोहों/कार्यों में इसका बखूबी प्रयोग होता है। डौंर-थाली का जागर में प्रयोग होता है। हुडका विशेषतः जागर, युद्धप्रेरक गाथाओं तथा कृषि कार्यों में बजाया जाता है। तुर्री/रणसिंघा व दमौं/नगाड़े मूलतः युद्ध के वाद्य हैं, जिनका सांस्कृतिक/धार्मिक पर्वों व शादी ब्याह में प्रयोग किया जाता है।
- मोछंग और अलगोझा (जौंल मुरली) वाद्य यंत्र को बजाने वाले अब बहुत कम लोग रह गये हैं। ये दोनों वाद्य यंत्र एक तरह से उत्तराखण्ड के लुप्तप्रायः वाद्य यंत्रों की श्रेणी में हैं।

◆ आभूषण

- उत्तराखण्ड में महिलाओं द्वारा पहने जाने वाले परम्परागत आभूषणों में शीशफूल, मांगटीका, बिंदी, सुहाग बिंदी (सिर के आभूषण); मुर्खली या मुर्खीर, मुंदड़ा, बाली, कुंडल, कनफूल, तुग्यल (कानों के आभूषण); नथ, बुलाक, फुल्ली (नाक के आभूषण); गुलोबंद, चर्‍यौ, हंसुली, कंठीमाला, मूंगमाला, चवन्नी माला (गले के आभूषण); धागुला, पौंछी, गुंठी, ठ्वाक, कंगन (हाथ के आभूषण); तगड़ी (कमर का आभूषण) तथा झिंवरा, पौंटा, जेवरी, बिछुली, कण्डवा (पैरों के आभूषण) हैं।

◆ खानपान

- सिंगल, शया (सै), अरसा, झंगोरे की खीर, गुलगुले, पल्यो (झोली), कफली (काफा), मूड़ा, छोई रोटी, खजूरे, मंडुवे की लिस्सू रोटी, लगड़, फाणू (गहत को पीसकर बनाया जाता है), बड़ी, पपटौले, स्वाला, रोट, पूवे, साई, खीरखाज, लपसी, लेट्टू, गुड़पापड़ी, बाड़ी, थैच्चू (थिच्वाणी), पैत्यूड़, मुंगरी की पटुड़ी, चैंस (चैस्वाणी), भट्ट की चुड़कानी (भट्टवाणी), गिंजडी, बेडू रोटी, डुबके, भट्ट व दही का जौला, पहाड़ी रायता, धान से बने विशेष खाद्य पदार्थ च्यूड़, खाजा व सिरौल उत्तराखण्ड के परम्परागत व विशिष्ट व्यंजन हैं। पिथौरागढ़ के जोहार इलाके के भोटिया जनजाति में भी कुछ व्यंजन जैसे सत्तु, कुकला, थापकू, बारि, गजारो, चुन्नि, जान व ज्या (सोमरस) विशेष महत्त्व के हैं।

◆ लोककला

- उत्तराखण्ड की लोककलाएं भारतीय धर्म एवं संस्कृति में विशिष्ट स्थान रखती हैं। यहां की लोककला प्रायः स्थानीय तीज त्यौहार, धार्मिक अनुष्ठान तथा शादी-ब्याह, यज्ञोपवीत, छठी, नामकरण तथा सांस्कृतिक पर्वों के अवसर पर

दिखाई देती हैं। चावल के आटे से बने बिस्वार से बनने वाले 'ऐपण', दीवाली व नवग्रह पूजन पर बनने वाले 'थापे', यज्ञोपवीत, विवाह, शिवार्चन के समय बनने वाले 'ज्यूँति पट्ट', शिव चौकी में 'बारबूंद', देहली पर बनने वाले 'वसुधारा', हरेले के त्यौहार पर बनने वाले शिव-पार्वती की मूर्ति 'डिकारे', गंगा दशहरा द्वार पत्र, जन्माष्टमी का पत्र या जन्मपत्री/कुंडली पर किया गया चित्रांकन तथा रंगवाली-पिछौड़े पर की गयी बूटेदार डिजाइन यहां की मुख्य संस्कृति व संस्कार प्रधान लोक-कलाएं हैं।

- पत्थर एवं लकड़ी पर की गयी विभिन्न तरह की नक्काशी भी यहां देखने को मिलती है। मकान के छज्जों, मुख्यद्वार, मंदिरों, मूर्तियों, नौलों, धारों, पुराने किलों तथा विजय स्तम्भों में की गयी नक्काशी यहां की प्राचीन लोककला है।

◆ प्राचीन माप प्रणालियाँ

- उत्तराखण्ड में सेर, कूड़ी, पाथा, डाल, दूण, विशत, मण एवं खार अन्न तोलने की प्राचीन माप प्रणालियां हैं, वहीं नाली, मुट्ठी (भूमि मापन), तोला, माशा (धातु मापन), तामी, सेर (द्रव्य मापन), घड़ी, पला, सुब्याणरात, रतिब्याण, दुफर, ब्याव, अधरात (समय मापन) की परम्परागत प्रणालियां हैं।

◆ उत्तराखण्ड में भूमि के प्रकार

- उत्तराखण्ड में भौगोलिक बनावट के आधार पर राजशाही के समय भूमि को सामान्यतः दो भागों में विभक्त किया गया था। पर्वतीय क्षेत्रों की भूमि को राज अभिलेखों में ''परवत'' और तराई-भाबर (मैदान) की भूमि को अभिलेखों में "माल" व "चौरासी माल" के नाम से अभिहित किया गया था। इसमें भी शेष भूमि को उसके उपयोग के आधार पर विभिन्न वर्गों में विभाजित किया गया था। जो इस प्रकार से हैं–
- **गाड़ :** यह वह भूमि है, जो छोटी-बड़ी नदियों की घाटियों में होती है। यहां के खेती योग्य क्षेत्र को "गाड़ू", "गड़ू" या "गाड़ा" कहा जाता है।
- **लेख :** लेख का अर्थ घने जंगल वाली उस भूमि से है, जिसे समतल करके खेती योग्य बनाया जाता है। इसी तरह के खेतों में बसे कुछ गांवों के नाम कालान्तर में कुछ इस तरह पड़े। जैसे–मंगल लेख, बनलेख, कसियालेख, ओखल लेख व बिल्लेख आदि।
- **ईजर :** यह वह कृषि भूमि है, जिसे राजा आमतौर पर दान में दिया करते थे। यह भूमि खेती के लिए बहुत उत्तम नहीं होती थी, उसके बाद भी इसमें खेत बनाकर हर तीसरे वर्ष फसल बोई जाती थी।
- **धुरा :** डांडा या धुरा डांडा-इस तरह की भूमि भी राजाओं द्वारा दान में दी जाती थी। धुरा शब्द ऐसे छोटे जंगलों के लिए प्रयोग में लाया जाता था, जिससे घास, लकड़ी प्राप्त की जाती थी। डांडा शब्द का अर्थ विभिन्न छोटी-छोटी पहाड़ी चोटियों से है। यह भूमि समतल न होने से खेती के योग्य नहीं होती, लेकिन इस भूमि का उपयोग घास, लकड़ी व पशुचारण के लिए किया जाता है।
- **बगड़ :** यह शब्द सामान्यतः खेत के लिए उपयोग होता है, पर बगड़ पहाड़ में नदियों के किनारे की समतल व उपजाऊ भूमि को कहा जाता है। ऐसी

ही खेती वाले कई स्थान आज पहाड़ में हैं। जैसे–नारायणबगड़, पातली बगड़, सौड़ बगड़ आदि।

- **गाड़ को दलो :** यह वह भूमि होती है, जो होती तो नदी किनारे और उपजाऊ है, लेकिन नदी के तल से इतनी ऊँची होती है कि उसमें सिंचाई नहीं की जा सकती है। कुमाऊँ में ऐसी भूमि को दल, या दौल कहा जाता है।
- **बण या वन :** ऐसा क्षेत्र जो होती तो वन भूमि है, लेकिन उस पर नियंत्रण गांव वालों का होता है। पहाड़ों में ऐसे क्षेत्र के जंगल में गांव वाले घास व लकड़ी लाने सामूहिक रूप से जाते हैं। स्थानीय भाषा में इसे बण जाना या उबढी कहते हैं।
- **रौ या रय :** पहाड़ी क्षेत्रों की गहरी घाटी में स्थित ऐसी भूमि जिसमें पानी एकत्र होकर तालाब का रूप ले लेता है। इसे ही रौ कहा जाता है। पानी के सूख जाने पर ऐसी भूमि में फसल बोई जाती है। यह भूमि बहुत उपजाऊ होती है।
- **तलौं :** पहाड़ की ऐसी खनिज भूमि जो खेती के लिए उत्तम होने के साथ ही सिंचाई सुविधा से युक्त होती है। इसे तलाऊँ भूमि भी कहते हैं।
- **उपरौं :** पहाड़ में घाटियों के ऊपरी क्षेत्रों में कंकर-पत्थर वाली ऐसी कृषि भूमि, जिसमें सिंचाई नहीं हो सकती है। यहां की खेती वर्षा के भरोसे ही होती है।
- **सेरा :** इस शब्द का उपयोग भी सिंचित तलाऊँ भूमि के लिए ही किया जाता है।
- **पचार-सिमार :** पहाड़ में पचार-सिमार उस भूमि को कहा जाता है, जो नदी-घाटी में स्थित हो और जहां प्राकृतिक स्रोत से लगातार पानी रिसता रहता हो, ऐसी भूमि में धान की फसल बहुत अच्छी होती है। इस भूमि में साल में एक बार ही फसल बोई जाती है।
- **तलिया :** भूमि की उर्वरता की दृष्टि से ऐसी भूमि तलाऊँ व उपरौं के मध्य मानी जाती है। ऐसी भूमि पत्थर रहित होती है और बिना सिंचाई के भी अच्छी पैदावार देती है। सिंचाई की सुविधा मिलने पर और उत्तम फसल की पैदावार होती है।
- **खिल-कटील :** जंगल से लगी ऐसी बंजर भूमि जिसे खेती योग्य बनाया जाता है, खिल कहलाती है। ऐसी भूमि में कई बार बिना खेत बनाये ही हल से जुताई करके या फिर खोद कर फसल बो दी जाती है। एक बार फसल लेने के बाद उसे फिर कम से कम तीन साल के लिए बंजर छोड़ दिया जाता है।

1. इतिहास

1. उत्तराखण्ड में 'चित्रित शैलाश्रय' (Painted Rock Shelters) कहाँ मिले हैं? वे किस काल के हैं?
2. उत्तराखण्ड में अशोक के धर्मलेख कहाँ मिले हैं? वे किस भाषा में लिखे हैं?
3. शंकराचार्य का देहत्याग कब और कहाँ हुआ?
4. केदारभूमि (गढ़वाल) का एकीकरणकर्ता कौन था?
5. 'मानोदयकाव्य' के अनुसार, पँवार वंशी राजा मानसाह का किस चन्द राजा से युद्ध हुआ था?

6. राजमाता करुणावती (कर्णावती) कौन थी? उसकी प्रधान सफलता क्या थी?
7. गढ़वाल के पँवार राजवंश का संस्थापक कौन था? उसकी राजधानी कहाँ थी?
8. 'खुड़बुड़ा-युद्ध' कब और किसके मध्य हुआ? युद्ध का क्या परिणाम हुआ?
9. इन पुस्तकों के लेखक का क्या नाम है—
   1. सि-यू-की, 2. हर्षचरित,
   3. सभासार, 4. हिमालयन गजेटियर।
10. इन राजवंशों के संस्थापक कौन थे?
    कार्त्तिकेयपुर राजवंश. कातियुर (कत्यूरी) राजवंश.
    पँवार राजवंश. चन्द राजवंश.
11. अमोघभूति किस वंश का राजा था? उत्तराखण्ड में उसकी मुद्राएँ (coins) कहाँ से प्राप्त हुई हैं?
12. गुप्तकाल में गढ़वाल-कुमाऊँ प्रदेश का क्या नाम था? उस काल में वहाँ कौन-सा वंश राज्य करता था?
13. श्रीहर्ष के पश्चात्, उत्तराखण्ड में शासन करने वाले प्रमुख राजवंश कौन था? उनकी राजधानी कहाँ थी?
14. महाराजाधिराज ललितशूरदेव किस राजवंश का था?
15. कुमाऊँ में कातियुर (कत्यूरी) राजवंश का अन्तिम गढ़ कौन था? उसका विनाश किसके द्वारा हुआ?
16. कुमाऊँ पर रोहिला आक्रमण कब हुआ?
17. इतिहासकारों ने किस चन्द राजा को "उदास बूढ़ा अन्यायी" राजा कहा? उस राजा ने जजिया प्रकार का कौन सा कर लगाया था?
18. पुरखू पन्त कौन था? उसका वध किस युद्ध में हुआ?
19. चन्द राजवंश का वास्तविक संस्थापक कौन था? उसकी राजधानी कहाँ थी?
20. चन्द राजा बालो-कल्याणचन्द की प्रमुख उपलब्धियाँ क्या थीं?
21. कुमाऊँ का "Earl Warwick" किसे कहा गया है? गोरखा-अंग्रेज युद्ध में उसने किसकी सहायता की थी?
22. 'सिंगोली शान्ति-सन्धि' कब और किसके मध्य हुई थी?
23. प्रथम 'कुमाऊँ कमिश्नर' का क्या नाम था?
24. ब्रिटिश काल में, 'कुमाऊँ डिविजॅन' का प्रशासनिक इतिहास विद्वान कितने कालखण्डों में विभक्त करते हैं?
25. 'टिहरी गढ़वाल राज्य' के भारत संघ में विलय पत्र (इंन्सटूमेंट ऑफ आक्सेशन) पर हस्ताक्षर कब हुए थे?
26. लघु उत्तर लिखिये—
    गढ़वाल चित्रशैली।
    नालापानी-युद्ध।
27. ये तिथियाँ क्यों प्रसिद्ध हैं—
    8 सितम्बर 1803; 2 दिसम्बर 1815; 28 दिसम्बर 1815

30 मई 1930; 30 अप्रैल 1930.

28. इन ऐतिहासिक घटनाओं के 'कारण' बताइये—
 1. महाराजा प्रद्युम्नशाह की पराजय के कारण।
 2. नेपाल-अँग्रेज-युद्ध का कारण।

29. रिक्त स्थानों की पूर्ति कीजिए—
 1. शकुन्तला-पुत्र भरत का जन्म .... स्थल पर हुआ।
 2. कार्त्तिकेयपुर राजा भूदेवदेव का शिलालेख .... स्थान पर मिला था।
 3. वीर माधोसिंह भण्डारी राजा .... का सेनापति था।
 4. कुमाऊँ तराई का पुराना नाम .... है।
 5. पूर्वकाल में, गढ़वाल-कुमाऊँ में भूमि माप की सबसे बड़ी इकाई ..... थी।

30. 'बाड़वाला यज्ञ-वेदियाँ' किस राजा ने निर्मित की थीं? वे किस काल की हैं?

उत्तर

1. उत्तराखण्ड में 'चित्रित शैलाश्रय' कुमाऊँ में 'लखु-उड्यार' आदि स्थानों में तथा गढ़वाल में 'ग्वरख्या उड्यार आदि स्थानों में प्राप्त हुए हैं। ये 'प्रागैतिहासिक काल' के हैं।
2. उत्तराखण्ड में सम्राट् अशोक के धर्मलेख 'कालसी' पाषाण पर मिले, जो ब्राह्मी लिपि में पाली (मागधी) भाषा में लिखे हैं।
3. गुरु शंकराचार्य का देहत्याग 820 ई० में श्री केदारनाथ में हुआ था।
4. केदारभूमि (गढ़वाल) का एकीकरणकर्ता पँवारवंशी राजा अजयपाल था।
5. 'मानोदयकाव्य' के अनुसार, महाराजा मानसाह का युद्ध चन्द राजा 'लक्ष्मणचन्द' से हुआ था।
6. राजमाता 'करुणावती' पृथ्वीपतिसाह की माता थी और उसकी अवयस्क अवस्था में 'संरक्षिका शासिका' भी। उसने मुगलों के सेनापति को पराजित ही नहीं किया, उसकी सेना को 'नाक काटने' के लिए भी विवश किया।
7. पँवार राजवंश का संस्थापक कनकपाल था। उसकी राजधानी 'चान्दपुरगढ़' थी।
8. खुड़बुड़ा-युद्ध 1804 में, गोरखों तथा महाराजा प्रद्युम्नशाह के मध्य हुआ जिसमें प्रद्युम्नसाह देश-रक्षार्थ वीरगति को प्राप्त हुए। गढ़वाली सेना पराजित हुई।
9. 1. सि-यू-की : युवान-च्वाङ्।
 2. हर्षचरित : बाणभट्ट।
 3. सभासार : महाराजा सुदर्शन शाह।
 4. हिमालयन गजेटियर : ई०टी० एटकिन्सन।
10. कार्त्तिकेयपुर राजवंश का वसन्तनदेव,
 कातियुर (कत्यूरी) राजवंश का आसन्तीदेव,
 पँवार राजवंश का कनकपाल। चन्द राजवंश का थोरहत-अभयचन्द।
11. अमोघभूति कुणिन्द राजा था। उसकी मुद्राएँ थत्यूड़, अठूर, आदि स्थानों से प्राप्त हुईं।
12. गुप्तकाल में गढ़वाल-कुमाऊँ प्रदेश का नाम 'कर्त्तृपुर' था। उस समय वहाँ कुणिन्दों का शासन था।

13. हर्ष के पश्चात्, उत्तराखण्ड पर शासन करने वाला प्रमुख वंश 'पौरव राजवंश' था। उनकी राजधानी 'ब्रह्मपुर' थी।
14. ललितशूरदेव 'कार्त्तिकेयपुर राजवंश' का था।
15. कुमाऊँ में कातियुर (कत्यूरी) राजवंश का अंतिम गढ़ सल्ट में 'मानिलागढ़' था जिसका विनाश चन्द राजा बाजबहादुर चन्द ने किया।
16. कुमाऊँ पर रोहिला आक्रमण 1743-1744 ई. में हुआ।
17. एटकिन्सन के अनुसार, लोग चन्द राजा बाजबहादुर चन्द को "उदास बूढ़ा अन्यायी राजा" कहते थे। उसने ही जजिया प्रकार का 'व्यक्ति-कर' (Poll Tax) आरम्भ किया था।
18. 'पुरखू पन्त' चन्द राजा रुद्रचन्द का सेनापति था। उसका वध 'ग्वालदम-युद्ध' में हुआ।
19. चन्द राजवंश का वास्तविक संस्थापक थोरहत-अभैचन्द था। उसकी राजधानी 'चम्पावत' थी।
20. चन्द राजा बालो-कल्याणचन्द की प्रमुख उपलब्धियाँ—1. राजधानी चम्पावत से 'अल्मोड़ा' स्थानान्तरित की, 2. अपनी विस्तृत विजयों द्वारा उसने ही प्रथम बार 'महाराजाधिराज' की उपाधि धारण की।
21. कुमाऊँ का 'Earl Warwick' हरकदेव जोशी को कहा गया है। उसने गोरखा-अँग्रेज युद्ध में अँग्रेजों की सहायता की थी।
22. 'सिगोली शान्ति-सन्धि' 2 दिसम्बर 1815 को, महाराजा नेपाल तथा कम्पनी सरकार के मध्य हुई थी।
23. प्रथम 'कुमाऊँ कमिश्नर' का नाम एडवर्ड गार्डनर था।
24. ब्रिटिशकाल में, 'कुमाऊँ डिविजन' का प्रशासनिक इतिहास व्हैली तीन कालखण्डों में विभक्त करता है—1. ट्रैल का काल, 2. बैटन का काल तथा 3. रैम्जे का काल।
25. महाराजा मानवेन्द्र शाह द्वारा 8 अगस्त, 1947 तथा गवर्नर जनरल माउण्टबेटन द्वारा 16 अगस्त, 1947 को इंस्ट्रूमेंट ऑफ अक्सेशन (विलय पत्र) पर हस्ताक्षर किए गये। तत्पश्चात् 1949 में टिहरी रियासत संयुक्त प्रांत (उ०प्र०) का जनपद के रूप में एक हिस्सा बना।
26. गढ़वाल-चित्रशैली : 'गढ़वाल-चित्रशैली' पहाड़ी-चित्रशैली की ही वह शाखा है, जिसका विकास 17वीं शती ईसवी के अन्त में गढ़वाल-राज्य में हुआ। गढ़वाल में आये शाहजहाँ के दरबारी दो चित्रकारों के वंशजों ने इसका विकास किया। इस शैली के चित्रकारों में हीरालाल, मंगतराम तथा मौलाराम का नाम विशेष प्रसिद्ध है। इस चित्रशैली का जन्म श्रीनगर में पँवार राजाओं के संरक्षण में हुआ। महान् चित्रकार मौलाराम के पश्चात् इस चित्रशैली की अवनति होने लगी। 'गढ़वाल-चित्रशैली' का परिचय संसार को देने का श्रेय बैरिस्टर मुकन्दीलाल को है।

    नालापानी-युद्ध : 'नालापानी' स्थान देहरादून से लगभग, साढ़े तीन मील पर स्थित है जिसे अब 'खलंगा' कहते हैं। खलंगा एक टीले पर गोरखाली

सैन्य-शिविर था। 1814 ई० के अक्टूबर-नवम्बर में इस नालागढ़ी में अंग्रेज-गोरखा युद्ध हुआ था। इस युद्ध में कै० बलभद्र सिंह गोरखा सेना का सेनापति था। गोरखाओं ने जिस अद्वितीय वीरता का परिचय यहाँ दिया, उसकी प्रशंसा अँग्रेज लेखकों ने भी की है। भयंकर युद्ध के पश्चात्, 30 नवम्बर 1814 को नालापानी-युद्ध में अँग्रेजों की जीत हुई।

आज नालापानी (खलंगा) में दो छोटे स्मारक बलभद्र सिंह तथा गिलेस्पी की स्मृति में बने हैं।

27. 8 सितम्बर, 1803 (गढ़वाल-कुमाऊँ में भीषण भूचाल),
2 दिसम्बर, 1815 (सिंगोली शान्ति-सन्धि),
28 दिसम्बर, 1815 (सुदर्शन शाह द्वारा टिहरी नगर की स्थापना),
30 मई, 1930 (रवाँई-काण्ड), 30 अप्रैल, 1930 (चन्द्रसिंह गढ़वाली द्वारा पेशावर-काण्ड)।

28. महाराजा प्रद्युम्न साह की पराजय के कारण–
1. हिमालयी राज्यों में राजनीतिक सूझ-बूझ का अभाव था। वे परस्पर लड़ते रहे।
2. मंत्रियों में फूट तथा तालमेल का अभाव। राजधानी में राजनीतिक कुचक्रों के कारण राज्य में अशान्ति।
3. राजकोष शून्य था।
4. सैन्यबल की निर्बलता।

नेपाल-अँग्रेज युद्ध का कारण–
1. तराई को हस्तगत करने के लिए अँग्रेजों की अनुचित घुसपैठ। वे बहाना ढूंढ़ रहे थे।
2. गोरखा-अँग्रेज दो शक्तियों की विस्तारवादी नीति।
3. अँग्रेजों के अनुसार, युद्ध का तात्कालिक कारण शिवराजपुर तथा भुट्टावाला पर गोरखों का बलपूर्वक अधिकार।

29. 1. शकुन्तला-पुत्र भरत का जन्म मालिनी-तट स्थित 'कण्वाश्रम' में हुआ था।
2. कार्त्तिकेयपुर राजा भूदेव का शिलालेख 'बागेश्वर में' प्राप्त हुआ था।
3. वीर माधो सिंह भण्डारी पँवार राजा महीपति साह का प्रख्यात सेनापति था।
4. कुमाऊँ-तराई का पुराना नाम 'चौरासी माल' था।
5. पूर्वकाल में; उत्तराखण्ड में भूमि माप की सबसे बड़ी इकाई 'ज्यूला' थी।

30. 'बाड़वाला यज्ञ-वेदियाँ' **राजा शीलवर्मन्** ने निर्मित की थीं। उसे कुछ लोग यौधेय तथा कुछ कुणिन्दवंशी मानते हैं जो यमुना-घाटी में शासन करता था। इष्टका से निर्मित ये यज्ञ-वेदियाँ ईसवी तृतीय सदी की निर्धारित की गयी हैं।

2. भूगोल

1. उत्तराखण्ड में भाबर से पहले हिमालय की कौन सी श्रेणी स्थित है? **-शिवालिक**
2. वृहत हिमालय और शिवालिक हिमालय के मध्य में कौन सा भाग है? **-लघु हिमालय**
3. वृहत हिमालय के बाद के भाग का नाम है? **-ट्रांस हिमालय**

4. उत्तराखण्ड में सर्वोच्च पर्वत चोटी नंदादेवी की ऊँचाई है? **-7817 मी०**
5. केदारनाथ मंदिर के उत्तर में स्थित पर्वत श्रेणी है? **-चौखम्बा**
6. पंच शिखरों वाली पर्वत श्रेणी का नाम है? **-पंचाचूली**
7. बदरीनाथ मंदिर के उत्तर में स्थित पर्वत शिखर है? **-नीलकंठ**
8. धरातलीय विषमता व निर्माण प्रक्रिया की दृष्टि से उत्तराखण्ड में भौतिक भागों की संख्या है। **-चार**
9. शिवालिक के पाद प्रदेश में स्थित है? **-भाबर**
10. किस भौगोलिक प्रदेश में नदियों का जल भूमिगत हो जाता है? **-भाबर**
11. तिपरा बमक ग्लेशियर किस जनपद में स्थित है? **-चमोली**
12. रालम ग्लेशियर किस जनपद में स्थित है? **-पिथौरागढ़**
13. अलकनंदा का उद्गम क्षेत्र है? **-सतोपंथ**
14. बेदनी बुग्याल के निकट कौन सा ताल स्थित है? **-रूपकुण्ड**
15. प्रसिद्ध देवरिया ताल किस जनपद में स्थित है? **-रुद्रप्रयाग**
16. लोखाम ताल-हरीश ताल किस जनपद में है? **-नैनीताल**
17. मलवा ताल किस नदी पर स्थित था? **-कलसा नदी**
18. बूढ़ा केदार क्षेत्र में कौन सा ताल है? **-महासर ताल**
19. पिथौरागढ़-तिब्बत यात्रा मार्ग में प्रसिद्ध दर्रा है? **-लिपुलेख**
20. छिरबिटिया या डुंगरीला किस दर्रे का नाम है? **-माणा**
21. उत्तराखण्ड में सर्वाधिक दर्रे किस जनपद में है? **-पिथौरागढ़**
22. भूकम्पीय लहरों का ज्ञान किसके द्वारा ज्ञात किया जाता है? **-सिस्मोग्राम**
23. सितम्बर 1803 में उत्तराखण्ड में आये भूकम्प की रिक्टर स्केल पर माप क्या थी? **-9.0**
24. 20वीं सदी के उत्तरार्द्ध में उत्तरकाशी भूकम्प कब आया था? **-20 अक्टूबर, 1991**
25. उत्तराखण्ड की मुख्य अपवाह प्रणाली कितने वर्गों में विभक्त हैं? **-4**
26. क्षेत्रफल के अनुसार उत्तराखण्ड हिमालय की सबसे बड़ी प्रवाह प्रणाली कौन सी है? **-भागीरथी-अलकनंदा प्रवाह प्रणाली**
27. रामगंगा प्रवाह प्रणाली में कौसानी के निकट से उद्गमित होने वाली कौन सी नदी शामिल है? **-कोसी**
28. उत्तराखण्ड में किस नदी का प्रवाह पथ सबसे अधिक लम्बा है? **-काली नदी**
29. सरयू नदी का उद्गम कहाँ से होता है? **-भद्रतुंग**
30. भागीरथी नदी का प्रवाह पथ कितना लम्बा है? **-205 कि०मी०**
31. उत्तराखण्ड में सबसे बड़ा कृत्रिम बाँध किस नदी पर बना है? **-भागीरथी नदी पर**
32. प्रति 1000 मी० की ऊँचाई पर तापमान में कितने डिग्री सेल्सियस की कमी आती है? **-10 डिग्री सेल्सियस**
33. नैनीताल नगर की औसत वार्षिक वर्षा है? **-2700 मिमी०**
34. जून माह की गर्मियों के दौरान किच्छा का तापमान रहता है? **-40.6 डिग्री सेल्सियस**
35. जनवरी माह की सर्दियों में मुक्तेश्वर का तापमान रहता है? **-5.8 डिग्री सेल्सियस**
36. उत्तराखण्ड में सर्वाधिक वर्षा वाला भौगोलिक क्षेत्र है? **-शिवालिक**
37. उत्तराखण्ड में उपोष्ण जलवायु किस क्षेत्र में पाई जाती है? **-भाबर-तराई क्षेत्र में**

38. उत्तराखण्ड में अल्पाइन जलवायु प्राय: कितनी ऊँचाई वाले क्षेत्रों में पाई जाती है? **-3000-4200 मी० के ऊँचाई वाले क्षेत्रों में**
39. उत्तराखण्ड के पर्वतीय क्षेत्रों की वह भूमि जो जंगलों के निकट होती है, कहलाती है? **-इजर/कटील**
40. साल, सागौन, हल्दू आदि वृक्ष किस प्रकार के वन क्षेत्र में पाये जाते हैं? **-उष्ण कटिबन्धीय आर्द्र पतझड़ वाले वन क्षेत्र में**
41. पर्वतीय शीतोष्ण वन में कौन सी वृक्ष प्रजातियाँ पायी जाती हैं? **-चीड़, बांज, बुरांश आदि**
42. शीत कटिबन्धीय वनस्पति कितनी ऊचांई पर मिलती है? **-समुद्रतल से 2000-4000 मी.**
43. उत्तराखण्ड की किस वृक्ष प्रजाति को हरा सोना कहा जाता है? **-बांज**
44. उत्तराखण्ड में प्राकृतिक जड़ी-बूटियाँ किस भौगोलिक क्षेत्र में पाई जाती हैं? **-अल्पाइन घास के मैदानों में**
45. पर्वतीय क्षेत्रों में गाँववासियों के संरक्षण में चली आ रही पुरानी वन व्यवस्था को किस नाम से जाना जाता है? **-वन पंचायत**
46. लघु हिमालयी क्षेत्र में प्राय: किस तरह की मृदा पायी जाती है? **-उप पर्वतीय मृदा**
47. उत्तराखण्ड में सबसे अधिक उपजाऊ मृदा किस क्षेत्र में पायी जाती है? **-तराई**
48. पर्वतीय क्षेत्र की परम्परागत भूमि वर्गीकरण के प्रकार क्या हैं? **-कटील, उपराऊं व तलाऊं**
49. पर्वतीय छिछली मृदा कहाँ पायी जाती है? **-हिमाच्छादित क्षेत्रों में**
50. प्राकृतिक कारकों से मृदा के ह्रास होने की प्रक्रिया कहलाती है? **-भू-अपरदन**
51. मिट्टी की ऊपरी सतह को क्या कहा जाता है? **-टॉप सॉयल लेबल**
52. पर्वतीय क्षेत्र में सर्वाधिक उपजाऊ मृदा कहाँ पायी जाती है? **-नदी घाटियों में**
53. नदी तट से रेता-बजरी निकालने की प्रक्रिया क्या कहलाती है? **-चुगान**
54. उत्तराखण्ड में खनन नीति की घोषणा कब की गई? **-4 अप्रैल, 2001 में**
55. उत्तराखण्ड में सर्वाधिक जनसंख्या वाला जनपद है? **-हरिद्वार**
56. उत्तराखण्ड में सबसे कम जनसंख्या वाला जनपद है? **-रुद्रप्रयाग**
57. नन्दा देवी पशु विहार की स्थापना कब हुई? **-1980**
58. उत्तराखण्ड में गन्ने की खेती किन जनपदों में होती है? **-देहरादून, नैनीताल, हरिद्वार, उधमसिंह नगर**
59. उत्तराखण्ड में नई औद्योगिक नीति की घोषणा कब हुई? **-8 जुलाई, 2001**
60. योग नगरी के नाम से उत्तराखण्ड का कौन सा नगर जाना जाता है? **-ऋषिकेश**
61. 'मन्दिरों का शहर' नाम से उत्तराखण्ड का कौन सा नगर जाना जाता है? **-द्वाराहाट**
62. कोसी व सुयाल नदियां किस शहर के पार्श्व भाग में बहती हैं? **-अल्मोड़ा**
63. वर्ष 2011 की जनगणना के अनुसार उत्तराखण्ड की जनसंख्या में पुरुषों का प्रतिशत कितना है? **-51.54 प्रतिशत**
64. उत्तराखण्ड में सबसे कम जनसंख्या घनत्व वाला जनपद है? **-उत्तरकाशी**

65. सरस्वती, मन्दाकिनी, पिण्डर व नंदाकिनी किस नदी की सहायक नदियाँ हैं? **-अलकनंदा**
66. उत्तराखण्ड में सर्वाधिक नगरीय निकाय किस जनपद में हैं? **-हरिद्वार व उधमसिंह नगर**
67. शिवालिक श्रेणियों के मध्य घाटी क्षेत्र को किस भौगोलिक नाम से जाना जाता है? **-दून**
68. हरिपुरा जलाशय किस नदी पर बना है? **-बौर**
69. खरही पट्टी (बागेश्वर) पुराने समय में किस उद्योग के लिए प्रसिद्ध थी? **-ताम्र उद्योग**
70. देहरादून जनपद में उपलब्ध प्रमुख खनिज हैं? **-चूना पत्थर, डोलोमाइट**
71. उत्तराखण्ड के किस वृक्ष के गोंद से बिरोजा व तारपीन के तेल का निर्माण किया जाता है? **-चीड़**
72. उत्तराखण्ड में कुल वन पंचायतों की संख्या है? **-12089**
73. उत्तराखण्ड के किस जनपद में वहाँ के भौगोलिक क्षेत्र में कुल वनावरण का प्रतिशत सबसे अधिक है? **-नैनीताल**
74. यमुना नदी की सबसे बड़ी सहायक नदी है। **-टोंस**
75. माणा के समीप अलकनंदा नदी में कौन-सी नदी मिलती है। **-सरस्वती**
76. प्राचीन स्थल कण्वाश्रम किस नदी के तट पर स्थित है। **-मालन नदी**
77. काली नदी मैदानी भाग में प्रवाहित होने पर किस नाम से जानी जाती है। **-शारदा**
78. उत्तर प्रदेश के समय 1997 में उत्तराखण्ड में तीन जनपदों की स्थापना हुई, वे कौन-से हैं। **-रुद्रप्रयाग, बागेश्वर व उधमसिंह नगर**
79. अविभाजित उत्तराखण्ड में महान हिमालय के बाद उत्तरी सीमा तक फैले ट्रांस हिमालय का दूसरा नाम क्या है। **-टैथिस हिमालय**
80. भागीरथी नदी का उद्‌गम किस हिमनद से होता है। **-गंगोत्री हिमनद**
81. पोटिंग हिमनद किस जनपद में स्थित है। **-पिथौरागढ़**
82. केदारनाथ के उत्तर में कौन-सा पर्वत शिखर स्थित है। **-चौखम्बा**
83. मुनस्यारी से उत्तर दिशा की ओर कौन-सा पर्वत शिखर दिखाई देता है? **-पंचाचूली**
84. लघु हिमालयी क्षेत्र में प्रवाहित होने वाली गौला नदी का प्राचीन नाम क्या है। **-गार्गी**
85. पुरानी टिहरी में भागीरथी-भिलंगना का संगम किस स्थल पर होता था। **-गणेश प्रयाग**
86. उत्तराखण्ड में 3000-4000 मी॰ का क्षेत्र किस जलवायु क्षेत्र के अंतर्गत आता है। **-अल्पाइन जलवायु क्षेत्र**
87. उत्तराखण्डे में गर्म शीतोष्ण जलवायु क्षेत्र किस ऊँचाई तक पाया जाता है। **-900-1800 मी॰ तक**
88. बदरीनाथ में स्थित गर्म जल का स्रोत किस नाम से जाना जाता है। **-तप्तकुण्ड**
89. बागेश्वर जनपद में कौन-सा हिमनद पर्यटन की दृष्टि से प्रसिद्ध है। **-सुंदर ढूंगा हिमनद**
90. उत्तराखण्ड के पर्वतीय क्षेत्र में मौसम के तीन स्थानीय प्रकार क्या है।

-रूड़ि (गरमी), चौमास (वर्षाकाल) ह्यून (जाड़ा)

91. उत्तराखण्ड के पर्वतीय क्षेत्र में परम्परागत पेयजल का उस स्रोत का नाम क्या है। जिसमें रिस-रिस कर जल एक कुण्ड में जमा होता है। **-नौल्**
92. मध्य हिमालयी भाग में गाड़-गधेरों की जल शक्ति का उपयोग पूर्व समय में किसके लिए किया जाता था। **-घराट (पनचक्की)**
93. पर्वतीय क्षेत्र में पथरीली और अनु उपजाऊ भूमि स्थानीय वर्ग में किस श्रेणी में आती है। **-कटील**
94. राजस्व विभाग के अनुसार कृषि क्षेत्र के साथ सामान्य मध्यवर्ती रिहायशी स्थल वाला भू-भाग क्या क़हलाता है। **-मौजा (ग्राम)**
95. पर्वतीय प्रदेश में सिंचित पानी वाले खेतों को क्या कहा जाता है। **-तलाऊँ**
96. उत्तराखण्ड के उन पर्वतपदीय नगरों के नाम बतायें जो अंतिम रेलवे स्टेशन से जुड़े हैं। **-टनकपुर, हल्द्वानी, रामनगर, कोटद्वार, ऋषिकेश, देहरादून**
97. उच्च हिमालयी शीतक्षेत्र की मुख्य फसल क्या है। **-उवा, रामदाना व फाफरा**
98. बेनीताल (चमोली) किस बागान के लिए प्रसिद्ध है। **-चाय बागान के लिए**
99. मायापुरी उत्तराखण्ड के किस शहर का पुरातन नाम है। **-हरिद्वार**

3. भाषा तथा साहित्य

1. कुमाऊँ क्षेत्र में 'थारू' और 'बोक्सा' बोलियों को छोड़कर कौन-कौन सी मुख्य बोलियां बोली जाती हैं?
2. कुमाऊँ के उत्तर में कौन-सी भाषा बोली जाती है?
3. कुमाउंनी बोली-भाषा में भाषा वैज्ञानिक अध्ययन कुमाऊँ के किस विद्वान द्वारा किया गया है?
4. कुमाउंनी बोली-भाषा में अन्य किन-किन भाषाओं के शब्दों का बाहुल्य है?
5. 'हिल डायलेक्ट्स ऑफ द कुमाऊँ डिवीजन' के भाषा वैज्ञानिक लेखक का क्या नाम है?
6. डॉ० त्रिलोचन पाण्डेय की किन्हीं दो रचनाओं के नाम बताएं?
7. कुमाउंनी भाषा के आदि कवि का नाम क्या था?
8. कुमाउंनी लोक साहित्य की बहुचर्चित लोक गाथा 'मालूशाही' को प्रथम बार किसने पुस्तकाकार रूप प्रदान किया?
9. कुमाउंनी भाषा में लिखित साहित्य कब से मिलता है?
10. कुमाउंनी साहित्य के भण्डार को किन प्रमुख लेखकों / कवियों ने समृद्ध किया?
11. कुमाउंनी काव्य संग्रह 'अगिन आखर' के प्रणेता का क्या नाम है?
12. डॉ० नारायण दत्त पालीवाल के शोधपूर्ण ग्रंथ का क्या नाम है?
13. 'बुरुंश' कुमाउंनी कविता, राष्ट्रीय स्तर के किस कवि की रचना है?
14. विद्वानों ने गढ़वाली बोली के कितने उपभेद किए हैं?
15. मध्य पहाड़ी में कौन-कौन सी भाषाएं समाहित हैं?
16. मध्य पहाड़ी भाषा के ऐसे दो विद्वानों के नाम बताइए, जिन्होंने इसका भाषा वैज्ञानिक अध्ययन किया हो?

17. गढ़वाल के किस क्षेत्र में सलांणी भाषा बोली जाती है?
18. 'गढ़वाली व्याकरण की रूपरेखा' के लेखक का क्या नाम है?
19. 'गढ़वाली लोकगीत : एक सांस्कृतिक अध्ययन' किस लेखक की कृति है?
20. डॉ० शिवानन्द नौटियाल की वह कौन-सी पुस्तक है जिसका प्रकाशन हिन्दी साहित्य सम्मेलन, प्रयाग ने किया है?
21. 'गढ़वाल की दिवंगत विभूतियां' किस लेखक की कृति है?
22. गढ़वाल पर महापंडित राहुल सांकृत्यायन द्वारा लिखी पुस्तक का नाम बताएं?
23. गढ़वाली साहित्य के लिए 'जयश्री सम्मान' के प्रणेता कौन थे?
24. 'गीता' का गढ़वाली भाषा में अनुवाद किन-किन विद्वानों ने किया है?

उत्तर

1. कुमैयाँ (काली कुमाऊँ), सोरिया (परगना सोर), अस्कोटी (परगना अस्कोट), जोहरी (परगना जोहार), सीराली (परगना सीरा) तथा मंझ कुमय्यां (कुमाऊँ तथा गढ़वाल की सीमा (दुसांद) आदि बोलियां बोली जाती हैं।
2. भोटिया।
3. गंगादत्त उप्रेती।
4. अंग्रेजी, उर्दू, फारसी, अरबी, मराठी, गुजराती व पंजाबी के साथ खड़ी बोली हिन्दी भाषा के शब्दों का बाहुल्य है।
5. गंगादत्त उप्रेती।
6. 1. कुमाउंनी लोक साहित्य की पृष्ठभूमि
   2. कुमाऊँ का लोक साहित्य
7. लोक रत्न पन्त
8. डॉ० उर्वादत्त उपाध्याय, डॉ० रमेश चन्द्र पन्त तथा यमुनादत्त वैष्णव 'अशोक' ने।
9. खोज के आधार पर सन् 1800 ई० के बाद।
10. गिरीश तिवाड़ी 'गिर्दा', चारु चन्द्र पाण्डे, गोपाल दत्त भट्ट, जीवन चन्द्र जोशी, बंशीधर पाठक 'जिज्ञासु', शेरदा 'अनपढ़'।
11. गोपालदत्त भट्ट।
12. कुमाउंनी (हिन्दी की उपभाषा) के कवियों का विवेचनात्मक अध्ययन।
13. सुमित्रानंदन पन्त।
14. डॉ० ग्रियर्सन ने गढ़वाली बोली को 8 उपबोलियों में विभक्त किया- श्रीनगरी, बधाणी, दसौल्या, मांझ-कुमैयाँ, नागपुरिया, सलाणी, राठी, टिहर्याली।
15. गढ़वाली तथा कुमाउंनी।
16. डॉ० धीरेन्द्र वर्मा और डॉ० गोविन्द चातक।
17. तल्ला, मल्ला और गंगा सलाण में।
18. अबोध बंधु बहुगुणा।
19. डॉ० गोविन्द चातक।
20. गढ़वाल के लोकनृत्य-गीत।
21. भक्तदर्शन सिंह।
22. हिमालय परिचय गढ़वाल।

23. बुद्धिबल्लभ थपलियाल।
24. पं० उमादत्त नैथाणी, आदित्यराम दुद्पुड़ी तथा बचन सिंह नेगी।

मुहावरे

1. 'डोरि लगण' मुहावरे का अर्थ है–
   (क) यात्रा करना (ख) निमंत्रण मिलना
   (ग) सहभागिता करना (घ) देवदर्शन का अवसर मिलना

2. 'कंदूड़ भन्न' मुहावरे का अर्थ है–
   (क) सचेत करना (ख) परेशान करना
   (ग) चुगली करना (घ) कुछ सुनाना

3. 'संगरांद बजौण' का आशय है–
   (क) वाद्ययंत्र बजाना (ख) उत्सव मनाना
   (ग) संक्रांति मनाना (घ) उपस्थिति दर्ज कराना

4. 'भूजीक बूतण' मुहावरे का अर्थ है–
   (क) बुरा करना (ख) बुरा लगना
   (ग) दोषारोपण करना (घ) बुआई करना

5. 'झगड़े की स्थिति पैदा करना' किस मुहावरे का अर्थ है?
   (क) गेड़ बांधण (ख) नाड़ पकड़ण
   (ग) गिड़ै पड़ण (घ) छील डाळ्ण

6. 'द्वेष रखना' किस मुहावरे का अर्थ है?
   (क) खार खाण (ख) काटण जाण
   (ग) दाँत पीसण (घ) जड़ खोदण

7. 'भाग उंद बूसु पड़ण' मुहावरे का अर्थ है–
   (क) असमर्थ होना (ख) नासमझी करना
   (ग) भाग्य के भरोसे बैठना (घ) समय प्रतिकूल होना

8. 'खौं बाग बणण' मुहावरे का आशय है–
   (क) शक्ति का प्रदर्शन करना (ख) हिंसक होना
   (ग) अत्यधिक क्रोधित होना (घ) गुस्सा दिलाना

9. 'बौंळा बिट्यौण' का अर्थ है–
   (क) कार्य करने के लिए उद्यत होना (ख) बाहुबल दिखाना
   (ग) वीरतापूर्ण कार्य करना (घ) लड़ने के लिए तैयार होना

10. 'गिड़ै बांधण' का अर्थ है–
   (क) मन को मजबूत करना (ख) अच्छी तरह से याद करना
   (ग) सबको एकजुट करना (घ) विश्वास करना

11. '.......पर नचौण' –उचित शब्द भरकर मुहावरा बनाइए, जिसका अर्थ हो 'वश में करना।'
   (क) खुट्टौं (ख) कंधा
   (ग) हाथ (घ) अंगुळ्यों

12. '........लगण।' -उचित शब्द भरकर मुहावरा बनाइए, जिसका अर्थ हो 'असर पड़ना।'
(क) हवा (ख) बरखा
(ग) घाम (घ) बादळ

13. '.......खींचण।' -उचित शब्द भरकर मुहावरा बनाइए, जिसका अर्थ हो 'साथ न देना।'
(क) कंदूड़ (ख) हाथ
(ग) खुट्टा (घ) टांग

14. 'आँखा......।' -उचित क्रिया शब्द भरकर मुहावरा बनाइए, जिसका अर्थ हो 'गुस्से से देखना।'
(क) लगण (ख) खुलण
(ग) दिखौण (घ) बिछौण

लोकोक्तियां

1. 'हिलौलु हात, तब मिललु भात'- इस लोकोक्ति में किसका महत्व बताया गया है?
(क) अन्न का (ख) परिश्रम का
(ग) समय का (घ) शक्ति का

2.'..........कि सेकि घाम तक' -उचित शब्द से लोकोक्ति को पूरा कीजिए?
(क) सुबेर (ख) पाळा
(ग) सुर्ज (घ) द्वफरा

3. 'जिह्वा पर नियंत्रण रखने से शरीर निरोग होता है' -निम्न में से किस लोकोक्ति का अर्थ है?
(क) एक दाड़ खांदि, एक चमलांदि
(ख) मन कु खाणु, खुसि कु सौदा
(ग) जब जीभ कस, तब सरील अपणा बस
(घ) कम खाण गम खाण भलु

4. 'बिराणा खुट्टों कु हिट्वाग' -लोकोक्ति का आशय है—
(क) दूसरों को दोष देना (ख) दूसरों के पीछे चलना
(ग) दूसरों को पछाड़ना (घ) दूसरों पर निर्भरता

5. 'कष्ट उठाने वाला ही सुखी जीवन जिएगा' -निम्न में से किस लोकोक्ति का अर्थ है?
(क) जनि देणी तनि लेणी (ख) जै सिर देलु तै सेर बि देलु
(ग) जु खालु खौरि सु पौलु तौरि (घ) जनि बोलु तनि लौलु

6. 'अपणु पाळ्यों कुकूर काटद' लोकोक्ति का आशय है—
(क) अपने ही साथ छोड़ देते हैं (ख) अपने ही दुश्मन हो जाते हैं
(ग) अपने ही मुँह फेर लेते हैं (घ) अपने ही काम आते हैं

7. 'मुखड़ि हंसिली, पुछड़ि डंसिली' लोकोक्ति का आशय है—

आधारभूत सूचनाएँ

(क) कठोर हृदय वाले व्यक्ति की वाणी भी कठोर होती है
(ख) प्रिय वाणी से काम बन जाता है
(ग) दुविधा में हानि हो जाती है
(घ) कपटपूर्ण आचरण

8. 'भैंसा मुख पर फ्यूंल्या फूल'- इस लोकोक्ति का आशय है–
(क) मन इच्छित वस्तु न मिलना (ख) किसी का क्रोध किसी पर निकालना
(ग) अच्छी वस्तु की चाह होना (घ) अधिक की आवश्यकता होने पर बहुत थोड़ा देना

9. 'पेड़ा पड़ि फूट, गौं पड़ि लूट' लोकोक्ति का तात्पर्य है–
(क) फूट डालने वाले सब जगह मिल जाते हैं
(ख) पारिवारिक झगड़ा जग हँसाई कराता है
(ग) आपसी झगड़ा मिल कर सुलझाना चाहिए
(घ) घर के झगड़े से बाहरी व्यक्तियों को लाभ होता है

10. 'बांज नि सकि, बुरांस नि सकि, स्यांरा पर मारि घपाक'-लोकोक्ति का आशय है–
(क) बलशाली होने का दिखावा (ख) बलवानों से न जीतने पर निर्बल पर प्रहार करना
(ग) अपने बल का प्रदर्शन करना (घ) निर्बल को उसका बल याद दिलाना

11. 'दीन्यूं पौण.......लौण।' -उचित शब्द भरकर लोकोक्ति को पूर्ण कीजिए–
(क) काट्यूं (ख) नेळ्यूं
(ग) बूत्यूं (घ) मांड्यू

12. 'बोल.......सुणौ ब्वारि।' -उचित शब्द भरकर लोकोक्ति को पूर्ण कीजिए–
(क) सासु (ख) नण्द
(ग) बौ (घ) बेटि

13. 'बांगि लाखड़ि कांध नि धन्न, ... ढुंगि खुट्टो नि धन्न।' -उचित शब्द भरकर लोकोक्ति को पूर्ण कीजिए–
(क) बिसौणि (ख) ढगड्यांदि
(ग) मजबूत (घ) चिफळि

14. 'पौणा पूछी .....।' -उचित शब्द भरकर लोकोक्ति को पूर्ण कीजिए–
(क) आदर (ख) पकोड़ि
(ग) पिठैं (घ) पैलागु

उत्तर

मुहावरे–

1.	(घ)	2.	(ग)	3.	(घ)	4.	(क)
5.	(घ)	6.	(क)	7.	(ख)	8.	(ग)
9.	(घ)	10.	(ख)	11.	(घ)	12.	(क)
13.	(ख)	14.	(ग)				

लोकोक्तियाँ—

1.	(ख)	2.	(ख)	3.	(ग)	4.	(घ)
5.	(ग)	6.	(ख)	7.	(घ)	8.	(घ)
9.	(घ)	10.	(ख)	11.	(ग)	12.	(घ)
13.	(ख)	14.	(ख)				

4. संक्षिप्त प्रश्नावली

◆ **संस्कृत को राज्य में कौन सी भाषा का दर्जा दिया गया?**

• उत्तराखण्ड देश का प्रथम राज्य है, जहाँ संस्कृत को राज्य की द्वितीय राजभाषा का दर्जा दिया गया है। इसके लिए अलग से संस्कृत मंत्रालय बनाया गया है। इसके साथ ही संस्कृत विश्वविद्यालय, संस्कृत अकादमी तथा संस्कृत शिक्षा निदेशालय की भी स्थापना की गयी है। जनपद चमोली में किमोठा चमोली का डिम्मर गांव एवं बागेश्वर में भैंतोला गांव संस्कृत ग्राम के रूप में चयनित किए गए हैं। इसके साथ ही राज्य सरकार की योजना है कि प्रदेश के सभी 13 जिलों में एक-एक संस्कृत ग्राम हों।

◆ **विवेकानन्द पुरस्कार किस उद्देश्य से दिया जाता है?**

• राष्ट्रीय सेवा योजना के अंतर्गत उत्कृष्ट समन्वयकों तथा कार्यकर्ताओं को विगत 5 वर्षों के कार्य के आधार पर विवेकानन्द पुरस्कार दिया जाता है।

◆ **यूथ हेरिटेज वॉक क्या है?**

• युवाओं को ऐतिहासिक धरोहरों से परिचित करवाने के लिए युवा कल्याण विभाग द्वारा यूथ हेरिटेज वॉक का आयोजन किया जाता है।

◆ **विशेष बाघ सुरक्षा बल से क्या आशय है?**

• राज्य सरकार द्वारा बाघों की सुरक्षा के दृष्टिगत कार्बेट टाइगर रिजर्व में विशेष बाघ सुरक्षा बल (Special Tiger Protection Force-STPF) गठन हेतु राष्ट्रीय बाघ संरक्षण प्राधिकरण (National Tiger Conservation Authority-NTCA) भारत सरकार के साथ एम०ओ०यू० साइन किया गया है।

◆ **टाइगर रिजर्व क्या है?**

• कार्बेट टाइगर रिजर्व सीमा के आस-पास के 500 मीटर क्षेत्र को शांत क्षेत्र (Silence Zone) के रूप में वर्गीकृत किया गया है, जो बाघों के व्यवहार और आवागमन (Behaviour & Movement) में सहायक सिद्ध होगा।

• देश के किसी भी टाइगर रिजर्व के आस-पास के क्षेत्र को Silence Zone घोषित करने वाला उत्तराखण्ड प्रथम राज्य है।

• 2015 में राज्य सरकार ने राजाजी नेशनल पार्क को टाइगर रिजर्व घोषित किया है।

◆ **नई औद्यानिकी नीति का क्या प्रयोजन है?**

• राज्य में छोटी जोतों एवं सीमान्त कृषकों की बहुतायत को देखते हुए उनके अनुकूल औषधि एवं सगन्ध पौधों तथा जड़ी-बूटियों के कृषिकरण को निरन्तर विस्तारित एवं प्रोत्साहित किया जाना।

- औद्यानिकी उपज के सुगम परिवहन हेतु निजी क्षेत्र की सहभागिता से रज्जुमार्ग (रोपवे) का निर्माण कार्य किया जाना।
- उत्तराखण्ड की गुणवत्तायुक्त विशिष्ट चाय के उत्पादन को पुनः प्रोत्साहित किया जाना।
- फूलों की खेती को प्रोत्साहित करने के लिए पदमपुरी, नैनीताल में निजी क्षेत्र की सहभागिता से वृहद केन्द्र की स्थापना।

◆ **राज्य शैक्षिक पुरस्कार योजना कब आरम्भ हुई?**

- प्रतिष्ठित साहित्यकार स्वर्गीय शैलेश मटियानी के नाम से राज्य शैक्षिक पुरस्कार की शुरुआत वर्ष 2009 से हुई।

◆ **उत्तराखण्ड के प्रथम राजकीय आयुर्विज्ञान शोध संस्थान की स्थापना कहाँ की गई है?**

- पेशावर काण्ड के नायक वीर चन्द्रसिंह गढ़वाली के नाम से राज्य के प्रथम राजकीय आयुर्विज्ञान शोध संस्थान की स्थापना श्रीनगर (गढ़वाल) में की गई है।
- सत्र 2008 से एम०बी०बी०एस० पाठ्यक्रम में शिक्षण कार्य प्रारम्भ हुआ था।

◆ **ई-गवर्नेंस से किस तरह की सुविधाएं प्राप्त हो रही हैं?**

- ई-गवर्नेंस की व्यवस्था से सरकारी कामकाज में तेजी एवं पारदर्शिता आई है। विभिन्न विभागों में कम्प्यूटर का उपयोग होने से कर्मचारियों की कार्यदक्षता में वृद्धि हुई है। विकास योजनाओं के अनुश्रवण का सरलीकरण हुआ है। भू-अभिलेखों के कम्प्यूटरीकरण, जमीनों की रजिस्ट्री, खसरा-खतौनी की नकल कम्प्यूटर से प्राप्त हो रही है।

◆ **'रन ऑफ द रीवर' तकनीक की क्या विशेषता है?**

- 'रन ऑफ द रीवर' तकनीक में नदी के पानी को सुरंग के माध्यम से पावर हाउस तक ले जाया जाता है। इस दौरान नदी के प्राकृतिक मार्ग में निश्चित मात्रा में पानी छोड़ा जाता है। पानी के दबाव से टरबाइन को घुमाकर बिजली उत्पादन किया जाता है तथा पानी को पुनः नदी के प्राकृतिक मार्ग पर छोड़ दिया जाता है।

◆ **राज्य में भू-अभिलेखों के कम्प्यूटरीकरण की क्या उपयोगिता है?**

- राज्य में देवभूमि नाम से सॉफ्टवेयर तैयार कर भू-अभिलेखों का कम्प्यूटरीकरण किया गया है। इसमें भूमि संबंधी समस्त अभिलेख एवं सूचनाएं इंटरनेट पर उपलब्ध करायी गयी हैं। साथ ही खतौनी की प्रतिलिपि कम्प्यूटर से लेने की सुविधा भी उपलब्ध करायी गयी है।

5. महत्त्वपूर्ण जानकारियाँ

- कालू महरा ने 1857 में क्रान्तिवीर नामक संगठन अंग्रेजों के खिलाफ बनाया था।
- प्रथम गढ़वाली बटालियन का गठन 5 मई, 1887 को अल्मोड़ा में किया गया। यहाँ यह बटालियन ले० कर्नल ई०पी० मेनवेरिंग के नेतृत्व में 6 माह तक रही। 4 नवम्बर, 1887 को यह बटालियन लैन्सडौन पहुँची।
- लैन्सडौन एक ऐसा स्थान है जहाँ से सूर्योदय और सूर्यास्त का मनमोहक दृश्य

देखा जाता है। लैन्सडौन नाम 21 सितम्बर, 1890 में रखा गया।

- नैनीताल स्थित राजभवन की नींव 27 अप्रैल, 1897 को रखी गई थी।
- प्रसिद्ध छायावादी कवि सुमित्रानन्दन पन्त का जन्म 20 मई, 1900 को कौसानी में हुआ था।
- महादेवी कन्या पाठशाला की स्थापना 15 सितम्बर, 1902 में हुई थी।
- रामगढ़ में 1903 में प्रवास के दौरान गुरुदेव रवीन्द्र नाथ टैगोर ने अपनी प्रसिद्ध कृति 'गीतांजलि' को लिखने का शुभारम्भ किया था।
- वानिकी अनुसंधान के लिए वन अनुसंधान संस्थान की स्थापना देहरादून में सन् 1906 में की गई थी।
- 1919 में अमृतसर में 'रौलेट एक्ट' के विरोध में आयोजित कांग्रेस अधिवेशन में ब्रिटिश गढ़वाल के दो नेता बैरिस्टर मुकुन्दीलाल तथा अनुसूया प्रसाद बहुगुणा सम्मिलित हुए थे।
- पं० गोविन्द बल्लभ पन्त स्वतंत्रता सेनानी, जनप्रिय नेता एवं समाज सुधारक थे। वे 1923-30 तक विधान परिषद् सदस्य, 1927 में उ०प्र० कांग्रेस समिति के अध्यक्ष, उत्तर प्रदेश के प्रथम मुख्यमंत्री एवं केन्द्र सरकार में गृहमंत्री रहे।
- महात्मा गांधी ने उत्तराखण्ड में 14 जून, 1929 से 2 जुलाई, 1929 तक कुमाऊँ और 16 से 24 अक्टूबर, 1929 तक गढ़वाल की यात्रा की।
- प्रसिद्ध साहित्यकार शैलेश मटियानी का जन्म 14 अक्टूबर, 1930 को अल्मोड़ा जनपद के बाड़ेछीना गांव में हुआ था।
- टिहरी रियासत के विरुद्ध आन्दोलन में नागेन्द्र सकलानी एवं मोलू भरदारी 11 जनवरी, 1948 को कीर्तिनगर में शहीद हुए थे।
- पर्वतीय कला केन्द्र की स्थापना 1968 में अल्मोड़ा निवासी मोहन उप्रेती ने दिल्ली में की थी।
- डॉ० हर्षवन्ती बिष्ट 1981 में नन्दादेवी महिला अभियान में सफलता के लिए प्रसिद्ध हैं। इन्हें अर्जुन पुरस्कार से सम्मानित किया गया है।
- स्वतंत्र भारत के प्रथम गवर्नर जनरल चक्रवर्ती राजगोपालाचारी को देहरादून प्रवास के दौरान पहाड़ों के घने जंगलों तथा खूबसूरती ने इतना मोह लिया कि उन्होंने इस क्षेत्र में शिकार खेलने को प्रतिबन्धित कर राष्ट्रीय अभ्यारण्य बनाने की घोषणा कर दी। 1983 में जब इस क्षेत्र को राष्ट्रीय पार्क का दर्जा दिया गया तो इसका नाम 'राजाजी नेशनल पार्क' रखा गया।
- बछेन्द्री पाल भारत की प्रथम महिला एवरेस्ट विजेता हैं। इन्होंने 23 मई, 1984 को एवरेस्ट पर्वत पर चढ़ाई पूरी कर विजय हासिल की। विश्व स्तर पर इनका पाँचवां स्थान है। बछेन्द्री पाल के दल ने पर्वतारोहण में 7 विश्व रिकॉर्ड बनाये हैं।
- क्षेत्रफल की दृष्टि से उत्तराखण्ड में सबसे बड़ा राष्ट्रीय पार्क गंगोत्तरी नेशनल पार्क है। इसकी स्थापना 16 सितम्बर, 1989 में की गई थी। इसका कुल क्षेत्रफल 2390 वर्ग कि०मी० है।
- गोविन्द बल्लभ पन्त फाउण्डेशन/संवैधानिक व संसदीय अध्ययन समिति

द्वारा 1993 में भाकपा के सांसद इन्द्रजीत गुप्त को सर्वश्रेष्ठ सांसद हेतु प्रथम गोविन्द बल्लभ पन्त पुरस्कार से सम्मानित किया गया था।

- उत्तराखण्ड जनान्दोलन की शुरुआत 2 अगस्त, 1994 को गढ़वाल मण्डल के मुख्यालय पौड़ी से हुई।
- रस्किन बांड उत्तराखण्ड के एकमात्र लेखक हैं जिनकी अंग्रेजी भाषा में 156 से अधिक पुस्तकें प्रकाशित हो चुकी हैं। इन्हें 1999 में पद्मश्री, वर्ष 2012 में साहित्य अकादमी द्वारा बाल साहित्य में समग्र लेखन के लिए बाल साहित्य पुरस्कार तथा 2014 में पद्म भूषण से विभूषित किया गया।
- लखु उड्यार, जहाँ प्रागैतिहासिक काल के भित्ति चित्र हैं, उत्तराखण्ड के अल्मोड़ा जनपद में स्थित है।
- विश्व प्रसिद्ध पर्वतारोही चन्द्रप्रभा ऐतवाल पद्मश्री, अर्जुन पुरस्कार एवं तेनजिंग नोर्गे पुरस्कार से विभूषित हैं।
- पिथौरागढ़ में जन्मे प्रसिद्ध सर्वेयर पं० नैन सिंह रावत ने तिब्बत की पैदल यात्रा कर तिब्बत की राजधानी ल्हासा का गुप्त सर्वेक्षण किया था।
- गुमानी पन्त की रचनायें आदिकाल के अन्तर्गत मानी जाती हैं।
- कुमाऊँ रेजीमेन्ट के मेजर सोमनाथ शर्मा को श्रीनगर शहर और वायु सेना के अड्डे को बचाने के लिए प्रथम परमवीर चक्र से सम्मानित किया था।
- पूर्व थल सेनाध्यक्ष स्व० बिपिनचंद जोशी और एडमिरल देवेन्द्र जोशी अल्मोड़ा के मूल निवासी हैं।
- स्वामी मन्मथन श्री भुवनेश्वरी महिला आश्रम, अंजनीसैंण (टिहरी गढ़वाल) के संस्थापक एवं संचालक तथा गढ़वाल विश्वविद्यालय आन्दोलन के अग्रणी नेतृत्वकर्त्ता थे।
- पेशावर कांड की घटना से प्रभावित होकर मोतीलाल नेहरू ने सम्पूर्ण देश में 'गढ़वाल दिवस' मनाने की घोषणा की थी।
- जिम कार्बेट प्रसिद्ध पर्यावरण प्रेमी, वन्य संरक्षक के साथ-साथ शिकारी भी थे। उन्होंने कई नरभक्षी बाघों का वध किया और स्थानीय लोगों को बाघों के आतंक से मुक्त कराया।
- उत्तराखण्ड के लोक गीतों पर महत्वपूर्ण कार्य डॉ० गोविन्द चातक, डॉ० नन्द किशोर हटवाल तथा जुगल किशोर पेटशाली द्वारा किया गया है।
- जनपद टिहरी में प्रसिद्ध मलेथा की कूल का सम्बन्ध माधोसिंह भण्डारी से है।
- मौलाराम गढ़वाल रियासत के प्रसिद्ध कवि एवं चित्रकार थे।
- गढ़वाल में पंवार वंश के अन्तिम शासक महाराजा मानवेन्द्र शाह हुए।
- देवदार के वृक्ष 2800 से 3800 मीटर तक ऊँचाई पर अधिक पाये जाते हैं।
- उत्तराखण्ड शोध संस्थान की स्थापना डॉ० गिरिराज शाह द्वारा की गई थी।
- बुग्याल तथा अल्पाइन पाश्चर्स मुख्यतः घास के मैदान हैं।
- उत्तराखण्ड के इतिहास में 'ढण्डक' का अर्थ 'शासक के प्रति जनता का विरोध करने का तरीका' से है।

- प्रजा मण्डल का सम्बन्ध टिहरी रियासत से है।
- भारतीय सैन्य अकादमी एवं राष्ट्रीय भारतीय सैन्य विद्यालय देहरादून में हैं।
- उत्तराखण्ड प्रशासनिक प्रशिक्षण अकादमी नैनीताल में स्थित है।
- कुमाऊँ मण्डल में कुली उतार, कुली बेगार व कुली बर्दायश के विरुद्ध सर्वप्रथम आन्दोलन खत्याड़ी ग्राम (अल्मोड़ा) से आरम्भ हुआ।
- प्रसिद्ध झण्डा मेला देहरादून में लगता है।
- रोबर्स केव के नाम से प्रसिद्ध पिकनिक स्पॉट गुच्चू पानी को कहा जाता है।
- प्रसिद्ध पूर्ण कुम्भ मेला 12 वर्षों में लगता है। इस शताब्दी का प्रथम कुम्भ मेला वर्ष 2010 में हरिद्वार में आयोजित हुआ।
- नव चण्डी में मनसा देवी को दशम शक्ति कहा गया है।
- कनखल हरिद्वार में है।
- श्रीनगर स्थित कमलेश्वर मन्दिर 'पुत्रदाता' के रूप में प्रसिद्ध है।
- हरकी-दून बुग्याल उत्तरकाशी जनपद में स्थित है।
- उत्तराखण्ड में ऊष्ण जल स्त्रोत के केन्द्र यमुनोत्तरी, गंगनानी, बदरीनाथ, गौरीकुण्ड तथा तपोवन में स्थित हैं।

कुछ प्रसिद्ध व्यक्तियों के उपनाम

नाम	उपनाम
कर्णावती	नाक काटी राणी
पं० हर्षदेव जोशी	कुमाऊँ का चाणक्य
गौरीदत्त पांडे	गौर्दा
लोकरत्न पन्त	गुमानी पन्त
नैनसिंह रावत	मौलिक पंडित
बदरीदत्त पाण्डे	कुमाऊँ केसरी/कूर्मांचल केसरी
सरला बहन	हाइलामाइन
गोविन्द बल्लभ पन्त	भारत रत्न
हेमवतीनन्दन बहुगुणा	धरती-पुत्र/हिमालय पुत्र
वीर चन्द्रसिंह गढ़वाली	पेशावर कांड के नायक
इन्द्रमणि बडोनी	उत्तराखण्ड के गांधी
अनुसूया प्रसाद बहुगुणा	गढ़ केसरी
शिवप्रसाद डबराल 'चारण'	इनसाइक्लोपीडिया ऑफ उत्तराखण्ड
गौरा देवी	चिपको वूमन
ठगुली देवी	टिंचरी माई
विश्वेश्वर दत्त सकलानी	वृक्षमानव
कल्याण सिंह रावत	मैती
गिरीश तिवाड़ी	गिर्दा

एक अभिनव पहल, लेखक गांव

उत्तराखण्ड की राजधानी देहरादून से मात्र 24 किमी. दूर थानो गांव में लेखक गांव की स्थापना कर एक अभिनव पहल की गई है। अक्टूबर–2024 में पूर्व राष्ट्रपति रामनाथ कोविंद व उत्तराखण्ड के मुख्यमंत्री पुष्कर सिंह धामी ने इसका उद्‌घाटन किया था। यह पूर्व मुख्यमंत्री डॉ॰ रमेश पोखरियाल 'निशंक' की परिकल्पना का परिणाम है। जिसमें लेखकों को शांत और रचनात्मक वातावरण सुलभ हो पाया है। लेखकों को प्रकृति की गोद में सृजन के अनुकूल वातावरण उपलब्ध होने से यहां वर्ष भर गतिविधियां संचालित होती रहती हैं। लेखकों के लिए यहां विशेष कुटीर बनाई गई हैं। एक तरह से यह लेखकों का तीर्थ बन गया है। स्पर्श हिमालय महोत्सव जैसे बहुआयामी साहित्यिक व सांस्कृतिक आयोजनों के बाद इसका महत्व कहीं अधिक बढ़ गया है। भारत में यह अपनी तरह का पहला प्रयास है जो साहित्य और संस्कृति के विकास के विभिन्न आयामों को साकार करने के लिए, महत्वपूर्ण केन्द्र के रूप में स्थापित हो गया है। ◈◈

उत्तराखण्ड अब एडवेंचर टूरिज्म हब तथा आध्यात्मिक केन्द्र के रूप में उभरा है, जहाँ औली में स्कीइंग, ऋषिकेश में राफ्टिंग और बंजी जम्पिंग और पिथौरागढ़ की ट्रैकिंग जैसे गंतव्य अंतर्राष्ट्रीय मानचित्र पर आ गए हैं।

उत्तराखण्ड में पर्यटन विगत वर्षों में राज्य की अर्थव्यवस्था का सबसे मजबूत सेक्टर बनकर उभरा है। सरकारी आकलनों के अनुसार पर्यटन, होटल और रेस्तराँ सेवा क्षेत्र मिलकर उत्तराखण्ड के सकल घरेलू उत्पाद में लगभग 13.5% योगदान देते हैं। पहाड़ी जनपदों में रोजगार सृजन, स्थानीय व्यापार और बुनियादी ढाँचे के विस्तार में इस सेक्टर की भूमिका लगातार बढ़ रही है। चारधाम यात्रा इसका मुख्य आधार है।

वर्ष 2025 में 51 लाख से अधिक श्रद्धालुओं ने चारधाम पहुँचकर ऐतिहासिक रिकॉर्ड बनाया। इससे ट्रांसपोर्ट, होटल, पूजा सामग्री, खाने-पीने और स्थानीय हस्तशिल्प से जुड़ी अर्थव्यवस्था में बड़ा प्रवाह आया। पर्यटन विभाग के अनुसार प्रदेश में प्रतिवर्ष औसतन 2.5 करोड़ पर्यटक आते रहे हैं।

उच्च श्रेणी के आवास ढाँचे में भी उल्लेखनीय वृद्धि हुई है। केन्द्रीय पर्यटन मंत्रालय के वर्गीकरण के अनुसार उत्तराखण्ड में 10 पाँच सितारा और 2 चार सितारा होटल अधिकृत सूची में शामिल हैं।

राज्य की नई पर्यटन नीति 2023 में होटल, रिसॉर्ट, वेलनेस सेंटर, एडवेंचर टूरिज्म, फिल्म शूटिंग और धार्मिक पर्यटन पर निवेश को प्रोत्साहित करने के लिए स्टाम्प ड्यूटी छूट, पूँजी अनुदान, ब्याज सब्सिडी और सिंगल-विंडो क्लियरेंस जैसी सुविधाएँ दी गई हैं। दीनदयाल उपाध्याय होमस्टे योजना और वीर चंद्र सिंह गढ़वाली स्वरोजगार योजना ने युवाओं को पर्यटन आधारित उद्यमिता से जोड़कर स्थानीय आय बढ़ाई है।

एडवेंचर टूरिज्म हब

उत्तराखण्ड अब एडवेंचर टूरिज्म हब के रूप में उभरा है, जहाँ औली में स्कीइंग, ऋषिकेश में राफ्टिंग और बंजी जम्पिंग और पिथौरागढ़ की ट्रैकिंग जैसे गंतव्य अंतर्राष्ट्रीय मानचित्र पर आ गए हैं।

ज्योलिंगकांग
आदि कैलाश

आदि कैलाश की यात्रा करने वाले पहले भारतीय प्रधानमंत्री

उत्तराखण्ड के सीमान्त जनपद पिथौरागढ़ में तिब्बत (चीन) तथा पूर्व में नेपाल सीमा से सटा आदि कैलाश तीर्थ 2023 के उत्तरार्द्ध में तब और चर्चा में आ गया, जब प्रधानमंत्री नरेन्द्र मोदी ने 12 अक्टूबर 2023 को पार्वती कुण्ड में दर्शन, पूजन और ध्यान-साधना की। नरेन्द्र मोदी देश के पहले प्रधानमंत्री हैं जिन्होंने आदि कैलाश की यात्रा की है।

◈◈

उत्तराखण्ड भौगोलिक स्थिति एवं विस्तार | 1

महत्त्वपूर्ण तथ्य

9 नवम्बर, 2000 को अस्तित्व में आया भारत का 27वाँ राज्य 'उत्तराखण्ड' हिमालय पर्वत के पश्चिम मध्य भाग में स्थित है। अन्य हिमालयी राज्यों के समान उत्तराखण्ड का अधिकांश भू-भाग पर्वतीय है।

- पूर्व में हिमालयी राज्यों में 11वां स्थान था। जो अब जम्मू-कश्मीर के केन्द्र शासित (UT) राज्य बनने के बाद 10वें स्थान पर है।
- इस भूक्षेत्र को सामान्यत: मध्य हिमालय तथा भूविज्ञान में कुमाऊँ-गढ़वाल हिमालय कहा जाता है।
- हिमालय के तीन भाग पश्चिमी हिमालय (जम्मू-कश्मीर तथा हिमाचल), मध्य हिमालय (उत्तराखण्ड) एवं पूर्वी हिमालय (मणिपुर, सिक्किम, त्रिपुरा, अरुणाचल प्रदेश, नगालैंड, मिजोरम, असम तथा पश्चिम के जनपद) हैं।
- मसूरी व नागटिब्बा लघु हिमालय की दो प्रमुख श्रेणियाँ हैं।
- मध्य हिमालय क्षेत्र में सामान्यत: भारी वर्षा होती है। नैनीताल, देहरादून, चमोली और उत्तरकाशी जनपद में सबसे अधिक वर्षा होती है।
- हिमालय से निकलने वाली नदियाँ लगभग पूरे वर्ष पानी से भरी रहती हैं। इसीलिए इन्हें सदानीरा नदियाँ भी कहते हैं।
- मध्य हिमालय में अनेक पर्वतीय झीलें हैं। नैनीताल और भीमताल दो प्रसिद्ध झीलें हैं।
- पश्चिम में टौंस नदी इस राज्य को हिमाचल प्रदेश से तथा पूरब में काली नदी नेपाल से पृथक करती है।
- गंगा एवं यमुना दो पावन नदियाँ गढ़वाल हिमालय से निकलती हैं।
- इस प्रदेश में तीन मुख्य जल प्रवाह हैं : (1) गंगा नदी, (2) यमुना नदी, (3) काली नदी।

स्थिति एवं विस्तार

उत्तराखण्ड का विस्तार 28°43' उ० से 31°27' उत्तरी अक्षांश तथा 77°34' पू० से 81°02' पूर्वी देशान्तर के मध्य है। इसके पूर्व में नेपाल, उत्तर में हिमालय पार तिब्बत (चीन), पश्चिम में हिमाचल प्रदेश तथा दक्षिण में उत्तर प्रदेश स्थित है। इसकी प्राकृतिक सीमा बनाने का कार्य उत्तर में तिब्बत हिमालय, पश्चिम में टौंस नदी, पूर्व में काली नदी, दक्षिण-पूर्व तथा दक्षिण-मध्य में तराई तथा दक्षिण-पश्चिम में शिवालिक करता है। उत्तराखण्ड में 13 जिले हैं। इनमें से 7 जिले गढ़वाल मण्डल में (देहरादून,

उत्तरकाशी, पौड़ी गढ़वाल, टिहरी गढ़वाल, रुद्रप्रयाग, चमोली एवं हरिद्वार) और 6 जिले कुमाऊँ मण्डल में (ऊधमसिंह नगर, नैनीताल, चम्पावत, अल्मोड़ा, बागेश्वर एवं पिथौरागढ़) हैं। राज्य का क्षेत्रफल 53,483 वर्ग किमी० है। इसकी चौड़ाई (उत्तर से दक्षिण) 320 किमी० तथा लम्बाई (पूर्व से पश्चिम) 358 किमी० है।

प्राकृतिक विभाजन

दक्षिण से उत्तर की ओर उत्तराखण्ड को प्राकृतिक दृष्टि से सात भागों में बांटा जा सकता है। हरिद्वार जनपद का अधिकांश भाग गंगा के मैदान का हिस्सा है, जो समतल मैदानी व गहरी मिट्टी से बना है। इस मैदानी भाग का उत्तरी विस्तार तराई भाबर के नाम से जाना जाता है जो हरिद्वार, पौड़ी गढ़वाल, नैनीताल एवं ऊधमसिंह नगर में विस्तृत है। इनमें तराई की चौड़ाई 20 से 30 किमी० तक है, जो उत्पादकता की दृष्टि से गंगा के मैदान का मुकाबला करती है। भाबर की चौड़ाई 10 से 12 किमी० तक है और यह शिवालिक पहाड़ से सीमा बनाता है। इस मैदान में रेत, कंकड़ एवं पत्थरों की अधिकता है। राज्य में एक और मैदानी क्षेत्र, दून नाम से मुख्यत: शिवालिक एवं लघु हिमालय के बीच का है। दून भी अति उपजाऊ क्षेत्र है।

राज्य का शेष भाग पर्वतीय है, इसकी ऊँचाई 1,200 से 4,500 मीटर के मध्य है और राज्य की लगभग आधी जनसंख्या यहीं निवास करती है। इसके उत्तर में 70 से 100 किमी० की चौड़ाई में लघु हिमालय राज्य के 9 जनपदों में फैला हुआ है। इसके उत्तर में 30 से 50 किमी० चौड़ाई में हिमाच्छादित चोटी का क्षेत्र वृहद या उच्च हिमालय के नाम से प्रसिद्ध है। इसकी ऊँचाई 3,000 से लेकर 7,817 मीटर (नन्दादेवी) के मध्य है। तिब्बत इस हिमालयी राज्य का सबसे उत्तरी प्राकृतिक विभाजन है, जो चीन के साथ सीमा बनाता है। इसकी औसत चौड़ाई 40 किमी० व ऊँचाई 4,500 मीटर है। ये दोनों क्षेत्र उत्तरकाशी, रुद्रप्रयाग, चमोली, बागेश्वर एवं पिथौरागढ़ जनपदों में मिलते हैं।

प्रमुख नदियाँ

- **अलकनन्दा :** शिवलिंग शिखर के उत्तर-पूर्वी भाग में अलकापुरी स्थित सतोपंथ शिखर के हिमनद और सतोपंथ ताल से अलकनन्दा निकलती है। शीर्ष पर इसे विष्णुगंगा भी कहा जाता है। इसमें लक्ष्मणगंगा, धौलीगंगा, नन्दाकिनी, पिण्डर, मन्दाकिनी, नयार आदि नदियाँ आकर मिलती हैं। जल के घनत्व एवं अपने विशाल प्रवाह के कारण यह राज्य की प्रधान नदी है। उत्तराखण्ड के पंच-प्रयाग इसी के पावन तट पर अवस्थित हैं। प्रसिद्ध बदरीविशाल तीर्थ इसी के तट पर स्थित है।
- **धौलीगंगा :** यह नन्दा-त्रिशूली पर्वत शृंखला के पश्चिमी छोर से निकलती है। विष्णुप्रयाग में यह अलकनन्दा से मिलती है।
- **नन्दाकिनी :** नन्दाकिनी नदी नन्दाघुंघटी से निकल कर नन्दानगर (घाट) होते हुए नन्दप्रयाग में अलकनन्दा से मिलती है।

- **पिण्डर नदी :** इसका उद्गम पिण्डारी ग्लेशियर से है। यह चमोली जनपद के कर्णप्रयाग संगम पर अलकनन्दा से मिलती है। पिण्डर की सहायक आटागाड़ कुफनी है।
- **मंदाकिनी :** यह चौराबाड़ी ताल से निकलती है। सोनप्रयाग में सोनगंगा और मधु गंगा से मिलती है। रुद्रप्रयाग में यह अलकनन्दा से मिलती है।
- **रामगंगा :** पश्चिमी रामगंगा, आटागाड़, पश्चिमी व पूर्वी नयार तथा विनो नदी का उद्गम दूधातोली पर्वत से होता है।
- **भिलंगना :** टिहरी जनपद के उत्तरी छोर पर खतलिंग ग्लेशियर से निकल कर गणेश प्रयाग (पुरानी टिहरी) में भागीरथी से मिलती थी। अब यह सारा क्षेत्र टिहरी बाँध बनने के कारण डूब गया है। 110 किमी० लम्बी यह नदी भागीरथी की सबसे बड़ी सहायक नदी रही है। इस नदी की सहायक नदी बालखिला (बाल गंगा) है तथा खतलिंग ग्लेशियर इसका उद्गम है।
- **भागीरथी :** यह गंगोत्तरी से 19 किमी० दूर शिवलिंग शिखर के नीचे गोमुख हिमनद से निकलती है। इसमें केदारगंगा, जाह्नवी (जाड़) गंगा तथा भिलंगना का संगम होता है। भिलंगना खतलिंग हिमानी से निकलती है। खतलिंग 3,658 मीटर की ऊँचाई पर स्थित है जिसके आसपास कई सुन्दर एवं आकर्षक ताल स्थित हैं। झाला के समीप सियागंगा भागीरथी में मिलती है। देवप्रयाग में अलकनन्दा एवं भागीरथी का संगम होता है। संगम के उपरान्त इसे गंगा कहा जाता है। गंगा हरिद्वार में हिमालय से उतर कर मैदान में बहती है और अन्त में बंगाल की खाड़ी में मिल जाती है।
- **यमुना :** उत्तरकाशी स्थित बन्दरपूँछ पर्वत के पश्चिमी भाग में यमुनोत्तरी कांठा से निकलकर 1,385 किमी० की यात्रा पूरी कर प्रयाग में गंगा से मिलती है। यह उत्तरकाशी एवं देहरादून जनपदों से होकर बहती है। इसकी मुख्य सहायक नदियाँ हैं-टौन्स, (कालसी-विकास नगर) गिरि तथा आसन।
- **काली या शारदा :** काली नदी का उद्गम कालापानी से तथा मिलम से गोरी गंगा का उद्गम है, जो जौलजीवी में मिलती हैं तथा बरमदेव मंडी के बाद इसे शारदा के नाम से जाना जाता है।
- **कोसी :** इसका उद्गम कौसानी की भटकोट पहाड़ियों से होता है।

महान हिमालय में 6000 मीटर तक की औसत ऊंचाई वाले शिखर विद्यमान हैं। हिमालय का यह भू-भाग हमेशा बर्फ से ढका रहता है। यहां कई हिमानियां हैं, जिनसे कई नदियों का उद्गम होता है—

- **अनुवर्ती नदी :** जब पृथ्वी का कोई भू-भाग समुद्र से ऊपर उठता है, तब तत्कालीन ढाल पर प्रारम्भ में बहने वाली नदी अनुवर्ती अथवा अनुगामी नदी कही जाती है।
- **अपक्षरण :** बर्फ पिघलने आदि कारणों से ग्लेशियर के आकार में कमी आना।
- **गॉर्ज :** पर्वतीय क्षेत्रों के प्रवणों में नदी का वेग तीव्र होता है। इससे नदी का तल गहरा हो जाता है लेकिन चौड़ाई कम हो जाती है। ऐसी घाटी को 'गॉर्ज' अथवा 'कंदरा' कहते हैं।

नदियां	स्त्रोत	प्रकृति / उद्गम
भागीरथी	गोमुख	ग्लेशियर
अलकनंदा	सतोपंथ	ग्लेशियर
यमुना	यमुनोत्तरी	ग्लेशियर
टौंस	हर की दून	ग्लेशियर
पश्चिमी रामगंगा	दूधातोली	वन क्षेत्र
नयार	दूधातोली	वन क्षेत्र
कोसी	कौसानी	वन क्षेत्र
काली	कालापानी	ग्लेशियर

उत्तराखण्ड का पामीर 'दूधातोली'

उत्तराखण्ड की 'पामीर' कही जाने वाली तथा चमोली, गढ़वाल एवं अल्मोड़ा जिलों में फैली दूधातोली श्रृंखला बुग्यालों, चारागाहों और सघन बाँज, खर्सू, उतीश व कैल वृक्षों से आच्छादित 2000-2400 मीटर की ऊँचाई का वन क्षेत्र है।

दूधातोली से पश्चिमी **रामगंगा**, **आटागाड़**, पश्चिमी व पूर्वी **नयार** तथा **विनो** नदी का उद्गम होता है। आटागाड़ लगभग 30 किमी० बहने के बाद सिमली (चमोली) में पिंडर से मिलती है। विनो भी इतनी ही दूरी तय कर केदार (अल्मोड़ा) में रामगंगा की सहायक नदी बनती है तो पूर्वी-पश्चिमी नयार नदियां भी गंगा में समाहित हो जाती हैं। दूधातोली से निकलने वाली सबसे बड़ी पश्चिमी रामगंगा चमोली, अल्मोड़ा एवं गढ़वाल को सींचते, कालागढ़ बांध में विद्युत उत्पादन करते हुए उत्तर प्रदेश के कन्नौज में गंगा से आत्मसात होती है।

उत्तराखण्ड की हिमनदियां जहाँ अथाह जलराशि के बावजूद उत्तराखण्ड को प्यासा छोड़ जाती हैं, वहीं दूधातोली, भटकोट, गागर व मसूरी चम्बा चार पर्वत श्रृंखलाओं की नदियां बड़ी मात्रा में पेयजल उपलब्ध कराती हैं और नदी घाटियों के पानी से खेतों की सिंचाई के लिए भी आपूर्ति होती है।

दूधातोली का पर्यावरणीय महत्व पाँच नदियों के उद्गम से तो है ही, उसकी औषधीय वनस्पतियों और विविध प्रजाति वनों से भी है। बाँज, फर, खर्सू, देवदार और कैल की दुर्लभ प्रजातियों के साथ दूधातोली में बाघ, गुलदार, चीते से लेकर भालू, सुअर, खरगोश, शेही व अनेकानेक पक्षियों का निवास है। लगभग मार्च अंतिम सप्ताह तक बर्फ से ढकी रहने वाले दूधातोली के चारागाह व चोटियां उद्गमित नदियों को सदानीरा तो बनाती ही हैं, क्षेत्र की चतुर्दिक हरियाली भी सुनिश्चित करती हैं।

ब्रिटिश शासनकाल में चांदपुर परगना दूधातोली के चार दिशाओं में फैली चांदपुर सेली, चांदपुर तैली, लोहबा, रानीगढ़, ढाईज्यूली, चोपड़ाकोट, चौथान व श्रीगुर पट्टियों को मिलाकर बनाया गया था। 1960 में चमोली जिले के गठन के साथ भौगोलिक रूप से दूधातोली का विभाजन हो गया और दूधातोली के काश्तकार दो प्रशासनिक इकाइयों में बंट गये। हालांकि दूधातोली में हक-हकूक धारक चौकोट पट्टी पहले ही अल्मोड़ा जिले का हिस्सा थी।

1912 में जंगलात विभाग द्वारा जारी सूची में चांदपुर, लोहबा, चौथान, चौकोट,

उत्तराखण्ड में प्रमुख दर्रे*

दर्रा	ऊंचाई	स्थिति
बालचा धुरा	5844	चमोली/तिब्बत
बाडाहोती पास	5985	चमोली
घाटरलिया धुरा	5439	चमोली/तिब्बत
कालिंदी पास	5968	उत्तरकाशी/चमोली
कोइ धुरा	5425	चमोली/तिब्बत
भ्यूंडार पास	5091	चमोली/तिब्बत
माणा पास	5608	चमोली/तिब्बत
मार्चयोक पास	5950	चमोली/पिथौरागढ़
नीति पास	5060	चमोली/तिब्बत
टोपिढुंगा पास	4760	चमोली/पिथौरागढ़
शल-शल पास	5000	चमोली/तिब्बत
सुन्दरढुंगा पास	5550	चमोली/बागेश्वर
तन्जुन पास	4962	चमोली/तिब्बत
लातुधुरा	6389	चमोली/पिथौरागढ़
सेला धुरा	5125	पिथौरागढ़
लास्पा धुरा	5895	चम्पावत/पिथौरागढ़

स्रोत : *भारतीय सर्वेक्षण विभाग की टोपोसीट से उद्धृत.*
**टिप्पणी : धुरा, पास एवं दर्रा एक ही शब्द के पर्यायवाची हैं.*

ढाईज्यूली व चोपड़ाकोट के निवासियों को दूधातोली जंगल का हक दिया गया है। वहां पशुपालकों को खरक बनाने हेतु भूमि आवंटित है और पशुपालन का अधिकार भी, न केवल उक्त गांवों को बल्कि हिमाचल के गद्दी व गूजरों के पशु भी नियमित रूप से दूधातोली में देखे जा सकते हैं। 6 पट्टियों के 50 गांवों के 800 पशुपालकों के 99 खरक भी दूधातोली में विद्यमान हैं।

विस्तृत चारागाह के क्षेत्र दूधातोली अपने नाम के अनुरूप दूध की तौली (दूध का बड़ा बर्तन) है। उसके चारागाह उससे जुड़े ग्रामीणों के लिए अत्यन्त लाभदायक थे।

1912 में जंगलात द्वारा जारी हक लिस्ट में अल्मोड़ा जिला के चौकोट पट्टी के लम्बाड़ी गांव को मिले हक में गांव की 112 जनसंख्या में एक साल से ऊपर के 114 गौवंश, 35 महिष वंश व 141 भेड़-बकरियों का उल्लेख है। वर्तमान में भी दूधातोली क्षेत्र से लगे लोहबा के 24 गांवों का 12 प्रतिशत पशुपालन दूधातोली के खरकों में होता है। जागड़ी गांव का 30.46, आरूडाली का 36.11, अन्द्रपा का 24.33 तथा रामड़ा का 57.28 प्रतिशत पशुधन खरकों में है।

पानी से सम्बन्धित कुछ स्थानों के नाम—

- धारापानी : गैरसैंण
- चलियापानी : नारायणबगड़
- घिनुरपानी : रुद्रप्रयाग
- जड़ीपानी : टिहरी
- लालपानी : कोटद्वार
- नीलपानी : चमोली
- नीलापानी : गंगोत्री से और आगे गौमुख मार्ग पर
- रतपानी : चमोली
- तीनपानी : हल्द्वानी (कुमाऊँ का प्रवेश द्वार)

दूधातोली की पर्यावरणीय समस्याओं में उसके ऊपरी भाग से लगातार सिमटते वन प्रमुख हैं। हिमपात में टूटते वृक्षों के साथ स्थानीय जनता का अपनी जरूरतों के लिए प्रयोग और 67-70 के दशक तक वनों के अंधाधुंध दोहन की नीतियां इस खाली सपाट बनती शृंखला के लिए जिम्मेदार हैं। खरकों के निर्माण में प्रतिवर्ष खपने वाली लगभग सौ घन मीटर लकड़ी का उपयोग होता है। दूधातोली में वृक्षारोपण के व्यापक कार्यक्रम लाभदायी हो सकते हैं क्योंकि प्राकृतिक रूप से बीज निचले हिस्से में तो आसानी से आते हैं, लेकिन ऊँचाई की ओर नहीं जा सकते हैं। यदि वनों के घटने का यही क्रम रहा तो वे हिम जमने की क्षमता और अंततः

नदियों के सदानीरा रूप को प्रभावित करेगा।

वीर चन्द्रसिंह गढ़वाली दूधातोली के अद्वितीय सौंदर्य के अनन्य उपासक थे। उन्होंने 1960 में तत्कालीन प्रधानमंत्री जवाहर लाल नेहरू से दूधातोली को भारत की ग्रीष्मकालीन राजधानी बनाने की माँग की थी। उन्हीं की मांग पर इस हेतु अध्ययन भी कराया गया। गैरसैंण राजधानी की माँग भी उसी कड़ी का अगला हिस्सा है। वे रामगंगा व नयार घाटियों से दूधातोली तक रेल पहुँचाने का भी स्वप्न देख चुके थे और गढ़वाल व कुमाऊँ विश्वविद्यालयों की स्थापना से पहले दूधातोली में उत्तराखण्ड विश्वविद्यालय खुलवाने की बात कह चुके थे। 1979 में वह दूधातोली में थे और यहीं बीमार हुए जहाँ से उन्हें राम मनोहर लोहिया अस्पताल दिल्ली पहुँचाया गया। वहाँ चन्द्रसिंह गढ़वाली की मृत्यु हो गई थी। उनकी इच्छा के अनुरूप उनकी समाधि दूधातोली के कोदियाबगड़ में बनाई गयी। उनकी याद में प्रतिवर्ष 12 जून को वहाँ मेला लगता है। वीर चन्द्रसिंह गढ़वाली के बाद बाबा मोहन सिंह उत्तराखण्डी ने भी अपनी समाधि के लिए दूधातोली को ही चुना।

पानी से सम्बन्धित कुछ अन्य स्थानों के नाम—

- नालापानी : देहरादून
- डांडापानी : पौड़ी
- नौलापानी : रुद्रप्रयाग
- भीड़ापानी : भीमताल (नैनीताल)
- हल्दापानी : गोपेश्वर
- गुच्चूपानी : देहरादून (अनारवाला के पास)
- सौड़पानी : देवप्रयाग
- पहाड़पानी : नैनीताल
- स्यांरू पानी : झुण्डा-उत्तरकाशी
- दोपानी : कोटद्वार

उत्तराखण्ड की प्राकृतिक झीलें एवं ताल

बड़ी मात्रा में एकत्रित जल राशि जो चारों ओर जमीन से घिरी हुई हो, झील कहलाती है। उत्तराखण्ड में स्थित अधिकांश प्राकृतिक झीलों की उत्पत्ति भू-गर्भीय परिवर्तनों के परिणाम स्वरूप हुई है। हिमनदों के समीप तथा अन्य स्थानों पर जहां पर भूमि अवतल स्वरूप में विद्यमान है, वहां धरातलीय जल एकत्रित होकर 'झील' के रूप में परिवर्तित हो गया है। हिमनदों के अपरदन, चट्टानों के विखण्डन तथा भू-स्खलन के कारण नदी का प्रवाह अवरुद्ध होने के कारण प्राकृतिक झीलों का निर्माण हुआ है। उत्तराखण्ड में कुछ स्थानों (तीर्थ स्थानों के समीप) पाये जाने वाले 'कुण्ड' तथा पर्वत श्रेणियों के उच्च भाग में पाये जाने वाले 'खालों' को भी एक तरह से 'झीलों' का लघु रूप कहा जा सकता है।

पानी से सम्बन्धित कुछ अन्य स्थानों के नाम—

- केलापानी : केदारनाथ
- बिजौरापानी : पौड़ी
- झड़ीपानी : मसूरी
- पटेलपानी : कालागढ़ (कार्बेट रिजर्व नेशनल पार्क में)
- बंगापानी : पिथौरागढ़
- गरमपानी : भवाली (नैनीताल)
- जोंकापानी : गोपेश्वर
- भोरपानी : जोशीमठ
- बंजपाणी : ऊखीमठ
- नालूपानी : धरासूबैंड के पास-उत्तरकाशी
- बंगापानी : डोलमा-मुनस्यारी

शब्द सम्पदा

- **आर्द्रता :** नमी। किसी वस्तु में पानी का अंश होना। वायुमंडल में जल की बूंदों की उपस्थिति। आर्द्रता के कारण हवा में ठण्डापन का आभास होता है। पेड़-पौधों पर उगने वाले उपरिरोही पौधों जैसे ऑर्किड में आर्द्रताग्राही जड़ें पाई जाती हैं, जो वायुमण्डल से पानी को अवशोषित करती हैं।
- **औली :** उत्तराखण्ड हिमालय के चमोली जनपद में जोशीमठ के समीप स्थित शीतकालीन खेलों का स्थल है, जहाँ स्नो स्कीइंग जैसी अन्तर्राष्ट्रीय प्रतियोगिताएं होती हैं।
- **चट्टानें :** कठोर पत्थरों से निर्मित भू-भाग।
- **पहाड़ियां :** समुद्रतल से अधिक उठा हुआ भू-भाग। अनेक पर्वतों की शृंखलाएं।
- **प्राकृतिक वनस्पति :** प्रकृति में स्वयं उगने वाले पेड़-पौधे।
- **संगम :** दो नदियों के मिलने का स्थान।
- **सीमान्त क्षेत्र :** दूसरे देश या राज्य की निर्धारित सीमा तक फैला भू-भाग। उत्तराखण्ड में पिथौरागढ़, चमोली तथा उत्तरकाशी सीमान्त जनपद हैं।
- **टिंबर लाइन :** वह सीमा जहां से पेड़ वाले जंगल समाप्त हो जाते हैं।
- **कूल :** सिंचाई के लिए बनाई गई छोटी नहर।
- **खाल़ :** प्राकृतिक रूप से बना तालाब जो पशुओं के लिए पानी पीने के उपयोग आता है।
- **गंगाल़ :** नदी (गंगा तथा उसकी शाखाओं के लिए प्रयुक्त)।
- **गधेरा/गदना :** पहाड़ी नाला।
- **चोबडल़ा :** ज़मीन से रिसते पानी से बने छोटे-छोटे गड्ढे।
- **छोया :** बरसाती पानी का स्रोत।
- **नवाल़ो/नौल् :** पानी का कुंड जिसमें नीचे से पानी आता है।
- **पणधारि/बन्धार :** पानी की धार जो मकान की छत से टपकती है।
- **मंगरा/धार् :** पानी का प्राकृतिक स्रोत, पनघट।

■■

* *टिप्पणी : विस्तृत अध्ययन के लिए देखिए–'उत्तराखण्ड : भौतिक, सांस्कृतिक एवं आर्थिक परिदृश्य का भौगोलिक विश्लेषण' द्वारा डॉ० एच०सी० खर्कवाल.*

इतिहास* | 2

1. प्रागैतिहासिक काल

चतुर्थ सहस्राब्दी ईसवी पू० से पहले लाखों वर्षों तक फैले युग को प्रागैतिहासिक कहते हैं। इस दीर्घकाल में, उत्तराखण्ड भूभाग में मानव-गतिविधियों की अब तक एक हल्की झलक ही प्राप्त हो सकी है। उत्तराखण्ड में कई स्थानों पर पाषाणकालीन-उपकरण, कप-मार्क्स् तथा शैलाश्रयों के रूपों में प्रागैतिहासिक अवशेष मिले हैं, जिनसे संकेत मिलता है कि यहाँ पर प्रागैतिहासिक मानव रहते थे। वह शैलाश्रयों में वास करते थे और उन्हें सुन्दर चित्रकारी से सजाते थे। लखु-उड्यार के पश्चात् ग्वरख्या-उड्यार के शैलचित्रों की खोज से ज्ञात होता है कि ये शैलचित्र मध्य-प्रस्तर युग से उत्तर-प्रस्तर युग के हैं।

2. आद्य-ऐतिहासिक तथा पौराणिक काल

'ऐतिहासिक-काल' से पूर्व चतुर्थ सहस्राब्दी तक 'आद्य-ऐतिहासिककाल' फैला था। इस काल में मानव को धातु का ज्ञान हो चुका था। अतएव ताम्र तथा लौहयुग की सभ्यताओं का जन्म हुआ। चित्रित धूसर मृद्भाण्ड कला का प्रादुर्भाव हुआ और कृषि एवं पशु-पालन का प्रारम्भ भी इसी युग में हुआ। ग्राम एवं नगर सभ्यताओं का आरम्भ भी इसी समय हुआ। उदाहरण के लिए, ताम्र-संचय संस्कृति के उपकरण **बहादराबाद** से प्राप्त हुए हैं। 'महापाषाणीय शवाधान' भी इसी युग के हैं। **मलारी** तथा रामगंगा-घाटी से ऐसे शवाधान प्राप्त हो चुके हैं। इनमें मानव-अस्थियों के साथ धातु-उपकरण तथा विभिन्न आकार के मृतिका-पात्र प्राप्त हुए हैं।

गढ़भूमि अर्थात् गंगा की उपरली उपत्यका को ऋग्वेद में 'सप्तसिंधु देश' की संज्ञा दी गई है। आर्य संस्कृति का आदि स्रोत यही भू-भाग है। इसी भू-भाग को वेदों-पुराणों में स्वर्गभूमि कहा गया है।

- 'केदारखण्ड' पुराण में गढ़वाल को *केदारखण्ड* और कुमाऊँ को *मानसखण्ड* कहा गया है। समस्त प्राचीन साहित्य में गढ़वाल-कुमाऊँ को सम्मिलित रूप में 'उत्तर-खण्ड' कहा गया है।
- जोशीमठ का प्राचीन नाम *'योषि' मिलता है जहाँ ज्योतिर्मठ* की स्थापना हुई।
- आदि शंकराचार्य ने सन् 820 ई० में केदारनाथ तीर्थ में देह त्याग की।
- चाँदपुर शिलालेख के अनुसार, 888 ई० में गढ़वाल के चाँदपुरगढ़ में पँवारवंश की स्थापना हुई।
- पूर्वकाल में गढ़वाल में 52 से भी अधिक गढ़ों की प्रधानता के कारण इस क्षेत्र को *'गढ़वाल'* कहा जाने लगा। लगभग सन् 1515 ई० के आसपास 'गढ़वाल' नाम अस्तित्व में आया।
- छठी-सातवीं शती ईसवी में उत्तराखण्ड की सीमाओं में सबसे बड़ा राज्य 'ब्रह्मपुर' था।
- लगभग सन् 1000 में कार्त्तिकेयपुर राजाओं ने *कार्त्तिकेयपुर* से अपनी राजधानी हटाकर बैजनाथ (कुमाऊँ) स्थानान्तरित की। कुछ ही काल पश्चात् यह राजवंश समाप्त हो गया।

'ऋग्वैदिक सरस्वती' की भौगोलिक स्थिति को पूर्णतः स्पष्ट करते हुए द्वैपायन वेदव्यास, प्रसिद्ध व्यासगुफा में ऋषि 'नर-नारायण' एवं पुण्य सलिला सरस्वती को ही सर्वप्रथम नमस्कार करते हैं। महाभारत के मंगलाचरण के प्रथम श्लोक से यह स्पष्ट हो जाता है–

नारायणं नमस्कृत्य नरं चैव नरोत्तमम्।
देवीं सरस्वतीं व्यासं ततो जय मुदीरयेत्॥

उत्तराखण्ड आदि सभ्यता का जन्मदाता है, हिमालय के इसी दुस्तर पार्वत्य प्रदेश के एक निर्झरणी तटस्थ तपोवन में बैठे महामुनि वेदव्यास ने वेदों का विभाजन तथा पुराण-ग्रंथों की रचना की थी। इसी के मध्य बहती है 'बदरीप्रभवा' दिव्य नदी अलकनन्दा और कल-कल निनादिनी अन्य कई लघु सरितायें। वस्तुतः तपोलोक से नीचे दिग्दिगन्तव्यापी हिमालय के चरणों में अरण्यमय स्तर का भू-भाग देवभूमि उत्तराखण्ड ही है।

वैदिक आर्य 'सप्तसिन्धु' प्रदेश अर्थात् उत्तराखण्ड से परिचित थे। वैदिक साहित्य के अनुसार, बदरिकाश्रम और कण्वाश्रम में दो प्रसिद्ध विद्यापीठ स्थापित थे। वैदिक ग्रन्थ *'ऐतरेय ब्राह्मण'* में उत्तर-कुरुओं का हिमालय क्षेत्र में निवास स्थान होने का उल्लेख मिलता है। इस कारण इस क्षेत्र को 'उत्तर-कुरु' की संज्ञा दी गयी है।

इस काल के कुछ सन्दर्भ महाभारत तथा पुराणों में भी मिलते हैं। बौद्ध ग्रन्थों में इसके लिए 'हिमवन्त' नाम का उल्लेख मिलता है। 'महाभारत' में कई स्थानों पर उत्तराखण्ड के स्थलों एवं जातियों का उल्लेख आया है। गंगा को पृथ्वी पर लाने वाले महाराजा भगीरथ इसी क्षेत्र से जुड़े थे। राजा दुष्यन्त और शकुन्तला की प्रेम-लीला कण्वाश्रम से आरम्भ हुई थी। चक्रवर्ती भरत की जन्मस्थली भी यही है। पाँचों पाण्डवों ने इसी मार्ग से ब्रह्मलोक की यात्रा की थी। उत्तराखण्ड के कुणिन्द शासकों के पाण्डवों से मैत्री सम्बन्ध थे और कुणिन्द नरेश सुबाहु ने उनके पक्ष में युद्ध किया था। मान्यता है कि कुन्ती एवं द्रौपदी सहित पाण्डवों ने उत्तराखण्ड क्षेत्र में ही अपने जीवन को विराम दिया और स्वर्गलोक को सिधारे।

3. ऐतिहासिक काल

(क) ऐतिहासिक काल के स्रोत

इतिहास के विभिन्न विद्वान् एवं अध्येता उत्तराखण्ड इतिहास के स्रोत भिन्न-भिन्न आधारों में पाते हैं। इनमें उत्तराखण्ड में प्राप्त 'पुरावशेष' सिक्के, शिला-लेख, वास्तु-स्मारक, ताम्रपत्र आदि सम्मिलित हैं। इस काल में रचित 'साहित्य' भी ऐतिहासिक युग की एक झाँकी प्रस्तुत करता है। इन विभिन्न विद्वानों ने ऐसे विभिन्न ऐतिहासिक स्रोतों के आधार पर उत्तराखण्ड में समय-समय पर निम्न राजाओं का शासन होना माना है–

(ख) प्राचीन इतिहास

प्राचीन उत्तराखण्ड का अधिकांश भाग बीहड़, वीरान, जंगलों से भरा तथा लगभग निर्जन था। इसलिए यहाँ किसी स्थायी राज्य के स्थापित या विकसित होने की स्पष्ट जानकारी नहीं मिलती। परन्तु उत्तराखण्ड में अनेक सिक्के,

अभिलेख, ताम्रपत्र आदि प्राप्त होने से इतिहास के कुछ सूत्र जोड़े जा सकते हैं। शायद उस समय जो राज्य इस भू-भाग के आस-पास थे या जिस राजा ने भी इसके निकटवर्ती मैदानी इलाकों में अपने राज्य का विस्तार किया, उसने संभवत: यह मान लिया कि इस क्षेत्र पर भी उसका अधिकार हो गया है। सम्भवत: इसी कारण इतिहासकार मानते हैं कि यहाँ अमुक समय में अमुक राज्य था। किन्तु इन बातों से वास्तविक इतिहास की पुष्टि नहीं हो पाती। कालसी (देहरादून के पास) में अशोक के शिलालेख की उपस्थिति प्रमाणित करती है कि तीसरी शती ईसा पूर्व में इस प्रदेश का भारत की राजनीतिक और सांस्कृतिक व्यवस्था में महत्त्वपूर्ण स्थान था। प्रख्यात विद्वान् रैप्सन का विचार है कि 'यह सम्भव है कि शिशुनाग और नन्द उन पर्वतीय सरदारों के वंशज थे, जिन्होंने मगध राज्य को विजय करके हस्तगत किया था। यद्यपि नन्दों की उत्पत्ति के बारे में कोई निश्चित जानकारी नहीं है, परन्तु सम्भवत: यह नाम जनजातीय है। उसका सम्बन्ध उत्तर प्रदेश के हिमालय क्षेत्र में गंगा और कोसी नदी के बीच, रामगंगा नदी के समीप रहने वाले नन्दों से जोड़ा जा सकता है।'

- बैजनाथ में कातियुर (कत्यूर) वंश के अन्तिम राजा के सन् 1279 तक राज्य करने का उल्लेख परम्परागत इतिहास में मिलता है। उसके बाद कत्यूरी कई शाखाओं में बँट गये।
- कार्तिकेयवंश के पश्चात्, कुमाऊँ में कातियुर अथवा कत्यूर वंश का उदय हुआ। रणचूलाहाट के कातियुरों के निर्बल होने के पश्चात्, कालांतर में सारे कुमाऊँ में चन्दवंश का अधिकार हो गया।
- सन् 1790 में गोरखों ने कुमाऊँ पर अधिकार किया।
- 14 मई, 1804 को गढ़वाल नरेश प्रद्युम्नशाह देहरादून के खुड़बुड़ा नामक स्थान में देश रक्षा करते हुए गोरखा सेना के हाथों वीरगति को प्राप्त हुए और गढ़वाल पर गोरखाओं का शासन स्थापित हो गया।
- 27 अप्रैल, 1815 को गढ़वाल-कुमाऊँ पर अंग्रेजों का अधिकार हो गया।
- सम्पूर्ण कुमाऊँ तथा आधे पूर्वी गढ़वाल पर अधिकार करने के पश्चात् अंग्रेजों ने 3 मई, 1815 में कर्नल एडवर्ड गार्डनर को यहाँ का प्रथम कमिश्नर तथा एजेन्ट गवर्नर जनरल नियुक्त किया।

कुणिन्द शासक

कुणिन्द जाति उत्तराखण्ड तथा उसके आसपास के पर्वतों पर तृतीय-चतुर्थ सदी ई० तक शासन करने वाली *सर्वप्राचीन* राजनीतिक शक्ति थी। महाभारत से भी इस तथ्य की पुष्टि होती है। चौथी शती ईसवी पूर्व से वे मौर्यों के अधीन विदित होते हैं। भूगोलवेत्ता '*टालमी*' के अनुसार भी *कुलिद्रिन* (कुणिन्द) लोग दूसरी शती ईसा पूर्व में व्यास, गंगा और यमुना के ऊपरी क्षेत्रों में फैले थे। सतलुज और काली नदी के बीच के क्षेत्र में मिले कुणिन्द सिक्के भी इसकी पुष्टि करते हैं। श्रीनगर के समीप सुमाड़ी गांव, थत्यूड़, अठूर तथा अल्मोड़ा जनपद से मिले कुणिन्द-सिक्कों का समय भी ईसा पूर्व की शती में आँका गया है। अमोघभूति कुणिन्द राजवंश के सबसे प्रभावशाली नरेश थे।

पहली शती ईसा पूर्व में अमोघभूति की मृत्यु के बाद कुणिन्द शक्ति निर्बल पड़ गई। स्थिति का लाभ उठाते हुए शकों ने उनके मैदानी प्रदेश पर अधिकार कर दिया। पहली शती के उत्तरार्द्ध में **कुषाणों** ने उत्तराखण्ड क्षेत्र के तराई क्षेत्र

पर अधिकार कर लिया। वीरभद्र (ऋषिकेश), मोरध्वज (कोटद्वार के पास) और गोविषाण (काशीपुर) से कुषाणकालीन अवशेष बड़ी संख्या में मिले हैं।

- महाभारत एवं पुराणों में केदारखण्ड (गढ़वाल) को *स्वर्गभूमि* कहा गया है।
- हरिद्वार का प्राचीन नाम *मायावती* अथवा *गंगाद्वार* है।
- पुराणग्रन्थों में देवप्रयाग का नाम देवतीर्थ है।
- गोपेश्वर का प्राचीन नाम *गोस्थल* है।
- बैजनाथ का प्राचीन नाम *वैद्यनाथ* है।
- ऋग्वेद में वर्णित 'दाशराज्ञ युद्ध' यमुना नदी के पर्वतीय प्रदेश में आर्यों एवं दासों में हुआ था।
- अलकनन्दा के तट पर यक्षों के *राजा कुबेर* की राजधानी 'अलकापुरी' थी।
- जनश्रुतियों के अनुसार, वेद गढ़वाल के *वेदिनी* क्षेत्र में लिखे गये थे।
- प्राचीन पालि साहित्य में गढ़वाल को *'हिमवन्त'* कहा गया है।
- ह्वेनसांग के अनुसार मोरध्वज का नाम *मो-यू-लो* था।

कर्तृपुर राज्य

कुषाणों के पतनकाल में गोविषाण (काशीपुर), कालसी और लाखामण्डल (चकराता) में कुछ और राजवंश भी उभरकर सामने आये। कुणिन्द भी किसी न किसी रूप में शासन करते रहे। इस काल में उत्तराखण्ड के इतिहास की सबसे महत्त्वपूर्ण घटना **'कर्तृपुर राज्य'** का उदय था। इतिहासकारों का मत है कि इस राज्य की स्थापना भी कुणिन्दों ने की थी। इस राज्य में उत्तराखण्ड, हिमाचल प्रदेश और रूहेलखण्ड के उत्तरी क्षेत्र सम्मिलित थे। समुद्रगुप्त के प्रयाग स्तम्भ लेख में 'कर्तृपुर' को गुप्त साम्राज्य की उत्तरी सीमा पर स्थित एक अधीनस्थ राज्य कहा गया है।

उत्तराखण्ड में **शक** प्रभाव की प्रामाणिकता वहां से प्राप्त अनेक उदीच्य वेशधारी (कोट, बूटधारी) सूर्य प्रतिमाओं से भी सिद्ध होता है, क्योंकि शक सूर्य उपासक थे।

5वीं शती के उत्तरार्द्ध में **नागों** ने कर्तृपुर के कुणिन्द राजवंश की सत्ता समाप्त कर उत्तराखण्ड पर अपना अधिकार जमाया। तब पश्चिम में यमुना की उपत्यका में **यादववंशी** सेनवर्मा का शासन था। शायद छठी शती के उत्तरार्द्ध में कन्नौज के मौखरि राजवंश ने नागों की सत्ता समाप्त कर उत्तराखण्ड पर अपना प्रभुत्त्व स्थापित किया।

हर्ष का अल्पकालीन अधिकार

अंतिम मौखरि नरेश गृहवर्मा की हत्या हो जाने के बाद मौखरि राज्य उनके बहनोई थानेश्वर नरेश **हर्षवर्धन** के अधिकार में चला गया और इस प्रकार उत्तराखण्ड भी उनके राज्य का अंग बन गया। महाराजा हर्षवर्धन ने एक पर्वतीय राजकुमारी से विवाह भी किया। हर्ष के राज्यकाल में (7वीं शती) चीनी यात्री ह्वेनसांग ने भारत यात्रा की। उन्होंने 'सुवर्णगोत्र' नामक एक राज्य का उल्लेख किया है–"यहाँ पर सोने का उत्पादन होता था। सदियों से यहाँ पर स्त्रियाँ राज करती रही हैं, इसीलिए इसे स्त्रीराज्य कहा जाता है। शासन करने वाली स्त्री के पति को राजा कहा जाता है, परन्तु वह राज्य के मामलों की कोई जानकारी नहीं रखता है। पुरुष वर्ग युद्ध करता है और खेती का काम देखता है।"

कार्त्तिकेयपुर राजवंश

इतिहासकारों का मत है इन राजनीतिक परिस्थितियों में, एक नये 'कार्त्तिकेयपुर राजवंश' का उदय हुआ जिसकी राजधानी जोशीमठ के दक्षिण में कहीं 'कार्त्तिकेयपुर' में थी। माना जाता है कि कार्त्तिकेयपुर राजवंश उत्तराखण्ड का प्रथम ऐतिहासिक राजवंश है। इस राजवंश के अभिलेख पाण्डुकेश्वर, कंडारा, बागेश्वर, आदि स्थलों से प्राप्त हो चुके हैं। इसके कम-से-कम तीन परिवारों ने 700 ई० से 1050 ई० तक उत्तराखण्ड के विशाल भू-भाग पर शासन किया। निम्बर, ललितशूरदेव, सलोणादित्य आदि इस राजवंश में प्रतापी राजा हुए। एटकिन्सन के अनुसार, यह राज्य सतलुज से गण्डकी तक और हिमालय से मैदानी क्षेत्र रूहेलखण्ड तक फैला था। कार्त्तिकेयपुर राजवंश के काल में उत्कृष्ट कला का विकास हुआ। वास्तु तथा मूर्तिकला के क्षेत्र में यह उत्तराखण्ड का 'स्वर्णकाल' था। कभी-कभी भ्रम से कुछ लोग इसी को 'कत्यूरी कला' कह देते हैं। कत्यूरी शासन तो बहुत बाद का मध्यकालीन था। लगभग तीन सौ वर्ष तक कार्त्तिकेयपुर में शासन करने के उपरान्त यह राजवंश अपनी राजधानी कुमाऊँ की कत्यूर–घाटी में बैजनाथ ले आया तथा वहाँ 'वैद्यनाथ-कार्त्तिकेयपुर' बसाया। परन्तु कुछ ही समय बाद कार्त्तिकेयपुर राजवंश का अन्त हो गया।

बहुराजकता का युग

हर्षवर्धन की मृत्यु के बाद (648 ई०) उत्तराखण्ड का इतिहास कुछ अस्पष्ट-सा है। इस विघटनकाल में उत्तराखण्ड में अनेक छोटे-बड़े राज्यों की भरमार हो गई। हर्ष–काल में, सातवीं शती ईसवी में, भारत-भ्रमण पर आये चीनी यात्री ह्वेनसांग के वृतान्त के आधार पर कहा जा सकता है कि इस काल में उत्तराखण्ड की सीमाओं में तीन राज्य प्रसिद्ध थे- ब्रह्मपुर, स्रुघ्न तथा गोविषाण। इनमें पौरवों का ब्रह्मपुर राज्य सबसे विशाल था। सैन्य शक्ति के अभाव में इन दुर्बल राजाओं ने सुरक्षा के लिए छोटे-छोटे कोटों अथवा गढ़ों का निर्माण किया।

इस विघटनकाल में उत्तराखण्ड पर कई बाहरी आक्रमण भी हुए। दक्षिणी उत्तराखण्ड पर चौहान नरेश विग्रहराज के शासन की चर्चा मिलती है। तोमर राजाओं ने भी उत्तराखण्ड के कुछ क्षेत्रों पर अपना अधिपत्य जमाया था।

बहुराजकता का यह काल लगभग तीन सौ वर्षों तक रहा। गढ़वाल-कुमाऊँ में इस समय बहुसंख्यक गढ़पतियों का शासन रहा। कुमाऊँ में कत्यूर राजवंश कई शाखाओं में बिखर गया।

4. मध्यकालीन उत्तराखण्ड

कातियुर या कत्यूरी राजवंश

'कार्त्तिकेयपुर' राजाओं के पश्चात्, मध्यकालीन कुमाऊँ में 'कातियुरों' की विशेष

- ऋषिकेश का प्राचीन नाम *कुब्जाम्रक* या *हृषीकेश* है।
- गढ़वाल-कुमाऊँ का प्राचीन नाम *कर्तृपुर* और *ब्रह्मपुर* था।
- गढ़वाल को क्रमशः 'बदरिकाश्रम' तथा 'केदारमण्डल' कहा जाता था।
- सन् 606 में सम्राट हर्ष ने कुमाऊँ-गढ़वाल को अल्पकाल के लिए अपने अधिकार में ले लिया।
- उत्तराखण्ड का प्रथम ऐतिहासिक राजवंश 'कार्त्तिकेयपुर राजवंश' है।

चर्चा मिलती है। कदाचित् इस राजवंश का मूल नाम 'कातियुर' ही था। पीछे जागरों में जो अधिक पुराने नहीं हैं, इन्हीं को 'कत्यूरी' या 'कंथापुरी' कहने लगे। उनके इतिहास के स्रोत मात्र स्थानीय लोककथाएँ, लोकगाथाएँ तथा जागर हैं जो मौखिक रूप में लोक में प्रचलित हैं। आगे चलकर कत्यूरियों के कमजोर पड़ने से उनका राज्य छिन्न-भिन्न हो गया। इस राजवंश का अन्तिम राजा बीरदेव या वीरम था। मध्यकाल में कत्यूरियों की कई शाखाएँ कुमाऊँ में शासन करती थीं। असकोट के रजवार तथा डोटी के मल्ल उन्हीं की शाखाएँ मानी जाती हैं। कालान्तर में उत्तराखण्ड एक बार फिर बहुराजकता के घेरे में आ गया और उस पर बाहरी आक्रमण भी होने लगे।

पश्चिमी नेपाल नरेश अशोकचल्ल ने 1191 ई० में उत्तराखण्ड पर धावा बोला और उसके अधिकांश भाग पर अधिकार कर दिया। तदन्तर पश्चिमी नेपाल से ही आक्रान्ता क्राचलदेव ने भी कुमाऊँ पर अधिकार किया, यद्यपि उसकी सत्ता भी अधिक समय तक नहीं रही।

गढ़वाल का परमार राजवंश

ऐतिहासिक सूत्रों के अनुसार परमार वंश की स्थापना राजा **कनकपाल** ने 888 ई० में चान्दपुरगढ़ में की थी। किन्तु गढ़वाल का परमार राजवंश एक 'स्वतन्त्र' राजनीतिक शक्ति के रूप में 10वीं-11वीं शती के आसपास ही स्थापित हो पाया। परमार वंश के प्रारम्भिक नरेश कार्त्तिकेयपुरीय नरेशों के सामन्त रहे, ऐसा प्रतीत होता है। इस वंश के शक्तिशाली राजा **अजयपाल** ने चान्दपुरगढ़ से अपनी राजधानी पहले **देवलगढ़** और फिर **श्रीनगर** में स्थापित की। कहा जाता है कि दिल्ली के सुल्तान बहलोल लोदी (1451-88) ने परमार नरेश बलभद्रपाल को 'शाह' की उपाधि देकर सम्मानित किया। इसीलिए आगे चलकर 'परमार' नरेश अपने नाम के साथ 'शाह' का प्रयोग करने लगे। परन्तु पँवार राजाओं को 'शाह' या 'साही' उपाधि दिल्ली के किसी बादशाह ने नहीं दी। 'साही' उपाधि शुद्ध हिन्दू उपाधि थी। इनके राज्य में उस समय वर्तमान हिमाचल प्रदेश के थ्योग, मथन, रवांईगढ़ आदि क्षेत्र भी सम्मिलित थे। इसके अलावा, वर्तमान में हिमाचल प्रदेश स्थित डोडराक्वारा और रामीगढ़ भी गढ़वाल नरेश के अधीन थे। गढ़वाल पर मुगलों ने भी छुटपुट आक्रमण किए, किन्तु गढ़वाल कभी उनके अधीन नहीं रहा। इस सन्दर्भ में एक रोचक प्रसंग 1636 में मुगल सेनापति नवाजत खाँ का दून-घाटी पर हमला था। उस समय गढ़वाल राज्य की बागडोर **महाराणी कर्णावती** के हाथों में थी। उसने अपनी वीरता तथा सूझबूझ से शक्तिशाली मुगलों को करारी मात दी। रानी के सैनिकों ने उन सभी मुगल सैनिकों के नाक काट दिये जो आक्रमण के लिए आये हुए थे। इससे महारानी कर्णावती '*नाक-कटी राणी*' के नाम से प्रसिद्ध हो गई। गढ़वाल नरेश मानशाह और महीपतिशाह ने तिब्बती हमलों का सफलतापूर्वक सामना किया। तिब्बत के विरुद्ध युद्धों में परमार सेनानायक **माधोसिंह भण्डारी** और **लोदी रिखोला** ने असाधारण वीरता का परिचय दिया।

परमार (पँवार) नरेशों में अजयपाल के पश्चात्, मानशाह, फतेपतिशाह तथा प्रदीपशाह महान् राजा हुए। 'मानोदयकाव्य', 'फतेप्रकाश' आदि रचनाओं में उन

नरेशों के प्रताप का वर्णन किया गया है। जिन्होंने अपनी सीमाओं की वीरतापूर्वक सुरक्षा ही नहीं की, अपितु गढ़-संस्कृति का उत्थान भी किया। 'गढ़वाली' भाषा पँवार शासनकाल में गढ़वाल राज्य की राजभाषा थी।

14 मई, 1804 में गोरखों के हाथों प्रद्युम्नशाह की पराजय के बाद, परमार नरेश अपना राज्य खो बैठे। गढ़वाल-कुमाऊँ पर **गोरखों का शासन** स्थापित हो गया। परन्तु सन् 1814 में अंग्रेजों के हाथों गोरखों की पराजय के परिणामस्वरूप गढ़वाल स्वतन्त्र हो गया। कहते हैं अंग्रेजों को लड़ाई का खर्च न दे सकने के कारण, गढ़वाल नरेश को समझौते में अपना आधा राज्य अंग्रेजों को देना पड़ा। परन्तु तथ्य यह है कि अंग्रेजों ने गढ़वाल नरेश को धोखा देकर अर्थात् वचन-भंग कर पूर्वी गढ़वाल पर अधिकार कर लिया। गढ़वाल नरेश कभी श्रीनगर राजधानी को नहीं छोड़ना चाहते थे। लेकिन अंग्रेजों के कुचक्र के कारण गढ़वाल नरेश सुदर्शन शाह ने अपनी राजधानी 'टिहरी' में स्थापित कर दी। उनके वंशज 1 अगस्त, 1949 तक टिहरी गढ़वाल पर राज करते रहे तथा भारत में विलय के बाद टिहरी राज्य को उत्तर प्रदेश का एक जनपद बना दिया गया।

कुमाऊँ का चन्द राजवंश

कातियुरों के उपरान्त, उत्तराखण्ड के पूर्वी भाग कुमाऊँ में चन्द राजवंश का शासन स्थापित हुआ। पहले भ्रम से इसका पहला शासक राजा सोमचंद माना जाता था। नये शोधों से ज्ञात होता है कि "सोमचन्द का कुमाऊँ के इतिहास में कोई अस्तित्व नहीं है। चन्द वंश का संस्थापक थोहरचन्द था।" ऐसा माना जाता है कि चन्द कुमाऊँ क्षेत्र पर अपना प्रभुत्व 14वीं शती के बाद ही जमा पाए। कुमाऊँ में चन्द और कातियुर (तथा-कथित कत्यूरी) प्रारम्भ में समकालीन थे और उनमें सत्ता के लिए संघर्ष चला जिसमें अन्त में चन्द विजयी रहे। सबसे पहले चन्दों ने 'चंपावत' को अपनी राजधानी बनाया। कालान्तर में, कातियुर-शाखाओं पर क्रमशः विजय प्राप्त कर उन्होंने 'अल्मोड़ा' अपनी राजधानी बनायी। वर्तमान पश्चिमी नेपाल के कुछ भाग भी इनके क्षेत्र में सम्मिलित थे। शायद 1563 ई० में राजा बालो कल्याणचन्द ने अपनी राजधानी को अल्मोड़ा में स्थानान्तरित कर दिया। 1790 में गोरखा आक्रान्ताओं ने चन्द राजवंश का अन्त कर दिया।

5. अर्वाचीन उत्तराखण्ड

कुमाऊँ तथा गढ़वाल पर गोरखा शासन

1790 ई० में गोरखों ने कुमाऊँ पर अधिकार कर लेने के बाद गढ़वाल पर भी आक्रमण किया, परन्तु चीनी हमलों के भय से उस समय उनकी सेना वापस लौट गई। 1804 में गोरखों ने फिर से गढ़वाल पर एक सुनियोजित आक्रमण करके उसे अपने अधिकार में ले लिया। युद्ध में गढ़वाल नरेश प्रद्युम्नशाह देहरादून के खुड़बुड़ा स्थान पर वीरगति को प्राप्त हुए। इस प्रकार सम्पूर्ण उत्तराखण्ड पर गोरखों का अधिकार हो गया। कुमाऊँ पर यह गोरखा शासन 25 वर्ष तक और गढ़वाल पर लगभग 11-12 वर्ष तक रहा। इस अवधि में भी गढ़वाल में उनका कड़ा विरोध होता रहा। कई स्थानों पर तो गढ़वालियों ने उनसे अपने किले वापिस करवा दिये। उनके शासनकाल में उत्तराखण्ड के लोगों को

असहनीय अत्याचार, अन्याय और दमन झेलना पड़ा। अतः इस अनैतिक शासनकाल को ***गोरख्याणी*** की संज्ञा दी जाती है।

अँग्रेजी शासनकाल

जिस प्रकार भारत के दूसरे क्षेत्रों में अंग्रेजों के आने से अनेक प्रकार की उथल-पुथल हुई, उसी प्रकार उत्तराखण्ड के इतिहास, संस्कृति तथा जीवन को भी अंग्रेजों ने प्रभावित किया। उन्होंने एक ओर उत्तराखण्ड के इतिहास, संस्कृति तथा अन्य पक्षों का अभिलेखीकरण किया तो दूसरी ओर समूचे उत्तराखण्ड में अपनी प्रशासनिक सुविधा के लिए अनेक परिवर्तन किये। उनके आगमन से उत्तराखण्ड में एक नये इतिहास का प्रादुर्भाव हुआ।

वर्ष 1804 में गोरखों के हाथ गढ़वाल नरेश प्रद्युम्नशाह खुड़बुड़ा के मैदान में वीरगति को प्राप्त हुए। गोरखों का गढ़वाल पर भी अधिकार हो गया। प्रद्युम्न शाह के पुत्र सुदर्शन शाह हरिद्वार में रहकर लगातार स्वतन्त्र होने का प्रयास करते रहे। उन्होंने अंग्रेजों की सहायता ली। उस समय अंग्रेजों और गोरखों के मध्य सम्बन्ध खराब चल रहे थे। अतः अंग्रेजों ने अक्टूबर 1814 में गढ़वाल राज्य की सहायता के लिए अपनी सेना भेजी और गोरखों को पराजित कर दिया। कहा जाता है कि गढ़वाल नरेश सुदर्शन शाह उस समय अंग्रेजों को उनके द्वारा माँगी गई युद्ध व्यय की निर्धारित 5 लाख रुपये की राशि न दे सके। अतः उन्हें समझौते के रूप में अलकनन्दा और मन्दाकिनी के पूर्व का अपना आधा राज्य अंग्रेजों को देना पड़ा। परन्तु गढ़वाल-विभाजन में राजा का कोई हाथ नहीं था। इस प्रसंग में यह कहना आवश्यक है कि अंग्रेजों ने उस समय महाराजा सुदर्शन शाह को धोखा दिया। पहले उन्होंने सम्पूर्ण गढ़वाल राज्य को स्वतन्त्र करने का वायदा किया था।

अंग्रेजों तथा गोरखों के मध्य हुए युद्ध में अंग्रेजों ने गोरखों से काली नदी के पश्चिम का समस्त प्रदेश जीत लिया। इस तरह 27 अप्रैल, 1815 को गढ़वाल–कुमाऊँ पर अंग्रेजों का अधिकार हो गया। सम्पूर्ण कुमाऊँ और पूर्वी गढ़वाल पर अधिकार करने के पश्चात् अंग्रेजों ने 3 मई, 1815 में कर्नल एडवर्ड गार्डनर को यहाँ का प्रथम कमिश्नर तथा एजेन्ट गवर्नर जनरल नियुक्त किया।

कालान्तर में नई प्रशासनिक व्यवस्था के अन्तर्गत, अंग्रेजों ने कुमाऊँ को एक जनपद बना लिया तथा गढ़वाल के राजा सुदर्शन शाह से धोखे से लिए गये क्षेत्र को भी कुमाऊँ कमिश्नरी का एक जनपद बना दिया। उन्होंने देहरादून को सहारनपुर जनपद में सम्मिलित कर दिया। इस प्रकार अंग्रेजी राज के आरम्भ में सम्पूर्ण उत्तराखण्ड क्षेत्र दो राजनीतिक-प्रशासनिक इकाइयों में गठित हो गया। *कुमाऊँ कमिश्नरी* और *टिहरी गढ़वाल राज्य।*

1840 ई० में प्रशासनिक सुविधा के लिए कुमाऊँ जनपद से अलग करके गढ़वाल को गढ़वाल जनपद बना दिया गया। आगे चलकर कुमाऊँ जनपद को भी अल्मोड़ा और नैनीताल दो जनपदों में बाँट दिया। यह व्यवस्था स्वतन्त्रता प्राप्ति तक बनी रही।

_उत्तराखण्ड में स्वतंत्रता आन्दोलन_

देश के एक बड़े भाग के ईस्ट इण्डिया कम्पनी के अधीन चले जाने के बाद देश में एक नई राष्ट्रीय चेतना पैदा हुई। फलतः देशभर में लगभग हर क्षेत्र के लोग

स्वाधीनता की माँग करने लगे और अंग्रेजी शासन के विरुद्ध हो गये। इससे उत्तराखण्ड भी अछूता नहीं रहा। वस्तुतः अंग्रेजों ने यहाँ भी अपने ढंग से तरह-तरह के शोषण, उत्पीड़न तथा अत्याचार किये। अतः यहाँ की जनता ने स्वतन्त्रता के महत्व को समझा एवं स्वतन्त्रता आन्दोलन में सक्रिय योगदान दिया। इस क्रम में 1857 ई० में कालू महरा नामक व्यक्ति ने अंग्रेजों के विरोध में काली कुमाऊँ क्षेत्र में एक क्रान्तिकारी संगठन बनाया। इसी वर्ष लगभग 1000 क्रान्तिकारियों ने हल्द्वानी पर अधिकार कर लिया और अंग्रेज मुश्किल से उस पर पुनः अधिकार प्राप्त कर सके। इस लड़ाई में कई क्रान्तिकारियों ने अपने प्राणों की आहुति दी।

असहयोग आन्दोलन और नमक सत्याग्रह के दौरान उत्तराखण्ड के लोगों की सक्रिय भूमिका रही। 20वीं शती के प्रथम दशक में पंडित गोविन्दबल्लभ पन्त ने उत्तराखण्ड के राजनीतिक मंच में प्रवेश किया। 1916 में *कुमाऊँ परिषद्* की स्थापना के बाद स्वतंत्रता आन्दोलन को एक नई दिशा और गति मिली। रोलेट एक्ट के विरोध में *कुमाऊँ परिषद्* ने प्रदर्शन किए और सभाएँ आयोजित कीं। उसी दौरान बैरिस्टर मुकुन्दीलाल और अनुसूया प्रसाद बहुगुणा ने गढ़वाल में कांग्रेस कमेटी की स्थापना की।

उत्तराखण्ड में स्वतंत्रता संघर्ष में स्थानीय मुद्दे भी जुड़े। लोगों ने कुली उतार और कुली बेगार जैसी अन्यायपूर्ण प्रथाओं के विरोध में आवाज उठाई। वन सम्पदा पर जनता के अधिकारों की मान्यता के लिए चल रहे आन्दोलन ने भी इस बीच राजनीतिक रंग पकड़ लिया।

1930 ई० में हवलदार वीर चन्द्रसिंह 'गढ़वाली' ने पेशावर में निहत्थे अफगान स्वतन्त्रता सेनानियों पर गोली चलाने से इन्कार कर दिया। इतिहास में यह घटना **'पेशावर काण्ड'** के नाम से प्रसिद्ध है। भारत छोड़ो आन्दोलन की सम्पूर्ण उत्तराखण्ड में तीव्र प्रतिक्रिया हुई। कुछ स्थानों पर हिंसा भड़क उठी और सरकारी सम्पत्ति लोगों के क्रोध का निशाना बनी।

8 अगस्त, 1942 ई० में मुम्बई में कांग्रेस के मुख्य कार्यकर्ताओं के पकड़े जाने के विरोध में 9 अगस्त, 1942 ई० को उत्तराखण्ड में जगह-जगह जुलूस निकाले गये। अल्मोड़ा नगर में विद्यार्थियों ने पुलिस पर पत्थरों से प्रहार किया, जिससे कुमाऊँ के कमिश्नर एक्टन के सिर पर चोट आई। अल्मोड़ा शहर पर 6 हजार रुपये का जुर्माना किया गया। अल्मोड़ा जिले में सर्वप्रथम 19 अगस्त, 1942 को देघाट (मल्ला चौकोट) नामक स्थान पर पुलिस ने जनता पर गोलियाँ चलाई, जिसमें हीरामणी और हरिकृष्ण नामक दो व्यक्ति शहीद हुए। वहाँ पहले सरकारी कर्मचारियों का दल जनता के उत्पीड़न के लिए भेजा गया, लेकिन जब सालम की साहसी जनता ने उन्हें पीटकर अल्मोड़ा भेज दिया, तो ब्रिटिश सरकार ने क्रोधित होकर वहाँ ब्रिटिश सेना भेजी। सेना और जनता के बीच धामदेव नामक ऊँचे टीले पर पत्थर और गोलियों से तीव्र संघर्ष हुआ। इस संघर्ष में दो प्रमुख नेता नरसिंह धानक और टीकासिंह कन्यांल बुरी तरह घायल हो गये और कुछ दिनों के बाद अस्पताल में उनकी मृत्यु हो गई। तत्पश्चात् डिप्टी कलेक्टर मेहरबान सिंह के नेतृत्व में सालम में जाट सेना भेजी गई, जिसने वहाँ अनेक अत्याचार किये।

सालम की भाँति सल्ट क्षेत्र ने भी 1942 ई० के 'भारत छोड़ो आन्दोलन' में सक्रिय भाग लिया। वहाँ खुमाड़ नामक स्थान पर, जो सल्ट कांग्रेस का मुख्यालय था, ब्रिटिश सेना ने जनता पर गोलियाँ चलाई। इस गोलीकाण्ड में गंगाराम तथा खीमदेव नामक दो सगे भाई घटनास्थल पर ही शहीद हो गये और गोलियों से बुरी तरह घायल चूड़ामणि और बहादुर सिंह चार-चार दिन बाद शहीद हुए। स्वाधीनता आन्दोलन में सल्ट की अद्वितीय भूमिका की सराहना करते हुए महात्मा गाँधी ने इसे 'कुमाऊँ की बारदोली' की पदवी से विभूषित किया था। आज भी खुमाड़ में हर साल 5 सितम्बर को शहीद स्मृति दिवस मनाया जाता है।

टिहरी राज्य भी पहाड़ों में अन्यत्र चल रही गतिविधियों से अछूता न रहा। 1939 में देहरादून में **प्रजामंडल** की स्थापना के बाद जनजागृति बढ़ी। श्रीदेव सुमन के नेतृत्व में जनता के अधिकारों के लिए संघर्ष और तेज हुआ। इस संघर्ष के दौरान जेल में 84 दिन की भूख हड़ताल के बाद सुमन ने 25 जुलाई, 1944 को दम तोड़ दिया। सकलाना विद्रोह (1947) और कीर्तिनगर आन्दोलन (1948) टिहरी राज्य में प्रबल जन-आन्दोलन के रूप में भड़क उठे। परिस्थितियों को देखकर, महाराजा मानवेन्द्र शाह ने अंततः भारत संघ में विलीनीकरण के प्रपत्र पर हस्ताक्षर कर दिये। अंततः टिहरी राज्य उत्तर प्रदेश का एक जनपद बन गया।

पर्वतीय राज्य उत्तराखण्ड का गठन

स्वतन्त्रता के पश्चात् उत्तराखण्ड के लोगों में यह समझ विकसित हुई कि वे सामाजिक-आर्थिक एवं सांस्कृतिक रूप से पिछड़ते जा रहे हैं और लगातार उनकी उपेक्षा हो रही है। अतः विगत शताब्दी के पाँचवें दशक में उत्तराखण्ड निवासियों ने पहाड़ी क्षेत्र के लिए एक पृथक प्रशासनिक इकाई के गठन की माँग की। इस विचार ने 7वें और 8वें दशक में जोर पकड़ा तथा 9वें दशक में एक बड़े जनान्दोलन का रूप ले लिया। इस आन्दोलन में महिलाओं और छात्रों की विशेष भूमिका रही। यद्यपि आन्दोलन शान्तिपूर्ण रहा, तथापि मसूरी, खटीमा, रामपुर तिराहा (मुजफ्फरनगर), देहरादून, नैनीताल, ऋषिकेश, श्रीनगर और कोटद्वार में आन्दोलनकारियों पर पुलिस की गोलीबारी में कई लोग हताहत हुए। बलिदान व्यर्थ नहीं गया और सरकार ने अन्ततः पर्वतीय राज्य की माँग को स्वीकार किया और पर्वतीय जनपदों के साथ हरिद्वार जनपद को उत्तर प्रदेश से अलग कर 9 नवम्बर, 2000 को 'उत्तराखण्ड' देश का 27वां राज्य बना।

सार-संग्रह

- पँवार वंश में महाराजा अजयपाल तथा चंद वंश में गरुड़ ज्ञानचंद प्रतापी राजा हुए।
- सन् 1398 में वत्सराज (वच्छराज) नामक गढ़वाल के राजा ने तैमूरलंग को मोहनघाट पर रोक दिया। उसी समय रतनसेन नामक एक अन्य गढ़वाली राजा ने भी तैमूरलंग को कालेसर के पास रोका था।
- सन् 1790-1815 तक कुमाऊँ तथा सन् 1804-1815 तक गढ़वाल पर

गोरखों का अधिपत्य रहा। गोरखाओं का शासन बहुत क्रूर रहा। गोरखों का राज्य 'गोरख्याणी' के नाम से कुख्यात रहा है।

- सन् 1815 की सिंगोली संधि के अनुसार, काली नदी से अलकनन्दा के पूर्वी तट का भाग पूर्णतया ईस्ट इंडिया कम्पनी के अधीन हो गया। अर्थात् गढ़वाल का पश्चिमी भाग (टिहरी गढ़वाल) पँवार वंश के अधिपत्य में आया और पूर्वी भाग (पौड़ी गढ़वाल) अंग्रेजों के अधीन हो गया।
- सर्वप्रथम ब्रिटिश-गढ़वाल की राजधानी श्रीनगर थी।
- सन् 1839 में अल्मोड़ा, गढ़वाल से अलग किया गया और सन् 1840 में श्रीनगर से राजधानी पौड़ी स्थानान्तरित कर दी गई।
- अंग्रेजी शासन के आरम्भ में अलकनन्दा के पूर्वी क्षेत्र को 'कुमाऊँ मण्डल' के रूप में स्थापित किया गया। सन् 1939 तक ब्रिटिश गढ़वाल, कुमाऊँ के एक परगने के रूप में और उसके बाद एक जनपद बन गया।
- सन् 1854 में नैनीताल को कुमाऊँ मण्डल का मुख्यालय बनाया गया। 1854 से 1890 तक कुमाऊँ मण्डल में दो जनपद थे। 1890 में अल्मोड़ा जनपद को अल्मोड़ा व नैनीताल दो जनपदों में बांटा गया।
- 24 फरवरी, 1960 तक गढ़वाल दो जनपदों पौड़ी एवं टिहरी में बँटा था और इन दोनों की सीमाएँ अलकनन्दा द्वारा विभक्त थीं।
- 24 फरवरी, 1960 में अल्मोड़ा, टिहरी गढ़वाल और पौड़ी गढ़वाल दो-दो जनपदों में विभक्त हुए। पिथौरागढ़ (अल्मोड़ा से), उत्तरकाशी (टिहरी गढ़वाल से), चमोली (पौड़ी गढ़वाल से)।
- सन् 1968 में कुमाऊँ-गढ़वाल के 8 जनपदों की प्रशासनिक व्यवस्था के लिए उत्तर प्रदेश सरकार द्वारा पर्वतीय विकास विभाग का गठन किया गया।
- 1 जनवरी, 1970 में चमोली, पौड़ी गढ़वाल, टिहरी गढ़वाल व उत्तरकाशी जनपदों को मिलाकर '*गढ़वाल मण्डल*' बनाया गया।
- सन् 1975 में 'देहरादून' को मेरठ मण्डल से अलग कर इसे गढ़वाल मण्डल में शामिल किया क्योंकि देहरादून पूर्व काल से ही गढ़वाल का अंग था।
- 13 मई, 1972 को चम्पावत तहसील को पिथौरागढ़ जनपद में मिलाया गया और 15 सितम्बर, 1997 को चम्पावत अलग जनपद बना।
- सन् 1995 में नैनीताल जनपद को दो भागों में विभक्त कर ऊधमसिंह नगर जनपद बनाया गया।
- 15 सितम्बर, 1997 को पिथौरागढ़ जनपद से 'चम्पावत जनपद', अल्मोड़ा जनपद से 'बागेश्वर जनपद' तथा चमोली जनपद से विभक्त कर 'रुद्रप्रयाग जनपद' बनाये गये।

■■

तिथि-क्रम (Chronology)

- **c. छठी शती ई०पू०.** 'महाजनपदकाल' में मध्य हिमालय में नागों एवं कुणिन्दों की अनेक शाखाओं की सत्ता।
- **324–300 ई०पू०.** हिमालयीय राजा पर्वतक से मैत्री-सन्धि के कारण, मौर्य चन्द्रगुप्त के राज्यकाल में एक मित्र सीमान्त राज्य।
- **c. 273–236 ई०पू०.** मध्य हिमालय सम्राट् अशोक का 'राज-विषय'। पर्वतीय भाग में कुणिन्दों की स्वतन्त्र सत्ता।
- **187–75 ई० पू०.** शुङ्गकाल में कुणिन्दों का जनपद पूर्ण स्वतन्त्र।
- **c. 200 ई०पू०–c. 300 ई०.** में भी मध्य हिमालय में कुणिन्द सत्ता। 'अमोघभूति-प्रकार' की मुद्राओं की साक्षी।
- **c. 560 ई०–630 ई०.** ब्रह्मपुर के पौरवों का राज्यकाल।
- **c. 636 ई०, अगस्त 1.** चीनी यात्री युवान-च्वाङ् द्वारा मडावर से ब्रह्मपुर की यात्रा।
- **c. 700 ई०.** कार्त्तिकेयपुर में साम्राज्यभोगी कार्त्तिकेयपुर राजवंश के संस्थापक वसन्तनदेव का उत्थान।
- **820 ई०.** महान् तीर्थ श्रीकेदारनाथ में आचार्य शङ्कर का शरीर-त्याग।
- **832 ई०.** कार्त्तिकेयपुरवंशीय सम्राट् *प०म०प०* ललितशूरदेव का राज्यारोहण (ललितशूरदेव का राज्यकाल 832–857 ई०)।
- **888 ई० (वि०सं० ९४५).** कौनपुरगढ़ वा चाँदपुरगढ़ (उत्तर गढ़वाल) में परमारवंशीय (पँवारवंशीय) कनकपाल की स्थापना।
- **c. 1050 ई०.** कत्यूर-बैजनाथ में आसन्तिदेव द्वारा कातियुरवंश (तथा-कथित कत्यूरी वंश) की स्थापना।
- **c. 1175 वा 76 ई०.** बैतड़ी-डोटी के मल्ल राजा अशोकचल्ल द्वारा समस्त 'मानसभूमि' (वर्तमान कुमाऊँ)

	विजित।
• **1191 ई० (शाके १११३).**	मल्ल राजा अशोकचल्ल द्वारा केदारभूमि (वर्तमान गढ़वाल) का अधिकांश भाग विजित।
• **c. 1222-23 ई०.**	बैराठ के क्राचख द्वारा मानसभूमि पर अधिकार।
• **c. 1333 ई०.**	पँवारवंशीय 29वें राजा अनन्तपाल (द्वि०) का राज्यारोहण।
• **c. 1338 ई०.**	मुहम्मद तुगलक का काराचल-अभियान।
• **1360 ई०. (शाके १२८२).**	चन्द राजवंश का संस्थापक राजा थोहरचन्द्र अथवा अभयचन्द्र की प्रथम ज्ञात तिथि. गडसरा-ताम्रपत्र में उसे 'थोरहत-अभयचन्द्र' कहा गया है। सम्भवत: उसने इस तिथि के बाद 'मादली' से अपनी राजधानी चम्पावती स्थानान्तरित की।
• **1378 ई०.**	चन्दवंशी ज्ञानचन्द्र (प्रथम) का राज्यारोहण.
• **c. 1425-1437 ई०.**	रणचूलाहाट का अन्तिम कातियुर राजा बिरम(वीरदेव)।
• **c. 1433 और 1440 ई०** के मध्य.	पँवार राजा जगतपाल का राज्यारोहण।
• **c. 1493-1500 ई०** के मध्य.	केदारभूमि (वर्तमान गढ़वाल) का एकीकरण-कर्ता परमारवंशीय महान् राजा अजयपाल का राज्यारोहण।
• **c. 1560-65 ई०** के मध्य.	(बालो) कल्याणचन्द (द्वि०) के पौत्र कल्याणचन्द (तृ०) द्वारा स्थायीरूपेण राजधानी अल्मोड़ा स्थानान्तरित।
• **c. 1593 ई०.**	पँवारवंशीय प्रतापी राजा मानसाह का राज्यारोहण।
• **1635 ई०.**	पँवारवंशीय पृथ्वीपतिसाह की संरक्षिका राजमाता करुणावती (कर्णावती) के नेतृत्व में शाहजहाँ की सेना की पराजय।
• **1638 ई०.**	चन्द राजा बाजबहादुरचन्द्र का राज्यारोहण।
• **1664 ई०.**	पँवारवंशीय महान् राजा फतेपतिसाह का

	राज्यारोहण।
• **1743-44 ई०.**	कुमाऊँ पर रोहिला-आक्रमण।
• **1779 ई०.**	पँवारवंशीय राजा प्रद्युम्नसाह तथा-कथित प्रद्युम्नचन्द कल्पित नाम से कुमाऊँ का शासक बना (कुमाऊँ में उसका शासनकाल 1779-1786 ई०)।
• **1790 ई०.**	कुमाऊँ पर गोरखा-अधिपत्य के बाद कल्पित चन्दवंशीय राजाओं का भी अन्त।
• **1803 ई०.**	सित० 8, गढ़वाल-कुमाऊँ में भीषण भूचाल।
• **1804 ई०.**	महाराजा प्रद्युम्न साह की खुड़बुड़ा-युद्ध में देश-रक्षार्थ वीरगति। गढ़वाल पर अल्पकालीन गोरखा-आधिपत्य।
• **1815 ई०.**	2 दिसम्बर. ईस्ट इं० कम्पनी तथा नेपाल महाराजा गीर्वाण युद्ध विक्रमशाह के मध्य 'सिंगोली शान्ति-सन्धि'। सन्धि द्वारा गढ़ राज्य का विभाजन।
• **1815 ई०.**	टिहरी में प्रद्युम्न साह के पुत्र सुदर्शन साह द्वारा पँवार वंश की पुनर्स्थापना।
• **1949 ई०.**	टिहरी गढ़वाल राज्य का भारत संघ में विलय के फलस्वरूप, पँवार राजवंश का राजतन्त्र समाप्त।

■■

** टिप्पणी : विस्तृत अध्ययन के लिए देखिए–*

1. उत्तराखण्ड का नवीन इतिहास – डॉ० यशवन्त सिंह कठोच
2. मध्य हिमालय का इतिहास – डॉ० यशवन्त सिंह कठोच
3. टिहरी राज्य के ऐतिहासिक जन विद्रोह – जयसिंह रावत

उत्तराखण्ड राज्य आन्दोलन 3

महत्वपूर्ण घटनाक्रम

1926 : 1916 में क्षेत्रीय समस्याओं के लिए गठित कुमाऊँ परिषद् का 1926 में काँग्रेस में विलय। इसके कार्यकर्त्ताओं में गोविन्द बल्लभ पन्त, रायबहादुर तारादत्त गैरोला, हरगोविन्द पन्त, बैरिस्टर मुकुन्दीलाल तथा बदरीदत्त पाण्डे आदि प्रमुख थे।

1938 : श्रीदेव सुमन द्वारा दिल्ली में 'गढ़देश सेवा संघ' की स्थापना। इसे बाद में 'हिमालय सेवा संघ' नाम दिया गया।
5 व 6 मई को श्रीनगर गढ़वाल में आयोजित कांग्रेस पार्टी के सम्मेलन में उत्तराखण्ड के लिए एक पृथक प्रशासनिक व्यवस्था का प्रस्ताव।

1946 : कूर्मांचल केसरी बदरीदत्त पाण्डे ने पर्वतीय क्षेत्र के लिए अलग प्रशासनिक इकाई बनाने की माँग की।

1952 : भारतीय कम्युनिस्ट पार्टी के तत्कालीन महासचिव पी०सी० जोशी ने 1952 में पृथक राज्य की माँग का ज्ञापन भारत सरकार को सौंपा। इसके उपरान्त पेशावर कांड के नायक चन्द्रसिंह गढ़वाली ने जवाहरलाल नेहरू के समक्ष योजना का प्रारूप रखा।

1954 : विधान परिषद् सदस्य इन्द्रसिंह नयाल ने पर्वतीय क्षेत्र के विकास हेतु पृथक प्रबन्ध करने के लिए तत्कालीन मुख्यमंत्री को पत्र लिखा।

1957 : टिहरी रियासत के नरेश मानवेन्द्र शाह ने 1966 में पृथक राज्य आंदोलन को फिर शुरू किया व इसके लिए प्रवासी पर्वतीयों से सम्पर्क किया। योजना आयोग के उपाध्यक्ष टी०टी० कृष्णाचारी ने पहाड़ी क्षेत्रों की समस्याओं पर विशेष ध्यान देने का सुझाव दिया।

1967 : 24 व 25 जून को रामनगर में आयोजित सम्मेलन में पर्वतीय राज्य परिषद् का गठन।

1968 : श्री ऋषि बल्लभ सुन्दरियाल के नेतृत्व में दिल्ली में पृथक राज्य की माँग के लिए प्रदर्शन।

1969 : तत्कालीन उत्तर प्रदेश सरकार ने पर्वतीय विकास परिषद् का गठन किया।

1970 : भारतीय कम्युनिस्ट पार्टी के महासचिव पी०सी० जोशी ने 3 अक्टूबर को राष्ट्रीय मोर्चा का गठन किया और पृथक उत्तराखण्ड राज्य की माँग दोहराई।

1972 : उत्तराखण्ड राज्य परिषद् के कार्यकर्त्ताओं का वोट क्लब पर धरना।

1973 : पर्वतीय विकास मंत्रालय के लिए एक मंत्री को स्वतंत्र रूप से कार्य सौंपा व उत्तराखण्ड राज्य परिषद् ने दिल्ली चलो का नारा दिया। एक विशाल पदयात्रा भी बदरीनाथ से वोट क्लब (नई दिल्ली) तक बदरी-केदार (चमोली) के तत्कालीन विधायक प्रतापसिंह पुष्पवाण के नेतृत्व में हुई। 1973 में पर्वतीय राज्य परिषद् का नाम बदल कर उत्तराखण्ड राज्य परिषद् किया गया, जिसके अध्यक्ष गढ़वाल सांसद प्रताप सिंह नेगी एवं सदस्य मोहन उप्रेती और नारायण दत्त सुन्दरियाल आदि थे।

1976 : उत्तराखण्ड युवा परिषद् का गठन।

1978 : उत्तराखण्ड युवा परिषद् के सदस्यों ने संसद के घेराव हेतु प्रदर्शन किया व गिरफ्तारियाँ दीं।

1979 : जनता पार्टी सरकार के शासनकाल में इसी दल के सांसद त्रेपन सिंह नेगी के नेतृत्व में उत्तराखण्ड राज्य परिषद् की स्थापना व 23 जुलाई के वोट क्लब पर रैली का आयोजन हुआ जिसमें तत्कालीन प्रधानमंत्री मोरारजी देसाई को अलग राज्य की माँग के लिए एक ज्ञापन दिया गया।

25 जुलाई, 1979 को मसूरी में आयोजित पर्वतीय जन विकास सम्मेलन में उत्तराखण्ड क्रान्ति दल का जन्म हुआ, जिसके प्रथम अध्यक्ष कुमाऊँ विश्वविद्यालय के तत्कालीन कुलपति व ख्याति प्राप्त शिक्षाविद् डॉ० देवीदत्त पन्त नियुक्त हुए। इस दल का एक सूत्रीय लक्ष्य उत्तराखण्ड में समस्याओं का निराकरण करते हुए अलग राज्य की स्थापना करना था।

1984 : ऑल इंडिया स्टूडेन्ट फेडरेशन ने पृथक राज्य की माँग को लेकर गढ़वाल में 900 किमी० की साइकिल यात्रा की।

1987 : 9 मार्च को पौड़ी में आयोजित रैली में 10,000 से अधिक लोगों ने भाग लिया। इस रैली का आयोजन उत्तराखण्ड क्रान्ति दल ने किया था। 6 जून को देहरादून में पृथक राज्य के लिए रैली आयोजित हुई। 20 जून को उत्तराखण्ड क्रान्ति दल द्वारा आयोजित रैली में महिलाओं समेत हजारों लोगों ने पिथौरागढ़ जनपद मुख्यालय पर धरना दिया। 25 जुलाई को नौजवान सभा और आइसा ने पृथक राज्य की माँग को लेकर लखनऊ में धरना दिया। 9 सितम्बर को उत्तराखण्ड क्रान्ति दल ने उत्तराखण्ड बंद का आयोजन किया और 23 नवम्बर को वोट क्लब, दिल्ली में विशाल प्रदर्शन किया तथा राष्ट्रपति को ज्ञापन सौंपा। इस ज्ञापन में हरिद्वार को उत्तराखण्ड में शामिल करने की माँग की गई।

1987 : 23 अप्रैल, 1987 को उक्रांद उपाध्यक्ष त्रिवेन्द्र सिंह पंवार ने राज्य की मांग को लेकर संसद में पर्चे फेंके जिसके लिए गुप्तचर संस्थाओं द्वारा उन्हें भारी यातनाएं दी गयी।

1988 : उत्तराखण्ड क्रान्ति दल ने असहयोग आंदोलन के तहत 23 फरवरी को उत्तराखण्ड बंद का आयोजन किया व गिरफ्तारियाँ दीं। 12-13 सितम्बर को 36 घंटे का उत्तराखण्ड बंद व चक्का जाम किया।

1989 : उत्तराखण्ड संयुक्त संघर्ष समिति ने 11-12 फरवरी को रैली आयोजित की। 25 मई को उत्तराखण्ड संघर्ष वाहिनी एवं उत्तराखण्ड प्रगतिशील युवा मंच द्वारा देहरादून एवं हल्द्वानी में रेल रोको आंदोलन आयोजित।

1990 : 10 अप्रैल को उत्तराखण्ड प्रदेश संघर्ष समिति के आह्वान पर भाजपा समर्थकों ने वोट क्लब पर रैली आयोजित की व 15 दिसम्बर से 31 दिसम्बर तक काशीसिंह ऐरी के नेतृत्व में उत्तराखण्ड क्रान्ति दल ने मार्च किया।

1991 : 23-24 फरवरी को उत्तराखण्ड क्रान्ति दल ने उत्तराखण्ड बन्द व चक्का जाम का आयोजन किया। 1991 के चुनावों में भाजपा ने पृथक राज्य की स्थापना को अपने घोषणा पत्र में शामिल किया। 20 अगस्त को उत्तर प्रदेश सरकार ने पृथक उत्तराखण्ड का प्रस्ताव केन्द्र सरकार के पास भेजा। अक्टूबर में भाजपा कार्यकर्त्ताओं ने वोट क्लब पर धरना दिया। उत्तराखण्ड

मुक्ति मोर्चा व ऑल इंडिया एक्स सोल्जर्स एक्शन कमेटी ने वोट क्लब पर प्रदर्शन किया व प्रधानमंत्री को ज्ञापन सौंपा।

1992 : 21–24 फरवरी को आयोजित विजयवाड़ा सम्मेलन में इंडियन पीपुल्स फ्रंट ने पृथक उत्तराखण्ड राज्य हेतु प्रस्ताव पास किया।
24–25 जुलाई को गैरसैंण में उत्तराखण्ड क्रान्ति दल के 14वें महाधिवेशन में चन्द्रनगर (गैरसैंण) उत्तराखण्ड की राजधानी घोषित।

> • उत्तरांचल (उत्तराखण्ड) विधेयक लोकसभा में 1 अगस्त, 2000 को और राज्यसभा में 10 अगस्त, 2000 को पारित हुआ।
> • उत्तर प्रदेश पुनर्गठन विधेयक 2000 को भारत के तत्कालीन राष्ट्रपति के०आर० नारायणन ने 28 अगस्त, 2000 को अपनी मंजूरी दी।

1993 : 27 फरवरी को उत्तराखण्ड मुक्ति मोर्चा द्वारा उत्तराखण्ड बन्द का आयोजन। 30 अप्रैल को उत्तराखण्ड प्रदेश संघर्ष समिति की दिल्ली में रैली आयोजित। 5 अगस्त को लोकसभा में उत्तराखण्ड के पक्ष व विपक्ष में मत विभाजन हुआ।

1994 : 24 अप्रैल को उत्तराखण्ड संयुक्त संघर्ष मोर्चा ने दिल्ली में विशाल रैली आयोजित की। 4 जनवरी को तत्कालीन मुख्यमंत्री मुलायमसिंह यादव के नेतृत्व में सपा-बसपा गठबंधन सरकार ने नगर विकास मंत्री रमाशंकर कौशिक की अध्यक्षता में मंत्रिमण्डलीय उपसमिति का गठन किया। जिसने 21 जून को अपनी रिपोर्ट सरकार को सौंपी। डॉ० आर०एस० टोलिया और प्रो० बी०के० जोशी जी भी इस नामित में शामिल रहे।

- 2 अगस्त को उक्रांद के संरक्षक इन्द्रमणी बडोनी के नेतृत्व में 7 लोग आमरण अनशन पर बैठे।
- 8 अगस्त को तत्कालीन मुख्यमंत्री मुलायमसिंह द्वारा पिछड़े वर्ग के छात्रों के लिए शिक्षण संस्थाओं में लागू किए गए 27 प्रतिशत आरक्षण का विरोध कर रहे अनशनकारियों (अनशन स्थल) पर पौड़ी में पुलिस द्वारा लाठी चार्ज किया गया।
- 15 अगस्त को नैनीताल में उक्रांद अध्यक्ष काशीसिंह ऐरी के नेतृत्व में आमरण अनशन शुरू।
- 23 अगस्त को उत्तराखण्ड बन्द का सफल आयोजन।
- 24 अगस्त को तत्कालीन सपा-बसपा सरकार ने कौशिक समिति की सिफारिशों के आधार पर उत्तराखण्ड राज्य का प्रस्ताव पारित कर केन्द्र सरकार को भेजा।
- 29 अगस्त को उत्तराखण्ड संयुक्त संघर्ष समिति का गठन।
- 1 सितम्बर को पृथक राज्य की माँग हेतु शांतिपूर्वक रैली में शामिल आंदोलनकारियों पर खटीमा में पुलिस ने गोलियाँ चलाई जिसमें 7 लोग मारे गए।
- 2 सितम्बर को मसूरी में पुलिस ने आंदोलनकारियों पर गोलियाँ चलाई जिसमें 8 लोग मारे गए। इनमें दो महिलाएं हंसा धनाई व बेलमती चौहान गोली की शिकार हुईं। इसी दिन पौड़ी में विशाल रैली का आयोजन हुआ।
- 11 सितम्बर को लखनऊ में प्रवासी उत्तराखण्डियों का प्रदर्शन एवं गिरफ्तारियां।

- 21 सितम्बर को 'इप्टा' मसूरी के नाटककर्मी गजेन्द्र नौटियाल और अन्य साथी नाटक 'पी०ए०सी० हड़ताल पर है' का मंचन करते गिरफ्तार। भारी जन दबाव के बाद दूसरे दिन रिहा।
- 2 अक्टूबर को दिल्ली में आयोजित रैली में भाग लेने जा रहे आंदोलनकारियों पर मुजफ्फरनगर के रामपुर तिराहे पर गोलियाँ चलाई गईं एवं कई महिलाओं के साथ अभद्रता की गई।
- 4-5 अक्टूबर को हल्द्वानी, ऊखीमठ, देहरादून समेत सभी अन्य शहरों में कर्फ्यू लागू।

13 अक्टूबर को देहरादून में कर्फ्यू के दौरान एक व्यक्ति की मृत्यु।

1995 : 10 नवम्बर को श्रीनगर स्थित श्रीयंत्र टापू पर आमरण अनशन पर बैठे आंदोलनकारियों पर पुलिस लाठी चार्ज से यशोधर बेंजवाल और राजेश रावत की मौत।

1996 : 15 अगस्त को लालकिले की प्राचीर से तत्कालीन प्रधानमंत्री एच०डी० देवेगौड़ा ने उत्तराखण्ड राज्य का निर्माण करने की घोषणा की।

1998 : राष्ट्रपति के माध्यम से उत्तराखण्ड राज्य सम्बन्धी विधेयक उत्तर प्रदेश विधान सभा को भेजा गया।

2000 : 24 जुलाई को मानसून सत्र के पहले दिन उत्तराखण्ड राज्य के निर्माण हेतु सरकार पर दबाव बनाने के लिए सम्पूर्ण उत्तराखण्ड बंद का सफल आयोजन हुआ।

- 27 जुलाई को उत्तर प्रदेश पुनर्गठन विधेयक 2000 लोक सभा में प्रस्तुत हुआ।
- 29 जुलाई को जार्ज कमेटी के सदस्यों ने पन्तनगर का दौरा किया व ऊधमसिंहनगर को प्रस्तावित उत्तराखण्ड राज्य में शामिल करने का निर्णय लिया।
- 1 अगस्त को उत्तरांचल विधेयक लोकसभा में व 10 अगस्त को राज्यसभा में पारित। 28 अगस्त को राष्ट्रपति के०आर० नारायणन ने उत्तर प्रदेश पुनर्गठन विधेयक को मंजूरी दी। इसे सरकारी गजट में कानून संख्या 28 के रूप में इंगित किया गया।
- 9 नवम्बर, 2000 को उत्तरांचल (उत्तराखण्ड) राज्य का गठन और पहले राज्यपाल के रूप में सुरजीत सिंह बरनाला तथा प्रदेश की पहली अंतरिम सरकार के मुख्यमंत्री श्री नित्यानंद स्वामी ने पद एवं गोपनीयता की शपथ ली।
- 10 नवम्बर को मंत्रिमंडल का विस्तार।

2001 : 30 अक्टूबर को भगतसिंह कोश्यारी दूसरे अंतरिम मुख्यमंत्री बने।

2002 : 14 फरवरी को विधानसभा चुनाव हुए जिसमें कांग्रेस विधायक दल के नेता चुने जाने पर नारायण दत्त तिवारी पहली निर्वाचित सरकार के मुख्यमंत्री बने।

सार-संग्रह

- **कुमाऊँ परिषद् :** उत्तराखण्ड में सामाजिक, राजनैतिक, आर्थिक और शिक्षा की समस्याओं को लेकर 1916 में कुमाऊँ परिषद् का गठन किया गया। इस परिषद् में कार्य करने वाले गोविन्द बल्लभ पन्त, बदरीदत्त पाण्डे, हरगोविन्द पन्त जैसे

कार्यकर्ता थे। 1926 में कुमाऊँ परिषद् का विलय कांग्रेस में हो गया।

- **गढ़वाल जागृत संस्था** : 1939 में कांग्रेस द्वारा पौड़ी के राजनीतिक सम्मेलन में पर्वतीय लोगों की मांग न मानने पर गढ़वाल जागृत संस्था का गठन किया गया। प्रताप सिंह नेगी और उमानन्द बड़थ्वाल इस संस्था के प्रमुख थे।
- **पर्वतीय विकास जन समिति** : 1950 में कांगड़ा से अल्मोड़ा तक एक हिमालयी राज्य की स्थापना के लिए पर्वतीय विकास जन समिति का गठन नयी दिल्ली में किया गया।
- **पर्वतीय राज्य परिषद्** : 24-25 जून 1967 को रामनगर में एक वृहद् जनसभा हुई जिसमें एक पृथक प्रशासनिक इकाई के गठन का प्रस्ताव पारित किया गया। इसी प्रस्ताव के कार्यान्वयन हेतु दयाकृष्ण पाण्डे की अध्यक्षता में पर्वतीय राज्य परिषद् का गठन किया गया। परिषद् ने पृथक पर्वतीय राज्य की मांग को आन्दोलन के रूप में बदलने का काम किया।
- **कुमाऊँ राष्ट्रीय मोर्चा** : 3 अक्टूबर 1970 को कामरेड पी०सी० जोशी द्वारा कुमाऊँ राष्ट्रीय मोर्चा नामक संगठन बनाया गया जिसका उद्‌देश्य नये राज्य के गठन के लिए संघर्ष करना था।
- **पृथक पर्वतीय राज्य परिषद्** : इसका 1973 को पुनर्गठन किया गया और उत्तराखण्ड के दो सांसद प्रताप सिंह नेगी और एक अन्य को इसमें शामिल करते हुए नाम बदला गया।
- **उत्तरांचल परिषद्** : 7 जून 1972 को नैनीताल में उत्तरांचल परिषद का गठन किया गया जिसका उद्‌देश्य यहां की समस्याओं के लिए संघर्ष करना था।
- **उत्तराखण्ड क्रान्ति दल** : 24-25 जुलाई 1979 को मसूरी में उत्तराखण्ड के नेताओं का सम्मेलन बुलाया गया और आम सहमति से उत्तराखण्ड क्रान्ति दल की स्थापना हुई। इसके प्रथम अध्यक्ष डॉ० देवीदत्त पन्त थे।
- **उत्तरांचल उत्थान परिषद्** : 30-31 मई 1988 को सोबन सिंह जीना की अध्यक्षता में उत्तरांचल उत्थान परिषद् का गठन किया गया।
- **उत्तराखण्ड संयुक्त संघर्ष समिति** : 11-12 जनवरी 1989 को दिल्ली में जनसंघर्ष वाहिनी, उत्तराखण्ड जन परिषद्, उत्तराखण्ड रक्षा मंच और युवा जनता दल ने संयुक्त रूप से मिलकर उत्तराखण्ड संयुक्त संघर्ष समिति का गठन किया। द्वारिका प्रसाद उनियाल समिति के प्रमुख चुने गये।
- **उत्तराखण्ड मुक्ति मोर्चा** : जनवरी 1991 को वामपंथी धारा से जुड़े लोगों ने उत्तराखण्ड मुक्ति मोर्चा नामक संगठन बनाया।
- **संयुक्त उत्तराखण्ड राज्य मोर्चा** : 3 अप्रैल 1994 को बहादुर राम टम्टा द्वारा संयुक्त उत्तराखण्ड राज्य मोर्चा का गठन किया गया। इसका उद्‌देश्य राज्य निर्माण में सहयोग करना था।
- **उत्तराखण्ड पीपुल्स फ्रंट (यू०पी०एफ०)** : 16-17 अप्रैल 1994 को उत्तराखण्ड पीपुल्स फ्रंट का गठन किया गया।
- पृथक उत्तराखण्ड राज्य के लिए केन्द्र को प्रस्ताव पारित कर भेजने वाली पहली उत्तर प्रदेश सरकार भाजपा की सरकार थी।
- 1-2 अक्टूबर 1994 को दिल्ली रैली में जा रहे आन्दोलनकारियों पर पुलिस ने अमानवीय अत्याचार किए। इस कृत्य की *'क्रूर शासक की क्रूर साजिश'* के कथन से पूरे विश्व में निन्दा हुई। ■■

उत्तराखण्ड में महिलाएँ | 4

उत्तराखण्ड में महिलाओं को पर्वतीय अर्थव्यवस्था की धुरी माना जाता है। रोजगार के संसाधनों के अभाव में पुरुष जहां पलायन करने को विवश हैं, वहीं परिवार, खेती-बाड़ी और समाज की जिम्मेदारियां महिलाओं को निभानी पड़ती हैं। अपने कष्टसाध्य जीवन संघर्ष के बूते जीवन जीने वाली उत्तराखण्ड की नारी में हिम्मत, साहस, कर्मठता, निर्भीकता और जुझारूपन की कभी कमी नहीं रही। कष्टसाध्य जीवन के बावजूद महिलाएं यहां के समाज को जीवन्त बनाए रखने में अहम भूमिका निभा रही हैं।

सामाजिक स्तर

किसी भी क्षेत्र के निवासियों की जीवन शैली पर वहां के भौगोलिक परिवेश का प्रत्यक्ष प्रभाव पड़ता है। विषम भौगोलिक परिस्थितियों में जीवन निर्वाह के कारण पर्वतीय क्षेत्र के निवासियों का जीवन अपेक्षाकृत अधिक संघर्षशील रहता है। यहां पुरुषों की अपेक्षा महिलाओं में परिश्रम एवं संघर्ष करने की शक्ति अधिक है। अधिकांश पुरुष पहाड़ों से बाहर विभिन्न व्यवसायों में कार्यरत हैं, इस कारण यहां की अर्थव्यवस्था महिलाओं पर केन्द्रित है।

आर्थिक पक्ष में सहभागिता

पर्वतीय क्षेत्रों में अधिकांश पुरुषों के आजीविका के लिए पलायन के कारण महिलाओं पर कार्यभार बढ़ा है। इसी वजह से वे यहां की अर्थव्यवस्था की रीढ़ बनी हुई हैं। यहां की अर्थव्यवस्था मूलतः कृषि और पशुपालन पर निर्भर है। महिलाएं सुबह से शाम तक घर के कामों के साथ ही खेती-बाड़ी, घास व लकड़ी की व्यवस्था, अनाज को कूटने-पीसने, दूध दुहने आदि कार्य करती हैं। पर्वतीय अर्थव्यवस्था में महिलाओं की सक्रिय सहभागिता के निम्न कारण माने जा सकते हैं–

1. पुरुषों का पलायन

उत्तराखण्ड के पर्वतीय क्षेत्रों में 16 से 60 वर्ष की आयु के अधिकांश पुरुष स्थायी अथवा अस्थायी रूप से मैदानी नगरों में विभिन्न व्यवसायों में कार्यरत हैं। पलायन आयोग की रिपोर्ट के अुनसार पहाड़ों से 26 से लेकर 35 वर्ष तक आयु वर्ग के 42.25 प्रतिशत युवा पिछले 10 वर्षों में मैदान के लिए पलायन कर गये। पुरुषों के पलायन से गांव खाली होने के कारण सभी कार्य महिलाओं द्वारा किए जाते रहे हैं।

2. पेयजल की कमी एवं जंगल का अभाव

कई गांवों में पीने के पानी के लिए महिलाओं को प्रतिदिन लम्बी दूरी तय करनी पड़ती है। साथ ही जंगल दूर-दूर होने से महिलाओं को ईंधन व चारे के लिए भी

प्रतिदिन कई कि०मी० दूर जाना पड़ता है, जिसमें अधिक श्रम व समय लगता है।

3. पारिवारिक विघटन

पूर्व में सामूहिक परिवार की परम्परा में पारिवारिक सदस्यों के कार्य आपस में बंटे होते थे। इससे कार्य करने में आसानी होती थी। परन्तु अब जनसंख्या वृद्धि, नगरीय सभ्यता के प्रभाव जैसे कारणों से यहां के परिवार विघटित हो रहे हैं। फलस्वरूप महिलाओं पर कार्यभार बढ़ रहा है।

4. पारम्परिक ढाँचा

यहां कृषि कार्य की एक निश्चित परम्परा रही है। इस कारण महिलाओं की कृषि के अतिरिक्त अन्य व्यवसायों में संलग्न होने की परम्परा विकसित नहीं हो पाई।

5. शैक्षिक स्वरूप

यद्यपि सम्पूर्ण राज्य में साक्षरता दर 78.82 प्रतिशत राष्ट्रीय परिप्रेक्ष्य में अधिक ऊंचा है, किन्तु कुल साक्षरता में महिलाओं का प्रतिशत 70.00 पुरुषों की तुलना में अपेक्षाकृत कम है। पर्वतीय क्षेत्रों की विषम परिस्थितियों के बावजूद प्रदेश के पर्वतीय जनपदों में महिला साक्षरता दर 72.7 प्रतिशत है जबकि मैदानी जनपदों में महिला साक्षरता दर 64.4 प्रतिशत तक ही पहुंची। महिलाओं की अशिक्षा के पीछे, स्त्री शिक्षा को अनुपयोगी समझने, गांव से विद्यालय दूर होने जैसे कारण रहे हैं। ऐसी स्थिति में अशिक्षित महिलाएं कृषि कार्य के अतिरिक्त कुछ भी नहीं कर पाती हैं। लेकिन अब इस स्थिति में बदलाव आ रहा है।

सामाजिक-चेतना में भूमिका

उत्तराखण्ड की मातृशक्ति अर्थव्यवस्था की 'रीढ़' के साथ-साथ सामाजिक-चेतना की भी 'धुरी' रही है। पर्वतों की विशालता और विराटता ने उसके अन्दर कर्मठता, साहस, दृढ़ता, निर्भीकता एवं कष्टसाध्य जीवन में भी अपने कर्त्तव्यों के प्रति सचेत रहने की शक्ति प्रदान की है।

उत्तराखण्ड की महिलाएं राष्ट्रीय स्तर से लेकर स्थानीय सामाजिक समस्याओं, समाज में प्रचलित कुरीतियों तथा अंधविश्वासों के उन्मूलन, वन-विनाश के दुष्परिणामों के प्रति सामाजिक चेतना, शैक्षिक उन्नयन, मद्यनिषेध आदि आन्दोलनों में सक्रिय रही हैं।

- **जेण्डर बजट का प्रावधान :** सरकार ने प्रत्येक सरकारी विभाग में महिलाओं के कल्याण के लिए जेण्डर बजट का प्रावधान किया है। इस राशि से संबंधित विभाग में महिला कल्याण की योजनाएं चलाई जाती हैं।
- **आंगनबाड़ी केन्द्रों से रोजगार :** राज्य में वर्तमान में लगभग 20 हजार आंगनबाड़ी केन्द्र संचालित हैं। इन केन्द्रों से लगभग 28 हजार महिलाएं रोजगार प्राप्त कर रही हैं। निर्धारित मानदेय के अलावा आंगनबाड़ी कार्यकर्त्रियों और सहायिकाओं को सामूहिक सहभागिता बीमा योजना का लाभ भी दिया जा रहा है।
- **महिला छात्रावास :** रोजगार आदि के लिए घर से बाहर रहने वाली महिलाओं के लिए प्रत्येक जनपद में छात्रावास खोलने की व्यवस्था की जा रही है।

स्वतंत्रता आन्दोलन में यहां की महिलाओं ने अभूतपूर्व साहस का परिचय दिया है। 25 मई 1930 को अल्मोड़ा, रामनगर तथा नैनीताल की महिलाओं ने जुलूस में भाग लिया। अल्मोड़ा नगर पालिका में राष्ट्रीय ध्वज फहराने के लिए महिलाएं सैनिकों से जूझ गईं। बागेश्वर की बिशनी देवी 19-20 वर्ष की आयु से ही मंचों पर ओजस्वी स्वर में राष्ट्रप्रेम के गीत गाया करती थीं। **बिशनी देवी** को 1930 में गिरफ़्तार कर अल्मोड़ा जेल में रखा गया। जेल से छूटने पर बिशनी देवी ने खादी का प्रचार किया। 1933 में पुनः जेल जाने के बाद बिशनी देवी श्रीमती विजयलक्ष्मी पंडित के सम्पर्क में आईं। 1935 में उन्होंने अल्मोड़ा के मोतिया धारा में राष्ट्रीय झंडा फहराया। 26 जनवरी 1940 को नन्दादेवी मंदिर के प्रांगण में उन्होंने पुनः झंडा फहराया। 1941 में उन्होंने विदेशी वस्त्रों की होली भी जलाई।

- **पंचायतों में आरक्षण :** ग्राम, क्षेत्र व जिला पंचायतों में महिलाओं के लिए 50 प्रतिशत आरक्षण की व्यवस्था की गई है। नतीजतन विकास योजनाओं में आज महिलाएं सीधे भागीदारी निभा रही हैं।
- **नौकरियों में क्षैतिज आरक्षण :** सरकारी नौकरियों में महिलाओं के लिए 30 प्रतिशत क्षैतिज आरक्षण की व्यवस्था की गई है। इससे परिवार व समाज में महिलाओं का प्रभाव बढ़ा है।
- **कन्याधन योजना :** कन्या भ्रूण हत्या और बाल विवाह पर रोक लगाने के उद्देश्य से राज्य में नन्दादेवी कन्याधन योजना चलाई जा रही है। इस योजना के तहत बी०पी०एल० परिवार में जन्मी पहली दो बेटियों के नाम पर 7500 रुपये की एफ०डी० करवाई जा रही है। ऐसी कन्याओं को 18 वर्ष के बाद अध्ययन हेतु छात्रवृत्ति भी जाएगी।

पिथौरागढ़ जनपद की **तुलसी देवी** ने सरला बहन की प्रेरणा से 'कताई-बुनाई केन्द्र' एवं 'ऊन गृह-उद्योग-समिति' के माध्यम से निराश्रित, असहाय महिलाओं को आत्मनिर्भर बनाने का कार्य किया।

अमर शहीद श्रीदेव सुमन की पत्नी **श्रीमती विनयलक्ष्मी सुमन** ने अपने पति के सपनों को पूरा कर टिहरी राजशाही के अत्याचारों से प्रजा को मुक्ति दिलाने, पहाड़ों में पेयजल समस्या का समाधान करने तथा महिलाओं को सैन्य प्रशिक्षण दिलाने जैसे क्षेत्रों में सक्रिय रूप से कार्य किया।

स्थानीय सामाजिक गतिविधियों, नारी उत्पीड़न, कुरीतियों, मद्यनिषेध, शिक्षा आदि क्षेत्रों में **टिंचरी माई (दीपादेवी)** ने उल्लेखनीय कार्य किया। उनके प्रयासों से सिगड्डी-भाबर में पानी की समस्या का समाधान हुआ व मोटाढाक में स्कूल की स्थापना हुई। 1955-56 में पौड़ी में अधिकारियों के समक्ष टिंचरी की दुकान में आग लगाकर उन्होंने पहाड़ों को नशामुक्त कराने का व्रत लिया।

1972-74 के दशक में पर्यावरण संरक्षण के क्षेत्र में 'चिपको आन्दोलन' की नायिका बन कर **गौरा देवी** ने अंतर्राष्ट्रीय स्तर पर 'चिपको वूमन' के नाम से प्रसिद्धि पाई। महिला मंगल दलों के माध्यम से पर्यावरणविद् चण्डीप्रसाद भट्ट का सहयोग पाकर उन्होंने जनजागरण द्वारा स्थानीय लोगों को वनों के अधिकार

दिलाने, वनों के संरक्षण के प्रति जागरूकता पैदा करने का ऐतिहासिक कार्य किया। इसी क्रम में **बौणीदेवी** तथा **प्रेमादेवी** का योगदान भी उल्लेखनीय है। लक्ष्मी आश्रम कौसानी की **राधा बहन** के नेतृत्व में कई महिलाओं ने अवैध खनन से जल, जमीन, जंगलों को बचाने हेतु चला खीराकोट आन्दोलन पर्यावरण रक्षा में मील का पत्थर सिद्ध हुआ है।

सामाजिक-चेतना जागृत करने के क्षेत्र में टिहरी की सुश्री **मंगलादेवी उपाध्याय** का सक्रिय योगदान रहा। उन्होंने टिहरी रियासत के भारत गणराज्य में विलय के पश्चात् उस क्षेत्र में सर्वतोन्मुखी प्रगति हेतु महिला-मण्डल दलों की स्थापना की। इसी क्रम में **श्रीमती शकुन्तला देवी** और **श्रीमती चंद्रा पंवार** के योगदान को भुलाया नहीं जा सकता। 1948 में **महन्त नारायण गिरिभाई** ने सर्वप्रथम रुद्रप्रयाग में कन्या पाठशाला की नींव रखकर पर्वतीय क्षेत्रों में महिला-शिक्षा के द्वार खोले। मसूरी में **श्रीमती ताराप्रकाश** के संरक्षण में अम्बर चरखा केन्द्र प्रारम्भ किया गया। रात्रि पाठशालाओं में महिलाओं की शिक्षा, हरिजन बस्तियों के बच्चों के लिए पाठशालाएं आदि में **श्रीमती राजेश्वरी सजवाण** का योगदान रहा। महात्मा गांधी की विदेशी शिष्या **सरला बहन (मिस कैथरिन हैलीमन)** ने पर्वतीय महिलाओं के कल्याण हेतु कौसानी में 'लक्ष्मी आश्रम' नामक संस्था की स्थापना की।

टिहरी गढ़वाल में राजमाता कमलेन्दुमती शाह के प्रयासों से नरेन्द्र महाविद्यालय की स्थापना की गई। समाज सेवा के लिए 1958 में पद्म भूषण से अलंकृत होकर उन्होंने उत्तराखण्ड को गौरवान्वित किया। जनपद देहरादून के ग्राम ढकरानी में **श्रीमती मंगलादेवी जुयाल** द्वारा ग्रामीण स्वास्थ्य-सेवा एवं धर्मार्थ औषधालय की स्थापना की गयी थी।

वर्तमान में भी राज्य में अनेक महिलाएं अलग-अलग क्षेत्र में अपना योगदान कर रही हैं। मंगला रावत समाजसेवा के क्षेत्र में महत्वपूर्ण भूमिका निभा रही हैं। वे हंस फाउंडेशन के माध्यम से पहाड़ में आर्थिक रूप से पिछड़े लोगों की सेवा कर रही हैं। इसमें पिछड़े क्षेत्रों में अस्पताल बनवाना, साधनहीन प्रतिभाओं को मदद करना जैसे कार्य शामिल हैं। इन्दिरा हृदयेश, अमृता रावत, राज्यलक्ष्मी शाह, विजया बड़थ्वाल, **रेखा आर्य, ऋतु खण्डूड़ी** सहित कई अन्य महिलाएं राजनीति के क्षेत्र में सक्रिय हैं। देविका चौहान जौनसार की पहली महिला ग्रेजुएट थी, वह उत्तर प्रदेश की पहली महिला ब्लाक डेवलपमेंट ऑफिसर बनी।

उत्तराखण्ड आन्दोलन में भूमिका

उत्तराखण्ड आन्दोलन वस्तुतः महिलाओं की अगुवाई में लड़ा गया आंदोलन ही था। 90 के दशक के इस आंदोलन की शुरुआत में ही प्रत्येक नगर एवं कस्बे में महिलाओं के प्रदर्शन हुए। पौड़ी में आंदोलन के पहले दौर में 7 अगस्त, 1994 के दिन अनशनकारियों की सभा में पुलिस-प्रशासन द्वारा भयंकर लाठी-चार्ज किया गया। इस लाठी-चार्ज में घायल होने वालों में अधिकांश महिलाएं ही थीं।

1 सितंबर, 1994 को कुमाऊं के खटीमा कस्बे में आयोजित भूतपूर्व सैनिकों की रैली में भी महिलाएं थीं। पुलिस द्वारा निहत्थी जनता पर गोलियों की बौछार की गई। इसमें कई महिलाएं भी घायल हो गईं। 2 सितंबर 1994 को मसूरी में खटीमा गोलीकाण्ड से आक्रोशित आन्दोलनकारियों के जुलूस पर पुलिस द्वारा चलाई गोलियों से श्रीमती बेलमती चौहान और श्रीमती हंसा धनाई शहीद हो गईं।

2 अक्टूबर, 1994 को गाँधी जयंती पर दिल्ली में आयोजित 'उत्तराखण्ड रैली' में जा रही महिलाओं को मुजफ्फरनगर के रामपुर तिराहा पर रात्रि ढाई बजे के करीब रोक दिया गया और महिलाओं के साथ घोर अभद्रता की गई। पुलिस की इस बर्बरता के विरोध में 3 अक्टूबर को देहरादून में महिलाओं ने प्रदर्शन किया। आन्दोलन की इस चिंगारी से सारा उत्तराखण्ड सुलग उठा। पुलिस और प्रशासन के बढ़ते अत्याचार के साथ ही आंदोलन भी उग्र रूप धारण करता गया। महिलाएं जनपदों में अधिकारियों का घेराव करने लगीं। आन्दोलन सुस्त पड़ जाने पर महिलाएं आगे आकर नेतृत्व सँभाल लेती थीं। धरने पर बैठने, लाठियां खाने और गिरफ्तारियां देने में उत्तराखण्ड की महिलाएं कभी भी पीछे नहीं रहीं।

उत्तराखण्ड में महिला सशक्तिकरण

उत्तराखण्ड के परिपेक्ष्य में महिला सशक्तिकरण का आंकलन करें तो यहां की स्थिति भारत के अन्य राज्यों से बेहतर है। पर्यावरण संरक्षण के लिए गौरादेवी के कार्यों की आज सम्पूर्ण विश्व में मान्यता है। उत्तराखण्ड की महिलाओं में कत्यूरी शासन के अत्याचारों से लड़ने वाली तीलू रौतेली, मुगल शासकों के विरुद्ध संघर्ष करने वाली राजमाता कर्णावती, जिया रानी, स्वतंत्रता संग्राम सेनानी बिशनी देवी शाह, शराब विरोधी अभियान के द्वारा सामाजिक चेतना जगाने वाली टिंचरी माई, गढ़वाल की पहली महिला सांसद तथा महिलाओं के लिए उल्लेखनीय कार्य करने के लिए 1958 में पद्म भूषण से सम्मानित कमलेन्दुमती शाह, एवरेस्ट पर तिरंगा फहराने वाली पहली भारतीय महिला पद्म भूषण एवं पद्मश्री से अलंकृत बछेन्द्री पाल, गंगोत्री गर्ब्याल, राधा भट्ट, महादेवी भटनागर, डॉ० गिरिबाला जुयाल तथा नैरोबी में ग्लोबल वूमन एसेम्बली ऑफ इन्वायरमेन्ट में भारत का नेतृत्व करने वाली रैणी गांव की बाली देवी राणा, प्रसिद्ध साहित्यकार पद्मश्री गौरा पंत 'शिवानी', प्रसिद्ध लेखिका व पत्रकार पद्मश्री मृणाल पाण्डे, लोक संगीत के क्षेत्र में कार्य कर रही पद्मश्री बसन्ती बिष्ट, डॉ० माधुरी बड़थ्वाल, सुश्री बंसंती देवी और उत्तराखण्ड आंदोलन को नेतृत्व देने वाली कमला पंत, सुशीला बलूनी, कौशल्या डबराल, सुभाषिनी बर्त्वाल सहित कई महिलाओं ने इस राज्य को शक्ति के साथ समृद्धि भी प्रदान की है।

सार-संग्रह

- महादेवी कन्या पाठशाला (MKP) की स्थापना श्रीमती महादेवी भटनागर द्वारा 15 सितम्बर, 1902 में मात्र 6 छात्राओं को लेकर की गई थी। वह इससे पूर्व उत्तर प्रदेश, विधान परिषद की सदस्य भी रही।

- बाली देवी राणा का पर्यावरण संरक्षण में उल्लेखनीय योगदान रहा है। वह विगत 25 वर्षों से महिला मंगल दल, चिपको आन्दोलन, पर्यावरण शिक्षा एवं बालबाड़ियों के लिए निरन्तर क्रियाशील रही हैं। 1987 में इंदिरा गांधी वृक्ष मित्र पुरस्कार से सम्मानित हुईं। उन्होंने अक्टूबर 2004 में संयुक्त राष्ट्र के यूनाइटेड नेशन्स इन्वायरनमेन्ट प्रोग्राम, नैरोबी में ग्लोबल असेम्बली ऑफ वूमन ऑन इन्वायरनमेन्ट विषय पर व्याख्यान दिया।
- डॉ० इंदिरा हृदयेश हल्द्वानी से तीन बार विधायक चुनी गईं और वरिष्ठ मंत्री भी रही और विपक्षी पार्टी कांग्रेस की ओर से नेता प्रतिपक्ष चुनी गईं।
- डॉ० सुधारानी पाण्डे उत्तराखण्ड संस्कृत वि०वि० की कुलपति रह चुकी हैं।
- माला राज्यलक्ष्मी शाह 2014 और 2019 में टिहरी संसदीय क्षेत्र से चुनी गयी हैं। वे राज्य से निर्वाचित होने वाली तीसरी महिला लोकसभा सदस्य हैं।
- विश्व की सबसे ऊँची पर्वत चोटी माउंट एवरेस्ट पर विजय पताका फहराने वाली प्रथम भारतीय महिला बछेंद्री पाल हैं।
- 2014 में राज्यसभा सदस्य चुनी गई देहरादून की पूर्व मेयर मनोरमा शर्मा ऑल इंडिया काउंसिल ऑफ मेयर्स की चेयरपर्सन रहने के साथ ही एशियन मेयर्स काउंसिल की चेयरपर्सन भी रही थी।
- 1973 बैच की आईपीएस अधिकारी कंचन चौधरी भट्टाचार्य देश की ऐसी पहली महिला पुलिस अधिकारी थी, जिन्हें 15 जून, 2004 को उत्तराखण्ड राज्य के साथ ही देश की प्रथम महिला पुलिस महानिदेशक बनने का गौरव प्राप्त हुआ।
- अल्मोड़ा की एकता बिष्ट ने क्रिकेट के मैदान में नई ऊंचाइयों को छुआ। भारतीय महिला क्रिकेट टीम में जगह बनाकर श्रीलंका के खिलाफ खेले गए टी-20 मैच में तीन विकेट लेने वाली भारत की प्रथम खिलाड़ी बनी।
- मूलरूप से रुद्रप्रयाग जिले के भटवाड़ी गांव की हिमानी शिवपुरी बॉलीवुड की जानी-मानी चरित्र अभिनेत्री हैं।
- देहरादून की रहने वाली जुड़वां बहनों ताशी मलिक और नुंग्शी मलिक ने माउंट एवरेस्ट सहित पांचों महाद्वीपों की सर्वाधिक 7 ऊंची चोटियों पर तिरंगा फहराया।
- लैंसडौन की अनुकृति गुसाईं अपनी सुन्दरता और टैलेंट के बल पर लगातार आगे बढ़ रही हैं। 2013 में फेमिना मिस इंडिया रही अनुकृति ने वर्ष 2014 में कोरिया में आयोजित की गई मिस एशिया पैसेफिक वर्ल्ड प्रतियोगिता में चौथा स्थान प्राप्त किया। सम्प्रति वे राजनीति में सक्रिय हैं।
- भारतीय नौसेना में लेफ्टिनेंट कमांडर वर्तिका जोशी के नेतृत्व में पहली बार 6 महिला अफसरों ने 'नाविका सागर परिक्रमा' कर विश्व कीर्तिमान स्थापित किया। 7 मार्च, 2018 को वह नारी शक्ति पुरस्कार से सम्मानित हुई।

- 1 अप्रैल 2018 से हेमवती नंदन बहुगुणा गढ़वाल विश्वविद्यालय की कार्यवाहक कुलपति का कार्यभार संभाल रही प्रो० अन्नपूर्णा नौटियाल को विश्वविद्यालय का स्थाई कुलपति नियुक्त किया गया। 31 अक्टूबर, 2019 को प्रो० अन्नपूर्णा नौटियाल को इस केन्द्रीय विश्वविद्यालय की पहली महिला कुलपति नियुक्त होने का गौरव प्राप्त हुआ।
- डॉ० सुरेखा डंगवाल को दून विश्वविद्यालय की प्रथम महिला कुलपति नियुक्त होने का गौरव प्राप्त हुआ।
- टोक्यो ओलम्पिक में हॉकी टीम की सदस्य वंदना कटारिया को उत्कृष्ट प्रदर्शन के लिए 13 नवम्बर, 2021 को अर्जुन पुरस्कार और 2022 में उन्हें पद्मश्री से अलंकृत किया गया।
- डॉ० माधुरी बड़थ्वाल को लोक गीत के संरक्षण की दिशा में वर्ष 2022 के पद्मश्री सम्मान से नवाजा गया है। डॉ० बड़थ्वाल, नजीबाबाद, आकाशवाणी केन्द्र में पहली महिला कम्पोजर रही हैं। उन्हें वर्ष 2019 में नारी शक्ति पुरस्कार से भी सम्मानित किया गया था। वर्ष 2023 में उत्तराखण्ड गौरव और वर्ष 2024 में तीलू रौतेली पुरस्कार से सम्मानित।
- बसंती देवी को पर्यावरण संरक्षण के लिए वर्ष 2022 में पद्मश्री पुरस्कार से सम्मानित किया गया है। उत्तराखण्ड के जल, जंगल, जमीन को बचाने में महिलाओं की भागीदारी से उन्होंने सराहनीय कार्य किये हैं। विशेष रूप से कोसी नदी के पुनर्जीवीकरण में उनका विशिष्ट योगदान है।
- ऋतु भूषण खण्डूड़ी उत्तराखण्ड विधान सभा की प्रथम महिला विधान सभा अध्यक्ष चुनी गई हैं। ■■

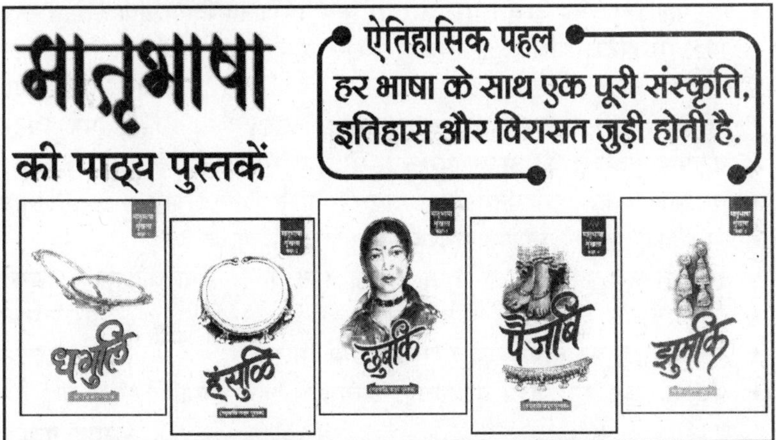

इन्हें भी जानिए

- **कुमाऊं** की **झांसी की रानी** किसे कहा जाता है? **-जिया रानी**
- **नाक काटने वाली रानी** के नाम से किसे जाना जाता है? **-रानी कर्णावती**
- **गढ़वाल की झांसी** की रानी किसे कहा जाता है? **-तीलू रौतेली**
- **कुंती देवी** वर्मा किस आंदोलन की प्रमुख नेत्री थी? **-स्वतंत्रता आंदोलन**
- **स्वतंत्रता संग्राम** के दौरान जेल जाने वाली उत्तराखण्ड की प्रथम महिला कौन थी? **-बिशनीदेवी शाह**
- **बिशनीदेवी शाह** का जन्म कहाँ हुआ था? **-1902, बागेश्वर**
- **टिंचरी माई** का मूल नाम क्या था? **-दीपा नौटियाल**
- **संन्यास धारण** करने के बाद इन्हें किस नाम से जाना जाता था? **-इच्छागिरि माई**
- **चिपको वूमॅन** के नाम से किसे जाना जाता है? **-गौरा देवी**
- गौरा देवी किस गाँव की **सरपंच** थी? **-रैणी -चमोली**
- लेखिका **शिवानी** का मूल नाम क्या था? **-गौरा पंत**
- शिवानी को **पद्मश्री** से कब सम्मानित किया गया? **-1981**
- **माता मंगला** का सम्बन्ध किस फाउण्डेशन से है? **-हंस फाउण्डेशन**
- 1992 में **जमना लाल बजाज** पुरस्कार से किसे सम्मानित किया गया? **-राधा भट्ट**
- उत्तराखण्ड से **बैडमिन्टन क्वीन** के नाम से किसे जाना जाता है? **-मधुमिता बिष्ट**
- मधुमिता बिष्ट को **अर्जुन पुरस्कार** से कब सम्मानित किया गया? **-1982**
- 1997 में **इंदिरा गाँधी वृक्ष मित्र** पुरस्कार किन्हें प्रदान किया गया? **-बाली देवी राणा**
- बछेन्द्री पाल ने **माउण्ट एवरेस्ट** कब फतह किया? **-23 मई 1984**
- चन्द्रप्रभा एतवाल को **अर्जुन पुरस्कार** से कब सम्मानित किया गया?**-1981**
- चन्द्रप्रभा एतवाल को **पद्मश्री** से कब सम्मानित किया गया? **-1990**
- सुमन कोटियाल ने **माउण्ट एवरेस्ट** कब फतह किया था? **-1993**
- **दक्षिणी ध्रुव** पहुँचने वाली प्रथम महिला कौन थी? **-रीना कौशल धर्मसक्तू**
- **हंसा मनराल** का सम्बन्ध किस खेल से है? **-भारोत्तोलन**
- हंसा मनराल को **द्रोणाचार्य पुरस्कार** कब मिला? **-2001**
- **संयुक्त राष्ट्र सैन्य जेंडर एडवोकेट अवार्ड** से किसे सम्मानित किया गया है? **-सुमन गवानी**
- दून विश्वविद्यालय की वर्तमान **कुलपति** कौन हैं? **-प्रो० सुरेखा डंगवाल**

- पहली विधानसभा में महिला विधायकों की संख्या कितनी थी? **-4**
- वर्ष 2022 में सबसे ज्यादा 8 महिलाएं विधायक चुनी गईं। इससे पूर्व वर्ष 2002 और 2007 में 4-4 और 2012 तथा 2017 में 5 महिलाएं विधायक चुनी गई थीं। बागेश्वर उपचुनाव के बाद विधानसभा में महिला विधायकों की संख्या। **-9**
- उत्तराखण्ड की पद्मश्री प्राप्त प्रसिद्ध **जागर गायिका** कौन हैं? **-बसंती बिष्ट**
- **कल्पना चौहान** का सम्बन्ध किस क्षेत्र से है? **-गायन**
- गढ़वाल केन्द्रीय विश्वविद्यालय की प्रथम महिला **कुलपति** कौन थी? **-प्रो० अन्नपूर्णा नौटियाल**
- उत्तराखण्ड से **पहली महिला सांसद** कौन थी? **-कमलेन्दुमति शाह**
- कमलेन्दुमति शाह को **पद्म भूषण** से कब सम्मानित किया? **-1958**
- टिहरी से **वर्तमान सांसद** कौन हैं? **-माला राज्यलक्ष्मी शाह**
- 1998 में नैनीताल से **सांसद** कौन चुनी गई? **-इला पंत**
- राज्य बनने के बाद राज्यसभा के लिए चुनी गई **महिला** कौन थी? **-मनोरमा शर्मा**
- देहरादून की मेयर चुनी गई **पहली महिला** कौन थी? **-मनोरमा शर्मा**
- राज्य विधानसभा की **पहली महिला** उपसभापति कौन थी? **-विजया बड़थ्वाल**
- उत्तराखण्ड की **बाल विकास मंत्री** कौन हैं? **-रेखा आर्य**
- उत्तराखण्ड **महिला मंच** की अध्यक्ष कौन हैं? **-कमला पंत**
- हिमानी शिवपुरी का **सम्बन्ध** किस क्षेत्र से है? **-अभिनय**
- सुशीला बलूनी किस आन्दोलन की प्रमुख नेत्री थी? **-उत्तराखण्ड राज्य आन्दोलन**
- हंसा धनाई व बेलमती चौहान **किस आंदोलन** में शहीद हुई? **-राज्य आंदोलन**
- **हल्द्वानी** की पहली महिला मेयर कौन थी? **-रेणु अधिकारी**
- एकता बिष्ट का सम्बन्ध किस **खेल** से है? **-क्रिकेट**
- वंदना कटारिया का सम्बन्ध किस **खेल** से है? **-हॉकी**
- उत्तराखण्ड विधान सभा की प्रथम महिला विधान सभा अध्यक्ष कौन चुनी गई हैं? **-ऋतु भूषण खण्डूड़ी**

■■

दरबान सिंह नेगी

विक्टोरिया क्रॉस के प्रथम भारतीय विजेता

दरबान सिंह नेगी (4 मार्च, 1883–24 जून, 1950) भारतीय सेना के एक वीर सिपाही थे, जिन्हें प्रथम विश्व युद्ध के दौरान अपने अदम्य साहस और वीरता के लिए विक्टोरिया क्रॉस (वीसी) से सम्मानित किया गया। विक्टोरिया क्रॉस ब्रिटिश और राष्ट्रमंडल सेनाओं का सर्वोच्च सैन्य सम्मान है, जो युद्ध के दौरान दुश्मन के सामने असाधारण वीरता के लिए दिया जाता है। दरबान सिंह नेगी की वीरता न केवल व्यक्तिगत बलिदान की मिसाल है, बल्कि प्रथम विश्व युद्ध में भारतीय सैनिकों के योगदान को रेखांकित करती है। छह भारतीयों को उस युद्ध में वीसी मिला, जो ब्रिटिश साम्राज्य की वफादारी को दर्शाता है। आज उत्तराखण्ड के युवा नेगी जैसे वीरों से प्रेरणा लेते हैं। उनकी स्मृति में लैंसडौन का म्यूजियम और युद्ध स्मारक पर्यटकों को इतिहास की झलक देता हैं। नेगी का जीवन प्रेरणा देता है कि साहस की कोई सीमा नहीं होती। उनका जन्म उत्तराखण्ड के चमोली जनपद के कफारतीर गांव में हुआ था। वह पहाड़ों से निकलकर विश्व पटल पर चमका। नेगी की कहानी न केवल सैन्य इतिहास की एक महत्वपूर्ण कड़ी है, बल्कि भारतीय सैनिकों की निष्ठा और बलिदान का प्रतीक भी है।

प्रारंभिक जीवन और सेना में प्रवेश

दरबान सिंह नेगी का जन्म 1883 में एक साधारण गढ़वाली परिवार में हुआ। उत्तराखण्ड के पहाड़ी क्षेत्रों में रहने वाले युवा अक्सर आर्थिक कारणों से सेना में भर्ती होते थे, क्योंकि स्थानीय कृषि पर्याप्त आजीविका प्रदान नहीं करती थी। 19 वर्ष की आयु में नेगी ने ब्रिटिश भारतीय सेना में सिपाही के रूप में प्रवेश किया। वे 39वीं गढ़वाल राइफल्स की पहली बटालियन में शामिल हुए, जो एक प्रसिद्ध पहाड़ी रेजिमेंट थी। 1914 तक वे नायक (कॉर्पोरल के समकक्ष) के पद पर पहुंच चुके थे। प्रथम विश्व युद्ध के प्रारंभ होने पर वे फ्रांस के पश्चिमी मोर्चे पर भेजे गए, जहां भारतीय सैनिकों ने ब्रिटिश सेना के साथ कंधे से कंधा मिलाकर लड़ाई लड़ी।

विक्टोरिया क्रॉस की वीरता

नेगी की वीरता का सबसे उल्लेखनीय उदाहरण 23–24 नवंबर 1914 को फ्रांस के फेस्टूबर्ट (Festubert) की लड़ाई के दौरान सामने आया। जर्मन सेना ने ब्रिटिश खाइयों पर कब्जा कर लिया था और गढ़वाल राइफल्स को उन्हें वापस हासिल करने का आदेश मिला। अंधेरी रात में, भारी बमबारी और राइफल की गोलियों के बीच नेगी ने नेतृत्व संभाला। वे प्रथम सैनिकों में से एक थे जिन्होंने खाइयों के प्रत्येक मोड़ (ट्रैवर्स) को पार किया और दुश्मन को खत्म किया। इस दौरान उन्हें सिर में दो जगह और बांह में चोटें

लगीं, लेकिन वे रुके नहीं। निकटतम दूरी पर बमों और गोलियों की बौछार के बावजूद उन्होंने दुश्मन को खदेड़ा और खाइयों को मुक्त कराया।

इस वीरता के लिए लंदन गजट में 7 दिसंबर, 1914 को उनकी प्रशंसा की गई। 'फेस्टूबर्ट के निकट 23-24 नवंबर की रात को महान वीरता का प्रदर्शन किया, जब रेजिमेंट ने हमारी खाइयों से दुश्मन को खदेड़ा। सिर में दो जगह और बांह घायल होने के बावजूद वे प्रत्येक मोड़ को पार करने वाले प्रथम सैनिकों में से एक थे।' अविभाजित भारत के पहले विक्टोरिया पदक विजेता का नाम खुदादाद खान को माना जाता है, क्योंकि उनको दरबान सिंह नेगी से पहले यह पदक मिला था। जबकि खुदादाद से पहले बहादुरी की मिसाल दरबान सिंह नेगी ने पेश की थी। फिर भी भारत के विभाजन के बाद दरबान सिंह नेगी को ही देश का पहला विक्टोरिया क्रास विजेता माना जायेगा। नेगी पहले भारतीय थे जिन्हें राजा जॉर्ज पंचम ने व्यक्तिगत रूप से यह पदक प्रदान किया। 5 दिसंबर, 1914 को फ्रांस के सेंट ओमर में आयोजित समारोह में राजा ने स्वयं पदक उनके सीने पर लगाया।

पुरस्कार और सम्मान

विक्टोरिया क्रॉस के अलावा नेगी को कई अन्य सम्मान मिले। वे प्रथम विश्व युद्ध के बाद इराक में सेवा करते रहे। 1926 में वे सूबेदार (कैप्टन के समकक्ष) के पद से सेवानिवृत्त हुए। द्वितीय विश्व युद्ध के दौरान उन्होंने भारत में भर्ती अधिकारी के रूप में काम किया। नेगी ने राजा जॉर्ज पंचम से एक अनुरोध भी किया था। ऋषिकेश से कर्णप्रयाग तक रेलवे लाइन का निर्माण। हालांकि, पहाड़ी इलाके के कारण यह तत्काल संभव नहीं हुआ। नेगी की विरासत आज भी जीवित है। लैंसडौन (उत्तराखण्ड) में गढ़वाल राइफल्स का रेजिमेंटल म्यूजियम उनके नाम पर 'दरबान सिंह म्यूजियम' रखा गया है, जो पुरानी वर्दी, हथियार, फोटो और गोला-बारूद की प्रदर्शनी रखता है। यह म्यूजियम गढ़वाल राइफल्स की स्थापना से लेकर उनकी उपलब्धियों तक की कहानी बयां करता है।

सामाजिक गतिविधियाँ

वे गढ़वाल जिला बोर्ड के निर्वाचित सदस्य और गढ़वाल सोल्जर्स बोर्ड के एक सम्मानीय सदस्य रहे। उन्होंने कई युवकों की सहायता की। पैतोंली स्थान पर अन्य स्थानीय लोगों के सहयोग से जूनियर हाई स्कूल की स्थापना की। विद्यालय का भवन निर्माण और आर्थिक सहायता दिलाने में पूरा समय और सामर्थ्य लगाया।

पारिवारिक और व्यक्तिगत जीवन

उनके सबसे बड़े पुत्र श्री पृथ्वी सिंह नेगी उत्तर प्रदेश सरकार की सेवा में एम्पलाइमेंट एक्सचेंज कानपुर में सुपरिनटेण्डेण्ट हैं। श्री दलबीर सिंह नेगी ने आगरा से शिक्षा प्राप्त कर अमेरिका में डाक्टरेट हासिल की और वहीं बस गये। उनके पुत्र बलवीर सिंह नेगी गढ़वाल राइफल्स में कर्नल के पद तक पहुंचे और पोते ब्रिगेडियर के रूप में सेवा दे रहे हैं। उनकी एक परपोती 2011 बैच की भारतीय राजस्व सेवा (आयकर) अधिकारी हैं और उनके परदामाद 2011 बैच के भारतीय पुलिस सेवा अधिकारी (उत्तर प्रदेश कैडर) हैं। नेगी ने अपने गांव में शांतिपूर्ण जीवन जिया और 1950 में उनका परलोक गमन हुआ। उनकी कहानी भारतीय सैनिकों की निष्ठा का प्रतीक बनी रही। ◈◈

कैप्टन धूम सिंह चौहान

(1886–1953)

1903 में गढ़वाल राइफल्स की पहली बटालियन में राइफलमैन के रूप में भर्ती हुए और शैक्षिक-तकनीकी रुझान के चलते सिग्नलिंग कोर्स कर गढ़वाल राइफल्स के पहले सीनियर सिग्नलिंग इंस्ट्रक्टर धूम सिंह चौहान चमोली जनपद में बिचला नागपुर पट्टी के सरमोला गाँव के मूल निवासी थे। वे बाद में गौचर में बस गये थे। 1914–15 में प्रथम विश्व युद्ध में इन्होंने फ्रांस और लेंडर्स के मोर्चों पर सीनियर सिग्नलिंग इंस्ट्रक्टर की हैसियत से प्रतिभाग किया था। सिग्नलिंग यूनिट के ब्रिटिश अधिकारी के युद्ध में वीर गति प्राप्त करने पर धूम सिंह चौहान ने ही यूनिट की कमान सम्भाली। 1919 में तृतीय अफगान युद्ध में उत्तर-पश्चिमी सीमा प्रान्त में खैबर-जमरूद के दुर्गम-कबाइली इलाके में सूबेदार के रूप में ब्रिटिश भारतीय सेना की निर्णायक विजय के सहभागी रहे। दोनों युद्धों में बहादुरी से लड़ते हुए धूम सिंह चौहान घायल हुए। 1920 में धूम सिंह चौहान को प्रतिष्ठित ऑर्डर ऑफ ब्रिटिश इंडिया (सेकेंड क्लास) प्रदान किया गया।

1929 में सम्राट जॉर्ज पंचम के इण्डियन ऑर्डली ऑफिसर के रूप में चयनित होने पर एक वर्ष तक सम्राट के शाही आवास बकिंघम पैलेस लंदन में धूम सिंह चौहान की गौरवपूर्ण तैनाती रही। 1932 में किंग्स कमीशन प्राप्त करने के फलस्वरूप ऑनरेरी लेफ्टिनेंट बनाये गये। उन्हें ऑर्डर ऑफ ब्रिटिश इण्डिया (फर्स्ट क्लास) और सरदार बहादुर का खिताब भी प्रदान किया गया। 1934 में रु० 600/- की जागीर प्राप्त कर वे सेवानिवृत्त हुए। 1935 में वे

युनाइटेड प्रॉविंस के गर्वनर के ए०डी०सी० बनाये गये। 31 वर्ष की विशिष्ट सैन्य सेवा के पश्चात सेवानिवृत्त होकर विभिन्न सामाजिक कार्यों में सक्रिय रहे। गढ़वाल राइफल्स रेजीमेंटल सेंटर की स्थापना को अक्टूबर 2021 में सौ वर्ष पूरे हुए हैं। इस अवसर पर गढ़वाल राइफल्स के अग्रणी नायक, सरदार बहादुर कैप्टन धूम सिंह चौहान पर एक पुस्तक का प्रकाशन किया है। कैप्टन चौहान के परिवार से आत्मीय सम्बन्ध रखने वाले साहित्यकार देवेश जोशी द्वारा गहन शोध के उपरान्त यह पुस्तक लिखी गयी है।

भारतीय सैन्य अकादमी, देहरादून

भारतीय सैन्य अकादमी का एक गौरवशाली इतिहास रहा है। भारत में ब्रिटिश सेना के तत्कालीन कमाण्डर इन चीफ फील्ड मार्शल सर फिलिप डब्लू चेटवुड ने 10 दिसम्बर, 1932 को भारतीय सैन्य अकादमी का औपचारिक उद्‌घाटन किया था। लेकिन अकादमी 1 अक्टूबर, 1932 को 40 पायनियर्स के साथ अस्तित्व में आ गयी थी। इसकी शुरुआत 40 जैटलमैन कैडेटों के

प्रशिक्षण से शुरू हुई थी लेकिन आज इसकी क्षमता 1650 ऑफिसर कैडेटों को प्रशिक्षण देने की है। बदलते विश्व परिदृश्य और बदलती रक्षा चुनौतियों के आलोक में देश की रक्षा जरूरतों के अनुरूप अकादमी की क्षमता और प्रशिक्षण पाठ्यक्रम में विस्तार जारी है। अपनी स्थापना के 93 वर्षों में अकादमी वर्ष 2025 तक 66,000 से अधिक जैंटलमैन कैडेटों को प्रशिक्षित कर भारत और मित्र देशों की सेनाओं को दे चुकी है। अकादमी से अब तक 34 मित्र देशों के 3000 विदेशी जैंटलमैन कैडेट पासआउट हो चुके हैं।

यह अकादमी न केवल बहादुर और प्रतापी योद्धाओं का पालना है, अपितु इसने देश को एक से बढ़कर एक खिलाड़ी भी दिये हैं, जिन्होंने देश का नाम रोशन किया है। इस ऐतिहासिक अकादमी ने बर्मा और पाकिस्तान को भी थलसेना अध्यक्ष दिये हैं। अकादमी से प्रशिक्षित 889 योद्धाओं ने मातृभूमि के लिए सर्वोच्च बलिदान दिये हैं। जांबाज योद्धाओं में से 667 परमवीर चक्र और विक्टोरिया क्रॉस जैसे वीरता अलंकरणों से सम्मानित हुए हैं। इस अकादमी के जांबाजों को एक विक्टोरिया क्रॉस, एक जार्ज क्रॉस, 73 मिलिट्री क्रॉस, 6 परमवीर चक्र, 13 अशोक चक्र, 64 महावीर चक्र, 40 कीर्ति चक्र, 28 युद्ध सेवा मेडल, 255 वीर चक्र और 164 शौर्य चक्र विभिन्न रण भूमियों में अदम्य साहस और सर्वोच्च बलिदान के लिए मिले हैं।

आजादी के बाद सन् 1947 में भारतीय सैन्य अकादमी में पहले भारतीय कमाण्डेण्ट मेजर जनरल ठाकुर महादेव सिंह बने। देखा जाए तो देहरादून और आज की भारतीय सैन्य अकादमी भारत के सैन्य प्रशिक्षण की जननी मानी जा सकती है। इसका एक अलग विंग क्लेमनटाउन में खोला गया, जहां सेना के तीनों विंगों को ट्रेनिंग दी जाती थी। बाद में इसका नाम नेशनल डिफेंस एकेडमी रख दिया गया। 1954 में एनडीए के पूना स्थानांतरित हो जाने के बाद इसका नाम मिलिट्री कॉलेज हो गया। यहीं से देश की तीनों सेनाओं के प्रशिक्षण की शुरुआत हुई।

राष्ट्रीय इंडियन मिलिट्री कॉलेज

आर०आई०एम०सी० शताब्दी वर्ष–2022

राष्ट्रीय इंडियन मिलिट्री कॉलेज (आर०आई०एम०सी०) देहरादून, मार्च, 2022 में अपनी स्थापना की शताब्दी पूर्ण कर चुका है। यह कॉलेज अब राष्ट्रीय रक्षा अकादमी और अन्ततः भारत की तीनों सेनाओं को अधिकारी देने का फीडर संस्थान है। सौ वर्ष के इतिहास में पहली बार कॉलेज में जुलाई, 2022 से पाँच-पाँच लड़कियों को दाखिला मिलने की शुरुआत हुई। जबकि अब तक केवल एक लड़की को वर्ष1992 में दाखिला मिला था। वह लड़की सेना में मेजर बनी थी। आर०आई०एम०सी० में एक बार में 250 कैडेट को एडमिशन मिलता है।

भारतीय नेताओं के दबाव में वायसरॉय लॉर्ड कर्जन ने 1901 में मेरठ में इम्पीरियल कैडेट कोर की स्थापना कर दी थी, जिसमें भारतीय राजकुमारों और उच्च वर्ग के लोगों को ही प्रवेश की व्यवस्था थी। यह कॉलेज बाद में मेरठ से देहरादून शिफ्ट किया गया। 1917 में यह कॉलेज बंद हो गया, मगर इसके साथ ही भारतीयों का अफसर के रूप में सेना में प्रवेश शुरू हो गया था। फिर भी यह व्यवस्था भारतीय नेतृत्व को स्वीकार्य नहीं थी।

इम्पीरियल कैडेट कोर या कॉलेज के बंद होने के बाद इसे 1922 में प्रिंस ऑफ वेल्स रॉयल द्वारा इंडियन मिलिट्री कॉलेज के रूप में पुनर्जीवित किया गया। यह कॉलेज पहले सैण्ड हर्ट्स अकादमी लंदन फिर 1932 में इंडियन मिलिट्री अकादमी देहरादून के लिए युवाओं को तैयार करने लगा। यह देश का ऐसा एकमात्र स्कूल है जहां साल में दो बार बोर्ड परीक्षाएं आयोजित होती हैं। इसे आर्मी हेडक्वार्टर संचालित कराता है। कर्नल स्तर का अधिकारी स्कूल का प्रिंसिपल होता है।◈◈

वायसरॉय लॉर्ड कर्जन ने 1901 में मेरठ में इम्पीरियल कैडेट कोर की स्थापना कर दी थी, जिसमें भारतीय राजकुमारों और उच्च वर्ग के लोगों को ही प्रवेश की व्यवस्था थी। यह कॉलेज बाद में मेरठ से देहरादून शिफ्ट किया गया।

वीर प्रसूता भूमि के महान नायक 5

गढ़वाल अंचल के छोटे से पहाड़ी क्षेत्र में कम से कम 52 गढ़पतियों या ठकुराइयों का होना स्थानीय लोगों की स्वाधीन प्रवृत्ति का ही प्रमाण है। इसीलिए ईस्ट इंडिया कंपनी और फिर ब्रिटिश साम्राज्य के शासन में उत्तराखण्ड के लोगों की बहादुरी और वफादारी को परखकर सेना में उपयोग किया गया। आज कश्मीर का जितना भी हिस्सा भारत के नियंत्रण में है, उसे बचाने में कुमाऊँ रेजीमेंट की अहम भूमिका रही थी। 1948 में 4 कुमाऊँ रेजीमेंट की डेल्टा कंपनी ने कश्मीर के बडगाम में मेजर सोमनाथ शर्मा के नेतृत्व में वीरता की मिसाल पेश की। असाधारण वीरता के लिए मेजर सोमनाथ को मरणोपरान्त देश का पहला परमवीर चक्र मिला। 1962 में लद्दाख एवं नेफा क्षेत्र में 13 कुमाऊँ रेजीमेंट की चार्ली कंपनी ने मेजर शैतान सिंह के नेतृत्व में असाधारण बहादुरी दिखाई तो शैतान सिंह को भी मरणोपरान्त परमवीर चक्र से नवाजा गया। पहले विश्व युद्ध में विक्टोरिया क्रॉस से सम्मानित दरबान सिंह नेगी और गब्बर सिंह नेगी भी गढ़वाल राइफल्स से थे। इस छोटे से प्रदेश में सेना की दो रेजीमेंट हैं।

अजीत डोभाल (डोवल)

युद्ध और शांतिकाल की वीरता के दोनों चक्र अलंकरण शृंखलाएं सामान्यत: सेना के तीनों अंगों के सैनिकों की बहादुरी के लिए हैं, लेकिन अजीत डोभाल भारतीय पुलिस सेवा के ऐसे जांबाज अफसर रहे जिन्होंने अपने शौर्य के लिए 1988 में कीर्ति चक्र हासिल किया। अजीत डोभाल का जन्म 20 फरवरी, 1945 को पौड़ी गढ़वाल की बनेलस्यूं पट्टी के घीड़ी गांव में हुआ था। वह 1968 के केरल बैच के आई०पी०एस० अधिकारी रहे हैं और 2005 में इंटेलिजेंस ब्यूरो (आई०बी०) के प्रमुख के पद से सेवानिवृत्त हुए हैं। वर्तमान में अजीत डोभाल प्रधानमंत्री के राष्ट्रीय सुरक्षा सलाहकार हैं।

जनरल बिपिन रावत

भारत के पहले चीफ ऑफ डिफेंस स्टाफ (सी०डी०एस०) बनने का गौरव हासिल किया। उत्तराखण्ड का मान बढ़ाने वाले स्वर्गीय बिपिन रावत का जन्म 16 मार्च, 1958 को देहरादून में हुआ था। वह पौड़ी जनपद के द्वारीखाल ब्लाक के बिरमोली के उपग्राम सैंण के मूल निवासी थे। उनके पिता लेफ्टिनेंट जनरल (से०नि०) लक्ष्मण सिंह रावत थल सेना के डिप्टी चीफ रह चुके थे। अपनी प्रारम्भिक शिक्षा देहरादून के कैम्ब्रियन हॉल स्कूल और सेंट एडवर्ड स्कूल, शिमला से प्राप्त करने के बाद वह ग्रेजुएशन

तथा सैन्य प्रशिक्षण के लिए राष्ट्रीय रक्षा अकादमी (एन०डी०ए०), खड़गवासला के लिए चयनित हुए और वहां से भारतीय सैन्य अकादमी, देहरादून में शामिल हो गए। 16 दिसम्बर, 1978 को उन्हें 11 गोरखा राइफल्स की 5वीं बटालियन में कमीशन मिला। वह डिफेंस सर्विसेज स्टाफ कॉलेज (डी०एस०एस०सी०), वेलिंगटन और यूनाइटेड स्टेट्स आर्मी कमांड में हायर कमांड कोर्स और फोर्ट लीवेनवर्थ, कंसास में जनरल स्टाफ कॉलेज से भी स्नातक थे। जनरल रावत ने 27वें सेनाध्यक्ष के रूप में 31 दिसम्बर, 2016 को पदभार ग्रहण किया था। उन्होंने भारतीय सेना के चीफ ऑफ स्टाफ कमेटी के 57वें और अंतिम अध्यक्ष के रूप कार्य किया। उन्हें 30 दिसम्बर, 2019 को पहले सीडीएस के रूप में नियुक्त किया गया। 8 दिसम्बर, 2021 को तमिलनाडु के कुन्नूर के पास उनका हेलीकॉप्टर दुर्घटनाग्रस्त हो गया था। इस हादसे में जनरल बिपिन रावत, 12 अन्य सैन्यकर्मियों और उनकी पत्नी का निधन हो गया। वर्ष 2022 में पद्म विभूषण और उत्तराखण्ड गौरव सम्मान से अंलकृत।

जनरल बिपिन चंद्र जोशी

जनरल बी०सी० जोशी भारतीय थल सेना के 17वें चीफ ऑफ आर्मी स्टाफ (सी०ओ०ए०एस०) थे। उनका जन्म 5 दिसम्बर, 1935 को उत्तराखण्ड के अल्मोड़ा जनपद के दन्या में हुआ था।

जनरल बी०सी० जोशी विशिष्ट सेवा के लिए परम विशिष्ट सेवा पदक, अति विशिष्ट सेवा पदक प्राप्तकर्ता रहे हैं। बिपिन जोशी को दिसम्बर 1954 में 64 कैवेलरी रेजीमेंट, भारतीय सेना बख्तरबंद कोर में कमीशन प्राप्त हुआ था। जनरल जोशी की 19 नवम्बर, 1994 को नई दिल्ली के सैन्य अस्पताल में हृदय आघात से मृत्यु हो गई। वह 1995 में सेवानिवृत्त होने वाले थे। जनरल जोशी भारतीय सेना के एकमात्र अध्यक्ष हैं जिनकी अपने कार्यकाल में मृत्यु हुई।

एडमिरल देवेन्द्र कुमार जोशी

एडमिरल जोशी भारत के 21वें नौसेनाध्यक्ष थे। 21 अगस्त, 2012 से 26 फरवरी, 2014 तक वह इस पद पर रहे। देवेन्द्र कुमार जोशी का जन्म 4 जुलाई, 1954 को अल्मोड़ा जनपद के दौलाघाट में हुआ। एडमिरल जोशी ने 01 अप्रैल, 1974 को भारतीय नौसेना के एक्जीक्यूटिव ब्रांच में कमीशन प्राप्त किया था। लगभग 38 वर्ष की सेवा के बाद आईएनएस सिंधुरत्न दुर्घटना एवं इससे पहले हुई

कई सिलसिलेवार दुर्घटनाओं की नैतिक जिम्मेदारी लेते हुए उन्होंने 26 फरवरी, 2014 को अपने पद से इस्तीफा दे दिया। ऐसा करने वाले वह भारत के पहले नौसेनाध्यक्ष हैं। उनकी उत्कृष्ट सेवा के कारण उन्हें सेवानिवृत्ति के बाद 8 अक्टूबर, 2017 को अंडमान निकोबार द्वीप समूह का उपराज्यपाल नियुक्त किया गया।

कै. धूमसिंह चौहान

धूमसिंह चौहान गढ़वाल राइफल्स के पहले भारतीय अफसर थे जो कि राइफलमैन के रूप में भर्ती हुए और किंग्स कमीशन प्राप्त कर सरदार बहादुर की पदवी और जागीर प्राप्त कर पूरे 31 वर्ष की सेवा के बाद सेवानिवृत्त हुए। धूमसिंह चौहान का जन्म 20 फरवरी, 1886 को चमोली जनपद की बिचला नागपुर पट्टी के सरमोला गांव में हुआ था। वह 1903 में गढ़वाल राइफल्स में भर्ती हुए थे। 1929 में वह सम्राट जॉर्ज पंचम के ऑर्डली ऑफिसर के पद पर चयनित हुए। सन् 1932 में उन्हें ऑर्डर ऑफ ब्रिटिश इंडिया, फर्स्ट क्लास का तमगा मिला। एक राइफलमैन के रूप में भर्ती होने वाले धूमसिंह चौहान अपने शौर्य, प्रतिभा और बुद्धि कौशल के बलबूते एक कैप्टन (ऑनरेरी), सम्राट के ऑर्डली ऑफिसर और गवर्नर के ए०डी०सी० पदों तक पहुंचे।

सू. दरबान सिंह नेगी

उत्तराखण्ड के जांबाज सैनिकों के हिन्दुस्तान की सरहदों पर अपने ख़ून से अपनी दिलेरी और मातृभूमि के लिए सर्वोच्च बलिदान की गाथाएं तो लिखी ही हैं लेकिन सरहदों से पार बहुत दूर विश्व युद्धों में भी अपनी बहादुरी और शौर्य की कहानियां रणभूमियों में छोड़ी हैं। इन्हीं परम प्रतापी सैनिकों में से एक भारत के पहले विक्टोरिया क्रॉस विजेता दरबान सिंह नेगी भी थे, जिनका जन्म चमोली जनपद के कफारतीर गांव में हुआ था। प्रथम विश्व युद्ध में नायक दरबान सिंह नेगी के नेतृत्व में 1/39 गढ़वाल राइफल्स ने फेस्टुवर्ट के मोर्चे पर 23 और 24 नवम्बर, 1914 की मध्यरात्रि हमला कर जर्मनी से सुबह होने तक पूरा इलाका मुक्त कर लिया। इस युद्ध में दरबान सिंह नेगी के अदम्य साहस से प्रभावित होकर किंग जार्ज पंचम ने 5 दिसम्बर, 1914 को युद्ध के मैदान में पहुंचकर उन्हें विक्टोरिया क्रॉस प्रदान किया था। नायक दरबान सिंह नेगी की वीरता के चलते गढ़वाल राइफल्स को फेस्टुबर्ट बैटल ऑनर का खिताब दिया गया।

रा. गबर सिंह नेगी

प्रथम विश्व युद्ध में फ्रांस के मोर्चे पर राइफलमैन गबर सिंह नेगी ने न्यूवे शेपल के मोर्चे पर असाधारण वीरता का परिचय दिया था। टिहरी गढ़वाल की बमुण्ड पट्टी के सांजुर गांव (चम्बा के निकट) में बद्री सिंह नेगी के घर जन्में गबर सिंह नेगी दूसरे गढ़वाली सैनिक थे, जिन्हें ब्रिटिश काल का शौर्य पुरस्कार विक्टोरिया क्रॉस मिला (मरणोपरान्त) था। असाधारण अदम्य साहस और वीरता का

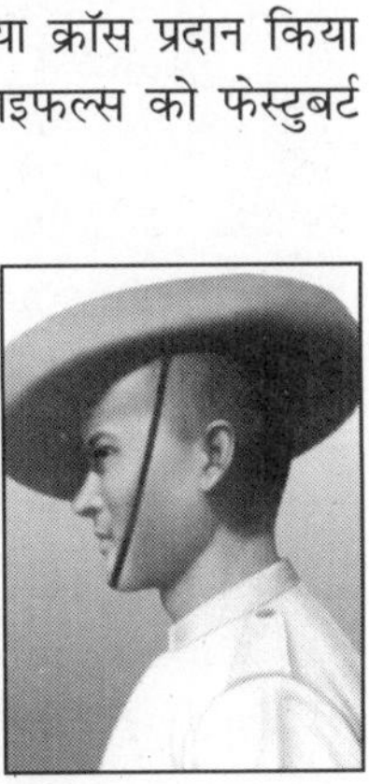

परिचय देते हुए गबर सिंह ने जर्मन सैनिकों की टुकड़ी को सरेंडर करने को मजबूर कर दिया। आग उगलती जर्मनी की मशीनगन का मुँह इस वीर सैनिक ने जर्मनी की सेना की तरफ ही मोड़ दिया था। गबर सिंह ने असाधारण साहस का परिचय देते हुए वीरगति प्राप्त की।

सूबेदार बलभद्र सिंह नेगी

आंग्ल-अफगान युद्ध में लाट सूबेदार बलभद्र सिंह नेगी जैसे शूरवीरों की

दिलेरी और युद्ध कौशल से प्रभावित होकर गढ़वाल राइफल्स की स्थापना भी की गयी थी। दरअसल अंग्रेजों ने सबसे पहले गोरखा, गढ़वाली और कुमाउंनियों की एक खिचड़ी पल्टन 'नसीरी सिरमौर कुमाऊँ बटालियन' की स्थापना की थी, जिसे बाद में गोरखा राइफल्स नाम दिया गया। गढ़वाली और कुमाउंनी इन्हीं पांच गोरखा बटालियनों में भर्ती हो सकते थे, जिसमें गोरखों का वर्चस्व होता था। बलभद्र की बहादुरी और सूझबूझ से प्रभावित हो कर तत्कालीन सेना के कमाण्डर-इन-चीफ लॉर्ड फ्रेडरिक रॉबर्ट्स ने गढ़वालियों की अलग पल्टन की स्थापना के लिए ब्रिटिश सरकार को इस तरह संस्तुति दी–'नेशन ह्विच केन प्रोड्यूस मैन लाइक बलभद्र सिंह नेगी, मस्ट हैव अ सेपेरेट बटालियन ऑफ दियर वोन।' उन्हें सर्वप्रथम 'ऑर्डर ऑफ मैरिट' सम्मान दिया गया और फिर 'ऑर्डर ऑफ ब्रिटिश इंडिया' से अलंकृत किया गया। कमाण्डर इन चीफ का अंगरक्षक बनाने के बाद वह 'लाट सूबेदार' कहलाने लगे।

जसवंत सिंह रावत

अपनी असाधारण वीरता और सूझबझ के कारण एक किंवदन्ति बने जसवंत सिंह रावत का शौर्य आज भी अरुणाचल प्रदेश में भारत-चीन सीमा पर भारत के सैन्य वीरों के हौसले बुलंद करता है। जसवंत सिंह रावत का जन्म 19 अगस्त, 1941 को ग्राम बाड़यूं, पौड़ी गढ़वाल में हुआ। वह 16 अगस्त, 1960 को चौथी गढ़वाल राइफल्स में भर्ती हुए। उनकी ट्रेनिंग के समय ही चीन ने 1962 में भारत की उत्तरी सीमा पर घुसपैठ कर दी। चौथी गढ़वाल राइफल्स नेफा क्षेत्र में चीनी आक्रमण का जबाब देने के लिए भेजी गई तो इस मोर्चे पर इस बटालियन के लगभग सभी सैनिक हताहत हो गये थे, लेकिन जांबाज जसवंत ने असाधारण वीरता के साथ ही सूझबूझ का परिचय देते हुए गोलियों की बौछार से चीनी फौज को 72 घंटे तक रोके रखा। 17 नवंबर, 1962 को युद्ध के दौरान उनकी शहादत हो गई थी। हीरो ऑफ नेफा जसवंत सिंह रावत को मरणोपरान्त महावीर चक्र प्रदान किया गया। सेना उनकी याद में हर वर्ष 17 नवम्बर को 'नूरानांग दिवस' मना कर इस अमर शहीद को याद करती है।

भारत के दूसरे सी०डी०एस० जनरल अनिल चौहान

जनरल बिपिन रावत के बाद जनरल अनिल चौहान के रूप में देश का दूसरा चीफ ऑफ डिफेंस स्टाफ (सी०डी०एस०) भी उत्तराखण्ड से ही बनना उत्तराखण्ड की शानदार सैन्य पृष्ठभूमि व देश की सुरक्षा में महत्वपूर्ण योगदान का परिचायक भी है। भारत के दूसरे सी०डी०एस० जनरल अनिल चौहान उत्तराखण्ड के पौड़ी जिले के कांडा गंवाणा के मूल निवासी हैं।

अनिल चौहान 31 मई, 2021 को भारतीय सेना से लेफ्टिनेंट जनरल पद से रिटायर हुए थे और उनकी उल्लेखनीय सैन्य सेवाओं को देखते हुए उन्हें राष्ट्रीय सुरक्षा परिषद् में सैन्य सलाहकार के तौर पर सुरक्षा सलाहकार अजीत डोभाल के साथ रखा गया था। उन्हें पहले सीडीएस जनरल बिपिन रावत की ही यूनिट 11 गोरखा राइफल्स में 1981 में कमीशन मिला था। वह राष्ट्रीय रक्षा अकादमी, खड़कवासला और भारतीय सैन्य अकादमी, देहरादून के प्रशिक्षु अधिकारी रहे ।

मेजर जनरल रहते हुए उन्होंने उत्तरी कमान में महत्वपूर्ण बारामूला सेक्टर में इन्फैंट्री डिवीजन की कमान संभाली थी। सितंबर, 2019 में वह पूर्वी कमान के जनरल ऑफिसर कमांडिंग-इन-चीफ बने। उन्होंने 1 सितम्बर, 2019 को लेफ्टिनेंट मनोज कुमार नरवडे के बाद यह पद संभाला था और मई, 2021 में सेवा से अपनी सेवानिवृत्ति तक पदभार संभाला। अपने लगभग 40 वर्षों के अनुभव में बहुत सारे ऑपरेशन कर चुके हैं और भारत में आतंकवाद विरोधी ऑपरेशन में भी इनका बहुत बड़ा योगदान रहा है, वे भारतीय सेना के DGMO रह चुके हैं। जनरल चौहान 1981 से 2021 तक सेना में विभिन्न पदों पर रहे। उन्हें परम विशिष्ट सेवा मेडल, उत्तम युद्ध सेवा मेडल, अति विशिष्ट सेवा मेडल, सेना मेडल, विशिष्ट सेवा मेडल मिल चुके हैं।

■■

प्रमुख बोलियाँ | 6

महत्त्वपूर्ण तथ्य

- गढ़वाली : यह बोली राज्य के गढ़वाल क्षेत्र में बोली जाती है। पँवार राजवंश के शासनकाल में गढ़वाली सम्पूर्ण गढ़वाल की राजभाषा थी।
- कुमाउंनी : यह बोली राज्य के कुमाऊँ क्षेत्र में बोली जाती है।
- भोटिया : यह बोली राज्य के पिथौरागढ़ तथा चमोली के सीमावर्ती क्षेत्रों में बोली जाती है।
- जौनसारी : यह बोली देहरादून के जौनसार-बावर क्षेत्र में बोली जाती है।

कुमाउंनी

उत्तराखण्ड के कुमाऊँ क्षेत्र के उत्तरी तथा दक्षिणी सीमान्त को छोड़कर शेष भू-भाग की भाषा कुमाउंनी है। पिथौरागढ़ जनपद का उत्तरी क्षेत्र **शौका** बहुल होने के कारण वहाँ शौका बोली जाती है। इसी जनपद के अस्कोट, धारचूला और डीडीहाट के निकट रहने वाले वनरौत, **राजी** बोली बोलते हैं। कुमाऊँ के दक्षिण में थारू और बोक्सा जनजातियाँ **थारू** और **बोक्साड़ी** बोली बोलते हैं। दुसांद (कुमाऊँ तथा गढ़वाल का सीमावर्ती क्षेत्र) में गढ़वाली-कुमाउंनी मिश्रित रूप में बोली जाती है।

श्री देवसिंह पोखरिया द्वारा कुमाउंनी भाषा पर लिखे गए एक लेख के अनुसार, कुमाउंनी के मूलरूप के सम्बन्ध में अब तक हुए अनुसंधान से दो दृष्टिकोण सामने आये हैं–1. कुमाउंनी का विकास दरद, खस, पैशाची व प्राकृत से हुआ है। 2. हिन्दी की ही भांति कुमाउंनी का विकास शौरसेनी अपभ्रंश से हुआ है। प्रथम वर्ग के प्रणेताओं में डॉ० ग्रियर्सन, डॉ० सुनीति कुमार चटर्जी तथा प्रो० डी०डी० शर्मा आदि के नाम उल्लेखनीय हैं। इन विद्वानों की धारणा के पीछे सन् 1880 में हार्नले की आर्यों के दो दलों के रूप में दो बार भारत आने की स्थापना है और डॉ० ग्रियर्सन के समान ही उसके बाद के भाषाविदों ने कुमाउंनी भाषा की प्रकृति का अद्योपांत अध्ययन किये बिना, वही सब कुछ लिख दिया जिसका प्रतिपादन ग्रियर्सन आदि ने किया था। डी०डी० शर्मा ने भी उक्त भाषाविदों का अनुसरण करते हुए दरद-पहाड़ी को कुमाउंनी भाषा का मूल स्रोत माना है।

डॉ० सुनीति कुमार चटर्जी ने आधुनिक आर्य भाषाओं के (1) उदीच्य-सिन्धी, लहंदा, पूर्वी पंजाबी; (2) प्रतीच्य-गुजराती, राजस्थानी; (3) मध्य देशीय-पश्चिमी हिन्दी; (4) प्राच्य-कौशली, पूर्वी हिन्दी, बिहारी, उड़िया, बंगला, असमी; (5) दक्षिणात्य-मराठी, भेदोपभेद करते हुए कुमाउंनी के विषय में कहा है कि इसका आधार पैशाची, दरद या खस है जो कालांतर में राजस्थानी प्राकृत और अपभ्रंश भाषाओं से प्रभावित हो गई थी।

वस्तुत: यह क्षेत्र मात्र **किरात मण्डल** तथा **खस मण्डल** नहीं रहा, इससे भी आगे-पीछे, जैसा कि एटकिन्सन ने 'हिमालयन गजेटियर' में लिखा है, बहुत सी जातियाँ यहाँ पर विभिन्न भागों से आकर बसी हैं। अत: मात्र दरद-खस-पैशाची को कुमाउंनी का मूलाधार स्वीकार नहीं किया जा सकता। इस सम्बन्ध में श्री

देवसिंह पोखरिया का कहना है कि–"कुमाउंनी पर राजस्थानी का प्रभाव अवश्य पड़ा है, पर वह राजस्थानी का रूपांतर नहीं है। इसी प्रकार डॉ० सुनीति कुमार चटर्जी की मान्यता भी पश्चिमी पहाड़ी बोलियों पर तो लागू हो सकती है, पर मध्य पहाड़ी (गढ़वाली-कुमाउंनी) पर लागू नहीं होती।

ध्वनि, शब्दावली, रूप-रचना और वाक्य-विन्यास की दृष्टि से कुमाउंनी शौरसेनी अपभ्रंश के सर्वाधिक निकट है जिसका मूल आधार संस्कृत भाषा रही है। अतः कुमाउंनी का उद्भव 'शौरसेनी अपभ्रंश से मानना ही समीचीन होगा, क्योंकि कुमाउंनी में तद्भव शब्दों की संख्या सर्वाधिक है फिर तत्सम शब्द, विदेशी शब्दों की संख्या अल्प है।

कुमाउंनी भाषा के उद्गम के सम्बन्ध में अपनी पुस्तक 'कुमाउंनी (हिन्दी की उप-भाषा) के कवियों का विवेचनात्मक अध्ययन' में डॉ० नारायणदत्त पालीवाल ने डॉ० ग्रियर्सन, डॉ० सुनीति कुमार चटर्जी आदि के मत को नकारते हुए तथा उदयनारायण तिवारी के निष्कर्ष को अपनाया है और कुमाउंनी भाषा का उद्गम शौरसेनी से माना है। उन्होंने लिखा है–"कुमाउंनी की अपनी विशेषता होते हुए भी व्याकरण की दृष्टि से हिन्दी के ही नियम कुमाउंनी पर लागू होते हैं। इससे हम इस निष्कर्ष पर पहुंचते हैं कि इसका मूल उद्गम चाहे जहाँ रहा हो, इस पर विभिन्न भाषाओं का प्रभाव पड़ा जिनमें ब्रज, राजस्थानी आदि के अतिरिक्त खड़ी बोली हिन्दी भी सम्मिलित है।"

'कुमाऊँ का इतिहास' के पृष्ठ 698 पर पं० बदरीदत्त पाण्डे ने लिखा है- "यद्यपि यहाँ की बोली प्राचीन दस्यु, खस, शक, हूण, आर्य आदि सब जातियों के मिश्रण से बनी है तथापि खस जाति की प्रधानता होने से खस बोली का ज्यादा अंश कुमाउंनी में हो तो कोई संदेह नहीं।" साथ ही उन्होंने यह भी लिख दिया- "कूर्मांचली बोली जिसको ग्रियर्सन ने मध्य पहाड़ी कहा है, हिन्दी भाषा का बिगड़ा रूप है।" पं० बदरीदत्त पाण्डे की इस उक्ति में पर्याप्त साम्य नजर आता है।

डॉ० धीरेन्द्र वर्मा भी पहाड़ी बोलियों (गढ़वाली-कुमाउंनी) का उद्गम शौरसेनी से मानते हैं। वे पश्चिमी हिन्दी, पूर्वी हिन्दी, राजस्थानी आदि की भांति कुमाउंनी को मध्य देशीय भाषा मानते हैं।

श्री देवसिंह पोखरिया ने अब तक के उपलब्ध प्रमाणों के आधार पर कुमाउंनी का सर्वप्रथम प्राचीन तिथि युक्त नमूना (महेश्वर प्रसाद जोशी द्वारा पिथौरागढ़ जनपद के दिंगास नामक स्थान से उपलब्ध), शक संवत् 1027 (सन् 1105-06) का अभिलेख बताया है। जोशी का मत है कि कुमाउंनी संस्कृत-अपभ्रंश परम्परा से दसवीं-ग्यारहवीं शताब्दी में नव्य भारतीय आर्य भाषाओं के साथ विकसित हुई। इसी संदर्भ में डॉ० योगेश चतुर्वेदी ने 'गुमानी ज्योति', वर्ष-1, अंक-2 में लिखा है–"लोहाघाट के व्यापारी रेवाधर जुकारिया के पुत्र तारादत्त जुकारिया के संग्रह में चम्पावत के चन्द राजा थोर अभयचन्द का 989 ई० का कुमाउंनी भाषा में लिखा हुआ ताम्रपत्र है। इससे पता चलता है कि 10वीं सदी में कुमाउंनी भाषा के रूप में प्रतिष्ठित थी।

वर्तमान में कुमाउंनी में तद्भव, तत्सम और स्थानीय शब्दों के अतिरिक्त अड़ोस-पड़ोस की आर्य तथा आर्येत्तर भाषाओं के शब्द ऐसे घुल-मिल गए हैं कि वे गैर कुमाउंनी लगते ही नहीं हैं जैसे कोल-किरात भाषा के कुड़ी (मकान), गिज (मुंह), गङ (गंगा), जुड (मूंछ), ऐसे ही अरबी-फारसी भाषा के अकल (अक्ल), अदालत, इनाम, ऐब (खोट), किताब आदि। अंग्रेजी भाषा के मोटर, कार, कम्पोडर, डाक्टर, पैंट, टिकट आदि।

कुमाउंनी भाषा खड़ी बोली हिन्दी से सर्वाधिक प्रभावित हुई है, इसीलिए कई

विद्वान इसे **पहाड़ी-हिन्दी** कहने लगे हैं। हिन्दी से अत्यधिक प्रभावित होने पर भी कुमाउंनी का अपना निजी वैशिष्ट्य है, निजी शब्द सम्पदा है, निजी साहित्य है तथा निजी अभिव्यक्ति विधान है। आज कुमाउंनी भाषा में न केवल प्रचुर साहित्य सृजन हो रहा है बल्कि कुमाउंनी में **दुदबोली, 'पहरू', 'कुमगढ़', 'आदलि', 'कुशलि'** व **'कूर्मांचल अखबार'** जैसी पत्रिकाओं का प्रकाशन भी हो रहा है। अल्मोड़ा से प्रकाशित होने वाली कुमाउंनी पत्रिका **'अचल' 'ब्याण तार'** का भी एक समय विशिष्ट स्थान था।

प्रसिद्ध भाषाविद् डॉ० त्रिलोचन पांडे ने उच्चारण, ध्वनि तत्व और रूप रचना के आधार पर कुमाउनी को चार वर्गों में बांटकर उसकी 12 प्रमुख बोलियाँ निर्धारित की हैं–

1. **पूर्वी कुमाउनी वर्ग :** (क) कुमय्यां, (ख) सौर्याली, (ग) सीराली, (घ) असकोटी।
   - **(क) कुमय्याँ :** यह परगना काली कुमाऊँ की बोली नैनीताल से लगे हुए काली कुमाऊँ में बोली जाती है।
   - **(ख) सौर्याली :** यह परगना सोर में बोली जाती है। इसे दक्षिणी जोहार और पूर्वी गंगोली परगने में भी कुछ लोग बोलते हैं।
   - **(ग) सीराली :** अस्कोट के पश्चिम में परगना सीरा में बोली जाती है।
   - **(घ) असकोटी :** यह परगना अस्कोट की बोली है। इस पर भी नेपाली भाषा का प्रभाव पाया जाता है।
2. **पश्चिमी कुमाउंनी वर्ग :** (क) खस परजिया, (ख) पछांई, (ग) फल्दाकोटी, (घ) चौगर्खिया, (ङ) गंगोई, (च) दनपुरिया।
   - **(क) खस परजिया :** यह 12 मंडल और दानपुर के आस-पास बोली जाती है।
   - **(ख) पछाई :** यह अल्मोड़ा जिले के दक्षिण भाग में बोली जाती है। इसका क्षेत्र गढ़वाल सीमा तक है।
   - **(ग) फल्दाकोटी :** परगना फलदाकोट, नैनीताल और अल्मोड़ा के कुछ भागों तथा पाली पछाऊं के कुछ क्षेत्र में बोली जाती है।
   - **(घ) चौगर्खिया :** यह परगना चौगर्खा में बोली जाती है।
   - **(ङ) गंगोई :** यह परगना गंगोली तथा दानपुर की कुछ पट्टियों में बोली जाती है।
   - **(च) दनपुरिया :** यह परगना दानपुर के उत्तरी भाग में और जौहार के दक्षिण भाग में बोली जाती है।
3. **उत्तरी कुमाउनी वर्ग :** (क) जौहारी, (भोटिया)।
   - **(क) जौहारी :** यह परगना जौहार में बोली जाती है। इस पर तिब्बती भाषा का प्रभाव दिखायी पड़ता है।
     भोटिया : यह बोली कुमाऊँ के उत्तर, तिब्बत तथा नेपाल से लगे सीमावर्ती क्षेत्रों में बोली जाती है।
4. **दक्षिणी कुमाउंनी वर्ग :** (क) रचभैंसी।
   - **(क) रचभैंसी (नैनीताल की कुमाउंनी) :** कुछ लोग इसे रचभैंसी भी कहते हैं। यह नैनीताल में, रौ और चौभैंसी पट्टियों में बोली जाती है। भाबर में बोली जाने वाली बोली को नैणतलिया भी कहा जाता है। यह भीमताल, काठगोदाम, हल्द्वानी आदि क्षेत्रों में बोली जाती है।

अन्य बोलियाँ

- **गोरखाली बोली :** नेपाल से लगे क्षेत्र में तथा अल्मोड़ा आदि स्थानों में

प्रवासी गोरखों की बोली है।
- **भाबरी :** भाबर में टनकपुर से काशीपुर तक भाबरी बोली जाती है।
- **मझकुमैया :** कुमाऊँ तथा गढ़वाल के सीमावर्ती क्षेत्रों में बोली जाती है। इसे कुमाउंनी-गढ़वाली का मिला-जुला रूप कहा जाता है।

गढ़वाली

ऐतिहासिक दृष्टि से अपने समय के भाषा के विद्वान जार्ज अब्राहम ग्रियर्सन का गढ़वाली भाषा का सर्वेक्षण निःसंदेह महत्त्वपूर्ण है। वे एक सिद्ध भाषा शास्त्री थे। परन्तु गढ़वाली भाषा के स्वरूप व प्रकार से अनभिज्ञ होने के कारण उन्हें मूलतः भाषा विज्ञान से अपरिचित कार्यकर्त्ताओं तथा अनुवादकों पर निर्भर रहना पड़ता था जिसके फलस्वरूप वे गढ़वाली भाषा और उसके सही वैज्ञानिक स्वरूप के साथ भाषा वैज्ञानिक अध्ययन नहीं कर पाए।

कुछ लोगों का यह विचार है कि गढ़वाली बोली है, भाषा नहीं। पर कोई भी बोली जब साहित्यिक स्वरूप धारण कर लेती है तो वह भाषा बन जाती है और गढ़वाली में वर्तमान में साहित्य की लगभग सभी विधाओं में अनेक पुस्तकें प्रकाशित हो चुकी हैं। यही नहीं कई फिल्में भी बन गई हैं और कई संस्कृत/हिन्दी की पुस्तकों का गढ़वाली भाषा में अनुवाद भी हो चुका है।

बोली की दृष्टि से गढ़वाली को श्रीनगरी, नागपुरिया, दसौल्या, बधाणी, राठी, मझ कुमैयां, सलाणी एवं टिहरयाली में विभक्त किया जा सकता है।

यद्यपि गढ़वाली भाषा देवनागरी लिपि में ही लिखी जाती रही है और लिखी जाती रहेगी परन्तु 20वीं शताब्दी के प्रारम्भ तक लिखित रूप में पाया गया कि 'इ' को '०,०' और 'र' को 'न' लिखा जाता था। इसी प्रकार 'ख' को 'ष' लिखा जाता था। 20वीं शताब्दी के प्रथम चरण तक गढ़वाली में विद्यारम्भ ओ न म सी ध (ओम् नमः सिद्धम्) से होता था। बारखड़ी पढ़ने का भी एक विचित्र तरीका था। बच्चे क का कि को आदि न पढ़कर उसे इस प्रकार पढ़ते थे- बिजनकी-क, कुन्दनु-का, बाजिमति-कि, दैणै-की, उड़ताले-कु, बडेरे-कू, एकलग-के, दोलग-कै, लखन्या-को, दुलखन्या-कौ, श्री बिन्दु-कं, दुवास बिन्दु-कः। 'ल' शब्द का उच्चारण 'ल़' होता था और आज भी गढ़वाली भाषा में 'ल़' ही लिखा जाता है।

गढ़वाली बोली/भाषा में जो बहुरूपता दिखाई देती है उसका कारण यहाँ की भौगोलिक स्थिति है। नदियाँ, पहाड़, दुर्गम घाटियाँ, हिमाच्छादित चोटियों आदि के कारण एक स्थान से दूसरे दूरस्थ स्थान के लिए आवागमन सुलभ न होने के कारण बोली-भाषा में बहुरूपता आ गई। परन्तु यह बहुरूपता केवल उच्चारण तक ही सीमित है-शब्दों में तो यह न के बराबर है।

गढ़वाली भाषा में जो देश की कुछेक अन्य भाषाओं के शब्द मिलते हैं, उसका मुख्य कारण है गढ़वाल के चार धामों की यात्रा (जात्रा) के लिए विभिन्न प्रदेशों के निवासियों का हजारों/लाखों की संख्या में आना। गत शताब्दी के चालीस के दशक तक सभी यात्री हरिद्वार से श्री बदरी, केदार, गंगोत्तरी, यमुनोत्तरी की यात्रा पैदल ही करते थे। अतः उनका गढ़वालियों के साथ भाषिक रूप से महीनों तक सम्पर्क रहता था। यदि हम गढ़वाली के स्थान पर गुजराती या मारवाड़ी या राजस्थानी आदि भाषाओं का अध्ययन करें तो उन भाषाओं में भी उपरोक्त कथन के अनुसार, अनेक गढ़वाली भाषा के शब्द मिल जायेंगे।

उत्तराखण्ड का लोक साहित्य

लोकसाहित्य जनमानस की वह सहज और स्वाभाविक अभिव्यक्ति है जो अधिकांश अलिखित होता है। मौखिक होने के कारण यह एक पीढ़ी से दूसरी पीढ़ी को हस्तांतरित होता रहता है। इसलिए प्रत्येक पीढ़ी इस साहित्य में अपनी ओर से कुछ न कुछ अवश्य जोड़ती है। इस साहित्य के रचयिता ऐसे अज्ञात प्रतिभा सम्पन्न व्यक्ति होते हैं जो लम्बे कालान्तर के बाद विस्मृत हो जाते हैं।

साहित्य की दृष्टि से गढ़वाली भाषा में लोक और मौलिक दोनों प्रकार का साहित्य है लेकिन मौलिक साहित्य की तुलना में लोकसाहित्य की अधिकता है, जिसकी पृष्ठभूमि इसकी संस्कृति से जुड़ी मानी जाती है। प्राचीनकाल में गढ़वाल का जनमानस अपनी परम्पराओं, सुख-दुःख, समस्याओं आदि की अभिव्यक्ति इसी लोकसाहित्य के माध्यम से करता था। गढ़वाली लोकसाहित्य का विभाजन निम्नवत् किया जा सकता है-

1. लोकगीत, 2. लोकगाथा (पंवाड़ा), 3. लोककथा, 4. पखाणा (कहावतें-लोकोक्तियाँ), 5. मुहावरे, 6. पहेलियाँ, 7. आणा-मैणा, 8. आदि गद्य (ढोल सागर-दमामा सागर आदि), 9. मंत्र साहित्य 10. वार्ता।

इसका क्रमबद्ध विवेचन इस प्रकार है-

लोकगीत

उत्तराखण्ड में लोकसाहित्य की सर्वोत्कृष्ट विधा लोकगीत है-उत्तराखण्ड के लोकगीतों का यहाँ के जनमानस विशेषतः नारियों से चोली-दामन का सम्बन्ध है। इसीलिए तो नारियों के बचपन से लेकर वृद्धावस्था तक की संघर्ष कथा को इन लोकगीतों ने अपने अन्दर समेटा हुआ है। ये सभी लोकगीत कहीं अनेक जातियों से सम्बन्धित होते हैं तो कहीं विकास सम्बन्धी घटनाओं को ये अपने अंचल में समेटे होते हैं। लोकगीतों का विभाजन निम्नवत् किया है-

1. **धार्मिक लोकगीत :** (क) जागर (ख) रखवाली (ग) भूत, भैरव और आंछरियों की मनौती के लिए।
2. **संस्कार गीत :** (क) जन्म के गीत (ख) चूड़ाकर्म के गीत (ग) जनेऊ के गीत (घ) विवाह के गीत (ङ) मांगल (च) मृत्यु सम्बन्धी संस्कार गीत।
3. **ऋतुगीत :** (क) वसंती (ख) चैती (ग) झुमैलो (घ) खुदेड़ गीत (ङ) बारहमासी (छ) होली।
4. **नृत्यगीत :** (क) चौंफला (ख) छोपती (ग) चांचरी (घ) थड्या (ङ) माघ गीत (च) ताँदी।
5. **प्रणयगीत :** (क) बाजूबंद (ख) लामण (ग) छोपती (घ) बारहमासी (ङ) दाम्पत्य जीवन के प्रेमगीत।
6. **विविध गीत :** (क) छूड़ा (ख) दरोल्या (ग) हास्य व्यंग्य (घ) सामयिक विषयों सम्बन्धी गीत (ङ) बालगीत (च) श्रमगीत (छ) जातियों के गीत।
7. **लोककथाएँ :** (क) पौराणिक कथाएँ (ख) वीर गाथाएं (ग) प्रणय गाथाएं।

लोकगीतों की प्रवृत्ति के आधार पर इन्हें निम्नवत् विभाजित किया जा सकता है-

1. वीर प्रवृत्ति मूलक लोकगीत

(अ) **प्रकृति पूजा के गीत :** यक्ष तथा नाग पूजा, अनिष्टकारिणी

(ब) **पौराणिक गाथाएं :** पांडवों संबंधी गाथाएं।

(स) **लौकिक गाथाएं (पंवाड़े) :** तीलू रौतेली, ऊदी, गढू सुम्याल, कैंत्युरा, सुरजू, भानु भौंपला, कालू भंडारी, ब्रह्मकुँवर आदि।

2. धार्मिक प्रवृत्ति मूलक गीत

(अ) प्रकृति पूजा के गीत : यक्ष तथा नाग पूजा, अनिष्टकारिणी शक्तियाँ, जादू-टोना, तन्त्र-मन्त्र, स्थानीय देवताओं के जागर, सृष्टि तथा ब्रह्म की व्याख्या, संध्या तथा प्रभाती के लोकगीत।

(ब) संस्कार गीत (मांगल) : जन्म, नामकरण, चूड़ाकर्म, विवाह, मृत्यु, संस्कार आदि से संदर्भित गीत।

3. प्रणय प्रवृत्तिमूलक तथा ऋतु संबंधी गीत

(अ) प्रणय गीत : राजुला-मालूशाही, जीतू बगड़्वाल, सरु कुमैण, फ्यूंली, जशी, कृष्ण सम्बन्धी जागर, चन्द्रावली-हरण, कृष्ण कोकिला, रुक्मणी हरण, छोपती, लामण, बाजूबंद, छुड़ा, दाम्पत्य जीवन के गीत से संदर्भित लोकगीत।

(ब) ऋतुगीत : फूलदेई, बसंतोत्सव और फूल गीत, खुदेड़ गीत, झुमैलो, लाली, चैती गीत, बारामासा, होली गीत, सावन-भादों के गीत, माघ गीत तथा अन्य त्यौहारों के लोकगीत।

4. राष्ट्रीय चेतना और देशप्रेम प्रवृत्तिमूलक गीत

छूड़ा, ऐतिहासिक, सामयिक गीत, मुगल आक्रमण के गीत, गोरख्याणी, तिलाड़ी कांड के गीत, गाँधी, नेहरू, नेताजी, स्वतन्त्रता प्राप्ति, पंचायती राज, श्रमदान, बेकारी, गरीबी, चीन युद्ध गीत, पाकिस्तान के युद्ध गीत, बांग्लादेश युद्ध गीत, फौज में भर्ती होने के गीत, मद्य निषेध, उत्तराखण्ड आंदोलन के गीत आदि गीत।

5. व्यावसायिक प्रवृत्ति मूलक एवं मनोरंजनात्मक गीत

(क) जातियों के लोकगीत : औजियों के गीत, वादियों के गीत, नाथ जोगियों के गीत, बाजगियों के गीत, दशोलियों के गीत, लोकगीत आदि।

(ख) मनोरंजन संबंधी गीत : हास्य गीत, व्यंग्य गीत, बालगीत, क्रीड़ा गीत, लोरी, भांटा-सांटा।

लोकगाथाएं

लोकगाथाएँ लोकजीवन के कथात्मक लोकगीत होते हैं, जिन्हें गायक अनेक प्रकार के वाद्यों के साथ गाता है। लोकगाथाएं मुख्यत: जागरों में गायी जाती हैं। ये गाथाएं मुख्यत: दो प्रकार की होती हैं–1. पौराणिक लोकगाथाएं, 2. ऐतिहासिक लोकगाथाएं। पौराणिक लोकगाथाओं में पुराणों की गाथाओं के साथ-साथ श्रीमद्भागवत के नवम एवं दशम स्कन्द की कृष्ण चरित्र सम्बन्धी गाथाएं गायी जाती हैं।

गढ़वाली लोकगाथाओं में दूसरे प्रकार की लोकगाथाएं ऐतिहासिक या लौकिक गाथाएं हैं, ये सभी जागर से संदर्भित गाथायें हैं। इसलिए इन्हें जागर गाथा भी कहा जाता है। इन जागर या लोकगाथाओं में वीरगाथाएं और प्रणय गाथाएं मुख्य गाथाएं हैं। गढ़ू सुम्याल, तीलू रौतेली, भानू भौंपेला, ऊदी, कफ्फू चौहान, कालू भंडारी, ब्रह्मकुँवर, सूरज कौंल कैंत्यूरा आदि गाथाएं वीरगाथाओं के अंतर्गत आने वाली गाथाएँ हैं तो राजुला मालूशाही, जीतू बगड़्वाल, सरु कुमैण, फ्यूंली, जशी, कुसुमा कोलिन जैसी गाथाएं प्रणय गाथाएं विशेष रूप से गायी जाती हैं।

लोककथाएं

उत्तराखण्ड की लोककथाओं के अंतर्गत आने वाली लोककथाओं में देवकथाएं, व्रतकथाएं, मनोरंजन कथाएं आदि कथाएं प्रमुख हैं। धार्मिक कथाओं में सत्यनारायण, श्रीमद्भागवत, रामायण-महाभारतादि की कथाएं सम्मिलित हैं तो

उपदेशात्मक कथाओं में पक्षियों की कथाएं, पशुओं की कथाएँ, भूत-प्रेतों की कथाएँ, साधु-संन्यासियों की कथाएँ प्रमुख हैं। ये सभी कथाएँ कल्पना पर आधारित होती हैं जिनका लक्ष्य मुख्यत: लोगों को शिक्षित करना होता है।

लोकोक्तियाँ

लोक+उक्ति से बना शब्द है लोकोक्ति अर्थात् जन सामान्य की अनुभूतिजन्य उक्ति। इन्हीं लोकोक्तियों को कहावत भी कहा जाता है। कहावत का अर्थ है जो युग-युग से कहा जाता है। गढ़वाल में लोकोक्ति को अखाणा-पखाणा कहा जाता है।

लोक मुहावरे

किसी भी भाषा के सौंदर्यवर्द्धन के लिए उसमें स्थित लोक मुहावरों की बड़ी भूमिका होती है। जिस भाषा में मुहावरे नहीं होते, वह भाषा होती ही नहीं है। गढ़वाली-कुमाउंनी इस दृष्टि से एक समृद्ध भाषाएं हैं जिसमें हजारों की संख्या में मुहावरों का अपना पूर्ण अस्तित्व है।

आदि गद्य

वेद ऋचाओं के निर्माण के पश्चात् इस क्षेत्र में जिस साहित्य का निर्माण हुआ, वही उत्तराखण्ड के साहित्य का आदि गद्य कहलाता है। यह आदि गद्य सिद्धों और गोरखपंथी नाथयोगियों की सिद्धों की वाणी में रचा गया है, जो संस्कृत और गढ़वाली भाषा के मिले-जुले शब्दों से निर्मित हुआ है।

मंत्र साहित्य

मंत्र वैदिक परम्परा का साहित्य है जो कि विशेषकर ध्वनि विज्ञान पर आधारित साहित्य लोक विधा है। प्राचीनकाल में चिकित्सा शास्त्र में ज्योतिष, मंत्र और औषधि तीनों ही माध्यम से चिकित्सा करने का उल्लेख मिलता है। उत्तराखण्ड में मंत्र चिकित्सा पद्धति आज भी जीवित है।

दाग का मंत्र, बैरी विणास मंत्र, राई मंत्र, गारुड़ी मंत्र, पीलिया झाड़ने का मंत्र, आंछरी पूजन मंत्र, ज्वर का मंत्र, अधकपालि का मंत्र जैसे मंत्र आज भी यहाँ के लोकसाहित्य की अमूल्य थाती हैं। ये सभी मंत्र एक समय में यहां के जागरियों, झाड़खंडियों तथा गारुड़ियों की शब्द सम्पदा हुआ करती थी लेकिन ये सभी मंत्र धीरे-धीरे अपना अस्तित्व खोते जा रहे हैं।

लोकवार्ता

उत्तराखण्ड की लोकवार्ताओं को पंडूली नाम से जाना जाता है। ये पंडूलियाँ गेय किन्तु आशु कविताएँ होती हैं। इन वार्ताओं का जन्म तथा गेय स्थान देव मण्डल या थौल (कौतुक स्थल) होते हैं। इन लोकवार्ताओं में ढोलीदास नृत्य करते हुए पांडवों से उनका परिचय पूछता है। जिसका उत्तर सभी पांडव एक लम्बी वार्ता के माध्यम से देते हैं।

लोक पहेलियाँ

पहेली शब्द संस्कृत के प्रहेलिका से बना है। प्रहेलिका का अर्थ है बाह्य अर्थ में उसके मूल गूढ़ अर्थ का छिपा होना। गूढ़ अर्थ का प्रकटीकरण या उत्तर ही प्रहेलिका है। लोक साहित्य में पहेली बुद्धि चातुर्य, प्रत्युत्पन्नमति के साथ मनोरंजन का प्रमुख आधार रही है। गढ़वाली एवं कुमाउंनी लोक साहित्य में अनगिनत पहेलियां हैं।

लोकोक्तियाँ

- **तौ न तनखा, भजराम हवलदारी।** बिना वेतन के हवलदारी (केवल नाम का बड़ा)।
- **कख नीती, कख माणा, रामसिंह पटवारी ने कहां-कहां जाणा।** एक व्यक्ति को ऐसा कार्य देना जिसे करना उसके लिए संभव ही न हो। (अंग्रेजों ने मानचित्र में नीती और माणा को आस-पास समझ कर एक ही पटवारी की नियुक्ति कर दी थी। वास्तव में पहाड़ी रास्तों पर नीती और माणा काफी दूर हैं)।
- **माणा मथै गौं नी, अठार मथै दौ नी।** माणा से ऊपर गांव नहीं है, इसी तरह ही अट्ठारह से ऊपर दांव नहीं होना चाहिए। (**घेस से आगे नहीं देस**-अलकनन्दा घाटी में माणा और पिण्डर घाटी में घेस भारत के अंतिम गांव हैं।)
- **द्यबता देखण जागेसुर, मंदिर देखण मदमेसुर, बाल-बच्चा मांगण कमलेसुर, परचु देण नागेसुर, जाण जरूर ताड़केसुर।** देवताओं की दर्शन जागेश्वर में, मंदिर की भव्यता मद्महेश्वर में, संतान प्राप्ति कमलेश्वर में और साक्षात् ईश्वरीय अनुभूति नागेश्वर में होती है, किन्तु ताड़केश्वर की महिमा भी कम नहीं है, वहां भी अवश्य जाना चाहिए।
- **सौ संसार, एक मुनस्यार।** एक तरफ सौ संसार और दूसरी तरफ मुनस्यारी, अर्थात् पूरी दुनिया से अधिक रमणीक है मुनस्यारी।
- **कख गिड़की, कख बरखी।** बादल कहीं गरजा और कहीं और जाकर बरसा। अर्थात् जहां जाना अथवा काम करना चाहिए, वहां न जाकर कहीं और जाना।
- **बांजा बणु बरखण।** बंजर जमीन में बरसना। अर्थात् ऐसी जगह काम करना, जहां इससे कोई लाभ मिलने की संभावना न हो।
- **जब जेठ तपलो, तब सौंण बरखलो।** जेठ का महीना जितना तपेगा, सावन में उतनी अच्छी बारिश होगी। (मौसम के बारे में एक लोक अनुभव।)
- **लाल-पीलु द्यौ, बरखा नि ल्यौ।** लाल-पीले बादलों से बारिश नहीं होती।
- **नि होण्या बरखा का बड़ा-बड़ा बुन्दा।** बारिश की बड़ी-बड़ी बूंदें पड़ना, अच्छी बारिश न होने का संकेत है। *(अधभर गगरी छलकत जाए।)*
- **भादों की छांस भूत खुणि, कातिक की छांस, पूत खुणि।** भादों की छाछ भूत के लिए कातिक की पूत के लिए। अर्थात् भादों में छाछ का सेवन हानिकारक और कार्तिक में स्वास्थ्यवर्द्धक होता है।
- **गरीबकि ज्वानि अर ह्यूंद की ज्वोन, अकरथ जाउ।** गरीब की जवानी और शीतकाल की चांदनी अकारथ जाती है।
- **सात साकि सांदण अर नौ साकि थुनेर।** सांदण की लकड़ी सात पुश्तों और थुनेर की नौ पुश्तों तक चलती है। (लकड़ी की मजबूती के बारे में लोक अनुभव।)
- **बांस-बाबलू काटण, पर आस औलाद भि देखण।** घास-लकड़ी बेशक काटो पर आने वाली पीढ़ियों का भी ध्यान रखो। अर्थात् प्रकृति के साथ जरूरत से अधिक छेड़छाड़ ठीक नहीं है। (पर्यावरण को लेकर लोक की

सजगता का उदाहरण।)

- **त्वैतें क्या होयूं गोरख्याणी राज।** ये कोई गोरखों का राज नहीं है, कि मनमानी करो। गोरखा राज में उत्तराखंड में भारी अत्याचार और मनमानी की गई थी। *(नादिरशाही चल रही है क्या।)*
- **पंच भी परपंची ह्वैगेनि।** पंच भी प्रपंची हो गये हैं। (नेताओं की नीयत पर लोक का कटाक्ष।)
- **बैसाखु अर सौण्यां बणिग्या पंच।** बैसाखू और सौण्यां पंच बन गये। अयोग्य लोगों का जन प्रतिनिधि बन जाना।
- **अपणी करणी, बैतरणी तरणी।** अपनी मेहनत से ही अभीष्ट फल प्राप्त होता है।
- **गुस्सा मा क्या नि बोलेंद, अकाल मा क्या नि खयेंद।** गुस्से में आदमी अशोभनीय बातें भी बोल देता है और अकाल में अभक्ष्य भी खा लेता है।
- **प्रीत क्या जाण जात-कुजात, निन्द क्या जाण टूटीं खाट।** प्रेम में जात-पात का ध्यान नहीं रहता और नींद में टूटी पलंग की परवाह नहीं होती।
- **पाटी मा हात नि धरी अर नौं विद्यादत्त।** तख्ती (जिसमें अक्षर ज्ञान कराया जाता है) में कभी हाथ नहीं रखा और नाम विद्यादत्त रखा है।
- **जै दिन बटि ब्वारि प्रधानि ह्वे, वे दिन बटि ब्वारि-ब्वारि नि रै।** बहू जिस दिन से प्रधान बनी, उस दिन से बहू-बहू नहीं रह गई।
- **औंस्या-मुल्या भी कुर्सियों मा बैठिग्या।** कुपात्र भी ऊंचे पदों पर पहुंच गये।
- **लोण-पाणि छोड़ पर ऐगि।** मृत्यु के दिन नजदीक आना।
- **गरुड़ू का घिंडूड़ा।** गरुड़ पक्षी के गौरेया पैदा होना। अर्थात् योग्य माता-पिता की अयोग्य सन्तानें।
- **अगास कैन नापि, बग्त कैन थापि।** आकाश को कोई नहीं नाप सकता, समय को कोई नहीं रोक सकता।
- **धरतिन सबि खायां, धरति कैन नि खै।** धरती ने सभी को निगला, धरती को कोई नहीं निगल पाया। मनुष्य नष्ट हो जाता है, धरती नहीं होती।
- **मौ कि बरखा अर मां कि परोसीं।** माघ महीने की बारिश उतनी ही अच्छी होती है, जितना अच्छा मां का परोसा हुआ भोजन।
- **इन्द्रधनुष धार पड़ि बर्खा, गाड़ पड़ि घाम।** इन्द्रधनुष के अंतिम छोर यदि पहाड़ियों पर हों तो बारिश होगी, घाटियों में होंगे तो धूप खिलेगी। (लोक अनुभव।)
- **जोग्यूं कु इतिहास, पापियों कु भविष्य नास।** संतों का गुजरा हुआ समय और पापियों का आने वाला समय बुरा होता है।
- **हाति का पिछ्वाड़ि गीडु लगाण।** हाथी के पिछवाड़े सीढ़ी लगाना। अपने से बहुत ऊंचे वर्ग के व्यक्ति की बराबरी का प्रयास करना। (निरर्थक कार्य।)
- **रौत और गौथ कख नि होंदा।** पहाड़ में रावत और गहथ (कुलथ की दाल) हर जगह मिल जाती है।)

शब्द-सम्पदा

- **चैत्वाळि :** चैत्र मास में 'औजी' एवं 'बादि्द' द्वारा गाये जाने वाले गीत।
- **चौमासा गीत :** चौमास में गाये जाने वाले गीत।

- **छोपती :** एक सामूहिक नृत्य गीत।
- **झुमैला/चांचरी :** वेदना एवं प्रेम के गीत गोल घेरे में गाये जाते हैं।
- **तांदी :** एक समूह नृत्य गीत।
- **पंड्वाणि :** पांडवानी, पांडवों की गीतमय कथा।
- **पंवाड़े :** किसी की वीरता में गाये जाने वाले गीत जिन्हें भाट गाते हैं।
- **बाजूबंद :** संवादात्मक श्रृंगारिक गीत।
- **भड्वाती :** वीर-भड़ों की वीर गाथाएँ।
- **रख्वालि़ :** किसी की नज़र उतारने के लिए गाये जाने वाले रक्षा गीत।
- **लालुड़ी :** प्रायः वृत्ताकार सामूहिक नृत्य में गाये जाने वाले गीत।
- **होरी गीत :** होली पर गाये जाने वाले गीत।
- **रत्याली :** शादी-ब्याह में रात को किया जाने वाला रतजगा।
- **गणत् :** ओझा/पंडित को चावल के दाने दिखाकर की जाने वाली पूछताछ।

अनेकार्थी शब्द

अनेक अर्थ वाले शब्दों को अनेकार्थी शब्द कहते हैं। गढ़वाली में भी कई ऐसे शब्द हैं जिनके प्रसंग के अनुसार एक से अधिक अर्थ होते हैं। ऐसे कई अर्थ वाले कुछ शब्द नीचे दिए जा रहे हैं-

- **अंटि:** 1. बच्चों के खेलने की काँच की गोलियाँ 2. धोती के पल्ले पर बाँधी गई गाँठ 3. कच्चे सूत की लच्छी।
- **अकाळ:** 1. कमी 2. अकाल।
- **अजंड:** 1. जो बिना उचित तरीके के ताकत के बल पर काम करे 2. मज़बूत।
- **अट्ठा:** 1. आठ का वाचक 2. बच्चों का एक खेल जिसमें छोटे-छोटे आठ पत्थरों का ढेर बनाते हैं।
- **अजाक:** 1. स्तब्ध 2. नासमझ।
- **अटराइ:** 1. तेल पेरने की मज़दूरी 2. तेल पेरने की क्रिया।
- **अतै:** 1. उतावली 2. भगा देना।
- **अन्त:** 1. समाप्त 2. रहस्य, भेद।
- **असल:** 1. बड़ा, विशाल 2. उत्तम जाति व्यवस्था वाला.
- **आँखा:** 1. आँखें 2. किसी रोपित किए गए पौधे पर वे बिन्दु जहाँ से कोंपलें फूटती हैं।
- **आड़ि:** 1. खेत में इकट्ठा किए गए खरपतवार का छोटा-सा ढेर 2. ओट, सहारा।
- **इष्ट:** 1. कुलदेवता 2. अभिलषित।
- **उचड्न:** 1. उछलना 2. नाराज होना।
- **उठक-बैठक:** 1. बारात के कन्या पक्ष के यहाँ पहुँचने पर और वहाँ से विदा होते समय बारातियों को दी जाने वाली दक्षिणा 2. बच्चों के गलत कार्य करने पर उन्हें दिया जाने वाला दंड।
- **उतरै:** 1. उतराई 2. नदी को पार करने के लिए दिया गया धन।
- **ओद:** 1. पानी में रहने वाला एक जीव 2. चिंता।
- **ओळ:** 1. फसली बुखार 2. छिद्र।
- **कंज्या:** 1. छोटी माता 2. गोरख्या घास की जड़ों से बना ब्रश जो पर्‍या साफ

करने के काम आता है।
- **कंडारा:** 1. मंदाकिनी घाटी में स्थित प्राचीन गढ़ 2. एक कंटीला पौधा
- **करछी:** 1. खाना परोसने का साधन 2. स्त्रियों का कमरबंद जिसमें जंगल जाते समय वे दराँती खोंसती हैं।
- **कस:** 1. दाग, रस 2. फूँक।
- **कसर:** 1. कब्ज. 2. कमी।
- **काठि:** 1. सख्त 2. घोड़े की पीठ पर कसी जाने वाली जीन 3. शरीर का ढाँचा।
- **काट:** 1. काटने के लिए कहना 2. निन्दा।
- **कितला:** 1. केंचुए 2. केतलियाँ।
- **कुंडि:** 1. दरवाजे की चटकनी 2. पत्थर का बना चौड़े मुँह वाला बड़ा-सा कटोरानुमा पात्र।
- **कुकराण:** 1. कुत्तों पर आने वाली गंध 2. सभा में कही गई असंगत बात।
- **कुखड़ि:** 1. मुर्गी 2. एक सुंदर जंगली फूल।
- **कुयेड़ो:** 1. कोहरा 2. सीलन वाले स्थान में फैलने वाली सफेद फफूँद।
- **खगास:** 1. बेचैनी 2. खोज।
- **खजिरु:** 1. लाल-पीले रंग का एक जहरीला कीड़ा 2. खजूर की प्रजाति का एक पेड़।
- **खार:** 1. ईर्ष्या 2. एक मात्रक।
- **खुबरौण:** 1. हल्की गुड़ाई करना 2. बछड़ों को हल सिखाना।
- **खेण:** 1. थोपा गया काम 2. खेना।
- **खोट:** 1. चोट का निशान 2. कमी।
- **खोप:** 1. लकड़ी पर हथियार से काटकर बना साँचा 2. अन्तर्वेदना।
- **खोल:** 1. खोलो 2. चक्कर, घूम।
- **गट्टु:** 1. तंग (वस्त्र) 2. जिसमें पानी की मात्रा कम हो।
- **गति:** 1. हिंदी महीनों की प्रविष्टि 2. मृतक का अंतिम संस्कार।
- **गढ़वाळी:** 1. गढ़वाल का रहने वाला 2. गढ़वाली भाषा।
- **गरगरु:** 1. अप्रसन्न 2. जो ठीक से न पका हो।
- **गळदार:** 1. पशुओं का व्यापार करने वाला 2. झूठा।
- **गाळु:** 1. दाना 2. भीमल के रेशों की रस्सी बटते समय थोड़ा-थोड़ा करके रखे जाने वाले रेशे।
- **गोळ:** 1. गोल 2. गायब।
- **ग्वाळि:** 1. एक जंतु 2. गायों को चराने वाली।
- **घट:** 1. घराट 2. हृदय।
- **चलण:** 1. प्रथा 2. चलना।
- **चलायूँ:** 1. फेंका हुआ 2. एक स्थान से दूसरे स्थान पर ले जाया गया।
- **चाम:** 1. चर्म, त्वचा 2. चंपा का वृक्ष।
- **चित्त:** 1. मन 2. पूरी तरह से (मारने के संदर्भ में)।
- **चीरा:** 1. तेज़ हथियार से कटने के निशान 2. दारुण कष्ट।
- **छाळु:** 1.फफोला 2. फुर्तीला 3. साफ 4. पारदर्शी।
- **छुटौण:** 1. दूध दुहना 2. वापस लेना, छुड़ाना।
- **जात:** 1. जाति 2. देवयात्रा।
- **जिबन:** 1. कीट 2. जीवन।
- **डाम:** 1. आग या गर्म चीज़ से जले का दाग 2. नुकसान।

- **डौंर्‌या:** 1. डमरु की तरह का वाद्ययंत्र डौंर बजाने वाला 2. ताकतवर (डौंर्‌या बांदर)।
- **थान:** 1. कपड़े का थान 2. देवता का स्थान।
- **दैंणा:** 1. दाहिना 2. कृपालु।
- **नौलु:** 1. नाभि 2. नया।
- **पट:** 1. कपाट 2. गीतों में पदों का तुक।
- **पट्टी:** 1. ग्रामों का समूह 2. हाथ से बुना हुआ ऊन का कम चौड़ा टुकड़ा 3. बुरी नीयत से दी जाने वाली सलाह 4. चोट पर बाँधी जाने वाली पट्टी।
- **पत्ति:** 1. पत्ती 2. ताश 3. ब्लेड।
- **पस्वा:** 1. वह व्यक्ति जिस पर देवता अवतरित होता है 2. पानी गिराने या बर्तन आदि साफ करने का स्थान।
- **पाण:** 1. दराँती या पाठल की धार 2. आदत।
- **पूण:** 1. चरखे पर कातने के लिए लगाई जाने वाली कपास की मात्रा 2. ऊँचाई से सूप से अनाज गिराना।
- **बरमा:** 1. ब्रह्मा 2. छेद करने का यंत्र।
- **बर्त:** 1. उपवास, व्रत 2. मोटी रस्सी।
- **बात:** 1. वायु 2. एक दिन में जोती जाने वाली जमीन।
- **बेद:** 1. बालिश्त 2. मकान के पूर्व की ओर किसी ऊँची इमारत या पेड़ आदि के कारण उत्पन्न दोष।
- **बौंरि:** 1. रोपाई वाले खेतों में गेहूँ काटने के बाद पानी डालकर लगाया जाने वाला हल 2. मछली मारने के लिए पानी में डाली गई फांस वाली लंबी रस्सी।
- **राजि:** 1. सहमत 2. कुशल।
- **रास:** 1. ढेर 2. राशि।
- **रोड़ि:** 1. दही मथने की मथानी 2. पत्थरों को तोड़कर बनाए गए छोटे-छोटे टुकड़े।
- **रौ:** 1. पानी का कुंड 2. रानी मक्खी।
- **वाळ:** 1. समयान्तराल 2. पानी के बहाव का मार्ग।
- **भाड़ु:** 1. मजदूरी, किराया 2. नुकसान।
- **सांकि:** 1. गला 2. अत्यंत प्रिय।
- **सार:** 1. खेतों का वह समूह जहां एक ही प्रकार का अनाज बोया जाता है। 2. तरकीब।
- **सीदु:** 1. सीधा 2. ब्राह्मण को दिया जाने वाला अनाज।
- **हाळ:** 1. आँच 2. दुश्चिंता।

विशिष्ट शब्दावली

भावों को संक्षेप में प्रकट करने के लिए वाक्य या वाक्यांश के स्थान पर एक शब्द का प्रयोग किया जाता है। गढ़वाली भाषा में ऐसे शब्दों की भरमार है।

- **अंगदिरा/अंदखिरा:** चूल्हे के ऊपर का स्थान जिसमें लकड़ियाँ रखी जाती हैं ताकि सूखी रहें।
- **अंध्या:** दीपावली के अवसर पर चीड़ की लकड़ियों से बना बड़ा भैल्लो।
- **अओळ:** किसी फल का ऐसा वृक्ष जिस पर फल नहीं लगते हों।
- **अगल्यार:** किसी चीज़ को प्राप्त करने के लिए बहुत सारे लोग प्रतीक्षारत हों

तो एक-एक कर प्राप्त होने वाला अवसर।

- **अगेलो:** लोहे का एक टुकड़ा जिसे स्फटिक पत्थर पर रगड़कर आग की चिनगारी उत्पन्न की जाती है।
- **अग्याळ:** देव मंदिर या देव पूजन के अवसर पर दिया जाने वाला आटा-चावल।
- **अघाणो:** किसी पात्र में उसकी क्षमता से अधिक रखे जाने की स्थिति।
- **अछाणो:** धारदार हथियार से किसी वस्तु को काटने के लिए रखी गई आधार की लकड़ी।
- **अटाळी:** लकड़ी का छोटा-सा टुकड़ा जो भीमल के रेशों की रस्सी बटने के काम में प्रयुक्त होता है।
- **अणसाळो:** लोहार की भट्टी जहाँ पर वह लोहा गर्म करके दराँती, कुदाल आदि कृषि यंत्र बनाता है।
- **अतरैण:** छज्जे के नीचे की लकड़ी या पत्थर जो दीवार से जरा बाहर निकले रहते हैं तथा छज्जे को सहारा देते हैं।
- **अदाण:** चावल पकाने के लिए चूल्हे पर चढ़ाया गया पानी।
- **अधेळ:** खेत की उपज का आधा हिस्सा।
- **आळ:** खेत की बुवाई के लिए चौड़े खेत में हल की लकीरें डालकर छोटे भागों में बाँट देते हैं, ऐसी दो लकीरों के बीच की जगह आळ कहलाती है।
- **इकाड्या:** ऐसी रोटी जो तवे में एक ही ओर सेंकी गई हो।
- **इखरौण:** अनाज को प्रथम बार कूटना।
- **उगळाण:** किसी धातु के बर्तन में रखी गई वस्तु पर आने वाला खराब स्वाद।
- **उगाळ:** गूँधे हुए आटे की छोटी लोई जिस पर तेल लगाकर नवजात शिशुओं के शरीर पर मलते हैं।
- **उचाणो:** देवता की मनौती में रखे गए चावल और पैसे।
- **कठमाळी:** पहाड़ों से लगने वाले मैदानी भू-भाग में बसे लोग।
- **कदोळ:** धान की रोपाई के लिए पानी भरे खेत में हल चलाकर खेत को तैयार करने का काम:
- **कमोळी:** मिट्टी की छोटी हंडिया जो घी रखने के काम आती है।
- **कळकळी:** किसी की दीन-हीन दशा या कष्ट की स्थिति को देखकर मन में उत्पन्न होने वाली दया।
- **कसाकुंडि:** पत्थर का बना कुंड जिसमें पानी भरकर चमड़ा भिगोने के लिए रखा जाता है।
- **कुटणेटि:** लोककथाओं की एक बूढ़ी, गरीब एवं विधवा पात्र।
- **कुणाबूड:** कहानियों की एक काल्पनिक पात्र अंधेरे कोने की बुढ़िया।
- **ख्वरफांस:** रस्सी में लगने वाली एक गाँठ जो कठिनाई से खुलती है।
- **कोळसांटु:** विवाह की एक प्रथा जिसमें किसी परिवार से बहू लाने के बदले उसी परिवार में बेटी ब्याही जाए।
- **खर्क:** ऊँचे पहाड़ी भागों में घने जंगलों के बीच पेड़-पौधों से रहित स्थान जहाँ पर बरसात में पशु-पालक पशुओं के लिए अस्थाई गोशाला बनाते हैं।
- **गंडखुलै:** कर्ज देते समय साहूकार द्वारा रुपयों की गाँठ खोलने के एवज में ली जाने वाली रकम।
- **गट्टि:** पत्थर या बुझे कोयले का छोटा-सा टुकड़ा जो चिलम के छेद पर रखा जाता है।

- **गभार**: अनाज में बालें फूटने की स्थिति।
- **गाळु**: पक्षियों द्वारा अपने बच्चों को खिलाया जाने वाला दाना।
- **गुरमुळी**: आकाश में दीखने वाला तारों का एक समूह जिसमें बहुत सारे तारे गोल आकृति में पास-पास रहते हैं।
- **गोड्यारु**: गुड़ाई करते समय खेत से निकला खरपतवार।
- **गोळ्यालाठी**: हाथों को घुटने के आगे बाँधकर हाथों और घुटनों के बीच एक लकड़ी डालकर दिया जाने वाला दंड।
- **घटूड़**: घराट के जल का मात्रक।
- **घट्वाड़ी**: पनचक्की में पीसने के लिए रखी गई अनाज की मात्रा।
- **घड्याळो**: देवता या भूत नचाने के लिए काँस की थाली बजाना।
- **घतेर**: भगवान के मंदिर में जाकर किसी के अनिष्ट की कामना करने वाला।
- **घमपाणी**: ऐसी स्थिति जब धूप भी लगी हो और बारिश भी हो रही हो।
- **घात**: किसी के अनिष्ट की कामना करते हुए देवता को पुकारना।
- **घुन्तु**: पत्थर को काटकर बनाई गई बड़ी ओखली जिसमें पाखला, लवा आदि ऊनी वस्त्र पैर से धोए जाते थे।
- **घेत**: किसी सामान को एक स्थान से दूसरे स्थान तक पहुँचाने के लिए लगाए जाने वाले चक्कर।
- **घेतासारि**: कई चक्कर लगाकर सामान को पहुँचाने का कार्य।
- **घेनाकुलाड़ी**: दो व्यक्तियों द्वारा किसी आदमी को हाथ और पाँवों से पकड़कर हिलाने की क्रिया।
- **घोगा**: देवडोली (वसंत के आगमन पर बच्चों द्वारा चैत्र के महीने में प्रातःकाल कंधे पर देवडोली रखकर प्रत्येक घर की देहरी पर फूल डालकर जिसकी पूजा की जाती है)।
- **चिसकट्टा**: चूल्हे की जलती बारीक लकड़ियों से खेलने का काम।
- **चुलखान्दु**: चूल्हे के बगल वाला छोटा-सा खाली स्थान जहाँ लकड़ियां रखी जाती हैं।
- **चौंतरो**: छोटा-सा गोल या समतल पत्थर जो प्रायः चंदन घिसने के काम आता है।
- **छाका**: पांडव नृत्य के दौरान पांडवों को दिया जाने वाला सामूहिक भोजन।
- **छिंकु**: नदी को पार करने के लिए रस्सों पर लटका हुआ पिंजरा जिसे रस्सों द्वारा खींचकर नदी पार कराई जाती है।
- **छुरकी**: शवयात्रा के समय रास्ते में स्थान-स्थान पर रखा जाने वाला मुट्ठी भर धान।
- **छुवोंदारि**: नवजात शिशु को सर्वप्रथम स्पर्श करने वाली स्त्री।
- **छोड़-कंडाळा**: खेत के किनारे का वह भाग जहां बैलों से हल नहीं लग पाता।
- **छ्वै**: कपड़े को धोने के लिए राख को पानी में मिलाकर बनाया गया घोल।
- **जागर्वै**: विवाह या देवपूजन आदि मांगलिक कार्यों में मंगल गीत गाने वाली स्त्रियाँ।
- **जागर**: लय में गायी जाने वाली देवी या देवता की गाथा।
- **जिठ्वाळी**: सबसे बड़े भाई को पिता की संपत्ति में से दिया जाने वाला विशेष हिस्सा।
- **जोबरु**: मिट्टी या काठ का पात्र जो प्रायः दूध या मट्ठा रखने के लिए प्रयोग

में लाया जाता है।

- **झळ्यारुः** चूल्हे की आग की लौ को पीछे व्यर्थ जाने से रोकने के लिए प्रयुक्त किया जाने वाला पत्थर का टुकड़ा।
- **ठकट्योंण्याः** घराट में लगे लकड़ी के दो छोटे टुकड़े जो घूमते हुए घराट से टकराते रहते हैं तथा जिनके टकराने से घराट के छेद में अनाज गिरता रहता है।
- **ठांकरोः** बेलों को सहारा देने के लिए लगाई गई पेड़ की शाखा या बल्ली।
- **ठुंगारः** प्रधान भोजन के साथ सहायक भोज्य पदार्थ जो भोजन के स्वाद को बढ़ा दे।
- **डंड्याळीः** ऊपरी मंजिल का खुला बरामदा।
- **डड्वारः** फसल पर ब्राह्मण, औजी या लुहार को दिया जाने वाला फसल का हिस्सा।
- **डिलारुः** खेतों में मिट्टी के ढेले फोड़ने का लकड़ी का टुकड़ा।
- **डुकाणः** गाय या भैंस के थन में स्वाभाविक रूप से दूध उतर आना।
- **ढुंगळाः** घराट में बड़े पत्थर (ढुंगा) पर बनाई जाने वाली छोटी एवं मोटी रोटियाँ।
- **ढैपराः** ऊपरी मंजिल और छत के बीच का ढाई-तीन फुट का स्थान जो सामान रखने के काम आता है।
- **ढोसः** गोशाला के दरवाजे को अंदर से बंद करने के लिए प्रयुक्त की जाने वाली लकड़ी।
- **पटांगणः** पत्थर बिछा हुआ सार्वजनिक आंगन जिसमें पांडव नृत्य आदि सामूहिक कार्यक्रम होते हैं।
- **पणकट्टाः** पत्थरों की छत पर दो बड़े पत्थरों के जोड़ पर रखा गया पतला-लंबा पत्थर जो जोड़ पर से पानी को अंदर जाने से रोकता है।
- **पतबिड़ाः** तंबाकू पीने के लिए हरे पत्तों को शंकुनुमा मोड़कर बनी चिलम।
- **पधानचारिः** गाँव के मुखिया का हक।
- **पनाळः** घराट में पानी पहुँचाने के लिए बनाई गई खोखली लकड़ी।
- **परथारिः** कार्य निष्पादन के लिए उधार मांग कर लाई गई वस्तु।
- **पराजः** हथेली या पैर के तलुवे पर होने वाली हल्की-सी सरसराहट जिससे यह निष्कर्ष निकाला जाता है कि कोई याद कर रहा है।
- **पराळझाड़िः** छोटी पतली एवं चिकनी डंडी जो धान की मंडाई के बाद पुआल में बचे धान को झाड़ने के काम आती है।
- **परोठाः** दही रखने का लकड़ी का पात्र।
- **पस्तौः** मृतक की क्रिया में बैठे व्यक्ति के पास जाकर दुःख एवं संवेदना व्यक्त करने का कार्य।
- **पिन्नाः** तिलहन से तेल निकालने के बाद बचा अवशिष्ट पदार्थ।
- **पुछ्यारुः** वह व्यक्ति जिससे भविष्य या देव-दोष आदि के संबंध में प्रश्न पूछे जाएं।
- **पुरणाः** किसी तीर्थस्थान पर होने वाले बड़े यज्ञ की पूर्णाहुति का दिन।
- **पैताः** ऐसी स्थिति जब किसी कार्य के निमित्त तैयार होकर बैठ जाएँ तथा समय रहते हुए भी अन्य कोई कार्य न करें।
- **पैल्वाड़ाः** बिना रोपाई वाले खेत।
- **बंथणः** मंत्रबल से किसी को स्तंभित करना।

- **बगछट**: अत्यधिक उल्लास की स्थिति।
- **बग्यूळ**: बाघ के सामने दिखने पर होने वाली सम्मोहन की स्थिति।
- **बटचलै**: किसी व्यक्ति को कोई संदेश देने के लिए कहीं भेजा जाए तो उसे आने-जाने के लिए दी जाने वाली मजदूरी।
- **बन्याथ**: ग्राम देवता या क्षेत्र देवता की लंबे समय बाद की जाने वाली विशेष पूजा जो कई दिनों तक चलती है।
- **बयाळ**: अशरीरी आत्माओं का समूह।
- **बरजात**: शोक के कारण शुभ कार्य वर्जन।
- **बर्त्यातोड़ु**: पुराने समय में गाँवों में दीपावली के अवसर पर बाबला घास की मोटी रस्सी बनाकर किया जाने वाला रस्साकसी का आयोजन।
- **बाक्या**: देव आवेश में आकर भूत-भविष्य एवं अज्ञात बातें बताने वाला।
- **बाखड़्या**: ऐसा पशु जिसने बहुत पहले बच्चा दिया हो और उसका दूध कम हो गया हो।
- **बाडुळी**: दूर स्थित प्रिय व्यक्ति के स्मरण करने पर आने वाली हिचकी।
- **भग्वाड़ी**: घराट पर पिसाई के बदले दिया गया आटा।
- **मुकसरैं**: किसी के सामने की जाने वाली उसकी सराहना।
- **मुखजतरा**: मरणासन्न व्यक्ति के अंतिम दर्शन।
- **मुसकुड़ि**: हाथ-पाँवों के मस्सों को मिटाने के लिए चौराहे पर चूल्हे की आकृति बनाकर उसके ऊपर एक पत्थर रखकर बनी 'कूड़ी' जिस पर मस्सा काटकर उसका खून लगाया जाता है।
- **मोळार्त**: खेतों में सामूहिक रूप से गोबर डालने का कार्य।
- **म्यळाग**: देवपूजन या सामूहिक कार्य में प्रति परिवार आने वाला अंश।
- **रणमणि**: विरह की वेदना और मिलन की कल्पना के साथ आने वाली प्रियजन की याद।
- **रांसा**: देवपूजन में गाए जाने वाले गीत जिनको गाने से देव आवेश आता है।
- **लोणथरा**: वह स्थान जहाँ पर जानवरों को नमक चटाया जाता है।

उत्तराखण्ड : शब्द परिचय

(गढ़वाली/कुमाऊंनी/जौनसारी/भोटिया)

1. रैमोड़ि क्या है? **-सलाद**
2. नदी में एक स्थान पर जल भराव से बना गहरा बड़ा तालाब। **-रौ**
3. रूठे हुए को प्रसन्न करना। **-मन्यूणु**
4. ढोल, डमरू आदि के बजने से उत्पन्न शब्द। **-डमडमाट**
5. पिनवे क्या है? **-भोज्य व्यंजन**
6. अट्टा-सट्टा, सट्टा-बट्टा या ग्वरसांट किसे कहा जाता है? **-विनिमय विवाह**
7. 'अंयार' क्या है? **-एक चौड़ी पत्ती वाला जंगली वृक्ष**
8. चीणा क्या है? **-श्रीअन्न की एक श्रेणी**
9. मयेड़ी व जयेड़ी शब्द किसके लिए प्रयोग किया जाता है? **-माँ व बेटी के लिए**
10. थप्पड़, चांटा व चपत को गढ़वाली में क्या कहते हैं? **-भताक**
11. देवमंदिर में या देव पूजन के अवसर पर दिया जाने वाला आटा चावल आदि

-अग्याल

12. रिंगाल से बनी छतरी **-छंतोली**
13. कुछ दिनों तक चलने वाला देव पूजन जिसमें नृत्य भी हो। **-मंडाण**
14. पहेली बुझो : द्वी बैणी, एक धार वौर, एक धार पोर। **-आँखा**
15. इस वाक्य का गढ़वाली में समान भाव क्या है "नेकी और पूछ-पूछ"? **-पौणा पूछी पकोड़ी**
16. 'बहुते जोगी मठ उजाड़' की गढ़वाली कहावत क्या है? **-पौदा बिरालो मा मूसा नि मरदा**
17. घराट पर पिसाई के बदले दिया गया आटा के लिये एक गढ़वाली शब्द। **-भग्वाड़ी**
18. प्याज खाने पर लगने वाला तीखा स्वाद। **-पिराण्यां**
19. लौकी की एक प्रजाति। **-त्वमड़ी**
20. चूल्हे में जलती लकड़ियों से निकलने वाली भर्र-भर्र की आवाज़ **-भबड़ाट**
21. कार्य करते समय होने वाली सुखानुभूति **-रौंस**
22. शनिवार को गढ़वाली में क्या कहते हैं? **-छंचर**
23. 'पौंछी' क्या है? **-हाथ का गहना**
24. 'हिलांस' कोयल की प्रजाति का पक्षी है तो 'मल्यो' किस प्रजाति का पक्षी है **-कबूतर**
25. लकड़ी का बड़ा बक्सा ज़िसमें अनाज आदि रखते हैं। **-कुठार/पठ्वा**
26. जलती हुई लकड़ी को क्या कहते हैं? **-मुछयाला/मुछायलू**
27. घास का बोझा ले जाने के काम आने वाली लकड़ी जिसका एक सिरा नुकीला होता है। **-सुलेटु/सुलेटो**
28. कार्तिक की एकादशी तिथि को मनायी जाने वाली दीपावली। **-इगास/ईकाश/यगास**
29. किसी शुभ अवसर पर घर-घर बांटा जाने वाला पकवान। **-पैंणु**
30. फसल पर ब्राह्मण, औजी या लुहार को दिया जाने वाला फसल का हिस्सा। **-डड्वार**
31. पौणखि/पौणख। **-शादी-ब्याह की दावत**
32. सबिण्डा। **-शुद्ध, जो उल्टा न हो**
33. पशुओं का व्यापार करने वाला। **-गल़दार**
34. नदियों पर रस्सियों के पुल बनाकर लोगों को नदी पार करवाने वाला।**-धुना**
35. गर्जा पैयो।**-कुमाऊँ मंडल के पूर्वी भोटान्तिक क्षेत्र में मृत्यु संस्कार के समय किया जाने वाला अनुष्ठान**
36. चक्रज्यूला, चौखुरौटा ज्यूला मध्यकालीन कुमाऊं मंडल के पूर्वोत्तरी क्षेत्रों में क्यों प्रचलित थे? **-अन्न के माप का परिमाण**
37. 'दशौत' विशौत क्या है? **-कुमाऊं मंडल के अस्कोट परगने के रजवारों द्वारा प्रजा से कर के रूप में लिया जाने वाला उत्पाद का दसवां व बीसवां भाग**
38. नबूसामो क्या है? **-जनजातीय क्षेत्र दारमा परगने का एक कृषकोत्सव**
39. घेंजा क्या है? **-खाद्य व्यंजन/लोक त्यौहार**
40. 'बाँटा' का अर्थ **-हिस्सा/भाग**

41. 'कंठी' व 'हंसुली' शरीर में कहाँ पहनी जाती है? **-गले में**
42. मुंगरी फसल **-मक्का**
43. 'चामा' शब्द भोटिया में किसके लिए प्रयोग करते हैं? **-बेटी**
44. सफेद को गढ़वाली में क्या कहते हैं? **-सुकेलो**
45. छारो, खारो/छार का हिन्दी में अर्थ **-राख**
46. मुर्कि, मुर्का गुंठि, मुदड़ि क्या है? **-आभूषण**
47. घिंघारु। **-जंगली फल**
48. क्वीर्याल, ग्वीराल। **-कंचनार**
49. 'सांदण' क्या है। **-वृक्ष**
50. 'मंगरा' क्या है। **-पनघट**
51. पतले पत्थर जो बारीक चिनाई के काम आते हैं। **-छापला**
52. हाथ से घुमायी जाने वाली अनाज पीसने की चक्की। **-जंदरी/जांदरु**
53. मकान का नक्काशीदार मुख्य दरवाजा। **-खोली**
54. 'पंवाण' का अर्थ। **-शुभारम्भ**
55. मकरैण। **-माघ माह की संक्रन्ति**
56. ऐसा विश्वास है कि दूर प्रवास में प्रिय व्यक्ति जब स्मरण करता है तो जिसे स्मरण किया जाता है उसे......लगती है। **-बाडुलि**
57. भंकोरि क्या है। **-वाद्ययंत्र**
58. 'निन्यारो' **-झींगुर**
59. पटुड़ी, लपसि, तसमै क्या है? **-खाद्य व्यंजन**
60. 'धागुली' हाथ में पहनी जाती है तो पौंछी कहाँ पहनी जाती है। **-हाथ में**
61. शाम का समय जब हल्का अंधेरा होने लगे। **- रुम्क**
62. 'ऐब लगाण' का हिन्दी अर्थ क्या है? **-दोष लगाना**
63. बाड़ी खाणू बाड़ी मंगणू **- गरीबी के दिन काटना**
64. ऋतु रैण औण **- शुभ संकेत प्रान्ति**
65. हैल न गंज्यलू, व्यो करण चल **-बेबुनियाद बात करना**
66. सात फेरी कु घघरु लौ फेरिकू टल्ला **-निकृष्ट चीज को महत्व देना**
67. रात गै बल पर बात नि गै **-घाव कुरेदना**
68. माटौ घ्वाड़ा सूतै लगाम **-नकली रोना**
69. मुंगरी का जूंगौल स्याल नि भजदा **-साधारण व्यक्तित्व से प्रभावित न होना**
70. कोटि बनाल शैली के भवन कहाँ देखने को मिलते हैं? **-उत्तरकाशी के मोरी, बड़कोट पुरोला और उपला टकनौर**
71. सावन की संक्रान्ति की पूर्व संध्या पर मनाये जाने वाला गढ़वाल क्षेत्र का एक त्यौहार। **-रोटल्या या रुठल्या**
72. 'सुनपट' और 'पाताल-ती' क्या है? **-फिल्में**
73. किसी राजस्व ग्राम की परिसीमा के अन्तर्गत आने वाले उसके परिधीय भू-खण्डों के लिए प्रयोग किया जाता है। **-तोक**
74. पंचकेदारों में से किस प्रसिद्ध मंदिर को राष्ट्रीय महत्व स्मारक घोषित करने के लिए केन्द्र सरकार ने 27 मार्च 2023 को आदेश जारी किया? **-तुंगनाथ**
75. कोदू (मंडुवा) खरीफ की फसल है या रबी की। **-खरीफ**

■■

भाषा पर सामान्य ज्ञान प्रश्नोत्तरी

1. हिन्दी गढ़वाली (रोमन रूप सहित) अंग्रेजी शब्दकोश का निर्माण किया है—
   (क) अचलानन्द जखमोला एवं भगवती प्रसाद नौटियाल
   (ख) जयलाल वर्मा एवं कुँवर सिंह नेगी 'कर्मठ'
   (ग) अरविन्द पुरोहित एवं बीना बेंजवाल
   (घ) रमाकान्त बेंजवाल एवं बीना बेंजवाल
2. दीपावली उत्सव को गढ़वाली में कहा जाता है—
   (क) बन्याथ (ख) मण्डाण
   (ग) दण्यौंण (घ) बग्वाळ
3. जंगल के चौकीदार को कहा जाता है—
   (क) खड्वाळ (ख) पतरोळ
   (ग) ग्वेर (घ) पणसारु
4. 'मकर संक्रांति' इस त्योहार के रूप में भी मनाई जाती है—
   (क) फूल संगरांद (ख) घी संगरांद
   (ग) बिखौत (घ) खिचड़ी संगरांद
5. 'मथना' क्रिया के लिए गढ़वाली में प्रयुक्त शब्द—
   (क) घोळण (ख) औटणु
   (ग) छोळण (घ) घोटण
6. सर्दियों के मौसम को कहते हैं—
   (क) ह्यूँद (ख) रूड़
   (ग) बसग्याळ (घ) मौळ्यार
7. नमक रखने का काष्ठपात्र कहलाता है—
   (क) खरड़ (ख) कोसड़ी
   (ग) ज्वबरु (घ) पठ्वा
8. 'शाम' के लिए गढ़वाली में प्रयुक्त होने वाला शब्द है—
   (क) फजल (ख) ब्याखुनि
   (ग) झुकमुक (घ) रतकालि
9. 'एड़ी' के लिए प्रयुक्त शब्द है—
   (क) पौंठी (ख) रैठळ
   (ग) ब्यूंद (घ) फिफण्डो
10. वीरगाथाओं को कहा जाता है—
   (क) मांगळ (ख) बाजूबंद
   (ग) भड़्वाति (घ) चैत्वाळी

11. 'चढ़ाई' के लिए प्रयोग किया जाने वाला शब्द है—
(क) फेड़ि (ख) उकाळ
(ग) उंदार (घ) बीठा

12. 'लिखेगा' क्रिया शब्द का गढ़वाली रूप होगा—
(क) लिखलो (ख) लिखद
(ग) लिखलि (घ) लिखण

13. 'पीला' विशेषण के लिए गढ़वाली में प्रयुक्त शब्द होगा—
(क) पितलो (ख) पितलण्या
(ग) पिंगळो (घ) पिपरण्या

14. 'साँप' को गढ़वाल में इस नाम से भी जाना जाता है—
(क) गुरौ (ख) गोबेड़ो
(ग) गंडेळ (घ) गड्याळ

15. निम्न में से किस भ्वीणे (पहेली) का अर्थ 'म्वारी' यानी मधुमक्खी है?—
(क) यतरि कसरी सैरा भितर पसरी।
(ख) हाड़ न मास गलगलु गात।
(ग) छोट्टि छोर्‍यो मिट्ठु कल्यो।
(घ) छोट्टि-मोट्टि ब्वार्‍यो लंबु धौंपेलो।

16. 'आग बबूला होना' के समान भाव वाला मुहावरा होगा—
(क) आँखा दिखौण (ख) खौंबाग बणण
(ग) बौंळा बिट्यौंण (घ) आँखा कपाळ चढ़ौण

17. गढ़वाली में 'छुणक्याळी' विशेषण का प्रयोग किस विशेष्य के साथ होता है—
(क) थमाळी (ख) कुटळी
(ग) दाथुली (घ) साबळी

18. वह शब्द बताइए जो गढ़वाली में 'माँ' का पर्यायवाची नहीं है—
(क) ब्वे (ख) मैड़ि
(ग) जणदारि (घ) बो

19. 'चौखट' के लिए प्रयुक्त होने वाला शब्द—
(क) द्वार (ख) मोर
(ग) संगाड़ (घ) देळि

20. 'धीरे-धीरे चल' का गढ़वाली रूप होगा—
(क) सरासर हिट (ख) मठु-मठु हिट
(ग) पिछनै हिट (घ) बौंतरपां हिट

21. 'देव दर्शन का अवसर मिलना' के लिए उपयुक्त मुहावरा होगा—
(क) गंगा नह्यण (ख) पड़्त पड़ण
(ग) हाथ लगण (घ) डोरि लगण

22. 'असिंचित' खेतों के लिए गढ़वाली में प्रयुक्त शब्द है—
(क) उखड़ (ख) द्यूका
(ग) सेरा (घ) त्वेळी

23. 'कठगळ' समूहवाची शब्द प्रयुक्त होता है—
(क) लकड़ियों के लिए (ख) घास के लिए
(ग) ऊन के लिए (घ) अनाज के लिए

24. ऊनी कपड़ा जलने का गंधबोधक शब्द है—
(क) कुतराण (ख) किड़ाण
(ग) किकराण (घ) कुमराण

25. पारम्परिक लोक शैली के मकानों में भूतल का बाहरी बरामदा कहलाता है—
(क) तिबारी (ख) डंड्याळी
(ग) निमदरी (घ) हाट्टि

26. 'जब तौली बौगी तब आयी अक्कल' लोकोक्ति में किसका महत्त्व बताया गया है—
(क) समझ (ख) समय
(ग) परिश्रम (घ) पराक्रम

27. 'भचाक लगण' मुहावरे का अर्थ है—
(क) चोट लगना (ख) निशान पड़ना
(ग) हानि पहुंचना (घ) गिर जाना

28. 'छील डाळण' मुहावरे का अर्थ है—
(क) ढील देना (ख) झगड़े की स्थिति पैदा करना
(ग) खोल देना (घ) झगड़ा करना

29. वह शब्द-युग्म बताइए जो बाकी तीनों से भिन्न है—
(क) घसै-लिपै (ख) राजि-खुसि
(ग) डाळि-बोटळि (घ) तीर-ढीस

30. झाड़ी या सूखे पत्तों पर चलने के लिए प्रयुक्त होने वाला ध्वन्यर्थक शब्द है—
(क) छिबड़ाट (ख) छिंछ्याट
(ग) छबताट (घ) छछड़ाट

उत्तरमाला

1. (घ)	2. (घ)	3. (ख)	4. (घ)	5. (ग)
6. (क)	7. (ख)	8. (ख)	9. (घ)	10. (ग)
11. (ख)	12. (क)	13. (ग)	14. (क)	15. (ग)
16. (ख)	17. (ग)	18. (घ)	19. (ग)	20. (ख)
21. (घ)	22. (क)	23. (क)	24. (ग)	25. (घ)
26. (ख)	27. (ग)	28. (ख)	29. (घ)	30. (क)

—विस्तृत अध्ययन के लिए देखिये— रमाकान्त व बीना बेंजवाल कृत 'हिन्दी-गढ़वाली-अंग्रेजी शब्दकोश'.

गढ़वाली भाषा साहित्य के कुछ महत्वपूर्ण दस्तावेज

7

किसी भी क्षेत्र, प्रांत अथवा राष्ट्र का सर्वांगीण विकास उसकी दिशा और दशा तय करता है। सर्वांगीण विकास के प्रमुख तत्व हैं सभ्यता एवं संस्कृति। संस्कृति भाषा एवं साहित्य से पोषित, पुष्पित एवं पल्लवित होती है। इसलिए संस्कृति की समृद्धि भाषा साहित्य की समृद्धि पर निर्भर करती है।

उत्तराखण्ड निर्माण के इन 25 वर्षों में भाषा साहित्य के क्षेत्र में उल्लेखनीय प्रगति देखने को मिलती है। राज्य निर्माण के पश्चात विपुल साहित्य सृजित हुआ जिसमें हिंदी, अंग्रेजी सहित गढ़वाली, कुमाउंनी, जौनसारी आदि भाषाओं में शब्दकोश, व्याकरण, भाषा विज्ञान, गद्य साहित्य (कहानी, उपन्यास, नाटक, व्यंग्य, निबंध, यात्रा वृत्तांत, संस्मरण आदि), पद्य साहित्य (मुक्तक काव्य, खंडकाव्य, गीति काव्य, महाकाव्य आदि), बाल साहित्य, पत्र-पत्रिकाओं आदि का प्रचुर मात्रा में प्रकाशन हुआ व निरंतर जारी है। साथ ही डिजिटल माध्यम से भी उनका संरक्षण व संवर्धन निरंतर हो रहा है। इस कालखंड में गढ़वाली भाषा में सृजित कुछ महत्वपूर्ण दस्तावेज़ इस प्रकार से हैं–

(क) शब्दकोश

(1) गढ़वाली-हिंदी शब्दकोश- अरविंद पुरोहित, बीना बेंजवाल
(2) गढ़वाली, हिंदी, अंग्रेजी शब्दकोश- डॉ० अचलानंद जखमोला, भगवती प्रसाद नौटियाल
(3) हिंदी-गढ़वाली, अंग्रेजी शब्दकोश- रमाकांत बेंजवाल, बीना बेंजवाल
(4) तमळि उंद गंगा- कुंज बिहारी मुंडेपी

(ख) व्याकरण

(1) गढ़वाली व्याकरण- डॉ० सुरेश ममगाईं
(2) गढ़वाली व्याकरण- रजनी कुकरेती
(3) स्होंगो व्याकरण- प्रेम बल्लभ डोभाल

(ग) भाषा विज्ञान

(1) गढ़वाली भाषा : साहित्य एवं संस्कृति- डॉ० गोविन्द चातक
(2) उत्तराखण्ड की लोकभाषाएं- डॉ० अचलानंद जखमोला
(3) गढ़वाली- केशव दत्त रुवाली
(4) गढ़वाल और गढ़वाली- रमाकांत बेंजवाल

(घ) विमर्श एवं समीक्षा

(1) कल फिर जब सुबह होगी- ललित मोहन रयाल

(2) बीं (विभिन्न लेखकों की कृतियों की समीक्षा संग्रह) -वीरेंद्र पंवार

(ड.) अनुवाद

(1) बीस बीसि (हिमांशु जोशी के उपन्यास कगार की आग का गढ़वाली अनुवाद) कांता घिल्डियाल

(2) यह गीत रहेंगे संग तुम्हारे (लोक गायक नरेंद्र सिंह नेगी के 122 गीतों का हिंदी अनुवाद)- दीनदयाल सुंदरियाल

(च) गद्य एवं पद्य साहित्य

(1) इस अवधि में उत्तराखण्ड की लोक भाषाओं की सैकड़ों गद्य व पद्य कृतियाँ सृजित हुई।

(2) जिनमें नागरजा महाकाव्य (भाग 3,4)- महाकवि कन्हैया लाल डंडरियाल

(3) अंग्वाळ (सन् 1850 से लेकर 2010 तक के 300 गढ़वाली कवियों का रचना संकलन) संपादन-मदन मोहन डुकलान, गिरीश सुंदरियाल

(4) हुंगरा (सन 1913 से 2013 तक की श्रेष्ठ गढ़वाली कहानियों का संकलन) संपादन- मदन मोहन डुकलान, गिरीश सुंदरियाल आदि कुछ उदाहरण हैं।

(छ) लोक साहित्य

(1) गढ़वाली लोकगीत - डॉ० गोविंद चातक

(2) गढ़वाल की लोक कथाएं - डॉ० गोविंद चातक

(3) चांचरी झमाको (उत्तराखण्ड हिमालय के लोक नृत्य गीत) - डॉ० नंदकिशोर हटवाल

(4) गढ़वाल की लोक गाथाएं - गिरीश सुंदरियाल

इनके अतिरिक्त लोक साहित्य की दर्जनों पुस्तक प्रकाशित हुई हैं।

(ज) पत्र-पत्रिकाएं

(1) खबर सार - विमल नेगी

(2) रंत रैबार - ईश्वरी प्रसाद उनियाल

(3) चिट्ठी-पत्री - मदन मोहन डुकलान

(4) धाद - गणेश खुगशाल 'गणी'

(झ) गढ़वाली की विद्यालयी पाठ्य पुस्तकें

(1) धगुलि, हंसुळि, छुबकि, पैजबि, झुमकि (क्रमशः कक्षा 1 से 5 तक)

(2) फ्योंलि, बुरांश, ग्वीराळ (क्रमशः 6 से 8 तक)

(ट) गढ़वाली का विश्वविद्यालयी पाठ्यक्रम

- उत्तराखण्ड में स्थित विभिन्न विश्वविद्यालयों द्वारा उत्तराखण्ड की लोक भाषाओं जैसे गढ़वाली-कुमाउंनी आदि के डिप्लोमा एवं डिग्री कोर्सेस भी संचालित किये जा रहे हैं। जिसमें एच.एन.बी. केंद्रीय गढ़वाल विश्वविद्यालय, दून विश्वविद्यालय, उत्तराखण्ड ओपन यूनिवर्सिटी, एसजीआरआर

विश्वविद्यालय आदि प्रमुख हैं।

उत्तराखण्ड भाषा संस्थान

- राज्य सरकार द्वारा स्थापित इस संस्थान के द्वारा उत्तराखण्ड के साहित्यकारों को साहित्य प्रकाशन के लिए अनुदान एवं प्रत्येक वर्ष लगभग 20 लेखकों को विभिन्न श्रेणियों में साहित्य गौरव सम्मान दिए जाते हैं।

संस्कृति विभाग

- विभाग द्वारा प्रत्येक वर्ष साहित्य प्रकाशन हेतु अनुदान दिया जाता है, साथ ही पुस्तकालय एवं संग्रहालयों की स्थापना और लोक संस्कृति के कार्यक्रमों का आयोजन किया जाता है।

शिक्षा विभाग

- उत्तराखण्ड का शिक्षा विभाग शोध एवं अकादमिक (समग्र शिक्षा), एससीईआरटी तथा जिला शिक्षा एवं प्रशिक्षण संस्थानों के द्वारा उत्तराखण्ड की लोक भाषाओं का विद्यालयी पाठ्यक्रम निर्माण किया गया है।
- राज्य निर्माण के बाद उत्तराखण्ड की लोक भाषा, लोक साहित्य, लोक-संस्कृति ने राष्ट्रीय और अंतर्राष्ट्रीय स्तर पर अपनी पहचान बनाई है, लेकिन पलायन जैसे सामाजिक मुद्दों के कारण इसके पारंपरिक स्वरूप को बनाए रखने के लिए निरंतर प्रयासों और नवाचारों की आवश्यकता है।

गढ़वाली, कुमाउंनी व जौनसारी सिनेमा

आज उत्तराखण्ड की फिल्म इंडस्ट्री को अस्तित्व में आए 42 वर्ष पूरे हो गए हैं, लेकिन अलग राज्य बनने के बाद 25 वर्षों की उसकी यात्रा कई मायनों में उल्लेखनीय रही है। वर्ष 1983 से लेकर वर्ष 2025 तक लगभग 72 फिल्मों का निर्माण हुआ है। राज्य सरकार की फिल्म नीति ने विगत वर्षों में फिल्मकारों को बेहद प्रोत्साहित किया है। पहली गढ़वाली फिल्म जग्वाल को अपार सफलता मिलने के बाद निरंतर फिल्म निर्माण का सिलसिला शुरु हुआ।

गढ़वाली-कुमाउंनी में फिल्मों का निर्माण उत्तर प्रदेश के समय में ही शुरू हो गया था। वर्ष 1983 में पारेश्वर गौड़ ने सबसे पहले गढ़वाली फिल्म **'जग्वाल'** बनाई, तो वर्ष 1987 में जीवन सिंह बिष्ट पहली उत्तराखण्डी कुमाउंनी फिल्म **'मेघा आ'** दर्शकों के लिए लेकर आए। पहाड़ की एक और बोली-भाषा जौनसारी की पहली फिल्म **'मैरे गांव की बाट'** वर्ष 2024 में के०एस० चौहान ने बनाई। हम आज उत्तराखण्डी सिनेमा का जो स्वरूप देख रहे हैं, वहां पहुंचने में यहाँ के रंगमंच का विशेष योगदान रहा है।

वर्ष 2000 में जब उत्तराखण्ड राज्य का निर्माण हुआ, तब आंचलिक फिल्मों के निर्माण की स्थिति बहुत अच्छी नहीं थी। उस दौर में इक्का-दुक्का फिल्में ही

बन रही थीं। वर्ष 2003 में अनुज जोशी की '**तेरी सौं**' और वर्ष 2004 में मुकेश धस्माना की '**मेरी प्यारी बोई**' के साथ ही '**मेरी गंगा होली त मैमू आली**' जैसी फिल्मों से फिल्म निर्माण के क्षेत्र में थोड़ी गतिशीलता दिखी। हालांकि फिल्म निर्माण के क्षेत्र में वो तेजी फिर भी नहीं आ पाई, जो अपेक्षित थी। उत्तराखण्ड राज्य बनने के 15 वर्ष बाद वर्ष 2006 में कुमाउंनी की दूसरी फिल्म '**चेली**' सामने आ पाई।

राज्य निर्माण के बाद एक दौर फीचर फिल्मों से इतर वीडियो/डीवीडी फिल्मों का भी रहा। इसके निर्माण में कम लागत की वजह से फिल्मकारों ने इस फार्मेट में फिल्म बनाने में काफी दिलचस्पी दिखाई। अनुज जोशी ने हर तरह की फिल्में इस फार्मेट में बनाई। '**याद आली टिरी**', '**मनस्वाग**', '**कमली**', '**हंत्या**', '**गुल्लू**', '**गढ़वाली शोले**' जैसी कई फिल्में दर्शकों के बीच आई।

उत्तराखण्ड राज्य गठन के बाद लंबे समय तक फिल्म निर्माता सिर्फ अपने प्रयासों से उत्तराखण्डी फिल्म निर्माण का जोखिम उठाते रहे। इन स्थितियों के बीच, महत्वपूर्ण मोड़ वर्ष 2019 में आया, जब राज्य सरकार की फिल्म नीति में लोकभाषा की फिल्मों के लिए सब्सिडी का प्रावधान किया गया। इस दौरान तमाम फिल्में बननी शुरू हुई और फिल्म निर्माण में तेजी आने लगी। वर्ष 2024 में सब्सिडी को 50 फीसदी तक बढ़ा दिया गया, तो फिल्म निर्माण के क्षेत्र में और ज्यादा तेजी दिखने लगी है। पूर्व में तीन से पांच वर्षों में लोकभाषा की कोई फीचर फिल्म स्क्रीन पर दिखाई देती थी, लेकिन पिछले दो वर्षों में औसतन एक महीने में लोकभाषा की फिल्म तैयार हो रही है। 'बथौं-सुबेरो घाम', 'मेरू गौं', 'कारा एक प्रथा', 'रिखुली', 'अजाण', 'असगार', 'गढ़ कुमौ', 'पितृकूड़ा', 'बौल्या काका', 'खोली का गणेश', 'पोथली', 'जोना' जैसी कई फिल्मों के साथ उत्तराखण्डी फिल्मों की एक लंबी श्रृंखला तैयार हो गई है। इस बीच, सोशल मीडिया प्लेटफार्म में शार्ट फिल्में रिलीज करने का ट्रेंड भी धीरे-धीरे आगे बढ़ रहा है।

उत्तराखण्ड राज्य निर्माण के

मांगल-जागर की लोकगायिकायें

जागर, मांगल व लोकगीतों की लोक कलाएं बहुत समृद्ध हैं। झोड़ा, चांचड़ी और पांडव नृत्य जैसे लोकनृत्य तथा ढोल-दमाऊं जैसे पारम्परिक वाद्ययंत्रों का उपयोग भी इस संस्कृति का अभिन्न अंग है।

उत्तराखण्ड के जागर, मांगल व लोकगीतों की विरासत को अपने-अपने स्तर पर संजोने और साथ-साथ आने वाली पीढ़ी को इससे रूबरू करवाने का सराहनीय प्रयास यहाँ की कुछ लोकगायिकाओं द्वारा किया जा रहा है। इन लोकगायिकाओं ने इस विरासत को घर-घर तक पहुंचाने का लक्ष्य रखा है। इसलिए आज मांगलिक कार्यों में इसकी गूँज सुनाई दे रही है। उत्तराखण्ड की इस विधा में अपना अतुलनीय योगदान देने वाली कुछ लोकगायिकायें–

• बसंती बिष्ट • कबूतरी देवी • मंगला रावत • बचन देई • माधुरी बड़थ्वाल • रेखा उनियाल धस्माना • शांति वर्मा • रेशमा शाह • हेमा नेगी करासी • सुनीता बेलवाल • मंजू सुन्दरियाल

बाद से कई राष्ट्रीय-अंतर्राष्ट्रीय मंचों पर राज्य के कलाकारों की चमक बिखरी है। निर्माता-निर्देशक व अभिनेत्री उर्मि नेगी की 'बथौं-सुबेरो घाम' फिल्म का कनाडा फिल्म फेस्टिवल में सर्वश्रेष्ठ क्षेत्रीय फिल्म के रूप में चयन होना उपलब्धि रहा है। वर्ष 2023 में सृष्टि लखेड़ा की डाक्यूमेंट्री फिल्म 'एक था गांव' को राष्ट्रीय पुरस्कार मिलना भी साबित करता है कि उत्तराखण्ड के कलाकारों की रचनाधर्मिता को बड़े स्तर पर मान्यता मिल रही है।

न सिर्फ, फिल्मों, बल्कि संगीत के क्षेत्र में भी पिछले 25 वर्षों में उत्तराखण्ड के कई कलाकारों ने ऊंची उड़ान भरी है। बॉलीवुड की फिल्मों में जुबिन नौटियाल प्ले बैक सिंगिंग में एक चमकता सितारा बने हैं। वर्ष 2021 के इंडियन आइडल-सीजन-12 के विजेता बनकर पवनदीप राजन ने अपनी प्रतिभा से लोगों को सम्मोहित किया है। लोक संगीत के क्षेत्र में वर्षों से बेहतरीन कार्य कर रहे कलाकारों के काम को बड़े स्तर पर मान्यता मिली। लोक गायिका बसंती बिष्ट को वर्ष 2017, 'जागर सम्राट' प्रीतम भरतवाण को वर्ष 2019 और लोक गायिका माधुरी बड़थ्वाल को वर्ष 2022 में प्रतिष्ठित पद्मश्री सम्मान हासिल हुआ और उत्तराखण्ड के लोक संगीत को पूरे देश में नई पहचान मिली। उत्तराखण्ड राज्य गठन के 25 वर्षों में नरेंद्र सिंह नेगी, प्रीतम भरतवाण, मीना राणा, अनुराधा निराला, रेखा धस्माना उनियाल, माया उपाध्याय, दीवान कनवाल जैसे कई गायक लगातार सक्रिय रहे हैं। वहीं, किशन महिपाल, रजनीकांत सेमवाल, दर्शन फरस्वाण, संकल्प खेतवाल, गणेश मर्तोलिया, इंदर आर्य, रोहित चौहान, सौरभ मैठाणी, प्रतीक्षा बमराड़ा, अंजली खरे, ममता आर्य, प्रियंका महर जैसे नई पीढ़ी के कई कलाकारों की एक लंबी सूची है, जो लगातार कार्य कर रहे हैं। पांडवाज जैसे पहाड़ी बैंड ने अपनी खास पहचान स्थापित की है। नए कलाकारों ने विशुद्ध लोक संगीत को अपनाने की जगह नए प्रयोग और आधुनिक संगीत से तालमेल बैठाते हुए उत्तराखण्डी संगीत को एक नए रूप में सामने लाने की कोशिश की है।

1. उत्तराखण्ड की पहली फिल्म **'जग्वाल'** थी, जिसके निर्माता पारेश्वर गौड़ व निर्देशक तुलसी घिमिरे थे। इस फिल्म का निर्माण वर्ष 1980 से शुरू हो गया था लेकिन फिल्म बनते-बनते तीन वर्ष लग गये थे।
2. पहली कुमाउंनी फिल्म **'मेघा आ'** 20 मई 1987 को प्रदर्शित हुई थी। इसके निर्माता निर्मल सिंह और निर्देशक काका शर्मा थे।
3. पहली जौनसारी फिल्म **'मैरे गांव की बाट'** 5 दिसम्बर, 2024 को प्रदर्शित हुई थी। फिल्म के निर्माता आयुष गोयल व अभिनव चौहान और निर्देशक अनुज जोशी हैं।
4. उत्तराखण्ड की पहली 35mm में बनने वाली फिल्म **'सिपै जी'** है जो वर्ष 2009 में प्रदर्शित हुई थी। इससे पहले जितनी भी उत्तराखण्डी फिल्में बनी उनका निर्माण 16mm पर हुआ था। फिल्म के निर्माता माधवानन्द भट्ट व निर्देशक राजेश जोशी थे।
5. उत्तराखण्ड की पहली डिजिटल फिल्म **'मेरि प्यारी बोई'** है जो वर्ष 2004 में प्रदर्शित हुई थी। इसके निर्माता जितेन्द्र जोशी व निर्देशक मुकेश धस्माना व सुरेन्द्र भण्डारी थे।

6. उत्तराखण्ड की सबसे कम अवधि (लम्बाई) वाली फिल्म **'मेघा आ'** है। इसकी अवधि 92 मिनट 34 सेकेण्ड है।
7. उत्तराखण्ड की सबसे ज्यादा कमाई करने वाली फिल्म **'घरजवैं'** है। इसका बॉक्स ऑफिस कलेक्शन लागत से कई गुना ज्यादा रहा।
8. गढ़वाली फिल्म **"जग्वाल"** पहली ऐसी फिल्म है जिसका प्रदर्शन सिनेमा थिएटर में न होकर दिल्ली स्थित मावलंकर ऑडिटोरियम में हुआ था।
9. उत्तराखण्ड की ऐसी दो फिल्में **'ल्या ठुंगार'** और **'सुबेरौ घाम'** का प्रदर्शन एक ही दिन और एक ही समय 26 दिसम्बर, 2014 को हुआ था।
10. पहली गढ़वाली फिल्म **'जग्वाल'** में अभिनेत्री कुसुम बिष्ट ने बतौर नायिका के रूप में अभिनय किया था।
11. अभिनेता पारेश्वर गौड़ ने उत्तराखण्डी फिल्म **'जग्वाल'** में पहले नायक के रूप में अभिनय किया था।
12. गढ़वाली फिल्मों में बतौर संगीत निर्देशक के रूप में कार्य करने वाले पहले संगीतकार रंजीत गजमेर हैं।
13. भारत की पहली व्यावसायिक वीडियो फिल्म **'कुटुम्ब'** है। जो गढ़वाली बोली में बनी और यह वर्ष 1985 में रिलीज हुई थी। इसके निर्माता कैलाश चन्द्र द्विवेदी और निर्देशक नागेन्द्र प्रसाद थे।
14. दिसम्बर 2025 तक उत्तराखण्ड 23 फिल्में सेल्युलाइड में और 47 फिल्में डिजिटल फार्मेट में बनी हैं।

गढ़वाली, कुमाउंनी व जौनसारी की फिल्म

(वर्ष 1983 से दिसम्बर 2025 तक प्रदर्शित)

फिल्म	**वर्ष**	**निर्माता/निर्देशक**
जग्वाल	1983	पारेश्वर गौड़
कबि सुख कबि दुःख	1984	बंदेश नौडियाल
घरजवैं	1985	विशेश्वर दत्त नौटियाल/तरन तारन धस्माना
प्यारू रुमाल	1987	शिव नारायण रावत/तुलसी घिमिरे
कौथिग	1987	जयदेव शील/चरण सिंह चौहान
मेघा आ (कुमाउंनी)	1987	निर्मल सिंह बिष्ट/काका शर्मा
उदंकार	1988	श्रीमती कमला बिष्ट/सुरेन्द्र बिष्ट
रैबार	1990	किशन एन० पटेल/सोनू पंवार
बटंवारू	1992	सीता राम भट्ट/नरेश खन्ना
फ्यूँली	1993	उर्मि नेगी/चरण सिंह चौहान
बेटी-ब्वारी	1996	गीता ठाकुर/चन्दन ठाकुर
चक्रचाल	1997	नरेंद्र कुमार/नरेश खन्ना
छ्वटि ब्वारी	1997	विशेश्वर दत्त नौटियाल/तरन तारन धस्माना

ब्वारी हो त इन्नी	1998	सूरज प्रकाश शर्मा
सत मंगल्या	1998	रेखा रौथाण/महावीर सिंह नेगी
गढ़ रामी बौराणी	2001	वासुदेव सिंह रावत/सुनील बब्बर
किस्मत	2002	अविनाश पोखरियाल
जीतू बगड्वाल	2002	बलविंदर सिंह वासन/महफूज खान
तेरी सौं	2003	अनुज जोशी
चल कखि दूर जौंला	2004	गजेन्द्र मलिक
औंसी की रात	2004	सोहन लाल काला/अशोक चौहान 'आशु'
मेरी प्यारी बोई	2004	जितेन्द्र जोशी/मुकेश धस्माना व सुरेंदर भंडारी (पहली डिजिटल फीचर फिल्म)
मेरी गंगा होली त मैंमू आली	2006	शंकर सिंह कुंवर व जय सिंह कुंवर/चन्दन ठाकुर
चेली	2006	कमल मेहता/कैलाश जोशी
किस्मत अपणी-अपणी	2006	कैलाश चन्द द्विवेदी/वेद प्रकाश भदोला
सिपै जी	2009	माधवा नन्द भट्ट/राजेश जोशी (आखिरी सेलुलाइड फीचर फिल्म)
राजुला	2013	प्रियंका चंदोला व रमा उप्रेती/नितिन तिवारी
अंज्वाल	2014	मनीष वर्मा
सुबेरो घाम	2014	उर्मि नेगी/नरेश खन्ना
ल्या ठुंगार	2014	मोहिनी ध्यानी पाटनी/सुनील पाटनी
भुलि ऐ भुलि	2015	ज्योति नरेश खन्ना/नरेश खन्ना
हैलो यूके	2016	मनीष वर्मा/प्रदीप भंडारी
गोपी भिना	2016	मीनाक्षी भट्ट/अशोक मल्ल
बणांग	2017	तेज प्रकाश भट्ट/कांता प्रसाद ढौंडियाल
बौडिगी गंगा	2018	अनिरुद्ध गुप्ता
मेजर निराला	2018	आरुषि निशंक/गणेश वीरान
कन्यादान	2019	देबू रावत
खैरी का दिन	2022	अशोक चौहान 'आशु'
थोकदार	2022	ममता रावत/देबू रावत
बिदै	2022	गोपाल सिंह थापा/अशोक चौहान 'आशु'
माटी पहचान	2022	फराज शेरे/अजय बेरी
मेरु गौं	2022	राकेश गौड़/अनुज जोशी
यू कन्नु रिश्ता	2023	अंकित लकी कंडियाल/गणेश वीरान व बी०एस० नेगी
बथौं-सुबेरो घाम-2	2023	उर्मि नेगी
पधानी जी	2023	अशोक चौहान 'आशु'

जै माँ धारी देवी	2023	देबू रावत
पोथली	2023	रवि ममगाईं
चक्रव्यूह	2023	संजय जोशी ए. सुधीर धर/सुशीला रावत।
श्रीदेव सुमन	2023	विक्रम नेगी पहाड़ी/बृज रावत
पितृकुड़ा	2024	प्रदीप भंडारी
रिखुली	2024	जगत किशोर गैरोला
अजाण	2024	के० राम नेगी/अनुज जोशी
दद्दी कु बक्सा	2024	रेनू विजय भारती/विजय भारती
असगार	2024	सुमन वर्मा/अनुज जोशी
मीठी-माँ कु आशीर्वाद	2024	वैभव गोयल/कांता प्रसाद
शहीद	2024	देबू रावत
संस्कार	2024	प्रेम सिंह, राजेंद्र भट्ट/बृज रावत
धरती म्यर कुमाऊँ की	2024	जय श्री कृष्ण नौटियाल
दानु भुला	2024	स्वाति गुप्ता/गोपाल सिंह थापा
मैरे गांव की बाट	2024	आयुष गोयल, अभिनव चौहान/अनुज जोशी
गढ़ कुमौ	2024	हरित अग्रवाल/अनुज जोशी
जोना	2024	तितली फिल्म्स/निशे
कारा-एक प्रथा	2024	परिणीता बडोनी/सुनील बडोनी
रत्तब्यांण-भोळ फिर खुलली	2024	अशोक चौहान 'आशु'
घपरोळ	2025	अजय ढौंडियाल, रघुवीर सिंह/सिद्धार्थ शर्मा
द्वि होला जब साथ	2025	रवि दीप
मेरि प्यारी बोई	2025	जितेन्द्र जोशी/मुकेश धस्माना व सुरेन्द्र भण्डारी (दोबारा से प्रदर्शित)
खोळि का गणेश	2025	पदमा सिद्धि/अविनाश ध्यानी
निखण्या जोग	2025	आशा सकलानी/देबू रावत
मिशन देवभूमि	2025	रवि ममगाईं
रैबार	2025	भगत सिंह सैनी, बलराज जंगरा, परवीन सैनी, शिशिर उनियाल/शिशिर उनियाल
बोळ्या काका	2025	प्रशांत कुमार/शिव नारायण सिंह रावत

■■

श्रद्धा का उत्सव : नन्दा राजजात | 8

नन्दा राजजात परम्परा

हिमालय का कुंभ मानी जाने वाली नंदा राजजात एशिया की सबसे लंबी धार्मिक पैदल यात्रा है। इस अत्यंत प्राचीन, धार्मिक व सांस्कृतिक यात्रा का आरंभ सदियों पूर्व माना जाता है। मूलतः भगवती नंदा देवी को उनके मायके से ससुराल यानी हिमालय स्थित कैलाश भेजने की प्रतीकात्मक यात्रा का नाम है राजजात।

उत्तराखण्ड के लोकजीवन में भगवती नन्दा के प्रति गहरी आस्था और श्रद्धा का भाव रहता है। वस्तुतः यहां के लोकजीवन में नन्दा को बेटी, बहन के रूप में अंगीकार किया गया है। उत्तराखण्ड में शक्ति के नन्दा स्वरूप में बहन, बेटी, बहू का रिश्ता सम्पूर्ण विश्व में एकमात्र उदाहरण माना जा सकता है जो आराध्य होने के साथ आत्मीय भी है। इस नन्दा के निमित्त यहां विशिष्ट आयोजनों की लम्बी शृंखला है। इसमें एक नन्दा राजजात भी है।

नंदा देवी को गढ़वाल-कुमाऊँ के लोग अपनी इष्टदेवी मानते हैं। इतिहासकारों का मत है कि यह परंपरा लगभग 7वीं-9वीं शताब्दी में शुरू हुई। इसका प्रथम उल्लेख 7वीं शताब्दी तक मिलता है, जब गढ़वाल के राजा शालिजपाल ने देवी को प्रत्येक 12 वर्ष के अन्तराल पर मायके से ससुराल भेजने की रस्म की शुरुआत की। बाद में राजा कनकपाल ने इसे भव्य रूप दिया।

समय के साथ यह यात्रा गढ़वाल-कुमाऊँ दोनों क्षेत्रों के लोगों की सामूहिक आस्था व श्रद्धा का प्रतीक बन गई। कई राजवंशी परिवारों, स्थानीय पुजारियों, ब्राह्मणों और श्रद्धालुओं की सहयोगपूर्ण भागीदारी से राजजात के आयोजन की परंपरा निरंतर चली आ रही है।

नंदा राजजात केवल एक धार्मिक यात्रा नहीं, बल्कि गढ़वाल-कुमाऊँ की सांस्कृतिक पहचान, लोक आस्था, सामूहिक विश्वास और हिमालयी पौराणिक परम्पराओं का उत्सव है। जिसके माध्यम से पीढ़ियाँ जुड़ी रहती हैं और हिमालय की पवित्रता व भक्ति की भावना सजीव रहती है।

चौसिंग्या खाडू

नंदा राजजात की सदियों पुरानी यात्रा में चौसिंग्या खाडू (चार सींग वाला भेड़) का एक अद्वितीय और केंद्रीय महत्व है। यह खाडू केवल एक जीव नहीं, बल्कि स्वयं

देवी नंदा का प्रतिनिधि और उनके कैलाश (ससुराल) तक की यात्रा का दैवीय वाहक माना जाता है।

परम्परा के अनुसार, चौसिंग्या खाडू का चुनाव एक दैवीय संकेत माना जाता है। मान्यता है कि इसे राजजात के लिए स्वयं देवी नंदा चुनती है, और इसके शरीर पर विशेष आकृतियां या चार सींग होते हैं। यह भेड़ बिना किसी बंधन या नियंत्रण के यात्रा में आगे-आगे मार्गदर्शक बनकर चलता है। पौराणिक मान्यता है कि राजजात यात्रा के अंतिम पड़ाव, होमकुंड के पास, यह खाडू कैलाश की ओर अदृश्य हो जाता है।

प्रमुख पड़ाव
- नौटी, कांसुवा, सेम, कोटी, भगोती, कुलसारी, चेपडूयूं, नंदकेसरी, फल्दिया गांव, मुंदौली, वाण।

निर्जन पड़ाव
- गैरोली पातल, वेदनी बुग्याल, पातर नचौणिंया, शिलासमुद्र।

यात्रा की वापसी के पड़ाव
- चंदनिया घट, सुतौल, घाट।

यह भेड़ हिमालयी समुदाय की अटूट आस्था, प्रकृति के साथ उनके गहरे रिश्ते और उनकी परंपराओं की पवित्रता को दर्शाता है। यात्रा का हर अनुष्ठान और पड़ाव इस दैवीय वाहक से जुड़ा है।

नन्दा राजजात : 2000 (22 अगस्त से 12 सितम्बर 2000)

12 वर्ष की परम्परा के अनुसार राजजात बड़े पैमाने पर मनाई गई। यह यात्रा नौटी (कर्णप्रयाग के पास) से आरंभ हुई और लंबे कठिन हिमालयी ट्रैक से होते हुए में होमकुंड तक गई।

वर्ष 2000 की राजजात न केवल धार्मिक दृष्टि से, बल्कि सामाजिक व सांस्कृतिक दृष्टि से महत्वपूर्ण थी क्योंकि इसी वर्ष नवम्बर माह में उत्तराखण्ड राज्य का निर्माण हुआ। यह यात्रा अलग-अलग पर्वतीय गांवों, घाटियों और उच्च हिमालयी मार्गों से गुजरी जो न केवल भौगोलिक रूप से कठिन थीं, बल्कि मौसम व ऊँचाई की चुनौतियाँ भी बहुत थीं। गांव, घने जंगल, ऊँची चोटियाँ, घाटियाँ और अन्ततः होमकुंड में पूजा-अर्चना कर देवी को हिमालय (ससुराल) भेजा गया। यात्रा की कठिनाई, प्राकृतिक सुंदरता, स्थानीय लोकगीत-भजन, जागर, परंपरागत वाद्य, श्रद्धा एवं सामूहिक अनुपालन से सभी ने मिलकर वर्ष 2000 की राजजात को एक अद्‌भुत अनुभव बनाया।

नन्दा राजजात : 2014 (18 अगस्त से 7 सितम्बर 2014)

हिमालय की कठिन चुनौतियों, प्रकृति की अप्रत्याशितता एवं हजारों श्रद्धालुओं की भागीदारी के साथ वर्ष 2014 में नन्दा देवी राजजात की यात्रा सम्पन्न हुई। यह यात्रा 12-वर्षीय परंपरा का हिस्सा थी, लेकिन यह दो

नन्दा की जात परम्परा महज एक धार्मिक पर्व नहीं बल्कि इस हिमालयी भूभाग की विशिष्ट संस्कृति की निरंतरता का महापर्व भी है।

वर्ष विलंब से आयोजित की गई। बताया गया कि वर्ष 2012 में शुभ मुहूर्त नहीं था और 2013 में केदारनाथ में आई विनाशकारी प्राकृतिक आपदा के कारण इसे टालना पड़ा।

2014 की राजजात में पूरे गढ़वाल-कुमाऊँ क्षेत्र के श्रद्धालु, स्थानीय निवासी, पुजारी, राजवंशी परिवार, दल-टोलियाँ, युवा-बुजुर्ग और कई साधु-संत शामिल हुए। विभिन्न रिपोर्टों के अनुसार पूरी यात्रा में लगभग एक लाख श्रद्धालु शामिल हुए। देवी के प्रतीक छंतोलियाँ / डोलियाँ / निशाण विभिन्न गांवों, घाटियों व क्षेत्रीय पगडंडियों से होती हुई यात्रा में साथ चलीं। इस प्रकार यह यात्रा केवल धार्मिक यात्रा ही नहीं थी, बल्कि उत्तराखण्ड की सांस्कृतिक विविधता, लोक-परंपराओं और सामूहिक भावनाओं का पर्व थी।

यात्रा की शुरुआत अपने पारम्परिक स्थल से हुई, जहाँ देवी की प्रतिमा, रिंगाल की छंतोली और चौसिंग्या खाडू की पूजा-अर्चना के साथ प्रार्थना हुई। प्रत्येक गांव, प्रत्येक पड़ाव पर स्थानीय लोग, सामूहिक पूजा, लोकगीत, जागर-भजन और पारंपरिक वाद्यों के माध्यम से अपनी श्रद्धा व आस्था का भाव व्यक्त करते रहे।

वर्ष 2014 की राजजात ने देवी के प्रति श्रद्धा, हिमालयी संस्कृति, सामूहिक पहचान

लोकमानस में नन्दा पहले ही आराध्य थी। उसे द्वापर युग में भगवान शिव की अर्द्धांगिनी के रूप में निरूपित किया गया। प्रतिवर्ष भाद्रपद माह की दुर्गाष्टमी को नन्दा को कैलाश विदा करने के पर्व के रूप में अलग-अलग क्षेत्रों में अनेक रूपों में उत्सव मनाये जाते हैं। चूंकि नन्दा को लोकसमाज में धियांण माना गया है तो उसे स्थानीय अनाज, फल-फूल, दान-दक्षिणा देकर विदा किया जाता है। नन्दा राजजात, नन्दा पात बीड़ा, नन्दा डाली, बीं माता आदि इसी के सोपान हैं।

नंदा देवी राजजात यात्रा 2014

- विश्व की सबसे कठिन धार्मिक यात्राओं में शामिल यह यात्रा 18 अगस्त, 2014 को नौटी गांव से प्रारंभ होकर 7 सितम्बर को समाप्त हुई। यह यात्रा 280 किमी० की दूरी 20 दिनों में पूरी करती है।

और लोक-ऐतिहासिक परंपराओं को जीवंत रखा।

नन्दा राजजात : 2026

वर्ष 2026 में आयोजित होने वाली नंदा देवी राजजात को लेकर स्थानीय प्रशासन, यात्रा समिति व श्रद्धालु समुदाय पहले से तैयारी में जुट चुके हैं।

यात्रा की तैयारी केवल धार्मिक अनुष्ठानों तक सीमित नहीं है बल्कि सुरक्षा, स्वास्थ्य, पर्यावरण, श्रद्धालुओं की सुविधाओं, मार्ग सुरक्षा आदि तमाम व्यवस्थाओं को लेकर विस्तृत योजना बनाई जा रही है, ताकि यात्रा स्वच्छ, सुरक्षित और सुचारु हो। इस बार अनुमान लगाया जा रहा है कि यात्रियों की संख्या वर्ष 2014 की तुलना में दो से तीन गुना तक हो सकती है।

वर्ष 2026 की राजजात, नंदा देवी के प्रति श्रद्धा, हिमालय की पवित्रता और उत्तराखण्ड की सांस्कृतिक विरासत का फिर से एक जीवंत उत्सव होगी।

प्रतिवर्ष भाद्रपद माह की शुक्ल पक्ष की अष्टमी को यात्रा उत्सव के रूप में मनाई जाती है। इसे नन्दाष्टमी पर्व के नाम से जाना जाता है। नन्दाष्टमी की वार्षिक यात्रा को लोक जात या वार्षिक जात के रूप में मनाया जाता है। पिथौरागढ़, नैनीताल, अल्मोड़ा, रुद्रप्रयाग, टिहरी, पौड़ी तथा उत्तरकाशी जनपदों में नन्दापाती उत्सव मनाये जाने की परम्परा है जबकि चमोली में नंदा लोकजात के विभिन्न स्वरूप हैं।

नन्दादेवी को मायके की सौगात देने के लिए बधाण के लोग वेदनी, घाट और दशोली के लोग बालपाटा-सप्तकुण्ड, विरही घाटी के लोग क्वांरीपास को कैलाश मान कर भगवती नन्दा को ऋतु फल, च्यूड़ा और श्रृंगार सामग्री आदि पारम्परिक रूप से भेंट अर्पित करते हैं। मल्ला नागपुर की बालखिला नदी से कल्पगंगा तक यानी उर्गम घाटी तक के भूभाग यानी मल्ला नागपुर के लोग नन्दीकुण्ड और बाकी सभी क्षेत्रों के लोग होमकुण्ड जाते हैं। ●

विलक्षण प्रतिभा

पं॰ नैन सिंह रावत

प्रसिद्ध सर्वेयर पंडित नैन सिंह रावत का जन्म पिथौरागढ़ जिले की मुनस्यारी तहसील के मिलम गाँव में 21 अक्टूबर, 1830 को अमर सिंह के घर हुआ था।

उनकी प्रारंभिक शिक्षा गाँव में ही हुई। उन्हें हिन्दी, तिब्बती, फारसी और अंग्रेजी का अच्छा ज्ञान था। उन्होंने न सिर्फ बिना यंत्रों के पैदल तिब्बत को नापा, बल्कि वहाँ का नक्शा भी तैयार किया। उन्होंने अपने जीवन में चार महत्वपूर्ण यात्राएँ की। सबसे पहले वे 1865 में काठमांडू के रास्ते ल्हासा गए और कैलाश मानसरोवर के रास्ते 1866 में वापस भारत लौटे। सन् 1867-68 में वे चमोली जिले के माणा पास से होते हुए तिब्बत के थोक जालूंग गए। उनकी तीसरी बड़ी यात्रा थी शिमला से लेह और यारकंद। जो उन्होंने वर्ष 1873-74 में की। उनकी सबसे महत्वपूर्ण यात्रा वर्ष 1874-75 में हुई। वह लद्दाख से ल्हासा गये और फिर वहाँ से असम पहुँचे। उनकी यात्राओं पर कई किताबें प्रकाशित हुई हैं। इनमें डेरेक वालेर की ***'द पंडित्स'*** तथा शेखर पाठक और उमा भट्ट की ***'एशिया की पीठ पर'*** महत्वपूर्ण हैं। इस महान अन्वेषक का 1 फरवरी 1895 को निधन हो गया।

नैन सिंह हिंदी में 'अक्षांश दर्पण' नाम की किताब लिखने वाले पहले भारतीय थे। सर्वेक्षण के क्षेत्र में असाधारण योगदान के लिए उन्हें ***कम्पेनियन आफ द इंडियन एम्पायर*** का सम्मान दिया गया। रॉयल जियोग्राफिकल सोसाइटी ने उन्हें स्वर्ण पदक देकर सम्मानित किया था। भारतीय डाक विभाग ने उनकी उपलब्धि के 139 वर्ष बाद 27 जून, 2004 को उन पर डाक टिकट जारी किया। गूगल ने उनके जन्म दिन पर 2017 में उन्हें याद किया, जिससे पूरी दुनिया को उनके कार्यों के बारे में जानकारी प्राप्त हुई।

सन्दर्भ सूची : 2026

हिमालयन डिस्ट्रिक्ट गजेटियर्स	:	एटकिन्सन, 1882-86
देहरादून का गजेटियर	:	एच०जी० वालटन, 1911
कुमाऊँ का इतिहास	:	बदरीदत्त पाण्डे, 1937
उत्तराखण्ड में कुली बेगार प्रथा	:	डॉ० शेखर पाठक, 1987
लैन्सडौन : समाज, संस्कृति, इतिहास	:	सम्पादक, अश्वनी कोटनाला, 2004
क्रीड़ा पथ उत्तरांचल	:	राजेश मोहन उप्रेती, 2004
उत्तराखण्ड का नवीन इतिहास	:	डॉ० यशवन्त सिंह कठोच, 2006
उत्तराखण्ड समग्र ज्ञानकोश	:	डॉ० राजेन्द्र प्रसाद बलोदी, 2008
स्वतन्त्रता आंदोलन तथा स्वातंत्र्योत्तर उत्तराखण्ड	:	डॉ० मदन मोहन करगेती, 2016
उत्तराखण्ड : भौतिक सांस्कृतिक एवं आर्थिक परिदृश्य का भौगोलिक विश्लेषण	:	डॉ० एस०सी० खर्कवाल-2016, 2025
उत्तराखण्ड लोक सेवा आयोग द्वारा सहायक वन संरक्षक के लिए आयोजित परीक्षा का प्रश्न-पत्र	:	उत्तराखण्ड लोक सेवा आयोग हरिद्वार, नवम्बर, 2023
उत्तराखण्ड लोक सेवा आयोग द्वारा समीक्षा अधिकारी /सहायक समीक्षा अधिकारी के लिए आयोजित परीक्षा का प्रश्न-पत्र	:	उत्तराखण्ड लोक सेवा आयोग हरिद्वार, दिसम्बर, 2023
प्रगति प्रतिवेदन 2023-24	:	विद्यालयी शिक्षा, उत्तराखण्ड
उत्तराखण्ड वन विभाग की वेबसाइट	:	उत्तराखण्ड वन विभाग, देहरादून, 2025
सरकारी गजट, उत्तराखण्ड (विधायी परिशिष्ट)	:	उत्तराखण्ड शासन, 2025
बजट 2025-2026	:	वित्त विभाग उत्तराखण्ड, 2025
उत्तराखण्ड सामान्य अध्ययन	:	बी. एस. रैकुनी, 2025
उत्तराखण्ड विकास के 25 वर्ष	:	डॉ. एस. सी. खर्कवाल, 2025

लेखकीय सहयोग–

भारत-पाकिस्तान संघर्ष एवं विश्व की चौथी अर्थव्यवस्था-भारत : किरन शर्मा • भौगोलिक स्थिति एवं विस्तार • उत्तराखण्ड में महिलाएँ : बीना बेंजवाल • उत्तराखण्ड में विश्व विरासत और राष्ट्रीय स्मारक : जयसिंह रावत • समसामयिकी : डॉ० इन्दु भारती घिल्डियाल • समसामयिकी-2023-2025 : विजय सेमवाल समसामयिकी प्रश्नोत्तरी (राष्ट्रीय) : बी. एस. रैकुनी • उत्तराखण्ड समसामयिकी-2025: त्रिलोचन प्रसाद भट्ट।

अन्य सहयोगी : शान्ति प्रसाद नौटियाल, सतपाल चौहान, गिरीश सुन्दरियाल एवं देवेन्द्र बुडाकोटी।